Carl Wilhelm Borchardt

Die sprichwörtlichen Redensarten im deutschen Volksmunde

Carl Wilhelm Borchardt

Die sprichwörtlichen Redensarten im deutschen Volksmunde

ISBN/EAN: 9783743327801

Hergestellt in Europa, USA, Kanada, Australien, Japan

Cover: Foto ©ninafisch / pixelio.de

Manufactured and distributed by brebook publishing software
(www.brebook.com)

Carl Wilhelm Borchardt

Die sprichwörtlichen Redensarten im deutschen Volksmunde

Die

Sprichwörtlichen Redensarten

im deutschen Volksmunde

nach Sinn und Ursprung erläutert

von

Wilhelm Borchardt.

In gänzlicher Neubearbeitung herausgegeben

von

Gustav Wustmann.

Fünfte Auflage.

Leipzig:

F. A. Brockhaus.

1895.

Vorwort zur zweiten Auflage.

Die vorliegende neue Auflage der Borchardtschen Samm=
lung von sprichwörtlichen deutschen Redensarten darf sich
fast ein neues Buch nennen. Nicht nur daß die darin ge=
deuteten volkstümlichen Wendungen und Ausdrücke etwa
zu einem Drittel neu hinzugekommen sind, auch der alte
Bestand ist nach Inhalt und Form erneuert worden.

Schon unmittelbar nach dem Erscheinen der ersten Auf=
lage (1888) hatten mehrere Besprechungen, die das Buch
durchweg freundlich und dankbar begrüßten, doch auch auf
einige Lücken darin aufmerksam gemacht. Kein Wunder,
daß es nach längerer eingehender Beschäftigung mit dem
Stoffe[1] schließlich möglich war, eine ganze Reihe neu auf=

---

[1] Der Herausgeber erhielt die Aufforderung der Verlags=
handlung im März 1892, nachdem der Verfasser des Buches,
Wilhelm Borchardt, bald nach dem Erscheinen der ersten
Auflage, am 7. Mai 1889, gestorben war.

zunehmender Redensarten zusammenzustellen. Das Beste
dazu hat die stete Beobachtung der Umgangssprache, im
Hause wie draußen im Leben, beigesteuert; mitgeholfen hat
aber auch fleißiges Lesen volkstümlicher Schriften und Dich-
tungen aus alter und neuer Zeit.

Bei der Deutung des so allmählich aufgespeicherten
Schatzes ist selbstverständlich zuerst die vorhandene gelehrte
Arbeit befragt worden. Die hat freilich, seitdem die erste
Auflage des Buches erschienen ist, nicht viel Neues auf
diesem Felde der Sprache zu Tage gefördert. Die Haupt-
quelle für die Erklärung deutscher Rede, das Wörterbuch
der Brüder Grimm, fließt nur spärlich weiter, und am
Ende muß man sich auch hier manchmal auf die dürftigste
Abspeisung gefaßt machen. Heyne erklärt z. B. die Redensart „ein Hühnchen mit jemand zu rupfen haben" mit be-
neidenswerter Gelassenheit durch den Satz: „Das Bild ist
vom Rupfen des geschlachteten Huhns hergenommen." Vor
allen Dingen aber: die Beschäftigung mit so etwas wie
volkstümlichen Redensarten ist nicht modern und gilt als
unfein, seitdem die Herrschaft des Naturalismus in der
Philologie, besonders in der Sprachwissenschaft, Begriffe wie
Volkslied, Volkskunde in Verruf gethan zu haben scheint oder
doch wenigstens die Beschäftigung damit in stiller Übereinkunft
als unzünftig, als eine Art von Afterwissenschaft ansieht.
Das einzige wissenschaftliche Werk, das ab und zu einen
Blick über die Schranken der Zunft hinausthut, wie mit
dem großen Publikum liebäugelnd, ist das jetzt in fünfter

Auflage vorliegende „Etymologische Wörterbuch der deutschen
Sprache" von Friedrich Kluge, und hier findet sich denn
auch eine kleine Zahl von dunkeln Redensarten verzeichnet
und zum Teil auch erklärt. Wo aber der Verfasser in der
Deutung eigene Wege geht, geht er mitunter merkwürdig
fehl. So erklärt er z. B. die Redensart „auf den Hund
kommen" aus „der altgermanischen Sprache des Würfel=
spiels": heißt doch auch lateinisch canis und griechisch κύων
soviel wie der schlechteste Wurf! Daß die Redensart als
unlösbares Glied in einer ganzen Kette derselben Vorstellung
hängt (vgl. Nr. 592 und 918), die unmöglich aus dem
Würfelspiel hervorgegangen sein kann, macht ihm keine
Schmerzen; das lautliche Band κύων: canis: Hund erscheint
ihm enger und wichtiger als das sachliche Band Pferd:
Kuh: Schwein: Hund: Bettelsack.

Auch die Ausbeute aus den germanistischen Zeitschriften
war herzlich gering. Die von Pfeiffer begründete „Germania"
scheint wirklich zur Strafe dafür eingegangen zu sein, daß
sie ab und zu solche wilde Schößlinge getrieben hat wie
Erklärungen von Redensarten. Außer ihr sind namentlich
Lyons „Zeitschrift für den deutschen Unterricht" und die
wissenschaftlichen Beihefte zu der „Zeitschrift des Allgemeinen
Deutschen Sprachvereins" zu nennen. Der umfangreiche Auf=
satz von Blumschein in Nr. 3 und 4 dieser Beihefte faßt frei=
lich auch nur Bekanntes zusammen; wo der Verfasser Neues
bieten will, schießt er in seinem Eifer, womöglich hinter jedem
Wort einen alten Schützen= oder Turnierbrauch zu wittern,

übers Ziel hinaus; so wenn er meint, die Ausdrücke „den
Zweck erfüllen" und „zweckvoll" hätten „wohl in dem Schützen=
gebrauch, während der Zeit, in der eine Schützenabteilung
schoß, die Bolzen in dem Zwecke stecken zu lassen, ihren Ur=
sprung"![1] Das Meiste und Beste zur Erklärung deutscher
Redensarten hat in den letzten Jahren Lyons Zeitschrift ihren
Lesern vorgelegt. Zwar nicht in dem Stimmengewirr ihres
„Sprechzimmers", wo auch manche sonderbare Meinung laut
geworden ist, wohl aber in den lebensvollen Aufsätzen des
fleißigen alten Hildebrand, bei dem der Etymolog wie nirgends
sonst lernen kann, wie die wahre Wortdeutung nicht nur die
alte Anschauung, sondern auch das alte Leben, das ihr zu
Grunde liegt, wieder vor Augen führen kann und soll.[2]

Die Anordnung des Buches ist dieselbe geblieben; es
soll ein Nachschlagebuch für den täglichen Gebrauch sein.
Aber soweit es anging, sind die einzelnen Artikel zugleich

---

[1] Sogar Zweckessen hat man hier ableiten wollen. Victor Hehn
bezeichnet das Wort richtig als eine Erfindung des Judenwitzes.

[2] Zwei Bücher, die der Borchardtschen Sammlung verwandt
sind, sind H. Schraders „Bilderschmuck der deutschen Sprache"
— unter dem Bilderschmuck (eigentlich besteht ja die ganze Sprache
aus Bildern!) sind hier nämlich hauptsächlich Redensarten ver=
standen, und der Verfasser deutet eine sachlich geordnete Auswahl
davon im ganzen in treuem Anschluß an Grimms Wörterbuch —
und der allbekannte treffliche Büchmann, dem nun allerdings
„der Borchardt" ins Gehege kommen muß, wenn Büchmann auf
der Fahrt nach Citaten für einen Ausdruck wie „das fünfte Rad
am Wagen" die Quelle in einem Verse Freidanks ausfindig ge=
macht zu haben glaubt.

vertieft und erweitert worden. Den verschiedensten Mund-
arten sind drastische Parallelwendungen zu gemeindeutschen
Redensarten entnommen worden, das Volkslied, die deutsche
Geschichtschreibung des 16. Jahrhunderts, die von volkstümlichen Bildern strotzenden Dramen des jungen Schiller haben
eine Schar von Beispielen dargeboten. Endlich sucht die neue
Auflage auch in der Ausbeutung älterer Sammlungen die
Bahnen der alten zu erweitern. Zu Erasmus und Bebel,
Tunnicius und Tappius, Agricola und Sebastian Franck
ist das reichhaltige Florilegium politicum des trefflichen
Christoph Lehmann getreten (Lübeck, 1639) und die Sylloge
adagiorum aliquot Des. Erasmi Roterodami aliorumque
iuxta ordin. alphab. digestorum et Germanico idiomate
expressorum collecta a M. Johanne Gerlingio (Lugduni
Batavorum, 1649). Daß aus dem Mittelalter Wolframs
geniale Bildersprache und Hugos von Trimberg behagliche
Anschaulichkeit dann und wann ein Plätzchen in der neuen
Auflage gefunden haben, wird niemand mißbilligen, der sich
in der mittelhochdeutschen Sprache einigermaßen zurecht-
zufinden weiß. Die bisweilen angeführten lateinischen Umschreibungen von Redensarten in Hexametern oder Leoninen
endlich sind wertvolle Zeugnisse für das hohe Alter der Redensarten und zugleich merkwürdig wegen ihrer Bestimmung:
der vertraute Inhalt sollte denen, die Lateinisch lernen
wollten, die fremde Sprachform nahebringen.

Zum Schluß muß ich noch ein offenes Bekenntnis ab-
legen. Ich würde der Aufforderung der Verlagshandlung

diese neue Ausgabe zu besorgen, nicht haben folgen können, wenn ich nicht gewußt hätte, was für einen treuen Vor=arbeiter und Mitarbeiter ich dabei an meinem ältesten Sohne Rudolf haben würde. Es ist denn auch nur die lautere Wahrheit, wenn ich sage: er hat das Meiste und das Beste dran gethan.

Leipzig, im Februar 1894.

Gustav Wustmann.

Vorwort zur dritten Auflage.

Die vorliegende dritte Auflage, die sich über Erwarten schnell nötig gemacht hat, ist im wesentlichen ein Wieder=abdruck der zweiten; nur hie und da ist eine Kleinigkeit be=richtigt oder verbessert worden.

Leipzig, im Mai 1894.

G. W.

A.

1. Aal.

Der Aal verdankt seine sprichwörtliche Berühmtheit der Glätte seines überall mit schleimig schlüpfriger Haut bedeckten Körpers. Daher dient er zum Vergleich in folgenden Redensarten:

Glatt wie ein Aal (aalglatt), von einem schlauen, schwer zu fangenden Menschen, der sich immer wieder entwindet, wenn man ihn gefaßt zu haben glaubt. Auch im Altertum hieß es sprichwörtlich: anguilla est: elabitur (Plautus, Pseud. 2, 4, 56).

Es hieße, den Aal beim Schwanze fassen, wenn... Lat.: anguillam cauda tenes (capessis, ligas), d. h. du darfst dem Menschen nicht trauen; als Sprichwort aufgeführt bei Weismann, Lex. lat. (1758) I, 62. Frz.: écorcher l'anguille par la queue. Ferner sagt man:

Wer einen Aal faßt bei dem Schwanz,
Dem bleibt er weder halb, noch ganz.

Damit ist zu vergleichen das frz.: Qui prend l'anguille par la queue et la femme par la parole, peut dire qu'il ne tient rien; und das engl.: There's as much hold of his word as of a wet eel by the tail, man kann sich an sein Wort so halten, wie bei einem nassen Aal an dem Schwanze.

Vgl. auch: das Pferd beim Schwanz aufzäumen (s. d.) und lat.: lupum auribus tenere (Terenz, Phorm. 3, 2, 21 u. ö.), s. v. w. eine Sache verkehrt anfangen.

2. Das ABC.

Das ABC lernen ist der Anfang alles bewußten Lernens überhaupt und steht dann vergleichend für die Anfänge, die

Wustmann.   1

erſten, einfachſten Grundlagen irgend einer Wiſſenſchaft, z. B.
das ABC der Geometrie. Oft benutzen wir aber auch die
Buchſtaben des ABC wie Zahlen und ſagen a, b ſtatt
erſtens, zweitens. Daher ſtammt die Redensart: einen
loben durchs ABC, etwa ſo: a) er iſt geſcheit, b) er iſt
fleißig, c) er iſt liebenswürdig u. ſ. w. Scherzhaft fügt man
wohl auch hinzu: Beim X werde ich anfangen. Endlich
iſt aus dem Alphabet genommen die Redensart: von
A bis Z, ſ. v. w. von Anfang bis zu Ende, z. B. die
Geſchichte iſt von A bis Z erfunden.[1]

3. Abberitenstreiche.

Die Einwohner des alten Abdera (Abderiten) in Thra=
cien waren im Altertum wegen ihrer Dummheit berüchtigt;
daher ſprichwörtlich: hic Abdera, d. i. hier herrſcht die
Dummheit, und bei Martial 10, 25: Abderitanae pectora
plebis, ſ. v. w. grobe, ungeſchickte Leute. Nach mehrern
Stellen bei Cicero, ad Att. (4, 16, 6; 7, 7, 4); de nat.
deor. (1, 43) ſcheint der Name Abdera zunächſt ein Ge=
meinweſen zu bezeichnen, wo alles nach Privatzwecken, nach
augenblicklichen Eingebungen, ohne feſte Norm, höchſt un=
gleichmäßig entſchieden ward. Spätere, u. a. Juvenal 10, 48
(patria vervecum) und der Arzt Galenus, führen die Dumm=
heit der Abderiten auf klimatiſche Verhältniſſe zurück.[2]
Genug, der Name Abderit war bei den Alten ein Schimpf=
wort, und Lucian in ſeiner Abhandlung „Wie man Geſchichte
ſchreiben müſſe" und Lafontaine in ſeiner Fabel „Demokrit
und die Abderiten" haben die Albernheiten der Abderiten ge=
geißelt, und ſeitdem ſie Wieland durch ſeinen, auf ſeine
Vaterſtadt Biberach gemünzten Roman in die deutſche Lit=
teratur eingeführt hat, gilt auch bei uns die Bezeichnung

---

[1] Im griechiſchen Alphabet ſind der erſte und der letzte Buch=
ſtabe A und O, daher die Redensart: das A und O von etwas
ſein, ſ. v. w. Anfang und Ende, alles bei einer Sache ſein. In
Weſtfalen ſagt man: dat å es de ſchåpſtall, 'et ô es de foſſ=
fall (Fuchsfalle), augenſcheinlich eine witzige Abfertigung auf die
Frage nach der unverſtandenen Redensart.
[2] Vgl. K. F. Hermann, Geſammelte Abhandlungen, S. 90—
111; 370.

„Abderitismus" als der Inbegriff alles beschränkten, „spieß=
bürgerlichen" Lebens und Treibens, wie es sich oft in klein=
städtischen Verhältnissen breit macht. Vgl. Schildbürger.

4. Das Abendmahl auf etwas nehmen.

Diese Beteuerungsformel hat ihren Ursprung in den
Ordalien (d. i. Urteilen, Gottesurteilen) des Mittelalters.
Man glaubte die Schuld oder Unschuld eines Verdächtigen
dadurch erweisen zu können, daß man ihm eine geweihte
Hostie, auch einen Schnitt Brot oder Käse in den Mund
steckte. Konnte der Angeschuldigte den Bissen leicht und
ohne Schaden hinunterbringen, so galt er für unschuldig,
dagegen für schuldig, wenn ihm der Bissen im Halse stecken
blieb und wieder herausgenommen werden mußte. Dieses
Ordal hieß die Probe des geweihten Bissens, lat. judicium
offac. Es wurde nach Majer, Geschichte der Ordalien,
S. 71, insbesondere für Geistliche im J. 868 unter dem
Namen purgatio per sanctam Eucharistiam eingeführt,
bei der der Beschuldigte die Worte sprach: corpus Domini
sit mihi ad probationem hodie.

Nach Grimm, Rechtsaltertümer, S. 936, war aber
diese Sitte bei den Indern und andern indogermanischen
Völkern nicht minder ausgebildet als bei den Germanen;
so beweisen z. B. die Verse 266 und 267 in Sophokles'
Antigone, daß die Ordalien auch dem klassischen Altertum
bekannt gewesen sein müssen.

Mit diesem Brauche in Zusammenhang stehen folgende
Wendungen:

Daß mir das Brot im Halse stecken bleibe!

Ich will den Tod an diesem Bissen essen,
und in weiterer Entwicklung:

Du kannst Gift darauf nehmen.

5. Abgebrannt sein.

Gewöhnlich ist es nicht so schlimm, wie das Wort
eigentlich sagt. Die Redensart stammt in ihrer übertragenen
Bedeutung „augenblicklich kein Geld mehr haben" aus der
Studentensprache.

6. Abgefeimt.

Abfeim ist dasselbe wie Abschaum; wenn wir von einem abgefeimten Schurken reden, gebrauchen wir also dasselbe Bild, wie wenn wir vom Abschaum der Menschheit sprechen.

7. Er ist gehörig abgeführt worden.

Ist eine der Studentensprache entlehnte Redensart, die allgemein soviel bedeutet wie: in beschämender Weise abgefertigt worden sein. So sagt Tieck: „Ich dachte nicht so abgeführt zu werden!" Ursprünglich bezieht sich der Ausdruck je= doch auf den, der bei einer Paukerei vor Erfüllung der fest= gesetzten Bedingungen (Kugelzahl bei Pistolen, Zahl der sogen. Blutigen oder der Gänge bei Schlägern oder der üblichen 15 Minuten) kampfunfähig wird und vom Platze „abgeführt" werden muß.

8. Abmeiern.

Der Sinn dieser Redensart ist nach heutigem Sprach= gebrauch derselbe, wie der der vorigen; ihre Grundbedeutung ist jedoch: den Meier von Hof und Gut entfernen (colonum dimittere).

Meier waren ursprünglich Aufseher, Verwalter (villici) eines Landgutes, durch deren Hand der Grundbesitzer die Abgaben seiner Hörigen oder Grundholden empfing. Viel= fach wurden sie mit der Zeit auf bestimmte Leistungen ge= setzt, d. h. sie hatten jährlich gewisse Mengen von Natur= produkten oder Summen Geldes an den Grundherrn abzuführen. Für den Fall, daß sie diesen Verpflichtungen nicht nachkamen, besaß der Herr das Recht der Pfändung und Abmeierung.

9. Abkanzeln.

S. v. w. einem im Sittenpredigertone (daher das Bild von der Kanzel) Vorwürfe machen. Ähnlich läßt Schiller in „Wallensteins Lager" den ersten Jäger von dem frommen und strengen Gustav Adolf sagen:

Und wurden wir mal ein wenig munter,
Er kanzelt' uns selbst wohl vom Gaul herunter.

10. Ablaß nach Rom tragen.

S. v. w. etwas Überflüſſiges thun. Von einfältigen Menſchen, die ſich mit einer Angelegenheit an einen möglichſt unpaſſenden Ort wenden. Rom war ja der Ort, von dem aus der Verkauf des Ablaſſes geſchäftsmäßig ins Werk ge= ſetzt wurde. Ital.: portar indulgenze a Roma. Die entſprechende Redensart des Altertums lautet: noctuas Athenas ferre, ſ. Eulen. Vgl. Waſſer ins Meer, Waſſer in die Elbe tragen.

11. Ablaufen.

An dem läuft alles ab, ſagt man von einem, bei dem aller Tadel, alle Ermahnungen vergeblich ſind. Der Tadel erſcheint hier als Regen, wie auch ſonſt ſtrafende, ſcheltende Worte als eine Flut, und wie man auch ganz allgemein ſagt, daß die Worte fließen. Wer einen ſolchen Regen hat über ſich ergehen laſſen müſſen, iſt ganz „betroſt" (betraut), „ſteht da wie ein begoßner Pudel". Syll. 46: „Asinus compluitur. Ein Eſel laſſet ſich alles beregnen, und achtet es nicht, das iſt, Er gibt auff keine ſchelt= oder dräu=wort. Er iſt ſo naß, als er werden mag. Wann ich den Rock ſchüttele, ſo fället es alles ab."

12. Er nimmt Abſchied wie der Teufel: mit Geſtank!

So ſagt man von Leuten, die ſich auf etwas zweifel= hafte, „anrüchige" Weiſe aus dem Staube machen. Der Teufel hinterläßt nämlich dem Volksglauben nach, wenn er durch ein heiliges Wort oder Zeichen verſcheucht wird, einen Schwefelgeſtank. Die Redensart iſt alt; ſchon bei Sebaſtian Franck (1541) findet ſich das Sprichwort: „Der Teufel läßt ſtets einen Geſtank hinter ihm", mit der Erklärung: „Man nennt einen böſen Geruch ein ſtinkend Gummi, Teufelsdreck, zum Zeichen, als ſei des Teufels Ausfahrt und Abſcheiden nicht gut. Es wird auch von unehrlichen Leuten geſagt, die ſich übel ſetzen, und im Abſchied Unehr nach ſich verlaſſen, alsdann ſpricht man: Sie haben einen Geſtank hinter ihnen gelaſſen und ſich daraus gemacht."

13. Abſegeln.

Eines der vielen Bilder unſrer Sprache für ſterben. Man hat zur Erklärung gerade des Segelns auf die alt=

germaniſche Sitte hingewieſen, die Leiche einem Schiffe an=
zuvertrauen und dieſes ins Meer hinauszuſtoßen. Wahr=
ſcheinlich iſt der Ausdruck aber nur eine Abwandlung des
ſonſt gebräuchlichen Abfahren (mittelhochd. heißt der Tod oft
diu hinvart) und der volksmäßigern Abfutſchieren und
Abrutſchen.

**14. Sein Abſehen auf etwas richten; es auf etwas ab=
geſehen haben.**

S. v. w. auf etwas ausgehen, etwas bezwecken. „Ab=
ſehen" (auch „Abſicht") hieß die kleine Kerbe am Gewehr,
die für den zielenden Schützen in einer Linie mit dem Korn
(ſ. d.) am Ende des Flintenlaufs und dem Zielpunkt liegen
muß. Simpl. II, 187, 19: „Dieſer Corporal hätte .. mehr
ermeldten Prinz fleißig im Geſicht und vor ſeinem Abſehen
behalten." Und deutlicher noch bei Gottſched: „Jede Scheibe
hat nur einen Zweck (Zwecke, d. i. Ziel), nach welchem
viele zielen durch ihre Abſichten."

15. Abſpeiſen.

Einen dürftig, mit bloßen Redensarten abfertigen; eigent=
lich: mit Worten (ſtatt mit Brot) abſpeiſen. Syll. 99:
„Farcire centones alicui. Mit Worten ſpeiſen."

16. Den Abt reiten laſſen.

S. v. w. ſich in Abweſenheit des Abts luſtig machen,
ohne Aufſicht ſich gehen laſſen. Die Redensart ſtammt
aus dem Kloſter; wenn der Abt, der geſtrenge Herr, über
Land ritt, ließen ihn die Mönche reiten und machten ſich
einen guten Tag. Gewiß ahmen die ſpielenden Kinder ur=
ſprünglich Mönche nach, wenn ſie ſingen:

Der Abt iſt nicht zu Hauſe,
Er iſt auf einem Schmauſe,
Und wenn er wird nach Hauſe komm'n,
So wird er ſchon geklingelt komm'n.

Ein bekanntes, unſrer Redensart ganz ähnliches Sprich=
wort ſagt: Wenn die Katze aus dem Hauſe iſt, haben die
Mäuſe Kirchtag, ſpringen die Mäuſe über Tiſch und Bänke.
Frz.: Les rats se promènent à l'aise, là où il n'y a
point de chats, oder: Quand le chat n'est pas au logis,

les rats dansent sur la table. Ital.: Dove non son gatti, i topi ballano. Engl.: When the cat is away, the mice play.

Der Grundgedanke dieses Sprichwortes ist alt; er findet sich zuerst wohl in der Fabel Äsops, wo sich die Mäuse an einen für die Katze unzugänglichen Ort flüchten und nun in Freiheit leben. Die Fabel lehrt, daß Unordnung und Verwirrung überall da herrschen, wohin der Arm der Gerechtigkeit nicht reicht, oder wo es die Obrigkeit an der gehörigen Aufsicht fehlen läßt. Bei Terenz findet sich das Sprichwort in folgender Fassung: Perstrepunt, domini ubi absunt; vgl. das frz.: voyage de maître, noces de valet.

Außer der ersten Redensart knüpfen sich noch verschiedene andre Sprichwörter und Redensarten an die Persönlichkeit des Abts, z. B.: Wie der Abt singt, so antworten die Mönche; auch frz.: le moine répond comme l'abbé chante (d. i.: wie die Alten sungen, so zwitschern die Jungen); wenn der Abt Würfel auflegt, hat der Konvent Macht zu spielen; wie ein Abt bedient werden u. a. Auch ein bestimmter Abt, der von Posen, lebt im Volksmunde. Er ist ein Mann, der zu leben und leben zu lassen weiß und dabei auch einmal durch die Finger sieht. „Wer möchte das nicht", sagte der Abt von Posen — entgegnet man einem, der einen dritten wegen verbotenen Genusses anklagt.

17. Durch seine Abwesenheit glänzen.

Diese Redensart findet sich schon bei Büchmann erklärt als „ein Tacitischer Edelstein in Chénierscher Fassung". Im alten Rom war es Sitte, bei Leichenbegängnissen imagines maiorum (die Bilder der Vorfahren) der Leiche voranzutragen. Nun erzählt Tacitus (Annalen, 3. Buch, letztes Kapitel), unter der Regierung des Tiberius sei Junia, die Witwe des Kassius und Schwester des Brutus, gestorben und mit allen Ehren bestattet worden. „Aber Kassius und Brutus leuchteten gerade dadurch hervor, daß ihre Bildnisse nicht zu sehen waren" (sed praefulgebant Cassius atque Brutus eo ipso, quod effigies eorum non videbantur).

Diese Stelle hat J. Chénier in seiner Tragödie „Tibère", A. I, Sc. 1, so wiedergegeben:

> Devant l'urne funèbre on portait ses aïeux;
> Entre tous les héros qui, présents à nos yeux,
> Provoquaient la douleur et la reconnaissance,
> Brutus et Cassius *brillaient par leur absence*.

18. Mit Ach und Krach.

Ist eine der vielen stehenden Zwillingsformeln unsrer Sprache. In vielen stehen die beiden Geschwisterbegriffe nur durch „und" verbunden nebeneinander, bei andern macht der Reim die Verwandtschaft beider gleich fürs Ohr deutlich, wieder bei andern — und das sind im allgemeinen die ältesten — der Stabreim. Jacob Grimm hat im Anfange seiner Rechtsaltertümer und C. Schulze in Herrigs Archiv (Bd. 48 fg.) aus alten Gesetzen, Weistümern u. a. eine reiche Auslese von solchen althergebrachten, freilich großenteils jetzt nicht mehr gebräuchlichen Wendungen zusammengestellt; die folgende Sammlung soll nur einen Überblick über das geben, was heute davon noch gäng und gäbe ist.

A. Verbindungen ohne End- und Stabreim.

a. Substantiva:

Ach und Weh; Goethe: „half ihm doch kein Weh und Ach" — in Acht und Bann — die Alten und Jungen — in Amt und Würden — Art und Schick — Art und Weise — über Berg und Thal — Bomben und Granaten — nach altem Brauch und Herkommen — Brauch und Sitte — *Brief und Siegel[1] — Dichten und Trachten — in Fleisch und Blut (in succum et sanguinem) — mit Feuer und Schwert (ferro ignique) — mit Fug und Recht — unter Glas und Rahmen — Gram und Kummer — (in) Grund und Boden — Hals und Bein (brechen) — *über Hals und Kopf — mit Hand und Mund — *Hand und Fuß (haben) — mit Händen und Füßen (manibus pedibusque) — mit Hängen und Würgen — an Haupt und Gliedern — Haut und Knochen — auf Heller und Pfennig — Hieb und Stich —

---

[1] Die mit einem Stern bezeichneten Verbindungen werden später an ihrer Stelle erklärt werden.

Hitze und Kälte — *Hopfen und Malz (verlieren, oleum et operam perdere) — Hunger und Durst (fames sitisque) — *in Jahr und Tag — Kern und Schale — in Ketten und Banden (catenae et vincula) — Kraft und Macht — *wie Kraut und Rüben — (über) Land und Meer — Leben und Treiben — Leib und Gut — mit Leib und Seele — *durch Mark und Bein — Maß und Gewicht — ohne Maß und Ziel (Ovid: est modus in rebus, sunt certi denique fines) — Mittel und Wege — Mord und Tot- schlag — Mühe und Arbeit — mit Mühe und Not — zu Nutz und Frommen — an Ort und Stelle — nach Pflicht und Gewissen — Pflicht und Schuldigkeit — Rang und Titel — nach Recht und Billigkeit — in Reih und Glied — in Ruh und Frieden — in Sack und Asche — hinter Schloß und Riegel — ohne Sinn und Verstand — Sommer und Winter — Speise und Trank — Spiel und Tanz — mit Spießen und Stangen — Spott und Hohn — Stadt und Land — Sünde und Schande — Tag und Nacht (noctes diesque) — Tisch und Bett (früher: bank und bette) — auf Tod und Leben — auf Treu und Glauben — Wald und Heide — Wall und Graben — zu Wasser und zu Lande (terra marique) — in Wort und Bild — mit Wort und That — Zeit und Stunde — Zeit und Umstände — Zeit und Weile.

b. Adjektiva und Adverbia:

All und jeder — alt und jung — angst und bange — dick und fett — früh und spät — groß und breit — gut und nütze — hier und dort — hin und wieder — *hoch und teuer — kalt und frostig — krumm und lahm — kurz und bündig (breviter et abscise) — kurz und gut — über kurz oder lang — lang und breit — lauter und rein — lieb und wert (in der Anrede auch zusammengezogen: lieb- werter Vetter) — nackt und bloß — recht und billig — rund und nett — steif und fest — toll und blind — voll und ganz — wohl oder übel.

c. Verba:

Achten und schätzen — beißen und kratzen — drehen und wenden (lenken) — dichten und trachten — essen und trinken (to eat and to drink; manger et boire) — grünen und blühen — hören und sehen — hungern und dürsten — kehren und wenden (alter Ausdruck bei Grenzbestimmungen) — kommen und gehen (to come and to go; passer et lasser, frapper et s'en aller) — sich krümmen und winden — lachen und weinen (to smile and to sneer, to laugh and to cry; rire et pleurer) — leben und sterben — lieben und hassen — säen und ernten (to sow and to reap, to sow and to mow; semer et recueillir) — schäumen und zischen — sein und bleiben — sengen und brennen — sieden und braten — stehen und liegen lassen — suchen und finden (to seek and to find; chercher et trouver) — thun und lassen — tosen und brausen — versprechen und halten (to promise and to hold [keep]; promettre et tenir) — wagen und gewinnen (to venture und to have; risquer et gagner) — wohnen und hausen — zittern und beben.

Erstunken und erlogen — *nicht gehauen und nicht ge= stochen — gesottnes und gebratnes — gestiefelt und ge= spornt — gestoben und geflogen — verbrieft und besiegelt — verraten und verkauft — verriegelt und verschlossen.

B. Gereimte Verbindungen. [1]

a. Substantiva:

Mit Ach und Krach — unter Dach und Fach — Hack und Mack — Hack und Pack (preußisch) — mit Sack und Pack — ohne Saft und Kraft — *Knall und Fall — Salz und Schmalz — *außer Rand und Band — Schand und Brand anthun — *Sang und Klang — mit Rat und That — Habchen und Babchen — Kragen und Magen — Handel und Wandel — *in Saus und Braus — mit

---

[1] Auch im Sprichwort spielt der Reim eine große Rolle: Jugend hat keine Tugend. — Juristen, böse Christen! — Franken= weine, Krankenweine! — Träume sind Schäume. — Würde, Bürde! — Alles vergeht, Tugend besteht. — Andre Jahr', andre Haar'! — Begonnen ist halb gewonnen. — Borgen macht Sorgen. — Ende gut, alles gut. — Erst die Pfarre, dann die Quarre. — Eile mit Weile! — Ehestand, Wehestand. — Ehre verloren, alles verloren! — Stank statt Dank! u. s. f.

Dreck und Speck — Weg und Steg — Schlemmer und Demmer — *Krethi und Plethi — *Stein und Bein — Freud und Leid — Glimpf und Schimpf — mit Kind und Rind — auf Schritt und Tritt — *Kipper und Wipper — in Irren und Wirren — nach bestem Wissen und Ge= wissen — *über Stock und Block — in Not und Tod — ohne Ruck und Zuck — Lug und Trug — Gruß und Kuß — Gut und Blut — Gut und Mut verlieren — zu Schutz und Trutz — Gemüt und Geblüt — Mücken und Tücken — *in Hülle und Fülle — Würde und Bürde.

b. Adjektiva und Adverbia:

Dann und wann — echt und recht — *schlecht und recht — de= und wehmütig — mein und dein — weit und breit — pfiffig und kniffig — *voll und toll — stumm und dumm (stumm, dumm und gefräßig) — hüben und drüben — (in Sachsen scherzhaft: denk= und gegenwärtig).

c. Verba:

Schalten und walten — langen und bangen — raten und thaten — ächzen und krächzen — schauen und trauen — gehen und stehen — leben und weben — hegen und pflegen — schlemmen und demmen (Narrenschiff) — schlenzen und scherwenzen (Goethe im „Götz“) — sterben und ver= derben — herzen und scherzen — scheiden und meiden — singen und klingen — singen und springen — fliegen und kriechen — sich schmiegen und biegen — summen und brummen — lügen und trügen — rütteln und schütteln.

Geschniegelt und gebügelt — verschoben und ver= schroben — ungezwungen und ungedrungen — gerüttelt und geschüttelt.

C. Alliterierende Ausdrücke.

a. Substantiva:

Anfang und Ende — *zwischen Baum und Borke — *in Bausch und Bogen — Blatt und Blüte — Bret und Butter — Bürger und Bauer — Buße und Besserung — Teich und Damm — durch Disteln und Dornen — (Schiller im „Fiesco“: Donner und Doria) — an allen Ecken

und Enden — auf Eid und Ehre — Eigen und Erbe —
mit Fäusten und Füßen — Feuer und Flamme — Freund
und Feind — Friede und Freude — Fisch und Fleisch —
Geld und Gut — Geld und gute Worte — *weder Gicks
noch Gacks — Gift und Galle — Glück und Glas —
Gras und Kräuter — Grund und Grat — Hahn und
Henne — Haß und Hader — Haus und Heim (house
and home) — Haus und Herd — Haus und Hof (arae
et foci) — *mit Haut und Haar — mit Herz und Hand —
Himmel und Hölle — Hirt und Herde — Kaiser und
König — Kalb und Kuh — mit Keulen und Knitteln —
*Kind und Kegel — Kisten und Kasten — Kisten und Koffer —
Kopf und Kragen — Krume noch Kruste — Küche und
Keller — Land und Leute — Lappen und Lumpen — Leib
und Leben — Gelehrte und Laien — Licht und Leben —
Licht und Luft — Lunge und Leber — Lust und Liebe —
Mann und Maus — bei Nacht und Nebel — Nahrung und
Notdurft — Pfand und Pfennig — Pfarrer und Pfründe —
ohne Rast und Ruh — Roß und Reiter (Bürger in der
„Lenore") — in Samt und Seide — Sang und Spiel —
Scherz und Schimpf — Schild und Schirm — Schild
und Schwert — mit Schimpf und Schande — Schloß und
Schlüssel — Schmach und Schande — Schutz und
Schirm — Seele und Seligkeit — Speer und Spieß —
Stecken und Stab (Pf. 23, 4) — Stiefel und Sporn —
Stock und Staude — *über Stock und Stein — mit
Stumpf und Stiel — vor Tag und Tau — Thor und
Thür — Tod und Teufel — Topf und Tiegel — Wald
und Weide — Wald und Wiese — Wasser und Weide —
Wasser und Wein — eine gute Wehr und Waffen (Luther) —
Wind und Wasser — Wind und Wellen — Wind und
Wetter — mit (ohne) Wissen und Willen — Witwen und
Waisen — Wohl und Wehe — Wort und Werke (Goethe im
„Zauberlehrling") — Zaum und Zügel — Zeit und Ziel —
Zins und Zoll — *Zweck und Ziel.

b. Adjektiva und Adverbia:

An und ab — auf und ab — blaß und bleich —
blank und bloß — braun und blau — dick und dünn —

drauf und dran — drum und dran — drunter und drüber (omnia sursum deorsum fortuna versavit. Seneca, Ep. 44) — erb- und eigentümlich (Goethe im „Götz") — fix und fertig — frank und frei — frei und froh — frisch und fröhlich — frisch, fromm, fröhlich, frei (Wahlspruch der Turner) — ganz und gar — *gäng und gäbe — im großen und ganzen — grün und gelb — gut und gern — nicht halb, nicht heil (heil = ganz) — hin und her — hoch und hehr — hoch und heilig — hott und hü — immer und ewig — klein und keck — *klipp und klar — kurz und klein — je länger, je lieber — lieb und leid — lichterloh — los und ledig — matt und müde — nagelneu — niet- und nagelfest (Gegensatz: fahrende Habe) — null und nichtig — nun und nimmermehr — offen und ehrlich — sauer und süß, sauersüß — starr und steif — wie und warum — wo und wie — wohl und warm — wohlweislich — wüst und wild.

c. Verba:

Ich bin und bleibe — beißen und bellen — nichts zu beißen noch zu brechen (brocken) haben — biegen oder brechen — bitten und beten — büßen und bessern — drehn und deuteln (Bürger in den „Weibern von Weinsberg": „ein Kaiserwort soll man nicht drehn noch deuteln") — fasten und feiern — forschen und fragen — haben und halten — halten und hegen — hoffen und harren — hüten und hegen — küssen und kosen — wie er leibt und lebt — sich nicht rücken noch rühren — sich nicht rühren und rappeln — schinden und schaben — schirmen und schützen — schlenzen und scherwenzen (vgl. die gereimten Verbalverbindungen) — schnarchen und schnauben — *singen und sagen — thun und treiben — trotten und traben — nicht wanken noch weichen — zittern und zagen.

19. Achillesferse.

Ist sprichwörtlich zur Bezeichnung der schwächsten, verwundbarsten Stelle eines Menschen, nach der griechischen Sage von Achilles, den seine Mutter, die Meergöttin Thetis, in der Absicht, ihn unsterblich zu machen, in Feuer (nach

Spätern: in den Styx) eintauchte; nur die Ferſe, woran ſie
ihn hielt, blieb ungefeit und daher verwundbar (Homer
weiß noch nichts von der Unverwundbarkeit des Achilles;
vgl. Ilias 21, 167).

Dem griechiſchen Achill entſpricht im deutſchen Volks=
epos die Heldengeſtalt Siegfrieds: beide werden inmitten der
blühendſten Lebenskraft hinweggeriſſen, und wie jener nur an
der Ferſe verwundbar geweſen ſein ſoll, ſo erzählt die
deutſche Volksſage von dieſem, daß er nur im Rücken
verwundbar geweſen ſei, weil ihm beim Baden im Drachen=
blut (was ihm ſeine Hornhaut gab) ein Blatt von der
Linde, unter der er badete, zwiſchen die Schultern gefallen
war, ſodaß dort das Blut nicht hindrang.

Faſt in allen Sprachen bedeutet der Name Achill ſoviel
wie die Tapferkeit und Unerſchrockenheit ſelbſt.

20. Etwas auf ſeine Achſel (d. i. Schulter) nehmen.

Hiob 31, 36; vgl. hierzu: etwas auf ſeine Kappe, auf
ſeine Hörner nehmen. Alle Redensarten bedeuten ſ. v. w.
die Folgen einer Sache, oder einer Handlung und die Ver=
antwortung dafür auf ſich nehmen.[1]

21. Etwas auf die leichte Achſel nehmen.

Es für unbedeutend anſehen und deshalb vernachläſſigen.
Das Bild iſt abermals vom Laſtträger genommen, und der
Ausdruck „leichte Achſel" meint die Achſel, auf der man leich=
tere Laſten zu tragen gewohnt iſt. Lat.: sinu laxo ferre
aliquid. Horaz, Sat. 2, 3, 172.

---

[1] Ähnliche Bilder finden ſich auch in folgenden figürlichen
Ausdrücken: ſich unterſtehen, etwas zu thun, d. h. eigentlich
ſich ſelbſt unter etwas ſtellen, um die Sache auf ſich zu nehmen;
ſich unterfangen, d. i. eigentlich mit der Hand unter etwas
faſſen oder greifen, um es zu halten, zu heben oder zu bewegen;
ſich unterwinden, wo winden noch in dem alten Sinne von
ſtreben, ringen, ſeine Kräfte anſtrengen, gebraucht iſt; die Grund=
bedeutung iſt alſo: mit Kampf und Anſtrengung aller Kräfte unter
eine Sache zu kommen ſtreben, um ſie zu heben, zu bewegen u. ſ. f.,
daher wird es von ganz beſonders ſchwierigen Unternehmungen
geſagt; vgl. 1 Moſ. 18, 27; danach bei Gellert: „Sieh, Herr,
ich unterwinde mich, mit dir zu reden. Staub bin ich."

22. Auf beiden Achseln tragen.

Es mit keinem (zunächst von zweien) verderben wollen. — Bei Val. Holl 160ᵃ wird von einer Frau gesagt: „Wan sy kann lachen wainen wann sy will Vnd schießen ferr vnd nach zum zil Auff baiden achßlen tragen". Und in Thomas Murners „Mühle von Schwindelsheim" V. 595 heißt es: „Mit beyden achßlen kan ich gigen, wo ich nit wil bieten Welsch sigen" (vgl. Feige). Die Redensart ist dann erweitert worden: den Mantel auf beiden Schultern tragen (s. Mantel). Daher dann auch die Ausdrücke: Achselträger oder Mantelträger, von jemand, der zu jeder Partei hält. Lat.: duabus sellis sedere, Laberius bei Seneca, Contr. 3, 18.

Aus der Gebärdensprache ist folgende Redensart ent-lehnt:

23. Einen über die Achsel ansehen.

S. v. w. jemand mit geringschätzigem Blick (Achselblick) ansehen, ihn verachten. In Brants Narrenschiff 96, 33: „Man sieht den über die achßlen an." In Baiern sagt man in demselben Sinne auch: etwas über die Achsel naus blasen, weil mit dem verächtlichen Seitenblick oft eine pustende Lippenbewegung — im Schriftdeutschen Paß! — verbunden wird. — Lat.: alto supercilio contemnere. Frz.: regarder quelqu'un par-dessus l'épaule.

24. Etwas ad acta legen.

Aus der Amtssprache. Wenn sich eine Behörde auf ein eingegebenes oder eingesandtes Schriftstück (Gesuch, Bitt-schrift, Beschwerde oder dgl.) nicht einläßt und keinerlei Beschluß darüber faßt, so läßt sie es doch mit dem Ver-merk: Ad acta! in die in der Sache bereits vorhandenen Akten heften. Daher dann die weitere Bedeutung: auf eine Sache nicht eingehen.

25. Den alten Adam ausziehen.

Ist biblischen Ursprungs und findet sich in den Briefen des Paulus, z. B. an die Kolosser 3, 9: Ziehet den alten Men-schen (mit seinen Werken) aus. An verschiedenen Stellen (vgl. 1. Kor. 15, 21; 45; 46; Röm. 6, 6) stellt Paulus den alten Adam als den Urheber der Sünde und des Todes in Gegensatz zu dem neuen Adam, dem Geiste der Wiedergeburt und Urheber der Wiederauferstehung, und so beantwortet auch Luther im vierten Hauptstück seines Katechismus die Frage: Was bedeutet denn solch Wassertaufen? mit den Worten: „Es bedeutet, daß der alte Adam in uns durch tägliche Reue und Buße ersäuft werden soll". — Die Wendung findet sich aber auch oft etwas verändert; so sagt der alte Hildesheimer Chronist Oldekop immer nur: „unsen olden adam castien". Vgl. Lehm. 179 (Entschuldigen 13): „das ist die alte Adams Rhethoric, daß man die Schuld GOtt oder andern Menschen gibt"; 340 (Gleißnerey 105): „Viel seynd der Meynung, es könne niemand in Himmel kommen, als in einer Mascarad von Lambspeltz, sonst so einer in seiner alten Adamshaut dem alltags Kleid dahin kömmt, der werde in die eußerste Finsternüß geworffen."

26. Es ist keine gute Ader an ihm.

S. v. w. er taugt ganz und gar nichts. — Die Redensart stammt daher, daß die Adern früher als Sitz des Seelen- und Gemütslebens galten. Im gewöhnlichen Menschen sind gute und schlechte Adern vereinigt; von dem bösen sagt man: es ist keine gute Ader an ihm, von dem vortrefflichen aber wird gerühmt: an dem ist keine falsche Ader. Dieselbe Auffassung liegt zu Grunde, wenn wir von den Lebensfibern und -fasern als dem Sitz der Wünsche, überhaupt jeder seelischen Erregung, sprechen. Ebenso erklären sich folgende Wendungen:

27. Es schlägt mir keine Ader darnach.

S. v. w. ich habe keine Neigung, keine Begabung zu etwas. Eine dichterische, eine musikalische Ader haben, und ähnliches; Lehm. 350 (Grob 7): „Wenn ihme die Bawerader würde abgeschnitten, so würde er sich bald zu todt bluten." Vgl. Goethe im „Egmont": „Ich habe zu der spanischen Lebensart nicht einen Blutstropfen in meinen Adern."

28. Der Affe

als Sinnbild des Narren ist alt; schon im Mittelhochdeutschen wird er ebenso wie Esel und Gauch für Narr und

Thor gebraucht. So in dem alten Spruch: „Ich bin ir narr, ir gauch, ir aff, In esels weis ich sy angaff." Zarncke hat in seiner Einleitung zum „Narrenschiff", XLVII fg., zahlreiche Belege hierfür, namentlich aus dem Renner, zusammen=gebracht. Man stellte sich vor, ein alberner Mensch sei von dem Affen, dem Narren wie von einem Dämon besessen, der Affe stecke ihm im Leibe. Einen Affen, einen Narren im Leibe haben (daher dann auch: einen Narren [an jemand] gefressen haben) ist also gerade so wörtlich zu verstehen wie die vielgebrauchte Redensart: den Schalk im Busen haben, und dieselbe Vorstellung liegt zu Grunde, wenn man sagt: seinen Affen füttern, seinem Affen Zucker geben in dem Sinne von ausgelassen sein (eigentlich dem innern tollen Geist es wohl sein lassen), oder sich einen Affen kaufen für sich betrinken, einen Affen haben für betrunken sein.

Affenliebe hat mit dieser Vorstellung nichts zu thun, sondern ist übertriebene Mutterliebe, blinde Zärtlichkeit der Eltern gegen ihre Kinder; zur Erklärung vgl. Lehm. 166 (Eltern 4): „Eltern seynd offt wie Affen, die ihre Kinder vor Lieb zu Todt drücken, das ist ins Verderben stecken".

Über den Ausdruck Hans Aff s. Hans, über die Re=densart: ich denke, der Affe kratzt (laust) mich vgl. Fuchs.

29. Von einer Sache Akt nehmen.

Stammt aus der Amtssprache und bezeichnete ursprüng=lich s. v. w. über eine Sache eine Niederschrift, ein Pro=tokoll (Akte) aufnehmen. Dann in weiterer Bedeutung: Kenntnis nehmen von einer Sache, um sein Verfahren dar=nach einzurichten.

30. Seine Aktien steigen (oder fallen).

Eigentlich: das Unternehmen, woran jemand beteiligt ist, wirft größern oder geringern Gewinn ab, je nachdem der Kurs der Aktien in der öffentlichen Meinung steigt oder fällt; dann allgemeiner: die Aussichten auf den Erfolg seiner Spekulationen, seiner Bestrebungen und Hoffnungen sind im Steigen oder Fallen begriffen, mehren oder mindern sich.

31. Mir fiel ein Alp vom Herzen

gewöhnlicher in der Form:

Wustmann. 2

Mir fiel ein Stein vom Herzen,
f. v. w. ich wurde von einer großen Sorge befreit.

Es liegt nahe, eine Sorge, die man im Gemüt mit sich herumträgt, bildlich als eine Last, einen Stein zu be= zeichnen, der auf dem Herzen ruht, das Herz schwer macht. Nun giebt es eine peinigende Vorstellung im Halbschlaf, wo man glaubt, ein Gespenst presse einem die Brust, daß man kaum Atem zu holen vermag; vergebens versucht man zu schreien, die Kehle ist von dem beklemmenden Geiste wie zugeschnürt. Endlich erwacht man, aufgeregt, in Schweiß gebadet, tief Atem holend, der „Alp" ist von der Brust gewichen. Und so sagt, wer sich von einer schwer beklemmenden Sorge be= freit fühlt: mir fiel ein Alp vom Herzen.

Wie der Volksaberglaube früher alle Übel und Krank= heiten den Einwirkungen entweder göttlicher oder dämonischer Wesen zuschrieb, so auch diese rätselhaften Beängstigungen im Schlafe, deren mächtiger Eindruck bei den einfachern Menschen desto gewaltiger gewesen ist.[1] Bei den Römern schlich sich Faunus, der Gott des Waldes und der Felder, bisweilen in die Wohnungen der Menschen, um sie im Schlafe zu beängstigen, daher sein Name Incubus, d. i. Auflieger; und auch dem ganzen germanischen Sprachgebiet sind diese Druckgeister, zum Teil unter uralten Namen, be= kannt. In Mitteldeutschland heißt das Wesen Alp (Elf, Alf), niederd. Mahr (frz. cauche-mar, von calcare pressen, treten); es wurde im Mittelalter unter die schwarzen Berg= geister, die Zwerge, gezählt und in christlicher Zeit für eins mit dem Teufel erklärt, daher die bekannte sprichwörtliche Wendung:

Ihn hat der Teufel geritten!
und die sprichwörtliche Frage:
Reitet dich der Teufel?

Grimm, Sagen, Nr. 80, erzählt vom Alp, er dringe trotz verschlossener Fenster und Thüren durch die kleinsten Öffnungen ein (nach manchen Sagen als Strohhalm, nach

---

[1] Doch ist schon im Mittelalter die Erklärung des unheim= lichen Wesens durch Blutstockung (als deren Folge böse Träume erscheinen) gefunden worden.

andern als Flaumfeder). Verstopfe man geschwind das Loch,
so müsse er an der Stelle bleiben und könne nicht fort,
worauf er sich aufs Bitten lege und um Freiheit flehe mit
dem Hinweis auf seine verlassenen, hilflosen Kinder zu Hause.
Nachts reite er auch die Pferde, daß sie morgens abgemattet
seien. Wer vor dem Schlafengehen seinen Stuhl nicht ver-
setze, den plage der Alp nachts. Den Leuten mache er gern
Wichtelzöpfe (von Wicht, d. i. Zwerg oder Alp).[1] Vgl. dazu
Paul, Grundriß der germanischen Philologie, I, 1013 fg.,
wo E. Mogk trefflich zusammenfassend über germanische
Druckgeister handelt.

32. Sich auf sein Altenteil setzen.

Wird von dem Vater oder von den Eltern gesagt, die
sich im Alter von der Arbeit zurückziehen und sich zur Ruhe
setzen; sie heißen geradezu Altenteiler (sonst auch Altsitzer).
J. Grimm, Rechtsaltertümer, S. 489: „Der Vater läßt
sich gleichsam bei Lebzeiten beerben, er tritt den Kindern
sein Vermögen ab und zieht sich in eine Ecke am Herd, in
ein enges Stübchen zurück, wo er seine letzten Tage verleben
will; den freien Brand, eine Leibzucht, eine Pfründe hat er
sich vorbehalten."

33. Ein alter Knabe.

Dieses Oxymoron[2] steht bei Jesaias 65, 20: quoniam
puer centum annorum morietur, was Luther übersetzt:
„sondern die Knaben von hundert Jahren sollen sterben". —
In Brants „Narrenschiff" 5, 3, wird „enn böses kynt von
hundert ior" erwähnt.

34. Auf den alten Kaiser,

d. h. unbesorgt, wird gelebt, gesündigt, geborgt, gestohlen.
Ist dieser alte Kaiser wirklich derselbe, von dem das deutsche
Volk so lange neue Herrlichkeit erwartet hat, der im Kyff-

---

[1] Das englische Verbum to elf heißt geradezu das Haar
verfilzen.

[2] Oxymōron, d. h. eigentlich Witzigdumm, nennt man in
der Rhetorik eine Verbindung zweier Begriffe, die einen Widerspruch enthalten, z. B. junger Greis, weißer Rabe, stille Musik,
geschäftiger Müßiggang.

häuser sitzt, wo sein weißer Bart schon dreimal um den steinernen Tisch herumgewachsen ist, und dessen Raben den Berg umkreisen, der alte Babarossa?[1] Nüchterner, aber angemessener erscheint die Deutung Müllers (Lyons Zeitschr., 5), daß unter dem alten Kaiser der zuletzt gestorbene zu verstehen sei. Die Redensart wird aus den Zwischenregierungen stammen, wo die Fürsten und erst recht die kleinern Herren oft bunt wirtschafteten, weil ihnen kein Kaiser auf die Finger sah, und wenn sie der neue hätte zur Rechenschaft ziehen wollen, so war es eben noch „auf den alten Kaiser" geschehen.

35. Altfränkisch.

Bezeichnet alles, was aus der Mode ist, was in Sitten und Gebräuchen, Kleidung und Einrichtung, Charakter und Denkweise veraltet ist und dem Geschmack der Zeit zuwiderläuft. Noch zu Anfang des 14. Jahrhunderts kommt das Wort in gutem Sinne vor; vgl. Renner, V. 22266, wo die alten frenkischen liute als einfältig, treu und zuverlässig gerühmt werden. Doch schon im 15. Jahrhundert treffen wir das Wort „altfrensch" (Liedersaal 3, 89) in dem oben angegebenen Sinne. Die Bedeutungsentwicklung ist vermutlich dieselbe gewesen, wie in schlecht (vgl. schlecht und recht), in einfältig oder in albern, das eigentlich „ganz wahr" (mittelhochd. alwære) bedeutet. Kluge (Etym. Wörterb., 5. Aufl.) hält altfränkisch für eine „wohl auf den Gegensatz zu den Franzosen gegründete Bezeichnung", was aber die Stelle im Renner verbietet. Eigentümlich heißt es in Kirchhofs „Wendunmuth" (I, Nr. 93) von einem Bauern: „den noch die alte Fränkische Aufrührische Art drückte"; das wird aber als eine der Situation angepaßte individuelle Umdeutung der gemeinen Wendung (wohl auf den Bauernkrieg in Franken) aufzufassen sein.

36. Das ist wie das Amen in der Kirche.

S. v. w. es ist ganz sicher. Das Amen bleibt in der Kirche nie aus; was so gewiß eintreffen wird, wie dieses

---

[1] Barbarossa, der erste Friedrich, ist erst ziemlich spät an die Stelle Friedrichs II. getreten, auf dessen Wiederkunft das deutsche Volk ursprünglich — und noch im 16. Jahrh. — harrte.

Amen, daran ist kein Zweifel. Vgl. Syll. 105: „Folium
Sibyllae. 'Tis so waar alse Aamen.“

37. Anbinden.

Auch jemand etwas zum Angebinde geben, von der
Sitte, Bräuten, Wöchnerinnen, Kindern u. s. w. ein für sie
bestimmtes Geschenk an den Arm zu binden. Auch Ein
gebinde kommt vor, weil der Wöchnerin das Geschenk auch
in ein Tuch, dem Taufkind vom Paten auch in die Win
deln eingebunden und so dargereicht wurde. Im zweiten
Akt von Grillparzers Drama „Ein treuer Diener seines Herrn“
sagt Otto von Meran zur Königin:

> Du weißt, wir feiern heute
> Das Wiegenfest des Kleinen, deines Sohnes.
> Die Herren sind, die Frau'n bei ihm versammelt,
> Und binden ihn mit kleinen Gaben an.

Nicht zu verwechseln damit ist der Brauch, jemand anzubinden, zu dem Zwecke, daß er sich durch ein kleines Löse
geld, ein Trinkgeld befreie. So wurde früher der Bauherr
oder wer sonst ein im Bau begriffenes Haus betrat, von
den Bauleuten angebunden (mit der Schnur verzogen) und
nicht eher aus dem Hause gelassen, als bis er ein Trinkgeld
gezahlt hatte. Auch dem Brautpaar, das aus der Kirche
heimfuhr, wurde von den Dorfkindern auf der Straße eine
Schnur vorgezogen, bis der Bräutigam ein Geldstück aus
dem Wagen warf. — Ein drittes „anbinden“ (s. v. w.
feindlich mit jemand zusammengeraten) stammt aus der
Fechtersprache: hier werden die Klingen gebunden, d. h.
kreuzweise aneinander gelegt.

Kurz angebunden nennt man einen, der barsch, un
willig oder schnippisch antwortet. Eigentlich von dem bösen
Hunde, der kurz angebunden ist, damit er nicht zu viel
Spielraum habe.

38. Es einem angethan haben.

S. v. w. einen bezaubert haben. Das scheut man sich
aber zu sagen, daher das verhüllende „thun“ (vgl. einen abthun) und das noch unbestimmtere „es“, hinter dem ja der
Zauber eigentlich steckt.

39. Einem nichts anhaben können.

S. v. w. ihm nicht schaden können. Die Redensart erklärt sich wie viele sofort, wenn man die erstarrte heutige Form löst und nun den verflüchtigten „Begriff" auf einmal wirklich greifen kann: an dem kann ich nichts haben, ge= winnen, weil er mir zu stark ist, sich keine Blöße giebt. Im Leben Wilwolts von Schaumburg z. B. werden die Landsknechte einmal aufgefordert, auf den Feind zu gehen, mit dem Zusatz: „ob sie was an ihm haben möchten".

40. Einem etwas anhängen.

S. v. w. Nachteiliges von ihm sagen. Vielleicht hergenom= men von dem Zettel, der den am Pranger stehenden Ver= brechern angehängt wurde, um jedermann die Ursache dieser entehrenden Bestrafung kund zu thun. Vgl. Ps. 78, 66 und Sir. 47, 21. Doch genügt es auch, an die Neckerei zu denken, daß einer dem andern vielleicht einen Strohhalm, einen Lappen, ein Stück Papier oder dgl. an den Rock steckt, was dann den Spott der Vorübergehenden heraus= fordert.

41. Jemand etwas anheim (heim) stellen (geben).

S. v. w. eine Sache dem Gutdünken eines andern unterwerfen. — Etwas jemand heim stellen heißt eigentlich: es in sein Haus, sein Heim stellen. Damit giebt man die Sache gänzlich in seine Gewalt, und so bedeutet „heim stellen" in übertragenem Sinne: vollkommen überlassen. Hohen Vor= gesetzten pflegen wir heimzustellen, was wir andern, die uns gleich oder geringer sind, schlechtweg überlassen. Wenn der Vorgesetzte dem Untergebenen etwas „anheimstellt", so kann darin nur Ironie liegen. Die Form „anheim" ist eine müßige Verlängerung und stammt aus der Kanzleisprache, die das Lange und Breite liebt.

42. Einem etwas ankerben.

S. v. w. durch eine Kerbe bezeichnen; übertragen: es ihm gedenken, nachtragen; vgl. hierzu die Redensart: bei jemand auf dem Kerbholz stehen. Ähnlich sagt man auch: einem etwas ankreiden, anstreichen. In allen diesen Wen= dungen wird die Schuld des andern wie eine Geldschuld

behandelt; umgekehrt glaubt, wer auf Vergeltung einer
Wohlthat hofft, „etwas gut zu haben" bei dem, dem er sie
erwiesen hat.

43. Ankratz haben.

S. v. w. viel begehrt werden, umworben sein, gern von
schönen Mädchen gesagt, um die sich die jungen Männer
werbend drängen. Es hält schwer, die Redensart aus der
Vorstellung des Kratzens zu erklären: man könnte doch nur
an bettelnde Hunde denken, die wohl an dem herumkratzen,
von dem sie etwas erwarten.

In Westfalen sagt man von Frauenzimmern, die nicht
zum Tanze aufgefordert werden, daß sie „gar keinen ankrigg
heeren un ümmer op der langen bank sitten". Ankrigg aber
ist soviel wie hochdeutsch Ankrai oder Ankräh, und dazu
stimmt die aus dem 16. und 17. Jahrhundert bezeugte
Redensart: viel Ankrehens haben. Matthesius schreibt in
seiner „Sarepta oder Bergpostilla" (15ᵃ): „bergwerk haben
viel ankrehens", und Lehman hat S. 711 (Schönheit 50)
den Satz: „Schöne Leute ... haben viel ankrehens". Darf
man auf Grund dieser Belege wagen, Ankratz als den Genitiv eines — vielleicht zunächst bloß im Scherze gebildeten —
Substantivums „Ankraht" (bekannt sind sonst nur Kraht und
Hahnkraht) zu erklären, der abhängig zu denken wäre von
einem zu ergänzenden viel, wie es bei Matthesius und
Lehman wirklich steht? Wer viel Ankratz hat, wäre dann
eigentlich das Gegenteil von dem, nach dem kein Hahn kräht.

44. Einen anlaufen lassen.

S. v. w. ihm übel begegnen, ihn gehörig abfertigen; zunächst thut das der Jäger mit dem Wildschwein, das er
auf den entgegengehaltenen Speer laufen läßt.

45. Es anlegen auf etwas.

Aus der Schützensprache; s. v. w. auf etwas zielen,
etwas zur Absicht haben. Ebendaher: einen Anschlag auf
jemand machen, d. i. eigentlich sich zum Schießen vorbereiten, den Flintenkolben an die Wange legen, auf einen
anlegen, um ihn zu treffen. Ein andrer Anschlag ist
gemeint, wenn man sagt: etwas so und so hoch in Anschlag

bringen, d. i. ſchätzen; denn dieſen taxierenden Anſchlag macht eigentlich die Behörde mit dem Hammer an dem Brett oder der Säule, wo die Bekanntmachungen der Behörde zu leſen ſind.

46. Einen anſchwärzen; ihn ſchwarz machen.

S. v. w. ihn ſchlecht machen, ihn verleumden. Faſt in allen Sprachen bedeutet ſchwarz in übertragenem Sinne ſ. v. w. böſe, weiß ſ. v. w. gut. Vgl. Horaz, Sat. 1, 4, 85:
Hic niger est, hunc tu, Romane, caveto!
Schwarz iſt die Farbe der Nacht und des Böſen, im Gegenſatze zu dem weißen Licht des Tages, dem Weiß der Unſchuld. Die Engel wurden weiß, die Teufel ſchwarz gedacht. Nigromantie[1] iſt die ſchwarze Kunſt, Zauberbücher ſind ſchwarze Bücher; weiße Bücher ſind die Heilige Schrift und die Gebote. Auch bedeutet weiß und ſchwarz zuweilen ſ. v. w. gute und böſe Zeit, Glück und Unglück, daher: du ſiehſt zu ſchwarz. Vgl. hierzu ſich weiß brennen und aus ſchwarz weiß machen (und umgekehrt); Ovid, Met. 11, 315: facere candida de nigris et de candentibus atra; — Juvenal, 3, 30: qui nigrum in candida vertunt.

47. Ohne Anſehen der Perſon.

Die Redensart iſt bibliſchen Urſprungs; Röm. 2, 11 heißt es: denn es iſt kein Anſehen der Perſon (acceptio personarum) vor Gott. — Vgl. Apoſtelgeſch. 10, 34; 2 Chron. 19, 7; 5 Moſ. 10, 17; 1 Sam. 16, 7; Hiob 34, 19; Gal. 2, 6; Kol. 3, 25; Epheſ. 6, 9; Petri 1, 17; u. ö.

48. Jemand ein Stein des Anſtoßes ſein.

S. v. w. ihm im Wege, ihm hinderlich ſein. — Die Redensart iſt bibliſcher Herkunft und findet ſich bei Jeſaias 8, 14 und 1. Petri 2, 8, während Röm. 9, 32, 33 Stein des Anlaufens geſagt wird. In Brants „Narrenſchiff" 29, α—γ:

> Wer uff ſyn frumkeyt halt alleyn
> Vnd ander vrtelt böß vnd kleyn
> Der ſtoßt ſich offt an hertte ſteyn.

---

[1] Nigromant iſt eine Nebenform von dem griechiſchen Nekromant (eigentlich Totenbeſchwörer), indem man die erſte Hälfte des Wortes auf lat. niger umdeutete: ſchwarze Kunſt, Schwarzkünſtler.

Auch im Holländ. bei Harrebomée II, 302ᵇ; frz.: c'est une pierre de scandale.

Vgl. jemand Steine aus dem Wege räumen, s. v. w. ihm den Pfad ebnen.

49. Etwas anzetteln.

S. v. w. durch ein Gewebe von allerlei kleinen Mitteln etwas ins Werk setzen, gewöhnlich mit Hilfe andrer. Wird eigentlich von den Webern gebraucht, wenn sie durch Ausspannung der Fäden ihr Gewebe anfangen. Im zweiten Teil des Simplicianischen Vogelnestes heißt die Überschrift zum fünfzehnten Kapitel: „Moschiach wird vom Elias angezettelt, von der Esther außgewebet, und endlich von dem grossen Gebürg nur eine kleine lächerliche Mauß geboren". — Dasselbe Bild steckt in verzetteln, eigentlich den Faden im Gewebe verwirren und verlieren.

50. In den sauern Apfel beißen.

S. v. w. sich mit Selbstüberwindung einer unangenehmen Sache unterziehen. Nach unserm Sprachgefühl ist der saure Apfel selbst das Unangenehme, dem man sich unterziehen muß; aber diese Vorstellung ist vielleicht nicht die ursprüngliche. Man beißt wohl eigentlich in den sauern Apfel, um seinen Ärger zu verbeißen, um ihn durch die Säure zu übertäuben, vgl. Lehm. 240 (Geduld 47): „Laß die Kugel außlauffen, vnd beiß derweil in ein sawren Apffel". Freilich scheint schon bei Luther diese Vorstellung zu fehlen, wenn er schreibt: „obgleich e. k. gn. ein wenig hat müssen wermut essen und in einen sawren apfel beißen".

51. Jemand in den April schicken.

S. v. w. ihn am 1. April auf irgend eine Weise anführen und zum Narren machen; eigentlich nur: jemand den April antreten lassen. Im April, mit dem Frühling, begann das altgermanische Jahr, und zum Jahreswechsel hat man sich von jeher beschenkt. Natürlich ging das, wie noch heute, nicht ohne Neckereien ab, und so ist die Redensart zu ihrer heutigen Bedeutung gekommen. Wer auf den Leim gegangen ist, heißt Aprilnarr.

In Frankreich gab man sich den im April besonders

häufigen und daher billigen wohlschmeckenden Fisch maque-
reau, daher heißt der Aprilscherz dort poisson d'avril.

52. Veränderlich wie der April.

Der Monat April ist wegen seines veränderlichen Wet=
ters zum Bild der Unbeständigkeit geworden. Vgl. Simpl.
I, 84, 1: „weil seine lüfftige Gottheit nur auf des Printzen
Aprillenwetterischen Gunst bestund".

Daher auch: ein Gesicht machen wie Aprilen=
wetter, s. v. w. zwischen Lachen und Weinen sein; dazu die
beiden Gegensätze: ein Gesicht wie drei Tage Regenwetter
und ein Gesicht wie lauter Sonnenschein.

53. Argusaugen haben.

Von einem scharfsichtigen, mißtrauischen Hüter, Auf=
passer; frz.: avoir des yeux d'Argus; lat.: Argum fallere,
auch den vorsichtigsten Menschen anführen. Für das deutsche
Mittelalter ist der Vergleich nur in lateinischer Form be=
zeugt: Cautius in terris vos exercete, fideles,
        Desuper intentans oculatus prospicit Argus.

Aus der griechischen Sage von Argos Panoptes (d. i.
der Allsehende) entlehnt, der an seinem ganzen Körper Augen
(nach Einigen hundert) hatte, weshalb ihn Hera zum Hüter
der Kuh Jo bestimmte. Hermes aber, so erzählt die Mythe,
schläferte ihn durch den Ton der Hirtenflöte ein, tötete ihn
und setzte seine Augen in den Pfauenschweif.[1]

54. Ein Ariadnefaden.

Lat.: Ariadnes, Ariadnaeum filum; s. v. w. ein Mittel,
aus Schwierigkeiten, Irrtümern oder Leiden glücklich heraus=
zukommen; ein guter Rat, womit man einem aus einer
schlimmen Lage hilft.

Die griechische Sage erzählt vom König Minos von Kreta,
daß er in einem Bau von Irrgängen, dem Labyrinth, ein Un=
getüm, halb Mensch, halb Stier, geborgen gehalten habe, den

---

[1] Man kann folgende schöne Stelle in Goethes Gedicht „Will=
kommen und Abschied" vergleichen:
  Schon stand im Nebelkleid die Eiche
  Ein aufgetürmter Riese da,
  Wo Finsternis aus dem Gesträuche
  Mit hundert schwarzen Augen sah.

Minotauros, dem Jünglinge und Jungfrauen, von Athen als Tribut gesandt, zum Fraße vorgeworfen wurden. Als nun Theseus von Athen nach Kreta kam, um das Ungeheuer zu töten, entbrannte Ariadne, die Tochter des Minos, in heftiger Liebe zu ihm und gab ihm einen Faden, mit dem er sich in dem Labyrinth bis zu dem Minotauros und nach vollbrachter That wieder zurück aus Tageslicht fand.

Auf diese griechische Sage geht auch zurück der Ausdruck **Leitfaden,**

d. i. eigentlich der Faden, womit sich Theseus aus dem Labyrinth half. Unsre unzähligen „Leitfaden" haben uns heute das Bild vergessen lassen, ganz deutlich aber hat es z. B. noch Wieland vorgeschwebt, wenn er von seinem Agathon sagt: „Er sah die Schwierigkeiten, einen Plan zu machen, der ihm durch das Labyrinth des Hofes und des öffentlichen Lebens zum Leitfaden dienen könnte".

55. Eine arkadische Pflanze, ein arkadischer Sprößling.

Von jemand, dem eine gewisse Derbheit und Mangel an seiner Bildung eigen ist. Schon bei den Alten war Arcadium germen, Arcadius juvenis sprichwörtlich für einen dummen Menschen, einen Einfaltspinsel; denn die Arkadier, ein einfaches Volk von Jägern und Hirten, galten als der beschränkteste griechische Stamm. Aber wegen der Abgeschlossenheit ihres gebirgigen Heimatlandes erhielten sie sich ihre alten unverdorbenen Sitten, ihre Kraft und ihren Frohsinn noch, als das übrige Griechenland sittlich verfiel. Und so kam es, daß Arkadien von den Dichtern als das Land der Unschuld und des Friedens, als das Eldorado der alten Welt gepriesen ward. Schiller beginnt sein Gedicht „Resignation" mit den Worten:

Auch ich war in Arkadien geboren,

Goethe wählte für seine „Italienische Reise" das Motto:

Et in Arcadia ego!

Rückert sang, „Aprilreiseblätter" 20):

Auch ich war in Arkadien geboren,
Und ward daraus entführt vom neidschen Glücke.
Ist hier der Rückweg? fragt' ich jede Brücke:
Der Eingang hier? fragt' ich an allen Thoren.

56. Einem unter die Arme greifen.

S. v. w. ihm in einer augenblicklichen Not oder Verlegen=
heit behilflich sein. Die ursprüngliche Vorstellung ist die, daß
man einem Strauchelnden oder Sinkenden beispringt und ihn
unter den Armen umfängt, ehe er zu Falle kommt, wie der
Knappe im Turnier dem Ritter behilflich sein mußte. Lehm.
387 (Helffen 52): „Es hat mancher flügel, kan sich aber
nicht auffschwingen, wenn man ihm nicht unter die Arm
greifft" (hier klebt der Hilfsbedürftige am Boden). Wir
greifen einem Bedrängten heute auch mit Geld, sogar mit
einem guten Rat unter die Arme; das Bild ist aber zu hand=
greiflich, als daß man solche Wendungen anders als mit
leiser Ironie und dem deutlichen Gefühl der schiefen Aus=
drucksweise gebrauchen könnte.

57. Zur großen Armee (auch: zum großen Heere) abgehen.

Ist einer von den vielen Ausdrücken unsrer Sprache, die
den Begriff „sterben" umschreiben. Es ist nicht nötig, zur
Erklärung der Redensart in der großen Armee Wotans
wildes Heer zu erblicken, das sich ja auch der alten Sage
nach nur aus gewaltsam Getöteten zusammensetzt; die große
Armee ist nichts als ein soldatischer Ausdruck für die Schar
der im Jenseits Versammelten. In der Zimmerischen Chronik
I, 191 16 ist die Wendung noch in rein deutscher Gestalt
überliefert, da heißt es von König Andreas aus Ungarn:
„Darauf fur der from künig zum alten haufen".

58. Etwas aus den Ärmeln schütteln.

S. v. w. etwas Schweres leicht und mühelos, wie spielend
ausführen, besonders von Dingen gesagt, die sonst eine genaue
Vorbereitung erfordern, z. B. eine Predigt aus dem Ärmel
schütteln. Die Redensart wird vom Taschenspieler stammen,
der wirklich alles Mögliche aus dem Ärmel schüttelt, was
der Zuschauer nimmermehr darin vermutet hätte. Eine
andre Erklärung knüpft an die spätmittelalterliche Mode
an, weite Ärmel zu tragen, in denen man wie in Taschen
allerlei bergen konnte und die sich dann wohl manchmal
überraschend entleerten. Dazu wäre das Sprichwort zu ver=
gleichen: In Franziskanerärmel und Diebsgewissen geht viel.

59. Dir wird noch der A . . mit Grund ausgehen.

So sagt man zu einem Übermütigen, um ihm anzudeuten, daß ihm noch angst und bange werden soll. Die Redensart ist in dieser Form zwar verständlich, enthält aber eine merk= würdige Entstellung. Aus Niederdeutschland (vgl. Niederd. Jahrb. 15, 54) ist sie in folgender, jedenfalls ursprünglicher Form bezeugt: „Dem geht uk de Tarsch mit Grundis". Wir begnügen uns, den Leser an das Pfutzen und Gulpern des losbrechenden Grundeises zu erinnern, und müssen ihm im übrigen überlassen, sich den drastischen Vergleich auszumalen. Scheffel hat die ursprüngliche Form der Redensart launig verwendet in dem Gedicht „Der erratische Block".

60. Aus der Art schlagen.

S. v. w. ausarten, d. i. diejenigen Eigenschaften, die im Blute liegen, die der Art eigentümlich sind, verlieren. Die Redensart drückt den Begriff der Art doppelt aus; denn sie bedeutet eigentlich s. v. w.: aus der Art arten. Schlagen ist nämlich hier dasselbe wie in der Wendung: er schlägt nach seinem Vater oder seinem Vater nach (althochd. nâh dên fordôrôn slahan); hierher gehört auch der Schlag in „Menschenschlag" und das Partizip ungeschlacht (vgl. unartig), endlich das Geschlecht. Grimmelshausen hat für die Redens= art das Wort: sich ausärtlen.[1]

61. Das geht ins Aschgraue.

S. v. w. ins Ungewisse, ins Unglaubliche. Die Asche hat hier nicht den Zweck, eine bestimmte Farbenvorstellung zu erwecken, etwa von einer gewissen Schattierung des Grau, sondern einfach den Begriff der grauen Ferne zu steigern. Das Volk liebt, den höchsten Grad von etwas durch einen derartigen Zusatz zu bezeichnen, vgl. Ausdrücke wie schnee= weiß, pechschwarz, feuerrot, grasgrün u. s. w.

---

[1] Daß dieses „aus der Art schlagen" nicht die Regel ist, sagen die Sprichwörter: Art läßt nicht von Art, der Apfel fällt nicht weit vom Stamm, die Katze läßt das Mausen nicht, der Bär schnappt stets nach Honig, der Rabe stets nach Aas. Horaz: Naturam expellas furca, tamen usque recurret. Vulpes pilum mutat, non mores. Frz.: Qui naît poule, aime à gratter. Bon chien chasse de race.

62. Den Aſt abſägen, auf dem man ſitzt.

S. v. w. ſich ſelbſt Schaden zufügen, ſich ſelbſt ins Fleiſch ſchneiden. Ital.: aguzzare il palo in suo ginocchio (den Pfahl auf ſeinem Knie ſpitzen). Lat.: navem perforare, qua quis ipse naviget, Cicero bei Quintilian 8, 6, 47; vineta sua caedere, Horaz, Ep. 2, 1, 220; messes suas urere, Tibull 1, 2, 100.

63. Sich einen Aſt lachen.

Aſt iſt dem Volksmund ein geläufiges Bild für Buckel, einen Aſt haben iſt ſ. v. w. einen Auswuchs, einen Buckel haben. Nun begegnet es oft bei heftigem Lachen, daß der ganze Menſch erſchüttert wird, ſodaß er „ſich nicht halten kann vor Lachen“, der Kopf fährt zwiſchen die Schultern, und der Lacher erſcheint wie bucklig.[1] Daher ſtammt die Redensart.

Im Kinderliede giebt es einen kleinen böſen Kobold, der die Leute mit ſeinem Gelächter ärgert und verwirrt, er heißt das bucklige Männlein.

64. Aufbegehren.

S. v. w. trotzig auffahren, gewöhnlich von einem geſagt, der unterwürfig zu ſchweigen hätte vor dem, gegen den er „aufbegehrt“. Jacob Grimm erklärt das Wort im „Deutſchen Wörterbuch“ als „mehr als billig fordern“, Schmeller verzeichnet es mit der Vermutung: vielleicht elliptiſch ſtatt: Einen auf Recht begehren, und erklärt: expostulare de injuria cum aliquo. Läge es nicht nahe, aufbegären zu ſchreiben, wenn man an andre Vergleiche für dieſelbe Sache denkt, wie aufbrauſen, aufwallen, aufſchäumen? Vgl. Lehm. 938 (Zorn 20): „Der zornig geht auff wie ein Teig.“ Als das alte gern (= verlangen) zu Gunſten des Kompoſitums begern aufgegeben wurde, müßte dann auch hier das be= eingeſchleppt worden ſein, was freilich bewieſe, daß der etymologiſche Zuſammenhang mit gern (= gähren) nicht mehr gefühlt wurde.

---

[1] Andre halten ſich den Bauch, damit ſie ſich nicht ein Loch in den Bauch lachen. Vgl. Simpl. 1, 339, 26: „Der Commandant wolte ſich meines luſtigen Vortrags ſchier in Stücken lachen.“

65. Aufbinden vgl. Bär.

66. Aufgeblaſen ſein

wie ein Froſch oder eine Kröte; von hochmütigen Menſchen gebräuchlich, die auch kurzweg „geſchwollen" genannt werden. Die Redensart wird erläutert durch die bekannte Fabel von dem Froſch, der einen Ochſen weiden ſah. Da er dieſen um ſeine ſchöne Geſtalt beneidete, fing er an ſich aufzublähen, um ihm zu gleichen, bis er jämmerlich zerbarſt. — Lat.: inflat se tanquam rana. Petronius, 74.

67. Nicht viel Aufhebens machen.

S. v. w. eine Sache geräuſchlos abthun. Mit dem Aufheben iſt eigentlich das feierliche Aufheben der Waffen vorm Zwei= kampf gemeint. Ganz deutlich iſt ſich noch Leſſing deſſen bewußt, wenn er ſchreibt: „Endlich ſcheint der Herr Haupt= paſtor Göze, nach ſo langem ärgerlichen Aufheben, welches nur bei der ſchlechteſten Art von Klopffechtern im Gebrauch iſt, zur Klinge kommen und bei der Klinge bleiben zu wollen". Daher auch: es (eigentl. das Waffen) mit einem aufnehmen.

68. Etwas aufſchieben; aufgeſchoben iſt nicht aufgehoben.

S. die Redensart: Auf die lange Bank ſchieben.

69. Aufnehmen, eine Urkunde, ein Protokoll u. dgl.

Erklärt ſich aus der ſymboliſchen Förmlichkeit, womit man nach altdeutſchem Rechte ſein Grundſtück an einen andern veräußerte. Bei einem ſolchen Verkauf war es Brauch, auf dem Grundſtück ſelbſt vor Zeugen eine aus= geſchnittene Erdſcholle, auf die der Kaufvertrag gelegt wurde, zu übergeben. Hatte der Erwerber die Scholle mit dem darauf gelegten Aktenſtück „aufgenommen", ſo war das Kaufgeſchäft erledigt. Hiſtoriſche Zeugniſſe bei Grimm, Rechtsaltertümer, S. 557 fg. Die ſymboliſche Handlung iſt weggefallen, die Redensart iſt geblieben.

70. Aufſchneiden.

S. v. w. großſprecheriſch ſein, mit erlogenen Heldenthaten prahlen. — Das Aufſchneiden an ſich iſt nicht vom Übel, es iſt ſo notwendig wie das Auftiſchen, wenn einmal den Gäſten etwas vorgeſetzt werden ſoll; auf das Wie kommt es an. Früher sagte man deutlicher: mit dem großen Messer aufschneiden, wenn einer „starke Stücke" auftischte, und noch heute schimmert die richtige Auffassung durch in dem Ausruf: der schneidet aber auf! Auf einem fliegenden Blatt von 1621: „Lucifer entsendet einen Teufel aus der Hölle auf die Welt, ein großes Messer alba einzukaufen, damit man weidlich aufschneiden könne."

71. Jemand wie seinen Augapfel hüten.

Frz.: conserver quelqu'un (quelque chose) comme la prunelle d'œil. — Das Bild ist biblisch (vgl. 5 Mos. 32, 10; Pf. 17, 8: Spr. Sal. 7, 2; Sacharja 2, 8), aber so natürlich und echt menschlich, daß es nicht zu verwundern ist, wenn es schon im Altertum begegnet; z. B. bei Catull, Luct. pass. 3, 4: plus oculis suis amare; ocule mi, mein Augapfel (als Liebkosung), Plautus, Curculio 1, 3, 47. Wolfram von Eschenbach läßt die Dame von ihrem Geliebten sagen (Lieder 8, 4)

den ich in minen ongen gerne burge.

72. Er hat ihr zu tief ins Auge gesehen.

Ist einer der tiefsinnigsten Ausdrücke unsrer Sprache: die Augen sind gleichsam Fenster, durch die man ins Menschenherz blickt. Der Troubadour Hugues Brunet sagt: L'amour s'élance doucement d'œil en œil, de l'œil dans le cœur, du cœur dans les pensées.

73. Ein Auge zudrücken.

Mild urteilen, weil man mit einem Auge weniger sieht als mit zweien. Tiefsinnig und schön wird durch diese Redensart sinnbildlich das ausgedrückt, was in altdeutschen Weistümern auf folgende Weise vom Richter gesagt wird: er soll einen einäugigen Büttel schicken, der ein einäugiges Pferd hat (s. Grimm, Rechtsaltertümer, S. 255). Der Richter soll nicht auf dem strengen Rechtsstandpunkt stehen, sondern, mit den Umständen rechnend, einäugig sein; neben dem Recht soll die Gnade walten. Darum sagen wir noch sprichwörtlich:

Gnade für Recht ergehen lassen,

wo Gnade und Recht als zwei Frauen gedacht sind, von

denen die Gnade ausnahmsweise den Vortritt haben, vor dem Rechte walten soll.

Ein niederd. Scherzwort heißt: Man mutt tervielen ok een Oge to dohn — sä de eenögige Beddelvagt (mit dem deutlichen, wenn auch nicht bewußten Hintergrunde aus dem alten Rechtsleben). Goethe sagt einmal, das Bild weiterbildend: „Unterdessen hast du Recht, daß du ein Auge zuthust und mit dem andern nebenausblickst".

74. Unter vier Augen.

S. v. w. zwei Menschen allein, ohne Zeugen. Ebenso spricht man von zwei Augen statt von einem Menschen in Wendungen wie: das Land, die Regierung steht auf zwei Augen, d. h. die Geschicke des Landes hängen von einem einzigen Manne ab. Stirbt der, schließen sich die beiden Augen, so muß man in Sorge sein, was werden soll.

75. Auf seinen fünf Augen beharren.

S. v. w. hartnäckig bei seiner Meinung bleiben. Die Redensart stammt aus dem Würfelspiel. Es ist z. B. ein Streit entstanden, weil unklar geworden ist, wieviel Augen einer geworfen hat. Der erste behauptet fünf, der zweite will nur vier gesehen haben, aber der erste beharrt auf seinen fünf Augen. Es ist leicht erklärlich, daß die Zahl der Augen schwankt, von fünf hinauf bis zu achtzehn. Schon im 16. Jahrh. ist die Redensart entwickelt; vgl. Oldekops Hildesheimer Chronik S. 55: dat de von Salder up oren vif ogen beharden.

76. Mit einem blauen Auge davon kommen.

S. v. w. mit einem geringen Schaden einer großen Gefahr entgehen, eigentlich mit einem blauen Fleck neben dem Auge davon kommen, wo das Auge selbst gefährdet war. Die Redensart läßt sich am besten mit einem Hinweis auf die Bauernprügeleien im Wirtshaus erläutern. Die Köpfe sind vom Bier erhitzt, es entsteht ein Wortstreit, dann wird man handgreiflich, erst Bierkrüge, dann Schemel dienen als Waffen, ja die Burschen ziehen das Messer. Da kann von Glück sagen, wer mit einem blauen Auge davonkommt.

77. Wie aus den Augen geschnitten.

So bezeichnet man einen hohen Grad von Gesichtsähnlich=
keit. Glatt ist die Redensart nicht zu erklären. Um sie zu
verstehen, muß man sich zunächst der schönen alten Vorstellung
bewußt werden, die den Menschen als ein Kunstwerk, ein
Kunstwerk Gottes ansah. Walther von der Vogelweide singt
von einer schönen Frau:

> Got hate ir wengel hohen fliz:
> er streich so tiure varwe dar,
> so reine rot, so reine wiz,
> hie roeseloht, dort liljenvar.

Unserer Redensart nähert sich Konrad von Würzburg,
wenn er im Trojanischen Krieg (V. 15285) die Ähnlich=
keit der Jocundille mit Achill schildert:

> und ist ir lip Achille
> so gar gelich an allen sitten,
> als ob si von im si gesnitten
> und allererst ab im gehouwen.

Aber wie einer dem andern „aus den Augen" geschnitten
sein kann, bleibt dunkel. Vielleicht liegt eine Vermischung
mit andern Redensarten vor. Wer ein Kind dem Vater
recht ähnlich findet, ruft wohl aus: dem sieht der Vater
aus den Augen, wer ein Bild als getroffen bezeichnen will,
sagt, es sei wie aus dem Spiegel gestohlen. Auch die alte
Wendung: einem etwas aus den Augen stehlen, könnte zu
der Vermengung beigetragen haben; freilich bedeutet diese
dasselbe, was wir heute nennen: einem etwas an den Augen
absehen, wo die Augen als Verräter der Gedanken gedacht
sind, vgl. Ottokars österr. Reimchronik V. 85476:

> den worten und dem done
> den ir ietweder hie
> uz sinem munde lie,
> daz herze nicht gehal,
> wand ir ietweder stal
> dem andern uz den ougen
> sines herzen tougen.

Wenn wirklich eine derartige Vermischung stattgefunden
hat, so ist sie vor der Mitte des 17. Jahrhs. anzusetzen,

denn Andreas Gryphius gebraucht unsere Redensart schon in ihrer heutigen Form: ihr gleichet ihr so eben, als wenn ihr ihr aus den Augen geschnitten wäret.

78. Mit offenen Augen schlafen.

Bebel (1507) Nr. 547: Dormit ut lepus, dicitur in simulantes se dormire. Erasmus, Ad. I, 10, 57: Lepus dormiens. Quadrat in eum qui quod non facit, id facere sese adsimulat, aut quod facit, id se facere dissimulat. Nam leporem patentibus genis dormire, cum alii permulti tradunt autores, tum Plinius LXI, c. 37 (54). Seb. Franck, 11, 73: „Er schläfft den hasen schlaff. Er schläfft mit offnen augen wie ein hase."

Der Hase hat große, hervorragende Augen und kleine Augenlider, sodaß er gewöhnlich beim Schlafen die Augen nicht schließt. Man glaubte nun, daß das furchtsame Tier überhaupt nur den Anschein erwecken wollte, als ob es schliefe, in Wahrheit aber auf seiner Hut wäre, und konnte deshalb das Bild des schlafenden Hasen auf Menschen an=wenden, die etwas andres thun und denken, als sie vor-geben.

79. Seine Augen sind größer als sein Magen.

So sagt man von einem, der satt und voll ist und doch noch weiter essen möchte, weil er noch etwas auf dem Tische stehen sieht. Namenlose Sammlung (1532) Nr. 245: „Die Augen seynd weitter denn der bauch"; Agricola (1529) Nr. 123. Zu vergleichen sind die Sprichwörter: Man füllt den Bauch eher als das Auge, und: Der Bauch kann nie genug und leicht zuviel bekommen.

Die Redensart ist auch in andern Sprachen gebräuchlich. Engl.: his eyes are bigger than his belly. Frz.: il a les yeux plus grands que le ventre. Ital.: ha più grandi gli occhi che la bocca; ha più grande la gola che il ventre.

80. Ein böses Auge haben.

Die Redensart beruht auf dem Glauben, daß der Blick gewisser Menschen schädlich wirke. Ganz deutlich findet sich das zu Ausgang des Mittelalters ausgesprochen in Konrads von Megenberg Buch der Natur (S. 9): also seh wir an frawen, die irn monatganch habent, daz si die newen spiegel fleckot machent, und wenne si ainem in sein siechin augen sehent, so werdent oft platern darin. Das Altertum war ganz und gar in dem Aberglauben an den bösen Blick befangen, überall in Griechenland und Italien war die Furcht vor seinem schädlichen Einfluß verbreitet. Man glaubte, daß Neid und Mißgunst über das wirkliche oder vermeinte Glück eines Andern im stande wären, einen nachteiligen Einfluß auf die Person oder den Gegenstand auszuüben, gegen die sie gerichtet sind, und daß besonders die Augen das Organ wären, wodurch diese Wirkung ausgeübt würde. Das Verbum fascinare (griech. βασκαίνω, bezaubern) bezeichnet eigentlich die Bezauberung durch den bösen Blick. (Vgl. die Abhandlung von O. Jahn „Über den Aberglauben des bösen Blickes bei den Alten" in den Berichten der k. Sächs. Gesellsch. der Wissenschaften 1855, S. 28—110.)

81. Im Augenblick.

S. v. w. in einem Zeitraum von geringster Dauer, so schnell wie beim Blinzeln die Augen geöffnet und geschlossen werden. Wir werden uns der Kürze dieses Zeitraums selten ganz bewußt, da die Eindrücke der Gegenstände auf die Netzhaut andauern, wenn die Einwirkung von außen schon aufgehört hat. Schon bei Notker: in slago dero brawo, im späten Mittelalter ganz geläufig (vgl. Germania 11, 175). Bei Agricola Nr. 442 mit der Erklärung: „Wir Deutschen haben der Hiperbolen vil, damit etwas bald vnd schnell geschicht, Ynn einem nu was es geschehen, ynn einem augenblick, Denn wir können nichts behenders machen, denn einn aug auff vnd zuthun, Wir sagen auch vnnerwarntersachen, oberplötzlich, vnnersehens." Im Langenholtenser Hegegericht (1651): „so lange augebra von der andern leuchtet". Vgl. angelsächs.: in eages vrince.[1]

---

[1] Andere Ausdrücke zur Bezeichnung des kürzesten Zeitraums: im Hui, in einem Nu, Knall und Fall, im Handumbdrehen (schon im Eref Hartmanns von Aue V. 5172: ê ich die hant umb kêrte),

82. In die Augen fallen.

S. v. w. sich deutlich bemerkbar machen. Das Bild ist von einer Kühnheit, daß man es sich kaum vorzustellen vermag; fast noch gewaltsamer ist das andere: in die Augen springen. Daß etwas in die Augen stechen kann, kann man beim Anblick einer grellen Farbe, am deutlichsten beim geraden Anschauen des Sonnenballs, wirklich schmerzhaft empfinden. Ob auch in den Wendungen: etwas ins Auge fassen, im Auge behalten, das Auge ganz sinnlich zu verstehen sei, erscheint zweifelhaft, abgesehen davon, daß sich unser Gefühl dagegen sträubt; hier könnte Auge soviel bedeuten wie Blick, und die Wendung s. v. w. etwas in den Bereich seines Blickes ziehen und so fassen und halten, vgl. etwas in Augenschein nehmen.

Ganz sicher steht Auge für Blick in den Redensarten: ein Auge worauf werfen, die Augen worauf heften, wenn auch Wolfram (Parz. 510, 2) den etwas gewaltsamen Scherz macht:

maneger siniu ougen bolt,
er möhts uf einer slingen
ze senfterm wurfe bringen.

83. Es ist ein wahrer Augiasstall.

Sprichwörtlich für eine durch Vernachlässigung groß gewordene Unordnung: daher

einen Augiasstall reinigen,

s. v. w. eine durch lange Vernachlässigung entstandene Unordnung beseitigen. Lat.: Augiae cloacas purgare. Seneca, Apoc. 7.

Augias [1], König von Elis, hatte einen ungeheuern Rinderstall mit 3000 Rindern darin, deren Mist seit 30 Jahren nicht ausgeräumt worden war. Herakles voll-

---

stehenden Fußes, auf der Stelle (d. i. ohne sich vom Flecke zu begeben, also ohne jegliche Frist), in einem Zuge, in einem Atem, unverzüglich (d. i. ohne Verzug), unverweilt (d. i. ohne Weile), schnurstracks (d. i. in gerader Richtung wie eine gestreckte Schnur), schnell wie der Blitz, wie ein Pfeil, wie der Gedanke, wie der Wind, im Fluge, flugs, wie ein Lauffener, u. s. f.

[1] Man betont gewöhnlich Áugias, richtiger wäre Augías (gr. Augeías).

brachte die Riesenarbeit, ihn an einem Tage zu reinigen, indem er zwei Öffnungen in die Stallmauern riß und den nahen Fluß Menios hindurchleitete, der den Unrat gründlich fortspülte.

84. Ausbaden s. Bad.

85. Ein Ausbund sein

von Tugenden, von Gelehrsamkeit u. dgl., bedeutet: sich darin ganz hervorragend auszeichnen. Eigentlich ist Ausbund das Stück, das bei einer verpackten Ware als Muster außen draufgebunden ist; das muß natürlich ganz tadellos sein.

86. Ausgelassen sein.

S. v. w. sich ungebundener Fröhlichkeit hingeben. Um das Wort zu erklären, hat man sich gefragt: wo denn herausgelassen? und darauf geantwortet: wohl aus der Stube hinaus ins Freie, wie die Füllen aus dem Stalle gelassen werden und sich nun auf der Wiese tummeln. Dazu stimmte hübsch der Anfang des bekannten Vertuch'schen Gedichtes:

> Ein junges Lämmchen, weiß wie Schnee,
> Ging einst mit auf die Weide
> Und sprung muthwillig in dem Klee
> Mit ausgelaßner Freude.

Vielleicht sagt aber die Redensart ursprünglich dasselbe wie: aus dem Häuschen sein, s. Häuschen.

87. Ausmärzen.

S. v. w. etwas ausscheiden, von etwas Überflüssigem oder Schädlichem. Das Wort stammt aus der Schafzucht: im März scheidet der Schäfer untaugliche Schafe (Märzschafe) aus. Auch im Spanischen ist aus dem Namen März eine Bezeichnung aus der Schafzucht entwickelt worden: marcear heißt da: im März die Schafe scheren.

88. Ausreißen wie Schafleder.

So könnte man im Ernste von einem rissigen Stoffe sagen; der Unsinn aber, der gewöhnlich dabei herauskommt, beruht darauf, daß das Verbum in anderm Sinne aufzufassen ist, als der Vergleich verlangt. So beschwert sich

etwa einer, den seine Gefährten vorm Feind im Stich ge=
lassen haben: die Kerle rissen aus wie Schafleder. Andre
solche Scherzreden sind: Einfälle haben wie ein altes Haus,
grob wie Bohnenstroh, klar wie Kloßbrühe, klar wie dicke
Tinte, gerührt wie Apfelmus (vgl. Lyons Zeitschr. 5, 101).
Der Witz ist derselbe, wie in vielen der sogenannten apolo=
getischen Sprichwörter, von denen besonders die niederd. Volks=
sprache wimmelt; als Beispiel mag dienen: So kummt
Gotts Word in Swung — sä de Düwel, un smeet die
Bibel öwern Tuhn.

89. Den Ausschlag geben.

S. v. w. entscheiden. Wenn beide Schalen einer Wage
gerade in der Schwebe hängen, bewirkt eine kleine Zuthat zu der
einen, daß das Zünglein oben nach dieser Seite ausschlägt;
dieses Übergewicht „giebt den Ausschlag". Die vielgebrauchte
Wendung: bei der Erwägung gab das und das den Aus=
schlag, bleibt also vollkommen im Bilde.

90. Jemand ausstechen.

S. v. w. über ihn den Sieg davontragen, ihn durch Vor=
züge in den Schatten stellen. Der Ausdruck erklärt sich aus
den Waffenfesten der deutschen Bürger im Mittelalter. Wenn
da mehrere Schützen gleich gute Schüsse, also die gleiche
Zahl der Ringe geschossen hatten, so mußten sie nachträglich
noch einen Wettkampf untereinander bestehen, was man
rittern oder stechen, niederdeutsch kämpen nannte, eine höhere,
eigentlich den ritterlichen Turnierkampf, den Lanzenkampf
bezeichnende Ausdrucksweise im Gegensatz zu dem voran=
gegangenen gemeinen Schießen. In Grobs Ausreden der
Schützen:

> Sprach, ich hab noch sechß schütz zethun
> O thettens all in bscheiben gahn,
> Könt ich sy nach einander treffen
> So hoff ich vmb das best zustechen.

(Vgl. Haupts Zeitschr. 3, 262.) Ausstechen nun ist zuerst
s. v. w. aus dem Sattel stechen, dann in der Schützen=
sprache: in den letzten entscheidenden Schüssen unter den
Siegern Sieger werden.

Dasselbe Bild gebrauchen wir auch im Kartenspiel, wo auch eine Karte, eine Farbe die andere ausſticht, meiſt kurz: ſticht.

91. Eine Sache zum Austrag bringen.

S. v. w. durch eine Entſcheidung ihr Ende herbeiführen, meiſt von Streit und Zwiſt geſagt. Austragen, wie man früher einfach dafür ſagte, heißt weiter nichts als bis zu Ende tragen, zum Ende bringen. Eine Streitſache iſt von den beiden Parteien ausgetragen, wenn ſie bis zur Ent= ſcheidung, gleichviel ob durch den Richter oder durch Ver= gleich der Parteien, geführt worden iſt. Dieſe zweite Möglichkeit überwiegt aber bei der Bedeutungsentwicklung, ſodaß ſich Austrag ſchließlich mit Vergleich berührt und austragen dem ſich vertragen nahekommt.[1]

92. Einem eins auswiſchen.

S. v. w. ihm einen Schaden anthun, meiſt als Drohung: dem will ich ſchon noch eins auswiſchen. Wäre man ſich des grauſamen Sinnes dieſer Worte noch bewußt, ſo würden ſie wohl nicht ſo oft in leichtem Tone ausgeſprochen werden. Aber man denkt ja nicht mehr daran, was man denn dem Bedrohten auswiſchen will, und daß die Redensart eigentlich bedeutet: einem ein Auge auswiſchen. S. Daumen.

93. Außer ſich ſein.

Genau ſ. v. w. nicht bei ſich ſein, der geiſtige Menſch iſt gewiſſermaßen nicht zu Hauſe, nicht in ſeinem Körper. Umgekehrt alſo: nicht bei Sinnen ſein. Wer außer ſich kommt, fährt aus der Haut und iſt nun ſeiner nicht mehr mächtig. Vgl. in ſich gehen, von ſich ſein und bei ſich ſein und die Anmerkung in dem zwölften von Schillers Briefen über die äſthetiſche Erziehung des Menſchen. — Lat.: non apud se esse. S. Haus.

94. Aut oder naut.

S. v. w. etwas oder nichts. — In weſtmitteldeutſchen Gegenden ſind aus den althochd. Wörtern eo-wiht (irgendein

---

[1] Aus mittelhochd. uztraege iſt ſpätlat. austregae und daraus die barbariſche Zuſammenſetzung Austrägalgericht geworden.

Ding) und neo-wiht (nicht irgendein Ding, nichts) die Formen uwet und nuwet, zusammengezogen ut und nut, und daraus dann mit der Bildung des neuhochd. Vokalismus aut und naut entwickelt worden. Der älteste Beleg für die Redensart findet sich wohl in der Zimmerischen Chronik (I, 48, 31), wo es von vertriebenen, beraubten Grafen heißt: Domit hetten sie weder ut, noch nut mehr, wie man spricht.

95. Einer Sache die Axt an die Wurzel legen.

S. v. w. die gründliche („radikale") Beseitigung einer Sache vornehmen. Vgl. Matth. 3, 10; Luc. 3, 9: Jam securis ad radicem arborum posita est.

B.

96. Babylonische Verwirrung.

Der Ausdruck bezieht sich auf die biblische Erzählung (1 Mos. 19) von der Sprachverwirrung; doch gebrauchen wir es ganz allgemein für Wirrwarr überhaupt.

Sprichwörtlich ist seit der babylonischen Gefangenschaft der Juden auch die alte Stadt Babylon am Euphrat. Sie galt den Juden als ein Bild des Übermuts, der Gottlosigkeit und der Sittenverderbnis. Darum sagen wir von einer großen Stadt als dem Sitz von Ausschweifungen und Verbrechen:

es ist ein wahres Babel.

In diesem Sinne wird schon in der Off. Joh. Kap. 17 unter dem Namen Babel Rom dargestellt.

97. Ein Backfisch sein.

Von einem halberwachsenen Mädchen gebräuchlich. — Junge, zarte Fische lassen sich nicht sieden, man bäckt sie; daher die Redensart. Ein „Backfisch" kann zugleich ein „Goldfisch" sein, wenn das Mädchen schön und reich ist.

98. Einem ein schlimmes Bad anrichten.

S. v. w. ihn mit Absicht in eine unangenehme oder gefährliche Lage bringen. — Das Baden hatte in dem Leben der alten Zeit eine ganz andere Bedeutung als heutzutage,

es gehörte zu den täglichen Verrichtungen unsrer Vor=
fahren. In kalten und warmen, in Schwitz= und Dampf=,
in Voll= und Halbbädern, in öffentlichen Badestuben und
zu Hause badete Arm und Reich. Es war die erste
Pflicht des Wirtes, dem Gaste, der freilich oft schmutzig
genug ankommen mochte, ein Bad bereiten zu lassen (vgl.
Parzival 160, 20 u. ö.). Für die öffentlichen Bäder sorgte
eine ehrsame Baderinnung; aber was früher nur ihre
Nebenaufgabe war, den Bart zu kratzen, ist heute ihr
Hauptgeschäft geworden: wer denkt noch bei dem Worte
Bader an das Baden? Baderjungen munterten jeden
Sonnabend unter Beckenklang das Volk zum Baden auf,
wöchentlich zu baden war Polizeigesetz für Handwerksburschen,
bei vielen Handwerken erhielten die Gesellen, auf manchem
Bau die Arbeiter Sonnabend zeitig Feierabend und dazu
ein Badegeld, Schulordnungen setzten fest, wann armen
Schülern das Bad geöffnet sein sollte. Als man später in
seiner Kleidung sauberer wurde, als man sich gewöhnte,
Schuhe und Strümpfe, vorzüglich aber Hemden aus Lein=
wand zu tragen, nahm die Notwendigkeit zu baden mehr
und mehr ab. Dazu kam, daß die Geistlichen wegen der
Sittenlosigkeit, die damit zusammenhing, dagegen eiferten,
daß um das Jahr 1494 die neapolitanische Seuche — „die
Franzosen" nannte man sie im Volksmund — sich zu ver=
breiten anfing und schließlich auch die Obrigkeiten das Baden
gesetzlich einschränkten.

Es kann nicht überraschen, daß von einer so verbreiteten
Sitte eine Reihe von sprichwörtlichen Redensarten und
Formeln entlehnt ist. Der schlimme Sinn, der mit der
Redensart jemand ein Bad anrichten verbunden ist,
muß aus dem ein herausgeholt werden: was denn für ein
Bad? Zunächst wohl ein recht heißes, worin man sich
verbrennt, oder eins mit zu scharfer Lauge, daß das Jucken
und Beißen zur Qual wird. Im 16. Jahrh. erscheint die
Redensart schon verblaßt, wie heute, z. B. in der Komödie
des Martin Hayneccius „Hans Pfriem", V. 415:

Ich sehe, sie werden ruhen nicht,
Bis sie mir ein Bad han zugericht.

und in Murners „Narrenbeschwörung":

> Guck für dich, an wem du bist,
> Sunst wirt dir ein badt zu gerist.

Das schrecklichste Bad aber, glaubte man, erwartet die Sünder in der Hölle; vgl. Brants „Narrenschiff" 86, 140:

> Die tüfel sint gewiß der sel
> Vnd tunt mit wilst triumphiren
> Von eim bad in das ander füren.
> Von itel kelt inn itel hitz.

99. Jemand das Bad gesegnen.

Das that eigentlich der Bader, indem er dem in die Wanne steigenden zurief: „Gesegne 's Bad!" verkürzt aus: Gott gesegne das Bad! Die Worte sind aber dann ironisch gewendet worden, und so gebraucht sie Schiller (Tell I, 1): „Und mit der Axt hab' ich ihm's Bad gesegnet". Genau so schon bei Fischart, Gargantua, S. 89: „man gesegnets jm nit wie dem Saluft mit Peitschen oder dem Schweizerischen Amptmann mit der Achßt im Bad, vnd dem Domherren mit dem Striegel". Ganz losgelöst vom Baden heißt heute einem das Bad gesegnen soviel wie: ihn tüchtig durchprügeln.

100. Das Bad austragen müssen.

S. v. w. für andre büßen, was andre eingebrockt haben, ausessen müssen; kurz: etwas ausbaden müssen. Nach der von Hans Sachs überlieferten Baderegel mußte der Letzte das Badewasser ausgießen. Eine andre Erklärung knüpft an das „Ausbad", einen alten Hochzeitsbrauch, an, wonach am letzten Festtage einer oder mehrere Hochzeitsgäste die Braut in ein Bad geleiten und danach den gesamten Gästen einen Schlußschmaus geben mußten. So konnte wohl, wer viel Geld hatte ausgeben müssen, von sich sagen, er habe sich ausgebadet, wie der Bräutigam in Rebhuns „Hochzeit zu Cana", I, 188:

> Es ist mir vor mein beutel sehr
> Ich hab mich fast gar außgebadt
> So hör ich wohl ist nirget noch sat.

Im allgemeinsten Sinne, etwa für es, die Sache, die Geschichte, braucht derselbe Rebhun das Wort Bad in seiner „Susanna" IV, 431: „Gehorcht, das nicht oder euch das bad ausgehe." Vgl. noch Syll. 123: „In me haec cudetur faba. Ich werde mußen das Bad austrinken." Syll. 195: „proterviam fecit. Er hat all sein gut hindurch gerichtet ... Er hat außbadt."

101. Das Kind mit dem Bade ausschütten.

S. v. w. das Gute mit dem Schlechten wegwerfen, daher zu weit gehen, übertreiben. — Schon bei Luther: „Man soll nicht das Kind mit dem Bade ausschütten". Henseler, Nr. 297; desgl. bei Seb. Franck (1541) mit der Erklärung: „Wenn man den rechten Brauch und Mißbrauch miteinander aufhebt und ein Gespött daraus macht, das heißt Zaum und Sattel mit dem Pferd zum Schinder führen, das Kind mit dem Bade ausschütten. Das Kind soll man baden und von seinem Wuste säubern, darnach das Bad ausschütten, und das Kind aufheben und einwickeln." Syll. 70 steht die Redensart als Übersetzung des lateinischen: cum cane simul et lorum.

102. Aus einem Bader ein Bischof werden.

S. v. w. aus niedrigem Stande zu hoher Würde empor-steigen. Das geringe Geschäft eines Baders war der größte Gegensatz zu dem gefeierten Bischofsrange; daher auch: Bischof wie Bader (beachte den Stabreim!) d. h. vom ersten bis zum letzten, keiner ausgenommen, wes Standes er sei. In der Zimmerischen Chronik III, 496, 16: „es dorft im weder bischof oder bader einreden". Vgl. Syll. 44: „A remo ad tribunal. Aus einem Bader ein Bischof werden." 206: „Rex aut asinus. Bischoff oder Bader. Er will König oder Dreck sein. Aut Caesar aut nihil."

103. Bahn brechen.

S. v. w. in einer schwierigen Unternehmung den Anfang machen, sodaß für andre der Weg nun frei ist. — Erklärt sich einfach aus der eigentlichen Bedeutung des Wortes Bahn, das keineswegs jeden beliebigen Weg bezeichnet, sondern zunächst künstlich glatt gemachten Boden, dann einen durch

ungangbare, unfahrbare Gegend, über rauhe, schwierige
Stellen geschaffenen Weg, bei dem Fels oder Wald, Eis oder
Schnee hat durchbrochen werden müssen.

104. Etwas auf die Bahn bringen.

S. v. w. etwas Neues einführen, einen neuen Gedanken
unter die Leute werfen. — In dieser Redensart ist unter
der Bahn ein gebauter, geglätteter Platz zu verstehen, wo
man sich sehen läßt, ursprünglich die Kampfbahn der Ritter,
dann vom geistigen Kampfe bei den Meistersingern gebräuchlich
und von da weiter übertragen: z. B. bei Hans Sachs:
„Jederman nam die schwenck für gut so si auf die ban
hetten pracht". In Westfalen sagt man: „dat sall wir
(wieder) bi de ban" in dem Sinne von: das soll wieder
zum Vorschein kommen. Unser: etwas Neues aufbringen
ist ein Rest der Redensart, wie aufführen übriggeblieben
ist von dem alten deutlichen: auf die Schau führen, auf-
schieben von: auf die lange Bank schieben u. s. w.

**105. Er sieht nicht den Balken in seinem Auge, aber
den Splitter in meinem.**

Biblischen Ursprungs; vgl. Matth. 7, 5; Luc., 6, 42:
„Du Heuchler, ziehe am ersten den Balken aus deinem
Auge; darnach besiehe, wie du den Splitter aus deines Bruders
Auge ziehest." Bei H. Sachs: „gesell, zeuch vor den balken
aus deim aug, darnach das pechtlein (bähtlin) klein zeuch
auff des nechsten augen dein." Über den „Balken im Aug"
hat Hans Sachs 1533 ein besonderes Gedicht gemacht.
Vgl.: Papulas alienas observat, ipse ulceribus obsitus.
Seneca, De vit. beat. 27. — Aliorum vitia cernere,
oblivisci suorum. Cicero, Tusc. 3, 30, 73. — Aliena
vitia in oculis habemus, a tergo nostra sunt. Seneca,
De ira 2, 28, 6. Ähnlich Persius 4, 24: Ut nemo in
sese temptat descendere, nemo! sed praecedenti spectatur mantica tergo; nach Phädrus, Fab. 4, 10, 1 fg.:
Peras imposuit Juppiter nobis duas u. s. w.:

> Zwei Säcke legte Juppiter uns allen auf:
> Den mit den eignen Fehlern legt' er auf den Rücken,
> Und den mit unsers Nächsten Fehlern vor die Brust.
> Drum können wir die eigenen nicht sehn;
> Sobald die Nächsten fehlen, sind wir Sittenrichter.

106. Verbessert durch Johann Ballhorn, verballhornt.

S. v. w. „geschlimmbessert", statt verbessert vielmehr „verbösert", verschlechtert. — Joh. Ballhorn, ein Lübecker Buchdrucker (1531—1599), hat seinen Namen durch verunglückte Verbesserungen der bei ihm gedruckten Bücher auf die Nachwelt gebracht. So druckte er u. a. eine Fibel, auf deren Titel er setzte: „Verbessert durch Johann Ballhorn"; die Verbesserung bestand aber in weiter nichts als in den Doppelbuchstaben ff, ll, tt und ss und darin, daß er auf der letzten Seite das bis dahin übliche Bild eines an den Füßen gespornten Hahnes in das eines ungespornten verwandelte und dem Hahn einen Korb mit Eiern zur Seite setzte.

Außer dieser Erklärung giebt es noch die andre, daß er eine sehr fehlerhafte Ausgabe des Lübecker Stadtrechts veranstaltet habe. Vgl. Lübische Geschichten und Sagen. Gesammelt von Prof. Dr. Ernst Deecke (Lübeck 1852).

107. Durch die Bank.

S. v. w. ohne Ausnahme. Die Wendung wird gewöhnlich aus der Bergmannssprache erklärt, wo Bank eine rauhe und feste Gesteinsschicht bezeichnet. Aber die älteste Stelle wo sie begegnet, weist auf die Sitzbank hin. In der livländischen Reimchronik (um 1296) wird V. 938 fg. eine reiche Mahlzeit geschildert und der Wirt wegen seiner guten Verpflegung gerühmt:

> die wirtschaft was also getan
> daz sie im alle sageten danc.
> riche und arme durch die banc
> der pflac man vollenclich also,
> daz sie alle in gote waren vro.

Die nächste Vorstellung ist also die (wenn anders eine sinnliche Vorstellung noch angenommen werden darf): es wurde gut bewirtet alles, was am Tisch oder an den Tischen entlang saß von dem vornehmen obern Ende der Bank bis hinab zum untern.

108. Etwas auf die lange Bank schieben.

S. v. w. etwas in die Länge ziehen, die Ausführung einer Arbeit verschieben, eine Entscheidung verzögern. — Die Redensart stammt aus dem alten Rechtsleben, wo die

Bänke eine große Rolle spielten. Das Gericht befand sich „binnen den Bänken", die Formel für die gerichtliche Klage war „klagen binnen vier Bänken". Inmitten dieses „Geheges" von vier Bänken saßen die Schöffen auf der Schöffenbank, unmittelbar neben ihnen lag an Akten, was gleich erledigt werden sollte, andres, womit sie sich Zeit nehmen zu können glaubten, „schoben sie auf die lange Bank". Nun waren die alten Bänke, wie noch heute vielfach in Bauernhäusern an der Wand, nicht Bretter mit vier Beinen, sondern lange Kisten, die also nicht nur zum Sitzen dienten, sondern auch dazu, allerlei darin zu bergen, wie Truhen. Daher bei Agricola: etwas in die langen Truhen legen, eine Wendung, die ein Sammler des 18. Jahrhs. mit der Erklärung begleitet: „Wann man zu Hofe ein Handel auffschenbet, vnnd wil jhn nit fertigen, so legt man jhn in die lange Truhen, das ist er wirdt hingelegt vnnd vergessen": hier wird also dem Hof in die Schuhe geschoben, was eigentlich auf die Rechnung des Hofgerichts gehörte.

· Vgl. das Sprichwort: aufgeschoben ist nicht aufgehoben.

109. Zur Bank hauen.

S. v. w. einen im Wortkampfe mundtot machen. — Zur Bank gehauen, d. h. in Verkaufsstücke zum Auslegen auf der Fleischbank gehauen wurde das Fleisch. Wer also zur Bank gehauen ist — die Übertragung auf den Menschen ist mit einer starken Übertreibung verbunden — liegt bloß da, vor allen neugierigen Augen, muß sich bereden lassen; daher bedeutete die Redensart früher: einen verleumden. Aber er kann sich auch nicht mehr rühren, nicht mehr verteidigen; daher der heutige Sinn der Redensart. Syll. 82: „Dente Theonino rodi. Zur bauck gehawen werden." Etwas ganz Ähnliches ist und meint: einen in die Pfanne hauen, vgl. Pfanne.

110. Bankerott machen.

In Italien, wo sich noch heute alles gewerbliche Leben im Freien, auf der Straße bewegt, hatten auch die Geldwechsler ihre Geschäftsplätze im Freien, auf öffentlichen

Plätzen und Märkten. Der Tisch, worauf man die Waren
auslegte und Geldgeschäfte erledigte, wurde von den Ita=
lienern banca genannt, also mit dem deutschen Worte, das
wir dann wieder, um 1420, herübergenommen haben zur
Bezeichnung eines Hauses für Geldgeschäfte: dazu Bankier.

Schon bei den Römern war es nun Sitte, daß den
Geldwechslern (mensarii oder argentarii), die ihren Ver=
pflichtungen nicht nachkommen konnten, der Zahltisch (mensa
argentaria) in Stücke zerbrochen wurde und sie selbst ihre
Geschäfte nicht fortsetzen durften. Daher schreibt sich das
Wort Bankerott, ital. banca rotta, frz. banqueroute,
engl. bankrupt, d. i. zerbrochener Tisch.

111. Einen Bären anbinden.

S. v. w. Schulden machen. — Eine ganz befriedigende
Erklärung dieser Redensart zu geben, ist noch nicht gelungen;
der Volkswitz führt sie zurück auf die Geschichte von einem
Bärenführer, der seinem Wirte, statt ihm die Zeche zu
bezahlen, seinen alten Bären des Nachts an die Thüre band
und davonging. Beachte frz.: faire un loup.

112. Einem einen Bären aufbinden.

Auch bloß: einem etwas aufbinden. Auch diese Redens=
art ist noch nicht glatt erklärt. Jacob Grimm ging von
dem einfachen aufbinden aus (Kleine Schriften, II, 173,
Über Schenken und Geben) und deutete dies aus einem galanten
Gebrauch der à la mode-Zeit, wonach Männer und Frauen
Zeichen gegenseitigen Einverständnisses einander aufgebunden
trugen. Dabei sei oft Falschheit und Lüge mit unter=
gelaufen, und so erkläre sich der üble Sinn des Wortes.
Andre haben daran erinnert, daß unsre Sprache die Lügen
gern als eine Last bezeichnet (vgl. lügen, daß sich die Balken
biegen; einem die Hucke voll lügen), also sei Bär wohl
volksetymologische Entstellung eines alten bar, d. i. Last.
Geradezu abenteuerlich sind die beiden Deutungen, die im
5. und 6. Band von Lyons „Zeitschr. für den deutschen
Unterricht" gegeben worden sind: Bär sei entweder entstellt
aus Bäre (Fischnetz), oder die Redensart meine: einem zum
Schaden einen Bären losbinden.

Schon die Thatsache, daß anbinden in der Redensart
mit aufbinden wechselt (anbinden heißt es in verschiedenen
Gegenden Süddeutschlands, vgl. Simpl., I, 298, 15: „daß
ich ihnen, wann ich nur aufschneiden wollen, seltzame Bären
hätte anbinden können"), läßt darauf schließen, daß ursprüng=
liches einfaches aufbinden mit der Redensart einen
Bären anbinden vermengt worden ist.

113. Ein alter Brummbär.

Alter sprichwörtlicher Vergleich; s. v. w. ein Grobian.
Der Bär ist Sinnbild eines übelgelaunten, brummigen
Menschen, in der Sprache des späten Mittelalters auch eines
zornigen. In der Studentensprache bedeutet die Bären
brummen s. v. w. die Gläubiger wollen bezahlt sein.

114. Ein ungeleckter Bär sein.

Frz.: être un ours mal léché; s. v. w. ein unerzogener,
plumper Mensch sein. Der Ausdruck gründet sich auf den
Volksglauben, daß der Bär seine Jungen durch Belecken
vervollkomme. Dieser Glaube findet sich schon im Altertum
verbreitet; Ovid, Met. 15, 379—381 sagt:

Nec catulus, partu quem reddidit ursa recenti,
Sed male viva caro est; lambendo mater in artus
Fingit, et in formam, quantam capit ipsa, reducit.

Vgl. Plinius, 10, 63: informia ursae parturiunt.

115. Den Bären treiben.

S. v. w. kuppeln. Mit Meister Petz hat die Redensart
nichts zu thun, sondern mit dem heute nur noch mundartlich
lebenden Ber, d. i. Eber. Berntreiber (=in) heißt, wer den
Zuchteber zur Sau treibt.

116. Auf der Bärenhaut liegen.

S. v. w. faulenzen, müßig sein. — Tacitus erzählt
(Germania 15): „Die meiste Zeit verbringt der Germane
mit Nichtsthun, mit Schlafen und Essen. Gerade die
Tapfersten und Kampflustigsten thun am wenigsten. Für Haus,
Herd und Feld mögen Weiber, Greise und überhaupt die
Schwachen in der Familie sorgen; sie selbst leben in dumpfer

Ruhe dahin. Wunderbarer Widerspruch der Natur, daß dieselben Menschen, die den gemächlichen Frieden so sehr hassen, andrerseits dem Nichtsthun so leidenschaftlich ergeben sind!" Nach diesen Worten hat man sich ausgemalt, wie sich's der alte Germane, vom heißen Jagen zurückgekehrt, nun auf der Haut des erlegten Bären bequem machte, und sagt von einem Faulpelz, er liege auf der (faulen) Bären=haut, er sei ein Bärenhäuter. Vgl. den simplicianischen Scherz „Vom Ursprung des Nahmens Bärenhäuter". Simpl. IV, 302.

117. Die Bärenhaut verkaufen, bevor man den Bären hat.

S. v. w. auf unsichere Vorteile rechnen. Engl.: Don't sell the bear's skin, before you have caught the bear. Frz.: Il ne faut pas vendre la peau de l'ours avant qu'il soit pris. — Die Redensart schreibt sich her von der bekannten Fabel von den zwei reisenden Jägerburschen, die den Wirt mit der Haut des noch nicht erlegten Bären zu bezahlen versprachen. — Vgl. Murner im „Großen Lutherischen Narren": „Das sie die berenhaut verkauffen Ee sie mit iagen darumb lauffen." Lehm. 834 (Ungewiß 9): „Es ist nicht gut Baernhäut kauffen, der Baer sey dann gestochen, wie auch nicht Kälber kauffen, ehe die Kuh gekälbert." Syll. 38: „Ante lentem augere ollam. Die haut verkauffen, ehe denn der Behr gestochen ist. Für die wiege sorgen, ehe denn das Kind gezeuget ist." Syll. 64: „Capra nondum peperit, et hoedus iam ludit in tectis. Die Geyß hat noch nicht geworffen, die Kütze aber, oder das Böcklein spielet schon im Hauß, das ist, Er rühmet sich des Fleisches, und hat die Brühe noch nit gesehen."

118. Einen Bärenhunger haben.

S. v. w. gewaltigen Hunger haben. Der Hunger des Bären ist eigentlich auf eine ganz bestimmte Speise gerichtet — der Leser denkt schon an das Verschen „In Polen brummt ein wilder Bär", und wir brauchen ihm nicht erst zu sagen, wonach ein Bärenhunger verlangt. Reinmar von Zweter, ein Spruchdichter des 13. Jahrhs., sagt vom Mainzer Erz= bischof (228, 10):

im ist nach eren also ger
daz nie dem hungergitigen ber
so not enwart nach süezes honeges raze.

und vom Kaiser (138, 2)

nach gerihte ist im so not,
so dem hungerigen bern nach honeges süeze nie
enwart.

119. Bei meinem Barte!

Eine vermeintlich unverfängliche und darum häufig im Scherz gebrauchte Beteuerungsformel des täglichen Lebens, die auf dem alten Brauche beruht, daß schwörende Männer Bart oder Haar anrührten (schwörende Frauen legten die Finger der Rechten auf ihre Haarflechten). Der Bart galt von jeher und bei allen Völkern als ein Zeichen der männlichen Würde und bei Soldaten als ein Ausdruck der Stärke und Kraft. Ja die Langobarden führten gar den Namen von ihren langen Bärten. Den Bart abschneiden, war eine alte Beschimpfung der Besiegten; noch heute sagt man in Westfalen in dem Sinne von: ich werde ihn herunter= machen: ick sall em den bard afmaken (vgl. Shakesp. to beard). Schwören bei dem Barte und mit Anfassung des Bartes kommt zwar nicht in den altdeutschen Gesetzen vor, aber oft in den Liedern, zumal den altfranzösischen von König Karl. Vgl. Beispiele wie: par la moie barbe, qui nest mie meslée! par ceste moie barbe, qui me pent au menton! p. c. m. b., dont noir sont li flocon! par ma barbe florie! p. c. m. b. de blanc entremellée! S. Grimm, Rechtsaltertümer, S. 898. — Karl selbst, wenn er zürnte und schwur, griff an seinen Bart; so beim Pfaffen Konrad: Karl zurnete harte mit ufgevangenme barte. Man vergleiche auch das Titelkupfer zu Grimms Rechtsaltertümern.

120. Einem um den Bart gehen.

S. v. w. ihm schmeicheln. Vollständig würde es heißen: mit der Hand um den Bart gehen, d. h. einem das Kinn streicheln. Wie es die Tochter macht, wenn sie dem Vater um den Bart geht, ist schon in der Gudrun (Str. 386) geschildert:

Der herre gie balde   da er die maget vant.
in triutelicher wise   do was der megede hant
an ir vater kinne.   si bat in vil sere.
si sprach: 'liebez vaterlin,   heiz in hie ze hove
                                       singen mere'.

121. Laß dir darum keinen Bart wachsen!

Sich den Bart wachsen zu lassen galt in den frühern Zeiten des Christentums, ebenso wie bei den Juden, als ein Zeichen der Trauer. So erklärt auch Sebastian Franck dieses Wort: „Welchen etwas Leid widerfahren ist, und die da trauren, die lassen gemeiniglich Bärt wachsen, damit sie äußerlich ihren Jammer aus Unfall männiglich beweisen, in dem daß sie Leid tragen. Die im Saus leben, baden, waschen und salben sich, putzen den Leib und reinigen den. Aber die da betrübt sind, lassen fahren alle Wohlfahrt und Freuden, zeigen und beklagen jämmerlich ihren Unfall mit Geberden und Wandel. Es wird auch zu denen geredt, die da fremde Sorg tragen und vielleicht vergebens. Darum sagt man: Laß dir keinen Bart darum wachsen, sei nicht betrübt, es wird sich wohl schicken, ich weiß Weg dazu." Von vielen geschichtlichen Persönlichkeiten wird berichtet, daß sie hoch und teuer schwuren, sich nicht eher den Bart scheren zu lassen, als bis etwas, das sie erfüllt sehen wollten, geschehen wäre; oder sie verewigten sich auch mit langem Barte zur Erinnerung an ein schmerzliches, trauriges Ereignis. Als z. B. Papst Clemens VII. im J. 1525 in seiner Engelsburg von dem Cardinal Colonna belagert wurde, ließ er seinen Bart wachsen und sich in dieser Gestalt auf einer Münze abbilden, deren Rückseite den Apostel Petrus darstellt, wie er von dem Engel aus dem Kerker geführt wird. Vgl. 1 Chron. 20, 5 und 2 Sam. 10, 5; desgl. die Redensart: sich graue Haare um etwas wachsen lassen.

122. Um des Kaisers Bart streiten.

S. v. w. sich um Dinge streiten, die des Streites nicht wert sind. — Die Redensart geht zurück auf einen Streit, der von Gelehrten darüber geführt worden ist, ob Karl der Große einen Bart getragen habe oder nicht. Diese Unter=

suchung war nun keineswegs so unwichtig und lächerlich, wie sie uns heute wohl scheinen mag. Es fanden sich nämlich Urkunden vor, von deren Echtheit große Privilegien abhingen. Auf einigen Siegeln stand das Bildnis des Kaisers mit Bart, auf andern ohne einen solchen. Darüber entstand der Verdacht, daß entweder diese oder jene untergeschoben sein müßten. Die Frage nach der Echtheit der Dokumente konnte aber nur entschieden werden, nachdem man festgestellt hatte, ob Kaiser Karl der Große einen Bart getragen habe oder nicht.

Nach andern soll der Gegenstand des Streites gewesen sein, ob die römischen Kaiser Bärte getragen hätten oder nicht, da auf alten römischen Münzen die Kaiser teils mit Bärten, teils ohne solche abgebildet waren. Da dieser Streit für das praktische Leben ohne alle Bedeutung war, auch zu keinem Ergebnis führte, so könnte er wohl auch den Anlaß zu unsrer sprichwörtlichen Redensart gegeben haben.

Auf seine Weise, aber gewiß sehr ansprechend hat Geibel die Redensart in dem bekannten hübschen Gedicht „Von des Kaisers Bart" verwertet.[1]

123. Wissen, wo Barthel Most holt.

Von jemand, den man als besonders gewandt und schlau bezeichnen will, der Mittel und Wege kennt, seinen Zweck zu erreichen; auch von einem Mädchen, das jungfräulich thut, aber die Liebe näher kennt, als sich ziemte. — Es ist ein schon im 17. Jahrh. geläufiges Wort; seine Erklärung

---

[1] Vgl. die entsprechende Redensart des Altertums: de asini umbra rixari, d. i. um des Esels Schatten streiten. Ein junger Athener hatte einst einen Esel gemietet, um nach Megara zu reisen; da ihn jedoch auf der Reise die Sonne brannte, stieg er ab, um sich in des Esels Schatten zu erfrischen. Der Eseltreiber aber, der ihn begleitete, behauptete: der Platz gehöre ihm: denn er habe nur den Esel und nicht dessen Schatten vermietet. Es kam zum Wortwechsel, zu Thätlichkeiten und endlich zum Prozeß. Wieland hat diese Geschichte in seinen „Abderiten" verwertet. Ital.: disputar dell' ombra dell' asino. — Dasselbe sagt auch das lateinische de lana caprina rixari, vgl. Horaz, Epist. I, 18, 15; ital.: disputar della lana caprina; engl. to contend about a goat's wool.

hat viel Kopfzerbrechens gemacht. Hier alle Deutungs=
versuche zu wiederholen wäre zwecklos; aller Wahrscheinlich=
keit nach stammt es aus der Gaunersprache, wo Barthel
das Brecheisen und Moos das Geld bedeutet (vgl. die
Redensart: Moses und die Propheten haben). Lehrreich ist,
wie die verschiedenen Mundarten die unverstandene Redensart
umgedeutet haben: am verbreitetsten ist die auch der Schrift=
sprache geläufige Umbildung von Moos zu Most; in West=
falen sagt man: dat es ne annere stie as ba Bartels den
mostert hält, in der Altmark: he wet, wo Bartel Most
woant. Vgl. das ital. Sprichwort: sapere a' quanti dì
è San Biagio, wissen, auf welchen Tag St. Blasius fällt.

124. Und damit basta!

S. v. w. und damit genug! Basta ist eine Imperativ=
form von dem spanischen Zeitwort bastar (ital.: bastare)
d. i. hinreichen, hinreichend sein, vermutlich während des
Dreißigjährigen Krieges in die deutsche Sprache eingedrungen.

125. Einen alten Baum versetzen.

Der Mensch wird oft mit einer Pflanze verglichen, und
so wollen diese Worte sagen: einen alten Mann zwingen
oder doch dazu bringen, sein Heim, in dem er gleichsam
wurzelt, zu verlassen und sich noch einmal wo anders einzu=
gewöhnen. Aber es ist eine böse Sache mit dem Verpflanzen
eines alten Baumes: gewöhnlich geht er dabei ein. Syll.
38: „Annosam arborem transplantare. Einen alten
Baum versetzen.“

126. Zwischen Baum und Borke stecken.

Allitterierende Redensart zur Bezeichnung einer kritischen
Lage, in der man weder vor noch zurück kann, wohl von
dem Beil entlehnt, das sich beim Behauen des Baums zu
Bauholz oft derartig einklemmt, daß es der Zimmermann
weder vor= noch rückwärts bewegen kann. — Vgl. das frz.
Sprichwort: il ne faut pas mettre le doigt entre l'arbre
et l'écorce, mit dem man davor warnt, sich in Zwistig=
keiten zu mischen zwischen Mann und Frau, überhaupt
zwischen Personen, die eng miteinander verbunden sind.

Vgl. ferner: zwischen Hammer und Amboß, zwischen Thür und Angel.

127. Das klettert auf Bäume.

So sagt man von einem unerhörten Beginnen, einer unglaublichen Frechheit. Die Redensart ist eine komische Übertreibung der Worte: das geht weit.

128. Er kann Bäume ausreißen.

Übertreibende Redensart, s. v. w. er hat sehr viel Kraft. Wird oft im Scherze angewendet von einem Wiedergenesenen, der sich wieder in rüstigstem Wohlsein befindet; vgl. lat. pancratice atque athletice (auch pugilice atque athletice) valere. Plautus, Bacch. 2, 3, 14.

129. In Bausch und Bogen.

Alliterierende Redensart, s. v. w. alles in allem, im Großen und Ganzen, ohne Unterschied zu machen, z. B. etwas in Bausch und Bogen berechnen, bezahlen[1], abschätzen, verurteilen. Bausch bezeichnet bei Grenzen das auswärts Gehende, sich gewissermaßen Bauschende, Bogen dagegen das einwärts Gehende. So bekam die Verbindung den Sinn: eins ins andre gerechnet, ohne das Einzelne genau abzuschätzen. Vgl. die juristische Redensart im Lat.: aversione oder per aversionem aliquid emere, vendere, locare etc., d. h. abgewandt, ohne genauere Erörterung; — frz.: acheter quelque chose en bloc et en tâche: — ital.: comperare a staglio.

130. Er wirft das Beil zu weit.

S. v. w. er ist ein Großsprecher, er schneidet auf, er lügt. — Das Beilwerfen spielt in der altdeutschen Rechtssymbolik eine große Rolle. Besonders bei Grenzbestimmungen war es üblich, die Entscheidung über die Entfernung der Grenze von einem gewissen Punkte dem zukünftigen Besitzer in die Stärke seines Armes zu legen. Oft begegnet in Urkunden z. B. die Bestimmung, daß ein Müller in dem Bache, der die Mühle treibt, so weit abwärts und aufwärts

---

[1] Die Kanzleisprache hat nach dieser Redensart den barbarischen Ausdruck Bauschal(Pauschal=)summe gebildet (vgl. Austrag).

fiſchen dürfen ſoll, wie er von der Mühle aus ein Beil zu
werfen vermag.

Es iſt leicht erklärlich, daß man, dieſen Brauch ver=
gleichend, von einem, der ſich viel anmaßt, und dann weiter
übertragen von einem, der Unglaubliches von ſich berichtet,
ſagen konnte, er wirft das Beil zu weit. Grimmelshauſen
ſagt von einem, der von ſeinen Reiſen erzählt, Simpl. III,
411, 1: „warſſe auch bißweilen das Beyl ſo weit, daß ich
ſelbſt vor ihn ſorgte, wo ers wieder finden würde".

Ein altes Wort für Beil iſt Barte (wir haben es noch
in Hellebarte, d. i. Helmbarte, ein Beil zum Durchſchlagen
des Helms); daher bei Schottel: die Barte zu weit werfen.

131. Sich die Beine nach etwas ablaufen.

Eine Übertreibung der Redensart: ſich die Hacken (näm=
lich des Schuhzeugs) nach etwas ablaufen. Wird zunächſt
von dem geſagt, der ſich viele Wege macht, um ein Amt oder
eine Stelle zu erhalten (vgl. lat. ambire). Dann überhaupt
ſ. v. w. ſich viel Mühe um etwas geben.

132. Etwas aus Bein binden.

Namentlich eine Geldſumme, z. B.: die 100 Mark
binde ich aus Bein, d. h. ich opfere ſie, gebe ſie verloren,
verſchmerze ſie.

Zur Erklärung iſt verſchiedenes vorgebracht worden; die
richtige Deutung iſt folgende. Man ſagte und ſagt ſcherzend:
ich binde etwas ans Bein, unters Knie, wenn man es ſich
nicht zu Herzen gehen laſſen will (vgl. einem etwas auf
die Seele binden, daß er es ſich angelegen ſein laſſe,
ſich darum kümmere). In einer Breslauer Leichenrede von
1638: „Er hat nicht einen ſchlechten oder geringen Kummer,
der bald zu vergeſſen, oder den man unter den Knien zu=
bindet, wie man im ſprichwort redet." Und noch älter und
deutlicher in dem Liederbuch der Hätzlerin:

> ſie ſprach: far hin mein lieber Knecht . . . .
> laß dir das laib dein haubt auch nit zerbrechen.
> Der Knab der ſprach: gern ich das tu,
> bei dem Knie ſo bind ichs zu,
> das es mir in das Herz nit mag geſchlagen.

Ja ſchon bei Walther von der Vogelweide: mir leit
bant ich ze beine.

133. Jemand auf die Beine helfen.

S. v. w. jemand aus dürftigen Vermögensverhältnissen aufhelfen. Das Wort wird angewendet, wenn ein wirklich Bedürftiger unterstützt, aus einer Verlegenheit gerettet und — gleichsam ein Liegender — aufgerichtet und zum Stehen gebracht wird.

Wieder auf die Beine kommen,

s. v. w. wieder zu Wohlstand gelangen oder auch gesund werden. Es liegt die Vorstellung des Gefallenen zu Grunde oder dessen, der auf dem Krankenlager gelegen hat. So wird ein Genesener gefragt: „Bist du wieder auf den Beinen?" Ebendahin gehört die Redensart:

Auf eignen Beinen stehen,

s. v. w. selbständig sein, keiner Unterstützung bedürfen.

Sich auf die Beine machen

ist dagegen s. v. w. aufbrechen; eigentlich: vom Lager auf-springen mit der Absicht, davon zu gehen. Vgl.: sich auf die Strümpfe, sich auf die Socken machen.

134. Jemand Beine machen.

Wenn einer aus bloßer Trägheit nicht vom Flecke kommt, als ob er keine Beine hätte, so ruft man ihm drohend zu: „Wart, ich will dir Beine machen!" So schon in Fischarts „Gargantua": „wolt den schelmischen juden wol süß gemacht haben". In Grimms „Rechtsaltertümern", S. 350, wird von einem Diener, d. i. einem Leibeigenen, gefordert, daß er zu dem Willen seines Herrn gleich bereit sei: „Mancipium ire debet, quoquo jubetur, was in der alten Sprache hieß: einen heizen springen".

135. Die Beine unter den Arm nehmen.

S. v. w. so schnell als möglich laufen. Eigentlich die Beine wie einen fremden Körper, wie ein Gepäckstück behandeln und ganz außer Thätigkeit setzen, also — fliegen.

136. Einem ein Bein stellen.

S. v. w. jemand in heimtückischer Weise dadurch zu Falle bringen, daß man ihm plötzlich ein Bein vorhält; in übertragenem Sinne: jemand Schaden zufügen. „Der Teufel stellt dir nächstens doch ein Bein." Goethe, Faust, II, 2.

137. Hinter dem Berge halten.

Von jemand, der mit seinen Meinungen, Ansichten und Urteilen nicht zum Vorschein kommt, nicht redet, wie er wirklich denkt, überhaupt der nicht offen zu Werke geht. — Die Redensart ist aus dem Kriege entlehnt, wo man Mann= schaften und Geschütz hinter Berge und Gebüsche legt, um sie vor den Augen des Feindes zu verbergen, und erst im günstigen Augenblick hervorbricht, um dem Gegner in den Rücken oder in die Seite zu fallen und ihm so desto größern Schaden zuzufügen. Ein wenig anders in der Form, aber deutlich dieselbe Lage bezeichnend heißt es in Dedekinds „Christlichem Ritter": „Solt denn wol nicht ein frommer mann hinter dem busche dörfen haltn?" Das= selbe Bild steckt auch in der Redensart: mit etwas heraus= rücken.

138. Über den Berg sein.

S. v. w. das Schlimmste überwunden haben, wobei ursprünglich an eine mühsame Wanderung über eine Berg= kuppe zu denken ist. Dagegen meint: über alle Berge sein s. v. w. weit fort sein, von einem gesagt, der nicht mehr einzuholen ist, etwa von einem Entflohenen, dessen Ver= folgung nicht lohnt.

139. Goldene Berge versprechen.

So sagt man von einem, der unglaublich große und darum voraussichtlich nichtige Versprechungen macht. So in der Zimmerischen Chronik (III, 427, 35): „die warden mit wartgelt versehen, auch darneben von guldinen bergen ver= tröst". Und in der „Gudrun" drückt Irold seine Begierde, zwei Helden wie den wilden Hagen und Waten den Alten sich messen zu sehen, mit den Worten aus:

> und waere ein berc golt,
> den naem ich niht darumbe, so der strit geschaehe,
> deich Waten minen oheim bi dem wilden Hagenen
> niht ensaehe.

Im Phormio des Terenz (I, 2, 18): montes auri polliceri; Sallust (Cat. 2, 3) fügt den Bergen noch das Meer bei: maria montesque polliceri, und Persius, 3, 63, sagt: magnos montes promittere. Frz.: promettre des montagnes d'or, oder: promettre monts et merveilles. Ital.: promettere mari e monti, oder: promettere Roma e Toma.

140. Berge versetzen.

Das Bild bezeichnet eine ungeheure That. So klagt in der Zimmerischen Chronik (IV, 231, 35) ein Liebender, der vergebens um Erhörung fleht:

> Wenn ich trüeg ain großen berk
> In ain tiefes thal, es hülf mich nit.

Wer sich wirklich vermißt, Berge versetzen zu wollen, ist ein Prahler, ein Großsprecher, ein Aufschneider, ein Bramarbas und Eisenfresser. Bei Bojardo im Orlando inamorato und bei Ariost im Orlando furioso kommt so ein prahlerischer Held vor, dem der Name Rodemonte (eigentlich rodamonte) beigelegt wird, d. i. Bergfortwälzer, einer, der sich gleichsam vermißt, Berge von der Stelle zu bewegen und fortzurollen; von dem lombardischen Worte rodare, im Kreise herumdrehen und wie ein Rad fortrollen, und ital. monte, der Berg.

Der Gedanke selbst ist viel älter; am frühesten erscheint er, an eine bestimmte Sage festgewachsen, in der Gigantomachie der griechischen Mythologie. Hier werden die Giganten geschildert als ungeheure Riesen, furchtbaren Antlitzes, mit langem Haupt- und Barthaar und mit geschuppten Drachenschwänzen statt Füßen. Um den Olymp, den Sitz ihrer Feinde, zu ersteigen, türmen sie Berge auf Berge, setzen den Pelion auf den Ossa. Allein Zeus spaltet den Olymp, den Pelion und den Ossa mit seinen Blitzen und begräbt die Stürmenden unter den Bergtrümmern (vgl. Ovid, Metam. 1, 151).

Was hier von den Titanen, wird in der Bibel (Hiob 9, 5) von Gottes Allmacht gesagt: „Er versetzt Berge, ehe sie es inne werden, die er in seinem Zorn umkehrt".[1]

---

[1] In dem veränderten Sinne von: „das Unmögliche möglich machen" begegnen wir unsrer Redensart vielfach im Neuen Testament. Matth. 17, 20 sagt Jesus: „Wahrlich, so ihr Glauben

141. Der Berg hat eine Maus geboren.

Auch in der Form: die Berge kreißen, um ein Mäuslein zu gebären! Bei Luther: „Die Berge gehen schwanger, und wird eine Maus draus." Von ungeheuern Anstrengungen, denen der Erfolg nicht entspricht; von hochfliegenden Plänen und Hoffnungen, bei denen schließlich eine winzige Kleinigkeit herauskommt. Wir haben die Redensart aus dem römischen Altertum übernommen. Bei Horaz, De arte poet. 139, steht der Vers:

Parturiunt montes, nascetur ridiculus mus.

Und Horaz hat den Gedanken wieder den Griechen entlehnt. — Vgl. Lafontaines Fabel: La montagne qui accouche, und die frz. Redensart: C'est la montagne qui accouche d'une souris.

142. Berserkerwut.

Die Berserker sind Gestalten der nordischen Mythe. Von ihnen wird erzählt, daß sie in eine tierische Wut verfallen und sich dann auf alles Lebende stürzen, um es zu vernichten: nichts widersteht ihrer Gewalt, sie scheuen weder Eisen noch Feuer. Eigentlich bedeutet „Berserker" Bärenhemd, Bärenkleid und bezeichnet dann Männer, die sich in ein Bärengewand gehüllt haben, als Bären erscheinen, also ähnliche Zwitterwesen wie die Werwölfe. (Vgl. E. Mogk im „Grundriß der germ. Philol." I, 1019.)

143. Jemand berücken.

S. v. w. ihn durch Lockungen oder Reizmittel zu fangen suchen. Das Bild ist hergenommen von den Vögeln, die man durch Lockspeisen in ein Netz lockt, das hernach über ihnen zusammengezogen oder zusammengerückt wird.

habt als ein Senfkorn, so möget ihr sagen zu diesem Berge: Hebe dich von hinnen dorthin, so wird er sich heben, und euch wird nichts unmöglich sein." Vgl. Matth. 21, 21; Marc. 11, 23: Paulus im ersten Brief an die Korinther 13, 2: „Und wenn ich weissagen könnte und wüßte alle Geheimnisse, und alle Erkenntnis, und hätte allen Glauben, also, daß ich Berge versetzte, und hätte der Liebe nicht, so wäre ich nichts."

144. Bescheert für bedacht nehmen.

S. v. w. einen glücklichen Zufall als den Ausdruck einer höhern Vorsicht auffassen und demgemäß handeln, d. h. die günstige Gelegenheit beim Schopfe fassen.

145. Gut beschlagen sein.

S. v. w. in einer Sache wohl ausgerüstet, geübt, erfahren sein. Der Ausdruck ist hergenommen von dem Roß, dessen Huf der Schmied mit einem Eisen beschlägt, um ihm sicherern, festern Gang zu verschaffen. Im Volks= mund noch deutlicher, z. B. im siebenbürgischen Deutsch: di äs af alle wären beschloen. — Frz.: c'est un homme bien ferré; cet homme est ferré à glace.

146. Laufen wie ein Besenbinder.

S. v. w. tüchtig rennen; besonders in Nieder= und Mittel= deutschland gebräuchlich. Die Besenbinder sind hier ebenso un= schuldig hergeraten, wie die armen Bürstenbinder in die Redens= art: saufen wie ein Bürstenbinder. Ein niederd. Dialektwort für rasches Laufen ist nämlich bersten, dies ist offenbar mit Bürste zusammengebracht worden, indem man einen rechten Berster, einen rechten Läufer einen Berstenbinder genannt hat. Der Bürstenbinder aber und der Besenbinder sind eine Person.

147. Einen Besenstiel im Rücken haben.

Von einem Menschen, dessen Körperhaltung steif und hölzern ist, der sich nicht bücken und höflich erzeigen kann, wo es Anstand und Höflichkeit erfordern. Dasselbe sagen die scherzhaften Redensarten: einen Ladestock oder ein Lineal verschluckt haben. Ähnlich schon in dem Liederbuch der Hätzlerin: „Tregt ainer den leib offgestrackt, Man seyt Im steck ain scheytt Ym ruck, wa er get oder reit."

148. Zum Besten geben.

S. v. w. in einem geselligen Kreise einen Beitrag spenden zum leiblichen oder geistigen Genuß; z. B. eine Flasche Wein zum Besten geben, eine Anekdote zum Besten geben.

Die Redensart stammt aus den alten Kampfspielen. Da hieß das „Beste" der Preis, der für den besten Mann, d. h. für den Sieger, z. B. den besten Schützen, ausgesetzt

war. So erzählt Fischart im „Glückhaften Schiff" V. 99 fg.
von dem Straßburger Schießen im Jahre 1576, daß Basler
Schützen gefahren seien

> zu eim hauptschießen schön mit lust
> zugleich mit büchsen und armbrust.
> zu deren jedem war das best
> hundert gulden, on sonst den rest

d. h. abgesehen von den andern Preisen. Und so gebrauchen
noch Goethe und Schiller das „Beste", auf alte Zeit an=
gewandt, im „Götz": „wie der Schneider von Heilbronn,
der ein guter Schütz war, zu Köln das Beste gewann und
sie's ihm nicht geben wollten" und im „Tell":

> aber heute will ich
> den Meisterschuß thun und das Beste mir
> im ganzen Umkreis des Gebirgs gewinnen.

Die Redensart bedeutet also eigentlich: bei einem Feste
etwas als Preis, dann als Beitrag oder Hauptbeitrag zu
den Kosten beisteuern. (Vgl. Rudolf Hildebrand, Gesam=
melte Aufsätze und Vorträge, S. 45 fg.)

Einen zum besten haben
bedeutet eigentlich: ihn als besten behandeln. Aber der beste
muß einen Spaß verstehen, muß es ertragen, die Zielscheibe
des Spottes zu sein; wen man zum besten hat, den neckt
man also. Bei Goethe:

> Ich lobe mir den heitern Mann
> Am meisten unter meinen Gästen:
> Wer sich nicht selbst zum besten haben kann,
> Der ist gewiß nicht von den Besten.

Preisgeben ist zunächst ungefähr dasselbe wie zum
besten geben; in weiterer Entwicklung berührt es sich
dann aber auch mit: zum besten haben.

149. An den Bettelstab kommen.

S. v. w. zum Bettler werden; daneben: an den Bettel=
stab bringen s. v. w. zum Bettler machen. — Seb. Franck
sagt, daß Germania „seer vil arm volks und betler" habe
und „daß es meer auß seim müessiggang und stätem zören
und wolleben an bettelstab kummen ist, dann auß übelstand

des lands und tuerung der narung“. Noch sinnlicher in dem Leben der heiligen Elisabeth V. 6518: zu grifene an den bedelstab.

150. Sich in den Beutel lügen.

So sagt man von einem, der etwas billiger gekauft zu haben behauptet, als er es wirklich gekauft hat, der also seinen eigenen Beutel anlügt. Denn der Beutel muß es doch genau wissen, um wieviel er leichter geworden ist. Vgl. Lehm. 91 (Betrügen 15): „Einer kaufft vnd sagt, er habs noch (d. h. noch einmal) so wolfeil, vnd beleugt sich vnd sein Seckel.“

151. Beutelschneider.

So nennt man heute einen Geschäftsmann, der große Rechnungen macht, daß die Beutel seiner Kunden bluten müssen. Eigentlich ist aber ein Beutelschneider, wer Beutel abschneidet, nämlich die Geldbeutel andern heimlich vom Gurt abschneidet, also ein Gelddieb. Im spätern Mittel= alter waren die Beutelschneider ebenso häufig wie unsre Taschendiebe: fort und fort begegnen sie in alten Gerichts= büchern. In dem ältesten Leipziger Urfehdenbuch z. B. wird S. 33 gemeldet: „Nickel Ronberg .. was infomen (d. h. ins Gefängnis), das er villicht bewtel het snyden wollen, des er sich vast entschuldigt hat.“ Vgl. Syll. 32: „Alii sementem faciunt, alii metent. Einer macht beutel, der ander schneidt sie abe.“

152. Der Biehn muß!

Die Entstehung dieses Ausdrucks wird auf folgende Geschichte zurückgeführt. In Frankfurt oder in Offenbach hatte ein Händler einen Kunden von zweifelhafter Zahlungs= fähigkeit in seiner Kundschaft. Dieser führte den besonders in Offenbach häufig vorkommenden Namen „Biehn“ (nicht Bien). Als nun eines Tages jener Händler einem seiner Handlungsdiener den Auftrag gab, den Stand des Biehnschen Kontos nachzusehen, berichtete der Kommis seinem Herrn in der hierfür üblichen kaufmännischen Ausdrucksweise: „Der Biehn Soll“ (so und so viel Mark), worauf der Kauf= herr, ohnehin schon ärgerlich über die schlechte Zahlungsweise

Biehns, seinem Kommis zurief: „Wie heißt «Soll», der
Biehn muß!"

153. Wie sauer Bier ausschreien.

Eine Ware so anpreisen, daß der Verdacht erweckt
wird, sie bedürfe des Geschreies und Gerühmtes, sie sei zu
schlecht, um ohne das gekauft zu werden.

Daß im Munde der Baiern diese Redensart nicht die
einzige ist, die vom Bier und Biertrinken stammt, wird
niemand wunder nehmen; hier seien wenigstens noch zwei
vom sauern Bier erwähnt (nach Schmellers baierischem
Wörterbuch, 1, 265): „bei'n sauen Bier zsamkeme" bedeutet:
auf eine unvermutete, oft auch unbehagliche, unangenehme
Weise zusammenkommen, und „'s Gris habn wie's saue
Bier": nicht beliebt sein.

154. Einer (eine) aus der siebenten Bitte.

Die siebente Bitte des Vaterunsers lautet: „Und erlöse
uns von dem Übel!" Daher nennt man „einen aus der
siebenten Bitte" einen Menschen, den man verabscheut, mit
dem man nichts zu thun haben mag, „eine aus der siebenten
Bitte" ein widerwärtiges Frauenzimmer, besonders eine
öffentliche Dirne. Eine höchst gelungene Erweiterung der
Redensart steht in Seumes „Spaziergang nach Syrakus"
1, 22: „ein Muster von einem alten häßlichen, keifischen
Weibe, die schon seit vierzig Jahren aus der sechsten in die
siebente Bitte getreten war".

155. Einen Bittern haben.

Scherzhaft für: verstimmt sein, ärgerlich sein; z. B.:
„Wenn ich den nur sehe, so habe ich schon einen Bittern",
d. h. so regt sich mir die Galle, habe ich ein bitteres Gefühl.
In weiterer Entwicklung bedeutet daher: einen Bittern auf
jemand haben s. v. w. ihm nicht gewogen sein.

156. Blank mit einem stehen.

S. v. w. auf Kriegsfuß mit ihm stehen, gespannt mit
ihm sein; eigentlich: ihm mit blanker, d. h. mit gezogener
Waffe gegenüberstehen.

157. Sich kein Blatt vor den Mund nehmen.

S. v. w. alles gerade heraussagen, reden wie einem der Schnabel gewachsen ist; dann auch: derb und grob sein. Zur Erklärung der Redensart hat man daran erinnert, daß, wer leise sprechen will, wohl ein zufällig vorhandenes Papierblatt vor den Mund hält. Andre haben an das antike „Feigenblatt" gedacht; aber auch das ist bloße Vermutung. Vgl. Bebel Nr. 579: nullum folium ori apponere; id est: libere loqui. Seb. Franck 1, 88: „Der wein nimpt keyn blat fürs maul."

158. Mir schießt das Blatt.

Ausdruck zur Bezeichnung der Ahnung von etwas Schlimmem, aber auch allgemeiner s. v. w. ich begreife, ich verstehe. „Blatt" soll in dieser Redensart eine medizinische Bezeichnung für die vordere der Fontanellen am Kinderkopfe sein. Wenn in hitzigen Krankheiten, bei denen besonders das Gehirn entzündet war, dieser Teil sich gesenkt und eingedrückt zeigte, so sagte man: „das Blatt ist geschossen" und bezeichnete mit diesen Worten ein Zeichen des wahrscheinlichen Todes.

159. Das Blatt wendet sich.

S. v. w. die Verhältnisse ändern sich, das Glück schlägt um. Ob zur Erklärung der Redensart eine Hinweisung auf die bekannte Vorstellung vom Schicksalsbuche genügt, oder ob ihr Ursprung in den Taschenspielereien des fahrenden Volkes zu suchen ist, bleibt zweifelhaft. Doch vgl. auch den Ausruf: „Ein ander Bild!", der aus dem Munde der Guckkastenmänner stammt. Beim Umwenden eines Blattes, beim Übergehen zu dem nächsten Bilde könnten sie sich auch recht wohl der Worte: „Das Blatt wendet sich" als Einleitung eines neuen Teils ihrer grausigen Geschichte bedient haben. — Vgl. Syll. 27: „Adastria Nemesis. Es wird sich das blat einmahl umbkehren. Er wird der straffe nicht entgehen." (Syll. 206 steht die Redensart als Übersetzung der lateinischen: Rhamnusia Nemesis.)

160. Ins Blaue hinein

reden oder handeln, d. h. ohne bestimmten Plan und Zweck,

gedankenlos, wie im Traume. Wirklich ins Blaue hinein schießen spielende Kinder ihre Pfeile, starrt der Träumer, dessen Geist in weite Ferne schweift. — Der Ägypter sagt: „Der verschießt seine Pfeile umsonst, der sie gen Himmel richtet, um Allahs Haupt zu treffen", der Araber: „Schieße deine Pfeile nicht nach dem Himmel; denn das Haupt Allahs erreichst du nie". — Lat.: in cassum, z. B. jactare tela, Livius 10, 29; mittere preces, ders. 2, 49; disserere aliquid, Tacitus, Ann. 1, 4; fundere labores, Virgil, Aen. 7, 421.

161. Jemand blauen Dunst vormachen.

S. v. w. ihn am richtigen Sehen verhindern, ihm die Wahrheit verhehlen und ihn irre leiten, ihn täuschen oder betrügen wollen.

Mutmaßlich ist die Redensart zurückzuführen auf die Geisterbeschwörungen, die der Volksaberglaube des Mittel= alters Zauberern und Hexenmeistern zuschrieb. Namentlich standen die Nekromanten in dem Rufe, die Geister der Verstorbenen oder Dämonen heraufbeschwören zu können. Dabei bedienten sie sich mit Vorliebe fremder, barbarisch klin= gender Anrufungen und wandten auch stark narkotisch wir= kende Dämpfe an, machten also in der That, um ihre Zuschauer zu „benebeln", einen Dunst, der wohl graublau ausgesehen haben wird.

Daß schon die alten Juden und Griechen derartige Beschwörungen kannten, beweisen Stellen wie im ersten Buche Samuelis das 26. Kapitel, wo erzählt wird, wie König Saul durch eine Zauberin zu Endor den Schatten des Propheten Samuel aus dem Grabe heraufbeschwören ließ, und die Beschwörung des Schattens des Teiresias (Odyssee XI, 23 fg.). Vom Altertum vererbten sich diese Gebräuche zunächst auf die altchristliche Zeit und dann auf das Mittel= alter, wo später namentlich die fahrenden Schüler als Träger dieser Kunst erscheinen. Sehr häufig war der Grund solcher Beschwörungen die bloße Neugierde; vgl. die Citierung des Schattens Alexanders des Großen und seiner Gemahlin vor Kaiser Karl V. durch Doktor Faust (im Faustbuch vom

J. 1587, Kap. 33). — Vgl. auch die Redensart: **sein blaues Wunder sehen**.

162. Blauen Montag machen.

S. v. w. auch den Montag als Sonntag feiern. — Der Name „Blauer Montag" wird gewöhnlich abgeleitet von dem Montag vor Aschermittwoch, der blau hieß, weil man die Kirchen in den Fasten mit blauem Tuch auszuschlagen pflegte. Dieser Montag wurde dann zum Tage der größten Ausgelassenheit, und so soll es gekommen sein, daß später alle Montage, die als Feiertage behandelt wurden, blau genannt wurden.[1]

163. Blaustrumpf.

Der Ausdruck „Blaustrumpf" war in Deutschland — und ist es stellenweise noch in der Rede des Volkes — eine spöttische Bezeichnung nicht für Angehörige des schönen Geschlechts, sondern — für Aufpasser und Angeber, weil an vielen Orten die Polizeidiener und Lakaien großer Herren blaue Strümpfe trugen. In Schillers „Räubern", II, 3, findet sich der Ausdruck noch in dieser Bedeutung: „Der höllische Blaustrumpf muß ihnen verrätscht haben." Aber damit hat der Ausdruck Blaustrumpf zur Bezeichnung eines gelehrten Frauenzimmers nichts zu thun. Das ist vielmehr erst um 1800 als Übersetzung des englischen blue-stocking (danach franz.: bas-bleu) aufgekommen.

Boswell erzählt in seinem „Leben Johnsons", es sei unter den englischen Damen des vorigen Jahrhunderts Sitte gewesen, zu ihren Gesellschaften hauptsächlich Männer der Wissenschaft einzuladen. Man bildete litterarische Klubs, bei denen das Kartenspiel verbannt und geistvolle Unterhaltung die Hauptsache sein sollte. In einer dieser Gesellschaften, die sich um 1750 in London im Hause einer Frau

---

[1] Nach dem Kirchenkalender kommt freilich nicht erst am Montag vor Aschermittwoch, sondern schon am Sonntag Septuagesimä, d. i. 14 Tage vor dem ersten Fastensonntage, die blaue Farbe als Symbol der Buße in der Kirche zum Vorschein. Und die sächsischen Landesordnungen des 15. und 16. Jahrh. kennen keinen blauen, sondern nur einen „guten Montag"; sie verbieten den Handwerksgesellen, guten Montag zu machen.

Montague versammelte, ragte besonders der gelehrte Mr.
Benj. Stillingfleet († 1771) hervor, der sich höchst sonderbar
zu kleiden pflegte und obendrein blaue Strümpfe trug. Das
soll die Veranlassung gewesen sein zu dem Witze des hol=
ländischen Admirals Boscawen, diese Versammlungen Blue-
Stocking-Societies zu nennen.

164. Blech reden.

S. v. w. dummes Zeug schwatzen. Blech steht hier als
geringes Metall für geringwertige Worte. Vgl. dagegen
„goldene Worte".

In der Studentensprache bedeutet Blech s. v. w. Geld,
daher blechen s. v. w. bezahlen. Dieses Blechen taucht
gegen Ende des 18. Jahrhs. in studentischen Wörterbüchern
auf (vgl. Kluge, Etymol. Wörterb., 5. Aufl.) und gehört
offenbar zu dem schon von 1691 verzeichneten Blech =
Plappart (eine alte Bezeichnung für Groschen), das wiederum
schon aus der Mitte des 16. Jahrhs. als ein rotwelsches
Wort überliefert ist.

165. Mir liegt es wie Blei in den Gliedern.

So sagt der, der sich vor Mattigkeit kaum bewegen
kann, als ob ihm die Glieder durch einen Zauber (aus=
gedrückt durch das verhüllende es) schwerer geworden wären.
Blei ist im Volksmund ein vielgebrauchtes Bild zur Be=
zeichnung des Schweren. Auch ein drückender Kummer, eine
lastende Sorge oder sonst eine Beschwerung des Gemütes
oder des Herzens wird als ein bleiernes Gewicht bezeichnet.
Walther von der Vogelweide klagt (76, 3):

> der wintersorge han ich dri,
> des bin ich swer alsam ein bli.

166. Das sieht ein Blinder!

Übertreibende (hyperbolische) Redewendung, um auszu=
drücken, daß etwas sehr leicht einzusehen sei. — Bebel,
Nr. 97: Caeci hoc vident: Lapides loquuntur: Canes
in macello produnt: Hoc tympanis pueri canunt: dicitur de re manifesta. Tunnicius, Nr. 945: „Dat süt wol
ein blinde", mit der lateinischen Übersetzung: Vel caecus
videat, qui nullo lumine gaudet. Erasmus, Ad. I, 8,

93: Vel caeco appareat. Proverbialis hyperbole frequens apud auctores, de re vehementer perspicua. Vgl. Plato im Sophistes, Kap. 29.

167. Wie der Blinde von der Farbe urteilen.

Da die Farbe nur durch den Gesichtssinn erkannt werden kann, der dem Blinden mangelt, so ist der übertragene Sinn der Redensart: urteilen, ohne die geringste Fähigkeit dazu zu haben. Schon im 16. Jahrh.: „also der blinde von der farve" z. B. in der Chronik Johann Oldekops S. 138.

168. Wie ein Blitz (Schlag) aus heiterm Himmel!

Der Vergleich dient zur Bezeichnung eines völlig unerwarteten, meist niederschmetternden Ereignisses. Denn es blitzt gewöhnlich erst, nachdem die Gewitterwolken am Himmel aufgezogen sind. Vgl. Lehm. 398 (Hoff 19): „Zu Hof donnerts offt, vnd schlägt ein beym hellen Himmel, da doch kein Blitz vorher gangen. Ante ferit, quam flamma micat." Schiller hat die ungeheure Schnelligkeit eines hereinbrechenden Verderbens in den ahnenden Worten Theklas gemalt (Piccolomini III, 9):

O! Wenn ein Haus im Feuer soll vergehn,
Dann treibt der Himmel sein Gewölk zusammen,
Es schießt der Blitz herab aus heitern Höhn,
Aus unterirdschen Schlünden fahren Flammen,
Blindwüthend schleudert selbst der Gott der Freude
Den Pechkranz in das brennende Gebäude!

wobei man die beiden scheinbar widersprechenden Zeilen durch die Vorstellung vereinigen kann, daß der zündende Strahl herniederfährt, ehe sich noch die ansteigenden Wolken über dem bedrohten Hause gesammelt haben.

169. Sich eine Blöße geben.

S. v. w. einen Fehler machen, eine Schwäche verraten. — Vom Fechter entlehnt; eigentlich die Deckung aufgeben und sich dadurch dem Angriffe des Gegners aussetzen. Daher dann auch: Blößen aufdecken s. v. w. Schwächen, Fehler nachweisen.

170. Durch die Blume sprechen; oder: etwas verblümt sagen.

S. v. w. etwas nicht mit deutlichen Worten, sondern verhüllt aussprechen. — Zur Erklärung der Wendung ließe sich verschiedenes heranziehen, aber einen sichern Weg weist nichts davon. Nahe liegt von selbst der Ausdruck verblümt, d. h. eigentlich mit Blumen geschmückt; dann wäre durch die Blume ursprünglich dasselbe wie blumig, mit „Floskeln" reden. Jedenfalls fernzuhalten ist sub rosa (d. i. unter dem Siegel der Verschwiegenheit, vgl. Rose); vielleicht aber ist der alte poetische Sprachgebrauch im Spiele, Blume verhüllend für Jungfrauschaft zu sagen (vgl. die Redensart Rosen brechen und den Jungfernkranz und den Rosengarten des volkstümlichen deutschen Liebesliedes). Wenig wahrscheinlich ist die Erklärung, daß man wirklich eine Blume vor den Mund gehalten habe, wenn etwas nicht deutlich gesagt werden sollte (doch vgl. kein Blatt vor den Mund nehmen), am nächsten scheint uns die aus der symbolischen Bedeutung der Blumen zu liegen. Wem man eine Rose giebt, dem will man damit sagen: „ich liebe dich", und so haben eine ganze Menge Blumen ihre Bedeutung; zum Teil zeigt sich schon ihr Name an: Vergißmeinnicht, Männertreu, u. s. w.

171. Mir wird ganz blümerant.

S. v. w. ich gerate in Angst und Schrecken, falle in Ohnmacht. Aus dem Französischen, durch Entstellung von bleu mourant, eigentlich sterbend-blau, matt- oder blaßblau entstanden, einer kaufmännischen Bezeichnung, die im Dreißigjährigen Kriege nach Deutschland gekommen ist. Die Redensart bezeichnet demnach ursprünglich dasselbe wie die andre: mir wird grün und blau vor den Augen.

172. Das macht böses Blut.

Frz.: cela fait de mauvais sang, d. h. das erhitzt die Gemüter, erbittert die Leute. Erklärt sich aus dem Glauben, daß böses Blut schuld sei an bösen Thaten. Denn böse Thaten befürchtet, wer davor warnt, böses Blut zu machen.

173. Blut geleckt haben.

„Er hat Blut geleckt" sagt man von einem, der einen Genuß gehabt hat und nun nicht mehr darauf verzichten will. Die Redensart stammt vom Wolfe, der gierig Menschen auflauert, selbst Leichen aufgräbt, wenn er einmal Menschenblut gekostet hat.

174. Blut weinen.

Sprichwörtliche Hyperbel, von Thränen, die der heftigste Schmerz auspreßt. — Bei Erasmus: sanguine flere: sic enim antiquitus loquebantur: Haud flectes illum, ne si sanguine fleveris. Durat hoc adagium in hodiernum diem. — In dem Eddischen Helgiliede sagt der Begrabene seiner weinenden Gemahlin, jede ihrer Thränen falle ihm als bitterer Blutstropfen auf die Brust[1], und in Heiligenlegenden wird vielfach erzählt, daß sogar Bildsäulen Blut geweint haben.

175. Er ist blutarm.

S. v. w. ganz arm. Blut in dieser Zusammensetzung (ebenso in blutjung, blutwenig) hat mit dem Blute nichts zu thun, sondern ist ein naher Verwandter von bloß. (Vgl. Brants „Narrenschiff", 99, 124: „Ob jedoch das rich sy blutt vnd bloß.") Aber schon frühe ist die Verwechslung mit Blut eingetreten, und schon mittelhochd. findet sich geschrieben bluotarm nicht in dem Sinne von arm an Blut, sondern von sehr arm. Vgl. noch Syll. 191: „pomarius Hercules. Der Hercules ist ein Gärtner, das ist, er ist blut adel und gut arm."

176. Blutegel.

So nennt man einen Menschen, der Land und Leute aussaugt. Das Bild findet sich schon in der Bibel: Spr. Sal.

---

[1] Nach germanischem Glauben nimmt man dem Toten die Ruhe, wenn man ihm zu lange nachweint. So beauftragt auch der sterbende Nibelunge Wolfhart seinen Neffen, daß er die Totenklage um ihn abbestelle. Daher rührt auch die Sitte der sogenannten Totenmahle und die dabei zu Tage tretende Heiterkeit, die uns aller Pietät für die Verstorbenen zu entbehren scheint, aber im Heidentum begründet ist.

30, 15: Sanguisugae duae sunt filiae dicentes „affer, affer", was Luther überſetzt: „Der Egel hat zwo Töchter, bring her, bring her". Seb. Franck 30ᵇ: „die egel laſſt nit nach, ſi ſei dann voll." Vgl. Horaz, De arte poëtica, 476: Non missura cutem, nisi plena cruoris hirudo.

177. Den Bock melken.

Lucian erzählt in ſeiner Vita Demonactis, wie Demonax einſt zwei Philoſophen geſehen habe, die, beide gleich unwiſſend, ſich in gelehrtem Streit befanden, wobei der eine immer lächerlichere Fragen und Behauptungen auf= ſtellte als der andre. Da ſoll Demonax ausgerufen haben: „Nicht wahr, Freunde, melkt nicht einer den Bock, und hält nicht der andre das Sieb?"

Dieſer Ausdruck gehört zu den ſprichwörtlichen Unmög= lichkeiten, wie: einen Mohren weiß waſchen, den Krebs vorwärts gehen lehren, beim Eſel Wolle ſuchen, einem Nackenden die Kleider ausziehen. Vgl. ital.: cavar sangue da una rapa, cavar l'olio di Romagna: ſpan.: sacar de piedras panes.

178. Den Bock zum Gärtner ſetzen (machen).

S. v. w. eine Sache einem übertragen, der dazu ganz untanglich iſt. — Der Ausdruck kommt ſchon in einer Priamel des ſechzehnten Jahrhs. vor; vgl. A. Keller, Alte gute Schwänke (Leipzig 1847), S. 22. Der Bock iſt bekanntlich ſehr genäſchig und frißt beſonders gern Grünes. Hundertmal iſt er abgebildet worden, wie er aufrecht an einer hohen Staude oder an einem Strauch ſteht und die jungen Spitzen abfrißt. So iſt es auch eine alte Geis, die in Rückerts Gedicht „Vom Bäumlein, das andre Blätter hat gewollt" dem armen Bäumchen die über Nacht gewachſenen grünen Blätter mit Stumpf und Stiel abfrißt.

Gereimt ſteht die Redensart bei Lehm. 70 (Behüten 5): „Glaub, wo der Bock ein Gärtner wird, die jungen Bäwme er wenig ziert." Vgl. noch Lehm. 397 (Hindernuß 15): „Man muß den Hund nicht ſo weit in die Küchen, den Bock nicht in Garten, die Katz nicht zur Milch kommen laſſen." Syll. 182: „Ovem lupo commisisti. Du haſt den Bock zum Gärtner geſetzt. Dem Wolff haſt du die Schäff be=

sohlen. Der Katzen ist der Keeß befohlen." Noch anders
bei Simrock, Sprichw. 221: „wenn man den Habicht über
die Hühner setzt, dann ist ihr Tod gewiß". So schon im
Altertum, z. B. in Ovids Ars amandi 2, 363:

Accipitri timidas credis, furiose, columbas!
Plenum montano credis ovile lupo!

Vgl. engl.: to give a wolf the wether to keep; frz.:
donner la brebis à garder au loup: ital.: dar la lattuga
in guardia di paperi u. s. w.

179. Den stößt der Bock.

So sagt man von einem, der bei starkem Weinen und
Schluchzen ruckweise den Kopf verwirft. „Mich stößt der
Bock" bedeutet auch: ich habe den Schlucken.

180. Die Böcke von den Schafen sondern.

Allgemein: eine Scheidung von Guten und Schlechten
vornehmen; eigentlich bezeichnet die Redensart — und so
wird sie auch noch heute häufig gebraucht — die Scheidung
der Verdammten und Seligen beim Jüngsten Gericht. Sie
stammt aus Matth. XXV, 32 fg.: „Und er wird sie von
einander scheiden, gleich als ein Hirte die Schafe von den
Böcken scheidet; und wird die Schafe zu seiner Rechten
stellen und die Böcke zur Linken."

181. Einen Bock schießen.

S. v. w. ein Versehen begehen, einen Fehler, einen
Schnitzer machen. Die Redensart wurde früher aus einer
Jagdgeschichte erklärt: ein Edelmann sollte einen auf der
Schnepfenjagd unversehens aufgestörten Ziegenbock geschossen
haben; heute gilt wohl im allgemeinen noch die von Jacob
Grimm gegebene Deutung, daß Bock eine Verkürzung aus
Purzelbock sei, wobei sich freilich eine nicht leicht auszu=
füllende Lücke zwischen dem muntern Purzelbaum und dem
ärgerlichen Versehen ergiebt.

Nun steht aber fest, daß das Wort Bock für Fehler
viel öfter allein gebraucht wird als in der Redensart; und
ähnlich nennt man ja ein Versehen auch einen Pudel, spricht
von einer Sau statt von einem Kleckse, und der Engländer

braucht bull wie wir Bock, der Pariser canard, um einen
falschen Ton auf einem Blasinstrument zu bezeichnen. Kluge
(Etymol. Wörterb., 5. Aufl.) meint, Bock in diesem Sinne
sei wohl eine scherzhafte Umdeutung, die durch neuhochd.
Verstoß, Fehler, veranlaßt worden sei, was nicht unwahr=
scheinlich, aber neben den Pudeln, Säuen u. s. w. doch
wohl unnötig ist. Einen Bock „schießen‟ endlich ist
nicht anders zu verstehen als fehl schießen oder, wie man
früher auch sagte, einen Fehler schießen; bedeutet doch
eigentlich das Wort Fehler eben einen Fehlschuß, einen
Nichttreffer.

182. Bocksbeutelei; ein alter Bocksbeutel.

Die Ausdrücke sind in ganz Niederdeutschland gebräuch=
lich und bedeuten hier s. v. w. Anhänglichkeit an veraltete,
unzweckmäßige Gebräuche und Gewohnheiten. Mit den
bekannten fränkischen Bocksbeuteln, den Flaschen, in denen in
Würzburg der Steinwein verkauft wird, haben sie nichts zu
thun. Vielmehr ist durch Volksetymologie das niederdeutsche
„Bookbüdel‟, d. i. hochdeutsch „Buchbeutel‟, zu Bocksbeutel
entstellt worden. In Buchbeuteln trugen einst die vor=
nehmern Bürgersfrauen Niedersachsens, wenn sie zur Kirche
gingen, das Gesangbuch; aber auch die Hamburger Rats=
herren bedienten sich ihrer, um die Stadtgesetze hineinzuthun,
wenn sie sich auf das Rathaus begaben.[1] Das ursprünglich
niederdeutsche Wort, das auch in Hamburg schon die
Bedeutungsverschiebung durchgemacht hat, nach der es nun
das zähe Festhalten besonders der Frauen am Überkommenen
bezeichnet, ist wahrscheinlich zugleich mit einem beliebten
Hamburger Lokalstück weiter verbreitet worden, dem „Bookes=
beutel‟ von H. Borckenstein, in mehrern Auflagen (1742,
1746, 1747, 1748) erschienen.

183. Jemand ins Bockshorn jagen.

S. v. w. ihn einschüchtern, in Furcht versetzen. —
Gewöhnlich wird die Redensart aus einem altdeutschen
Osterbrauch erklärt, wie es zuerst in den „Mecklenburgischen
Jahrbüchern‟ von 1855 S. 202 bei einer Besprechung des

---

[1] Vgl. Zimmermann in seiner „Chronik Hamburgs‟, S. 384.

Wortes Bocksborn geschehen ist. An der angeführten Stelle
heißt es: „Höchst merkwürdig ist der altertümlich mystische
Name «Bocksborn» für das Osterfeuer, den Grimm nicht
zu erklären weiß. Wahrscheinlich ist in der von ihm angeführten Belegstelle Bockshorn zu lesen; wenn man sich
aber erinnert, daß die Götter häufig durch die ihnen gehei-
ligten Tiere vertreten wurden, so scheint der Vergleich der
heiligen Flamme des Thor mit dem Horne des Bocks nicht
gerade sehr fern zu liegen. Ist das richtig, so würde
zugleich das rätselhafte Sprichwort «jemand ins Bockshorn
jagen» durch die Hinweisung auf die durch das lodernde
Notfeuer getriebene Herde eine sehr passende Erklärung
finden."

Die Redensart findet sich zuerst bei den Dichtern des
16. und 17. Jahrhs., z. B. bei Bartholomäus Ringwald
in dessen Lehrgedicht „Die lautere Wahrheit" (1585), wo
geschildert wird, „wie sich ein weltlicher und geistlicher
Kriegsmann in seinem Beruf verhalten soll". Da heißt es:

Als werdet ir auf allen Seitn
Mit Christo gar gelücklich streitn,
Und ewre Feind, das mag ich sagn,
Für Leide in ein Bockshorn jagn.

Da es aber im 16. und 17. Jahrh., also in den ältesten Belegen, immer heißt: in ein Bockshorn jagen, daneben auch: in ein Bockshorn zwingen (d. i. eigentlich:
drücken), so ist kaum zu bezweifeln, daß man damals bei
den Worten an ein wirkliches Bockshorn gedacht habe. Ob das
aber nicht am Ende die ursprüngliche Vorstellung gewesen ist?
Ein Eingeschüchterter kriecht ja auch in ein Mauseloch, in
Leipzig sagt man: er wärd ganz kleene; in Schwaben ist
gebräuchlich: einen in einen Strohhalm schwätzen. Moritz
Haupt wird wohl Recht gehabt haben, als er unsre
Redensart verglich mit den Worten Walthers von der
Vogelweide (76, 13):

min herze swebt in sunnen ho:
daz jaget der winter in ein stro.

Auch zwei Kraftstellen aus Schillers Räubern gehören
hierher. 1, 2 sagt Spiegelberg von sich selbst: „Spiegelberg,

wird der König sagen, du hättest die Österreicher durch ein
Knopfloch gejagt", und IV, 5 Schweizer zu Spiegelberg von
Karl Moor: „schon der Klang seiner Nase, wenn er sich
schneuzte, könnte dich durch ein Nadelöhr jagen". Ja in
Lohensteins Cleopatra heißt es gradezu von Lepidus:

> Der in ein Bocksborn kroch, als ich den Brutus trieb
> Und Cassius aus Rom.

184. Das sind mir böhmische Dörfer.

S. v. w. es sind mir unbekannte, unverständliche Dinge;
es ist mir eine terra incognita, weil die slavischen Namen
der Dörfer in Böhmen unsern Ohren fremd klingen und uns
oft schwer auszusprechen sind; ferner weil dort böhmisch
gesprochen wird.

Eine weniger wahrscheinliche Erklärung führt die
Redensart auf die Zeit des Dreißigjährigen Krieges zurück.
Damals wurde Böhmen besonders hart von den Ver-
heerungen betroffen, und viele Dörfer und Städte, die
vordem allgemein bekannt und im blühendsten Wohlstande
waren, lagen in Trümmern und Asche, sodaß man sie kaum
noch dem Namen nach kannte. Darum hätte man von
Dingen, die einem andern völlig unbekannt sind, gesagt:
„es sind böhmische Dörfer für ihn".

Schon Simpl. I, 25: „es waren mir nur Böhmische
Dörffer, und alles eine gantz unverständliche Sprache".
Verblaßt in der „Insel Felsenburg": „Ihm kamen alle diese
Dinge nicht anders als ungewisse Dörfer vor", und mit
einer andern Redensart (das kommt mir spanisch vor) ver-
mischt in Goethes „Werther": „Das waren dem Gehirne
spanische Dörfer". Vgl. noch Syll. 79: „Davus sum, non
Oedipus. Rede daß ichs verstehe, ich kan kein Böhmisch.
Ich habe kein Prophetenbeer geßen. Ich bin kein Prophet,
sondern ein Hirt, spricht Amos. Ich hebbe gheinen Pro-
phetendreck geschlocken."

185. Er hat die Bohne gefunden!

S. v. w. er hat den richtigen Fleck getroffen. Frz.:
il a trouvé la fève au gâteau. — Die Entstehung dieser
Redensart soll mit dem Bohnenfest zu Epiphanias zu-

sammenhängen. Unsre heidnischen Vorfahren begingen die Zeit der Wintersonnenwende, die Tage von Weihnachten bis zu den heiligen drei Königen, besonders feierlich, weil nach ihrer Meinung in dieser Zeit die Sommerwesen, die schon tot, verwünscht oder verzaubert schienen, nun wieder erwachten. Und weil diese Zeit für ganz besonders heilig galt, durfte man sie nicht durch Arbeit entweihen, durfte man nicht spinnen, nicht waschen, nicht flicken u. s. w. Auch der Genuß mancher Hülsenfrüchte, u. a. der Bohnen, war verboten; dafür durfte vom Schweinskopfe gegessen werden, denn der Eber war dem Wotan heilig. Am Tage der heiligen drei Könige war ein Bohnengericht wieder freigegeben und kam nun auch in der Regel gleich auf den Tisch. In der Freude darauf versammelte man sich schon am Vorabend des Dreikönigsfestes in munterer Gesellschaft. Es ward ein Kuchen aufgetragen mit einer Bohne drin, der wurde in so viele Teile zerschnitten, wie Personen zugegen waren. Wer nun in seinem Stück „die Bohne fand", der hatte einen großen Treffer gethan und wurde zum Bohnenkönig des Jahres ernannt.

186. Nicht die Bohne, nicht eine Bohne wert!

Die deutsche Sprache hat eine Menge derartiger Ausdrücke, die an die Stelle des abstrakten „nichts" ein nichtiges Ding setzen. Gerade die kleinen Hülsenfrüchte waren da besonders im Schwange; man sagte: nicht eine Erbse, eine Wicke, eine Linse u. s. w. geb ich drum. Von diesen ist die Bohne heute allein übriggeblieben (vgl. Germania XVIII, 19). Schon Gottfried von Straßburg gebraucht sie so in seinem Tristan, V. 16880:

> si nehaeten umb ein bezzer leben
> niht eine bone gegeben.

Bei Luther (Henseler Nr. 367): „Der Wahlen Andacht und Deutschen Fasten möchte man beide mit einer Bohne bezahlen." Und der Humanist Bebel rechnet gar die schwäbischen Nonnen unter die Dinge, die keine Bohne wert sind: Pons Polonicus : Monachus Boemicus : Suevica monialis : Miles Australis : Italorum devotio et Allemannorum ieiunio: fabam valent omnia.

Andre Ausdrücke zur Umschreibung des Nichts sind: keinen (roten) Heller, keinen Deut, keinen Pfifferling, keinen Batzen wert; nicht eine taube Nuß, nicht einen Schuß Pulver wert; nicht die Spur, nicht ein Schatten, nicht ein Bissen u. s. f.; vgl. Grimm III, 726.

Das lateinische nihil ist nichts anderes als ne filum: nicht ein Fädchen. Vgl. non assis, non flocci, non nauci, non pensi facere: ciccum (eigentlich das Kerngehäuse im Obst) non interduim, ich gebe nicht das Geringste darum. Ähnlichen Bildern begegnet man vielfach in den romanischen Sprachen. Beispiele bei Diez III, 431 fg.

187. Er hat Bohnen gegessen.

So sagt man von einem Menschen, der schwer begreift. Die Redensart ist medizinisch zu erklären und zurückzuführen auf die Eigentümlichkeit aller Hülsenfrüchte, daß sie Blähungen verursachen. Dadurch wird unter Umständen Beängstigung, Herzklopfen und in geringerm Maße auch Verhinderung des freien Denkens verursacht. Das wußte schon Pythagoras, denn er verbot seinen Zuhörern den Genuß der Bohne (daher der Spott des Horaz, Sat. 2, 6, 63). Derselben Meinung scheint auch Cicero gewesen zu sein, der in seinem Buche De divinatione, 1, 30, 62 sagt: Jubet igitur Plato sic ad somnum proficisci corporibus affectis, ut nihil sit quod errorem animis perturbationemque adferat. Ex quo etiam Pythagoras interdictum putatur, ne faba vescerentur, quae res habet inflationem magnam. Is cibus tranquillitatem mentis quaerentibus constat esse contrarius. In den Adagia des Erasmus: A fabis abstineto, ne allia comedas et fabas.

188. Das geht noch übers Bohnenlied.

S. v. w. das ist zu toll, das ist eine unglaubliche Albernheit. — Das Bohnenlied, ein altes vielgesungenes Volkslied, ist in verschiedenen Fassungen überliefert (vgl. Böhme, Altd. Liederb., S. 435). Die älteste und verbreitetste davon zählt in sechs Strophen alle möglichen Thorheiten auf und ruft dem, der sie begeht, als Kehrreim zu: „nu gang

mir aus den Bohnen!" D. h. geh deiner Wege, mit einem
ſolchen Thoren will ich nichts zu thun haben. Was nun
noch über dieſe Häufung von Albernheiten geht, alſo ein
ganzer Rattenkönig von Dummheiten iſt, das „geht übers
Bohnenlied".

Es iſt nicht unwahrſcheinlich, daß Walther von der
Vogelweide auf das Bohnenlied anſpielt, wenn er fragt:

> Waz eren hat fro Bone
> daz man so von ir singen sol?

(Ganz ähnlich wie das Bohnenlied in unſrer Redensart
findet ſich ein andres vielgeſungenes Volkslied „Der Haber-
ſack" in Murners „Gäuchmatt" verwendet. Da rühmt der
Narr: Wenn mir die Liebſte etwas kocht,

> ſo hat die ſelbig ſpyß ein gſchmack
> Vnd iſt wyt über den Habrenſack.)

189. Grob wie Bohnenſtroh.

Mit einem Geſchlinge von dürren Bohnenranken erſetzten
früher arme Leute ein Strohbündel; freilich ein harter
Erſatz, denn Bohnenſtroh iſt grob und feſt. In Murners
„Mühle von Schwindelsheim" klagt der Wirt, d. h. der
Müller, daß ihm die Leute ſeinen Eſel verwöhnten, V. 1499:

> Bey mir war er von hertzen fro,
> wenn ich in legt ins bonen ſtro.

Wie man nun übertragen von groben Worten, groben
Menſchen ſpricht, ſo wendet man auch den Vergleich „grob
wie Bohnenſtroh" übertragen an, um eine ganz beſondre
Höhe von Grobheit zu bezeichnen. Vgl. Lehm. 350
(Grob 5): „Von ungeſchickten Reden und Schrifften ſagt
man: Es ſeynd grobe Hobelſpän. Es iſt grob Dieng wie
Bonenſtroh." Syll. 223: „Stupidior Praxillae Adonide.
Du biſt gröber dann Bonenſtro."

190. Böhnhaſe.

S. v. w. Pfuſcher. — Böhnhaſe (d. i. die niederd. Form
eines hochd. Bühn[en]haſe) heißt im niederdeutſchen Volksmund zunächſt die Katze, wie man ſie anderwärts als Balk-
haſen, Dachhaſen, den Igel als Zaunhaſen, das Kaninchen

als Kuhhasen bezeichnet. Die niederd. Zunftsprache hat dann das Wort übertragen auf die unzünftigen Schneider, die ähnlich wie die Katzen auf den Böhnen, d. i. Boden, versteckt ihrem unerlaubten Gewerbe nachgehen. Diese zünftische Bezeichnung ist schon im 16., die Redensart einen Böhnhasen jagen (d. h. Pfuschern nachstellen) erst im 18. Jahrh. bezeugt.

191. Brach liegen.

Ein dem Ackerbau entlehnter Ausdruck. Brach heißt unbebaut; der Acker liegt in der Brache, wenn er ein Jahr oder länger nicht bestellt wird. In übertragenem Sinne sagen wir z. B. von einem begabten Menschen, der nichts schafft: er läßt sein Talent brach liegen.

192. Jemand brandmarken.

Der Ausdruck bezieht sich in seiner ursprünglichen Bedeutung auf eine heute nicht mehr übliche Strafe, Verbrechern Buchstaben, Wörter oder Figuren, z. B. einen Galgen, auf den Arm, die Stirn oder den Rücken einzubrennen. Diese Brandmarkung als entehrende Strafe war schon den Griechen und Römern bekannt, und zwar wurden diese Zeichen (stigmata) Übelthätern, entlaufenen und wieder eingefangenen Sklaven eingebrannt.

Bildlich heißt einen brandmarken s. v. w. ihn als schlechten Menschen, als Übelthäter kennzeichnen. Vgl. den Ausdruck Brandmal.

193. Den Braten riechen.

Frz.: sentir la fricassée, sentir de loin. — Sinn: etwas Angenehmes oder Unangenehmes schon von ferne merken. — Lat.: nasum nidore supinor. Horaz, Sat. 2, 7, 37.

Gerade der Geruchsinn wird gern angewendet, um das Ahnen einer Sache zu bezeichnen, die man nicht hören oder sehen kann. So wird auch wittern gebraucht, und in gemeiner Rede schnüffeln. Hübsch deutlich sagt einmal der Hildesheimer Chronist Oldecop: „Aber de Fresen hadden unvorstoppede nese und roken wol" u. s. w. Vgl. die Zimmerische Chronik III, 472, 36: „Aber wiewol die

Königin Leonora sonst keins scharpfen verstands gewesen, iedoch kunt sie den braten wol schmecken" (d. i. riechen). Lehm. 41 (Argwohn 20): „Argwohn wület im Dreck, der nicht gepferch ist, vnd kan die Kunst, daß er einen Wind riecht, ehe er außbricht, vnd den Braten riecht, ehe das Kalb gestochen ist."

194. Etwas breit treten.

Derber Ausdruck für: etwas weitläufig, breitspurig be=handeln, mit breiten, umständlichen Worten besprechen. Goethe: „Getretner Quark wird breit, nicht stark."

195. Sich breit schlagen lassen.

S. v. w. sich überreden lassen zu etwas, wo man hätte widerstehen sollen. Das Bild erklärt sich von selbst; fraglich ist, ob es sich von einem bestimmten Vorgange herschreibt.

196. Sich weiß brennen wollen.

S. v. w. sich als unschuldig hinzustellen suchen. — Der Ausdruck verdankt seine Entstehung der Thatsache, daß das ins Feuer geworfene Metall von seinen Schlacken gereinigt wird und am Ende dieses Vorgangs weißglühend erscheint. Sich weiß brennen bedeutet also eigentlich: sich von Schlacken rein machen und zeigen. Diese äußere Wirksamkeit des wirklichen Feuers übertrug man auch auf das innere Leben und glaubte, daß Feuer auch im stande sei, die Seele von ihren Schlacken zu reinigen, die Sünde von ihr abzu=sondern und sie in ihrer Reinheit darzustellen. Daher die Lehre von einem Reinigungs= oder Fegefeuer. Vgl. an=schwärzen.

197. Wo brennts denn?

So fragt man einen, der es sehr eilig hat, der wie besessen rennt, nicht als ob er zum Feuer rennte, sondern als ob er vorm Feuer davonliefe, als ob es ihm schon „auf den Nähten brennte". Auch im siebenbürgischen Deutsch sagt man: E lieft, wa wen et hangder em bra. Ein andres Zeugnis für das hohe Alter der Redensart ist Wolframs Parzival, wo 647, 6 einer so thun soll, als ob er es sehr eilig hätte:

>   als du gahest uzem fiure
>   gebar mit rede und ouch mit siten.

198. In die Bresche treten.

S. v. w. einstehen für einen andern auf einem gefähr=
deten Punkt, von dem dieser hat weichen müssen. Die
Redensart ist dem Kriegshandwerk entlehnt: da bedeutet
Bresche die Lücke, die vom Angreifer in einen Wall, eine
Mauer gerissen worden ist. Das Wort ist zu Anfang des
17. Jahrhs. aus dem Französischen herübergenommen; das
französische brèche wiederum stammt wahrscheinlich vom
deutschen brechen. Die Redensart sagte also dann ganz
dasselbe wie die andre: vor den Riß treten.

199. Bei jemand hoch am Brette sitzen.

S. v. w. in großem Ansehen stehen; dazu die Redensart:
an das Brett kommen, s. v. w. eine einflußreiche
Stellung erhalten. — Agricola Nr. 419: „Er ist nahe am
brett, Er ist hoch am brett. Das ist, er ist lieb vnd werdt
gehalten, Wir sagen auch, Er sitzt oben am brett, das ist,
hoch erhaben, Er ist zu hohen wirden vnd regiment komen."

Unter dem Brette ist hier der Tisch zu verstehen mit
seinem obern und untern Ende. Wer „hoch am Brett sitzt",
nimmt einen Ehrenplatz ein. Im Gegensatz zu derartiger
Scheidung führt König Artus seine table ronde (daraus
Tafelrunde) ein, an der alles gleich im Range sitzt (vgl.
die zwölf Pairs, d. s. die Gleichen Karls des Großen).
Niedriges Volk darf überhaupt nicht mit am Tische sitzen.
Vgl. Lehm. 135 (Edel 15): „Was auff der Banck gemacht
ist, das tracht ans Brett." In Murners „Narren=
beschwörung" ist das 26. Kapitel überschrieben: „an das
bret kumen". Darin heißt es:

> Ist es, als ich hab vernummen,
> das die stül auf die Bänk sind kumen,
> so will ich unverzweiflet han,
> ich kumm ans bret mit andern an.
> Wer ans bret nit kummen kan,
> der ist nit ein geschickter Mann.

In Brants „Narrenschiff" steht 72, 19 die Redensart:
Niemand zu Brette kommen lassen: „Die wüst rott
hatt wißhent vertrungen Bnd laßt sie nyeman zů dem brett."
Vgl.: „Ir habt lang gnug innen gehabt Gewalt herschafft

u. regiment Das nun alles wurd sein end, Wir haben doch
so lang geharrt, Biß sich begeben hat ein fart Das
wir auch kumen sein zum pret." Faftnachtsspäße, 171,
29 fg. — „Von den vorigen Haderleuten umb die Abtey
wurde keiner mehr zum Bret gelaffen" (d. i. zum Abt ge=
nommen). Stumpf, Chronik, Bl. 312ª. — „Die kinder
Zebedäi lugeten mit irer bitte, daß sie auch zu dem Bret
kämen." Geiler, Postill, Bl. 49ᵇ.

Zarncke dachte in seinem Commentar zum Narrenschiff
an eine Herleitung der Redensart vom Brettspiel, wobei der
Gewinner wie im Toccadille hoch zählen und die Steine
hoch auffeßen muß. Noch anders will Müller (Lyons
Zeitschr. 5, 116) die Redensart erklären: er versteht unter
dem Brett das schwarze Brett, wo der erste am höchsten
angeschrieben wäre. Aber beide Deutungsversuche scheitern
an den klaren Worten Agricolas.

200. Bei jemand einen Stein im Brett haben.

S. v. w. gut bei ihm stehen. — Diese Redensart ist dem
Brettspiel entlehnt. Beim „Damenspiel" kommt es darauf
an, mit den eigenen Steinen in die erste Reihe des Gegners
am gegenüberliegenden Rande des Bretts zu kommen, wo=
durch der Stein, mit dem dieses gelungen ist, zur Dame
wird und dadurch freiere Bewegung in seinen Zügen erhält.
In übertragenem Sinne bedeutet die Redensart: bei jemand
etwas vermögen, in Ansehen, in Gunst stehen. — Namen=
lose Sammlung (von 1532) Nr. 579: „Ich hab einen
gutten steyn im brette." Ebenso Agricola Nr. 418 mit
folgender Erklärung: „Das ist aber ein Teutsche Metaphora,
Wer auff dem spiel einen guten bundt ym brett hat, darüber
ein ander sein steine spielen muß; der hat das spiel halber
gewonnen, Also auch, wer vor grossen herren vnd Rheten
zuschaffen hat, vnd hat yemand, der sein sache trewlich
fordert vnd treibt, der hat einen guten stein ym brette,
einen guten freunde, der yhm zu seiner sachen redt vnd
hilfft."

201. Ein Brett vorm Kopfe haben.

Ist eine der vielen satirischen Umschreibungen für „dumm
sein"; vom Zugochsen entlehnt.

202. Das Brett bohren, wo es am dünnsten ist.

S. v. w. sich die Arbeit leicht machen. Ganz ähnlich sagt man auch: der bohrt nicht gern hartes Holz. Vgl. Simpl. II, 267, 16: „Grobe Arbeiten zu verrichten, war mir ungelegen, weil ich nie gerne dicke Bretter geboret." Lehm. 40 (Arbeit 66): „Wer sieben vor vngrad kan zehlen, der schneidt die Port am dünsten Ort. Vnd läst die grobe Port den Zimmerman bohren."

203. Einem Brief und Siegel geben.

S. v. w. ihm die größte Gewißheit geben. — Aus der Gerichtssprache, wo Brief (vom lat. breve) im altertümlichen Sinne als Urkunde zu nehmen ist, wie es in gleicher Be= deutung noch in den Ausdrücken: Kaufbrief, Lehnbrief, Geburtsbrief, Lehrbrief, Frachtbrief enthalten ist. „Brief und Siegel" ist eigentlich eine rechtskräftige Urkunde, un= eigentlich eine kräftige Versicherung. — In Brants „Narren= schiff", 76, 51: „Vil hant des brieff vnd sygel guot Wie das sie sind von edelm bluot." Vgl. Agricola Nr. 369: „Ein briefflein were gut darbei." Mit der Erklärung: „Wenn wir einen heymlich lugen straffen, sagen wir, wo er etwas saget, das wir nicht glauben, Ein briefflin were gut darbey, damit man solchs beweysen vnd warmachen mochte, Denn brieffe vnd sigil glaubt man gern, denn es sind viler leutte zeugnis vnd kundschafft darynnen." In Westfalen sagt man: Se hat de elsten braiwe (Ansprüche); du hester noch kaine braiwe (Gewißheit) van.

204. Einem eine Brille aufsetzen.

S. v. w. ihn täuschen. — Der Kluge bedarf nach einer volkstümlichen Vorstellung, die noch heute lebendig ist, der Brille nicht; er sieht mit eigenen Augen und läßt sich keine Brillen verkaufen; andern setzt man die Brille auf die Nase. Bekannt ist Goethes Abneigung gegen die Brillenträger; sie entstammte zunächst diesem Gefühl, wenn er sie auch in den Gesprächen mit Eckermann von andrer Seite her schön begründet hat. — Reizend erzählt Oldecop von den Bürgern von Bologna, „dat se de veste, de Julius vor de stat gebuwet, mit undergebrachtem pulver vunme=

geworfen und den bril von der nese brohten". Und ander=
wärts sind aus dem 16. Jahrh. Redensarten bezeugt wie
es seind Brillen, s. v. w. es sind faule Fische, Brillen
reißen, s. v. w. Flausen machen (wohl nach Possen reißen).
Vgl. Murners „Narrenbeschwörung", 67:

> Die frow gibt antwurt lieber man
> Nit sihe vns für semliche an
> Du miest ein ander brill vff setzen.

Etwas durch die Brille ansehen bedeutet deshalb:
eine Sache mit fremder Hilfe, nach fremder Eingebung, mit
einem Vorurteil, einer vorgefaßten Meinung betrachten. Ohne
gelehrte Brille lesen heißt: mit gesundem Menschen=
verstand urteilen.

205. Einem zu Brote verhelfen.

S. v. w. ihm Unterhalt, Verdienst verschaffen. — Das
tägliche Brot ist allgemein die für den Menschen unentbehr=
liche Nahrung und weiter gefaßt der Inbegriff alles dessen,
was man zum Leben braucht; daher auch Redensarten wie:
er hat sein gutes Brot; er hat nicht das liebe Brot, nicht
das trockene Brot dabei; sein Brot verdienen; im Brote
stehen bei jemand. Vgl. auch den Ausdruck Brotstudium.

206. Dem ist sein Brot gebacken.

D. h. sein letztes Brot, s. v. w. es ist aus mit ihm.
Z. B. in einer Komödie Christian Weises: „nun wo die
Frau auch rasend wird, so ist unser Brot gebacken". —
Es ist nicht unmöglich, daß die Redensart mit ihrem Ur=
sprung in heidnisch=germanische Zeit zurückreicht. In der
Edda wird erzählt, wie Odin, von bösen Träumen Balders
um diesen besorgt gemacht, in das dunkle Reich der Todes=
göttin Hel hinabreitet und hier erfährt:

> Für Baldr steht hier gebraut der Met,
> ein Schild bedeckt den schimmernden Trank.

Baldr war also sein Met gebraut, d. h. seine Ankunft im
Reiche der Toten wurde sicher erwartet. Vgl. den Pariser
Ausdruck: avoir ses carottes cuites, d. i. im Sterben
liegen.

207. Er kann mehr als Brot essen.

S. v. w. er ist klug und weise; vgl. lat.: ultra peram sapit; ferner die Redensart: dazu gehört mehr als Brot essen!

208. Brot bieten und Steine geben;

auch in der Form: einem Steine statt Brot geben. Von einem hinterlistigen Menschen, der jemand durch Versprechungen an sich lockt, um ihn zu verderben, wie wenn man einem Hunde ein Stück Brot zeigt, um ihn zu locken, und dann mit dem Steine wirft oder mit dem verborgenen Stocke schlägt. — Die Redensart findet sich schon im Lateinischen bei Plautus, Aulularia, 2, 2, 18: lapidem ferre altera manu, altera panem ostentare (d. i. öffentlich schmeicheln, um heimlich zu schaden). Vgl. auch Matth. 7, 8: „Welcher ist unter euch Menschen, so ihn sein Sohn bittet ums Brot, der ihm einen Stein biete?" (desgl. Luc. 11, 11) und die griechische Sage von Kronos, der von seiner Gemahlin Rhea statt des Knaben Zeus einen Stein in ein Tuch geschlagen bekommt, um ihn zu verschlingen.

209. Einem den Brotkorb höher hängen.

S. v. w. einen knapper halten, ihm den Verdienst sauer machen. — Zunächst von übermütigen Pferden gesagt, denen man weniger Futter geben will. Vgl. „Laster der Trunkenheit" (a. 1528; Exemplar zu Nürnberg, Bl. 4ᵇ; vgl. Latendorf, Seb. Franck, S. 315): „Wir sollen den faulen Adam mit sporen reitten, inn zaum halten, das futter hocher schütten, das er nit zu geil werde." In „Wallensteins Lager" mahnt der erste Kürassier zur Einigkeit mit den Worten:

> Lassen wir uns auseinander sprengen,
> Werden sie uns den Brotkorb höher hängen.

210. In die Brüche gehen.

S. v. w. in Schwierigkeiten geraten. Die Redensart wird auf verschiedene Weise erklärt. Zunächst hat man an die Brüche beim Rechnen gedacht, und dazu stimmt trefflich, wenn als Bedeutung des westfälischen: dat get in de brücke angegeben wird: das ist mir zu hoch. Dagegen meint Dunger (Fleckeisens Jahrb. 1877, S. 515) — und

er trifft wohl das Richtige —, die Redensart beziehe sich
auf den Weg, der in den bruoh, d. i. Sumpf, führe, und
vergleicht: auf Abwege geraten, auf dem Holzwege sein, in
die Patsche geraten, hereinreiten, hereinfallen. Noch andre
erinnern an das niederd.: dat kümet in de brücke = kostet
Strafgelder, und an die alte Wendung: in die Brüche
nehmen, s. v. w. strafen.

211. Wenn das Wort eine Brücke wär!

Zu ergänzen ist: so würdest du nicht darübergehen,
denn dann brächest du ein Bein! So sagt man zu einem
Lügner oder Aufschneider. Das Sprichwort ist von Gellert
verwertet in der Fabel „Der Bauer und sein Sohn", wo
der Junge, soeben aus der Fremde heimgekehrt, seinem
Vater weismachen will, er habe einen Hund gesehen, von
der Größe etwa eines Pferdes. Der Junge nimmt jedoch
nach und nach seine Lüge zurück, je näher er mit seinem
Vater an eine Brücke kommt, von der ihm sein Vater er=
zählt, ein Lügner, der darüber gehe, breche ein Bein. —
Vgl. Lehm. 360, 12: „Wenn die Wort brücken weren, so
fönt man nicht sicher drauff gehen." Die Fabel dazu weist
Büchmann in dem 1548 erschienenen Esopus (3, 88) des
Burkhard Waldis nach.

212. Dem Feinde goldene Brücken bauen.

S. v. w. ihm die Flucht leicht machen, eigentl.: ihm
möglich machen, daß er mit Gepränge über den Fluß ab=
zieht, der ihm ein Hindernis hätte sein sollen. Schon in
Fischarts „Gargantua":

> mach im ein gulden prucken,
> daß er fort mög rucken.

213. Einem die Brücke treten.

S. v. w. ihm in Bedrängnis Vorschub leisten, besonders:
sich eines Gescholtenen oder Beschuldigten annehmen, zu seinen
Gunsten sprechen. Unter der Brücke wird ursprünglich die
Zugbrücke zu verstehen sein, die der Thorwärter durch Treten
auf ein Gegengewicht (etwa wie beim Bälgetreten?) herab=
ließ und so dem, der die Burg betreten wollte, vielleicht
einem Flüchtling, Eingang in die Burg und damit den

Burgfrieden, d. h. die Sicherheit der Burg, verschaffte. Vgl. Hildebrand in Lyons Zeitschr. 5, 260.

214. Unter Brüdern.

S. v. w. in ehrlichem Handel, z. B. die Ware ist unter Brüdern ihre zwanzig Mark wert. So sagt man mit der Voraussetzung, daß Brüder einander nicht betrügen; nur einem Fremden gegenüber schlägt man auf eine Ware, erhöht man ihren Kaufpreis.

215. Den Brunnen zudecken, wenn das Kind hineingefallen ist.

S. v. w. Maßregeln zur Abwendung eines Unglücks ergreifen, wenn es zu spät ist. — Die Redensart geht auf eine der Schildbürgergeschichten zurück, ebenso wie die Redensarten: den Stall zuschließen, wenn das Pferd, die Kuh gestohlen ist; die Spritzen kommen, wenn das Haus abgebrannt ist (s. v. w. zu spät Hilfe leisten).

Auch in andern Sprachen finden sich derartige Wendungen. Vgl. engl.: to shut the stable-door, when the steed is stolen; franz.: fermer l'étable, quand les chevaux n'y sont plus, quand les vaches sont prises; lat.: grege amisso septa claudere, sapere post factum, sero sapiunt Phryges, mus picem gustans, post festum; clipeum post vulnera sumere, Ovid, Trist. 1, 3, 35; navem mortuo applicare, Quintilian, Declamat., 8, 6, 47.

216. Sich in die Brust werfen.

S. v. w. stolz thun, sich ein Ansehen geben. Die Redensart ist zunächst ganz wörtlich zu nehmen: den innern Menschen in die Brust werfen, daß diese anschwillt. Vgl. die Brust aufwerfen, und verblaßt: sich brüsten. Den Kopf im Nacken und die Brust „heraus" zu tragen, sind Zeichen freien Mannesstolzes.

217. Er redet wie ein Buch.

So sagt man von einem, der sich selbstgefällig und ohne andre zu Wort kommen zu lassen, in fließenden und tönenden Auseinandersetzungen ergeht über Dinge, von denen er nichts versteht.

218. Das Buch der Könige aufschlagen.

Scherzhafte Umschreibung für Karten spielen. Wegen der Bezeichnung der Spielkarten als eines Buches sei an „des Teufels Gesangbuch" erinnert.

219. Ein Bücherwurm.

So nennt man einen, der von früh bis abends über Büchern sitzt, sich durch ein Buch nach dem andern durch= frißt. Schon in einer Meistersingerfassung der Parabel von den drei Ringen (vgl. Lessings „Nathan") aus dem 16. Jahrh.: „Nun war ein glehrter Jud zu Brag, welcher gar Mancherley schrifften durchkrach", was in eigentlichem Sinne doch nur von einem wirklichen Wurm gesagt werden kann. Dem Ausdruck läßt sich ein ähnlicher aus der Zimmerischen Chronik zur Seite stellen, wo es I, 272 von einem Grafen von Zollern heißt: „nachdem er dan ein rechter erdenwurm und dem nit erden und lands gnug werden konnte".

220. Der Buckel juckt ihm.

Wer ein Jucken auf seinem Buckel, seinem Rücken, ver= spürt, den reizt es, sich an der juckenden Stelle zu kratzen oder zu reiben, und alte Leute bitten wohl, wenn sie selbst nicht mit der Hand hin können, einen andern um den Liebes= dienst. Nun verstehen wir aber heute unter jenen Worten s. v. w.: er hat das Bedürfnis, einmal durchgeprügelt zu werden. Die Vermittlung zwischen dem Kratzen und dem Schlagen ergiebt sich aus der Redensart: mit Kolben lausen. Denn die Thätigkeit des Lausens ist es ja wohl früher hauptsächlich gewesen, die den juckenden Schmerz beseitigte.

221. Buridans Esel.

Diese Bezeichnung wendet man an auf jemand, dem zwischen zwei Dingen die Wahl schwer wird, oder der über= haupt zu keinem Entschlusse kommt.

Buridan (1300—58) war ein französischer Philosoph und erwarb sich durch seine Erklärung des Aristoteles Ver= dienste. Ihm wird nun folgende Parabel zugeschrieben: „Ein Esel, der, von Hunger gequält, sich zwischen zwei

Bündeln Heu von gleicher Entfernung, Größe und Be=
schaffenheit befände, würde verhungern müssen." Oder:
„Ein Esel, der gleich hungrig und durstig wäre, würde,
zwischen einen Haufen Hafer und ein Gefäß mit Wasser
gestellt, unbeweglich stehen bleiben und vor Hunger und
Durst sterben." Durch diese Parabeln soll der Gegensatz
des Determinismus zur Willensfreiheit klar gemacht werden,
soll bewiesen werden, daß keine Handlung möglich sei, sobald
nicht der Wille durch irgendetwas bestimmt werde.

Der Erfinder dieses Beispiels ist aber nicht Buridan;
schon vor ihm war es in der Schule bekannt und vor allem
angewandt schon von Dante in der Divina Commedia
(Paradies IV, 1):

> Intra duo cibi, distanti e moventi
> D'un modo, prima si morria di fame,
> Che liber' uomo l'un recasse a' denti.

Buridan verdankt also seine Berühmtheit nur dem Um=
stande, daß er statt des Menschen den Esel eingesetzt hat. Da
übrigens Aristoteles der Hauptvertreter des Determinismus
ist (Quidquid fit, necessario fit), und Buridan ihn er=
läutert hat, so lag nahe, was Schopenhauer über die Her=
kunft des Wortes festgestellt hat: „Es findet sich schon bei
Aristoteles, «Über den Himmel», 2, 13 in diesen Worten:
«Ebenso was über einen heftig hungernden und dürstenden
gesagt wird, wenn er gleich weit von Speise und Trank
absteht, denn auch dieser muß in Ruhe verharren». Buridan,
der aus diesen Quellen das Beispiel überkommen hatte, ver=
tauschte den Menschen gegen einen Esel, bloß weil es die
Gewohnheit dieses dürftigen Scholastikers ist, zu seinen
Beispielen entweder Sokrates oder Plato oder asinum zu
nehmen."

222. Trinken wie ein Bürstenbinder.

Auf den mittelalterlichen Universitäten wohnten die
Studenten gewöhnlich beisammen, entweder mietweise bei
einem Magister oder in besondern Stiftungshäusern. Nach
dem gemeinsamen Säckel (bursa, frz. bourse, Börse), aus
dem sie infolgedessen verpflegt und beherbergt wurden, nannten
sie ihr Wohnhaus Burse, und dieser Ausdruck wurde dann

auch auf die gemeinsam hausende Schar selbst angewendet. Sein Äußeres veränderte sich dadurch, daß das Wort den Wandel von ſ zu ſch nach r mitmachte (wie Hirſch und Arſch auf die ältern Formen hirs und ars zurückgehen und mund= artlich auch heute Forſche für force, Wurſcht für Wurſt, Bürſchte für Bürſte, wirſchte für wirſt du geſagt wird). Endlich begann man das Wort als einen Plural zu ver= ſtehen, weil es eine Mehrheit bezeichnete, und bildete nun den Singular: der Burſch.

Eine Hauptbeſchäftigung der ſtudentiſchen „Burſche“ war aber das Trinken; das nannte man deshalb auch kurz: bürſchen. Dieſes Wort aber wurde im Volksmund mit bürſten, das man ja bürſchten ſprach, zuſammengeworfen[1], und nun war es nicht mehr weit dahin, einen, der ſich auf das Handwerk des „Bürſtens“ gründlich verſtand, einen Bürſtenbinder zu nennen.[2]

Faſt dieſe ganze Entwicklung iſt im Laufe des 16. Jahrhs. vor ſich gegangen: da heißt noch die gemeinſame Studenten= wohnung Burſe, man redet aber auch ſchon von der Burſche als der Gemeinſchaft ihrer Bewohner und dann weiter übertragen ſchon von einer Handwerksburſch; bürſten kommt neben burſchiren auf, und Fiſchart ſchließlich nennt ſich „mit züchten eynen unſchuldigen Bürſtenbinder“ und ſein Grandgoſchier ruft in der berühmten „Trunckenenlitanei“: „Mir zu: ich bin ein Bürſtenbinder!“

223. Auf den Busch klopfen.

S. v. w. verſuchen, ob man etwas aus einem heraus= locken könne. Bei Tunnicius Nr. 515: „Ein ander kloppet

---

[1] Daher in Uhlands „Schenk von Limburg“:
   Nun macht die Jagd mich dürſten,
   Drum thu mir das, Geſell,
   Und gieb mir eins zu bürſten
   Aus dieſem Waſſerquell.
Und in ſeinem „Metzelſuppenlied“:
   Es reimt ſich trefflich: Wein und Schwein
   Und paßt ſich köſtlich: Wurſt und Durſt,
   Bei Würſten gilt’s zu bürſten.
[2] Auch laufen wie ein Bürſtenbinder wird geſagt; die Erklärung dafür ſ. unter Beſenbinder.

up den busch, mer du krichst den vogel"; mit der Über=
setzung: cepisti volucres, alius sed rete tetendit. Engl.:
One beats the bush and another catches the bird.
Frz.: Il a battu les buissons et un autre a pris les
oisillons. — Eigentlich klopft man auf den Busch, um zu
erfahren, ob eine Frucht herabfalle, ob sich Vögel oder
andre Tiere im Laube versteckt halten. So bei Uhland
(„Der weiße Hirsch"):

> Mir hat geträumt, ich klopf' auf den Busch,
> Da rauschte der Hirsch heraus, husch husch.

und noch ausführlicher, wenn auch in etwas andrer Form,
in dem mittelhochd. Gedicht „Daniel von dem blühenden
Thal", wo von Daniels Kampfesweise gesagt wird:

> rehte als ein jegere
> ob eines hasen tegere
> uf den busch drischet
> und der hase hinwischet,
> also sluoc er uf den man
> daz diu sele kume entran.

Diese zunächst also wohl der Jägersprache eigentümliche
Sache und Bezeichnung wird dann übertragen in dem
oben angegebenen allgemeinen Sinne gebraucht.

224. Bestehen wie Butter an der Sonne.

Butter, der Sonne ausgesetzt, besteht eben nicht, sondern
zerfließt. Übertragen gebraucht man das Bild von einem,
der mit seiner Klugheit, seinem Mute oder ähnlichem zu
Schanden wird. So schon in der Komödie „Hans Pfriem"
von Martin Hayneccius V. 2029:

> Da du mit deiner weisheit kunst,
> Wie butter an der Sonne bestunst.

Etwas anders in Goethes „Götz" der Ritter: „Es macht
warm in der Nähe, und wir stehen da wie Butter an
der Sonne." Vgl. Lehm. 89 (Bestehen 26): „Von einen
der nicht bestehet, sagt man, er ist bestanden wie ein
Pfeiffer, der den Tantz hat verderbt, wie ein halber Dreifuß,
wie Schnee an der Sonn, wie ein Kuhfladen im Regen,
wie der lahm auff den Füssen."

225. Mir fällt die Butter vom Brote.

S. v. w. ich werde ärgerlich enttäuscht, verliere den Mut, fange an, eine Sache für aussichtslos zu halten. Wem die Butter von der Brotscheibe herab auf den schmutzigen Boden fällt, der verliert das Beste an seinem Butterbrote, und es vergeht ihm die Lust, weiter zu essen.

Goethe in den Xenien:

> Heilger, lieber Luther!
> Du schabtest die Butter
> Deinen Kollegen vom Brod,
> Das verzeih dir Gott!

Auch in andern bildlichen Zusammenstellungen bedeutet Butter das Angenehme, wodurch etwas Nützliches besonders willkommen wird. In niederd. Gegenden fragt man: „Hat dai of bueter bi de fische?" in dem Sinne von: hat er auch Geld? In Leipzig sagt, wer nicht viel Umstände mit einem andern machen will: „da werd geene braune Butter dran gedan!" Der Pariser gebraucht die Wendung: avoir l'assiette au beurre für: mit Gütern gesegnet sein.

Recht verächtlich wird das Butterbrot behandelt in der Redensart: etwas für ein Butterbrot hingeben, d. h. für einen lächerlich geringen Preis; dafür auch öfter: für einen Pappenstiel, für ein Linsengericht, mit Beziehung auf die biblische Erzählung von Esau, der an Jakob das Recht seiner Erstgeburt für ein Linsengericht verkaufte.

C.

226. Unsicherer Cantonist.

Ist eigentlich ein Rekrut, der sich der Aushebung zu entziehen sucht. Zur Zeit Friedrich Wilhelms I. war ganz Preußen in Rekrutierungsbezirke, Cantons, eingeteilt, von denen jeder eine bestimmte Zahl Rekruten liefern mußte, die alle am Tage ihrer ersten Musterung gekennzeichnet wurden; so mußten sie z. B. eine rote Halsbinde tragen. Der Sinn hat sich dann erweitert und bezieht sich jetzt allgemein auf jemand, auf den man sich nicht verlassen kann.

227. Das ist Caviar für ihn.

S. v. w. das weiß er nicht zu würdigen, das versteht er nicht, es geht über seinen Horizont. Noch gewöhnlicher: Caviar fürs Volk!

228. Laufen wie ein Chaisenträger.

Chaise ist die französische Bezeichnung für den Tragstuhl, der lange Zeit ungefähr die Dienste der heutigen Droschken oder Fiaker verrichtet hat: ein hoher Kasten mit Sitz, rechts und links mit einer Stange, woran er von zwei Trägern, einem davor und einem dahinter, getragen wurde. Diese beiden Chaisenträger durften nicht im Schritt gehen, sondern mußten gleichmäßig nacheinander auftreten, um die Er- schütterungen des Kastens möglich auszugleichen. Vor allen Dingen aber waren sie an tüchtiges Ausschreiten gewöhnt, und deshalb sagt man noch heute von einem, der tüchtig läuft: er läuft wie ein Chaisenträger.

229. Chamäleon.

So nannte man schon im Altertum einen Menschen, der ohne feste Grundsätze sich in seinen Ansichten und Meinungen den augenblicklichen Verhältnissen so anzubequemen sucht, wie es sein augenblicklicher Vorteil gebietet. Vgl. Erasmus, Ad. III, 4: Chamaeleonte mutabilior. Ver- anlassung zu diesem Vergleiche gab der ehemalige Glaube, dieses merkwürdige Geschöpf könne seinem Körper die Farbe jedes beliebigen Gegenstandes geben, auf dem es gerade sitze. Die neuere Forschung hat jedoch dargethan, daß es nur eine bestimmte Farbenreihe annehmen kann, die wieder durch verschiedene Umstände, z. B. durch Temperatur, Licht und Schatten, sowie die verschiedenen Seelenzustände des Tieres beeinflußt wird.

230. Der Charybdis entfliehen und in die Scylla ge- raten.

S. v. w. von einer Gefahr in die andre, vom Regen in die Traufe (s. d.) kommen. — Die altertümliche Redensart verdankt ihren Ursprung einer Erzählung aus der Odyssee. Odysseus gerät auf seiner Irrfahrt aus Furcht vor dem Schlunde der Charybdis zu nahe an die Scylla, durch die er aber auch schwer geschädigt wird: sie entreißt ihm (nach der Sage in Gestalt eines sechsarmigen Hundes) sechs seiner Begleiter. — Charybdis und Scylla sind heute die Namen von zwei hohen, steilen, ins Meer hinausragenden Felsen an der bruttischen Küste, unweit des Hafens von Messina. Bei der mangelhaften Schiffahrtskunde früherer Zeit kann es nicht wunder nehmen, daß diese Felsen als Verderben bringend von den Schiffern allgemein gefürchtet wurden, während man heute davon kaum noch etwas zu sagen weiß. Vgl. Erasmus, Ad.: Evitata Charybdi in Scyllam incidi.

231. Ein toller Christ.

Es ist schwerlich richtig, den Ausdruck auf den aus dem Dreißigjährigen Kriege bekannten Herzog Christian von Braunschweig-Lüneburg zurückzuführen, wie man es für notwendig gehalten hat. Wir sagen auch: ein wunderlicher Christ, ein wunderlicher Heiliger, lauter Bezeichnungen, die neben dem Stich ins Komische oder gar Tadelnde doch auch eine Anerkennung enthalten.

232. Ein großer Christoph.

So nennt man einen langen Menschen nach dem heiligen Riesen Christophoros, der den Heiland durchs Wasser trug. Vgl. Lehm. 439 (Klein 7): „Wenn ein kleiner einem grossen Christoff auff den achseln sitzt, so siehet er weiter als der gross." Ähnlich wird gebraucht: ein langer Laban. (In beiden Bezeichnungen sind Substantiv und Adjektiv durch den Stabreim aneinander gebunden.

D.

233. Einem aufs Dach steigen.

Auch: einem zu Dache wollen. — Zu erklären aus dem alten Rechtsbrauch, dem Manne, der sich so schwach und weibisch erwiesen hatte, daß er sich seines Weibes nicht erwehren konnte, in Wirklichkeit auf das Dach zu steigen, ihm den First einzuhauen und das Dach von oben bis unten herabzureißen. Nachweise in Grimms „Rechtsaltertümern"

S. 723. Vgl. folgende, auch bei Grimm mitgeteilte Be=
stimmung aus den „Blankenburger Statuten" vom Jahre
1594: „Ist ein man so weibisch, daß er sich von seinem
eignen weibe raufen, schlagen und schelten läßt und solches
nicht eifert und klaget, der soll des raths beide stadtknechte
mit wüllen gewand kleiden, oder da ers nicht vermag, mit
gefängnis gestraft und ihm hierüber das dach auf seinem
hause abgehoben werden." Diese Strafe soll im Fürstentum
Fulda noch in den Jahren 1768 und 1769 vollzogen
worden sein. Grimm, a. a. O., S. 724. Der Betreffende
war gleichsam nicht würdig, ein Obdach zu haben.

Heute ist die Redensart so abgeblaßt, daß man auch
sagt: „einem auf dem Dache sein" in dem Sinne von:
überwachen, während die Wendung eigentlich die Ausführung
einer beschimpfenden Strafe an jemand bezeichnet. So
Otto Ludwig im „Fräulein von Scüderi": „Ich bin ihm
immer auf dem Dach."

234. Dahinterkommen.

S. v. w. etwas erraten, verstehen lernen; eigentl. hinter
die bergende Schutzmauer gelangen, hinter der etwas ver=
steckt ist. Wer „dahintergekommen" ist, weiß nun, ob
überhaupt „etwas dahinter ist" und wer oder was etwa
„dahinter gesteckt hat". Eigentlich noch mehr, nun aber
dasselbe, ist: etwas herauskriegen. In der ältern
Sprache heißt es an ein ende komen, wobei ein ein ganz
bestimmtes, nämlich das eine Ende, das hintere Ende meint
(vgl. ein hoher Magistrat). Im „Meier Helmbrecht" er=
zählt der Dichter, daß Helmbrecht den Eltern Geschenke
mitgebracht habe, und bemerkt dazu (V. 1071):

> ob erz roubte oder staele
> vil ungerne ich daz haele,
> waer ich sin an ein ende komen.

Auch in dem Sinne von: Herr werden, sich bemächtigen
ist dahinterkommen gebraucht worden. In Behaims „Buch
von den Wienern" wird (129, 16) von einem hungrigen
Kriegsknecht erzählt, der den jungen Prinzen Max essen sieht:

> Er gedacht „ai wy! helff mir got,
> daz ich kem hinder dises brot!"

235. Auf dem Damme sein.

S. v. w. munter und thätig sein, dann auch tüchtig auf=
passen, seine Schuldigkeit thun. Von einem Krankgewesenen:
er ist wieder auf dem Damme, d. h. er ist wieder
gesund. Zur Erklärung braucht man nicht mit Hildebrand
(Vom deutschen Sprachunterricht, 3. Aufl., S. 114) an den
gegen die Fluten errichteten Schutzdamm zu denken. Damm
ist hier, wie so oft, nichts weiter als die (aufgeschüttete)
Straße. Wer auf dem Damme ist, hockt nicht zu Hause,
sondern ist draußen, mitten im Verkehr.

236. Damoklesschwert.

Sprichwörtlich für eine Gefahr, die den Genuß irdischen
Glücks bedroht. — Aus einer Geschichte, die Cicero in
den Tuskulanen V, 21 erzählt und die auch Gellert in
seinen Fabeln unter dem Titel „Damokles" bearbeitet hat.

Einst rühmte Damokles, ein Höfling des ältern Dionys
von Syrakus, seinen König als den Glücklichsten aller
Sterblichen. Dieser bot ihm darauf sein Glück an, wies
ihm einen Platz an der königlichen Tafel an und stellte
ihm alle Herrlichkeiten und Genüsse zur Verfügung. Da=
mokles war entzückt über dieses Los. Als er aber, über
sich blickend, ein Schwert bemerkte, das von der Decke
herab über seinem Haupte nur an einem Pferdehaar hing,
beschwor er den Tyrannen, ihn zu entlassen, da er seines
Glückes satt sei.[1] Vgl. Horaz, Od. 3, 1, 17; Persius,
3, 40; Boëthius, De consolat. phil. III, 5.

237. Dampf kriegen (haben).

S. v. w. Angst bekommen (haben). In dieser Wendung
hat sich Dampf noch in der alten Bedeutung Bedrängnis
erhalten, ebenso in der Formel: jemand Dampf anthun
(ihm einen Schabernack spielen), im Mitteld. auch mit
Stabreim: einem allen Tort und Dampf anthun. Dasselbe
alte „Dampf" steckt in der aus Baiern bezeugten Redensart:

---

[1] Ähnlich sagen wir: „Sein Leben hängt nur noch an einem
Faden", d. h. es schwebt in größter Gefahr. Auch dieser Aus=
druck ist schon im Lateinischen sprichwörtlich.

im Dampf bleiben, d. i. in der Bedrängnis bleiben (wie in einer Schlacht), zu Grunde gehen.

Aber das, was wir heute unter Dampf verstehen, ist gemeint in den Worten: Dampf dahinter machen, wofür wir auch sagen: Feuer dahinter machen.

238. Jemand einen Dämpfer aufsetzen.

Die Redensart stammt aus der Musik: der Dämpfer ist eine mechanische Vorrichtung, wodurch der Klang eines musikalischen Instruments abgeschwächt wird, sodaß es sanfter tönt. Bei der Geige z. B. besteht er aus einer kleinen Klammer, die auf den Steg gesetzt wird, über den die Saiten laufen, und diesen und damit den Leib der Geige verhindert, voll mitzuschwingen.

239. Ein Danaergeschenk.

S. v. w. ein Unheil bringendes Geschenk. Lat.: Danaum fatale munus. Seneca, Agam. 624. Entlehnt aus Virgil, Aen. 2, 49, wo Laokoon, als er das Riesenpferd vor den Mauern Trojas erblickt, warnend ausruft:

Quidquid id est, timeo Danaos, et dona ferentes.

Mit den Danaern sind die hellenischen Feinde der Trojaner gemeint.

240. Eine Danaidenarbeit.

S. v. w. eine mühsame und trotzdem erfolglose Arbeit. — Die Danaiden waren die fünfzig Töchter des Danaos, die zur Strafe für die Ermordung ihrer Männer in der Unterwelt fortwährend in ein durchlöchertes Faß Wasser schöpfen mußten. Auch im Französischen ist das Danaidenfaß (le tonneau des Danaïdes) in den Volksmund übergegangen; dasselbe Bild, wenn auch nicht in Verbindung mit dem sagenhaften Namen, war im Lateinischen gebräuchlich: in pertusum ingerimus dicta dolium. Plautus, Pseud. 1, 3, 135; auch: in vas pertusum congerere. Lukrez, 3, 949. Vgl. hierzu unsre Redensart: Wasser in ein Sieb schöpfen (s. d.).

241. Jemand etwas zu danke machen.

S. v. w. es ihm recht machen, daß er damit zufrieden ist. Dank hat hier nicht den Sinn, den wir heute mit dem

Worte sonst verbinden, sondern bedeutet noch, wie früher häufig, Anerkennung. Brunhild ruft, von Siegfrieds starkem Speerwurf getroffen — Siegfried steht unsichtbar ihrem Widerpart Gunther bei —: Gunther, ritter edele, des schusses habe danc! Den Habedank nannte man dann in der Turniersprache geradezu den Preis, den die schönste, edelste Dame dem besten Kämpen des Tages zuerkennt. Dunkel liegt diese Vorstellung noch den stolzen Abschieds= worten des Ritters Delorges in Schillers „Handschuh" zu Grunde: „Den Dank, Dame, begehr ich nicht!"

242. Für einen den Daumen halten.

S. v. w. jemand zu einer Unternehmung, namentlich in der Stunde der Entscheidung, gutes Gelingen wünschen. So bittet z. B. wer sich einer Prüfung unterzieht, seine Freunde: Haltet den Daumen für mich!

Die Redensart ist zunächst aus einem Gebrauch bei den römischen Gladiatorenspielen erklärt worden. War nämlich während des Gefechts ein Kämpfer so stark verwundet, daß ihn die Kräfte verließen, so senkte er die Waffen und streckte den Zeigefinger in die Höhe, wodurch er das Volk anflehte, ihn von der Fortsetzung des Kampfes zu entbinden und ihm das Leben zu schenken. Das antwortende Zeichen nun, wo= durch die Zuschauer dem bittenden Gladiator ihre Gnade bezeigten, war das Niederdrücken des Daumens (pollicem premere).

Eine andre Erklärung giebt Wilhelm Grimm im „Deut= schen Wörterbuch". Er führt aus, daß die Finger die ge= schicktesten, lebhaftesten Glieder, gleichsam belebte Wesen[1], alpartige Geister seien, der Daumen aber als der wichtigste mit besonders starken übernatürlichen Kräften begabt sei. Der Redensart läge dann die Vorstellung zu Grunde: den schädlichen Geist, den Alp, festhalten, damit er nicht den guten Verlauf hindere. Dazu stimmt, daß nach deutschem

---

[1] Vgl. die Kinderreime:
Das ist der Daumen,
der schüttelt die Pflaumen u. s. w.
und: Der ist ins Wasser gefallen,
der hat ihn rausgeholt u. s. w.

Volksglauben während der Nacht nicht vom Alp gedrückt wird, wer vorm Einschlafen den Daumen unter die vier andern Finger steckt.

Zu einer glatten Erklärung verhilft, wie man sieht, keine der beiden Deutungen. Wir halten den Daumen für einen andern, wie das römische Volk für den Gladiator, nicht wie der Einschlafende sich selbst, wollen ihm aber damit glücklichen Erfolg in seinem Vorhaben verschaffen, fast könnte man sagen, heraufbeschwören helfen, also nicht wie das rö= mische Volk, um dem schon darniederliegenden, um Hilfe flehenden Rettung zu bringen, sondern um unvorhergesehenes Mißgeschick, schädliches Dazwischenfahren böser Geister abzu= wenden. In unserm Gebrauch der Redensart scheint das Wesentliche von dem alten deutschen Glauben erhalten zu sein, aber beeinflußt durch die antike Vorstellung.

Rein deutsch ist die Redensart z. B. in einer Strophe Frauenlobs überliefert. Da ruft der Sänger den Fürsten zu, sich vor falschen Dienern zu hüten:

> habt in den dumen in der haut,
> seht uf. wem ir bevelhet lip und eren pfant!

243. Du hast wohl den Diebsdaumen in der Tasche?

Diesen Ausdruck wendet man an auf einen, der im Spiele großes Glück hat. Er beruht auf der abergläubischen Vorstellung des Mittelalters, daß dem Daumen eines Diebes zauberische Kraft inne wohne. Man schnitt deshalb dem Gehenkten einen Daumen ab oder stahl wohl auch die ganze Leiche, um sie nachträglich des wichtigen Fingers zu be= rauben. Wer einen solchen Diebsdaumen besaß, hatte zugleich damit das Glück gewonnen, und um ihres hohen Wertes willen wurden solche Daumen sogar in Gold und Silber eingefaßt. Auch bei Krämern konnte man sie sich zuweilen verschaffen, und Wirte hielten sich manchmal einen, um Gäste anzuziehen. Selbstverständlich war es, daß namentlich Spieler in den Besitz eines solchen Glückbringers zu gelangen suchten. Meyer, Aberglaube, S. 64.

244. Einem den Daumen aufs Auge setzen (drücken).

S. v. w. einen durch ein äußerstes Gewaltmittel zu etwas zwingen. In alter Zeit drohte man dem Unterworfenen

(d. h. den man im Zweikampf unter sich geworfen hatte),
ihm das Auge mit dem Daumen auszudrücken, wenn er
nicht den Willen des Siegers erfüllte, etwa das Versteck
seines Geldes oder sonst ein Geheimnis verriete, und setzte
ihm dabei gleich den Daumen aufs Auge. Daß es oft nicht
bei dieser drohenden Bewegung geblieben ist, lehren z. B.
die Worte des wüsten Meiersohnes Helmbrecht, mit denen
er „sich der Künste rühmt, die er in der Schule der Raub=
ritter gelernt, um die Bauern zu quälen" (vgl. Hildebrand
in Lyons Zeitschrift 5, 25):

> dem ich daz ouge uz drücke,
> disen howe ich in den rücke,
> disen binde ich in den ameizstoc u. s. w.

245. Den Daumen rühren.

S. v. w. zahlen. Von der fortwährenden Bewegung des
Daumens beim Geldaufzählen, die ja auch als Geste ge=
braucht wird, um einen zum Zahlen aufzufordern.

246. Jemand Daumschrauben ansetzen.

S. v. w. ihm derb zu Leibe gehen, hart zusetzen; ihn
durch moralische Zwangsmittel zu etwas bestimmen. — Die
Redensart ist von der Folterung entlehnt. Die Daum=
schrauben, auch der Daumenstock genannt, waren das erste
von den vielen Mitteln, die man früher in Kriminalprozessen
gegen Angeschuldigte, namentlich gegen Hexen, anwandte,
um ein Geständnis herbeizuführen.

247. Sich nach der Decke strecken.

S. v. w. seinen bescheidenen Verhältnissen entsprechend
leben. Wer eine große Decke auf seinem Bett hat, kann
sich während des Schlafens frei ausstrecken; wer nur eine
kleine hat und doch nicht an die Füße frieren will, muß
eben zusehen, wie er auskommt. Ursprünglich liegt also in
der Verbindung des Ausstreckens und der einschränkenden
Bestimmung n a c h d e r D e c k e ein Scherz, den aber heute
kaum noch jemand empfindet. „Und strecken sich nach der
gedeckt." Brant, Narrenschiff 18, 20. Vgl. Syll. 57:
„Bovem si nequeas, asinum agas. Man muß mit den
Pferden pflügen, die man hat. Streck dich nach der Deck."
Frz.: se régler sur sa bourse; régler sa dépense sur

son revenu. Engl.: cut your coat according to your cloth: stretch your legs according to your coverlet. Lat : Metiri se quemque suo modulo ac pede verum est. Horaz, Epist. 1, 7, 98.

248. Mit jemand unter einer Decke stecken.

S. v. w. gleiche Interessen mit jemand haben, im (ge= heimen) Einverständnisse mit ihm sein. Es war in alter Zeit üblich, daß zwei, die sich nahe standen, zusammen unter einer Decke schliefen. Die höfischen Ritterepen erzählen oft, daß die tapfern Helden zu zweien geschlafen haben, Waffen= genossen zusammen, Busenfreunde zusammen, Paar um Paar. Zumal dann geschah das, wenn eine größere Schar zu Be= such auf einem befreundeten Herrensitz eintraf.

In besonderm Sinne gehören die Ehegatten unter eine Decke; ja der rechtliche Begriff der Ehe hing an diesem Brauch. „Wenn am ersten Hochzeitstage die Nacht heran= kam, ward die Braut von den Eltern oder Vormündern und dem Brautführer und der Brautfrau, oft aber von der ganzen Gesellschaft in die Brautkammer geleitet und dem Bräutigam übergeben. Sobald eine Decke das Paar beschlug, galt die Ehe als rechtsgiltig angetreten, und die Braut war nunmehr Ehefrau." Weinhold, Deutsche Frauen im Mittelalter, S. 268. Diese symbolische Handlung, die sogenannte Beschlagung der Decke, bildet nach dem Sachsenspiegel und andern Zeugnissen den Anfang der Ehe und damit der vermögensrechtlichen Einigung.[1] Vgl. Lehm. 328 (Gleichheit 50): „Die sich mit einander ver= gleichen können, die schlagen einander den ballen zu. Sie seynd in eine Schul gangen, sie tragen Wasser an einer Stangen, sie liegen mit einander unter einer Deck."

249. Jemand einen Denkzettel geben.

S. v. w. ihm eine fühlbare Erinnerung geben, damit er in Zukunft einer Sache oder einer Person besser eingedenk

---

[1] Vgl. Sprichwörter wie: „Ist das Bett beschritten, ist das Recht erstritten", oder wie es im Sachsenspiegel I, 45, 1 heißt: „it wif trit in des mannes recht swenne si in sin bedde gat". Fer= ner: „Ist die Decke über den Kopf, so sind die Eheleute gleich reich."

-fei. Einen Denkzettel (oder ein Memorial) erhielt in
früherer Zeit, wer mit einem wichtigen, umfänglichen Auf=
trage an einen andern abgeschickt wurde, z. B. ein städtischer
Ratsherr, der als Abgesandter zum Landesherrn ging; auf
dem Denkzettel standen kurz die einzelnen Punkte, die er
vorzubringen hatte. In den Jesuitenschulen wurde früher
auch Schülern, die sich irgendwie vergangen hatten oder an
denen der Lehrer irgendeine schlechte Neigung bemerkte, Denk=
zettel ausgefertigt, auf denen der betreffende Fehler verzeichnet
stand. Diesen mußten die Schüler stets bei sich tragen, um
hierdurch stets an die Pflicht der Selbstbesserung gemahnt
zu werden.[1] Vgl. lat.: aliquem monumentis bubulis
commonefacere. Plautus, Sticho 1, 2, 6.

250. Der hat sein Deputat!

Deputat heißt das Zugewiesene, dann ganz bestimmt:
alles, was ein Beamter außer dem jährlichen Gehalte an
gewissen Dingen, z. B. an Holz, Früchten u. s. w. als einen
Teil seiner Besoldung bekommt. So haben z. B. die Bauern
ihrem Geistlichen, bei dem sie eingepfarrt sind, Deputat=
würste u. s. w. zu liefern. Die Redensart bedeutet also
dasselbe wie: seinen Dezem haben.

251. Der und jener.

So verhüllt man den Namen des Teufels, weil man
ihn nicht auszusprechen wagt: denn er kommt, so wie er sich
nennen hört, wie Rübezahl. Vgl. den Ausruf der Isebel
(1 Kön. 19, 2): „Die Götter thuen mir dies und das, wo

---

[1] Auch an den jüdischen Denkzettel wollen wir hier erinnern.
Dies war ein Pergamentstreifen, worauf nach der Verordnung
5 Mos. 6, 8 die Bibelsprüche 2 Mos. 13, 9—16; 5 Mos. 6, 4;
11, 13—15 verzeichnet standen. Dieser Pergamentstreifen ward
in ein Kästchen gethan und dieses dann mit einem langen Riemen
entweder an die Stirn oder an den linken Arm gebunden und so
getragen. Später schrieb man folgende Stellen auf die Denkzettel:
2 Mos. 13, 3—10; 11—17; 5 Mos. 6, 4—10; 11, 13—22.
Beschrieben werden diese Denkzettel noch jetzt von einem eigens
dazu bestimmten Schreiber (Sophrim), und zwar mit außerordent=
licher Genauigkeit und besonderer Tinte, worauf sie unter mancher=
lei feierlichen Gebräuchen angelegt werden.

ich nicht morgen deiner Seele thue, wie dieser Seelen einer!" und in Rebhuns „Susanna" (III, 329) die Worte: „Sagten, wie ich die und dise wer" (d. h. eine Hure).

252. Das ist keinen Deut wert!

Von einer geringfügigen, fast wertlosen Sache. Deut, aus niederländ. duit (engl. doit), ist der Name einer nieder= ländischen Kupfermünze (= 2 Pf.), die früher auch in Deutschland umlief.

253. Deutsch mit jemand reden.

S. v. w. ohne Umschweife und Hintergedanken, frei heraus, kurz, klar und ehrlich grob. — „Und sag dir tütsch wie ich das meyn, Man henckt die kleynen dieb alleyn" u. s. w. in Brants „Narrenschiff", 83, 21. Bei Hans Sachs: „Wilt das ichs Teutscher sagen soll?" „Also daß Grippepinhalt von Strobeldorn ihm gut rund Teutsch vnter die Nasen sagt: Herr" u. s. w. in Fischarts „Gargantua".

Es verbindet sich hier in dem Worte deutsch das, was wir heute als unsre nationale Eigentümlichkeit fühlen (grade heraus, ehrlich, grob), mit einem Rest von dem alten ety= mologischen Werte des Wortes. Denn deutsch (diutisk) be= deutet zunächst volksmäßig (von diot, Volk) und ist ursprüng= lich von der Sprache gesagt worden im Gegensatz zu der latei= nischen Umgangssprache der gebildeten Kreise, der Kirchen= sprache, der Juristensprache, die keinem Volke eigen war, sondern sich über das ganze Abendland erstreckte. Deuten aber heißt eigentlich: volksmäßig machen, sodaß es jeder versteht, und deutsch mit einem reden um zugleich deut= lich[1] und so wie es unsre Art ist. Auch der Franzose sagt: je parle français, moi!

254. Er hat sein (oder seinen) Dezem bekommen.

S. v. w. er hat das Teil das ihm zukommt, erhalten; meist: er ist seiner Strafe nicht entgangen. Der Zehnte,

---

[1] Früher verstand man darunter nur: deutlich reden. Noch Schiller läßt in den „Räubern" (IV, 5) Razmann zu Spiegelberg sagen: „Wo will das hinaus — rede deutscher!"

die an die Kirche abzuführende Steuer[1], wurde im Mittelalter, wo das Lateinische die allgemeine Kirchensprache war,
ganz gewöhnlich auch die oder das Dezeme (aus lat. de-
cimus) genannt. Das Wort wurde dann übertragen auf
jeden Pflichtteil, den jemand an etwas hat oder bekommt
oder zu etwas steuert. Daher die Redensart. Auch sagt
man: der muß überall sein(en) Dezem (Däzen) dazu geben,
wie: seinen Senf, seinen Dreier dazu geben. Vgl. auch
Deputat.

255. Etwas dick haben.

S. v. w. es satt haben, seiner überdrüssig sein. Er-
klärt sich aus der ursprünglichen Bedeutung von dicke: oft.
In Baiern sagt man: „Heut gehts mir dick ein" in dem
Sinne von: heute habe ich viel zu thun.

Anders sich dick thun mit etwas, wo gemeint ist: sich
wichtig machen, sich aufblähen; hier ist dick in dem heutigen
Sinne zu verstehen: von großem Umfang.

---

[1] Die Sitte, den zehnten Teil an Landesprodukten oder
sonstigen Erzeugnissen als Abgabe zu entrichten, ist sehr alt und
in der christlichen Kirche seit dem 4. Jahrhundert nach dem Beispiele der Juden aufgekommen. 1 Mos. 14, 20 giebt der von
einem Feldzuge heimkehrende Abraham dem ihm segnend entgegen-
kommenden Priester Melchisedek den zehnten Teil der gemachten
Beute; ebenso gelobt Jakob (1 Mos. 28, 22) Gott den zehnten
Teil von allem, womit er ihn in Mesopotamien segnen würde.
Eine gesetzliche Feststellung erhielt der Zehnte durch Moses. Nach
3 Mos. 27, 30—33 und 4 Mos. 18, 21—24 sollte jeder Israelit
jährlich den zehnten Teil seiner Land- und Baumfrüchte, wie auch
je das zehnte Stück des Rind-, Ziegen- und Schafviehes an die
Leviten, die bei der Landesverteilung unberücksichtigt geblieben
waren, entrichten, und von diesem Zehnten sollten wieder die
Leviten den zehnten Teil an die Priester abgeben. Vgl. noch
5 Mos. 12, 6 fg.; 14, 22 fg.; ebenda 14, 28; 16, 22 fg.;
1 Sam. 8, 15. Ferner Matth. 23, 23; Luc. 11, 42. — Der
Koran der Mohammedaner bestimmt, daß jeder Gläubige den
zehnten Teil seines Einkommens den Armen geben oder zu wohl-
thätigen Zwecken verwenden soll. In der christlichen Kirche fand
die Einführung des Zehnten anfänglich viele Schwierigkeiten, bis
die Bischöfe so viel Macht gewannen, diese Abgabe bei Strafe
der Exkommunikation durchzusetzen, obgleich der Kaiser Justinian
ein Gesetz dagegen gab.

256. Guter Dinge sein.

S. v. w. sich wohl befinden, froh sein; oft in der Ver=
bindung: lustig und guter Dinge sein. — Das ältere Deutsch
kennt eine ganze Reihe von adverbiellen Ausdrücken, gebildet
durch den mit einem Eigenschaftswort verbundenen Genitiv
Pluralis von Ding, z. B. aller Dinge (daraus allerdings
mit unnatürlichem =s, wie öfters für öfter u. v. a.), ein=
ziger Dinge, ungeforderter Dinge, gültiger Dinge, platter
Dinge, schlechter Dinge (heute: platterdings, schlechterdings).
Überall dient hier „Ding" nur zur Substantivierung des
sächlichen Adjektivbegriffs. Aber ein solcher absoluter Ge=
nitiv mit diesem nichtssagenden „Ding" will sich mit „sein"
verbunden nicht denken lassen; in der Redensart guter
Dinge sein ist in Ding eine bestimmte Bedeutung zu suchen,
etwa Laune, Stimmung. Und da liegt es am nächsten, an
„Geding" anzuknüpfen, das in der ältern Sprache und noch
jetzt in oberd. Mundarten Hoffnung bedeutet. Der eigent=
liche Sinn der Wendung wäre dann: (voll) guter Hoffnung
sein. In der Postille Geilers von Kaisersberg: „Dornoch
so kümpt die Wynachten, so seind wir dann wider froelich.
Es heisset yetz guots dings sein." In einer Münchener
Handschrift (Cgm. 811, Bl. 43):

Den Armen ist nie mer gegeben
denn guet geding und übel leben.

257. Einen dingfest machen.

S. v. w. ihn verhaften. Ding bedeutet ursprünglich
die Gemeinschaft der zum Rechtsprechen versammelten Män=
ner, die Gerichtsversammlung. Einen dingfest machen heißt
daher eigentlich: ihn fest machen, ihn in Banden legen, um
ihn vor dieses Gericht zu führen. Im Gegensatz dazu hieß
dingflüchtig, wer sich dem Gericht durch die Flucht
entzog.

Merkwürdigerweise fehlt dingfest in den meisten Wörter=
büchern, auch im Grimmschen; Weigand erklärt nur: „recht=
lich, gerichtlich festgesetzt, überhaupt s. v. a. haltbar, fest".

258. Doppelzüngig

nennt man einen, der bald so, bald so redet, dessen Worten
also nicht zu trauen ist. Der Ausdruck ist eine Übersetzung

von bilinguis, das in der klassischen lateinischen Litteratur oft in demselben Sinne begegnet und sich wohl eigentlich auf die gespaltene Zunge der Schlange bezieht. Freilich nahm ihn Murner (Schelmenzunft XV, 15) ganz wörtlich: „Zwo zungen dragen in eim halß". Redensarten, die auf dasselbe hinauskommen wie die Doppelzüngigkeit, sind: kalt und warm aus einem Munde blasen (s. kalt), vorne lecken und hinten kratzen.

259. Unter Dornen wohnen (sitzen).

S. v. w. Trübsal ausstehen. — Tunnicius Nr. 858: „Och, och, ik wone unter den dornen!" mit dem Hexameter: In spinis versor, vepres mea corpora laedunt. Luther in den Tischreden: „Wir Sachsen sind schwach, sitzen unter den Dörnen." Dasselbe bedeutet: nicht auf Rosen ge = bettet sein; Rosen und Dornen gelten schon in der älte= sten Zeit als Sinnbilder von Glückseligkeit und Sorge und werden als solche gegenübergestellt. So nennt Horaz (Ep. 1, 14, 4) seine Sorgen spinae, und bei Ammian 16, 7, 4, begegnet das Sprichwort: inter vepres rosae nascuntur. In unserm Sprichwort: Keine Rose ohne Dornen ist dieser Gegensatz am schärfsten ausgeprägt; in der ältern Dichtung erscheint er noch in umständlicherer Form, z. B. beim Marner: Swa sich diu rose erzeiget, da reiget der dorn an daz zwi. — Dorn allein wird übertragen oft für Schwierigkeit, Unannehmlichkeit gebraucht (vgl. ein dornenvolles Amt, eine dornenvolle Laufbahn; spinös, épi= neux); schon in Freidanks „Bescheidenheit" (17, 14): disiu frage ist ein dorn; alte Redensarten, die hierher gehören, sind: in den Dorn fallen (in Sünde geraten), einem einen Dorn in den Fuß stecken (ihm etwas Böses anthun), auf Dornen wandern (heimliche Nachstellungen ertragen).

260. Das ist ihm ein Dorn im Auge.

S. v. w. es ist ihm unleidlich, er kann es nicht ersehen. — Der Ausdruck steht 4 Mos. 33, 55: „Werdet ihr aber die Einwohner des Landes nicht vertreiben von euerm An= gesicht, so werden euch die, so ihr überbleiben lasset, zu Dornen werden in euern Augen und zu Stacheln in euern Seiten." Aber längst vor dem Bekanntwerden

einer deutschen Bibel lebte er im Volksmunde; vgl. Konrads
von Würzburg „Trojanerkrieg" V. 22871:

> Paris was ouch niht ein dorn
> Helenen in ir ougen.

Die Dornen stechen ins Auge (vgl. Auge); noch gewalt=
samer früher, z. B. bei einem Prediger des 17. Jahrhs.:
„weil mir sein Wohlfahrt ohne daß ein Spieß in den
Augen ist", und ins Groteske gesteigert einmal in Heinrichs
von Freiberg „Tristan" (V. 5283 fg.):

> daz vorvluochte getwerc,
> daz im was sam ein blierzberc
> in ougen und in herzen.

Vgl. ital.: un pruno negli occhj.

261. Sein Maul geht wie eine Dreckschleuder.

So sagt man, wenn jemand so hastig redet, daß es den
Eindruck macht, als ob er Schmutz im Munde hätte, den
er so schnell wie möglich ausspucken möchte. Giebt es
irgendwo wirkliche Dreckschleudern? — In Leipzig sagt
man von solchem Sprechen auch: „'s fliegt ihm raus wie
schimmlig Brot". Wie die Sprache sonst noch im Volke
aufgefaßt wird, als Erbrechen[1], als Husten, Niesen, Fisten,
darüber hat Kleinpaul viel beigebracht in dem „Stromgebiet
der Sprache".

262. Nicht bis drei zählen können.

S. v. w. ein großer Dummkopf sein. Für das Gegenteil vgl. Syll. 24: „Acetum habet in pectore. Er ist
nicht gar ein Narr. Er kann wol fünf zehlen. Er hat
viel Flöhe hinter den Ohren."

263. Seinen Dreier dazu geben.

S. v. w. seine Meinung zu etwas äußern, so unbedeutend
sie auch sein mag. Dasselbe Bild steckt in der Redensart
sein Scherflein beitragen, die freilich nicht Verachtung,
sondern Anerkennung der geringen Beisteuer ausdrückt. In
der Zimmerischen Chronik heißt es öfter (z. B. III, 457,
36): „Do redt ain ieder sein pfenwärt (d. i. Pfennig) darzu."

---

[1] Vielleicht ist sprechen mit brechen eines Stammes wie
spreiten und breiten.

264. Dreimännerwein.

Der Volkswitz teilt die schlechten Weine in drei Sorten: Der erste und beste heißt Sauerampfer, schmeckt etwas besser als Essig und verzieht den Mund kaum bis zu den Ohren. Die zweite Sorte ist der Dreimännerwein, so genannt, weil zwei Männer nötig sind, den, der ihn trinken soll, fest=zuhalten, und ein dritter, ihm die Brühe einzugießen. Die dritte Sorte ist der Rachenputzer. Wer mit diesem Wein schlafen geht, muß sich in der Nacht wecken lassen, damit er sich umkehre; denn sonst würde ihm der Rachenputzer ein Loch in den Magen fressen. (Eiselein, S. 407.)

265. Sich drücken.

Zunächst s. v. w. sich schmal machen, klein machen; so bei Goethe:

> Weiß sich in Zeit und Art zu schicken,
> Bald sich zu heben, bald zu drücken.

Dann aber auch kurz für: sich wohin drücken, sich davon drücken, d. h. sich unbemerkt entfernen. In Brants „Narren=schiff" 103, 88:

> sie dunt in selber schad und schand:
> mancher der drückt sich uß dem Land.

Wie die Tillysche Armee seit der Schlacht bei Breitenfeld ihre Achtung verloren hatte, beschreibt der erste Jäger in „Wallensteins Lager" mit den Worten:

> Wo wir erschienen und pochten an,
> Ward nicht gegrüßt noch aufgethan.
> Wir mußten uns drücken von Ort zu Ort.

266. Drunter durch sein.

Wer „drunter durch" ist, mit dem ist's aus, der ist ver=loren, meist weil er sich selbst unmöglich gemacht hat. Viel=leicht geht die Redensart auf denselben Vorgang zurück wie der Ausdruck durchfallen, der sich aus der Sitte des Korbgebens erklärt (vgl. Korb). Freilich müßte sie dann schon früh im Sprachbewußtsein davon abgelöst worden sein; denn schon in der Zimmerischen Chronik heißt es (1, 49, 20): „Die graffen von Lützelstein waren irer gueter halben in deutschen landen hindurch."

267. Dünn gesät sein.

Ein viel gebrauchtes Bild für: selten sein. Syll. 188: „Phoenice rarior. Sy syn dünne gesayet." Was für eine Saat, und ob überhaupt eine bestimmte Saat ursprüng= lich damit gemeint ist, ist schwer zu sagen. In einem Lied aus dem Dreißigjährigen Kriege (Ditfurth S. 135) heißt es von rechten, offenen, deutschen Biedermännern Str. 55:

> Doch weil man diese Rüben
> Gar dünn gesäet findt.

268. Durcheinander wie Kraut und Rüben.

Dieser Vergleich, der einen hohen Grad von Unordnung bezeichnet (es liegt alles durcheinander wie Kraut und Rüben) stammt wahrscheinlich von einem viel gegessenen Gemüse, worin Kraut und Rüben untereinander gemengt wurden, auf keinen Fall aber von einem Lieblingsgericht der Kosaken, wie man gemeint hat, denn dazu ist er viel zu alt.

269. Durchstecherei treiben.

Volkstümlicher Ausdruck für schwindeln; von den eben= falls im Volksmunde lebenden Riemenstechern, die Abelung kennt als „eine Art betrügerischer Landläufer, welche einen Riemen mit gemachten Krümmen zusammenrollen und andere darein stechen lassen, da sie denn machen, daß der Stich allemahl neben den Riemen geht". Dieselbe Jahrmarkts= gaukelei ist offenbar schon gemeint in Murners „Schelmen= zunft" (VI, 15):

> Das heißt die rechte meisterkunst
> Und die rechten riemenzogen:
> Umb sunst verraten und verlogen!

E.

270. Du bist mein getreuer Eckart.

Bei Agricola Nr. 667: „Du bist der trew Eckhart, du warnst yederman." Mit der Erklärung am Schlusse: „Wir brauchen dises wortts, wenn yemand einen andern trewlich vor schaden warnet, und wir wollens nach rhumen, so sagen

wir, Du thust wie der treu Eckhart, der warnet auch yeder=
man vor schaden."

Diese schöne Gestalt der deutschen Sage nimmt mit
Dietrich von Bern teil an der wilden Jagd, doch so, daß
sie mit Holda zusammen ihr still voranzieht. Als ein alter
Mann mit langem Barte und weißem Stabe schreitet der
treue Eckart voran, um alle Begegnenden zeitig zu warnen,
daß sie aus dem Wege gehen und sich dem Verderben ent=
ziehen können.

Einmal begegneten ihm zwei Kinder, die eben einen
Krug Bier für ihre Eltern aus dem Wirtshause geholt
hatten. Das wütende Heer hielt sie an, riesige Männer
nahmen ihnen den Krug ab und leerten ihn. Die Kleinen
weinten bitterlich. Aber der getreue Eckart beruhigte sie und
sagte, sie sollten nicht bange sein, der Krug würde sich
wieder füllen und niemals leer werden, solange sie ver=
schwiegen hielten, wodurch die Wundergabe gekommen sei.
Als die Kleinen auf die Fragen der Eltern und Nachbarn
schließlich doch schwatzten, versiegte das Bier. Goethe hat
diese Erzählung für immer in klassische Formen gegossen in
seiner Ballade „Der getreue Eckart".

271. Um die Ecke sein.

Ein höchst bezeichnendes Bild für schnelles Hinwegsterben:
lautlos verschwindet der um die Straßenecke Biegende aus
dem Gesichtskreis. Ebenso bedeutet einen um die Ecke
bringen s. v. w. still aus dem Wege räumen, meist s. v. w.
vergiften.

272. Ehren=Ludwig.

So gebrauchen wir, halb ironisch, den Ausdruck „Ehren"
vor irgend einem Personennamen. Z. B. sagt Bürger in
seinem Gedicht „Frau Schnips":

> Hierauf sprang Ehren=Lot herbei
> Mit Brausen und mit Schnarchen,

und aus der Shakespeare=Übersetzung von Schlegel und Tieck
ist ein „Ehren=Matthias" bekannt. Diese „Ehrenmänner"
sind aber ganz gewöhnliche „Herren". Das Wort her (Herr)
nämlich vor einem Namen (z. B. her Sifrit) erscheint in

älterer Zeit oft auch in der Schrift so verstümmelt, wie es in der Umgangssprache thatsächlich verstümmelt worden war, als er. Die besonders häufige Form der casus obliqui ern nun hat man dann als „Ehren"= gedeutet, als man „Herr" nicht mehr erkannte. Den ironischen Sinn verdankt der Zusatz in seiner neuen Form dem Umstand, daß durchaus nicht jeder, den die Kanzleisprache Ern titulierte, ein Ehrenmann war.

273. Sich gleichen wie ein Ei dem andern.

Wird von der größten Ähnlichkeit gesagt. — Tunnicius Nr. 474: „Eier sint eieren gelyk" mit der Übersetzung: Ovis ova, vitrum vitroque simillima semper. Auch im Lateinischen bezeichnen ganz gewöhnlich zwei Eier ein paar Dinge, die sich bis aufs Haar gleichen, vgl z. B. Cicero, Quaest. acad. 4, 18: Non tam ovo ovum simile.

274. Wie aus dem Ei geschält.

S. v. w. äußerst sauber, dann auch lecker und daher reizend. In der That läßt sich kaum etwas Saubereres denken, als das frisch geschälte, unberührte Ei in seiner tadellosen Form und seinem Glanze. Auffällig ist, daß Syll. 96: Ex ovo prodiit übersetzt wird: „Er ist so schön als ein Engel", als ob der Sammler die uns so geläufige Wendung nicht gekannt hätte.

Wer weiche Eier schält, faßt sie vorsichtig an; daher bedeutet die Redensart: einem weiche Eier schälen s. v. w. seine Angelegenheiten zart anfassen, ihm schön thun.

275. Sich um ungelegte Eier kümmern.

S. v. w. sich um Dinge Sorgen machen, die es garnicht oder noch garnicht giebt; dann auch: sich um Dinge kümmern, mit denen man sich nicht zu befassen hat, die einen nichts angehen. Die Redensart wird schwerlich auf einen gelehrten Streit in einem talmudischen Traktat zurückgehen (wo wirklich einmal die Frage erörtert wird, ob Eier, die an einem Festtage gelegt werden, als Neugewordenes an demselben Tage gegessen werden dürfen oder nicht), Hühner und Eier liegen uns nahe genug, als daß wir die Redensart nicht selbst hätten bilden können. Noch um eine Stufe

gesteigert erscheint die Ironie der Worte bei Lehm. 834
(Ungewiß 1): „Angelegte Eyer, sind ungewisse Hüner. Die
Eyer sind nicht gelegt, darauß die Hüner gebrüt werden
sollen."

276. Wie auf Eiern gehen.

S. v. w. langsam und vorsichtig gehen; wird von lauen,
ängstlichen Menschen gesagt, die überall anzustoßen fürchten
und deshalb keines offenen Wortes und keiner entschiedenen
Handlung fähig sind. Lehm. 69 (Behutsamkeit 20): „Der
Behutsame geht als wenn er auff Eyern oder Kohlen gieng,
geht leiß, er fürcht, er trett in ein Glas." Frz.: il pas-
serait sur des œufs sans les casser: ähnlich das deutsche
Sprichwort: Neutral will auf Eiern gehen und keins zer=
treten. Vgl. noch lat.: Junonis sacra ferre, Horaz,
Sat. 1, 3, 11 und das frz.: porter des bouteilles.

Etwas Ähnliches meinen wir mit dem Worte „Eiertanz".
Es bezeichnet eigentlich einen schwierigen italienischen Natio=
naltanz, der zwischen regelmäßig auf dem Boden verteilten
Eiern ausgeführt wird, ohne daß eines davon zerbrochen
werden darf. Einen solchen wirklichen Eiertanz führt Mignon
vor Wilhelm Meister auf.

277. Das Ei des Columbus.

Ist sprichwörtlich zur Bezeichnung von etwas, was man
nicht hat ausführen können, hernach aber, wenn es einem
gezeigt worden ist, sehr einfach findet. — Bekanntlich wurde
dem großen Genuesen oft die Bedeutung seiner Entdeckung
abgesprochen. Als nun eines Tages die Sache in seiner
Gegenwart an der Tafel eines spanischen Granden wieder
aufs Tapet gebracht wurde, und man die Behauptung auf=
stellte, daß seine Entdeckung durchaus nicht so schwierig zu
machen gewesen wäre, wenn man nur früher daran gedacht
hätte, soll Columbus ein Ei genommen und alle Anwesen=
den gefragt haben: „Wer von Ihnen, meine Herren, ist im
stande, dieses Ei auf einem seiner beiden Enden zum Stehen
zu bringen?" Keinem gelang es. Da nahm Columbus
das Ei, schlug es an einem Ende so auf den Teller auf,
daß sich die Spitze eindrückte, und nun stand es. Vgl.

Humboldt, Kritische Untersuchungen über die historische Ent=
wicklung der geographischen Kenntnisse von der Neuen Welt,
II, 394.

In Spanien sagt man für unser „Ei des Columbus"
huevo de Juanuelo, d. i. Hänschens Ei. Im zweiten Auf=
zug von Calderons auch in Deutschland bekanntem Schau=
spiel „Dame Kobold" heißt es:

> Das andre (Geheimnis)
> Kennst du doch mit „Hänschens Ei"?
> Womit viele hoch erhabne
> Geister sich umsonst bemühten,
> Um auf einem Tisch von Jaspis
> Solches aufrecht hinzustellen:
> Aber Hänschen kam und gab ihm
> Einen Knicks nur, und es stand.

Das scheint älter als Columbus, und es ist nicht unwahr=
scheinlich, daß dieser das schon damals bekannte Geschicht=
chen gewissermaßen aufführte, als er sein Ei vor den spani=
schen Granden auf den Tisch stellte. Vgl. Büchmann, S. 218.

278. Sich etwas einbrocken.

S. v. w. eine Thorheit begehen, die schlimme Folgen
hat; vgl. die Redensarten: „sich eine Suppe einbrocken" und
„die Suppe ausessen müssen", d. h. büßen müssen. — Schon
im Lat. ist sprichwörtlich: tute hoc intristi, das hast du
dir eingebrockt, eingerührt. Terenz, Phorm. 2, 2, 4.

279. Das Eine thun, und das Andre nicht lassen.

Nach Matth. 23, 23 und Luk. 11, 42: „Dies sollte
man thun und jenes nicht lassen." — Lessing gebraucht die
Redensart in der „Emilia Galotti" II, 7.

280. Eingezogen leben.

S. v. w. den Umgang mit andern möglichst meiden und
sich auf sein Haus beschränken. Der Lateiner sagt dafür:
cochleae vitam agere, eigentlich das Leben einer Schnecke
führen, d. i. immer zu Hause bleiben.

281. Tapfer einhauen

in der Bedeutung von tüchtig essen, bezieht sich eigent=
lich auf den Eber, der mit seinen Hauern ins Zeug geht.

Vgl. Murners „Schelmenzunft" XXI, 18: „Houwendt drein, alß dut ein eber." Der Pariser nennt das: ne pas laisser enrouiller ses dents.

282. Eintagsfliege.

So nennt man eine flüchtige, vorübergehende Erscheinung, eine Tagesgröße. — Die Eintagsfliegen (Ephemerides) verdienen ihren Namen in der That, da sie mitunter kaum 24 Stunden leben. Vgl. Brehms „Tierleben", IX (In= sekten), S. 507.

283. Es einem einträuken.

S. v. w. einem etwas vergelten, sich an ihm rächen, ihn strafen. „Es" steht, wie so oft, hier verhüllend, für etwas Schlimmes. Gemeint ist eigentlich: einem einen schlim= men Trank, einen Gifttrank beibringen. Das wird deutlich z. B. aus folgender Stelle der Zimmerischen Chronik (IV, 185, 27): „Grave Gottfrid Wernher pflag zu sagen, es sollte ain ieder sein beichtvatter in guten eren haben, deß= gleichen auch den arzeten, den scherern oder wundarzten und dann den apoteker; dann es weren vier sorten leut, die zu fürchten und da sie erzürnt, ainn wol kündten was ein= trenken, wie man spricht." Doch könnte auch eine andre Vorstellung zu Grunde liegen. Unsre volkstümliche Über= lieferung aus alter Zeit, besonders die historischen Volks= lieder, lehren durch zahlreiche Stellen, daß die Feinde einander im Kriege drohten, das Blut des andern trinken zu wollen.[1] Höhnisch wurde darauf geantwortet: Unser Blut wollt ihr trinken? Euer eignes wollen wir euch zu trinken geben. Wie nun Kampf und Schlacht, nach der Art unsers Volks, sich auch großer Dinge durch ein Scherzwort zu bemächtigen, oft unter dem Bilde einer Mahlzeit bezeichnet werden, so nannte man das Blutvergießen — vielleicht in der Erinne= rung an den alten wilden Brauch, jedenfalls im Anschluß an die furchtbare Drohung —: Einschenken. In einem Lied auf die Vilmerger Schlacht (1656):

---

[1] Noch in Schillers „Räubern" sind Reste dieses Gedankens erhalten.

Sie pantetierten in Übermuth
Man schenkt ihnen ein, dunkt sie nit gut,
Daran band sie zu schnaufen.

Nach der Niederlage der Türken vor Wien (1683) sang man:

Jetzund kann man fröhlich lachen,
Weil der Türkenhund gestillt,
Seinen blutgewohnten Rachen
Mit selbsteignen Blut gefüllt

und gleichzeitig — freilich mit völliger Verdunkelung der
ursprünglichen Vorstellung — von dem Grafen Rüdiger
von Stahremberg, der den Türken nicht in die Stadt herein=
gelassen hatte:

Sieh, Bluthund, er hat dich g'laden
Auf ein gutes Glasel Wein!
Aus Kartaunen und Granaten
Schenkt er dir gar herzhaft ein:
Dau du in dem Sturemlaufen
Hast zu trinken oft begehrt,
Gab er dir ja gnug zu saufen,
Daß entschlafnst auf der Erd.

Und in voller Deutlichkeit wieder nach der Eroberung von
Ofen (1686) vom Sultan:

Den Bluthund hat dürstet, man gab ihm zu trinken,
In seinem Blut muß er ganz rauschig hinsinken.
Emanuel Kurfürst, der weiß dir einschenken,
Den Willkomm und ersten Trunk reicht er dir dar.
Was gilt es? er wir dir's heur doppelt eintränken!

In der letzten Zeile steht unsre Redensart in unmittelbarem
Zusammenhang mit jenem Schlachtenbrauch.

Es liegt aber auch nahe, zur Erklärung andre Redens=
arten zu verwenden wie: jemand eine Suppe einbrocken, es
ausfressen müssen u. s. w., sodaß das verderbliche Getränk
weder Gift noch Menschenblut zu sein brauchte. Heißt es
doch schon im Renner V. 8363 fg. ganz allgemein:

Der tiufel uns allen vil verhenget
Daz er hie nach uns trenket in
So wir sicher vor im wellen sin.

284. Jemand aufs (Glatt=)Eis führen.

S. v. w. ihn in Gefahr bringen. — Das Eis ist hier
wegen seiner Glätte (slipfec alsam in îs. Winsbeke 32,

10) das Bild des Unsichern, Gefahrbringenden, weil man leicht darauf straucheln kann. Einen ûf ein is leiten. Livl. Chronik 6501. — Ein Sprichwort des 12. Jahrhs. (bei Haupt, VI, 305, 45) lautet: Qui currit glaciem, se non monstrat sapientem.

285. Zum alten Eisen werfen.

S. v. w. als abgenutzt bei Seite thun, auch von alt= modischen Menschen und veralteten Ideen gesagt. Unter dem alten Eisen ist hier das alte Gerümpel zu verstehen, das sich im wesentlichen aus Trümmern des Hausrats zusammen= setzt und, aus Bequemlichkeit nicht vernichtet, oft noch lange ein verachtetes Dasein in einem dunkeln Winkel des Hauses führt. Vgl. Lehm. 780 (Verachtung 18): „Man hält offt einen, alß hätt man ihn auffm Grempelmarck kaufft, oder unter den alten Eysen funden, hält ihn vor ein Noll: vor ein Schuhbürst, würfft ihn hin wie alte Kartenblätter."

286. Einen zusammenhauen wie kalt Eisen.

Von den Schmieden entlehnt; ein absichtlicher Wider= spruch, da sich kaltes Eisen, alles Hauens und Schlagens ungeachtet, nicht zusammenfügen oder schweißen läßt. Es ist ein hyperbolischer Ausdruck und bedeutet: über alle Maßen hauen.

Etwas anders ist mit dem kalten Eisen gemeint in der Redensart: am kalten Eisen sterben, d. h. durchs Schwert sterben.

287. Eisenfresser.

So nennt man einen Prahler, eigentlich einen, der sich vermißt, Eisen fressen zu wollen. In dem Gedicht von Meier Helmbrecht brüstet sich wirklich der Sohn Helmbrecht seinem alten Vater gegenüber (V. 408 fg.):

> ich bizze wol durch einen stein.
> ich bin so muotes raeze.
> hey waz ich isens fraeze!

Und ähnlich heißt es in einem Liede aus derselben Zeit und Gegend (d. h. aus der ersten Hälfte des 13. Jahrhs. und aus Österreich) von einem protzigen Bauerntölpel:

er ist geheizen Ungenant
und dünket sich so raeze;
er springet an froun Geppen haut:
hei waz er isens aeze!

In Murners „Schelmenzunft" (IV) stellt sich ein Eisenfresser
vor mit den Worten:

Ich bin der eissen beisser knecht,
Der weit und breit groß lob ersecht.
Landt und leut hab ich bezwungen,
Doch thun ichs fast nur mit der zungen.

Dazu ist ein Landsknecht abgebildet, der in das Eisen einer
Hellebarde beißt. In „Wallensteins Lager" in der Kapuziner=
predigt: „So ein Bramarbas und Eisenfresser!"

288. Einen ins Elend stoßen.

In dieser Redensart hat Elend noch seine ursprüngliche
Bedeutung erhalten: es ist zusammengezogen aus Eli=land,
älter Ali=land, d. h. andres, fremdes Land, Ausland. Kann
es einen sprechendern Beweis für die Liebe des Deutschen
zum Vaterlande geben als die Bedeutungswandlung, die das
Wort durchgemacht hat? Auch: ins Elend gehen, das
Elend bauen kann man noch im Volksmunde hören; in
einem vielgesungenen Volksliede heißt es:

Eh ich mein Buhlen wolt fahren lan,
eh wolt ich mit ihr ins Elend gan.

289. In elftausend Jungfrauen verliebt.

S. v. w. in jedes Mädchen verliebt; ferner die Redensart:
Davor behüten mich die elftausend Jungfrauen
von Köln samt allen Heiligen! — Beide Redensarten
beziehen sich auf die Legende von der heiligen Ursula, die
mit ihren „elftausend Jungfrauen", vor Attila fliehend,
Deutschland durchwanderte, den Rhein hinauf bis nach Basel
und von dort nach Rom kam. Auf der Rückkehr wurden
sie in Köln von einem hunnischen Belagerungsheer alle er=
mordet und von den Einwohnern der Stadt feierlich be=
stattet. Ihre Gebeine werden bis auf den heutigen Tag in
einer der dortigen Kirchen gezeigt. Die Ursache jener Wande=
rung soll nach der Legende die Werbung eines heidnischen
Fürsten um die Hand Ursulas gewesen sein, die, eine wunder=

schöne britannische Königstochter, sich schon mit Christus
verlobt hatte. Um aber ihr Vaterland durch Abweisung
jenes Antrags nicht ins Unglück zu bringen, erbat sie sich
eine Frist von drei Jahren, übte sich während dieser Zeit
in der praktischen Nautik und rettete sich dann mit zehn
edeln Gefährtinnen, von denen jede tausend Jungfrauen im
Gefolge hatte, zu Schiffe nach der deutschen Küste, wo sie
die oben beschriebene Fahrt unternahmen.

Leider ist die ganze Geschichte nur um eines Mißver=
ständnisses willen erfunden worden. In dem katholischen
Heiligenalmanach steht nämlich neben der Ursula eine Undeci=
milla. Diesen Namen haben die Mönche „geschlimmbessert"
zu undecim milia, dann aus der bloßen Zahl elftausend
elftausend Jungfrauen gemacht und diese durch die erzählte
Geschichte mit der hl. Ursula verbunden.

290. Zänkisch, spöttisch, geschwätzig wie eine Elster.

Im Volksglauben bedeutet das Schreien einer Elster
Zank. Auch für eine verwandelte spöttische Hexe gilt die
Elster. So erzählt man (nach Henne am Rhyn, S. 47)
in der Schweiz, daß einmal ein Jäger von einer Elster,
die auf einem Baume saß, wegen fortwährender Fehlschüsse
ausgespottet wurde, sodaß er zornig die Flinte anlegte und
sie mit Schrot ins Bein schoß, worauf sie einer nahen
Hütte zuflog. Als er nach der Jagd dort einkehrte, fand er
die Hausflur voll Blut und die Wirtin mit verbundenen
Füßen am Ofen sitzen. Ähnliches findet sich schon im Alter=
tum. Ovid erzählt in den Metamorphosen (V, 296 fg.), wie
die Pieriden, die neun Töchter des Pierus und der Euippe,
die neun Musen zu einem Wettkampf herausforderten, und
als sie, besiegt, sich in Schimpfreden ergingen, in Elstern
verwandelt wurden. — Oft werden böse Frauen wegen ihrer
Schwatzhaftigkeit mit Elstern verglichen. In Brants „Narren=
schiff" 64, 19: „Eyn frow ist worden bald eyn hätz"
(d. i. Elster). Daselbst 19, 11: „Mancher verlaßt sich vff
syn schwätzen Das er eyn muß redt von eynr hätzen", d. h.
daß er dem schwatzhaftesten Vogel eine Nuß abreden könne.
Auch in Scheffels „Ettehart": disputiren wie eine alte
Elster.

291. Nicht von schlechten Eltern sein,

wird, um die gute Abkunft, die gute tüchtige Art auszudrücken, zunächst von Menschen gesagt. Vgl. die Ankunft
des Rekruten in „Wallensteins Lager":

> Zweiter Jäger: Seht mir, das ist ein wackrer Kumpan!
> (Sie begrüßen ihn.)
> Bürger: O, laßt ihn! er ist guter Leute Kind.
> Erster Jäger: Wir auch nicht auf der Straße gefunden sind.

In einem alten Volkslied, worin sich das Deutsche Reich
und die von ihm abtrünnige Stadt Colmar streiten, rühmt
Colmar seinen neuen Herrn, Ludwig, den Franzosenkönig.
Aber das Reich entgegnet:

> Mein Herr Leopold hat auch ein Kron,
> Und ist auch keines Bauern Sohn.

Dann aber auch scherzhaft von allen möglichen Dingen,
z. B. von einer seinen Weinsorte: der Wein ist nicht von
schlechten Eltern.

292. Wahre Enaksöhne

oder Enakskinder nennt man ungewöhnlich große, starke
Menschen. 4 Mos. 13, 29 berichten die Kundschafter über
Kanaan, daß es ein schönes, fruchtbares Land sei, daß aber
starkes Volk darin wohne, „und sahen auch Enaks Kinder
daselbst".

293. Das ist das Ende vom Liede.

D. v. w. so ist die Geschichte ausgegangen, abgelaufen.
Bezeichnend ist das Wort Lied in dieser Wendung: alle er-
zählenswerten Ereignisse brachte einst das Volk in poetische
Form und verbreitete sie im Liede. Der treffliche Mann,
der uns von dem Leben und den Thaten Wilwolts von
Schaumburg berichtet hat, begründet in seiner Einleitung,
daß er diese Geschichten aufschreibe, mit den Worten: „Man
sagt, als es auch war ist, das die Teutschen ir guete tat
singen, die Franzosen spilen (das alles bald vergessen), aber
die Lateinischen beschreiben, das beleibt in ewiger gedechtnus."

294. Du hast einen guten Engel gehabt!

oder: das hat dir dein guter Engel eingegeben sagt
man zu jemand, der im Begriff, eine Thorheit zu begehen,

sich noch im letzten Augenblick eines bessern besinnt. Namen=
lose Sammlung vom Jahre 1532 Nr. 595: „Du hast einen
gutten Engel gehabt." Mit der Erklärung: „Wer in einem
vnglück vnd schwinden vnfall gewent ist, vnd jm würt ge=
holffen, do all menschen verzagten, von dem sagt mann,
Der hat einn gutten Engel gehabt, der jm geholffen hat."
Zu vergleichen Agricola, Nr. 555; Lehm. 176 (Engel 4).

Die alte deutsche Vorstellung von der Aufgabe der
Engel, die Menschenkinder zu behüten, zeigt sich z. B. in
der Zimmerischen Chronik IV, 140, 30: „Die allmechtigkeit
Gottes hat mancherlei officia und dienst von engeln, den
gueten und bösen." Dazu IV, 129, 12: „es beschiecht etwa
wunderbarlich, das die kinder in irer jugendt von ihren
engeln und hüetern bewart werden." Diese Vorstellung
scheint mit dem Genius der Alten verquickt worden zu sein,
von dem man glaubte, daß er dem Menschen gleichsam als
Gefährte schon bei der Geburt mitgeteilt werde, seine Schick=
sale leite und seinen Tod bewirke, ja sogar den Zustand
nach dem Tode bestimme.

295. Es geht ein Engel durchs Zimmer.

So sagt man, wenn in der lebhaften Unterhaltung einer
Gesellschaft zufällig eine plötzliche allgemeine Stille eintritt.
Die Redensart ist von höchstem Alter. Schon Passow hat
sie mit dem griechischen Έρμῆς ἐπεισῆλθε verglichen, und
Reinhold Köhler hat in der „Germania" (X, 245) drei
Stellen aus der modernen spanischen Litteratur angeführt,
die die Geläufigkeit des Ausdrucks auch für den spanischen
Volksmund bezeugen. In der Novelle Un verano en
Bornos z. B. heißt es: Acaso habrá, segun la poética
creencia religiosa del pueblo, pasado un ángel entre
nosotros, causando el aire de sus alas el silencio, esa
incontestable señal de respeto.

296. Die lieben Engelchen singen (pfeifen) hören.

Hier liegt dieselbe Vorstellung zu Grunde wie in der
Redensart: Der Himmel hängt ihm voller Geigen, nämlich
die Vorstellung von einem Orchester der Engel, die man
musizieren hört (vgl. die Harmonie der Sphären bei den

Alten), wenn sich einem der Himmel aufthut. Das aber widerfährt eigentlich nur dem selig Gestorbenen; und so singt der Archipoet, der Meister der fahrenden Kleriker der Stauffenzeit: Dem Wirtshaus will ich treu bleiben,

donec sanctos angelos
venientes cernam,
cantantes pro mortuis
„Requiem aeternam".

Also ein Requiem hören wir, wenn wir die lieben Engel= chen singen hören. Aber es geschieht schon im höchsten Ent= zücken (dann hängt eben der Himmel voller Geigen) und bei betäubendem Schwindel, bei einem Hinweggerissensein [1] aus dieser Welt.

297. Erpicht sein.

S. v. w. begierig sein auf etwas, nicht davon lassen können; eigentlich wie mit Pech an etwas kleben, daran oder darauf angepicht sein (wobei aber nicht etwa an den Vogel auf der Leimstange zu denken ist, wie man wohl gemeint hat). Vgl. Lehm. 872 (Wahrheit 3): „Die Menschen sind an die Lügen so verpicht, das" u. s. w. und Simpl. III, 17, 2: „auf das Jagen verpicht".

Nicht ganz so kräftig im Bilde, aber in der Hauptsache dasselbe ist: auf etwas versessen sein, eigentlich: sich auf etwas abseits Liegendes festgesetzt haben.

298. Er ist ein Esel.

Schon bei den Römern war asinus sprichwörtlich für einen dummen und störrischen Menschen. Vgl. Plautus, Pseud. 1, 2, 4: neque ego homines magis asinos un- quam vidi; Terenz, Heaut. 5, 1, 4: caudex, stipes, asinus, plumbeus; Cicero, In Pisonem 30, 73: Quid nunc te, asine, litteras doceam?; vgl. Terenz, Eun. 3, 5, 50; Cicero, Ad Att. 4, 5, 3. — Ebenso bezeichnet auch in der altdeutschen Sprache der Name Esel, wie die Tier- namen Affe und Gauch, den Tölpel. Schon bei Notker: Er lebet in Esiles wise; Freidank: Esels stimme und

---

[1] Entzücken, verzücken ist ja nichts andres als ein plötz= liches entziehen, wegziehen, d. h. aus der Welt in höhere Sphären.

gouches sane Erkenne ich ân ir beider danc, 140, 9;
Boner: Der mag zeim esel werden wol Bi den oren
man in erkennen sol, 67, 61; der Renner, 1456 fg., setzt
gegenüber Edelinge und Eselinge. Bebel Nr. 513: Multi
sunt asini bipedes; Nr. 514: Non omnes asini portant
saccos. Seb. Franck 1, 88: „Es sind vil Esel auff zweyen
füssen." — In den mittelalterlichen Klosterschulen befand
sich ein hölzerner Esel (asinus), auf den sich Schüler zur
Strafe setzen mußten, um nachher von ihren Mitschülern
verspottet zu werden; daher noch die Ausdrücke: auf dem
Esel sitzen (zornig sein), und auf den Esel setzen (ärgern,
erzürnen), vgl. Simpl. I, 145, 14: „Den tollen Fähnrich
zoge ich gleich herüber und setzte ihn auf den Esel." Auch
als militärische Strafe war das Sitzen auf dem hölzernen
Esel gebräuchlich.

299. Ein Esel in der Löwenhaut.

S. v. w. ein Dummkopf, der sich ein wichtiges Ansehen zu
geben sucht, wie der hoffärtige Esel in der Fabel, der im
Walde eine Löwenhaut fand, sich darin als Löwe darstellte
und Menschen und Vieh erschreckte.

300. Es ist ein Esel auf dem Dache.

Von einer seltenen unerhörten Erscheinung; aus dem
Lat.: asinus in tegulis! Petron 63, 2.

301. Er paßt dazu, wie der Esel zum Lautenschlagen.

D. h. nicht im geringsten; zunächst gesagt von einem
rohen, ungeschickten Menschen, der für alles, was Künste
und Wissenschaften betrifft, kein Verständnis besitzt. Schon
im Altertum ὄνος πρὸς λύραν, πρὸς αὐλόν; vgl. lat.:
asinus ad lyram.

Von den Alten haben wir die Redensart schon früh
herübergenommen; in der spätmittelalterlichen deutschen Di-
daktik wird sie oft gebraucht, z. B. in Huges von Trimberg
Renner V. 22574:

Ein man mac sich wol selben touben,
der ein esel wil herpfen leren
und so getane liute bekeren.

In des Ackermanns Gespräch mit dem Tode, Kap. 30: als vil ain esel leiern kan, als vil kanstu die warheit vernemen.

In Brants „Narrenschiff" wird von jungen Geistlichen gesagt, daß sie so viel wissen „von kyrchregyren, als Müllers Esel kan qwintieren" (d. h. auf der Quinterne, einem Saiteninstrument, spielen). Für den Esel tritt zuweilen der Bär ein: so mac man einen wilden bern noch sanfter harfen leren (Spervogel), Man lerte einen beren e den salter (Wolframs Titurel 90, 4). Noch anders engl.: a sow to a fiddle.

302. Den Esel zu Grabe läuten.

So nennt man es, wenn sitzende Kinder mit den Beinen baumeln, also gewissermaßen ein stummes Geläute machen.[1] Die Redensart ist ein Scherz, der sich aus einem alten Begräbnisbrauch erklärt. Ketzern, die im Kirchenbann verstorben waren, Selbstmördern und gewissen Verbrechern wurde früher ein unehrliches Begräbnis zu teil. Sie wurden auf den Schindanger gebracht und dort ohne Sang und Klang gleich verendeten Tieren eingegraben. Das nannte man ein Eselsbegräbnis nach Jerem. 22, 18. 19: „Man wird ihn nicht klagen: Ach Bruder, ach Schwester! Man wird ihn nicht klagen: Ach Herr, ach Edler! Er soll wie ein Esel begraben werden und hinausgeworfen vor die Thore Jerusalems."

303. Jemand einen Esel bohren (stechen).

S. v. w. ihm andeuten, daß man ihn für einen Esel hält, indem man ihm den Zeige- und den kleinen Finger entgegenstreckt, während die drei übrigen eingebogen werden; dann: ihn veralbern, äffen. Ein Vokabular von 1735 erklärt: asininis auribus manu effictis illudere. Mephistopheles im „Urfauft":

---

[1] Offenbar als Übersetzung der Redensart ist ein schon im 11. Jahrh. bezeugter Hexameter gebraucht worden (vgl. Germania 18, 315):
In scamno fatuus tibias per inania vibrat.

Encheiresin naturae nennte die Chemie,
Bohrt sich selbst einen Esel und weis nicht wie.

Spiegelberg in den „Räubern": „Unterdessen daß Spiegel=
berg hangt, schleicht sich Spiegelberg ganz sachte aus den
Schlingen, und deutet der superklugen Gerechtigkeit hinter=
rücks Eselsohren, daß 's zum Erbarmen ist."

304. Einen Esel suchen und eine Krone finden.

Aus der Bibel (1. Sam. 9—10). „Saul hat so lange
Esel gesucht, bis ihn Gott zum Könige erwählte. Bei
jetziger Zeit findet man die Esel weit leichter, und man
darf nicht so lange herumlaufen wie Saul, man kann sie
gleich bei den Ohren ertappen." Abraham a Sancta Clara.
— Goethe: „Es finden nicht alle eine Krone, die einen
Esel suchen." — Frz.: Saül cherchait des ânesses et il
trouva une couronne.

305. Eselsbrücke.

So nennt man einen Notbehelf, der angewendet wird,
um Schwierigkeiten zu überwinden, z. B. eine deutsche Über=
setzung, die der Schüler benutzt, um den griechischen oder
lateinischen Text zu verstehen. Solche Brücken sind nötig
für den Esel, der nicht über einen Graben kann, den ein
Pferd mit Leichtigkeit überspringt. Der Ausdruck soll auf
Buridan (s. d.) zurückgehen: ihm wird eine Erfindung in
der Logik, wahrscheinlich zur Auffindung der Mittelbegriffe,
zugeschrieben, die später Eselsbrücke (pons asini) genannt
worden wäre.

Französisch entspricht dieser Eselsbrücke une clef. C'est
le pont aux ânes dagegen sagt man von trivialen Ant=
worten, die man sich hätte selbst geben können; der Esel
wird nämlich einfach über die Brücke geprügelt, wenn man
ihn nicht auf vernünftige Weise hinüberbringen kann (vgl.
Winter, Unbeflügelte Worte, S. 63).

306. Er zittert wie Espenlaub

d. h. er zittert heftig; frz.: il tremble comme la feuille.
Der Vergleich ist alt. Dabei braucht ursprünglich nicht,
wie heute gewöhnlich, Angst die Ursache des Zitterns zu

sein; in dem Gedicht vom „Meier Helmbrecht" wird von einem der Bauern, die dem blinden Helmbrecht heimzahlen wollen, was er ihnen früher zu Leide gethan hat, gesagt (V. 1850): der bidemt vor girde sam ein loup (vgl. unser „ganz zapplig sein auf etwas").

Die eigentümliche Stellung des langen, feinen, merk= würdig drehbaren Stiels des Espenblattes mit einem schmalen Fuß auf dem Holze ist die Ursache, daß es bei dem leisesten Luftzug in Zittern gerät. Nach einer Legende aber ist das Zittern des Espenlaubes eine Strafe für den Hochmut des Baums. Als noch der Herr auf Erden wandelte, beugten sich alle Bäume vor ihm, nur die Espe nicht; dafür ist sie mit ewiger Unruhe bestraft worden. Die Schottländer und Schweden glauben, der Baum könne des= halb nicht ruhen, weil das Kreuz Christi aus seinem Holze gefertigt worden sei.

307. In seinem Esse sein.

S. v. w. sich in seinem Elemente fühlen, sich wohl be= finden. Man hat geglaubt, daß dieses Wort dem französi= schen être à son aise nachgebildet sei, es ist aber wahr= scheinlich nichts andres als der lateinische Infinitiv esse, der in der Bedeutung „Wesen" in der Juristensprache des 17. Jahrhs. vorkommt. In einer Urkunde von 1639 heißt es z. B. von Äckern und Häusern: „in gutem esse und Stande". Eine dritte Erklärung: Esse sei das mittelhochd. esse = Aß im Kartenspiel (vgl. Müller in Lyons Zeitschrift 5, 167) wird durch die Form wie die Bedeutung der Redens= art gleich unwahrscheinlich.

308. Zu Essig werden.

Von einer Sache, die sauer, verdorben, ungenießbar und darum wertlos, unbrauchbar geworden ist (ursprünglich vom Wein im Keller?). Einen ähnlichen Gedanken drückt auch die Redensart zu Wasser werden aus; hergenommen vom Eis und Schnee, den Bildern der Unbeständigkeit: Der welte prîs zerschmilzt als ein is in der Colmarer Samm= lung von Meistersingerliedern 94, 36; „Es flüßt und smylßt glich wie der schnee" in Brants „Narrenschiff" 31, 20.

309. Eulen nach Athen tragen.

S. v. w. etwas ganz Unnötiges, Überflüssiges thun; von thörichten Kaufleuten, die ihre Waren dorthin zu Markte bringen, wo schon Überfluß davon vorhanden ist; vgl. Ablaß nach Rom, Wasser in den Rhein, in die Elbe tragen. Die Redensart stammt aus dem Altertum: wir verdanken sie den Römern, diese wieder den Griechen. Cicero, Ad fratr.: Et tibi versus quos rogas, id est, Athenas noctuam mittam; vgl. Erasmus, Ad. I, 2: Ululas Athenas: γλαῦκ᾽ εἰς Ἀθήνας. Den Alten galt die Eule, weil sie auch im Dunkeln sieht, als ein Sinnbild der Klugheit und war daher ein Attribut der Athene (Minerva), der Schutzgöttin Athens. In Athen aber waren nicht nur Abbildungen des klugen Vogels, sondern auch das Tier selbst sehr häufig; wer also Eulen hintrug, that etwas sehr Überflüssiges.

In den verschiedenen Gegenden Deutschlands sind verschiedene Bilder für dieselbe Sache geläufig (s. o. Rhein und Elbe). In Niederdeutschland sagt man: Water in die See tragen, aus Siebenbürgen ist bezeugt: Hulz än de Bäsch dron, weit verbreitet ist: Wasser in den Brunnen tragen. Vgl. Syll. 125: „In sylvam ligna ferre. Holtz in den Wald tragen. Den fröschen trincken geben.“

F.

310. Nicht gefackelt.

S. v. w. nicht gezaudert! — Wenn wirklich die Fackel nichts andres ist als das lat. facula, so ist doch ein Zeitwort fackeln schon sehr früh daneben bezeugt und zwar (gelöst von dem Begriff der Fackel [1]) in der Bedeutung: hin und herschüttern; Matth. 12, 20 arundinem quassatam findet sich übersetzt: rorea gafaclida. Dazu gehört jedenfalls unser fackeln, nicht zu der Redensart: einem heimleuchten, wie man gemeint hat.

---

[1] Wahrscheinlich aber steht es als urdeutsches Wort von vornherein neben der fremden Fackel, auf deren Begriff es sogar eingewirkt haben wird.

311. Den Faden verlieren.

S. v. w. aus dem Zusammenhang kommen. Das Bild könnte auf den Faden der Ariadne (s. d.) zurückgehen; näher liegt aber doch wohl, es aus den Handarbeiten unsrer Frauen zu erklären (z. B. dem Garnwickeln), wobei es darauf ankommt, einen und denselben Faden immer weiter zu verfolgen, ihn nie im Gewirre der Menge zu verlieren. Wieland:

> Ich weiß nicht, wie ich da ins Phantasieren kam:
> Und Psyche — In der That, der Faden ist verloren.

312. Seinen Faden spinnen.

S. v. w. auf seine Weise dahinleben. Man sagt auch: einen guten Faden spinnen, und fragt: „Was spinnt denn der für einen Faden?", wenn man ganz allgemeine Auskunft über seine Lebensführung haben will. Vgl. Lehm. S. 13 (Ampt 25): „Gott hat jedem in seinem Beruff einen Rocken angeleget, daran er soll schaffen und gut Garn spinnen." S. 216 (Frombkeit 34): „Mancher hat den Nahmen, als spinne er das beste Garn, da er doch nur Sack Garn spinnt." Der 15. Abschnitt in Murners „Schelmenzunft" geißelt Leute, die überall gut Freund sein wollen, sodaß jedermann von ihnen urteile, sie spännen einen guten Faden; er ist überschrieben: Gut Garn spinnen. — In den „Räubern" (IV, 5) Schweizer zu Grimm von Spiegelberg: „Was wohl dieser Windkopf hier an der Kunkel hat?"

313. Es zieht sich ein roter Faden hindurch.

S. v. w. das Ganze wird durch einen einheitlichen Grundgedanken zusammengehalten. Dieses jetzt so gewöhnliche Bild ist durch Goethe in unsre Sprache eingeführt worden. Es gehört zu den eigentlich gelehrten Bildern, d. h. es ist nicht aus unmittelbarer Beobachtung, sondern aus vermittelnder gelehrter Kenntnis geflossen. Denn bevor es Goethe auf Ottiliens Tagebuch („Wahlverwandtschaften", II, 2. Kap.) anwendet, muß er seine Leser erst mit der besondern Einrichtung der Tauwerke bei der englischen Marine bekannt machen. Er sagt dabei: „Wir hören von einer besondern Einrichtung bei der englischen Marine. Sämtliche

Tauwerke der königlichen Flotte, vom stärksten bis zum schwächsten, sind dergestalt gesponnen, daß ein roter Faden durch das Ganze durchgeht, den man nicht herauswinden kann, ohne alles aufzulösen, und woran auch die kleinsten Stücke kenntlich sind, daß sie der Krone gehören. Ebenso zieht sich durch Ottiliens Tagebuch ein Faden der Neigung und Anhänglichkeit, der alles verbindet und das Ganze bezeichnet."

314. Jemand eine Falle stellen.

S. v. w. ihm auf hinterlistige Weise nachstellen, ihn ins Verderben zu locken suchen. Die Falle ist eigentlich nur die Klappe, die niederfällt, wenn die Maus den Fangbrocken berührt, ist aber dann auf das ganze Gerät übertragen worden. Schon im Lat. ist sprichwörtlich: casses tendere alicui. Tibull 1, 6, 5; Ovid, De arte am. 3, 554; ebenso Psalm 140, 6.

315. Jemand Fallstricke legen.

Bezeichnet ebenso wie die vorige Redensart: jemand unvermuteterweise zu einem Fehltritt verleiten, wodurch ihm Schaden gebracht werden soll. Schon Hiob 40, 19 sind Fallstricke das Sinnbild eines unerwarteten Verderbens. Im „Froschmäusler" (1, 23) heißt es:

> So schadet meist der böse Rat
> Dem selbst, der ihn gegeben hat,
> Denn wer einem andern Fallstricke legt,
> Sich selbst darin zu fangen pflegt.

Vgl. lat.: laqueos disponere, Ovid, De arte am. 2, 599; laqueos alicui obtendere, Ammian, 14, 11; bei Cicero, Tusc. 5, 27, bedeuten laquei Stoicorum verfängliche Beschlüsse.

316. Falsch wie Galgenholz.

Diese Redensart wird auf einen Hessen, Fritz Galgenholz genannt, zurückgeführt, der unter der Maske eines treuen Dieners seinen Fürsten, Landgraf Ludwig I. oder den Friedfertigen (1413—58), bei einer Fehde mit dem Grafen von Nassau-Dillenburg, Johann mit der Haube, verriet, indem er diesem Kundschafterdienste leistete. Galgenholz starb,

1414 gefangen genommen, den Tod eines Verräters. Die hessische Reimchronik erzählt davon:

> Den Hessen auch das bracht ein Freud,
> daß sie fingen in selbem Streit
> Fritz Galgenholz, ein Reisigknecht,
> der ein geborner Hesse recht
> und des Grafen Kundschafter war,
> von dem das Land leid't groß Gefahr.

Vgl. Justi, Taschenbuch der deutschen Vorzeit, 1825, S. 180, und Kuchenbeckers „Annalen von Hessen", II, 43; VI, 332. Alle solche Geschichten erwecken leider nur das Vorurteil, dem Ausdruck zuliebe erfunden zu sein, ohne daß die Fälschung nachzuweisen wäre. Vielleicht hat man ursprünglich an das Galgenholz Christi gedacht, oder die Redensart ist ebenso übertragen zu verstehen wie Galgenstrick (s. d.).

317. Farbe bekennen.

S. v. w. seine Meinung offen darlegen. Die Redensart stammt aus dem Kartenspiel. Wenn man da z. B. nicht weiß, ob einer der Mitspielenden Grün in seiner Karte hat, so fordert man die grüne Farbe; dann muß der andre „zugeben", wenn er von derselben Farbe hat, er muß „Farbe bekennen".

318. Farbe halten.

S. v. w. treu, beständig sein; ist seiner Herkunft nach streng von der vorhergehenden Redensart zu scheiden: es ist zunächst von gefärbtem Tuch gesagt worden, das auch in der Wäsche die künstliche Farbe behält. Vgl. Lehm. S. 88 (Bestehen 18): „Was Farben halten soll, muß man etlich mal tuncken." S. 815 (Unbeständigkeit 2): „Mancher hält nicht Farb. Ist ein Wetterhan[1], der sich mit allem wind vmbdrehen läßt. Wetterwendisch. Gibt ein Monden.[2] Hat ein Dorn im Fuß, das er nicht lang auff einem Fuß stehen kan."

---

[1] Landgraf Hermann von Thüringen, der Pfleger deutscher Dichtkunst, war „eine politische Wetterfahne".

[2] Aus lat. luna (Mond) ist unser Laune geworden.

319. Das ſchlägt dem Faſſe den Boden aus.

S. v. w. das macht das Maß voll, zerreißt den lange angeſpannten Geduldsfaden, führt die Kataſtrophe herbei. Die Redensart ſtammt von der Thätigkeit der Faßbinder ſelbſt, bei denen es die letzte Stufe der Herſtellung des Faſſes bedeutet, die Reifen von dem ſchmälern Rande nach der Mitte der Wölbung zu treiben. Dazu bedarf es manches Schlages, aber am Ende keines zu ſtarken, ſonſt werden die Reifen geſprengt und dem Faß der Boden ausgeſchlagen. Vgl. Lehm. S. 302 (Geſundheit 20): „Mancher treibt eins umbs andre ſo lange, biß dem Faß der Boden außgehet." S. 951 (Zwang 24): „Man kan am Faß lang klopffen, das der Boden gar ausgehet."

320. Auf eigne Fauſt.

S. v. w. auf eigne Gefahr; auch: auf eigne Hand, wobei Hand und Fauſt ſinnbildlich für Thatkraft gebraucht ſind. Ähnlich iſt lat. ſprichwörtlich: suo (nostro, vestro) Marte aliquid facere; z. B. bei Cicero, Philippica 2, 37, 95: suo Marte res suas recuperavit.

321. Es paßt, wie die Fauſt aufs Auge.

D. h. ſehr ſchlecht; denn das Auge will zart angefaßt ſein. Bei Luther z. B. in der Auslegung des erſten Kapitels des zweiten Buchs Moſis: „Es reimt, wie eine Fauſt auf ein Auge" (Henſeler 130). Vgl. frz.: cela rime comme hellebarde et miséricorde (miséricorde iſt ein kleiner Dolch, mit dem die Ritter den geſtürzten Gegner töteten, wenn er nicht um Gnade flehte).

Schriftgemäß iſt im Deutſchen nur dieſer eine Vergleich für zwei Dinge, die ſchlecht zueinander paſſen; aber der Volksmund kennt noch eine Menge andre. In Niederdeutſchland z. B. kann man dafür hören: dat paßt as'n Haſpel upn Kohlpott, in Siebenbürgen: et paßt derzea wa der igel zem orſchwäſch. In Daniel Stoppes „Teutſchen Gedichten" (1722) heißt es von alten Leibern:

> Die ſchicken ſich zur Liebes-Pflicht
> Beynahe wie die Fauſt aufs Auge,
> Wie braunes Wurtzner Bier
> Und Seiffenſiederlauge.

Vgl. Syll. 66: „Chius ad Coum. Er schicket sich wie einer auß Chio zu einem auß Coo, das ist, wie ein Faust auf ein Aug." Lehm. 823 (Vngereimbt 1): „Von widrigen vngereimbten Dingen, pflegt man zu sagen: Es reimet sich zur Sach, wie ein alts Weib zur Haasenjagt. Wie ein Muschel zum Jacobsmantel. Wie ein Igelshaut zum Küssen. Wie ein Storcken Nest eim Gäns Kopff zum Hut. Wie ein Pflug zum Fischergarn."

322. Sich ins Fäustchen lachen.

Bedeutet eigentlich s. v. w. heimlich lachen; hergenommen von jemand, der sein Lachen dadurch zu verbergen sucht, daß er die Hand vor den Mund hält, wie es besonders kleine Kinder thun: wenn sie sich einer Heimlichkeit bewußt sind und darum gefragt werden, bringen sie halb schämig, halb verschmitzt lachend die zusammengelegte Hand an den Mund. Die Redensart hat sich dann nach der schlechten Seite gewendet und bedeutet nun meist: sich boshaft, heim= tückisch über etwas freuen. Vgl. lat.: in sinu gaudere. Cicero, Tusc. 3, 23; Tibull 4, 13, 8; u. ö.

323. Fechten.

Als Handwerksgesellenausdruck s. v. w. bettelnd von Haus zu Haus ziehen. Man hat geglaubt, fechten stehe für „bechten", das ursprünglich bedeutete: zur Feier der heidnischen Frau Berchta, schlechtweg Frau Bechte genannt, zwölf Tage nach dem Weihnachtsfeste Gaben zu einem Freudenschmause zusammenbetteln. Diese ursprünglich nur um Weihnachten übliche Sitte wäre dann von den wan= dernden Handwerksburschen auch zu andrer Zeit geübt worden, was sie „bechten gehen" genannt hätten, und durch volksetymologische Entstellung wäre später aus „bechten" „fechten" geworden. Eine sonderbare Herleitung dieses Bechtens von Bacchus versucht Brant im 66. Kapitel des „Narrenschiffs":

> Aber was wart Baccho dar von
> Er müst zů letst von gsellen gon
> Vnd faren hyen do er yetzt bringtt
> Das jm me durst, dann wolluft bringt
> Wie wol die heyden jn dar noch
> Erten als gott, vnd hyeltten hoch,

Von denen kumen ist fytthar
Das man jm landt vmb bächten far
Vnd düt dem ere noch synen dott
Der vns vil übels hat off brocht.

Wahrscheinlich ist aber das Fechten der reisenden Handwerts=
burschen kein andres Wort als unser gewöhnliches fechten.
Fraglich bleibt nur, ob es von den fahrenden Kriegsknechten,
die sich wirklich fechtend durchs Land schlugen, auf alles
fahrende Volk und damit auch auf die oft bettelnden Hand=
werksburschen übertragen worden ist, oder diesen ursprüng=
lich eigen gewesen ist, insofern sie hier und da zu Fecht=
spielen und auf Fechtschulen zogen, wozu sie sich gewöhnlich
einen Zehrpfennig erbettelt hatten. Das erste ist das wahr=
scheinlichere.

324. Die Federn aus dem Himmel werfen.
Das thut Frau Holle, wenn es schneit. Man sagt auch:
„dem Federmann ist der Sack aufgebrochen"; oder: „der
Federsack ist aufgebrochen". In Norddeutschland: „Frau Holle
schüttelt die Federn", oder sie „macht ihr Bett, daß die Federn
fliegen". Holda, ursprünglich Beiname der Frigg, der Ge
mahlin des Himmels= oder Windgottes, im Volksmund
Holle, ist zunächst die Göttin der Toten, des Seelenlebens.
Mit den Toten wohnt sie und fährt sie durch die Lüfte,
von ihr kommen die neugeborenen Kinder. Ihre Thätigkeit
aber zeigt sich besonders im Wetter. Wenn weiße Schäfchen
am Himmel stehen, heißt es: „Heute treibt Frau Holle ihre
Schafe aus". Wenn es während eines großen Teils der
Woche geregnet hat, so erwartet man am Ende schönes
Wetter; denn „Frau Holle muß zum Sonntage ihren
Schleier trocknen" — sie hängt ihn auf Rosensträuche, und
darum blühen die Rosen so schön. Ist ein Berg von Nebeln
umwölkt, so macht Frau Holle darin Feuer.

325. Seine Federn wohin blasen.
S. v. w. sich wohin begeben, seinen Weg nach einer be=
stimmten Richtung nehmen. „Wohin bläst du deine Feder?"
fragt man einen Ausreißenden. Er weiß nicht, wohin er
seine Federn blasen soll. In Aventins „Bairischer Chronik",
98ᵇ: „Es ist auch sonst ein gemein Sprichwort vorhanden,
das gemeiniglich diejenigen brauchen, so fremde Lande bauen

wollen oder sollen, ich will eine Feder aufblasen, wo die= selbig hinaus fliegt, will ich nachfahren." Vgl. „Altdeutsche Wälder", 1, 91. In der Vorsage der Schmiedegesellen heißt es: Wenn du zum Thor hinaus kommst, so nimm drei Federn in die Hand und blas sie auf in die Höhe; die eine wird fliegen über die Stadtmauer, die andre wird fliegen über das Wasser, und die dritte wird fliegen gleich aus. S. Grimms „Rechtsaltertümer". Ähnliches in Freytags „Ahnen", V, 13. In Nr. 63 der „Kinder- und Hausmärchen", gesammelt durch die Brüder Grimm, wird erzählt von einem König, der drei Söhne hatte. Und da er nicht wußte, welcher von ihnen nach seinem Tode das Reich haben sollte, so legte er ihnen gewisse Arbeiten auf. Damit jedoch kein Streit entstünde, führte er sie vor sein Schloß, blies drei Federn in die Luft und sprach: „Wie die fliegen, so sollt ihr ziehen." Die eine Feder flog nach Osten, die andre nach Westen, die dritte aber flog gerade= aus und flog nicht weit, sondern fiel bald zur Erde. Das= selbe wiederholte sich dann noch zweimal.

„Solche Motive", sagt Grimm (Rechtsaltertümer, S. 84), „enthalten beinahe alle Sagen von alten Auswande= rungen. Die Ziehenden wollten nicht ganz aufs Ungefähr ihren Weg einschlagen, sie überließen sich der Leitung eines Tieres, dem Fluge eines Vogels, oder der unbelebten Sache, die vor ihnen in der Luft oder in den Fluten trieb. Es war ihnen geheime Führung Gottes. Nahten die Norweger dem Land, so warf der Schiffsherr die «setstockar» oder «önd= vegis sulur» (mitgenommene ausgeschnittene Thürschwellen oder Pfähle) ins Wasser; wohin sie ans Land trieben, wurde sich niedergelassen." Bekannt ist, daß sich auch bei Beginn des ersten Kreuzzuges die zusammengelaufenen Scharen der Führung einer Gans überließen, die vor ihnen herlaufend als Wegweiser angesehen wurde. Und noch heute ist der Brauch des Federblasens bei unsern fahrenden Handwerks= burschen nicht ausgestorben.

326. Fliegen wollen, ehe die Federn gewachsen sind.

S. v. w. etwas thun wollen, ehe man die Kräfte dazu hat; von den jungen Vögeln entlehnt.

327. Sich mit fremden Federn schmücken.

S. v. w. mit fremdem Gute prahlen; sich anderer Ver=
dienste zueignen, um dadurch selbst Vorteil zu haben. Vgl.
Lehm. S. 15 (Ampt 48): „Man muß einmal der Hatzel
(d. i. Elster) die entlehnten Federn ausrupffen." Nach der
Fabel des Phädrus (I, 3) „Die stolze Krähe und der Pfau",
wo die entsprechende Stelle deutsch lautet:

Von eitlem Stolz geblendet, suchte eine Krähe
Die Federn auf, die einem Pfau entfallen waren,
Und schmückte sich mit ihnen. Ihresgleichen höhnend
Vermischte sie sich mit der stolzen Schar der Pfaue.
Doch diese reißen ihr die Federn wieder aus
Und jagen sie zurück.

Gegen das Ende des 17. Jahrhs. wird die Redensart oft
im deutschen Volksliede passend auf den gallischen Hahn an=
gewendet, den Räuber Colmars, Straßburgs, des ganzen
Elsasses. Er tritt auf und rühmt sich: „Mein Haupt ver=
blümäschieret (von plumage) von fremden Federn viel",
und nach der Besiegung der Türken droht man:

Wann man hat die Hund getlopft,
Kann seyn, daß man Vögel ropft,
So dermals ungerochen
In fremden Federn rochen.

328. Mit fremden Federn fliegen.

S. v. w. mit anderer Hilfe etwas thun. Bei der
Redensart kann man an die Geschichte vom Zaunkönig
denken, der sich bei der Königswahl der Vögel vom Adler
mit in die Luft tragen läßt und schließlich diesen überfliegt.
[Ohne Federn fliegen wollen heißt: etwas wagen, wozu
die Mittel fehlen.]

329. Nicht viel Federlesens machen.

S. v. w. nicht viel Umstände machen, kurzen Prozeß
machen. Bei Sebastian Franck (I, 236ᵃ): „Liebkoser rund
fäderleser, die jren herren die oren melckend, lupffend vnd vnder
alle ellenbogen küßlin schübend", und Geiler von Kaisersberg
zählt auf: „adulatores nominantur multis nominibus: Den
falwen hengst streichen: tutzen streicher: freidenstreicher:
federleser: schmeichler": vgl. Zarncke zu Brants „Narren=
schiff", Kap. 100. Statt Federleser wird in der alten

Sprache auch häufig Federklauber als Epitheton für Schmeich=
ler gebraucht; so in Brants „Narrenschiff", 100, 8 fg.:

> Der eyn klubt fädern, der stricht kryden,
> Der liebkoßt, der runnt junn die Ohren,
> Daß er off kum zu kurgen jeren.

In einem Fastnachtsspiel werden Federklauber und Ohren=
krauer zusammen genannt. Die Federn las man vornehmen
Herren und Damen vom Kleide ab, um sich durch solche
Dienste bei ihnen beliebt zu machen. Vgl. dazu Locher
(Zarncke a. a. O.): Alter ab excultis sparsas scit vellere
plumas vestibus. und Kaisersberg in den Predigten über
Brants „Narrenschiff": „Wann der narr neben ir sitzet,
so liefet er ir helmle oder federlin ab". Einen entsprechen=
den griechischen Ausdruck, allerdings in dem Sinne von
Kleinigkeitskrämerei, gebraucht Lessing am Schlusse des
„Laokoon": „Doch ich enthalte mich, dergleichen Kleinigkeiten
auf einen Haufen zu tragen. Tadelsucht könnte es zwar
nicht scheinen; aber wer meine Hochachtung für den Herrn
Winckelmann kennt, dürfte es für Krokylegmos halten." Ein
ganz ähnliches, nur etwas derberes Bild hat auch der
Pariser, wenn er für: allzu peinlich bei der Arbeit sein,
zuviel heraustüfteln wollen sagt: chercher la petite bête.

330. Jemand den Fehdehandschuh hinwerfen.

S. v. w. mit ihm Streit anfangen. — Der Ausdruck,
der heute nur noch in bildlichem Sinne angewandt wird,
beruht auf der alten Sitte, daß sich Ritter zum Zeichen der
Herausforderung zum Kampfe einen Handschuh vor die Füße
warfen, was als Sinnbild eines Schlages galt, den aus=
zuführen von der ritterlichen Sitte verboten war. So z. B
im „Tristan" V. 6451:

> Sinen hantschuch zoh er abe,
> er bot in Morolde dar

und noch heute auf alte Zeit angewendet, z. B. von Schiller
im „Tell" (III, 3):

> Und ständet ihr nicht hier in Kaisers Namen,
> Den ich verehre, selbst wo man ihn schändet,
> Den Handschuh würf' ich vor euch hin, ihr solltet
> Nach ritterlichem Brauch mir Antwort geben.

Das Aufheben des Handschuhes war das Zeichen der An-
nahme des Kampfes. Der Handschuh, aus Leder mit Eisen-
schuppen besetzt, galt in der Ritterzeit als Sinnbild des
Standes. Beim Ritterschlag wurde er als Zeichen der
Ritterwürde verliehen. Heute hat er seine sinnbildliche Bedeutung verloren; nur bei Leichenbegängnissen von Offizieren
legt man noch die Handschuhe mit dem Helm und dem
Degen auf den Sarg, eine Erinnerung an die alte Bedeutung des ritterlichen Handschuhes.

331. Feierabend machen.

S. v. w. aufhören zu arbeiten, eigentlich am Abend; dann
überhaupt: eine Beschäftigung nicht weiter fortsetzen. Aus
der Handwerkssprache allgemein geworden. Simpl. I. 237,
6: „Da ich allerdings Feyrabend gemacht hatte" (fertig war
mit — Stehlen). Vgl. Syll. 23: „Ego meum pensum
absolvi. Ich hab außgesponnen. Ich hab feyrabend."

332. Einem die Feige weisen.

S. v. w. ihn derb abtrumpfen, ihn höhnisch zurückweisen.
Unter der Feige ist in der Redensart die geballte Faust zu
verstehen, aus der der Mittelfinger oder der Daumen
zwischen Zeige- und Mittelfinger dem verachteten Feind ent-
gegengestreckt wird (wobei eine Obscönität zu Grunde zu
liegen scheint). Ebenso frz.: faire la figue; ital.: far la
fica. Vgl. Syll. 145: „Medium ostendere digitum. Die
Feigen weisen." Ziemlich deutlich wird die Geberde in dem
Fastnachtspiel von Hans Sachs „Der böß Rauch". Da
antwortet das Weib dem Mann, der künftig Herr im Hause
sein will, mit allerlei höhnischen Worten und Zeichen, von
denen eines beschrieben wird: „Das weyb zeygt jm die
feigen". Dazu ruft sie (V. 70):

> Zeuch mir den Herdurch alters tropffen
> Und knüpff mir einen Knoten dran!

Bei Rabelais, im 45. Kap. des 4. Buches des „Gargantua",
wird erzählt: „Der Bürgermeister, der Syndikus und der
Oberrabiner der Skalken waren eines schönen Tages zu
einem der jährlichen Stabsfeste nach der nahe gelegenen
Insel Papomanien gefahren, um sich dort zu amüsieren und
das Fest mitzumachen. Als aber einer von ihnen das Bild-

niß des Papstes zu Gesicht bekam (das nach einem löblichen Gebrauch an solchen großen Stabsfesten öffentlich ausgestellt wurde), machte er ihm die Feige, was in jenem Land für ein unzweideutiges Zeichen der Verachtung und Verhöhnung angesehen wird."

333. Die letzte Feile anlegen.

S. v. w. eine Sache zum letzten Mal bearbeiten, sie vollständig fertig machen, was etwa noch unausgeglichen war, völlig glätten, ausfeilen. Ebenso schon im Lateinischen; Ovid, Trist. 1, 7, 30: defuit et scriptis ultima lima meis; und bei Martial 10, 2: carmina rasa lima recenti. Vgl. hierzu: die letzte Hand anlegen. Im Pariser Argot heißt das: donner le coup de fion.

334. Das steht noch im weiten Felde.

S. v. w. es steht noch nicht nahe bevor, ist von der Ausführung noch weit entfernt; es kann noch lange dauern, bis die Sache entschieden ist. Müller führt (Lyons Zeit=schrift 5, 119) aus dem „Alamodischen Politikus" von 1671 an: „Obwol das Fräulein ihm etliche Dänke in wärenden Ritterspielen zuerkannt hatte, so blieb doch alles übrige in weiten Bergen." Vgl. Syll. 192: „Praesens abest. Er ist mit seinen Gedanken in dem Gerstenfeld." Anders im Lat.: Et adhuc tua messis in herba est, d. h. im Halm, noch nicht weit gediehen, Ovid, Heroid. epist. 17, 263; emole, quid metuis? occa et seges altera in herba est, Persius in der sechsten Satire; vgl. Tacitus im Dialogus de oratore 9: omnis illa laus, velut in herba vel flore praecepta.

335. Es ist noch viel Feld zur Nachlese da.

S. v. w. auf einem Gebiete menschlicher Thätigkeit ist, obgleich es schon abgeerntet ist, noch manch kleiner Gewinn zu machen; der Gegenstand ist noch nicht erschöpft. Das Gegenteil ist: hier ist schon alles abgegrast!

336. Einem das Fell über die Ohren ziehen.

S. v. w. ihn betrügen; besonders von Kaufleuten gesagt, die einen arglosen Käufer ausbeuten, auch von harten Herren, die ihre Unterthanen schinden. Das Bild wird aus der

Jägersprache stammen: der Weidmann streift dem erlegten Wild die Haut oder den Balg ab, ohne ihn aufzuschlitzen, bis an die Ohren und schließlich, nachdem diese gelöst worden sind, wo sie am Kopfe angewachsen sind, auch noch über den Kopf. — In der Zimmerischen Chronik auch: „einem sein Fell übers aug ziehen". Vgl. lat.: detegitur corium de tergo meo bei Plautus, Epid. I, 1, 63 u. ähnl. Merkwürdig Lehm. 808 (Versuchen 28): „In der Prob streifst man die Haut dem Esel ober die Ohren", wo auf die Fabel vom Esel in der Löwenhaut angespielt zu sein scheint, der als Betrüger entlarvt wird, indem man ihm das Fell über die Ohren zieht. Daß das der ursprüngliche Gedanke der Redensart sei, ist nicht zu glauben.

337. Fersengeld geben.

S. v. w. entfliehen, sich davonmachen. Die Redensart soll ihren Ursprung einer alten gesetzlichen Bestimmung verdanken (z. B. im alemannischen Recht erhalten), daß wer seinen Mitstreiter schimpflich verließ und dem Feinde die Fersen gezeigt hatte, eine Strafe (im alemannischen Recht 160 Soldi) zu zahlen hatte. Damals wurde also wirklich ein Fersengeld gegeben.

In Wahrheit wird der Ausdruck nichts als ein Witz sein; Fersengeld geben heißt: dadurch bezahlen, daß man die Fersen zeigt, davonlaufen, ohne die Zeche zu bezahlen. Vgl. Murners „Schelmenzunft" VII, 23 fg.:

De der wirt wolt haben gelt,
Do draff ichs doch weyt obers feldt,
Mit meynen ferssen bzalt ich das,
Was an der ferben zeichnet was.

Es ist gar nicht nötig, daran zu erinnern, daß auch ein Kampf als Abrechnung aufgefaßt werden kann; die heutige Verwendung des Ausdrucks erklärt sich zur Genüge so, daß der Begriff des Zahlens einer Schuld zurückgedrängt worden ist durch den sinnlichern des Davonlaufens.

338. Sein Fett kriegen.

S. v. w. Schelte bekommen. Kluge sagt in der fünften Auflage seines etymologischen Wörterbuchs: „Über den Ursprung der neuhochd. Redensart »sein Fett haben, jem.

sein Fett geben» sind die Ansichten geteilt; obwohl Hinweis
auf «einbrocken, jem. etwas einbrocken» ꝛc. gut deutschen
Ursprung anzunehmen empfiehlt, denkt man an halbe Über=
setzung und Entlehnung aus frz.: donner à qn. son fait,
avoir son fait, andre gar an ironische Anknüpfung an frz.:
faire fête à qn. «jem. viel Ehre anthun»."

In der That wird bei der so deutsch wie nur etwas
klingenden Redensart nicht an französischen Ursprung zu
denken sein, aber auch nicht an unser einbrocken. Es giebt
eine ältere, in der Schriftsprache heute nicht mehr übliche
Wendung: einen Schinken bei jemand im Salze liegen haben,
mit der Bedeutung: noch etwas (ironisch gewendet: etwas
Unangenehmes, einen Tadel, eine Strafe) von ihm zu er=
warten haben. So erzählt Oldekop, daß die Florentiner die
Venetianer vergebens gebeten hätten, Fürbitte bei Kaiser
Karl für sie zu thun: die Venetianer „hatten zulvest eine
schinken im solte liggende". Vom Schinken ist der Sprung
zum Fett nicht weit. Wem ich prophezeie: „du wirst schon
noch dein Fett kriegen!" der hat eigentlich eine bestimmte
Menge Fett zu erwarten. Zu Grunde liegen wird beiden
Ausdrücken die Voraussetzung, daß die beiden, die noch nicht
fertig miteinander sind, ein Schwein zusammen geschlachtet
haben, aber die Teilung ist noch nicht reinlich aufgegangen,
weil einer das Einpökeln für den andern mit übernommen
hat. Wirklich finden sich nun auch beide Redensarten, wenn
auch nicht mehr mit klarer Vorstellung des ursprünglichen
Verhältnisses, miteinander verbunden bei Fr. Müller (I, 276):
„Der Amtmann soll dir sein Fett kriegen, hat ohnehin schon
etwas bei mir im Salz".

339. Bei jemand ins Fettnäpfchen treten.

S. v. w. durch eine Ungeschicklichkeit, eine unbedachte
Äußerung mit ihm verderben. Dem Sinne nach entspricht
genau der Ausdruck: es bei jemand verschütten, vielleicht
haben beide auch denselben Ursprung. Man braucht sich
nur den beliebten Inhalt des Napfes noch flüssig zu denken.
Ihn durch Ungeschicklichkeit eines andern verdorben, den
leckern Vorgeschmack künftiger fetter Mahlzeiten vernichtet
zu sehen, kann einen das nicht gegen den Missethäter auf=

bringen? Die Redensart ist jedenfalls von Anfang an im
Scherz gebraucht worden, hat aber doch auch ihren Hinter=
grund.

340. Feuer dahinter machen.

S. v. w. eine Sache beschleunigen, eigentlich indem
man ein Feuer dahinter anbrennt, damit die Beteiligten vom
Flecke zu kommen suchen. Ähnlich in Schillers „Räubern"
II, 3: „Haben sie so lange gewartet, bis wir ihnen die
Streu unter dem Steiß angezündet haben."

341. Feuer im Dach.

Diesen Ausdruck gebrauchen wir in übertragenem Sinne,
wenn jemand zornig auflodert. Bei Geiler von Kaisersberg:
„Wo das nit geschehe, so wer das füer im dach." Im
Dach: d. h. im Kopf, wie der ganze Mensch oft als ein
Haus vorgestellt, ein alter Knabe z. B. „altes Haus" ge=
nannt wird. In einem alten medizinischen Buche aus
Schlesien[1] wird bildlich von der Behandlung des Körpers
gesagt: „Was nun aber dem obersten Stockwerke dienlich
ist, wird wol auch dem Mittel und Untergaden zu passe
kommen." Vgl. Häuschen, Oberstübchen und Sparren.

342. Er ist gleich Feuer und Flamme.

So sagt man von jemand, der sich schnell für etwas
begeistert, überhaupt dessen Leidenschaft schnell aufwallt, der
im Nu Feuer fängt, wie leicht entzündbare Stoffe, z. B.
Werg oder Stroh. Dieses Feuer brennt gleich lichterloh,
hält aber meist nicht lange an; daher der Ausdruck Stroh=
feuer (Ovid, Trist. 5, 8, 20: flamma de stipula nostra
brevisque erit). In Schillers „Kabale und Liebe" I, 1:
„Wie du doch gleich in Feuer und Flammen stehst!"

Das Feuer wird sehr häufig zu bildlichen Vergleichungen
sittlicher Begriffe, sowohl der Tugend wie des Lasters, an=
gewandt. Man spricht von dem Feuer der Liebe, der Hin=
gebung, der Tapferkeit, der Frömmigkeit, der Beredsamkeit;
wie von dem Feuer des Ehrgeizes, der Wollust, des Hasses

---

[1] Auszüge daraus in Zachers „Zeitschrift für deutsche Philo=
logie", Bd. 26.

u. s. w. Die heilige Flamme der Vaterlandsliebe wird ebenso „entzündet" und „unterhalten", wie die wilde Fackel der bösen Leidenschaften „angefacht", das verborgen glimmende Feuer des Hasses „geschürt" wird.

343. Feuer und Flammen speien.

S. v. w. äußerst zornig sein, Wut und Rache schnauben; auch frz.: jeter feu et flamme. — Das Bild ist von den sagenhaften Drachen entlehnt, die Rauch und Feuer speien und die ganze Landschaft mit ihrem giftigen Atem versengen. Der Typhon der Griechen war ein solches Ungetüm; Gäa, die Erde, hat ihn dem Tartaros, der Unterwelt, geboren, aber Zeus hat ihn besiegt und unter den Ätna gebannt, aus dem er noch immer seine Flammen speit (Virgil: absistunt scintillae ab ore).

344. Öl ins Feuer gießen.

S. v. w. das Übel ärger machen, die flammenden Leidenschaften noch mehr anfachen. Ebenso: ins Feuer blasen. Namenlose Sammlung (1532) Nr. 646: „Laß den Hund schlaffen, schüt nit oel ins fewr, richt keynn hader an, erzürne keynen bœsen." Tappe 49, 6: oleo incendium restinguere. Vgl. engl.: to add fuel to the fire: frz.: mettre le feu aux étoupes, aux poudres: jeter de l'huile sur le feu. — Schon bei Horaz (Sat. II, 3, 321): Adde poëmata nunc, hoc est, oleum adde camino. Ebenso schreibt der heilige Hieronymus (ad Eustachium): Vinum et adolescentia duplex est incendium voluptatis. Quid oleum flammae adjicimus? Sehr gebräuchlich ist im Lateinischen auch die Formel: ignem igni addere.

345. Für jemand durchs Feuer gehen (ins Wasser springen).

S. v. w. das Schwerste ihm zu Liebe thun. — Die Redensart wird aus dem mittelalterlichen Feuerurteil (judicium ignis) erklärt, das neben dem Wasserordal, dem judicium offae (s. Abendmahl) und dem Zweikampf besonders in Gebrauch war. Wer sich von der ihm zur Last gelegten Schuld reinigen wollte, mußte im bloßen Hemd, nach einigen Sagen sogar im Wachshemde, durch einen in Flammen stehenden Holzstoß gehen. Auf diese Art soll Richardis,

Karls des Dicken Gemahlin, nach Chroniken des Mittelalters ihre Unschuld bewiesen haben; Grimm, Rechtsaltertümer, S. 912. Dieses Gottesurteil war eingeschränkt auf
Unfreie, die nicht streitbar waren, ferner auf Frauen; diese
aber konnten einen andern das Gottesgericht für sich bestehen
lassen. Fand sich freilich niemand dazu, so blieb der Frau
nichts übrig, als sich selbst einem Feuer- oder Wasserurteil
zu unterziehen. Ebd. S. 929.

Notwendig ist jedoch die Ableitung der Redensart aus
diesem Gerichtsbrauch nicht; es wäre ganz gut denkbar, daß
sie sich aus den Feuersgefahren entwickelt hätte, denen jeder
— z. B. beim Brande des Hauses — ausgesetzt sein kann.

346. Zwischen zwei Feuer kommen.

S. v. w. von zwei Seiten der Gefahr ausgesetzt sein.
Die Redensart stammt aus dem Kriegsleben und bezieht sich
zunächst auf die beiden feindlichen Feuer, denen sich ein
Soldat aussetzt, wenn er sich zu weit von seiner Linie weg
zwischen die feuernden Gegner begiebt. Man wendet das
Bild oft auf einen an, der zwei Gegner zu versöhnen sucht,
es aber dabei mit beiden verdirbt.

347. Er hat die Feuerprobe bestanden.

S. v. w. er hat sich unter den schwierigsten Verhältnissen bewährt. Diese Redensart ist nicht auf das mittelalterliche Feuerurteil zurückzuführen, sondern von der Läute-
rung des Goldes hergenommen. Sprüche Salomonis 17,
3: „Wie das Feuer Silber, und der Ofen Gold, also
prüfet der Herr die Herzen." Vgl. Zacharja 13, 9: 1. Petr.
1, 7; Offenb. 3, 18. Auch im Altertum war das Bild
geläufig: Ovid, Trist. 1, 4, 25:

Scilicet, ut fulvum spectatur in ignibus aurum.
Tempore sic duro est inspicienda fides.

Ebenso bei Cicero, Ad fam. lib. 9; vgl. Erasmus, Ad.
IV, 1: aurum igni probatum.

348. Etwas aus dem ff verstehen.

Für die Entstehung dieser Redensart giebt es mehrere
Erklärungen. Die Juristen bedienten sich früher sehr häufig
beim Zitieren des Justinianischen Rechts für Digesta des

Zeichens D. Da nun diese Abkürzung geschrieben große Ähn=
lichkeit mit doppelten f hatte, so schrieb man wohl auch
ff. Wer nun viel aus dem ff, d. i. eigentlich aus den
Digesten, brachte, galt für einen grundgelehrten Juristen,
eben weil er die Sachen „aus dem ff" beurteilte. Später
erweiterte sich die Bedeutung und diente nun allgemein zur
Bezeichnung eines hohen Grades von Gründlichkeit, Tüchtig=
keit u. s. f.

Die zweite Erklärung ist aus der Tonkunst entnommen.
Sie lehnt sich an die musikalischen Bezeichnungen für forte
(f) und fortissimo (ff) an. Dann wäre der übertragene
Sinn des Ausdruckes aus dem ff: mit vollster Stärke,
was sich ziemlich weit verschoben haben müßte, ehe der
heutige Sinn der Worte gewonnen worden wäre.

Am wenigsten für sich hat die Erklärung, die sich auf
die ziemlich junge Bezeichnung von Waren als fein (f),
feiner (ff), sehr fein (fff) beruft.

349. Fiasko machen.

S. v. w. keinen Erfolg haben, durchfallen. Aus dem
ital. far fiasco[1], dessen Ursprung freilich rätselhaft ist.
Tommaseo erinnert an die Zerbrechlichkeit der Flasche, an
die aufgeblasene Gestalt ohne Inhalt u. a., was alles nicht
helfen will.

350. Durch die Finger sehen.

S. v. w. Nachsicht üben. In Brants „Narrenschiff"
stehen die Verse:

> Wer durch die synger sehen kan
> Vnd loßt eyn frew eym andern man
> Do lacht die katz die müß süß an.

Ein Holzschnitt dazu stellt einen am Tische sitzenden Narren
dar, der durch die Finger sieht, während seine Frau ihm
mit einem Hälmchen auf der Nase spielt. Vgl. Bebel
Nr. 583: Per digitos videre; est surda aure et sciens
aliquid praeterire. Bei Luther (Heuseler, Nr. 81): „Wer
nicht kann durch die Finger sehen, der kann nie regieren."

---

[1] Ital. fiasco und unser Flasche sind ein und dasselbe
Wort, für beide vermutet man Herkunft vom lat. vasculum.

Bal. Holl. 131ᵇ: „Mein gesellen sahen all durch die hend
Als ob sy mich nit kantten." Auch in der klassischen Sprache
nicht unwillkommen; in Goethes „Tasso" sagt Leonore zu
dem Fürsten: „Wir wollen freundlich durch die Finger sehen."

Wer die Finger vor die Augen hält und zwischen ihnen
durchsieht, sieht nicht genau und will nicht genau sehen, übertragen: will es nicht genau nehmen, läßt etwas Ungehöriges
hingehen, faßt es nicht, sondern sieht ihm ruhig nach,
übt Nachsicht.

351. Lange Finger machen.

S. v. w. stehlen. — Wer etwas möglichst vorsichtig ergreifen will, faßt nicht mit der ganzen Hand zu, sondern
mit den Fingerspitzen, und dazu streckt er die Finger, macht
er lange Finger. In Behaims „Buch von den Wienern"
heißt es z. B. (5, 8):

> ain arez, der yeglichem man
> tieff in den hindern greiffen kan.
> Auch ainem kalb odr ainr ku,
> wann er hat lang vinger darzu.

Wir wenden die Redensart nur noch auf Diebe an, besonders auf Taschendiebe, deren eigentlichstes Geschäft es ist,
lange Finger zu machen, um in andrer Leute Taschen etwas
zu ergabeln. Wer in diesem Punkte verdächtig ist, dem sieht
man oder paßt man auf die Finger. Vgl. lat.: acutas
manus habere.

In Schillers „Räubern" II, 3 streiten sich Spiegelberg
und Razmann, ob Spiegelbergs oder Moors Räubertrupp
geriebener sei; Spiegelberg: „Die meinen! die meinen —
Pah —" Razmann: „Nun ja! sie mögen hübsche Finger-
chen haben —"

352. Mit Fingern auf einen zeigen.

S. v. w. ihn verspotten, verachten; etwa wie es Schul-
knaben machen, wenn sie einen Betrunkenen auf der Straße
sehen. Eine ganz entgegengesetzte Bedeutung hat die Redensart im Lateinischen: monstrari digito bedeutet s. v. w. allgemein gerühmt werden. So sagt Horaz in den Oden IV,
3, 22:

> Quod monstror digito praetereuntium.

Und Persius I, 23:

At pulchrum est digito monstrari et dicier: hic est.

Ebenso bei Tacitus, De orat. 7: digito demonstrari.

353. Sich um den Finger wickeln lassen.

So bezeichnet man die Nachgiebigkeit, Gefügigkeit eines willenlosen Menschen, der alles mögliche mit sich machen läßt, der, wie ein ähnliches Bild sagt, weiches Wachs in den Händen andrer ist. „Den kann ich um den kleinen Finger wickeln" heißt: den habe ich völlig in meiner Gewalt.

354. Sich etwas an den Fingern abzählen können.

S. v. w. etwas ohne große Überlegung begreifen können. An den Fingern haben die Menschen zählen und rechnen gelernt, lernen es die Kinder noch jetzt, und so sagen wir auch noch heute von einer leichten Aufgabe: das ist sehr einfach, das kannst du dir an deinen fünf Fingern abzählen.

Dagegen bedeutet etwas an den Fingern herzählen s. v. w. es genau wissen und aufsagen können.

355. Sich etwas aus den Fingern saugen.

S. v. w. sich etwas ausdenken, gewöhnlich von einer aus der Luft gegriffenen Behauptung. Ob wirklich unwahre Menschen, wie behauptet wird, die Gewohnheit haben, beim Erzählen an den Fingern zu kauen, mag dahingestellt sein; das Bild bezieht sich weniger auf das Erzählen, als auf das Ausdenken einer Lüge.

356. Den Finger auf etwas legen.

Z. B. auf einen wunden Punkt, auf eine faule Stelle. Das Bild meint: das Schlechte, Bedenkliche an einer Sache deutlich anzeigen, sodaß es mit Händen zu greifen ist. Ebenso sagt der Pariser: appuyer sur la chanterelle, was dann auch bedeutet: eine Aufforderung empfindlich wiederholen.

357. Die Finger kürzer binden.

S. v. w. die Flügel verschneiden, einen einschränken, daß er nicht „zu weite Sprünge macht", zunächst wohl im Gegensatz zu dem Ausdruck lange Finger machen ge-

sagt, z. B. bei Oldekop (134, 20): „De wile aver den
fürsten de fingere forter gebunden fin schelden".

358. Sich die Finger verbrennen.

S. v. w. schlechte Erfahrungen bei etwas machen,
Schaden von einer Handlung haben. Vgl. das Sprichwort:
der Gebrannte scheut's Feuer, auch die Redensart: die Ka=
stanien aus dem Feuer holen: überall ist unter dem Feuer
das gefährliche Unternehmen verstanden, an das man sich
trotz der Warnungen andrer wagt. Ähnlich auch in Götz
von Berlichingens Lebensbeschreibung: „daß ich Sorg hatte,
ich schlug die Hand in die Kohlen". — Vgl. frz.: se brûler
les doigts.

359. Alle fünf Finger nach etwas lecken.

Diese Redensart gebrauchen wir in dem Sinne von:
begierig auf etwas sein. Aber da ist der ursprüngliche
Sinn der Worte verschoben. Wir können ihn noch heraus=
fühlen, wenn z. B. jemand, wie es auch bräuchlich ist, sagt:
„Wenn der den fetten Bissen schluckt, leckt er alle fünf
Finger danach." Die Präposition nach ist nämlich eigent=
lich zeitlich zu verstehen: wer etwas Wohlschmeckendes ge=
nossen hat, leckt sich darnach noch die Finger ab, um ja
nichts von dem Genusse zu verlieren. Vgl. Lehm. 51
(Artzney 45): „Zu Krankheiten hat man keine Artzney, daß
man die Finger darnach lecket."

Dasselbe schon viel früher nur wenig anders; der von
der Pilgerschaft heimkehrende Neidhart trägt dem voraus=
eilenden Boten auf:

> Bote, nu sage den kinden an der straze
> daz si niht enzürnen uz der maze
> wir suln ein niuwez briuwen,
> dar nach si die vinger kiuwen.

360. Mein kleiner Finger hat es mir gesagt.

S. v. w. ich weiß es auf geheime Art. In den beweg=
lichen Fingern stecken nach altem Volksglauben Kobolde, die
auch Geheimnisse zu verraten wissen. In Shakespeares
„Macbeth" (IV, 3) sagt die dritte Hexe:

> Juckend sagt mein Daumen mir:
> Etwas Böses naht sich hier!

Der kleine Finger aber ist der schlaueste, wie im Mär=
chen der Däumling der klügste von den sieben Brüdern, er
kann am tiefsten ins Ohr hineinkriechen und dort die ge=
heimsten Dinge ausplaudern. In Frankreich heißt er darum
geradezu l'auriculaire (vgl. Winter, Unbeflügelte Worte,
S. 126). Auch der Römer sprach von der manus loquax
(Petron) und den linguosi digiti (Cassiodor).

361. Jemand einen Fingerzeig geben.

Die Finger sind der ausdrucksvolle Teil der Hand; man
giebt Zeichen damit und kann sich so ohne Worte verständi=
gen. Übertragen nennt man einen Fingerzeig jede kurze
Andeutung, etwa über den Weg, der bei einer geistigen Ar=
beit einzuschlagen ist, oder der zur Lösung irgend eines
Rätsels führt.

362. Ägyptische Finsternis.

Sprichwörtliche Bezeichnung für die tiefste, schwärzeste
Finsternis, bei der man nicht die Hand vor den Augen
sehen kann. Nach 2 Mos. 10, 22: „Da ward eine dicke
Finsternis in ganz Ägyptenland drei Tage." Vgl. lat.:
Cimmeriae tenebrae, ein Ausdruck, der auch bei uns
halbes Bürgerrecht erlangt hat; er stammt von dem sagen=
haften Volke der Kimmerier, die im fernsten Norden in
steter Nacht lebend gedacht wurden.

363. Stumm wie ein Fisch.

Schon bei den Pythagoräern genoß der Fisch eine
gewisse Verehrung, weil er als ein Sinnbild des Still=
schweigens galt, für sie eine der größten Tugenden. In
demselben Sinne war er bei den Ägyptern symbolisch, und
fast alle spätern Kulturvölker haben in dem stummen Tier
ein Bild der Schweigsamkeit gesehen. Horaz singt in einer
der schönsten seiner Oden (IV, 3) Melpomene an:

O mutis quoque piscibus
Donatura cygni si libeat sonum.

Vgl. Erasmus in den Adagia: Magis mutus quam pisces.

364. Faule Fische.

S. v. w. verdächtige Handlungen, unwahrscheinliche
Ausreden. Vgl. Lehm. 488 (Lügen 61): „Ein lügner ver=

kaufſt faule Fiſche, hawet ober die Schnur, wirfſt das Beil
zu weit, das ers nicht kan wieder holen." Ju einem
gleichzeitigen poetiſchen Geſpräch auf den nordiſchen Krieg,
1700—1709, ſagt der König von Dänemark:

> Glaubte Schleswig zu erwiſchen
> Und noch etwas anders mehr;
> Doch da warens ſtinkend Fiſche,
> So mir gar nicht ſchmecken ſehr.

Ein deutſches Sprichwort heißt: Friſche Fiſche, gute Fiſche;
ein lateiniſches: piscis, nisi recens, nequam est (Plautus,
Asin. 1, 3, 26). .

365. Nicht Fiſch, noch Fleiſch.

S. v. w. nichts Ordentliches. Bei Erasmus: Dicunt
et hodie, „neque caro neque piscis" de homine qui sibi
vivit, nec ullarum est partium. So wird in der Zim=
meriſchen Chronik (III, 370) von einem franzöſiſchen „Orator"
erzählt: „der hab ain lange und zierliche lateiniſche rede
gethon, die aber ſo wunderbarlich und varia geweſt, daß
der verordneten kainer was gründlichs oder beſtendigs darauß
hab künden nemmen und weder fiſch oder flaiſch, wie man
ſprücht, geweſt". Vgl. Syll. 31: „Albus an ater sis, nescio.
Ich weiß nicht, ob du fiſch oder flaiſch ſeieſt." Ein mittel=
hochdeutſches Sprichwort lautet: halp visch halp man ist
visch noch man; Hugo von Trimberg fügt in ſeinem Renner
hinzu: halp pfaffe, halb leie ist pfaffe noch man. — Ju
der alten Sprache ſind Fiſch und Fleiſch auch häufig formel=
haft verbunden zur Bezeichnung von köſtlicher Speiſe; z. B.
in Murners „Narrenbeſchwörung":

> Da freſſen wir dann fleiſch vnd fiſch
> Vnd hond vil me trachten erdacht
> Dann Cleopatra hat gemacht.

Und in ſeiner „Gäuchmatt":

> Das ſelbig brot ſchmackt fleiſch vnd fiſch
> Wenn ſy dem gouch bereyt den diſch.

366. (Geſund) wie ein Fiſch im Waſſer.

Wenn ſich der Fiſch im Waſſer, „in ſeinem Elemente"
tummelt, ſo iſt er ein Bild friſchen, geſunden Lebens, wie
es wenige geben wird. Das hat man ſchon früh em=

pfunden. In Konrads von Würzburg „Trojanerkrieg" heißt es B. 10808:

> er wart gesunt reht als ein visch
> der vert in einem wage.

Schillers „Räuber" beginnen: Franz: „Ist euch wirklich ganz wohl, mein Vater?" Der alte Moor: „Wie dem Fisch im Wasser!" Am schönsten kann man das Bild aus= genießen in den lockenden Worten der Nixe in Goethes „Fischer":

> Ach, wüßtest du, wie's Fischlein ist
> So wohlig auf dem Grund,
> Du stiegst herunter, wie du bist,
> Und würdest erst gesund.

367. Im Trüben fischen.

S. v. w. heimlich seinen Vorteil suchen, eine allgemeine Verwirrung benutzen, um ungesehen, wie der Fischer, wenn das Wasser trübe ist, etwas zu gewinnen. Der eigentliche Sinn wird ganz deutlich aus einer Stelle in den „Rittern" des Aristophanes, wo der Wursthändler zu Kleon sagt:

> Gleich ja wie Fischer, wenn sie Aal' einfangen wollen, thust Du:
> So lange ruhig steht der See, bekommen sie durchaus nichts;
> Doch wenn sie aufwärts und hinab den dicken Schlamm gerührt,
> Dann giebt es was. — Auch Du bekommst nur, wenn die Stadt
> Du aufwühlst!

Bei Lessing: „Wenn Ihr euch in den Haaren liegt (es ist die Rede von Streit über freigeisterische Meinungen), so fische ich im Trüben. Da fällt manche Brocke ab, die keiner von euch brauchen kann, die ist für mich." Vgl. engl.: to fish in troubled waters; frz.: pêcher en eau troublée; auch im Ital., Span., Holl. u. s. w.

368. Fissematenten machen.

S. v. w. nichtige Einwände machen, Ausflüchte suchen. Das seltsame Wort ist noch nicht sicher erklärt. Wie ge= waltsam man gesucht hat, dafür nur ein Beispiel: Jacob Grimm hielt es für eine Entstellung von Vicesuperintendent! Nicht viel besser ist der neuerdings von Schrader[1] vor=

---

[1] Bilderschmuck der deutschen Sprache, S. 263.

gebrachte Deutungsversuch, das Wort sei aus φύσιν ματέντα (für φυσικὰ ματήματα!) hervorgegangen. Vielleicht trifft Hildebrand das Richtige, wenn er erklärt[1]: „Die fissimatenten sind von gelehrtem Ursprung, aus der Heraldik oder der geheimnisvollen Heroldswissenschaft des 14. Jahrhs.; da heißt es im Sing. fisiment, geheimnisvoller Zug oder Zierrat im Wappenwesen, womit man den Leuten auch Sand in die Augen streute, eigentlich lat. visamentum, wie wir noch vom visieren im Wappenwesen sprechen. Die heutige Form ist eine scherzende oder spottende Verdrehung der lat. Form." Wenn aber schon einmal künstliche Erweiterung am Schluß zugegeben wird, warum dann nicht an das mittelhochd. fisel anknüpfen, das sich in der Bedeutung vollkommen mit unserm Worte deckt? Oder an fispern, was vielleicht die im 16. Jahrh. mehrfach bezeugte Form „visepetenten" empföhle? In der Schweiz heißt es noch heute Fispercmentli. Dann verglichen sich Geflunker und der Ausruf: Nicht gefackelt! Allen gemeinsam wäre der Begriff des unsteten Zauderns und Ausweichens. Vgl. auch den Ausdruck Sperrenzien machen für: sich sperren, sich sträuben.

369. Die Flagge streichen.

S. v. w. sich überwunden bekennen, sich ergeben. Aus der Schiffersprache: ein Schiff zieht seine Flagge ein zum Zeichen, daß es überwunden und bereit ist, sich auf Gnade und Ungnade zu ergeben.

370. Flausen machen.

S. v. w. schwindeln, Ausflüchte suchen. Die Redensart ist aus älterer Zeit nicht zu belegen und daher die eigentliche Bedeutung des Wortes Flausen zweifelhaft. Wahrscheinlich ist es verwandt mit althochd. giflôsida Blendwerk und flôsâri Lügner (vgl. Kluge, Etym. Wörterb., 5. Aufl., S. 110).

371. Sich nach den Fleischtöpfen Ägyptens sehnen.

So nennt man es, wenn einer wieder nach den Annehmlichkeiten einer frühern Lage Verlangen trägt, aus der er

---

[1] In dem Vorwort zu K. Albrechts „Leipziger Mundart".

sich erst mit allen Kräften loszumachen getrachtet hat, weil er nur ihre schlechten Seiten gesehen hatte. Der Ausdruck stammt aus 2 Mos. 15, 3. Dort wird von den Israeliten erzählt, wie sie auf ihrem Auszuge Hunger leiden und gegen Aaron murren, ja wünschen, durch die Hand des Herrn in Ägypten gestorben zu sein, wo sie „bei den Fleischtöpfen saßen und hatten die Fülle Brot zu essen".

372. Sich über die Fliege an der Wand ärgern.

So sagt man von einem, der bei den harmlosesten Hand=lungen mißtrauisch eine gegen ihn gerichtete böse Absicht wittert, sich über jede unschuldige Kleinigkeit ereifert. Vgl. Syll. 244: „Zoili. Neidige Gallenkrämer. Er mag nicht leiden, daß die Sonne ins Wasser scheint."

373. Zwei Fliegen mit einer Klappe schlagen.

S. v. w. einen doppelten Zweck durch ein Mittel er=füllen, zweierlei mit einem Mal erreichen. Das ist die einzige Redensart, die heute von einer Menge ähnlicher noch übriggeblieben ist, und sie wird die jüngste aller ihrer Schwestern sein. Vgl. Syll. 89: „Duos parietes de eadem dealbare fidelia. Von einem Krug zwo wände weissen. Zween Füchs in einer höle fahen. Zween Brey in einer pfannen kochen. Du wilt mit einer dochter zween eydam machen. Twee appelen mit eenen stock afwergen." Die älteste ist die an vorletzter Stelle genannte: sie findet sich schon in einer Handschrift des 11. Jahrhs. in der Form: Tune maht nieht mit einero dohder zeuuena eidima machon, und ist auch als volkstümlich schwedisch bezeugt, könnte also bis in die urgermanische Gemeinschaft zurückgehen.

Der Pariser nennt das caramboler, sonst ist im Fran=zösischen gebräuchlich: faire deux coups d'une pierre. Vgl. engl.: to kill two birds with one stone; ital.: prendere due colombi con una fava. Aber das ist alles keine Kunst gegen die That des tapfern Schneiderleins: sieben auf einen Streich!

374. Die Flinte ins Korn werfen.

S. v. w. den Mut verlieren. — Die Redensart ist verhältnismäßig jung, sie stammt von dem zum Schlachtfelde

gewordenen Kornfeld her und ist wohl gebildet nach früher
schon vorhandenen Redensarten, die ebenfalls bedeuten: den
Mut sinken lassen; vgl. lat.: hastam abjicere, d. h. alles
verloren geben, Cicero, Pro Murena 21, 45; und mit einem
vom Steuermann entlehnten Bilde: clavum abjicere.

375. Flitterwochen.

So nennen wir die ersten Wochen der Ehe und verstehen dabei unter den Flittern den fröhlich glänzenden
Schimmer, der über dieser Zeit liegt. Im Germanischen
Museum in Nürnberg werden kunstvolle Hauben gezeigt, die
mit lauter kleinen flitternden Goldblättchen bedeckt sind, und
dabei wird erklärt, von ihnen stamme der Ausdruck Flitter-
wochen. Dazu stimmt, daß Flitter in Henischs Wörterbuch
(von 1616) u. a. auch als ornatus capitis gedeutet wird,
und noch Frisch erklärt 1741: „Die jungen Frauen trugen
die mit Flittern gezierten Hauben und Bändlein noch eine
zeitlang nach der Hochzeit“.

Dagegen ist behauptet worden, daß das Wort mit unserm
Flitter in Flitterstaat, Flitterwerk nichts zu thun habe, sondern daß es die Zeit meine, in der geflittert werde; mittelhochd. vlitern (dazu althochd. flitarezzen) bedeutet: flüsternd
kosen, kichern, schmeicheln. Dann ließen sich Ausdrücke wie
Trutelwochen (in der Schweiz gebräuchlich), Zärtelwochen,
Kußmonat, auch Honigmonat vergleichen. Vielleicht liegt
eine Vermengung beider Begriffe vor, sodaß die Flitter-
wochen ursprünglich nach jenem vlitern genannt worden,
dann aber im Sprachgefühl mit dem von Frisch beschrie-
nen hochzeitlichen Flitterstaat in Verbindung gebracht worden
wären.

376. Einem einen Floh ins Ohr setzen.

Auch frz.: on lui a mis la puce à l'oreille, s. v. w.
einem eine beunruhigende, aufregende Mitteilung machen.

377. Er hört die Flöhe husten.

Von einem, der sich sehr klug zu sein dünkt. Vgl. die
Redensart: das Gras wachsen hören. Sebastian Franck
1, 78: „Er hört die flöh husten, das graß wachsen.“

378. Flöhe hüten.

S. v. w. Unnützes, Vergebliches thun. Ein Sprichwort sagt: „Lieber eine Wanne voll Flöhe, als ein hübsches Mäd=chen hüten." Bebel Nr. 84: Difficillima dicitur esse custodia mulierum: adeo ut mille pulices ex proverbio facilius contineantur in uno loco, quam castitas unius mulieris pravae et libidinosae. Bei Sebastian Franck 1, 27: „Weiber hüten. Einer wannen vol flöh hüten", und bei Burkhard Waldis:

> . . . Welt lieber jar vnd tag
> fünfhundert flöhe in einem sack
> zu velde tragen alle morgen,
> schütten ins graß, vnd dafür sorgen,
> das ers brecht wieder all zu mal
> vnd jm nicht eine fehlt an der zal.

Vgl. in Brants „Narrenschiff" die Verse:

> Der hütt der hewschreck an der sunn
> Vnd schüttet wasser in eyn brunn
> Wer hütet das eyn frow blib frum.

Auf dem Holzschnitt zu diesem Kapitel: „Von frowen huetten" ist dargestellt, wie ein Narr Wasser in einen Brunnen gießt, ein andrer Ziegelsteine wäscht, endlich ein dritter mit einer Keule hüpfende Tierchen hütet, die wohl Heuschrecken darstellen sollen.

379. Flöten gehen.

S. v. w. verloren gehen. So sehr man auch nach andern Erklärungen sucht, die wahrscheinlichste Erklärung dieser Redensart bleibt immer noch die: mit seiner Flöte davongehen, um sich als Musikant durch die Welt zu schlagen. Vgl. in die Pilze, in die Brüche gehen. Daß in flöten eine niederd. Form für fließen stecke, ist lautlich unmöglich. Ganz unhaltbar ist auch die Deutung, flöten sei aus valeten entstanden (die Handwerksburschen z. B. gehen valeten, d. h. Valet sagen, wenn sie ihre Wanderschaft antreten); denn die Redensart ist zunächst niederdeutsch bezeugt und heißt da: fleuten gehn.

Wenn in der Wetterau plete gehn gesagt wird, so läßt sich das allerdings an hebr. pletah entfliehen, pleto Flucht anknüpfen, wovon auch pleite abgeleitet wird.

380. Flügel bekommen.

S. v. w. die Kraft, sich zu Thaten aufzuschwingen. Gegensatz: noch nicht flügge sein. Von dem Geflügel im eigenen Hofe ist entlehnt: einem die Flügel beschneiden, d. h. seine Freiheit einschränken. Vgl. Syll. 30: „Alas accidere. Die flügel kürtzen. Alas addere. Einem flügel geben oder machen, das ist einen in seiner Rede stärcken und bekräfftigen."

381. Die Flügel hängen lassen.

S. v. w. matt und mutlos sein. Vom Vogel, der, durch langes Fliegen oder durch Krankheit ermattet, die Flügel hängen läßt und nicht weiter zu fliegen vermag, wird der Ausdruck übertragen auf einen Menschen, dessen Mut und Kraft durch Mißlingen einer Arbeit oder durch andre Unfälle so gesunken ist, daß er sich nicht mehr zu neuen Anstrengungen fähig fühlt. Als Montecuculi 1664 die Türken besiegt hatte, ließ ihn ein Soldatenlied singen:

> Türk, itzt hangt dir Schwanz und Feder
> Wie eim nassen Gogelhahn.

382. Zur Folie dienen.

S. v. w. durch eigene Unscheinbarkeit den Glanz von etwas anderm neben sich desto heller leuchten machen. In Schillers „Kabale und Liebe" IV, 7 Luise zur Lady Milford: „Hat Ihre Wonne die Verzweiflung so nötig zur Folie?" Der Ausdruck stammt aus der Goldschmiedekunst: der Goldschmied versteht unter Folie (von mittellat. folium) das Blättchen, das als Unterlage für einen Edelstein dient. So schon bei Mathesius (1562): „die folien oder bletlein, so man unter die edlen gestein legt".

383. Sich französisch empfehlen (drücken).

Halb scherz=, halb boshafter Ausdruck für: sich heimlich davonmachen, ohne sich zu verabschieden, namentlich aus einer geladenen Gesellschaft. Auch sich auf polnisch verabschieden kann man hören. Der Pariser sagt: s'esbigner (oder pisser) à l'anglaise, der Engländer giebt es ihm aber derb zurück mit seinem to take french leave, d. h. durchbrennen, ohne zu bezahlen. Alle diese Redensarten ver=

danken ihre Entſtehung einem lebhaften Mißtrauen gegen
die Sitten und die Art des feindlichen Nachbars.

384. Das iſt ein gefundenes Freſſen.

S. v. w. das kommt mir gerade recht. In der erſten
Scene des „Götz“ erfahren die beiden Berlichingiſchen
Reiter von einem Bauern, daß der Weislingen, auf den ihr
Herr fahndet, in der Nähe auf einem Schloß ſei; da ruft
der eine dem andern zu: „Peter! das iſt ein gefunden
Freſſen!“ Dafür Simpl. II, 294, 15: „So war dieſes
meinem Knan eine gemähete Wieſe.“

385. Einen vor Liebe freſſen wollen.

Ein hyperboliſcher Ausdruck zur Bezeichnung höchſter,
tollſter Verliebtheit, der ſchon im ſpäten Mittelalter gebraucht
wurde, wie Wackernagel in Haupts Zeitſchrift VI, 194 ſg.
dargethan hat. Damals ſagte man: Einen vor lieb ver-
kiuwen. (Liederſaal I, 395.) Für zucker niezen. —
Die bekannten Sagen von Liebhabern, deren ausgeſchnittenes
und geröſtetes Herz ihren Damen von den beleidigten Gatten
zu eſſen vorgeſetzt wird, können nicht zur Erklärung der
Redensart herangezogen werden. Das richtige Verſtändnis
des Ausdrucks ergiebt ſich aus der ganz natürlichen Em-
pfindung, daß einem beim Anblick von ein paar friſchen
roten Backen das Waſſer im Munde zuſammenläuft. Von
demſelben Gefühl iſt beherrſcht, wer von ſolchen Backen
ſagt, ſie ſeien „zum anbeißen“.

386. Ich traue dem Frieden nicht.

Faſt noch gebräuchlicher: ich traue dem Landfrieden
nicht. Dieſe Redensart ſchreibt ſich aus der Zeit her, wo
die kaiſerlichen Landfrieden die Fehden, die Deutſchland
verheerten, einſchränken ſollten. Schon 1085 erließ Heinrich IV. einen Gottesfrieden zu Mainz, und unter den
Stauffern gehören die Landfrieden Friedrichs I. (1156) und
Friedrichs II. (1234) zu den wichtigſten Reichsgeſetzen.
Aber der Arm der weltlichen Gerechtigkeit war ſchwach;
es gab noch kein Beamtentum, alſo auch noch keine Polizei;
jeder konnte ungehindert mit ſeiner Freunde Beiſtand gegen
andre Fehden erheben, Rache nehmen oder Sühne erzwingen.

Vergeblich suchte auch die Goldene Bulle das Fehdewesen gesetzlich zu regeln, sodaß alle ungerechten Fehden überhaupt unterbleiben sollten, gerechte aber wenigstens dem Befehdeten da, wo er Haus und Hof hielt, drei Tage vor Eröffnung der Feindseligkeiten angesagt werden sollten. Auch der große Landfriede Maximilians zu Worms 1495 war nur ein Gebot und war nicht auf eine kaiserliche Macht gestützt, die die Übertreter sofort gezüchtigt hätte. Und so war lange Zeit Grund genug, „dem Landfrieden nicht recht zu trauen".

Derselbe Hintergrund erklärt die alte Redensart: dem Geleit nicht trauen, eigentlich s. v. w. sich nicht auf die durch unsicheres Gebiet geleitende Schutztruppe verlassen. Im „Froschmäuseler" warnt der alte Sperling seine Jungen unter anderm auch:

> Spür ich an einem dicken strauch,
> das sich herauswindet der Rauch,
> als wenn ein feur darunter wer,
> so trau ich dem geleit nicht mehr.

387. Mit jemand die Friedenspfeife rauchen.

Friedenspfeife (frz. calumet) heißt die buntverzierte, hölzerne Tabakspfeife, die bei den Friedensverhandlungen der nordamerikanischen Indianer eine wichtige Rolle spielt. Ein Häuptling raucht sie mit einigen Zügen an und reicht sie dann dem Abgesandten des feindlichen Stammes sowie den übrigen Vornehmen, und nun geht sie während der ganzen Friedensverhandlung im Kreise herum. Von diesem Gebrauch der Rothäute, an dem auch Europäer teilgenommen haben, stammt die deutsche Redensart.

388. Das ist für den alten Fritzen.

S. v. w. das ist vergebliche Arbeit. Eine Lampe brennt für den alten Fritzen, wenn niemand im Zimmer ist. Schon Voltaire soll abgelehnt haben, für Friedrich den Großen zu arbeiten, und noch heute sagt der Franzose in dem Sinne unsrer Redensart: travailler pour le roi de Prusse.

389. Front machen gegen jemand.

S. v. w. eine verteidigende oder angreifende Stellung einnehmen. Aus der Militärsprache.

390. Dem Fuchs beichten.

S. v. w. seinem Feinde Geheimnisse anvertrauen; ital.: confidare i suoi segreti al nemico. Der Fuchs, der alte Schlauberger, ist am wenigsten als geistlicher Berater, als Beichtvater oder Seelsorger, an seinem Platze. Wer dem Fuchs beichtet, bringt seine Geheimnisse also nicht an den Rechten. Ebenso ist der Ausdruck zu verstehen: „Der Fuchs predigt den Hühnern", d. h. der Schlaue überlistet die Arglosen.

391. Den Fuchs nicht beißen.

S. v. w. feige sein, nicht angreifen. Von den Jagd= hunden, kann in die Soldatensprache übertragen. So öfter in der Lebensbeschreibung des tapfern Ritters Wilwolt von Schaumburg, z. B. S. 89: „den sie (die Bürger) merkten, das si (die feindlichen Soldaten) den fuchs nit bißen, stets fluhen." S. 94: „Der von Rasenstein wolt den fuchs nit beißen."

392. Einen Fuchs schießen.

S. v. w. sich erbrechen. Simpl. I, 107 steht als Kapitelüberschrift: „Simplex sieht, wie sein Herr einen Fuchsen schiesset", und I, 108, 26: „Demnach befahl er mir, den Fuchs hinweg zu tragen". Im 44. Kap. des 4. Buches des Rabelaisischen „Gargantua" wird eine ganz ähnliche Redensart zu einem Geschichtchen verwertet. Es ist von einem großen Fresser die Rede, der Windmühlen samt den darin eingesperrten Hühnern verschlingt. „Außer= dem liefen ihm alle Füchse des Landes, die hinter den Hühnern her waren, in den Rachen hinein, sodaß er jeden Augenblick zu sterben meinte, hätte er nicht bei einem hef= tigen Anfall, so wie ihm ein lustiger Hexenmeister riet, einen Fuchs geschunden. Späterhin wurde er noch besser beraten, und jetzt setzt man ihm in solchen Fällen ein Klystier von Weizenkörnern und Hirse, wodurch die Füchse nach hinten gelockt werden; auch schluckt er Pillen von Wind= und Dachshunden."

393. Das (die Meile) hat der Fuchs gemessen (und den Schwanz zugegeben).

Die Redensart wird angewandt, wenn das wirkliche Maß (besonders einer Wegstrecke) über ein angegebenes weit hinausgeht. Die ursprüngliche Vorstellung ist die: der Fuchs will eine gewisse Strecke nach seiner Körperlänge ausgemessen haben, in Wahrheit hat er aber seinen langen Schwanz mit eingerechnet.

394. Er denkt, der Fuchs hat ihn geleckt.

S. v. w. er glaubt wunder was für ein großes Glück zu haben, er täuscht sich aber. Daß einen ein Fuchs leckt wie ein treuer Hund, wäre allerdings eine unerhörte Freundlichkeit des Fuchses: mit Recht ist er sonst als bissig verschrien, besonders vor dem bissigen Fuchs in der Falle warnt der Volksmund; doch vgl. Hase.

395. Den Fuchsschwanz streichen.

S. v. w. einem schön thun, schmeicheln, nach dem Munde reden. Geiler von Kaisersberg sagt einmal (vgl. Zarnckes Kommentar zum „Narrenschiff" 36, 1): „Christus hat den Juden mit den Fuchsschwanz durch das Maul gezogen, sunder ihnen gestrelet mit der Hechel." Da ist aber die ursprüngliche Vorstellung schon verwischt, nur es spielt eine zweite Redensart herein: das Hälmlein durchs Maul ziehen. Eigentlich heißt mit dem Fuchsschwanz streichen den Fuchsschwanz als Rute benutzen, eine Züchtigung, die wegen der Weichheit des Fuchsschwanzes natürlich keine ist. Zwei Redensarten verquickt Hans Sachs, indem er die Metzen im Venusdienst sagen läßt:

> Da wir den Armen vnd den Reichen
> Mit einem Fuchsschwantz die Federn abstreichen.

Simpl. III, 15, 29: „ich wuste meinem Rittmeister so trefflich zu Fuchsschwänzen"; I, 374, 12: „mit diesem Fuxschwantz" (d. i. mit dieser Schmeichelei). Vgl. Lehm. 341 (Glimpff 9): „Zu Hoff vnnd im Regiment muß man den staub vnd vnrath mit Fuchsschwäntz abkehren."

396. Er kann nicht bis fünf zählen.

S. v. w. er versteht nichts, ist ein großer Dummkopf. Schon im Altertum war sprichwörtlich: nescit, quot digitos habet in manu. Plautus, Persa 2, 2, 5. Noch ärger ist, wenn einer nicht bis drei zählen kann.

397. Fünf gerade sein lassen.

Wer fünf für eine gerade Zahl gelten läßt, nimmt es nicht genau, geht nicht streng zu Werke. Vgl. Lehm. 786 (Vergleichen 4): „Man muß das krumme ins schlim[1] schla= gen, so wirds eben. Man mus bißweilen lassen fünff gerad seyn." In der Zimmerischen Chronik wird (II, 255) er= zählt, daß einem sein Weib untreu geworden sei und daß er sie deshalb hätte anklagen sollen. „Aber derselbig guet herr het ein verdewigen magen, sahe durch die finger, ließ fünfe gerad sein." Welche Freude an bildlichen Ausdrücken!

398. Das fünfte Rad am Wagen.

So nennt man jemand, der bei einer Sache nicht nur überflüssig, sondern ein lästiges Zuviel ist, für den kein Platz und keine Verwendung ist. Das Bild ist alt und längst geläufig. Schon Freidanks „Bescheidenheit" erklärt:

> Der wagen hat deheine stat
> da wol ste daz fünfte rat.

Und Ulrich Boner, der Verfasser der ältesten größern ge= reimten Fabelsammlung in deutscher Sprache, meint:

> Ein klosterlugner bœser ist
> und arger, denn des tiuvels list:
> er verirt daz kloster, hœr ich sagen,
> recht als daz vünfte rat den wagen.

Wohl den ältesten Beleg, freilich in lateinischem Gewande, bietet eine Sprichwörtersammlung des 11. Jahrhs. (Ger= mania XVIII, 315):

> Quem fastidimus, quinta est nobis rota plaustri.

399. Auf großem Fuße leben.

S. v. w. viel Aufwand machen. Die Redensart wird gern auf eine mittelalterliche Modethorheit zurückgeführt. Um das Jahr 1090 lebte Gottfried von Plantagenet, Graf von Paris, einer der schönsten und geistreichsten Lebemänner seiner Zeit. Der hatte auf der großen Zehe seines rechten Fußes einen starken Fleischauswuchs, der seinen zierlichen Fuß ver= unstaltete. Um dieses Gebrechen zu verbergen, verfiel er

---

[1] schlimm heißt eigentlich schief, so auch noch hier.

auf den Gedanken, Schuhe mit aufwärtsgebogenen Schnäbeln zu tragen. Die höfische Mode bemächtigte sich sofort dieser auffälligen Fußbekleidung, à la poulaine genannt, und so fand sie bald allgemeine Verbreitung. Die hervorragenden Spitzen waren mit Werg ausgestopft und bei Stutzern manchmal von solcher Länge, daß sie mit einer Kette oder Agraffe, wohl auch mit einer Schelle versehen, ans Knieband oder an den vordern Lappen des Schuhes selber festgebunden wurden. Im 14. Jahrh. hatten die Schuhe ein bestimmtes Längenmaß nach dem Range der Personen, die sie trugen. Die Bürgerlichen trugen Schuhe mit sechs Zoll langen Schnäbeln; die Ritter und Barone hatten Schnäbel bis zu einem Fuß, während die Grafen und Fürsten Schuhschnäbel von zwei Fuß Länge tragen durften.

Der kleine Beitrag zur Trachtengeschichte des ausgehenden Mittelalters, der sich an diese Erklärung knüpft, hat sie wohl allein gehalten. In Wahrheit steht Fuß (und ebenso Hand), wie in vielen andern Redensarten so auch hier, bildlich für Lebenshaltung, Verhältnisse, Art und Weise. Vgl. auf vertrautem Fuße, auf gutem Fuße, auf gespanntem Fuße mit jemand leben, auf freien Fuß gesetzt werden (wobei allerdings auch an einen Gegensatz zu dem wirklich gefesselten Fuß des Gefangenen gedacht werden kann), etwas auf den alten Fuß bringen u. s. w.

400. Einem etwas unter den Fuß geben.

S. v. w. jemand etwas heimlich beibringen, ihn heimlich zu etwas veranlassen. Die ursprüngliche Vorstellung ist die, daß man etwa einen Zettel unter dem eigenen Fuße bis an den Fuß des zu Unterrichtenden spielt, worauf ihn dieser sofort wieder mit seinem Fuße deckt. Merkwürdig ist, daß dazu genau das lat. suppeditare stimmt.

Durch Treten auf den Fuß wird geheimes Einverständnis bezeichnet; zwei Liebende, die sich nicht über dem Tisch die Hand reichen dürfen, treten einander verstohlen auf den Fuß. Einen treten in dem Sinne von: ihm eine Mahnung zukommen lassen, ihn an eine Schuld erinnern, ist eigentlich weiter nichts, als ihm einen für andere unbemerkbaren, für ihn aber nicht mißzuverstehenden Wink geben.

Ganz allgemein bedeutet schließlich e i n e n a u f d i e F ü ß e
t r e t e n : ihm wehe thun, ihn beleidigen; man sagt dafür auch:
jemand auf die große Fußzehe, auf die Hühneraugen treten.

401. Mit einem Fuß im Grabe stehen.

S. v. w. seinem Ende nahe sein, besonders von todtkranken
Menschen gesagt. Früher war gebräuchlicher a u f d e r G r u b e
g e h e n (z. B. Simpl. II, 157, 3: „Auch wisset ihr, daß
gedachter mein Herr Vatter allerdings auf der Grube gehet");
wer das thut, ist am Ziele seines Lebensweges angelangt,
jeden Augenblick kann er hinabsinken. Maaler erklärt: „der
auf der gruben gaat, in abgendem alter, declivis aetate.
capularis senex." Vgl. Syll. 33: „Alterum pedem in
cymba Charontis habere. Er gehet auff der Gruben. Er
gehet auff der Baar. Er hat einen fuß schon im Grab.
Er gehet auff grabes bort. He stippet nae sinem grave."

402. Stehenden Fußes.

Diese stehende Formel für a u g e n b l i c k l i c h , s o g l e i c h ,
spielt eine wichtige Rolle im alten deutschen Rechtsleben.
Wer mit seinem Urteil nicht zufrieden war, mußte es g l e i c h
a u f d e r S t e l l e , u n v e r w a n d t e n F u ß e s (stante pede)
anfechten oder, wie es in der alten Sprache hieß, schelten;
denn sonst wurde es rechtskräftig. In einem Reucher Weis-
tum von 1430 (vgl. Grimm, Rechtsaltertümer, S. 866)
heißt es: „Auch waz vor dem dorfgreven und den nachgeboren
gewiset wird, wolde sich imant des berufen gein Reuchen an
das oberste gerichte, der mag iß thun u n v e r z o g e l i c h , un-
beraden und s t a n d e s f u ß e s , e er hinder sich trede."
Und schon der Sachsenspiegel schreibt vor: Stande sal man
ordel scelden. Fast noch sinnlicher oder doch noch enger
gegriffen ist in der Zimmerischen Chronik: „gleich im fneß-
stapfen" und so noch heute in Oberdeutschland im Volksmund; dagegen verwirrend gehäuft einmal in Heinrichs von
Freiberg „Tristan" (V. 6140 fg.), wo König Nampotenis
seinem treulosen Weibe zuruft:

> ich enlaze iuch nimmer genesen,
> ob ir die ganzen warheit
> mir nicht an stender stete seit.

Wie so viele Ortsangaben, ist auch diese auf die Zeit

übertragen worden. Wir rufen: „Auf der Stelle kommſt
du her!" Wer aber auf der Stelle etwas thun ſoll,
ſoll es eigentlich da thun, wo er gerade ſteht, kann alſo
eigentlich nicht herkommen. Und ebenſo kann Schiller nur
in übertragenem Sinne Stauffacher ſagen laſſen (Tell I, 2):
> Nach Uri fahr ich ſtehnden Fußes gleich.

403. Ein Koloß auf thönernen Füßen.

So nennt man ein Ding, eine Einrichtung, deren Ge=
wicht und Bedeutung in keinem Verhältnis ſteht zu den
Stützen, auf denen ſie ruht, die auf zu ſchwachen Füßen
ſteht, die aufrecht zu erhalten Mühe macht. Die Be=
zeichnung iſt veranlaßt worden durch die Worte des Pro=
pheten Daniel (2, 31—34): „Du König ſaheſt, und ſiehe,
ein ſehr großes und hohes Bild ſtand gegen dir, das war
ſchrecklich anzuſehen. Desſelben Bildes Haupt war von
feinem Golde, ſeine Bruſt und Arme waren von Silber,
ſein Bauch und Lenden waren von Erz. Seine Schenkel
waren Eiſen, ſeine Füße einesteils Eiſen und einesteils
Thon. Solches ſaheſt du, bis daß ein Stein herabgeriſſen
ward ohne Hände, der ſchlug das Bild an ſeine Füße, die
Eiſen und Thon waren, und zermalmete ſie." Solche Sta=
tuen, halb Eiſen, halb Thon, hat es wirklich gegeben.
Pius IX. drohte am 24. Juni 1872, daß dem Koloß
des neuen deutſchen Kaiſerreichs ein Steinchen den Fuß zer=
ſchmettern werde.

404. Fußangeln legen,

damit jemand hineinfällt, ſ. v. w. einem verſteckte Hinder=
niſſe und Gefahren bereiten, wie ſie eigentlich dem heran=
ſchleichenden Diebe oder Feinde zugedacht ſind. Reinmar
von Zweter ſagt einmal (75, 11) von denen, die der „Ehre"
abgeſagt hätten:
> sie zihent dich, vuozisen ligen
> uf dinem hove ze schaden dem ingesinde.

405. Futſch ſein.

S. v. w. hin ſein, verloren ſein. Was in dem futſch
ſteckt, iſt zweifelhaft. Söhns[1] erklärt es als eine Verbildung

---

[1] Die Parias unſerer Sprache, S. 8.

des Partizips des Passivs von ital. fuggire, das genau wie unser futsch gebraucht werde; Kluge (Etym. Wörterb., 5. Aufl.) nimmt einen Anlauf, es mit dem oberd. futi, fudi zu ver= binden, für das er Ableitung von frz. foutu (zum Teufel) für möglich hält. Sollte nicht futsch (wie futschen, fitscheln u. f. w.) eine onomatopoetische Bildung sein, ähnlich dem mit einem t abgeschlossenen Pfiff, die das schnelle Hingleiten bezeichnet?

G.

406. Das ist nur eine Galgenfrist.

Ursprünglich bedeutet der Ausdruck die Gnadenfrist, die einem zum Galgen verurteilten Übelthäter gewährt wird, dadurch daß die Todesstrafe um ein kleines hinausgeschoben wird. Jetzt wendet man den Ausdruck nur noch in dem Sinne an: jemand einen Aufschub zugestehen in einer un= angenehmen Sache, die doch zu schlimmem Ausgang führt.

407. Ein Galgenstrick.

S. v. w. ein Lump, der gleichsam den Strick verdient, wert ist, an den Galgen gehängt zu werden. Auch Galgen selbst diente als Schimpfwort, z. B. in Behaims „Buch der Wiener" 275, 4:

> Grünspauntein, diser mörder
> der pos dieb und beukmäßig galt.

Vgl. Galgenschwengel (eigentl. einer, der schon baumelt), Galgenvogel u. a.

Galgenhumor nennt man es, wenn einer in ver= zweifelter Lage noch Witze macht, sich heiter stellt.

408. Die Galle läuft ihm über.

S. v. w. er wird zornig. Die Galle ist hier rein sinnlich gedacht als ein Gefäß mit einer bittern Flüssigkeit. Die Galle geht über, wie ein Topf mit Milch überläuft, wie einem die Augen übergehen: überall ist es eigentlich nicht das Gefäß, das übergeht, sondern der flüssige Inhalt, der über den Rand des Gefäßes tritt.

Wem die Galle überläuft, der wird grün und gelb

im Gesicht, denn die herausquellende Bitterkeit, so glaubte
man, ergießt sich durch den ganzen Körper. Gallenkrämer,
auch bloß: Galle, sind Schimpfworte für einen Neid
hammel oder für einen, der sich gern ärgert, also für gallige
Leute. Vgl. Syll. 244: „Zoili. Neidige Gallenkrämer."
Adolf von Nassau redet in Ottokars österr. Reimchronik
von seinem Feinde Wenzla von Böhmen als von derselben
beheimischen gallen, und Gerlind ruft Gudrun (1278, 1)
zu: Nu swic, du übele galle!

409. Einen am Gängelbande führen.

S. v. w. ihn nach seinem Willen leiten wie ein Kind,
das noch nicht allein gehen kann und das man an einem
unter den Armen durchgezogenen Bande laufen läßt. Auch
bloß: gängeln. Fiesko schwelgt in dem Gedanken (III, 2),
„tief unten den geharnischten Riesen Gesetz am Gängel
bande zu lenken". Vgl. die Redensarten: jemand an die
Leine nehmen[1], und: jemand am Narrenseil haben;
ferner das lat.: funem ducere und sequi, den Strick
leiten und ihm folgen, also: gebieten und gehorchen; Horaz,
Epist. I, 10, 48:

Imperat aut servit collecta pecunia cuique,
Tortum digna sequi potius, quam ducere, funem.

410. Es ist gäng und gäbe.

S. v. w. es ist gebräuchlich, geläufig. Gänge ist, was
geht; gäbe ist, was sich giebt, gegeben wird. Beide Wörter
verbunden — wobei dann gänge vor und zu gäng ab-
geschleift worden ist — sind zunächst vom Gelde gesagt
worden und bezeichnen da: augenblicklich giltig, in Umlauf.
Das wird verständlich, wenn man sich erinnert, wie schnell
früher eine neue Münze eine alte ablöste.

Einen Komperativ zu dem Ausdruck bildet Grimmelshausen Simpl. IV, 340, 11: „so setze ohne daß das auff-
hängen gangbarlicher und geber als der Monatsold".

---

[1] Hergenommen von dem ersten Unterricht junger Pferde oder
Reiter, wobei die Longe angewandt wird, d. i. eine Leine, woran
man Pferde den Rundlauf machen läßt. — Fuhrleute haben ihre
Pferde am Leitseil oder Leitriemen.

411. Dumme Gans!

Ebenso wie andre Tiernamen (Esel, Rind, Ochse, Pferd — dafür auch Heupferd! — das Schaf nicht zu vergessen) ein Schimpfwort für Thoren, besonders für dumme Frauen.[1] Aber auch Parzival wird schon Gans gescholten, weil er vor dem leidenden Gralkönig die rettende Frage nicht gethan hat. In Brants „Narrenschiff" heißt es: „Manchen dunckt, er wer witzig gern, vnd ist ein ganß doch." Der erzürnte Stadtmusikant Miller bringt es fertig, in einem Atem von seiner Frau zu sagen (Kabale und Liebe, I, 2): „Das Weib ist eine alberne Gans. Wo soll eine gnädige Madam herkommen (d. h. bei Luise)? Was für ein Esel streckt sein Langohr aus diesem Geschwätze?" Ein altes Sprichwort, im 18. Jahrh. oft zur Verspottung der Reisemode und der Franzosennachäfferei angewendet, lautet:

> Er flog als Gänsrich übern Rhein
> Und kam als Gigat wieder heim.

412. Soweit gehen seine Gänse nicht.

S. v. w. das geht über seinen geistigen Gesichtskreis, davon versteht er nichts, wie ein Bauer, der nur das nächste Fleckchen Erde um sich herum kennt, nicht weiter gekommen ist, als seine Gänse täglich watscheln, um ihr bischen Gras zu finden.

413. Eine Gänsehaut kriegen.

Bei heftigen Gemütsbewegungen, auch bei plötzlicher Einwirkung von Kälte auf die Haut geschieht es leicht, daß diese über und über frieselig wird, auf einmal mit lauter kleinen Knötchen dicht übersät ist. Dann sieht sie in der That der Haut einer gerupften Gans so ähnlich, daß die Redensart ohne weiters verständlich wird.

414. Im Gänsemarsch.

S. v. w. einer hinter dem andern in einer Reihe, wie die Gänse des Dorfes früh auf den Anger und abends wieder heim ziehen. An vielen Orten setzt man einen be-

---

[1] Ihr dümmstes Gesicht machen die Gänse, wenn es wetterleuchtet; daher ein bekannter Vergleich.

kannten Ortsnamen als Ziel der Gänsewanderung hinzu, also: sie gehen wie die Gänse nach Dingsda. In Sieben=bürgen aber heißt es: Sie gehen wie die Hunde nach Blasendorf.

415. Einem den Garaus machen.

S. v. w. ihn töten. Früher sagte man: es gar aus, d. i. ganz aus, mit einem machen; daneben hatte sich das Substantivum der Garaus entwickelt in Redensarten wie den Garaus trinken[1], den Garaus läuten, und so wurde nun auch gesagt: einem den Garaus machen. In Lessings „Nathan" (I, 5) enthüllt der Klosterbruder den eigentlichen Auftrag seines Patriarchen an den Tempelherrn mit den Worten:
Was wäre da
Wohl leichter, als des Saladin sich zu
Bemächtigen? den Garaus ihm zu machen?

Der Garaus ist aber schon früher mit dem Kehraus (s. d.) vermengt worden, daher nun gar im Volksliede:
Weil ich dann nit getaugt zu Sachen
Thät man mit mir bald Stanbaus machen.

416. Jemand eine Gardinenpredigt halten.

S. v. w. ihm Vorwürfe machen, gleichsam wie eine Ehefrau ihrem Manne hinter den Gardinen (d. h. den Bettvorhängen) im Bett, dann überhaupt ohne Zeugen. Wenn auch nicht als Gardinenpredigt[2], so doch als Predigt werden solche weibliche Vorwürfe im Ehebett schon in Brants „Narrenschiff" bezeichnet:
Der eeman selten frid do hett
muß hören predig ouch gar oft,
so manch barfüßer lit und schloft.

417. Einen ins Garn locken.

S. v. w. ihn zu fangen suchen. Vom Vogelsteller, der mit der Pfeife die Vögel in sein Netz, sein Garn lockt.

---

[1] Den Rest trinken, sagt heute der Student; das alte Garaus ist von uns deutschen Trinkern auch ins Französische hinüber=gedrungen: bei Rabelais: boire carrous et alluz, d. i. gar aus und all aus!

[2] Gardine aus frz. courtine. es ist um 1600 von Nieder=deutschland her im deutschen Sprachgebiet eingedrungen.

Schon bei Ezechiel 12, 13: „Ich (der Herr) will mein Netz über ihn werfen (den König), daß er in meiner Jagd gefangen werde." Vgl. Syll. 123: „In laqueum inducere. In das Garn bringen." Hans Pfriem klagt, wie er die Richter herankommen sieht (V. 975):

> Die sind so abgericht auff mich,
> Das sie mich fangen listiglich,
> Ist gar ein ausgelegter Karn (d. i. Garn).

Schiller läßt seinen Fiesko den ankommenden Mohren begierig fragen (III, 4): „Ist was ins Garn gelaufen?" und Rückert beutet das Bild aus — weder besonders schön gereimt noch gedacht — in den „Östlichen Rosen":

> Wein und schöne Mädchen
> Sind zwei Zauberfädchen,
> Die auch die erfahrnen
> Vögel gern umgarnen.

418. Gassenhauer.

S. v. w. ein Lied, das allgemein auf den Gassen gesungen wird. Adelung hielt den letzten Teil in Gassenhauer für dunkel; Frisch glaubte, es sei dabei auf das Hauen oder Wetzen auf den Steinen gesehen worden, das man wahrnehmen könne, wenn fröhliche Haufen singend auf den Gassen umherziehen.[1] In Baiern und Österreich bedeutet hauen s. v. w. laufen, aushauen ist in Wien ein Kraftwort für tanzen. Gassenhauer bezeichnete also eigentlich einen Tanz auf der Gasse, dann das Lied auf der Gasse, das Volkslied. Daß eine ganz bestimmte Art Lied ursprünglich damit gemeint gewesen ist, geht schon daraus hervor, daß in den vielen alten Liedersammlungen: „Gassenhawer und Reuterliedlein", „Gassenhawer, Reuter- und Bergliedlein", von Hans Sachs „geistliche Lieder, Gassenhauer, Kriegslieder und Buhllieder" unterschieden werden. Jedenfalls sind es Lieder.

[1] Ein Zeugnis dafür sind die Verse Moscheroschs:
bursa studentorum finstri sub tempore nachti,
cum sterni leuchtunt. monus quoque scheinet ab himlo,
gassatim laufent per omnes compita gassas
cum geigis, cytharis, lautis, harphisque spilentes,
haujuntque in steinos. quod feurius springet ab illis.

419. Jemand ins Gebet nehmen.

S. v. w. ihn zur Rechenschaft ziehen; ihn vornehmen,
um ihm etwas zu verweisen. Die Redensart stammt entweder von den Sittenpredigern, die den Tadel für jemand
mit ins Gebet oder gar in den Text ihrer Predigt ein-
flechten, oder von dem Beichtiger, der nach empfangener
Beichte dem reuigen Sünder vorbetet. Die zweite Erklärung
verdient den Vorzug.

420. Von des Gedankens Blässe angekränkelt sein.

Nach Shakespeares „Hamlet" III, 1:

And thus the native hue of resolution
Is sicklied o'er with the pale cast of thought.

Delius erklärt diese Verse: „Der natürlichen Hautfarbe
(hue) in ihrer gesunden Frische wird hier die blasse auf-
getragene Farbe (cast), welche jener ein kränkliches Aussehen giebt, ebenso entgegengestellt, wie der Entschlossenheit
zur That (resolution) die Bedenklichkeit des Zauderns
(thought)." Bisweilen sagt man auch im Scherze von
einem, der noch nicht denken gelernt hat: er ist noch nicht
von des Gedankens Blässe angekränkelt.

421. In Gedanken sein.

Heißt eigentlich in seine Gedanken vertieft oder verloren
sein, sodaß man auf die äußern Dinge nicht achthat; doch
sagt man auch von „Zerstreuten"[1], die nicht eigentlich
denken, sondern nur träumen, daß sie in Gedanken seien.
Umgekehrt ist der Sinn des Wortes „Gedanken" gesteigert
in der Redensart: sich Gedanken machen, s. v. w. voll
Sorgen über etwas nachdenken; auch: das macht mir Gedanken, d. h. es giebt mir zu denken, es macht mir Sorge.

422. Gut gegeben!

S. v. w. gut geantwortet, er ist ihm nichts schuldig geblieben! So schon Simpl. III, 403, 14: „Wol geben! sagte

---

[1] Zerstreut sein, ein „Zerstreuter", ist rein nach dem Französischen gebildet. „Wir wollen nicht untersuchen, wer das Recht
hatte, diese Worte zu machen." Lessing. Noch J. E. Schlegel
übersetzt distrait mit Träumer.

jener." Entweder Abkürzung für: zu hören geben, oder aus der Fechtersprache.

423. Das ist weder gehauen noch gestochen!

So wird eigentlich einem schlechten Fechter zugerufen, der so ungeschickt mit der Waffe zufährt, daß man nicht weiß, ob er hauen oder stechen will. Übertragen bezeichnen die Worte dasselbe wie: nicht Fisch noch Fleisch, d. h. nichts ordentliches. Im 9. Auftritt von Kleists „Zerbrochenem Krug" ruft Walter dem Dorfrichter Adam zu:

Wenn ihr doch eure Reden lassen wolltet.
Geschwätz, gehauen nicht und nicht gestochen.

In Siebenbürgen sagt einer, der nicht weiß, woran er ist: ich wiß net, ben ich gekocht awer gebroden; in Schwaben auch: das ist weder Heu noch Stroh.

424. Einem ins Gehege kommen.

Bedeutet eigentlich: in sein umzäuntes Gebiet einbrechen; dann übertragen: sich auf dem Arbeitsfelde eines andern zu schaffen machen (auch in schlüpfrigem Sinne), überhaupt: einem in die Quere kommen. Ähnlich bei Luther: „Wenn dir jemand on dein willen über das geleit feret, so scheußest du mit büchsen hernach", wo geleit s. v. w. Geleitsgebiet ist. Anders gemeint ist das lateinische Noli turbare circulos meos!

425. Ein öffentliches Geheimnis.

Mit diesem Oxymoron (vgl. S. 19 Anm. 2) bezeichnet man eine Sache, um die alle Welt weiß, die aber von allen als Geheimnis behandelt wird, sei es weil sie amtlich noch nicht veröffentlicht worden ist oder weil man sich sonst aus irgend welchen Gründen scheut, offen davon zu sprechen. In „vornehmen" Kreisen heißt es auch: die Sache ist „public".

426. Das ist gehuppt wie gesprungen.

So drückt der Mitteldeutsche in gewöhnlicher Rede aus, daß zwei Wege zur Erlangung eines Ziels gleich gut und gleich schlecht sind. Eigentlich: der Unterschied zwischen beiden ist gerade so groß, wie der zwischen hüpfen und springen. (Vgl.: das ist Hose wie Jacke, das ist Wurst wie Schale.)

427. Daß dich der Geier! Hol's der Geier! Zum Geier! Das mag der Geier wissen!

In allen diesen Verwünschungsformeln erscheint das Wort „Geier" als Glimpfform für „Teufel", dessen Namen man sich auszusprechen scheut, aber vermutlich mit Anknüpfung an die früher durchaus nicht seltene Thatsache, daß Lämmergeier in den Bergen auch Kinder überfielen und als Beute in ihren Krallen davontrugen. Vgl. Kuckuck.

428. Die erste Geige spielen.

S. v. w. der geistige Mittelpunkt eines Kreises sein, den Ton angeben (vgl. Ton). Das Bild stammt aus dem Orchester, wo unter all den Bläsern und Streichern die Musikanten hervorragen, die die erste Geige spielen; denn sie führen meist die Hauptstimme, d. h. die eigentliche Melodie durch — oder besser noch aus dem Streichquartett: hier hat der Spieler der ersten Geige zugleich die wichtigste, die schwerste und die schönste Aufgabe; die drei Mitspielenden haben sich in der Hauptsache nach ihm zu richten.

429. Nach jemandes Geige tanzen müssen.

S. v. w. nach seinem Wink handeln müssen; das Bild stammt vom Tanzboden: wie der Geiger oben den Takt streicht, so müssen sich die tanzenden Paare drehen. (Vgl. Pfeife.) Als Ludwig XIV. mit dem Sultan gemeinsame Sache gegen das Deutsche Reich machte, spottete man in Versen über den „französischen Kaufmann" und ließ ihn zum Sultan sagen:

> Drum wünsch ich dir, daß dein Gewalt
> Noch höher solle steigen;
> Singst du den Baß, so sing ich Alt,
> Tanzen nach einer Geigen.

430. Einem die Wahrheit geigen.

S. v. w. sie derb sagen. Der Ausdruck ist daher genommen, daß man beim Geigen mit dem Bogen wiederholt hin und her fährt. Was wiederholt geschieht, wirkt eindringlich. Vgl. Lehm. 872 (Wahrheit 3): „Wer die wahrheit geigt, dem schlägt man die Fiedel vmb den Kopff."

431. Wes Geistes Kind?

Biblischen Ursprungs: „Wisset ihr nicht, welches Geistes Kinder ihr seid?" Luk. 9, 55.

432. Ein Gelbschnabel (oder Grünschnabel): er hat noch das Gelbe um den Schnabel.

Von einem jungen, unerfahrenen Bürschchen, das schon mitreden will, ohne das Recht dazu zu haben. Der spöttische Vergleich beruht darauf, daß die Schnäbel junger Vögel mit einer hellgelben Haut umsäumt sind. Goethe in „Wilhelm Meisters Wanderjahren" 2, 3: „mit der Kühnheit eines waghalsigen Gelbschnabels", aber dem Rhythmus zuliebe im zweiten Teil des „Faust":

Wenn man der Jugend reine Wahrheit sagt,
Die gelben Schnäbeln keineswegs behagt.

Auch der Franzose redet von béjaunes (aus bec jaune): schon im 14. Jahrh. hießen auf Pariser Lateinschulen die jungen Ankömmlinge becani. Vgl. grün.

433. Kein Geld, kein Schweizer.

S. v. w. nichts ohne Gegenleistung. Auch gereimt: Kein Kreuzer, kein Schweizer. Aus Frankreich in der Übersetzung zu uns gekommen. Als Franz I. von Frankreich bei der Belagerung von Mailand durch Karl V. im Jahre 1521 die schweizerischen Hilfstruppen nicht bezahlen konnte, verließen sie sein Heer mit den Worten: Point d'argent, point de Suisse. Ebenso heißt es: Kein Geld, kein Paternoster!

434. Die Gelegenheit beim Schopfe fassen.

S. v. w. den günstigen Augenblick wahrnehmen und ausnutzen, als ob die Gelegenheit ein vorübereilendes Weib wäre, das man im Nacken nicht mehr fassen kann. Eine der berühmtesten Statuen des griechischen Bildhauers Lysippos war die Allegorie des Kairos oder des günstigen Augenblicks. Der Künstler hatte ihn dargestellt auf einer Kugel stehend, in der einen Hand die Wage, in der andern das Schermesser (weil die Entscheidung auf der Schneide des Messers ruht), am Hinterkopfe geschoren und vorn mit flatterndem Schopfe.

435. Einem ins Gepäck fallen.

S. v. w. ihn an einer empfindlichen Stelle angreifen. Aus dem Kriegsleben: wenn der Feind ein dahinziehendes Heer nicht von vorn angreift, sondern da, wo das Gepäck geführt wird, so ist der Angriff besonders empfindlich und verdrießlich, da man ihm nicht gleich mit voller Kraft entgegentreten kann.

436. Auf ein Gericht Gerngesehen einladen.

S. v. w. auf eine einfache Mahlzeit bitten, bei der mehr der liebreiche Empfang, als das Essen in Betracht kommt. Ähnliche Ausdrücke der Bescheidenheit sind: jemand zu einem Löffel Suppe, zu einer Tasse Thee einladen. Der Römer sagte in demselben Sinne: aquam praebere (Horaz, Sat. 1, 4, 87), der Grieche: ῧδωρ παρέχειν, als ob das Wasser, das teils kalt, teils warm bei Gastmählern gereicht wurde, die Hauptsache wäre.

437. In gutem (in schlechtem) Geruche stehen.

Das Wort Geruch hat eigentlich nichts zu thun mit Gerücht; Gerücht ist nichts als eine niederd. Form für hochd. Gerüst und gehört zu rufen; (vgl. niederd. achter mit hochd. after, Lachter mit Klafter u. v. a.); Geruch dagegen gehört zu riechen und wird nur übertragen in einem ähnlichen Sinne gebraucht wie Gerücht. Vgl. 2 Mos. 5, 21: „Daß ihr unsern Geruch habt stinken gemacht für Pharao." Häufig gebrauchen wir das Bild in der Wendung: im Geruche der Heiligkeit stehen. Noch rein sinnlich zu verstehen und doch nicht wörtlich gemeint in Schillers „Don Karlos" V, 4: „Dein Geruch ist Mord."

438. Gesagt, gethan.

Von der raschen Ausführung eines Gedankens, eines Befehls. Ebenso lat.: dictum ac factum; dictum, factum. Terenz, Andria 2, 3, 7; Heautont. 5, 1, 31; vgl. hierzu das häufige sprichwörtliche: dicto citius.

439. Ins Geschirr gehen; sich ins Geschirr legen.

S. v. w. angestrengt (im eigentlichsten Sinne: angesträngt) thätig sein; von dem mit voller Kraft anziehenden Wagenpferd hergenommen.

440. Es hat geſchnappt.

S. v. w. es iſt glücklich gelungen. Wer eine ſchwierige, kitzliche Sache vorgehabt hat, z. B. eine Unterredung, durch die viel erreicht werden ſollte, den fragt man, wenn es vorbei iſt: Nun, hat's geſchnappt? Offenbar wird dabei an ein Schloß gedacht, das zu ſchließen oder zu öffnen Mühe gemacht hat.

Aber auch in anderm Sinne: es iſt aus, es wird auf= gehört! Hier denkt man wohl an die aushebende Schlaguhr. Oder an die geſprungene Saite? In einem ſogenannten Theatrum mundi von 1657, einem Jahresbericht der jüng= ſten Weltgeſchichte in Verſen, wo die größten Herren zu Worte kommen, klagt der König von Polen, daß das Glück ihn verlaſſen habe:

> Dann bei Warſau in dem Streite,
> So drei ganzer Täg gewährt,
> Schnappt der Fidel ab die Saite,
> Heißt: Valet, nach Haus gekehrt.

441. Viel Geſchrei und wenig Wolle.[1]

S. v. w. Aufhebens um einer unbedeutenden Sache willen. Urſprünglich von der Schafſchur; dann ſcherzhaft von dem Scheren eines Schweines (durch den Teufel) ge= ſagt. Schon in den Kolmarer Meiſterſingerliedern (14, 26) Geschreies vil und lützel wolle gap ein su. Und noch heute ſagt man in Niederdeutſchland: „Veel Geſchree un wenig Wull — ſä de Düwel, do ſcheer he en Swin." Vgl. Syll. 45: „Asini caput ne laves nitro. Es iſt nicht recht, daß man die Hunde mit den Bratwürſten werfſe, dieweil man Bengel hat. Es iſt nicht not, daß man die ſau ſchiert, man pflückt oder ſenget ſie doch wol."

Natürlich giebt es auch hier ein Geſchichtchen, das die Veranlaſſung zu der Redensart gegeben haben ſoll. Der Teu= fel ging einſt damit um, von einer Herde ein Schaf zu ſtehlen. Da es ihm aber wegen der Wachſamkeit der Menſchen nicht gelang, ſo begnügte er ſich mit einer Ziege und floh mit dieſer auf einen Berg, um ſie zu ſcheren. Als ihm auch

---

[1] Auch in der Form: „Viel Geſchrei und doch kein Ei!" Ähnlich im Sprichwort: Hennen, die viel gackern, legen wenig Eier

hierhin eine tobende Volksmenge nachdrängte, die ihm ſeinen
Fang abjagen wollte, ließ er die Ziege fahren mit den
Worten: „Viel Geſchrei und wenig Wolle!" und erhob ſich
in die Lüfte.

442. Grobes Geſchütz anfahren.

S. v. w. einem Gegner mit groben Worten entgegen=
treten. Aus dem Kriegsleben: wo der Feind ſo feſtſteht,
daß ihn bloße Gewehrſalven nicht vertreiben, läßt der Feld=
herr grobes, d. i. großes, ſchweres Geſchütz anfahren, um
die Reihen des Gegners zu zerſchmettern.

443. Geſetzel.

Man ſagt: ſein Geſetzel abkriegen oder dazu geben, ſein
Geſetzel heulen, lügen u. ſ. w., alles in dem Sinne von
ſein Teil, ſein Stückchen. Dieſe Ausdrücke erklären ſich
daher, daß Geſetz früher auch Strophe eines Liedes be=
deutete. Bei einem Rundgeſang ſang jeder ſein Geſetz und
der Chorus zu jeder Strophe den Kehrreim. „Sein
Geſetz" bekam ſo die Bedeutung von: ſeinen Anteil. In
Fiſcharts „Gargantua": „er hab dann vor ein geſetzlin
gepfiffen". Simpl. 1, 221: „Das zweite Geſetzel der
Tagweis." Leſſing in den „Juden" 19: „Nicht wahr, Sie
lögen ſelber ein Geſetzchen?"

444. Ins Geſicht ſchlagen.

Bedeutet auch übertragen: widerſprechen, z. B. das
ſchlägt allen Regeln des Anſtands ins Geſicht. Bei Luther
dafür oft: in die Backen hauen.

445. Geſtiefelt und geſpornt.

Auch ſubſtantiviſch: mit Stiefeln und Sporen, d. h.
vollſtändig angekleidet, eigentlich vollſtändig gerüſtet oder
gewappnet. Hergenommen von dem Ritter, dem Bilde ge=
rüſteter Mannhaftigkeit, wenn er bereit iſt, das Roß zu be=
ſteigen. — „Kämen die erben binnen 30 jahren zu lande
und wolten dem gute folgen und das geſinnen, ſo ſoll der
abt ihnen das gut wieder zukommen laſſen; doch wenn
einer zu pferde (heim) kompt, ſoll er bei den herrn reiten
in ſtiefeln und ſporn und das gut geſinnen." Bert=
hoſer Hofrecht (a. 1566). Grimm, Rechtsaltertümer, S. 99.

446. Gestriegelt und gebügelt.

Ursprünglich vom Pferde, dann auf einen geputzten Menschen angewendet; besonders von jemand, der sein Haar stark pomadisiert hat; auch: geschniegelt und gebügelt. Vgl. lat.: juvenes barba et coma nitidi, de capsula toti, ganz wie aus dem Schmuckkästchen, Seneca, Phil. epist. 115, 2.

447. Gevatter stehen

wird in der Studentensprache von verpfändeten und ver= setzten Sachen gesagt. Denn so wie die Gevattern Bürg= schaft leisten, daß der Täufling als Mensch und Christ seine Pflicht thun werde, so giebt auch die verpfändete Sache Sicherheit, daß der Schuldner seine Verbindlichkeit erfüllen werde.[1] Schon bei Günther:

> Der Stiefel lauft schon von den Füßen,
> und muß nun zu Gevattern stehn.

448. Gewicht auf etwas legen.

Eigentlich etwas beschweren, schwerer machen, wobei ur= sprünglich das Bild der Wage vorgeschwebt haben wird: man legt Gewicht auf eine Aussage, auf einen Grund, wie auf einen Wertgegenstand in der einen Schale der Wage, damit diese Schale sinke, damit das Züuglein nach dieser Seite ausschlage. Ebenso: Nachdruck auf etwas legen.

449. Weder Gicks noch Gacks wissen.

S. v. w. ganz unerfahren sein; eigentlich: dümmer sein als eine Gans, denn gicks und gacks macht die Sprache der Gänse aus. Früher sagte man auch oft: „er kann weder gatzen[2] noch Eier legen". Geradezu in der Bedeutung „so gut wie nichts" ist gicks und gacks bezeugt Syll. 210: „Scarabaei umbrae. Die Schatten eines Goldkäfers. Gickes Gäckes." Vgl. Murners „Schelmenzunft" XXXVII, 7 fg.:

> Wen wir kriechent vnd sind alt,
> vnd ist vns lyb vnd blut erkalt,
> Vnd mügent weder guck noch gack.

---

[1] Vgl.: Seine Uhr ist ein Waisenkind geworden, d. h. sie ist im Leihamt und wird von andern aufgezogen.

[2] gatzen für älteres gagezen, wie blitzen aus blikezen, d. h. heftig blicken.

450. Dran glauben müssen.

Der hat nun auch dran glauben müssen — so sagt man, wenn einer eine schmerzliche Erfahrung gemacht hat, eine große Einbuße erlitten hat, auch wohl, wenn er gestorben ist. Die Worte sind ursprünglich durchaus religiös gemeint; zu ergänzen ist etwa: daß es einen stärkern Herrn giebt. Vgl. auch beten lernen, zu Kreuze kriechen; in einem Volkslied auf den Sieg Montecucculis über die Türken bei St. Gotthard (1664, Ditf. S. 33) die an den Türken gerichteten Worte: Lernest bei St. Gotthard beten.

451. Gleiches mit Gleichem vergelten,

der Grundgedanke des jus talionis, des Wiedervergeltungs=rechts, des Auge um Auge, Zahn um Zahn, wie es aus dem mosaischen Gesetz (2 Mos. 21, 24) bekannt ist, ist ein allgemeiner Rechtsgrundsatz, der Menschheit, kann man sagen, angeboren. Erst bei Völkern ganz hoher Kultur pflegt er überwunden zu werden: erst Sokrates hat die Griechen, erst Christus die Juden gelehrt, wie ein höheres, edleres sitt=liches Gefühl vergilt. Unsre ältesten deutschen Volksrechte wenden den Grundsatz zuweilen an, auch für die Römer hat er gegolten, vgl. par pari respondere, referre. Plau=tus, Merc. 3, 4, 44; Truc. 5, 47 u. s. w.

Ein derber Ausdruck für dieselbe Sache ist: Wurst wider Wurst (Nr. 1252). So schon in einem Volkslied aus dem Dreißigjährigen Kriege:

> Gleich wie wir sie vor kauzten,
> Wann sie uns jetzt auch dauzten,
> Das wäre Wurst um Wurst.

452. Gleiche Brüder, gleiche Kappen.

S. v. w. gleiche Rechte und gleiche Pflichten gehören sich für Personen desselben Standes, derselben Gattung. Die Redensart ist hergenommen von den Mönchen: in jedem Mönchsorden haben alle Brüder dieselbe Tracht.

453. Etwas ins Gleis bringen.

S. v. w. in Ordnung bringen, in seinen alten, gleich=mäßigen Gang bringen; zunächst von einem entgleisten Wagen gesagt.

454. Die große Glocke läuten.

S. v. w. sich mit einer Angelegenheit unmittelbar an den wenden, der die entscheidende Stimme darüber abzugeben hat. Die Redensart erklärt sich aus dem Umstande, daß an den Sonn= und Feiertagen, wo der Bischof, der Abt oder der Prior in der Kirche, der Abtei oder im Kloster das Amt hat, die größte Glocke beim Beginn des Gottes= dienstes geläutet wird.

455. Etwas an die große Glocke hängen.

S. v. w. etwas ausposaunen, in aller Leute Mund bringen, namentlich Privatsachen, die nicht vor die Öffent= lichkeit gehören. Bei M. Claudius, Ein silbern ABC, heißt es:

> Häng an die große Glocke nicht,
> Was jemand im Vertrauen spricht.

Man vermutet, daß die Redensart aus dem alten Rechts= leben stamme, wo die Glocke allerdings eine Rolle gespielt hat. Daß es freilich üblich gewesen sei, Klagezettel oder dergleichen an eine Glocke zu hängen, ist nirgends überliefert. Das einzige alte Zeugnis, das hierher schlägt, ist ein Ver= bot Karls des Großen gegen eine Gewohnheit seiner Zeit, Zettel (perticae) an den Glockenstangen propter gran= dinem aufzuhängen. Aber das erlaubt keinen sichern Schluß auf die Herkunft unsrer Redensart.

In alter Zeit heißt es gewöhnlich: an die große Glocke laufen. Mit diesen Worten ist z. B. das zweite Kapitel von Murners „Mühle von Schwindelsheim" überschrieben; darin heißt es dann V. 249:

> Lauff hin, stürm an die gröste glocken,
> Das wir domit zuosamen locken
> Allen guoten lieben gsellen.

Das Zeitwort hängen in der Redensart scheint jünger zu sein. An der Glocke oder richtiger in der Glocke hängt ja nur der Klöppel. Vielleicht wäre also die Redensart so auf= zufassen, daß das, was die Glocke laut verkündet, gleichsam mit dem Klöppel an die Glocke gehängt ist?

456. Die Glocke ist gegossen.

S. v. w. die Sache ist abgemacht, eine schwierige Aufgabe ist glücklich gelöst. Im „Froschmäuseler“: „endlich ward nach vielem Gezenk die Glock von allen so gegossen.“ Zusammen mit gleichbedeutenden Redensarten in einem Spottgedicht von Burkhard Waldis auf den Herzog Heinrich den Jüngern von Braunschweig B. 390 fg.:

Ich halts, die glock sei schon gegossen,
Die axt ist scharpff vnd wol gewetzt,
Dem bawm schon an die wurtzeln gietzt,
Der knüttel brawt den bösen hunden,
Vnd ist der besem grept (bereits) gebunden.

Das Gelingen eines Glockengusses war ein solches Ereignis, daß zuweilen ein Tedeum dafür gesungen wurde. Daher meint in einem Volkslied aus dem Dreißigjährigen Kriege der Stier von Uri von einem, der zu früh triumphiert:

Ist schon „Gottlob“ bestellt,
Zuletzt der Guß noch fehlt.

457. Glossen machen.

S. v. w. Bemerkungen, gewöhnlich tadelnde oder spöttische, zu etwas machen. „Der muß wieder seine Glossen machen“ sagt man von einem, der wie gewöhnlich so auch diesmal etwas zu nörgeln, etwas auszusetzen hat. Glosse bedeutet Erklärung oder Erläuterung, Randglossen sind eigentlich erläuternde Bemerkungen, wie sie früher zum Text eines Buches mit kleiner Schrift an den Rand gedruckt wurden.

458. Das Gnadenbrot erhalten.

Eigentlich von Menschen und Tieren gesagt, die im Alter für früher geleistete Dienste aus Gnaden erhalten werden. Schiller sagt: „Mich unter den Hofschranzen stehen lassen, stundenlang, als wär' ich da, um Gnadenbrot zu betteln.“

459. Seine Worte auf die Goldwage legen.

Auf der Goldwage werden die Goldmünzen aufs genaueste abgewogen; wer seine Worte auf die Goldwage legt d. h. die verschiedenen Möglichkeiten, sich auszudrücken, genau gegeneinander abwägt, ermißt ihren Sinn bis aufs Haar und will sie dann auch in diesem peinlich abgemessenen Sinne verstanden wissen. Das Bild findet sich schon bei Sirach 21, 27: „Die Weisen wägen ihre Worte mit der Goldwage", und 28, 29: „Du wägest dein Gold und Silber ein; warum wägest du nicht auch deine Worte auf der Goldwage?" Umgekehrt sagt von sich, wer in seinen Worten nicht wählerisch ist, wer derb und geradezu spricht: Ich kann die Worte nicht erst auf die Goldwage legen. Vgl. Lehm. 953 (Zweiffel 27): „Mancher wigt alles auf der Goldwag, vnd so das Gewicht gleich stehet, so weiß er doch nicht, was er wehlen sol."

460. Den gordischen Knoten lösen.

S. v. w. eine Schwierigkeit, statt sie zu überwinden, gewaltsam beseitigen. Das Bild ist, wenn auch ohne den antiken Namen, häufig in unsrer Dichtung verwendet worden. Vgl. Goethes „Tasso" 412: „Die Knoten vieler Worte löst das Schwert." — Die Redensart bezieht sich auf den künstlichen Jochknoten an dem uralten Wagen der phrygischen Könige in Gordion: wer diesen Knoten löse, sagte man, werde Herr von Asien werden. Alexander der Große durchhieb ihn, oraculi sortem vel illusit vel implevit fügt sein Geschichtschreiber Curtius hinzu. Nach andrer Überlieferung löste er ihn durch Ausziehen des Pflockes wirklich. Arrian 2, 3, 1; Curtius 3, 1, 15.

461. Leben wie der liebe Gott in Frankreich.

Diese Redensart wird gewöhnlich aus der Zeit erklärt, wo der liebe Gott in Frankreich abgesetzt war, aus den ersten Jahren der Republik, wo der Kultus der Vernunft an die Stelle des katholischen Gottesdienstes getreten war. Damals hätte der liebe Gott in Frankreich nichts mehr zu thun, nichts zu sorgen gehabt, und so sei damals (zwischen 1792 und 1794[1]) für einen, der es sich bequem macht, die

---

[1] Im Mai 1794 ließ Robespierre durch den Konvent wieder festsetzen, daß das Dasein eines höchsten Wesens und die Unsterblichkeit der Seele eine Wahrheit sei. Darauf dichtete Pfeffel die Verse:

Redensart aufgekommen: „Er lebt wie der liebe Gott in
Frankreich".

Eine andre Erklärung geht davon aus, daß man von
einem, der herrlich und in Freuden lebt, auch sagt: „Er
lebt wie ein Gott". „Wie der liebe Gott in Frankreich"
sei nur eine Steigerung dieses Ausdrucks und erkläre sich
daher, daß es sich nirgends so gut leben lasse wie in dem
schönen, reichen, lustigen Frankreich.

462. Um einen Gotteslohn

z. B. arbeiten; d. h. nicht um einen Lohn, wie ihn Gott
giebt, sondern den Gott geben soll statt des Menschen, der
zunächst lohnen sollte, also indem der Arbeiter belohnt wird
mit einem bloßen: „Vergelts Gott!"

463. Die Gottlosen bekommen die Neige.

Ein Scherzwort, das oft angewendet wird, wenn man
beim Verteilen eines Getränkes auf dem Boden des Ge=
fäßes anlangt; vgl. dazu das gereimte Gegenstück:

> An die Frommen
> Soll die Neige kommen.

Das Wort ist biblischen Ursprungs: Pf. 75, 9 heißt es:
„Denn der Herr hat einen Becher in der Hand, und mit
starkem Wein voll eingeschenket, und schenket aus demselben;
aber die Gottlosen müssen alle trinken, und die Hefen aus=
saufen." Gottes Gaben erscheinen im Alten Testament oft
unter dem Bilde eines Trunkes. Pf. 60, 5: „Du hast uns
einen Trunk gegeben, daß wir taumelten." Jef. 51, 17:
„Wache auf, stehe auf, Jerusalem, die du von der Hand
des Herrn den Kelch seines Grimmes getrunken hast; die
Hefen des Taumelkelchs hast du ausgetrunken, und die
Tropfen geleckt"; vgl. auch Kap. 51, 22; Jer. 8, 14.
Kap. 25, 15 reicht der Herr dem Jeremias den „Becher
Weins voll Zorn" zum Ausschenken an alle Völker.

> Darfst, lieber Gott, nun wieder sein,
> So will's der Schach der Franken.
> Laß flugs durch ein Paar Engelein
> Dich schön bei ihm bedanken.

464. Noch nicht über dem Graben sein.

S. v. w. noch nicht am Ziele sein, noch nicht gewonnenes Spiel haben. Man gebraucht die Redensart, um einen vor allzu kühnen Hoffnungen zu warnen, solange es noch Schweres zu bewältigen giebt.

465. Etwas cum grano salis verstehen.

Wörtlich: mit einem Salzkorn, übertragen s. v. w. mit ein wenig Verstand oder Überlegung (vgl. Salz); von Aussagen, die nicht plump und äußerlich ihrem Wortlaut nach zu nehmen sind, sondern bei denen abzuziehen oder hinzuzuthun ist, was die Vernunft, der gesunde Menschenverstand erfordert. Stammt aus dem Lateinischen; bei Plinius (Nat. hist. 23, 8) in der Form: addito salis grano.

466. Das Gras wachsen hören.

S. v. w. überklug sein. Bebel Nr. 85: Ille audit gramina crescere: dicitur in eos, qui sibi prudentissimi videntur. Tappe Nr. 34: „Scit quomodo Jupiter duxerit Junonem Er hört auch das graß wachsen." Seb. Franck I, 78: „Er hört die flöh husten, das graß wachsen." Nitzius, Florilegium Adagiorum (Basel 1728), S. 614: „Surgentem audit avenam. Er hört das Gras wachsen, den Klee besonders." In Bürgers Gedicht „Der Kaiser und der Abt":

> Man rühmet, ihr wäret der pfiffigste Mann,
> Ihr hörtet das Gräschen fast wachsen, sagt man.

Andre Ausdrücke, um Überklugheit zu verspotten, sind: die Spinnen weben hören, den Mücken zur Ader lassen können; in Siebenbürgen sagt man: E hirt de kripes (Krebse) nesen, ein Spintisierer heißt dann dort kurz: e kripesneser. Vgl. Lehm. 914 (Witz 11): „Witz ist nicht blind vnd sihet doch nicht: ist nicht blind vnd auch nicht sehend, hörts Gras wachsen, die Flöh hupffen, die Mücken an der Wand niesen." Von Heimdallr, dem treuen Wächter des Himmels, erzählt die Edda, daß ihm alles, was ist, offenbar werde; denn er bedarf weniger Schlaf als ein Vogel, bei Tag und Nacht sieht er hundert Rasten (d. i. Tagereisen) weit, er hört das Gras auf der Erde und die Wolle auf den Schafen wachsen.

467. Darüber ist Gras gewachsen.

So sagt man bildlich von einer längst vergessenen bösen Geschichte oder von einem alten Zank, der längst aus dem Gedächtnis gelöscht ist. Solche Sachen „begräbt" man, läßt man ruhen, und schließlich „wächst Gras darüber", sodaß keine Spur mehr davon zu finden ist. Eine etwas andre Vorstellung liegt der Redensart zu Grunde Lehm. 905 (Widerwertig 14): „Wer grosse Stümpff wil außwurtzeln, der verderbt das Geschirr, vnd thut sich selbsten wehe, es ist besser, man läßt das Gras darüber wachsen."

468. Ins Gras beißen.

S. v. w. sterben; ähnlich heißt im Französischen mordre la poussière s. v. w. im Kampfe fallen. Beide Redens= arten werden aus der Thatsache erklärt, daß tödlich ver= wundete und zu Boden gestürzte Krieger häufig im letzten Todeskampfe Sand, Erde oder Gras mit dem Munde er= fassen, um die heftigen Schmerzen in den letzten Augen= blicken zu verbeißen. Das haben schon die Alten beobachtet und verwertet. So ruft z. B. Agamemnon (Ilias II, 416 —418) den Zeus an, die Sonne nicht sinken zu lassen,

Eh ich vor Hektors Brust ringsher zerrissen den Panzer
Mit eindringendem Erz, und häufig um ihn die Genossen,
Vorwärts liegend im Staube, geknirscht mit den Zähnen das
Erdreich!

Ebenda XI, 747 fg. spricht Nestor:

Und zween Kriegsmänner um jeden
Knirschten den Staub mit den Zähnen, von meiner Lanze gebändigt.

Vgl. Virgil, Aen. XI, 118: Procubuit moriens et humum semel ore momordit, und Ovid, Met. IX, 60:

. . . Tum denique tellus
Pressa genu nostro est, et arenas ore momordi.

Weigand (Wörterbuch der deutschen Synonymen I, 20) hat diese Erklärung zu Gunsten einer andern verwerfen wollen. In der mittelhochd. Litteratur wird oft erzählt, daß ein

Ritter an (in) daz gras erbeizt, d. h. vom Pferde ins Gras absteigt; eigentlich ist erbeizen s. v. w. bizen machen, nämlich das Pferd. (Ähnlich heißt es bei unsrer Kavallerie: „wir füttern", wenn eine kurze Rast für Mensch und Tier gehalten wird.) Der Ausdruck wird dann ironisch gebraucht, z. B.: da erbeizte manie man von den rossen nider in daz gras, weil sie nämlich verwundet worden waren, mußten sie absteigen. Schließlich seien die Worte gradezu in dem Sinne gebraucht worden: im Kampfe fallen. Die gewöhnliche Erklärung wird aber wohl die richtige sein.

469. Die Grazien haben nicht an seiner Wiege gestanden.

S. v. w. sie haben ihm nicht die Eigenschaften als Patengeschenk verliehen, wodurch sie sich selbst auszeichnen, nämlich Anmut, Lieblichkeit und Liebreiz. Gewöhnlich gebraucht man die Redensart nicht nur, um diesen Mangel angenehmer Gaben auszudrücken, sondern gradezu um einen häßlichen oder groben, unhöflichen Menschen zu bezeichnen. Tasso zur Prinzessin (II, 1):

Doch, haben alle Götter sich versammelt,
Geschenke seiner Wiege darzubringen?
Die Grazien sind leider ausgeblieben.
Und wem die Gaben dieser Holden fehlen,
Der kann zwar viel besitzen, vieles geben,
Doch läßt sich nie an seinem Busen ruhn.

470. Grillen fangen.

S. v. w. grübeln, launisch, eigensinnig seinen Gedanken nachhängen. Schon bei Fischart: spitzfindige fremde Grillen. Die Grille (eine kleine Heuschrecke) ist hier nur eine Vertreterin eines großen Schwarmes von kleinen, beweglichen Tieren, die einem wie die Gedanken durch den Kopf schwirren. Solche kleine Gesellschaft hat man oben im Dachstübchen, dagegen den Narren, den Affen im Leibe.

Eins der ältesten Zeugnisse für diesen Sprachgebrauch bringt die Zimmerische Chronik (I, 130) aus der Ursperger (um 1220): Marchiam quoque Anconae et principatum Ravennae Conrado de Lützelhardt contulit, quem Italici Muscam-in-cerebro nominant eo, quod plerumque quasi demens videretur. Vgl. Zimmerische

Chronik III, 168: „so im dann die dauben uszgeflogen."[1]
Lehm. 442 (Kopff 31): „Wer Mäuß im Kopff hat, dem
muß man ein Katz drein setzen, wer Tauben hat, dem muß
man sie abfangen, wer Mücken hat, dem muß man mit
Mückenpulver verhelffen: aber Narren wollen sie stracks mit
Schwertern und Degen vertreiben." Haller warnt:

> Und wer aus steifem Sinn, mit Schwermuht wohl bewehret,
> Sein forschend Denken ganz in diese Tiefen kehret,
> Kriegt oft vor wahres Licht und immer helle Lust
> Nur Würmer in den Kopf und Dolchen in die Brust.

In Ifflands „Jägern" III, 8 sagt die Wirtin von Anten:
„Es ist ein junges Blut, und wenn denen die Ratte durch
den Kopf läuft —." Auch Mücken (oberd. Mucken), Raupen, Hummeln kann man im Kopfe haben. Der Pariser
sagt: avoir une araignée dans le plafond.

Grillen fangen ist nicht anders zu verstehen, als:
nach Einfällen haschen, hat aber vor diesem den Vorzug
der deutlichern Bildlichkeit. In Wielands „Idris" 1, 66:
„Die Stirn in Falten ziehn und magre Grillen haschen";
Lessing schreibt: „Ich habe über dieses Gedicht einige Grillen
gefangen."

471. Etwas im Griffe haben.

Auch mit dem Zusatz: wie der Bettelmann die Laus,
s. v. w. etwas unbewußt aus Gewohnheit richtig machen,
wie der Handwerker so und so viele Handbewegungen und
Griffe bei seiner Arbeit tausendmal des Tages unbewußt
richtig ausführt, die ein andrer bewundert.

472. Jemand eine Grube graben.

S. v. w. ihm eine Falle stellen, ihn in Schaden zu
bringen suchen. Dazu das Sprichwort: Wer andern eine
Grube gräbt, fällt selbst hinein. Aus der Bibel volkstümlich geworden, vgl. Spr. Sal. 26, 27: „Wer eine Grube
macht, der wird darein fallen." Ps. 7, 16: „Er hat eine
Grube gegraben und ausgeführt, und ist in die Grube ge-

---

[1] Noch heute in Niederdeutschland: sik bunde vügel (hoffärtige Gedanken) in den kopp setten.

fallen, die er gemacht hat." Vgl. Pf. 35, 7; 9, 16.
Doch schon um 1200 im Volksmunde, z. B. beim Sper=
vogel:

> vil dicke er selbe drinne lit,
> der dem andern grebt die gruoben.

Auf einer Denkmünze von 1612, die auf die Entdeckung
einer von den Bürgermeistern Canter und von Helsdingen
angestifteten Verschwörung in der Provinz Utrecht geschlagen
wurde, befindet sich vorn das Bild zweier Grabenden (1610)
mit der Umschrift: Foveam foderunt, auf der Kehrseite sieht
man beide Männer rückwärts in die Grube hineingefallen
und die Umschrift (1611): In eam inciderunt.

473. Jemand nicht grün sein.

S. v. w. ihm nicht gewogen sein. Grün, als die
Hauptfarbe des Lebens in der Natur, war in alter Zeit
die Farbe der Freude, des Angenehmen; daher die Redens=
art. Schon in dem mittelhochdeutschen Passional (V. 67571)
heißt es von der heiligen Katharina:

> sus giene die edele gotes dirn
> so hin uf den palas
> da die samenunge was
> gegen ir vil ungrune.

Auch die grüne Seite (komm an meine grüne Seite!)
ist wohl daher zu erklären.

Grün ist aber auch die Farbe des unreifen Obstes:
daher Ausdrücke wie grüne Freundschaft, grüner Junge,
Grünschnabel (statt Gelbschnabel). Endlich ist Grün auch
wegen seines Überwiegens in der Natur die Farbe des Ge=
wöhnlichen, Gemeinen; daher das Sprichwort: Wer sich
grün macht, den fressen die Ziegen, d. h. wer sich wegwirft,
gar zu bescheiden ist, der wird schlecht behandelt.

474. Auf keinen grünen Zweig kommen.

S. v. w. kein Glück haben, nichts vor sich bringen.
In Goethes „Sprüchen": „Es ist traurig anzusehen, wie ein
außerordentlicher Mensch sich gar oft mit sich, seinen Um=
ständen, seiner Zeit herumwürgt, ohne auf einen grünen
Zweig zu kommen. Trauriges Beispiel Bürger." Schon
in Brants „Narrenschiff" 83, 8, 9:

Erberkent muß verr hynden stan
Und kumbt gar kum off grünen zwig.

Man hat die Redensart aus der symbolischen Sprache des alten deutschen Rechts erklärt. Dort bedeutet: den dürren Baum reiten s. v. w. als Verbrecher hängen; oft wurde das Urteil gefällt in der Form: „Man soll ihn an den dürren Baum henken, denn er ist des grünen nicht wert." „Den dürren Baum reiten" decke sich logisch vollkommen mit der Redensart: auf keinem grünen Zweig sein, die ursprüngliche Bedeutung habe sich allmählich gemildert.[1] Aber gegen diese Erklärung spricht vor allen Dingen, daß sich der ursprünglich positive Sinn in einen negativen gewandelt haben müßte. Denn nach unserm Sprachgefühl ist das Vergebliche des Trachtens das Wesentliche, nicht das Erreichen eines bösen Ziels. Neidhart von Reuenthal besingt einmal die Ankunft des Frühlings:

> Der walt hat siner grise gar vergezzen:
> der meie ist uf ein grüenez zwi gesezzen
> er hat gewunnen loubes vil.

Von diesen Versen läßt sich leicht die Brücke zu dem bildlich gebrauchten Ausdruck „grünen" schlagen; bei Geiler von Kaisersberg heißt es gradezu einmal: „Sie mögent niemer begrünen oder off grienen zweig komen" und ganz in demselben Sinne Simpl. IV, 22: „Nach diesem bedachte ich, was ich thun und wie ich meine Händel anstellen wolte, damit ich wieder recht grün würde." Also wohl rein als Sinnbild des kräftig Gedeihenden ist der grüne Zweig aufzufassen. „Kommen auf" ist dabei ebenso wenig wörtlich zu verstehen wie in den Redensarten: auf die Neige kommen, mit jemand ins Reine kommen u. s. w.

475. Er hat Grütze im Kopf.

S. v. w. er hat Verstand. Grütze heißen die von den Hülsen, dem Spelt befreiten und dann klein geschnittenen Getreidekörner; bildlich: wer Grütze im Kopfe hat, hat keine

---

[1] Wer von einem Grundstück Besitz ergriff, erhielt als Symbol einen grünenden Zweig; auch davon hat man die Redensart ableiten wollen.

gehaltlose Spreu darin, sondern den wertvollen Kern. Bei Günther:

> Ein Kopf, der von Natur
> Mehr Spreu als Grütze führt.

476. Aus einem Gusse sein.

Diese Redensart bezieht sich auf die Metallgießerei, insbesondere auf den Glockenguß, wo die Glockenspeise nicht in Absätzen, in verschiedenen Zwischenräumen, sondern in einem ununterbrochenen Gusse in die Form fließen muß. Übertragen sagen wir von einer Arbeit: sie ist wie aus einem Gusse, wenn sie einen vollkommen einheitlichen Eindruck macht.

H.

477. Es ist kein gutes Haar an ihm.

S. v. w. er taugt ganz und gar nichts. Die Redensart könnte wohl von dem Balg irgend eines Tieres stammen, doch ist Haar wahrscheinlich hier nichts anders, als in all den Ausdrücken, wo es etwas winzig kleines bedeutet: haarklein, haarscharf, sich nicht um ein Haar bessern, kein Haar breit nachgeben, einem nicht ein Härchen krümmen, d. h. ihm nicht das Geringste anthun. Auch haarspaltig und Haarspalterei im Sinne von Kleinigkeitskrämerei gehört in diesen Vorstellungskreis. Burkhart Waldis in dem Spottgedicht „Der Wilde man von Wolfenbüttel" S. 105 fg.:

> Eyn glatten Aal beim schwantz kan halten,
> Vnd in vier teyl eyn härlin spalten,
> Das graß hört auß der erden wachssen,
> Steckt vier reder an eyne achssen u. s. w.

478. Haare lassen.

S. v. w. zu Schaden kommen, im Streite den kürzern ziehen. Von Raufereien entlehnt.[1] Ein Sprichwort sagt:

---

[1] Beiläufig sei erwähnt, daß wer in ältester deutscher Zeit vor Gericht Haare lassen mußte, dadurch aus dem Stande der Freien herabgewürdigt wurde zum Knecht. Die Gesetze verordneten auf unbefugtes Abscheren der Haare schwere Strafen: si quis puerum crinitum sine consilio aut voluntate parentum totonderit

Wo sich der Esel wälzt, da muß er Haare lassen. Vgl.
Syll. 200: „Quicquid delirant reges, plectuntur Achivi.
Wan die Herrn einander rauffen wollen, so müssen die
bawren die haar darleichen." Gesteigert in dem alten Volks=
liede, das den 1686 besiegten Türken verspottet:

> Gleichwohl mit beim großen erschröcklichen Haufen
> Mußt Haar und Kopf lassen und spöttlich durch laufen.

479. Er hat Haare auf den Zähnen.

So wird von einem tüchtigen oder grimmigen Kerl ge=
sagt, der sich nichts gefallen läßt, der sein Recht verteidigt.
Es ist eine Weiterbildung der Ausdrücke: Haare haben, ein
haariger Kerl sein, d. h. sich der vollen Männlichkeit er=
freuen. Die Redensart darf also nicht so verstanden werden,
wie etwa der studentische Ausdruck Rauhbein, sondern be=
deutet nur: mit voller Kraft zubeißen können. Früher war
gebräuchlich: Haare auf der Zunge haben; so in Sebastian
Francks „Weltbuch": „Es ist kein pfaff frumb, er hab dann
haar auf der zungen." Noch in Schillers „Räubern" (II, 1)
redet Franz den Bastard Hermann an: „Du bist ein ent=
schlossener Kerl — Soldatenherz — Haar auf der Zunge!"
Vgl. frz.:

> Renard qui dort la matinée
> N'a pas la langue emplumée.

Von den beiden Deutungen, mit den Haaren sei der
Bart über den Zähnen gemeint, oder die Redensart stamme

(Lex Sal. 28, 2), so wird er mit 72 Solidi gebüßt. Für ein Ver=
brechen geschoren zu werden, war eine entehrende Strafe. Um=
gekehrt durfte man Knechten das Haar nicht wachsen lassen, damit
sie auch wie Knechte aussahen. Vgl. Grimms „Rechtsaltertümer",
S. 284. In der Kaiserchronik heißt es von einem Bauer:

> an dem sunnentage soll er ze kirchen gan,
> den gart (eine Gerte) in der hant tragen;
> wirt daz swert bi im vunden
> man sol in vüeren gebunden
> zuo dem kirhzune.
> da habe man den geburen
> und slahe im hut und har abe;
> und ob er viantscaft trage
> so were er sich mit der gabeln.

von Raubtieren, die sich das am Felle gepackte erbeutete Tier nicht wieder wollen entreißen lassen, ist eine so ver=kehrt wie die andre.

480. Es hängt an einem Haar.

S. v. w. es kommt auf den kleinsten Zufall an, die Entscheidung hängt von dem kleinsten Umstande ab. Vgl. Damoklesschwert.

481. Darüber lasse ich mir kein graues Haar wachsen.

S. v. w. darüber gräme ich mich nicht. Namenlose Sammlung (Seb. Francks a. 1532) Nr. 90: „Laß dir keyn graw har darumb wachsen." Vgl. Agricola Nr. 163. Seb. Franck erklärt: „Wer viel sorget, der wird leichtlich grau. Es geschieht aber das Grauen aus dreierlei Ursach, als: die aus Weisheit sorgen, die grauen auf dem Haupt; die um die Nahrung und zeitlich Gut sorgen, die grauen am Bart; die aber für andre Leut sorgen, die . . . Die mag man mit diesem Sprichwort warnen, daß sie ihnen kein grau Haar darum sollen wachsen lassen." — Das vorzeitige und plötzliche Ergrauen der Haare weist also auf Sorge und Kummer zurück; es ist beobachtet worden, daß unter solchen Umständen das Haar in kürzester Frist ergraut. So erzählt man von Marie Antoinette, daß sie in der Nacht, nachdem ihr das Todesurteil verlesen worden war, graue Haare bekommen habe. Die Haare Ludwig Sforzas, des Gegners Ludwigs XII. von Frankreich, ergrauten in der Nacht nach dem Tage, an dem er den Franzosen in die Hände fiel. Ein Herr von Andelot fand seinen Bart und eine Augenbraue da, wo der Druck seiner Hand hingewirkt hatte, ergraut, nachdem er, den Kopf auf seine Hand ge=stützt, das Todesurteil seines Bruders, eines Schicksals=genossen der Grafen Egmont und Hoorn, vernommen hatte.

482. Die Haare steigen mir zu Berge.

Bezeichnet den höchsten Grad gewisser Erregungen, z. B. Schauder, Entsetzen, Furcht. In der That hat man bei großem Grauen ein Gefühl, als ob einem die Haare empor=stiegen (daher: haarsträubend), während der Atem angehalten wird und der Mund sich unwillkürlich öffnet. Schon bei Virgil:

Obstupui, steteruutque comae, vox faucibus haesit.

483. Ein Haar in etwas finden.

S. v. w. durch eine unangenehme Entdeckung von etwas abgeschreckt werden. „Soldaten, die ein Grauen haben vor dem Streit, als hätten sie einmal ein Haar darin gefunden, verdienen nichts." Abraham a Sancta Clara, Etwas für Alle, III. — Die Redensart soll ihren Ursprung einer Unsitte der Tuch- und Wollenwebereien des Mittelalters verdanken. Diese hatten seit dem Ende des 12. und 13. Jahrhs. besonders infolge der Einwanderung von Vläningen in vielen deutschen Städten einen großen Aufschwung genommen. Dadurch stellte sich bald ein Mangel an Material, d. h. an Wolle, ein, sodaß man auf den Gedanken kam, Haare, besonders Hundehaare, unter die Wolle zu mischen. Vgl. Bebel Nr. 586: Pilos lanae intermiscere: est fraudem committere. Seb. Franck 1, 27: „Har vnder woll schlagen." — Luther in den „Tischreden": „Allerlei Hundhaare mit hineinhacken."

Jedermann kennt aber auch das unangenehme Gefühl, das einen überkommt, wenn man ein Haar in der Speise, im Brot, in der Suppe findet. Jedenfalls hat diese noch jetzt lebendige Vorstellung Einfluß auf die Redensart in unserm Sprachgefühl, vielleicht liegt sie ihr überhaupt zu Grunde. Vgl. Simpl. IV, 234: „Weil er auch in einem Ey ein Haar finden könnte, so solte er sagen, was dieser Tafel mangle." Auch frz. trouver un cheveu à qch., il y a un cheveu, die Sache hat einen Haken; voilà le cheveu, da liegt der Hase im Pfeffer; trouver des cheveux à tout, an allem zu mäkeln haben.

484. Etwas an den Haaren herbeiziehen.

S. v. w. mit Gewalt herbeiziehen, was nicht zur Sache gehört. Wenn ein Redner absonderliche, weit abliegende Beispiele einflicht, sagt man: er zieht seine Beispiele an den Haaren herbei. Syll. 63: „Capillis trahere. Bey oder mit den Haren herzuziehen."

In älterer Zeit ist merkwürdigerweise nur bezeugt:

an einem Härlein, d. h. leicht heranziehen. Sebastian
Franck 1, 84: „Man mag den willigen leicht winken. Mit
ein härlin zöh man jn darzu." Tunnicius Nr. 748: „Der
willige ys lychtelick te trecken." Mit der Übersetzung: Ultro-
neus nutu trahitur soloque capillo. Bebel Nr. 289:
Uno crine trahitur voluntarius. Lehm. 907 (Will 16):
„Wer willig ist, den kan man leicht erbitten, mit eynem
Härlein herbey ziehen."

485. Einen Haarbeutel haben.

Die wunderliche Mode, Perücken mit einem Haarbeutel
zu tragen, ist unter Ludwig XIV. in Frankreich aufgekommen.
Diese Haarbeutel waren aus schwarzem Taffet, platt und
mit Watte oder Werg ausgearbeitet, unten breiter als oben
und mit Schleifen besetzt. Sie dienten anfangs dazu, das
hintere Haupthaar der Herren aufzunehmen. Bildlich be=
deutet einen Haarbeutel haben s. v. w. einen leichten Rausch
haben, eine Redensart, die zwar ihre Entstehung einem
Major der alliierten Armee im Siebenjährigen Kriege ver=
danken soll, weil er im Rausche einmal einen Haarbeutel
statt des Zopfes einband, in Wahrheit aber ein Scherzwort
sein wird, das keines historischen Anlasses bedarf. (Auch
Zopf wird für Rausch gebraucht.) Von Hebel stammt das
Rätsel:

> Ratet, lieber Leser, was hab' ich im Sinn?
> Einer hat's am Kopfe, ein andrer hat's darin.

486. Der Hafer sticht ihn.

S. v. w. das gute Leben macht ihn übermütig. Die
Redensart stammt vom Pferde. Wird ein Pferd gut ge=
nährt und hat es wenig zu verrichten, dann wird es bei
der geringen Arbeit mutwillig, oft unbändig, schlägt aus,
zerreißt die Stränge und geht durch.[1] Man sagt dann:
das Pferd sticht der Hafer.

---

[1] Das lehrt schon Hugo von Trimberg im „Renner",
B. 4257 fg.:

> Swelh pfert die lenge müezzic get
> und bi vollem fuoter stet,
> daz lecket, scherzet unde bizet.

487. Einem den roten Hahn aufs Dach setzen.

S. v. w. sein Haus in Brand stecken. Bei Schottel: „den roten Hahn zum Gibel ausjagen". Der Hahn kräht in der Frühe und kündet den Tag an; deshalb ist er ein altes Sinnbild des anbrechenden Lichts, der auflodernden Flamme. Besonders der rote Hahn bedeutet das flackernde Feuer. In der altnordischen Göttersage spielt ein roter Hahn eine ganz bestimmte Rolle: er heißt Fjalar und verkündigt mit seinem Krähen das Anbrechen der **Götterdämmerung**.[1]

Pröhle erzählt in seinen „Deutschen Sagen" S. 238: In der Dominikanergasse zu Würzburg steht ein Haus, das den Namen „Zum roten Hahn" führt. Auf das Dach dieses Hauses wurde von den Leuten des Wilhelm von Grumbach[2] nach dessen Überrumpelung der Stadt Würzburg ein roter Hahn gesetzt und das Haus an- gezündet. Der rote Hahn krähte und flog von einem Dach zum andern; das Feuer verbreitete sich weiter auf andre Häuser. Nach seiner Wiedererbauung erhielt dieses Haus den Namen „Zum roten Hahn". — In dieser Erzählung gehen ein bildlich und ein wörtlich zu verstehender Bericht nebeneinander her.

488. Wetterwendisch sein wie der Hahn auf dem Turme.

Von einem Menschen gebräuchlich, dessen Gesinnungs- und Handlungsweise jeder entschiedenen Richtung entbehrt, der heute so, morgen so denkt und handelt, auf den man sich daher nicht verlassen kann. Vgl. Syll. 74: „Cothurno versatilior. Unbeständiger als ein zweyfüßiger schuch. Unstäther, denn ein wetterhan."

---

[1] Dieses Wort, jetzt durch Wagners „Nibelungenring" all- gemein verbreitet, beruht auf einem Mißverständnis, dem altnord. Worte Ragnarøkkr, d. i. Götterverfinsterung: in Wahrheit bricht Ragnarøk, das Göttergeschick, über die Asen herein.

[2] Grumbach wollte, ein zweiter Sickingen, um 1560 die Fürstenaristokratie stürzen. Die wüsten Händel, die er deswegen in Mitteldeutschland gehabt hat, kosteten ihm schließlich das Leben. Der Überfall von Würzburg steht im Anfang seiner berüchtigten Thaten.

489. Es kräht kein Hahn darnach.

S. v. w. niemand bekümmert sich darum, die Sache ist ohne die geringste Wichtigkeit. Darnach ist hier nicht etwa zeitlich gemeint, sondern in übertragenem Sinne; es ist s. v. w. darum, deswegen (vgl. Ankratz). In Schillers „Räubern" I, 2: „Kann man nicht auf den Fall immer ein Pülverchen mit sich führen, das einen so in der Stille über den Acheron fördert, wo kein Hahn darnach kräht!"

Auch stabreimend erweitert: weder Huhn noch Hahn, woraus mißverständlich: weder Hund noch Hahn geworden ist. Zum Hund gehört aber die Katze, daher nun auch (z. B. in Kleists „Hermannsschlacht" III, 3): „Danach wird weder Hund noch Katze krähn." Und schließlich wieder gekürzt: „Da kräht keine Katze nach"; in dieser Form war die Redensart eine Lieblingswendung der Gräfin Voß, der einstigen Oberhofmeisterin am preußischen Hofe.

490. Hahn im Korbe sein.

S. v. w. der am meisten Begünstigte sein. Im Hühner= korb steckt die ganze Hühnerfamilie beisammen, das beste Stück drin aber ist der Hahn, der pater familias, der ein= zige Mann.[1] Ein junger Bursche als einziges männliches Wesen in einer Gesellschaft junger Mädchen ist also recht eigentlich Hahn im Korbe.

Früher hieß es auch: der beste Hahn im Korbe; da ist also an ein Beisammenstecken von mehreren Hähnen gedacht, wie es z. B. bezeugt ist im Esopus des Burkhard Waldis 3, 28:

es hat ein bürger etlich han
zusammen in ein korb gethan.

---

[1] Schrader hat in seinem Buche „Der Bilderschmuck der deutschen Sprache" eine andre Erklärung gegeben. Er bezieht den Ausdruck auf ein Spiel: junge Mädchen, im Kreise um einen in einem Korbe versteckten jungen Hahn versammelt, versuchen bei verbundenen Augen mit einem Stock den Korb zu treffen; welcher das zuerst gelingt, die empfängt den „Hahn im Korbe" und wird binnen Jahresfrist glückliche Braut. — Das Spiel ist aber wohl erst nach der Redensart gemacht.

491. Sie muß den Hahnenklee scheuern.

Wird im Harz (besonders in Andreasberg) von einem jungen Mädchen gesagt, das keinen Bräutigam bekommt. Die Redensart beruht auf folgender Sage, die sich an den romantisch gelegenen Felsen „Hahnenklee" bei Andreasberg knüpft.

Es gingen einst an einem schönen Sonntagnachmittag drei junge Mädchen, sämtlich verlobt, nach einem Orte, der noch jetzt die drei Jungfern heißt. Unterwegs wurden sie aus ihrem traulichen Gespräch über Liebesglück und Ehe plötzlich durch eine furchtbare Schreckgestalt mit glotzen-den Augen aufgeschreckt, die mit hohler, wie aus dem Grabe kommender Stimme sprach: „Welche von euch dreien diese Nacht zwischen 11 und 12 Uhr nach dem Hahnenklee kommt und ihn scheuert, die soll bald ihren Bräutigam heiraten." Darauf verschwand sie. Nachdem sich die Mädchen von ihrem Schrecken erholt hatten, gingen sie nach Hause und verabredeten, da alle drei gern heiraten wollten, daß sie zur befohlenen Stunde an einem Platze über Andreasberg zusammentreffen und thun wollten, was Frau Holle — denn sie war es gewesen — gesagt hatte. Der Abend kam heran; weder Mond noch Sterne waren am Himmel zu sehen, und der Eulen schaudererregendes Geschrei drang unheimlich durch die Nacht. Trotzdem mach-ten sich die drei Mädchen still und voll ängstlicher Er-regung auf den Weg nach dem Hahnenklee. Aber zwei unter ihnen wurden unterwegs von der Furcht übermannt, daß sie umkehrten. Nur das dritte Mädchen, fromm und gut, langte auf dem Hahnenklee an. Und wie sie eben Hand ans Werk legen wollte, erschien ihr Frau Holle und sagte freundlich: „Du hast Wort gehalten, ich halte auch Wort. Du als die Folgsame sollst belohnt werden. Bald wird dich dein Bräutigam zum Altar führen, aber die andern beiden losen Dirnen sollen nie zum Traualtar gelangen." Damit verschwand sie. Die Wolken teilten sich, und der Mond blickte freundlich durchs Gewölk und begleitete das überglückliche Mädchen nach seiner bescheidenen Wohnung. Die Mädchen nun, die umgekehrt waren, verloren bald darauf beide ihre Verlobten. Der eine, ein Bergmann, stürzte in den Schacht, der andre, ein Kriegsmann, wurde von einer feindlichen Kugel getroffen. Beide Mädchen beweinten ihre Geliebten viele Jahre und härmten sich schließlich als alte Jungfern zu Tode. Die dritte aber, die mutig ausgeharrt und den Hahnenklee geschonert hatte, bekam bald ihren Bräutigam zum Manne. Bei der Hochzeit erschien abermals, gleich nach dem Hochzeitsmahl, Frau Holle, schaute über den Ofen herüber und reichte dem zunächstsitzenden Gaste für das Brautpaar eine silberne Wiege, die ganz mit blanken Andreasberger Sechsgroschenstücken gefüllt war. Daher sagt man da, wo der Ofen zwei nebeneinander liegende Stuben heizt und so in der Wand steht, daß man darüber wegsehen kann: „Schprach sachte, de Fra Holle horcht." Nach Pröhle, Deutsche Sagen, S. 39.

492. Das Ding hat einen Haken.[1]

Mit diesen Worten weist man auf eine halb versteckte Schwierigkeit hin bei einer Sache, die auf den ersten Blick ganz einfach erscheint: man kann scheinbar glatt daran hingleiten, in Wirklichkeit wird irgend eine Stelle ein Hemmnis bieten. Diese Erklärung ist einfacher als die, das Bild sei von der Angel entlehnt: wie der Fisch wohl den Köder, aber nicht den Angelhaken sehe, so sehe der Mensch gewöhnlich zunächst nur den Reiz des Vorteils bei einer Sache und nicht ihre schädlichen Folgen. Freilich wird diese Erklärung durch eine Stelle aus Fischarts „Gargantua" gestützt: „derhalben muß es ein ander häcklin haben, daran der fisch behang". Im Lateinischen sagt man sprichwörtlich von einer verborgenen Gefahr: vipera est in veprecula. Pompon. ap. Non. p. 231, 13.

493. Er hat ein Häkchen auf mich.

S. v. w. er trägt mir etwas nach, es droht mir noch etwas von ihm, ich werde noch einmal bei ihm hängen bleiben, komme nicht glatt an ihm vorbei. Vgl.: eine Pike auf jemand haben.

---

[1] Mißverstanden bei Philander von der Linde, gel. Gedichte 81: „jedoch das Ding hat einen Hang".

494. Einem das Hälmlein süß durch den Mund streichen.

S. v. w. ihm schmeicheln, schön thun (und ihn dabei betrügen). Simrock glaubte, die Redensart sei von Kindern oder gar von Vögeln hergenommen, denen man die erste Nahrung an einem Hälmlein reicht. Eiselein leitete sie von einem Kinderspiel ab, wobei man dem Neuling Rispen übers Kreuz zwischen die obern und untern Lippen und Zähne legt, die beim schnellen Herausziehen der Halme im geschlossenen Munde bleiben. Es scheint aber ein Scherz mit einem mit Honig bestrichenen Halm gemeint zu sein, was wahrscheinlich wird aus einer von Heyne aus der Margarita facetiarum von 1508 angezogenen Stelle: calamus factus est, quem trahere tibi nituntur per os, si dumtaxat mel haberent, quo linirentur. Die Absicht zu betrügen, die hinter der Schönthuerei steckt, wird ausgedrückt durch die Flüchtigkeit des erregten Wohlgeschmacks. Vgl. den Holzschnitt zu Kap. 33 von Brants „Narrenschiff“: ein Narr sieht durch die Finger, während ihm die Frau das Hälmlein durch den Mund zieht. Ähnlich frz.: passer à quelqu'un la plume par le bec.

495. Es geht über Hals und Kopf.

Auch gekürzt: Hals über Kopf, s. v. w. in toller Hast, eigentlich: sich überschlagend. Vgl. Simpl. II, 273: „daß ich nicht unbehend auf den darbey stehenden Tritt sprang, aber in einem Hui über Hals und Kopf herunter purtzelte“.

496. Etwas auf dem Halse (Nacken) haben.

In vielen Ausdrücken ist Hals (Nacken) bildlich als Träger eines Joches, als Träger von Lasten zu verstehen. Z. B. er liegt ihm immer auf dem Halse (Nacken) — einem über den Hals kommen (d. h. ihn unwillkommen überraschen) — bleib mir vom Halse! — sich etwas vom Halse schaffen. Ähnlich: einem den Nacken beugen (das ist eigentlich, wie einen jungen Stier zähmen, ihn unterjochen; seinen Starrsinn brechen) — Nackenschläge bekommen (d. h. sich Unannehmlichkeiten zuziehen).

Auch bei den Alten schon in bildlichem Sinne: in cervicibus esse, Livius, 44, 39 stare in cervicibus alicujus;

regnum in cervices accipere, Livius, 4, 12; legiones in cervicibus alicujus collocare; u. a.

497. In seinen Hals lügen.

S. v. w. sich selbst mit einer Lüge betrügen, z. B. in Rebhuhns „Susanna":

> Gots vrteyl sol dich recht erhaschen,
> Dann du in deinen hals thust liegen,
> Damit du dich wirst selbst betriegen.

Doch auch nur als Verstärkung des Begriffes lügen: wider besseres Wissen die Unwahrheit sagen. In Lessings „Sinngedichten" 1, 78: „Das leugst du, Polt, in deinen Hals."

498. Es geht ihm an den Hals.

S. v. w. er muß büßen, eigentlich: es kostet ihm das Leben. Ähnlich: das bricht ihm den Hals; sich um den Hals reden.

Wie diese Redensarten auf die Todesstrafe durch den Strang gehen, so ist die Redensart: „es wird den Kopf nicht kosten" ursprünglich auf die Enthauptung zu beziehen.

499. Es hängt einem zum Halse heraus.

S. v. w. man ist einer Sache sehr überdrüssig. Ein rohes Bild, wohl den Tieren abgesehen; es kommt vor, daß sich Tiere so voll fressen, daß sie schließlich nichts mehr hinunterschlingen können und ihnen das letzte Stück in der That zum Halse heraushängt. Wenn sich das Federwild mit Fraß überladen hat und diesen wieder ausspeit, so nennt das der Jäger „das Geäß aushalsen".

500. Um wieder auf besagten Hammel zu kommen.

So sagt, wer nach einer Abschweifung wieder zu dem zurückkehrt, wovon er eigentlich hat reden wollen. Die Redensart ist eine Nachahmung des frz. revenons à nos moutons (so seit dem 15. Jahrh. bezeugt); nach Heyne wäre sie besonders durch Kotzebues „Kleinstädter" 3, 7, wo sie recht anschaulich komisch gebraucht wird, in Schwang gekommen. Büchmann giebt als letzte Quelle eine Stelle bei Martial an (6, 19); dort wird ein Advokat Postumus, der von Cannae, Mithridates, den Puniern, Marius und Sulla und allem möglichen andern redet, aufgefordert, wieder auf seine drei gestohlenen Ziegen zu kommen, um die der Prozeß geführt wird.

501. Unter den Hammer kommen.[1]

S. v. w. öffentlich und von Gerichts wegen versteigert werden, weil hierbei der „Zuschlag“ mit dem Hammer (oder einem ähnlichen Instrument) geschieht, wodurch der Verkauf erst rechtskräftig wird. Im Meraner Stadtrecht des 14. Jahrhs. (Haupt VI, 426): Unde daz si keinen kouf mit der hant dar slahen noch bestæten... Bei Rosenplüt 77: „Jungfer, das sei euch dargeslagen.“

Der Hammerschlag war ein gerichtliches Zeichen. Durch Herumsendung eines Hammers wurde früher die Gemeinde berufen oder das Gericht angesagt. Der Wurf mit dem Hammer (vgl. die Redensart: das Beil zu weit werfen) diente zur Grenzbestimmung. So geboten die Herren von Mainz den Rhein hinauf und hinab so weit, als sie mit einem Hammer werfen konnten, nachdem sie zuvor in den Rhein geritten waren. Und noch heute weihen wir die Grundsteine unsrer Kirchen und andrer wichtiger öffentlicher Gebäude durch drei Hammerschläge.[2]

All dieser rechtssymbolische Gebrauch des Hammers wird darauf zurückgeführt, daß Donar (der nordische Thor), eigentlich der Gott des Gewitters, mit diesem gewaltigen Werkzeug, seinem steten Begleiter, nicht nur Blitze schleudert und Riesen zerschmettert, sondern auch friedliche Thaten festet, z. B. die Schließung der Ehe weiht.

502. Hammer oder Amboß sein.

S. v. w. entweder der Schläger oder der Geschlagene, der Bedrücker oder der Bedrückte, der Herr oder der Diener sein. Goethe in dem zweiten kophthischen Liede (B. 6 fg):

---

[1] Vgl. lat.: sub hasta venire, sub hasta vendere, hastae subjicere. Bei den Auktionen oder gerichtlichen Handlungen der Römer wurde eine Lanze in die Erde gesteckt. Aus dem römischen Recht stammt unser Gerichtsausdruck Subhastation.

[2] Die christliche Symbolik deutet den Hammer als Kreuz und bezieht die Dreizahl der Schläge auf die Dreieinigkeit Gottes.

> Du mußt steigen oder sinken,
> Du mußt herrschen und gewinnen
> Oder dienen und verlieren,
> Leiden oder triumphiren,
> Amboß oder Hammer sein.

Auch zwischen Hammer und Amboß[1] wird sprichwört=
lich gebraucht für eine sehr bedrängte Lage. Schon bei
Origenes μεταξὺ τοῦ ἄκμονος καὶ τῆς σφύρας; vgl. lat.
(z. B. bei Erasmus): inter malleum et incudem; frz.:
être placé entre l'enclume et le marteau; ital.: essere
tra l'ancudine e 'l martello. Das vierzehnte der venetiani=
schen Epigramme Goethes heißt:

> Diesem Amboß vergleich ich das Land, den Hammer dem Herrscher
> Und dem Volke das Blech, das in der Mitte sich krümmt.
> Wehe dem armen Blech, wenn nur willkürliche Schläge
> Ungewiß treffen, und nie fertig der Kessel erscheint.

Der Ausdruck erinnert an deutsche Sagen, die erzählen,
daß es einem von Teufeln geplagten Schmiede gelingt,
seine Peiniger in einem Sacke zu fangen, worauf er sie
auf seinen Amboß legt und nun mit den schwersten Häm=
mern auf sie losschlägt. Erst als sie versprechen, ihn fürder
in Ruhe zu lassen (so heißt es in der Oberpfalz, vgl.
Henne am Rhyn, Die deutsche Volkssage, S. 272), läßt
er sie los, bis auf den schlimmsten, den er im tiefsten
Walde mit dem Schwanz in einen Baum klemmt.

503. Etwas mit Hand und Kuß annehmen.

Gewöhnlich zusammengezogen: mit Kußhand, volks=
mäßig auch: mit geschmatzten Händen. S. v. w. etwas
äußerst gern annehmen, eigentlich, indem man auf die innere

---

[1] Merkwürdig: es hat eine Zeit gegeben, wo man Hammer
und Amboß in der Sprache nicht unterschied: beide waren eben
weiter nichts als Steine, von denen einer auf den andern ge=
schlagen wurde. Denn in Hammer steckt höchst wahrscheinlich
derselbe Stamm wie in ἄκμων, dem griechischen Worte für Am=
boß: die ursprüngliche Bedeutung beider ist Stein. Amboß ist
wie lat. incus (zu in-cudere) dasselbe wie Anschlag oder Anstoß,
von einem heute verschwundenen Verbum boßen (im Englischen
erhalten als to beat).

Seite der Finger küßt und diesen Kuß dann dem andern
gleichsam zuwirft. Im deutschen Mittelalter findet sich
häufig die ähnliche Formel: „mit Hand und Mund" (vgl.
frz.: main et bouche, dazu Grimms „Rechtsaltertümer"
S. 37), wo Mund so viel ist wie Kuß. Damals war es
Sitte, nach Abschluß eines Vertrages oder zur Besiegelung
eines Versprechens sich zu küssen. Ebenso war auch der
Lehnskuß als Zeichen gegenseitiger Treue üblich, indem der
Vasall bei Übernahme eines Lehens seinen Lehnsherrn küßte.
Das Zusammenfügen der Hände, der Handschlag, galt dabei
als eine Bestätigung der Treue, der Willenseinheit.

504. Die Hand aufs Herz!
rufen wir heute jemand zu, wenn wir ihn ermahnen wollen,
ehrlich seine Meinung, seine Überzeugung auszusprechen.
Früher war es eine symbolische Handlung bei der Eides-
ablegung, besonders von Geistlichen und Frauen, die Hand
auf die linke Brust zu legen; Frauen mußten nach der Vor-
schrift einzelner Gesetze noch den über die Schulter hängenden Haarzopf berühren.

505. In jemandes Hand stehen.
S. v. w. in seiner Gewalt sein; früher auch von Personen gesagt, zunächst von Unmündigen; sie stehen in der
Gewalt des Vaters, Bruders oder Verwandten, dem sie
unterworfen sind. Der rechtliche Ausdruck für dieses Verhältnis ist das althochdeutsche munt, altniederdeutsch mund,
ursprünglich Hand (manus) bedeutend; dann s. v. w. Schutz;
daher Mundschaft, Vormund, Mündel, mündig.[1] Darnach

---

[1] Mündig bedeutet also gewaltig, der seiner selbst walten
kann. Auch von dem Sprichwort Morgenstunde hat Gold
im Munde hat man behauptet: „im Munde" sei so viel wie:
„in der Hand". Doch verbietet das der poetische Schmuck, mit dem
näher und ferner stehende Volkssagen die Morgenröte umkleiden.
In der schwedischen Sage fällt ein Goldring aus ihrem Munde,
wenn sie lacht, und unter ihren Tritten sprießen Rosen. In der
norwegischen fallen Goldmünzen bei ihrem Reden aus ihrem Munde
und aus ihrem Haare beim Kämmen. In der dänischen fallen
Edelsteine aus dem Munde und Gold und Silber aus dem Haare.
In der polnischen weint sie Perlen, wie in der böhmischen, lacht

spätlateinische Redensarten wie: in mundio (d. h. in tutela) esse; mundium in potestate habere (tutelam gerere) vgl. Grimms „Rechtsaltertümer", S. 448.

506. Die Hand auf etwas legen

bezeichnet sinnbildlich die Besitzergreifung durch Handauf=legung, wie wir auch sagen: etwas beschlagen, oder gewöhn=lich umständlicher: mit Beschlag belegen oder gar in Be=schlag nehmen, beschlagnahmen. Juristendeutsch!

507. Etwas von der Hand weisen.

Eigentlich s. v. w. die Besitzergreifung eines Gegen=standes — die durch Berührung mit der rechten Hand, als der vornehmsten, geschah — durch eine verächtliche Be=wegung mit der linken abweisen; dann übertragen: ein An=sinnen, eine Zumutung ablehnen.

508. Er hat eine lange Hand.

S. v. w. er vermag viel, er hat große Gewalt; Gegen=satz: er hat eine kurze Hand. — Schon bei Ovid, Heroid. 17, 166: An nescis longas regibus esse manus? Als deutsches Sprichwort in Brants „Narrenschiff", 19, 76: „Dann herren haut gar lange hend"; bei Sebastian Franck: „Fürsten vnd herren habend lang hend".

509. Die letzte Hand anlegen.

S. v. w. eine Sache zum letztenmal vornehmen, um ihr den letzten Schliff zu geben. Vgl. Feile. — Schon lat.: ultimam manum addere, um die letzten Lichterchen auf=zusetzen, wie Lessing von seinem „Nathan" sagt. Cicero, Brut. 33, 126: manus extrema non accessit operibus ejus; Petron, 118: carmen nondum recepit ultimam manum; Ovid, Trist. 1, 6, 28: summam abesse manum (a carminibus). — Erasmus in den Adagia: Summam

---

Rosen, und wenn sie sich die Hände wäscht, so entstehen goldene Fische im Wasser. In der welschtirolischen hat sie goldene Haare, Weizenkörner entfallen ihren Händen, wenn sie sich reibt, und sie hinterläßt goldene Fußspuren. In der rumänischen scheint die Sonne, wenn sie lacht, regnet es, wenn sie weint, entsteht Sturm, wenn sie hustet, und fällt Gold und Silber beim Kämmen aus ihrem Haare. Laura Gonzenbach, Sicilianische Märchen, II, 225.

manum addere. Mirum ni metaphora ab artificibus translata, qui primum rude quoddam operis simulacrum effingunt, atque hanc primam appellant manum, deinde formant expressius, postremo summa cura expoliunt, atque hanc supremam seu summam manum vocant.

510. Etwas vor der Hand thun.

S. v. w. eigentlich das, was augenblicklich zur Verfügung ist, sich vor der Hand befindet, zur Hand ist, thun, d. h. zunächst, vorläufig etwas thun, um später, zu geeigneterer Zeit etwas andres, besseres zu thun. Der Ausdruck ist vielleicht durch Vermittelung der Juristen aus dem Lateinischen in unsre Sprache gekommen; vgl. Dig. 13, 7, 27: petenti mutuam pecuniam creditori, cum *prae manu* debitor non haberet, species auri dedit; und Plautus, Bacch. 4, 3, 10: qui patri reddidi quo fuit prae manu; desgl. prae manu dare, zur Verfügung stellen.

511. Unter der Hand.

S. v. w. im stillen, heimlich; im eigentlichsten Sinne etwa in einem Beispiele wie: unter der Hand etwas beiseite bringen.[1] Umgekehrt ist, was auf der flachen Hand liegt, auch mit Händen zu greifen: beide Ausdrücke lassen sich wörtlich und bildlich verstehen. Doch kann handgreiflich werden auch übertragen eine recht konkrete Sache bezeichnen, dann ist es s. v. w. zur Prügelei übergehen.

512. Kurzer Hand

jemand abfertigen, sich verabschieden; eine bloße Umschreibung des reinen Adverbs, wie schon lat. brevi manu, longa manu. Dagegen: etwas von langer Hand vorbereiten, wie im frz. de longue main.

513. Eine Sache hat Hand und Fuß.

Namenlose Sammlung Nr. 510: „Es hat hende vnd fuesse was der man redet", und Nr. 511: „des fürgehenden worts widerspiel: Es hat weder hende noch fuesse." Ebenso

---

[1] Ganz anders lat.: sub manu esse, von dem, was bei der Hand ist, sich darbietet; übertragen auf die Zeit s. v. w. sofort. Seneca, Epist. 71, 1: sub manu, quod ajunt, nascatur.

bei Agricola Nr. 445 mit folgender Erklärung: „Ein ge=
rader, vngestümmelter leib hat sein art an henden vnd an
fueſſen, Mit den henden richtet er aus was er zuſchaffen
vnd zuhandeln hat, die fueſſe tragen den leib vnd hende,
wo der leib hyn wil, daß hende vnd fueſſe ſouil gelobt bey
uns Deutſchen, als wolgeſtalt, wolgeziert, wolgethan, vol=
kommen, vnd da kein mangel an iſt. Alſo brauchen wir
nun diß wort zum lobe vnd zur ſchande, Zum lobe, Es
hat hende vnd fueſſe was der thut vnd redet, das iſt, es iſt
rechtſchaffen, es hat einen beſtand, es iſt wolgeſtalt vnd
wolgethan, Zur ſchande, Es hat weder hende noch fueſſe,
es iſt vnuollkommen, es hat kein art noch beſtandt, es iſt
flickwerk vnd geſtümmelt ding." — Ebenſo bedeutet im Lat.:
nec caput nec pedes habere ſ. v. w. gar nichts taugen,
ſ. Livius, Epitom. libr. 50: dixit Cato eam legationem
nec caput nec pedes nec cor habere. Plautus, Asin.
3, 3, 139 fg. Cicero, Fam. 7, 31, 2. Zu vergleichen
iſt noch bei Erasmus der Ausdruck: os inest orationi.

514. Von der Hand in den Mund leben.

S. v. w. das eben verdiente Geld immer wieder gleich
für das tägliche Brot ausgeben müſſen, nichts zurücklegen
können. Vgl. Syll. 120: „(In diem vivere) Eth's all uth
der hand in den tandt. He eth ſyn förneken gröne."

515. Hand von der Butte!

Dafür in Gegenden, wo man den Ausdruck Butte für Trag=
gefäß nicht kennt, mißverſtändlich: Hand von der Butter!
S. v. w. rühre nicht dran, laß die Finger davon, gewöhn=
lich von einer heikeln Angelegenheit geſagt, bei der man ſich
leicht die Finger verbrennen kann. Die Redensart geht
zurück auf die Weinbutte, in der die Trauben geſammelt
werden; Hand von der Butte! wird eigentlich einem zugerufen,
der naſchen will. In der „Inſel Felſenburg": „Mein
Vater (hätte) die Hand von der Butten ziehen und fernerem
Unglücke vorbauen können." In Baiern ſagt man noch
vollſtändiger: „d'Hand vo de Buttn, es ſan Weibeerln
drinn!"

Lat. entſpricht manum de tabula! z. B. bei Cicero,

Ad. fam. 7, 25, das freilich einen ganz andern Hinter=
grund hat. Plinius erzählt nämlich, Apelles habe seinem
großen Zeitgenossen Protogenes seine allzu ängstliche Sauber=
keit bei der Ausarbeitung der Bilder mit den Worten vor=
geworfen: er verstehe nicht zu rechter Zeit die Hand vom
Bilde zu nehmen, manum de tabula tollere.

516. Die Hand im Sack erwischen.

S. v. w. einen auf frischer That ertappen, eigentlich
den Dieb bei der Hand ergreifen, die eben aus dem Sacke
stehlen will. Ganz abgeblaßt schon Simpl. IV, 77: „rückte
sie auß ihrem Hinterhalt hervor und erwischte der so schmerz=
lich weynenden Madamoisellen die Hand im Sack, als sie
weder den Lauff ihrer Seufftzen, noch den Fluß ihrer über=
mäßigen Zähren hemmen konte."

Dasselbe bedeutet: einen in flagranti (sc. crimine) er=
wischen, das aus der römischen Juristensprache stammt.

517. Jemandes rechte Hand sein.

S. v. w. sein thätigster Helfer sein, ohne den er nicht
auskommen kann. In der ersten Szene von Goethes „Götz"
wird Weislingen als „des Bischofs rechte Hand" bezeichnet,
und schon bei Wolfram von Eschenbach nennt Willehalm
(452, 20) den verlorenen Rennewart: min zeswiu hant.

518. Jemand auf den Händen tragen.

S. v. w. in der liebevollsten, zärtlichsten Weise für ihn
besorgt sein. Die Redensart ist biblischen Ursprungs. Psi. 91,
11 fg.: „Er hat seinen Engeln befohlen über dir, daß sie
dich behüten auf allen deinen Wegen, daß sie dich auf den
Händen tragen, und du deinen Fuß nicht an einen Stein
stößest." Und mit Berufung auf diese Stelle Matth. 4, 6,
und Luc. 4, 11. Vgl. die ebenfalls biblische Redensart:
„jemand auf den Achseln tragen", Jes. 49, 22.

519. Seine Hände in Unschuld waschen.

Frz.: je m'en lave les mains; ital.: me ne lavo le
mani. Diese Redensart stammt von einer Sitte der Alten.
Ein Angeklagter, der seine Unschuld beweisen wollte, nahm
Wasser und wusch sich im Angesicht der ganzen Versamm=
lung die Hände. Diese symbolische Handlung galt z. B.

bei den alten Juden. Pf. 26, 6 singt David: „Ich wasche meine Hände mit Unschuld" (Lavabo inter innocentes manus meas); desgl. Assaph Pf. 73, 13. Ja schon im mosaischen Gesetz findet sich diese Sitte angedeutet: 2 Mos. 21, 6 und 7 heißt es: „Und alle Ältesten derselben Stadt sollen herzutreten zu dem Erschlagenen und ihre Hände waschen über die junge Kuh, der im Grunde der Hals abgehauen ist. Und sollen antworten und sagen: «Unsere Hände haben dies Blut nicht vergossen, so haben es auch unsere Augen nicht gesehen»." Auch bei den Römern bestand der Brauch zu Recht. Pilatus wäscht sich vor der Verurteilung Christi die Hände, um dadurch anzuzeigen, daß er an dem Blute des Verurteilten unschuldig sei. Auch die christliche Taufe geht auf den alten Glauben von der sittlich reinigenden Kraft des Wassers zurück.

Liebrecht (Zur Volkskunde, S. 316) hat darauf aufmerksam gemacht, daß eigentlich nur Meerwasser zu diesem symbolischen Brauche habe dienen können. In der Not habe man daher Quellwasser für diesen Zweck durch einen Zusatz von Salz zu künstlichem Meerwasser gemacht, bei Euripides heiße es:

θάλασσα κλύζει πάντα ἀνθρώπων κακά,

und in Norwegen gelte noch heute das Salz für heilig, weil es vom Meere komme. Auch das Weih- und Taufwasser der katholischen Kirche enthält noch heute Salz.

520. Kein Handel ohne Weinkauf!

Es ist alte deutsche Sitte, jede wichtige Familien-, Gemeinde- oder Staatsangelegenheit durch einen Trunk abzuschließen. Konnten sich doch unsre heidnischen Vorfahren selbst die Wonnen Walhalls nicht anders denken, als entweder zu kämpfen oder, nach der Heimkehr vom Kampfe, mit den Asen zu schmausen und Ale (Bier) zu trinken. Und Tacitus berichtet uns von den Germanen ausdrücklich, daß sie über die Schlichtung von Streitigkeiten, über die Verlobung eines jungen Paares, über die Wahl von Fürsten, über Krieg und Frieden gewöhnlich bei Trinkgelagen verhandelten. So floß denn auch bei der Krönung eines Kaisers zu Frankfurt am Main für das Volk aus dem sogenannten

Römerbrunnen weißer und roter Wein, von dem jeder=
mann trinken konnte, soviel er wollte. Und besiegeln nicht
auch heute noch gern beide Teile den Abschluß eines wich=
tigen Kaufes oder sonst eines Vertrages durch einen guten
Trunk?

Ähnlich unsrer Redensart heißt es in dem Sinne von ab=
gemacht! schon in Murners „Schelmenzunft" (XXXVII, 35):
„Warlich, der wynkouff ist getruncken!"

521. Jemand das Handwerk legen.

S. v. w. ihn an der Ausübung einer Beschäftigung der
der Bethätigung einer Handlungsweise hindern. Die Redens=
art stammt aus den alten Innungsordnungen. Wer sich
gegen gewisse Vorschriften der Ordnungen verging, dem
konnte für immer oder auf eine gewisse Zeit das Handwerk
gelegt, d. h. es konnte ihm die Ausübung des Handwerks
verboten werden.

Andre Redensarten, die aus dem Innungswesen stammen,
sind: das Handwerk grüßen, d. h. Fachgenossen be=
suchen (auf der Reise) und ins Handwerk pfuschen.

522. Sich nicht aus dem Hanse finden können.

S. v. w. sich nicht heraussitzen können, nicht klug aus
etwas werden, auch: verworren reden. Lessing in der „Ham=
burgischen Dramaturgie": „Ohne das französische wird man
sich schwerlich aus dem Hanse finden."

523. Hans,

gekürzt aus Hannes und dieses aus Johannes, war früher,
namentlich vom 14. bis zum 17. Jahrh., der verbreitetste
aller deutschen Vornamen. Ausführliches darüber bringt
G. Steinhausen in Lyons Zeitschrift VII, 621 fg. Er kam
schließlich so weit herunter, daß er, ebenso wie Peter, Matz
(Matthias), Barthel (Bartholomäus), Grete, Liese u. a.
(vgl. Schmutzbartel, Heulepeter, faule Grete, dumme Liese)
gleichsam nur noch als substantivische Stütze für Verba und
Adjektiva diente, mit denen alle möglichen Arten von Leuten
bezeichnet werden sollen: Großhans und Kleinhans, d. i.
großer, kleiner Hans, namentlich den Landsknechten geläufig

für jemand, der eine höhere oder niedere Stellung im Heere einnahm; große Hansen s. v. w. große Herren; Faselhans; Plapperhans; Gaffhans; Knapphans für einen Sparer; Prahlhans; Schmalhans, als Küchenmeister schon bei Schupp sprichwörtlich: „Wo man Holz umb Wei=nachten, Korn umb Pfingsten und Wein umb Bartholomäi kauft, da wird Schmalhans endlich Küchenmeister.“ Dem Tilly spottete man nach der Schlacht bei Breitenfeld nach:

> Ein anders mal Bleib Hannes Schmal
> Und nit so gierig schaue;
> Denn wer zu voll Das Maul nimmt wol,
> Hat übel zu verdauen.

Goethe benutzt derartige Ausdrücke öfter: „Weißt das auch, Hans Küchenmeister?“ (Götz) — „Du sprichst ja wie Hans Liederlich“ (Faust) — „Hans Thuesorge“ (erste Epistel).

Auch Tiere nennt das Volk gern Hans; der Teufel heißt auch Hans Urian, der Scharfrichter Meister Hans. Hans wird auch zum Typus der Dummheit[1] und er=hält die bezeichnenden Zunamen: Hans Aff; Hans Affenschwanz (älter: affenzagel); Hans Dumm; Hans Narr[2]; — Hans Dampf; — Hans Tapp (ins Kraut)[3]; — Hans ohne Sorgen; — Hans in allen Gassen; bei Agricola Nr. 257, mit der Erklärung: „Er

---

[1] Im Französischen ist der Gros-Jean typisch für einen Ein=faltspinsel und ist übergegangen in die sprichwörtliche Redensart: c'est le Gros-Jean qui veut en remontrer à son curé, s. v. w. das ist ein Dummkopf, der einen andern lehren will, was dieser viel besser weiß als er selbst. Durch Lafontaines Fabel: La lai-tière et le pot de lait ist dieses Wort aber in etwas anderm Sinne in allgemeinen Gebrauch gekommen und bezeichnet nun ge=wöhnlich einen Menschen, der sich zuerst mit hochfliegenden Plänen getragen hat, durch einen Zufall aber wieder zu sich selbst zurück=gebracht worden ist und nun ein Hans ist wie zuvor.

[2] Der auf dem Holzschnitt zu Brants „Narrenschiff“, Kap. 5, abgebildete Narr wird „Heintz Narr“ genannt.

[3] Dergleichen imperativische Namenbildungen machen einen großen Bestandteil unsrer heutigen Familiennamen aus; (vgl. Brants „Narrenschiff“, 85, 27: „Hans Acht syn nit“; ebenda 110ᵃ, 70 fg.): Bleibtreu, Stehfest, Griepenkerl (Greif den Kerl), Thu-dichum, Suchenwirt, Schlichtegroll, Hebenstreit, Schöppenthau. u. a.

ist Haus ynn allen gassen, Ein steyn, den man hyn vnd
wider waltzet, bewechset selten, also lernet nichts redlichs,
er gebe sich denn auff eines allein, vnd lerne das wol,
Denn der ynn allen gassen wonet, der wonet vbel."

Hanswurst bezeichnet eigentlich einen Menschen, der
sich von andern als Hans gebrauchen läßt, um bei ihnen
zu schmarotzen (eine Wurst zu verzehren). Der Name erinnert
an den französischen Jean potage, den Maccaroni in Ita=
lien, den Jack Pudding in England, den Pickelhering in
Holland. Deutlich genug sind diese Namen nach den Lieb=
lingsgerichten der niedern Volksklassen der verschiedenen
Nationen gegeben worden. Der Name „Hanswurst" er=
scheint zuerst in der niederdeutschen Bearbeitung des „Narren=
schiffs"; Brant selbst hat dafür (76, 83) hans mynst.
Dann findet sich der Name in einer gegen den Herzog von
Braunschweig-Wolfenbüttel gerichteten Schrift Luthers: „Wi=
der Hannsworst" (Wittenberg 1541). Darin heißt es:
„Wohl meinen etliche, ihr haltet meinen gnädigen Herrn
darum für Hannsworst, daß er von Gottes Gnaden stark,
fett und völliges Leibes ist."

524. Ich will dir zeigen, was eine Harke ist!

S. v. w. ich will es dir begreiflich machen in einer
Weise, daß du dran denken sollst, ich will es dir gehörig klar
machen. Schon im 16. Jahrh. bezeugt: „itzt weistu was
eine harke heist." Die Redensart wird auf eine Anekdote
zurückgeführt, was hier weniger bedenklich erscheint als sonst.
Ein in der Fremde gewesener Bauernsohn sieht verächtlich
auf die väterliche Bauernwirtschaft herab und thut so, als
ob er nicht mehr wüßte, was eine Harke ist. Als er
jedoch zufällig auf die Zacken einer Harke tritt und ihm
der Stiel ins Gesicht schlägt, vergißt er alle städtische Bil=
dung und ruft: Au, die verdammte Harke! — Daher soll
auch die Redensart stammen: Er kennt die Harke nicht
mehr, d. h. er hat seine Muttersprache verlernt. Doch vgl.
Hechel.

525. Einen in Harnisch bringen.

S. v. w. ihn zornig machen. Daneben: in Harnisch
geraten, s. v. w. zornig werden. Eigentlich ist, wer im

Harnisch steckt, bereit zum Waffenkampfe, dann in über=
tragenem Sinne: bereit, mit Worten loszufahren. Im ur=
sprünglichen wörtlichen Sinne z. B. in Behaims „Buch von
den Wienern" 185, 8:

> All weg warn wir peraitet, so
> man auslug und sturm lautet do,
> im harnisch waren wir daz meist.

Schon halb übertragen und doch noch eigentlich vorstellbar
z. B. in einem Volksliede von 1688 gegen die Verwüstung
der Pfalz durch die Franzosen:

> Kaiser kannst die Not du sehen,
> Und ihr Fürsten in dem Reich,
> Daß solch Schandthat kann geschehen?
> Und fahrt nicht in Harnisch gleich?

Vgl. Syll. 121: „In fermento jacere. Er fert leicht
daher, wie ein zerbrochen Schiff. Er ist wenig zu heiß ge=
badet. Er ist bald im Harnisch." Syll. 129: „Irritare
crabrones. Weßpen oder Hürnanssen zornig machen. In
den harnisch jagen."

Der Zufall will es, daß entrüstet heute fast dasselbe
bedeutet wie im Harnisch. An die Rüstung des Ritters
ist aber dabei nicht zu denken, sondern an das stützende
Gerüst: entrüstet ist, wer — mit einem ähnlichen Bilde ge=
sagt — die Fassung verloren hat. Im ursprünglichen
Sinne steht das Wort z. B. noch in einem Feuerwerkbuch
von 1432: „das die büchs still stande und sin sich nit
entrüst".[1]

526. Mir ist ein Hase über den Weg gelaufen.

Das bedeutet nach dem Volksaberglauben Unglück; nicht
anders ist es, wenn einem eine Katze, besonders im Dunkeln,
über den Weg läuft. Ebenso ist das Zusammentreffen mit
Hinkenden und Einäugigen bedenklich, auch mit alten Weibern
und Priestern: Bär, Wolf und Eber dagegen bedeuteten bei
unsern Vorfahren Glück. Vgl. in Goethes „Götz" die Ge=
schichte von den Wölfen, die in die Schafherde einbrechen

---

[1] Auch niederl. ontrusten wird in ähnlichem Sinne bildlich
gebraucht, es bedeutet übertragen: beunruhigen.

vor den Augen Götzens, wie er eben über Weislingen her=
fallen will.

Dieſer Aberglaube entſpricht ſo recht der kriegeriſchen
Natur unſrer Altvordern: Krieg und Jagd galten ihnen
als die einzigen eines freien Mannes würdigen Beſchäf=
tigungen; die Begegnung von kampfluſtigen Tieren, ihr
Angang, wie man es nannte, war für ſie eine gute Vor=
bedeutung. Dagegen war die Begegnung mit unkriegeriſchen
Weſen ein ſchlechtes Zeichen.

Die Furchtſamkeit des Haſen iſt auch der Grund zu
folgenden beiden Redensarten:

527. Einen Haſen im Buſen haben.

S. v. w. in Furcht ſein; mit derſelben ſinnlichen Vor=
ſtellung, die die Redensart: einen Narren an jemand
gefreſſen haben (ſ. d.) geſchaffen hat. Vgl. Zimmeriſche
Chronik I, 200: „Do überkamen ſie ainsmals den haſen
in buſen, wie man ſprücht." Ebd. IV, 126: „Der von Seđen=
dorf het den haſen im buſen und rit widerumb haim, gieng
in ſich ſelbs." Auch den ganzen feigen Menſchen nennen
wir einen Furchthaſen[1], einen Angſthaſen, Banghaſen oder
Schellhaſen; wenn er ausreißt, einen Haſenfuß.[2] Scherz=
haft heißt es auch von einem Flüchtling, er habe Haſen=
ſchuhe an, habe ſeine Schuhe mit Haſenfett geſchmiert.

---

[1] Schon in der lex Salica XXX, 5 (um 500 entſtanden)
wird eine Strafe darauf geſetzt, si quis alterum leporem cla-
maverit.

[2] Dieſes Wort kann aber auch als Inbegriff aller möglichen
Albernheiten gelten (gleich zu Anfang von Goethes „Mitſchuldigen"
nennt der Wirt ſeinen liederlichen Schwiegerſohn Söller „König
Haſenfuß", nachdem er ihm ſeine Streiche vorgeworfen hat), wie
überhaupt der Haſe wegen ſeines poſſierlichen Gebahrens, ſeiner
Zickzackſprünge im Volksmund mit dem Narren ziemlich nahe ver=
wandt iſt. Einen Haſen im Buſen haben kann daher auch
bedeuten: den Schalk im Leibe haben, ſo z. B. Simpl. I, 316, 24:
„Ich glaube, es ſey kein Menſch in der Welt, der nicht einen
Haſen im Buſen habe." Darum auch von einem rechten Narren:
er iſt mit einem Haſen überzogen und mit einem Narren gefüttert.

Daß dieſe doppelte ſymboliſche Bedeutung des Haſen alt iſt,
geht daraus hervor, daß ſchon in Hartmanns von Aue „Armem

528. Das Hasenpanier ergreifen.

S. v. w. davonlaufen. Panier, dasselbe Wort wie Banner (beide stammen aus frz. bannière) ist in verschiedenen Lebenskreisen für die urdeutsche Fahne üblich; unter der Fahne des Hasen aber versteht der Weidmann das Schwänzchen Lampes. Wenn der Hase Reißaus nimmt, sterzt sein Schwänzchen in die Höhe, und deshalb sagte man von Ausreißern: sie werfen das Hasenpanier auf, heute abgeblaßt und entstellt: sie ergreifen das Hasenpanier. Nach der Schlacht an der Dessauer Elbbrücke sang man:

> Manch französch Cavalier
> Folgete dem Hasen=Panier
> Und rissen weiblich aus.

Auch der Hasenbalg ist sprichwörtlich: sich um den Hasenbalg zanken bedeutet s. v. w. um Kleinigkeiten streiten, die des Zankens nicht wert sind. Die Hausfrau weiß es, wie wenig ihr für das Fell des gebratenen Hasen gezahlt wird.

529. Wissen, wie Hase läuft.

S. v. w. gut Bescheid wissen; stammt ebenfalls aus der Jägersprache. Bei einer Sache mit zweifelhaftem Ausgang wartet ein Kluger ab, wie der Hase läuft. Auch der Ausdruck: wo sich Fuchs und Hase gute Nacht sagen zur Bezeichnung eines sehr entlegenen Ortes wird zuerst von Jägern gebraucht worden sein.

Im vierten Buche von „Wahrheit und Dichtung" gebraucht Goethe einmal die Wendung: einen Hasen nach dem andern laufen lassen, und bemerkt dazu: „dieß war unsre sprichwörtliche Redensart, wenn ein Gespräch sollte unterbrochen und auf einen andern Gegenstand gelenkt werden." Anders Simpl. I, 290: „Ich war aber ein

Heinrich" das Mägdlein den zaudernden Arzt schilt: ir sint eines hasen genoz. während gleichzeitig Gotfrid von Straßburg seinem größern Zeitgenossen Wolfram von Eschenbach wegen seiner bizarren, sprunghaft witzelnden Art den Vorwurf macht, er sei des hasen geselle. Auch Jean Paul, darin selbst ein zweiter Wolfram, redet von den Hasensprüngen der Dichter.

ſchröcklich junger Narr, daß ich den Haſen ſo lauffen ließ“,
d. h. mein Geld ſo verſchwendete.

530. Da liegt der Haſe im Pfeffer!

S. v. w. da ſitzt's, das iſt das punctum saliens der
Sache; das iſt's, worauf es ankommt. Frz.: c'est là que
gît le lièvre; engl.: that's where the shoe pinches. —
Der Ton liegt auf dem Worte „da“; vgl. da liegt der
Hund begraben. — Unter dem Pfeffer ſind in dieſer Redens=
art nicht die Pfefferkörner ſelbſt zu verſtehen, ſondern eine
früher gern daraus bereitete Brühe. In Fiſcharts „Gar=
gantua“ heißt es einmal: „Aber ſchwartz ſtinckend fleiſch
macht man ſonſt gern einen gelben Pfeffer“, und von Geiler
von Kaiſersberg iſt ein ganzer Predigtencyklus erhalten:
„Ain geiſtliche bedeutung des Häßlins, wie man das in
dem pfeffer bereyten ſoll.“ In einem lateiniſchen Tafellied
endlich aus dem 12. Jahrh. ſingt gar die gebratene Gans:

> Mallem in aquis vivere,
> quam in hoc mergi pipere.

In Brants „Narrenſchiff“ 71, 12 fg. wird von ſtreit= und
prozeßſüchtigen Menſchen geſagt, ſie verließen ſich darauf,
das Recht zu ihren Gunſten zu drehen:

> Als ob es wer eyn wächſin naß
> Mit denckend, das ſy ſint der has
> Der inn der ſchriber pfeffer kumt.

Der urſprüngliche Sinn der Redensart iſt: da ſitzt der
Unglückspeter in der Patſche, und herauszuhelfen iſt ihm
nicht mehr; oder: das Unglück iſt nun einmal angerichtet
und nicht mehr zu ändern, wie dem toten Haſen, über den
bereits die Pfefferbrühe gegoſſen iſt, nicht wieder auf die
Beine zu helfen iſt. Ähnlich iſt das Bild von der ein=
gebrockten Suppe, die ausgegeſſen werden muß. Vgl. die
Zimmeriſche Chronik IV, 68, 13: „Den fieng erſt an ſein
fürnemen zu rewen, iedoch ſo war der has im pfeffer, er
kem gleich darauß, wie er welte?“

Die Verſchiebung der Bedeutung läßt ſich daraus er=
klären, daß von Anfang an ein ſtarker Ton auf das da
gelegt worden iſt.

531. Ich denke, es hat mich ein Hase geleckt.

S. v. w. ich hielt es für ein ungewöhnliches Glück, was mir widerfahren ist, aber bei Lichte besehen war es nichts Außerordentliches. Wenig für sich hat die Vermutung, die Redensart erkläre sich aus dem Volksglauben, daß der Hase seinen Jungen durch Lecken eine zierliche Gestalt beibringe. Vielleicht ist der Ausdruck ganz wörtlich zu nehmen (vgl. Nr. 394); die freudige Überraschung, die sich als nichtig erweist, wäre so ganz gut zu begreifen; vielleicht steckt hinter dem Hasen etwas Dämonisches.[1] Diese letzte Deutung würden auch die offenbar verwandten Redensarten vertragen: ich denke, der Fuchs hat mich geleckt, und: ich denke, der Affe kratzt mich.

532. In die Haseln gehen.

S. v. w. sein Liebchen aufsuchen. Die Nuß hat erotische Bedeutung, wahrscheinlich, weil sich die Haselnüsse oft gepaart verfinden. In einem Stammbuch des 16. Jahrhs. findet sich:

> Dum nux virescit et virgo crine pubescit:
> Tum nux vult frangi et virgo stipite tangi.

Französisch sagt man: année de noisettes, année d'enfants, und ein alter weitverbreiteter Brauch ist, bei Hochzeiten Nüsse zu verschenken. Schon Festus versichert, daß Nüsse während der Hochzeit geworfen worden seien zum Zeichen guter Vorbedeutung für die Neuvermählten: ut novae nuptae intranti domum novi maritimi auspicium fiat secundum et solistimum. Vgl. Plinius XV, 24.

Doch auch in andrer Beziehung spielt die Haselnußstaude im Volksaberglauben eine große Rolle. Man dachte sich den Strauch von einem geistigen Wesen beschützt, und

---

[1] Der Glaube wenigstens, daß sich Hexen in Hasen verwandeln und umgekehrt, ist auf deutschem Boden weit verbreitet; vielfach ist der Hase geradezu zum dämonischen Tier schlechthin geworden. — Auch in einer volkstümlichen Bezeichnung für ein Wettergebilde spielen Hase und Fuchs abwechselnd die Rolle eines mit höhern Kräften begabten Wesens: wenn Nebel aufsteigen, heißt es im Volksmunde sowohl: „der Fuchs braut", wie: „der Hase braut".

deshalb führen unsre Volkslieder oft Gespräche mit der
„Frau Hasel“. Der Haselstrauch soll auch vor dem Blitze
schützen; deshalb werden in Tirol am Tage Mariä Heim=
suchung Haselzweige vor das Fenster oder in das Bett ge=
steckt. In einem Haselstrauch, der eine Mistel trägt, wohnt
ein Geldmännchen oder eine Alraune.

Das Merkwürdigste aber ist der Gebrauch der Hasel
als Wünschelrute. Man glaubte nämlich, daß die Hasel
eine besondere Neigung zu Gold und Silber habe, während
sich die Eiche zum Kupfer und die Fichte zum Blei hin=
gezogen fühle. In der Regel schnitt man daher die Wünschel=
rute aus einer Haselstaude und zwar in Gabelform. Der
Haselstrauch soll einjährig sein, nirgend älteres Holz ent=
halten und so stehen, daß seine Gabeln sowohl von der
Morgen=, als von der Abendsonne beschienen werden. Beim
Abschneiden der Rute spricht man folgende Reime:

Ich schneide dich, liebe Rute,
Daß du mir mußt sagen,
Was ich dich will fragen
Und dich so lang will rühren.
Bis du die Wahrheit thust spüren.

Eine andre Formel lautet:

Ich beschwöre dich, Sommerlatte,
Aus des Waldes grüner Matte,
Daß du mich weisest, so recht und wahr,
Als Maria eine Jungfrau war,
Wo Gold und Silber liegt blank und klar.

Wer die Wünschelrute gebrauchen will, muß ein unbescholte=
ner und christlich gesinnter Mann sein und darf weder Geld
noch Eisen bei sich tragen.

533. Einem auf der Haube sein.

S. v. w. genau auf ihn achthaben, ihn scharf beobachten.
Jemand auf die Haube greifen bedeutet s. v. w. ihm
über die Glatze kommen. Der Gebrauch dieser Ausdrücke
erklärt sich daher, daß früher Männer wie Weiber Hauben
trugen. Simpl. II, 38: „weil beyde kriegende Theile vor
billig achteten, einander auf unserm Grund und Boden zu

berauben und nider zu machen, griffen wir ihnen auch auff
die Hauben." Und in Fischarts „Flöhhatz":

> So nah griff sie mir nach der hauben,
> Das ich mich gar kaum aus mocht schrauben.

534. Unter die Haube kommen.

S. v. w. sich verheiraten. Von der Sitte, daß ehemals
nur verheiratete Frauen Hauben auf dem Kopfe trugen; die
Jungfrauen trugen einen Kranz. Noch heute wird ja viel=
fach beim Hochzeitsschmaus der jungen Frau ein Häubchen
überreicht.

535. Einen über den Haufen werfen.

Eigentlich kann man nur eine Menge über einen Haufen
werfen, aber schon lange wird die Redensart auch auf
einzelne angewendet. Schließlich wird sie auch bildlich ge=
braucht; wirft man doch heute auch Pläne, Entwürfe, Hoff=
nungen, Lehrgebäude u. s. w. über den Haufen. Ein kräf=
tiger Ausdruck ist: die Feinde über den Haufen reiten.

536. Ganz aus dem Häuschen sein.

S. v. w. närrisch ausgelassen sein. Unter dem Häus=
chen ist auch hier wie in der Redensart außer sich sein
(s. d.) nichts anderes als der Leib des Menschen gemeint.
In Leipzig fragt man einen, der etwas Albernes heraus=
steckt: „Du bist wohl nicht recht verheeme?"

537. Ein hausbackner Geselle.

So nennen wir bildlich einen nüchternen Menschen, dem
jeder höhere Schwung fehlt; eigentlich ist es einer, der seine
ganze Jugend bei der Mutter verbracht hat, immer in seinen
vier Wänden gehockt, nie die Nase in die Welt gesteckt hat.
So heißt es schon in der Lebensbeschreibung Wilwolts von
Schaumburg S. 60: Frauen seien tapfern Männern ge=
wogen, „gedenkend, das dieselbig ehr oder tapferlicher etwas
von frauen wegen wagen oder tun dürfen, den heimbgebacken
oder weibisch männer".

In eigentlichem Sinne dagegen ist „hausbacken" ein
Ruhm: die Hausfrau ist stolz auf ihren hausbackenen
Kuchen. Im „güldnen ABC" von Claudius: „Haus=
backen Brot am besten nährt."

538. Seine Haut zu Markte tragen.

S. v. w. die Folgen einer Sache auf sich nehmen, die Sache vertreten, verantworten. Eigentlich: die Zeche zahlen und zwar mit der eigenen Haut. Mit dem alten Rechts= grundsatz, daß der, dem ein anvertrautes Tier gestohlen worden war, es bezahlen mußte, der aber, dem es von einem wilden Tiere zerrissen worden war, keinen Ersatz zu leisten brauchte, wenn er die zerrissene Haut aufzeigen konnte, hat die Redensart nichts zu thun.

539. Mit Haut und Haar.

Stabreimende Redensart mit der Bedeutung: ganz und gar, mit allem, was drum und dran hängt. Wörtlich mit Haut und Haar verschlingen z. B. Raubtiere ihre Beute.

540. In keiner guten Haut stecken.

S. v. w. immer krank sein, oder übertragen: sich immer in mißlichen Umständen befinden. Wem es so geht, der möchte dann wohl manchmal am liebsten aus der Haut fahren; vgl. noch die Ausdrücke: in derselben Haut stecken, d. h. sich in derselben übeln Lage befinden, und: ich möchte nicht in seiner Haut stecken, d. h. nicht an seiner Stelle, in seiner Lage sein. Auch der ganze Mensch heißt bildlich eine Haut: z. B. reden wir von einer guten, ehrlichen, treuen, braven Haut. Grimmelshausen macht ein= mal den Witz: „Ich weiß, ihr seyd eine alte gute Haut, der Balck aber taug nicht viel."[1]

541. Alle Hebel ansetzen.

S. v. w. alles aufbieten, um etwas zu erreichen, eigent= lich: um eine schwere Last in die Höhe zu bringen. Ebenso schon lat.: omnes adhibere machinas. Cicero, Ad. Brut. 18.

542. Einen durch die Hechel ziehen (ihn durchhecheln).

S. v. w. in seiner Abwesenheit seine schlechten Eigen= schaften bereden. Die Hechel ist ein kammartiges Werkzeug mit Drahtspitzen, worüber der Flachs zur Säuberung von den kürzern, gröbern, ineinander gewirrten Fäden gezogen

---

[1] Vgl. hierzu das Wort „Balg" als Schimpfwort für eine böse Weibsperson, ein böses Kind u. s. w.

wird. Lehm. 81 (Beschwerden 24): „Wer mit Beschwer=
nüssen geplagt wird, von dem wird gesagt: Man hat ihn
wüst abgestrelt." Genau vergleicht sich Syll. 110: „Genuino
mordere. Heimlich auf einen stechen. Aber die Hechel
lauffen lassen."[1] Der Ausdruck ist in derselben Weise über=
tragen worden wie: einem den Kopf waschen.

Ein ähnliches Bild steckt in dem Ausdruck: einen
harken, der freilich übertragen bedeutet: einem derb zusetzen.
So könnte sich auch die Redensart: „Ich will dir zeigen,
was eine Harke ist!" (vgl. Nr. 524) ohne die Hilfe einer
Anekdote erklären lassen als ursprüngliche Drohung mit dem
Sinne: Ich will dich einmal gehörig vornehmen, dir den
Kopf ordentlich waschen!

543. Der Hecht im Karpfenteiche sein.

S. v. w. eine ausgezeichnete Rolle in einer trägen
Menge spielen. Wer sich einen Karpfenteich für seine Tafel
hält, darf keinen Hecht hineinsetzen, denn dieser gefräßige
Raubfisch würde die Karpfen bald verschwinden machen.
Höchstens bringt man zu großen Karpfen kleine Hechte,
damit diese den Teich von anderm unnützen Getier säubern.

544. Der Hecht ist blau.

Eine aus Gellerts Fabel „Die Widersprecherin" sprich=
wörtlich gewordene Wendung; in der Fabel wird erzählt,
wie weibliche Hartnäckigkeit bei einer falschen Behauptung
den Sieg davon trägt. Vgl. das englische Sprichwort: Gray
mare being the better horse.

545. Auf die Hefen kommen.

S. v. w. aufs Äußerste herunterkommen, mit seinem
Vermögen fertig werden. Die Hefe, eigentlich das Hebende,
weil sie bewirkt, daß der Stoff, dem sie beigemischt wird,
sich hebt, sich aufbläht, bleibt doch selbst am Boden des
Gefäßes sitzen und ist dann eben als Bodensatz ungenießbar

[1] Landschaftlich wird die Hechel noch öfter im Bilde ver=
wendet. In Baiern ist eine Redensart, wenn einem etwas wenig
Angenehmes begegnet: das freut mich wie den Hund das Hechel=
lecken. Der Ausdruck: ein gehechelter Mensch entspricht dort der
hochdeutschen Wendung: geschniegelt und gebügelt.

und deshalb verachtet. Daher die übertragene Bedeutung der Redensart. Bei Lessing: „Er wird nun wohl auch auf die Hefen gekommen sein"; vgl. res ad summam faecem redit. Lukrez 5, 1140. Ebenso: auf den Hefen sitzen bleiben in dem Sinne von: keinen Erfolg haben, eigentlich wie ein nicht aufgegangener Teig.

Der Ausdruck Hefe des Volks für den niedrigsten Pöbel ist vielleicht nach dem Vorbilde des lat. faex populi geschaffen worden; vgl. sordem urbis et faecem, Cicero, Ad Att. 1, 16, 11; faex civitatis, Cicero, Pro Flacco 8, 18; Sidonius Apollinaris, Carm. 9, 932.

Ein altes Wort für Hefe ist „truse"; daher auch über= tragen z. B. in Johann Paulis „Narrenschiff" 12, 7: „Wir seint trüsen aller welt worden, siderher das wir trüw vnd warhafftig verloren haben."

546. Aufpassen wie ein Heftelmacher.

S. v. w. scharf aufpassen, denn beim Heftelmachen geht es flink. Daher auch: das geht wie's Heftelmachen, von einer Beschäftigung der Hände, bei der man mit den Augen kaum folgen kann. Ähnlich in Leipzig: das geht wie's Brezelbacken.

547. Damit kannst du dich heimgeigen lassen!

S. v. w. mach, daß du fortkommst mit deiner Weisheit, sie ist nicht einen Dreier wert. — In alter Zeit wurde wirklich heimgegeigt, und das war eine Ehre. Wenn die Tänzer das Wirtshaus verließen, spielte ihnen der Geiger noch durch das Dorf heim. Auch Fröhner und Zinsleute wurden von ihrem Herrn mit Musik und Tanz unterhalten. In Grimms „Rechtsaltertümern" S. 395 findet sich fol= gendes Zeugnis dafür: „Darnach soll der amtmann rechen gewinne, alle die nit mäen können, die sollen dem amtmann einen tag rechen, söldner und wittiben; und soll man dan den rechern die groß glocken leuten, die sollen dann, so man leutet, in dem amthof kommen und mit einem pfei= fer voraus hin pfeifen lassen, unz auf die vorgen mad und des abends sol er in wider heim lassen pfei= fen." Aber auch zum Spott wurde einem kläglich

Abziehenden eine Musik gebracht, und das nannte man ironisch: einem heimgeigen. Als Wallenstein vergeblich Nürnberg belagert hatte und schließlich abzog, jubilierten und musizierten die Nürnberger und sangen und spotteten:

> Du kanst den Göcker nit krähen hören,
> Und willst der Nürnberger Stadt verstören?
> Geh, laß dich geigen heim!

Darauf Wallenstein:

> Hör ich der Nürnberger Singen und Klingen:
> Ich müßt in Schanden von hinnen springen,
> Hätt großen Schimpf dervon.

Von dieser spöttischen Geleitsmusik wird der Ausdruck stammen. Und auf denselben Ursprung sind wohl auch zurückzuführen die Redensarten:

548. Jemand heimläuten und jemand heimleuchten.

S. v. w. ihn derb abführen, auf eine nachdrückliche Art bewirken, daß er uns verschont, sich zurückzieht. — „Dem hab ich heimgeleuchtet" sagen wir, wenn wir einen, der ein unbescheidenes Ansinnen an uns gestellt hat, so nachdrücklich ab- und zurechtgewiesen haben, daß er nicht wiederkommt. Als Landgraf Hermann von Thüringen 1232 unverrichteter Sache von Fritzlar abziehen mußte, zündeten die Fritzlarer Strohwische auf ihren Mauern an, damit er den Weg nach Hause fände (vgl. Richter, Teutsche Redensarten, S. 50).

549. Es einem heimzahlen.

S. v. w. Gleiches mit Gleichem vergelten, fast nur von schlechten Thaten gesagt. Dabei bildet sich einer wohl gar noch etwas darauf ein, daß er es seinem Übelthäter mit Zinsen heimgezahlt habe. Das Bild braucht schon Wolfram von Eschenbach in seinem „Willehalm" 429, 14:

> Rennewart in werte
> noch mer denn er im schuldic was.

550. Freund Hein.

Diese Bezeichnung des Todes, angeblich von Claudius eingeführt, hat man daher erklären wollen, daß des Dichters Hamburger Arzt Hein geheißen habe; aber die Angabe ist nicht verbürgt. Daher wird man besser thun, in dem

Namen, der ja auch als Name für Kobolde und Teufel nachgewiesen ist (vgl. Heinzelmännchen?) einen alten volks= tümlichen Ausdruck, vielleicht mit heidnisch=mythologischem Hintergrunde, zu sehen.

551. Ein junger Heißsporn.

So nennt man einen heißblütigen, ritterlichen Jüngling. Ursprünglich bezeichnet der Ausdruck einen, der sein Pferd zu hitzig anspornt. Aus dem Englischen ins Deutsche herübergenommen: Hotspur ist der Beiname von Heinrich Percy in Shakespeares „Heinrich IV.". Das rechte deutsche Wort dafür wäre Hitzkopf.

552. Henkeltöpfchen machen.

In Sachsen gebräuchlich von solchen, die mit unter= gestemmten Armen gehen. Dasselbe Bild bei Plautus, Pers. 2, 5, 7: Sed quis hic ansatus ambulat?

553. Seine Henkersmahlzeit halten.

Eine im Scherz für jedes Abschiedsmahl gebräuchliche Redensart; hergenommen von der Sitte, daß einem Ver= urteilten in der Regel die letzten Wünsche in Bezug auf Speise und Trank erfüllt werden, was ursprünglich der Henker selbst zu besorgen hatte.[1] Der Schmaus war nicht schlecht, daher bedeutet in Baiern vom Schergenfäßlein s. v. w. aus einem Faß mit besserm Bier oder Wein.

Ebenso sagt man bildlich von einer übertriebenen For= derung für eine im Grunde genommen geringfügige Leistung: das ist ein wahrer Henkerslohn! Eigentlich ist Henkers= lohn der Lohn für eine Hinrichtung. Früher wurde dieser wohl bis zur Ungebühr erhöht, während er jetzt festgesetzt ist.

Das Gewerbe des Henkers machte ehrlos, daher noch heute das Verächtliche in dem Ausdruck „Henkersfreund= schaft".

---

[1] Daher erklären sich auch die Worte: „der Henker giebt die Letze" (das ist das Abschiedsmahl), womit sich ein Junge vor sich selbst entschuldigt, wenn er beim Nachhausegehen von einem andern nach langem Herumschlagen schließlich doch „den Letzten" ge= kriegt hat.

554. Herhalten müssen.

S. v. w. büßen müssen, die Zeche zahlen müssen. Was muß aber der arme Teufel herhalten? Nicht etwa den Beutel, auch nicht den Hintern, sondern — den Kopf! Bei Steinbach: „er muß seinen Kopf herhalten, mortem subiturus est"; schon verkürzt, aber doch noch deutlich bei Luther: „du must herhalten, und en alle barmherzigkeit sterben".

555. Sich viel herausnehmen.

S. v. w. unverschämt sein; ursprünglich ist wohl an freches Zulangen beim Essen aus gemeinsamer Schüssel zu denken.

556. Einen herausstreichen.

S. v. w. ihn nach Kräften loben. Ursprünglich hieß herausstreichen das Ausstreichen oder Colorieren von Holzschnitten, oder das Begleiten der Hauptlinien einer Federzeichnung mit bunten Linien, wodurch sie sich herausheben sollen. In der Bedeutung: zur Auszeichnung bunt machen z. B. in der Lebensbeschreibung Wilwolts von Schaumburg S. 95: „pfeifern, trumenschlagern und ander zugehörung, alles einer farb herausgestrichen". Noch Opitz fühlte das Bild in dem Ausdruck; in der „Poeterei" schreibt er von den alexandrinischen Versen: „wann sie nicht ihren Mann finden, der sie mit lebendigen Farben herauszustreichen weiß".

557. Aus seinem Herzen keine Mördergrube machen.

S. v. w. offenherzig sein. Luther bildete das uns seltsam klingende Wort „Mördergrube", indem er Matth. 21, 13 übersetzte: „Mein Haus soll ein Bethaus heißen; ihr aber habt eine Mördergrube daraus gemacht." Im Urtext steht dafür σπήλαιον λῃστῶν, wofür wir heute Räuberhöhle sagen würden. Wer nun seine Gedanken und Empfindungen nicht in einem solchen heimlichen Versteck verborgen hält, der macht aus seinem Herzen keine Mördergrube.

558. Das Herz auf der Zunge haben.

Von Schwätzern gebräuchlich, die alles verraten, was in ihnen vorgeht. Frz.: avoir le cœur à la bouche. Die Redensart steht schon in der Bibel (Prediger 21, 29):

in ore fatuorum cor illorum, et in corde sapientium os illorum, bei Luther: „Die Narren haben ihr Herz im Maul, aber die Weisen haben ihren Mund im Herzen". — Sie ist aber früh in die deutsche Rede eingedrungen; vgl. die Verse im „Renner" Hugos von Trimberg:

Toren herze lit im munde
der wisen munt in herzen grunde.

Mit doppeltem Tadel Lehm. 719 (Schwätzer 8): „Mancher hat sein Herz im Maul, mancher hat sein Maul im Herzen."

Solche Schwätzer haben also das Herz nicht auf dem rechten Flecke. Für gewöhnlich heißt aber das Herz auf dem rechten Flecke haben s. v. w. ein tüchtiger, braver Mensch sein. Dem Feigling fällt gar das Herz in die Hosen. Vgl. Syll. 38: „Animus in pedes decidit. Das hertz ist ihm in die hosen gefallen. Das hertz lag mir gantz in den knien. Das hertz ist ihm in die bruch gefallen."

559. Sein Herz ausschütten.

S. v. w. sich aussprechen, alles heraussagen, was man auf dem Herzen hat. Das Herz ist hier als ein Gefäß gedacht, wie wir ja auch von einem überquellenden Herzen reden, und wie es im biblischen Sprichwort (Matth. 12, 34) heißt: Wes das Herz voll ist, des gehet der Mund über. Vgl. den horazischen Vers (Ad Pis. 337):

Omne supervacuum pleno de pectore manat

und aus der Kapuzinerpredigt in „Wallensteins Lager" die Worte:

Wessen das Gefäß ist gefüllt,
davon es sprudelt und überquillt.

Auch am Herzen[1], auf dem Herzen liegen und lasten die Gedanken (vgl. Nr. 31); schon Äschylos hat die Sorgen

---

[1] Vgl. auch den bildlichen Ausdruck: ans Herz gewachsen sein, wonach Grimmelshausen witzelnd erzählt (Simpl. I, 433): „Weil aber der junge Hertzbruder meinem Obristen gar ins Hemb ge= packen (d. i. gebacken) war und mir vorgezogen ward, trachtete ich, ihn aus dem Weg zu räumen."

Nachbarn des Herzens genannt, und Wolfram von Eschenbach beginnt seinen „Parzival" mit den Worten:

Ist zwivel herzen nachgebur,
daz muoz der sele werden sur.

Aber noch in einem andern Bilde ist das Herz im deut=
schen Volksmunde lebendig: als Schrein. Von dieser schönen
Vorstellung stammen der Ausdruck: einen ins Herz ge=
schlossen haben und die innigsten Liebesbekenntnisse, die
unser dichtendes Volksgemüt geschaffen hat. Ein altes Lied
heißt:

Du bist min, ich bin din:
des solt du gewis sin.
du bist beslozzen
iu minem herzen;
verlorn ist das sluzzelin:
du muost immer drinne sin.

Ein Beispiel dafür, wie diese beliebte Vorstellung im Scherze
bis an die Grenze der Geschmacklosigkeit hat ausgebeutet
werden können, bietet Wolframs „Parzival" 584, 8 fg.
Dort heißt es:

Orgeluse kom aldar
in Gawans herzen gedanc.
wie kom daz sich da verbarc
so groz wip iu so kleiner stat?
si kom einen engen pfat[1]
iu Gawanes herze . . .
ez was iedoch ein kurziu want,
da so lanc wip inne saz.

560. Er hat Heu an den Hörnern.

S. v. w. nimm dich vor ihm in acht! Eigentlich von
einem bösen Ochsen gesagt, dem der Treiber, um die
Vorübergehenden zu warnen, einen Bündel Streu an den
Hörnern befestigt hat. Ebenso schon lat.: foenum habet
in cornu.

Heu dient sprichwörtlich auch zur Bezeichnung einer
großen Menge, z. B. er hat Geld wie Heu, ist aber
auch (im Gegensatz zu dem frischen Grase) ein Bild des
Vergehens, vgl. den 90. Psalm und Jes. 40, 6 fg.

---

[1] Nämlich durch die Augen hindurch, vgl. Nr. 72.

561. Jemand in den Himmel erheben.

S. v. w. ihn übertrieben loben. Die Redensart stammt wahrscheinlich aus dem Lateinischen, wo sie sich durch viele Beispiele aus den klassischen Schriftstellern belegen ließe: der Lateiner sagte in coelum efferre oder tollere, ad astra tollere, in astra educere und ähnliches.

562. Ich hätte eher des Himmels Einsturz erwartet.

Mit dieser hyperbolischen Wendung wird oft das Ein= treten eines für unmöglich gehaltenen Ereignisses begleitet. Der Himmel wird hier noch in antiker Vorstellungsweise als fester Körper (Himmelsfeste, Firmament) aufgefaßt.[1] In der Vorstellung unsrer Vorfahren war die Erde der Mittel= punkt der Welt; Sonne, Mond und Sterne waren nur zu deren Beleuchtung und Erwärmung da. Die Erde wurde aufgefaßt als eine Scheibe, der Himmel als ein Gewölbe darüber.

Agricola Nr. 436: „Ich hette mich ehe des hymelfalls versehen." Campen Nr. 59: Ik had eer den hemel= val voorzien. Namenlose Sammlung (1532) Nr. 545: „Ich hette mich ehe des hymelfallß versehen." Mit der Erklärung: „Dises worts brauchen wir zu den dingen die jemandt widerfaren, on alle seine vordanken, vnd die er für vnmoeglich geachtet hette, das sie geschehen solten." U. s. w. Schon im Altertum war sprichwörtlich: Quid, si nunc coe= lum ruat? von eitler Furcht oder Erwartung, vgl. Terenz, Heaut. 4, 3, 41. Dasselbe auch bei Erasmus, Adag. I, 5, 64: Quid si coelum ruat? mit der Erklärung: Hoc unde manarit, Aristoteles indicat lib. τῶν μετὰ τὰ φυσικά, scribens priscis illis et rudibus mortalibus persuasum fuisse, coelum hoc quod videbant imminere, Atlanticis humeris sustinere. Quod si ille se subduxit, forte ut e sublimi in terra decideret. Idque non solum poëta-

---

[1] Nach der Vorstellung der Alten besteht der Himmel aus Metall. Vgl. Hesiod, Theog. 126, 127; Homer, Od. III, 2; XV, 328; XVII, 565. Daher sagt Schiller in der „Braut von Messina":

Vermauert ist den Sterblichen die Zukunft,
Und kein Gebet durchbohrt den ehrnen Himmel.

Wustmann. **15**

rum figmentis fuisse proditum, verum etiam a physicis
nonnullis adfirmatum.

563. Der Himmel hängt ihm voller Geigen.

S. v. w. er ist voller Freude und Wonne (und infolgedessen etwas übermütig). Zur Erklärung vgl. die Redensart:
die lieben Engelchen singen hören. Beide Ausdrücke gehören
ja eigentlich zu einander, sind nur zwei Glieder aus der Beschreibung der himmlischen Musik, die den selig droben Ein-
ziehenden empfängt. In einem Weihnachtsspiel aus Kärnten
singen die Hirten noch heute, wenn sie den Gesang der
Engel hören:

> Potz tausend Bue! was spricht so toll,
> Was hör i nit für Klang!
> Der Himmel hängt mit Geigen voll!
> Es ist a Engelsgsang.

Und gerade mit dieser biblischen Erzählung von der Ver-
kündigung der Hirten auf dem Felde scheint die Wendung
zusammenzuhängen; auch Lohenstein verbindet beides:

> Der Himmel thut sich auf und hänget voller Geigen,
> Die Cherubinen mühn sich die Geburt zu zeigen
> Den armen Hirten an.

Doch wird der Gedante wohl schließlich aus Joh. 1, 51
stammen: „Wahrlich, wahrlich, ich sage euch, von nun an
werdet ihr den Himmel offen sehen, und die Engel hinauf
und herabfahren auf des Menschen Sohn." Genau so
sagen ja auch wir noch von einem Entzückten: sein Auge
sieht den Himmel offen; Schiller in der „Glocke":

> Das Auge sieht den Himmel offen,
> Es schwelgt das Herz in Seligkeit.

Ganz wörtlich genommen (eine Geige neben der andern
oben am Himmel hängen sehen) wirkt die Redensart komisch.
Doppelt komisch deshalb in Hebels Übertreibung in der Geschichte von den drei Wünschen, wo das Ehepaar, das die
drei Wünsche thun soll, den Himmel gleich voller Baßgeigen
hängen sieht. Umgekehrt Lehm. 161 (Einfalt 11): „Mancher
meynet, der Himmel hang voller Geigen, so seynds kaum
Nußschalen." Vgl. noch Grimmelshausens Scherz Simpl.
I, 235: „Als er das Nachtschloß aufmachte, da sahe ich,

daß der schwarze Himmel auch schwarz voller Lauten, Flöten und Geigen hieng; ich vermeyne aber die Schincken, Knack= würste und Speckseiten, die sich im Kamin befanden."

564. Es schreit zum Himmel (ist himmelschreiend).

Von einer schrecklichen, ungerechten That, für die das menschliche Gefühl so dringend nach einer Sühne verlangt, daß sie gleichsam selbst den Himmel um Rache anruft. Das Bild, von hoher Kraft, ist uralt; unser ältestes Zeugnis sind die Worte des Herrn zu Kain (1 Mos. 4, 10): „Die Stimme deines Bruders Bluts schreiet zu mir von der Erde." Vgl. 2 Mos. 3, 9; 22, 23; Jakob. 5, 4.

565. Der Himmel ist blau.

So sagt man, wenn einer, mit dem man spricht, auf einmal von etwas ganz Abgelegenem zu reden anfängt und dadurch beweist, daß er höchst unaufmerksam zugehört hat. — Syll. 91: „Ego tibi de alliis loquor, tu respondes de cepis. Ich frage von knoblauch, so antwortestu mir von zwiebeln. Ich sage von der Kuh, du sagest von der Windmühlen. Ich fodder trincken, so sagen sie, der Esel träget den Sack."

566. Eine Hiobspost.

So nennt man sprichwörtlich eine Unglücksnachricht, nach der Erzählung im ersten Kapitel des Buches Hiob (B. 14— 19): vier Boten treten unmittelbar hintereinander vor den glücklichen, reichen Hiob, und jeder meldet einen schrecklichen Schlag, der seinen Besitz und seine Familie getroffen hat.

567. Sich auf die Hinterbeine stellen.

S. v. w. sich sträuben, sich weigern; wohl zunächst vom Pferde gesagt, das sich emporbäumt, wenn es vom Reiter vorwärts gezwungen wird und durchaus nicht vorwärts will. Dann scherzhaft vom vierbeinigen Tier auf den Menschen übertragen.

568. Ins Hintertreffen kommen

wird im eigentlichen Sinne von den Kämpfern gesagt, die aus der vordersten Schlachtreihe in eine hintere rücken, wo sie zu einer unbedeutenden Thätigkeit verurteilt sind, im über=

tragenen Sinne von solchen, deren Thaten auf dem Vorder=
grunde der allgemeinen Teilnahme zurückgedrängt werden.

569. Hinz und Kunz.

Diese beiden Namen dienen uns zur Bezeichnung der
urteilslosen großen Menge. Es stammt das aus einer Zeit,
wo sie in Bauernkreisen sehr verbreitet waren, und das hat
wieder seinen Grund in der Reihe der Heinriche und Kon=
rade, die auf dem deutschen Kaiserstuhl gesessen haben.[1]
Wenn Claudius in einer Fabel zwei Bauern miteinander
reden läßt, heißen sie immer Hinz und Kunz. Zwei seiner
Geschichten sind gleich mit diesen Namen überschrieben; die
bekannteste fängt an:

Was meinst du, Kunz, wie groß die Sonne sei? —
Wie groß, Hinz? Als ein Straußenei. —

570. Ein hochtrabendes Wesen haben.

S. v. w. vornehm und stolz thun; vgl. die Redensart:
sich aufs hohe Pferd setzen. Ähnliche bildliche Ausdrücke,
die dann sogar auf Worte und Gedanken übertragen werden,
sind: hochfahrend (eigentlich nichts anderes als hoffärtig),
hochnäsig, hochtönend. Hochgeschoren sind eigentlich
nur katholische Geistliche; von Pfaffen heißt es schon in
dem Erec Hartmanns von Aue V. 6631:

swie hohe er waer beschorn
er wart do lützel uz erkorn.
ez waere abt oder bischof.

Wenig später wird freilich der Ausdruck, schon in unsre
Form gegossen, in Österreich wiederholt auf die kurz=
geschorenen Polen angewendet, z. B. in Ottokars öster=
reichischer Reimchronik V. 16207 fg.:

die da als die torn
waren hoch beschorn,
die man Polan nant,
mit den tungten sie daz lant.

Und bei Seifried Helbling:

---

[1] Wie haben nach 1871 die Wilhelm und Willy überhand=
genommen!

> waz wildu Polan hochbeschorn?
> den Ungarn waere daz vil zorn.
> der ir langem har erkür
> die hohen polanischen schür.

Auch dem Haß des im Osten vordringenden deutschen Volks=
tums gegen slavische Art könnte also der Ausdruck ent=
sprungen sein.

571. Hokuspokus.[1]

So bezeichnet man die Handgriffe und Redensarten, die
der Taschenspieler macht, angeblich um zu zaubern, in Wahr=
heit, um die Aufmerksamkeit der Zuschauer von der Haupt=
sache abzulenken. Man hat vermutet, das Wort sei eine
Verstümmelung der Formel: hoc est corpus (sc. domini),
die der katholische Geistliche bei der Konsekration des Abend=
mahls braucht. Freilich ist der älteste Beleg für das Wort
der Titel eines 1634 in London erschienenen Lehrbuchs der
Taschenspielerkunst: Hocus Pocus junior, the anatomie
of the legerdemain; hier erscheint also Hokus Pokus als
Eigenname eines Taschenspielers.

572. Jemand den Hof machen.

Unter Hof verstand man früher, auf einen Fürsten be=
zogen, seine ganze Umgebung; was ihm diente, machte seinen
Hof aus, machte ihm den Hof. Davon daß es diese Hof=
leute an diensteifriger Artigkeit ihrem Herrn gegenüber nicht
fehlen ließen, ist der Ausdruck übertragen worden auf jedes
dienende Werben um die Gunst eines höhern, verehrten
Wesens, dann auch auf die artige Beflissenheit, mit der
junge Männer einem jungen Mädchen zu dienen suchen.
Heißt die Geliebte doch auch schon längst Herzenskönigin,
Ulrich von Liechtenstein nannte sie gar siner selden kei=
serin und bekennt:

> herze und all den lip,
> den muot, die sinne und al daz leben
> hat er ir ze lehene gegeben.

Von dem Benehmen bei Hofe stammen auch die Begriffe
höflich und Höflichkeit, sogar hübsch, das eigentlich nichts

---

[1] In älterer Zeit dafür auch Ockes Bockes, Ox Box.

andres als höfisch ist. Der Gegensatz dazu ist das dörf=
liche oder, wie man in der höfisch=niederrheinischen Sprache
des ausgehenden 12. und des 13. Jahrhs. lieber sagte, das
dörperliche: aus dem dörper, dölpel ist dann unser Töl=
pel geworden.

Hofworte treiben bedeutet in Brants „Narrenschiff"
32, 25 fg. f. v. w. jemand verbindliche, höfliche Worte
sagen:

> Jr ougen schlagen zu der erd
> Vnd mit hoffwort mit yedermann
> Tryben, vnd yeden gässlen an.

Alle diese Ausdrücke stammen, wie die Sache, die sie
bezeichnen, zum größten Teil aus Frankreich, vgl. Courtisane,
Courtoisie und die Redensart: die Cour schneiden.

573. Holland in Nöten!

bezeichnet einen hohen Grad von Verlegenheit und Be=
drängnis und bezieht sich ursprünglich wohl auf die Ver=
hältnisse in Holland zur Zeit jenes holländischen Krieges
(1672—79), wo Ludwig XIV. mit einem überlegenen
Heere in reißendem Siegeszuge in das Herz der Nieder=
lande eingefallen war. Da war „Holland in Nöten". Aus
derselben Zeit mag der Pariser Ausdruck panné comme la
Hollande stammen; er bedeutet: sehr arm, jämmerlich an=
zusehen.

Andre begnügen sich, zur Erklärung der Redensart auf
die Wassersnöte Hollands hinzuweisen.

574. Durchgehen wie ein Holländer.

Für die Entstehung dieser Redensart giebt es verschiedene
Erklärungen. Einige leiten sie von dem Admiral de Ruyter
ab, der mit seiner kleinen Flotte einst bei Nacht und Nebel
über die Sperrkette eines Hafens entwischt sein soll. Andre
behaupten, die Redensart komme von der Schlacht bei Det=
tingen her, wo die Holländer zuerst die Fersen gezeigt hätten.
Eiselein entscheidet sich nach dem Vorgang Adelungs für
folgende Erklärung: „Die Holländer sind nicht gern Land=
soldaten und scheinen sich aus dem Staube zu machen, wo
sie können." Endlich möchte man die Wendung auf die

holländische Schiffahrt oder auf das Schlittschuhlaufen der Holländer beziehen.

575. Einem die Hölle heiß machen.

S. v. w. ihn durch Drohungen in Angst setzen. Viel=leicht stammt der Ausdruck daher, daß die Mönche früher reiche Leute auf ihrem Sterbelager durch Androhung von Hölle und Teufel und allerlei Qualen zu beeinflussen, oft zu Schenkungen an Kirchen und Klöster zu veranlassen suchten.[1] Jedenfalls geht er auf die grellen Schilderungen der höllischen Feuersqualen zurück, durch die die christ=liche Geistlichkeit zu irgend welchen Zwecken auf ihre Zu=hörer einzuwirken suchte. In Simrocks „Eichelsaat":

Man schürt' ihm von der Kanzel die Hölle so heiß;
Er dacht': ich will bezahlen das Lügengeschmeiß.

576. Das ist viel Holz!

S. v. w. das ist teuer! Die Redensart rührt wahr=scheinlich von der Bedeutung her, die „Holz" beim Kegel=spiel hat, wo es die Kegel bedeutet. „Viel Holz" treffen (werfen) heißt hier s. v. w. viele Kegel treffen. Da dem, der viel Holz wirft, auch viel bezahlt werden muß, so er=klärt es sich leicht, wie der Ausdruck „viel Holz" zu der Bedeutung kam: das kostet viel!

577. Er läßt Holz auf sich hacken

sagen wir von einem unendlich geduldigen Menschen, der sich alles gefallen läßt, selbst die gröbsten Mißhandlungen. Vgl. Redensarten wie: einem auf der Nase herumtrommeln oder sogar herumtanzen!

578. Er ist aus demselben Holze geschnitten.

S. v. w. er ist von derselben Art. Syll. 183: „Ovo prognatus eodem. Er ist eben des Holzes." Aus dem festesten Holze, dem der Hagebuche, sind die „hagebüchnen" (mundartlich hänebiechnen, daraus mißverständlich: hahne=büchnen) Gesellen.

---

[1] Die Hölle ist ihrem Namen nach ursprünglich die altgerma=nische Hel, der hehlende Ort (und seine Gottheit), aber diese Hel dachten sich unsre Ahnen kalt. Heiß hat uns in diesem Sinne erst das aus dem heißen Süden kommende Christentum die Hölle gemacht.

Daß hier der Mensch bildlich als ein Holz gedacht wird, kann niemand wunder nehmen, der sich einmal des Zusammenhanges bewußt geworden ist, in dem diese Vorstellung nur ein Glied bildet. Der Mensch wird oft einem Baume verglichen, ein alter Knabe ist ein bemoostes Haupt, wer sich nicht artig benimmt, ist ein Klotz[1], ein ungehobelter Bengel oder Flegel. In alten Fastnachtsspielen ist das Bauernhobeln[2] eine unvermeidliche Szene, die durch ihre Komik immer wieder gewirkt haben wird, aber die ungeschliffnen Bauern mit ihren ungehobelten Sitten sind nicht alle geworden. Damit soll keiner Überschätzung des Hobelns das Wort geredet sein: Spiegelbergs Ansicht ist in ihrer Weise ganz richtig (Räuber II, 3): „Einen honetten Mann kann man aus jedem Weidenstotzen formen, aber zu einem Spitzbuben will's Grütz."

579. Sich hölzern benehmen.

S. v. w. sich ungeschickt und steif benehmen wie ein Stück Holz, das auch ungelentig, ungeschmeidig, steif ist. So spielt die Sprache: die vorhergehende Redensart hat ja gelehrt, daß selbst Leute vom feinsten Schliff doch aus Holz sind!

580. Sich auf dem Holzwege befinden.

S. v. w. im Irrtum sein, fehl gehen. Holzwege heißen die schmalen Wege im Walde, die nur zur Beförderung des Holzes geschlagen sind, aber zu keinem Ziele führen, wie es der Wanderer im Auge hat. Wer also erkennt, daß er sich auf einem Holzwege befindet, sieht seinen Irrtum ein. Vgl. Lehm. 418 (Irren 42): „Wer irret, der ist im Lerchenfeld, im Holzweg, von der Landstraß, vom rechten Weg kommen: Er hat die Rechnung ohne den Wirth gemacht."

---

[1] Ebenso lat. caudex, z. B. bei Terenz, Heaut. V, 1, 4.

[2] Derselbe Witz liegt der ehemaligen Deposition der Studenten zu Grunde. Diese bestand darin, daß sich neue Studenten vor ihrer Aufnahme eine Reihe von körperlichen Quälereien gefallen lassen mußten, wodurch ihnen sinnbildlich die Grobheit und Ungeschliffenheit des vorstudentischen Menschen genommen wurde. Sie wurden enthörnt, behauen, gestrählt u. s. w.

581. Homerisches Gelächter.

S. v. w. schallendes, anhaltendes Gelächter, wie Homer das Lachen der Götter schildert. Als z. B. Hephästos seine untreue Gattin Aphrodite und ihren Buhlen Ares in einem Netze beieinander gefangen hatte und so den Göttern zur Schau preisgab, brachen diese in „unauslöschliches Ge- lächter" aus. Odyssee VIII, 326; vgl. auch Ilias I, 599.

582. An dem ist Hopfen und Malz verloren.

S. v. w. bei dem schlägt keine Mühe an, es ist alles vergebliche Arbeit. Die Redensart stammt natürlich von der Bereitung des Bieres; ihre große Verbreitung erklärt sich daraus, daß früher die Bierbrauerei kein selbständiges Gewerbe war, sondern jede Hausfrau für den Bedarf ihres Hauses selbst braute. Wenn der Trank trotz aller Mühe nicht gelang, dann war Hopfen und Malz ver- loren. So alt übrigens schon der Gerstensaft als National getränk der Deutschen ist[1], so kann die Redensart in der heutigen Form doch höchstens bis ins 14. Jahrh. zurück- gehen, denn erst damals[2] ist auch Hopfen zum Brauen des Biers verwendet worden.

In katholischen Gegenden Deutschlands ist in demselben Sinne gebräuchlich: da ist Chrisam und Taufe verloren. Chrisam, eigentlich das geweihte Salböl, bezeichnet dann auch das Taufhemdchen, das bei der Taufe dem mit Chrisam gesalbten Kinde übergezogen wird; der Ausdruck ist also ver- mutlich zuerst von ungezogenen Kindern gebraucht worden, die nicht erkennen lassen, daß sie als Christen getauft worden sind.[3] In Murners „Schelmenzunft" XXVI, 17:

---

[1] Schon Tacitus, Germania, Kap. 23, sagt: „Als Getränk dient ihnen eine aus Gerste oder Weizen bereitete Flüssigkeit, welche man gären läßt, so daß sie einige Ähnlichkeit mit dem Wein bekommt; die Anwohner des Rheins erhandeln sich auch Wein."

[2] Vgl. Kriegf, Deutsches Bürgertum, I, Abschn. 16; Wacker- nagel, Kleine Schriften, I, 86.

[3] Doch spielt Chrisam auch bei der Firmung eine wichtige Rolle, sodaß sich auch erklären ließe: bei dem haben beide Sakra- mente nichts gefruchtet.

Teuff vnd Crisam ist verloren,
So bleyben in den alten ioren,
Wie sy in iungen sindt erzogen.

Im Lateinischen hat denselben Sinn oleum et operam
perdidisse, das auf die Ringer zurückgeführt wird, die
sich vorm Kampfe mit Öl bestrichen (Cicero, Ad fam.
VII, 1, 3: Pompeius confitetur se et operam et oleum
perdidisse); im Griechischen ἀπόλωλεν ὗς καὶ τάλαντον
καὶ γάμος, ursprünglich wohl von einem Ehekauf gesagt, bei
dem der Mann den kürzern gezogen hat.

583. In jemandes Horn blasen.

S. v. w. genau so reden wie er, ihm beistimmen, sich
zu seiner Ansicht bekennen; die Voraussetzung für den bild=
lichen Ausdruck ist die, daß aus ein und demselben Horn
auch immer nur ein Ton kommen könne. In Siebenbürgen
sagt man dafür: se blosen än i loch.

584. Einem die Hörner zeigen.

S. v. w. ihm gehörig entgegentreten; natürlich vom Rind
oder vom Ziegenbock entlehnt, die, wenn sie gereizt werden,
den Kopf senken, als ob sie dem Gegner zunächst ihre Waffe
zeigen wollten. Ebenso lat.: cornua obvertere alicui,
z. B. bei Plautus, Pseud. IV, 3, 5; ähnlich irasci in
cornua, Virgil, Georg. 3, 232.

585. Etwas auf seine Hörner nehmen.

S. v. w. etwas auf seine Kappe nehmen, d. i. die
Folgen von einer Sache tragen wollen. Das Bild ist vom
Zugvieh entlehnt; vgl. Ovid, Met. 8, 883: vires in cornua
sumit taurus.

586. Sich die Hörner noch nicht abgelaufen haben.

S. v. w. noch unerfahren sein, noch in den Jugend=
thorheiten stecken. Der Ausdruck ist nicht wörtlich zu nehmen;
die Hörner bezeichnen hier Unebenheiten des ungehobelten
jungen Gesellen, der noch nicht Maß zu halten weiß, mit
dem Kopf durch die Wand will, sich wie ein junger Stier
geberdet, vgl. S. 232 Anm. 2.

587. Jemand Hörner aufsetzen.

S. v. w. ihn zum Hahnrei machen, seine Frau ver=
führen; die Frau setzt dem Manne Hörner auf, wenn sie
ihm die eheliche Treue bricht. Welchem Vorgange diese
Redensart ihre Entstehung verdankt, hat in einem ausführ=
lichen Aufsatze Dunger in der „Germania" 29, S. 59 fg.
gezeigt. Bei der Verschneidung junger Hähne zu Kapaunen
ist es früher Sitte gewesen und ist es stellenweise noch heute
Sitte, den Tieren die unten abgeschnittenen Sporen oben in
den verschnittenen Kamm einzusetzen, wo sie festwachsen und
nun den Eindruck von Hörnern machen. Die Frau, die ihren
Mann betrügt, behandelt ihn also gleichsam als Verschnitte=
nen. Die Bezeichnung Hahnrei für einen so betrogenen
Gatten ist vermutlich aus dem ältern Hahnreh entstanden:
Hahnreh wäre er aber eben genannt worden, weil er halb
Hahn, halb Rehbock war.

Die Redensart ist über viele Sprachen verbreitet, ja
schon bei den alten Griechen nachweisbar, vgl. Weigand,
Wörterbuch der deutschen Synonymen, II, 12. In Frank=
reich z. B. heißt es: il en tient des cornes, und der
Hahnrei wird bélier oder cerf genannt.

588. Die Hosen anhaben;

auch engl.: she wears the breeches: ital.: portare le
brache: frz.: Madame (la femme) a la culotte: von der
Frau, die Herr im Hause ist. Im Volkslied heißt es:

> Weiber lieben Kommandieren,
> Haben an die Hosen gern.

Zu den bekanntern Fastnachtsspielen von Hans Sachs ge=
hört „Der böß Rauch", d. i. das böse Weib im Hause.
Darin rät der Nachbar dem geplagten Ehemann V. 50:

> Beut ein kampff an deinem weyb,
> Du wölst dich weiblich mit jr schlagen,
> Welches söll die Bruch (Hosen) tragen.

Und in dem simplicianischen Roman von der „Ertzbetrügerin
und Landstörtzerin Courasche" erzählt die Vagantin im
7. Kap. selbst, wie sie zu einer dritten Ehe schreitet, „schlägt
sich mit ihrem Leutenant umb die Hosen mit Prügeln,
und gewinnet solche durch ihre tapffere Resolution und

Courasche". Auch in Luthers Hause führt Frau Käthe das Kommando; Luther erkennt das scherzend an in einem Briefe, der beginnt: „Lieber Herr Käthe", und schließt: „Dein Liebchen Martinus Luther". Er trägt die Aufschrift: „Meinem freundlichen lieben Herrn Frawen Catharina von Bora D. Lutherin zu Wittenbergk."

Etwas andres ist es, wenn einer eine besondere Art von Hosen anhat, z. B. die Spendierhosen, dann ist er freigebig, macht Geschenke, giebt etwas zum Besten. Vgl. Syll. 62: „Canis in vincula. Unglückshosen anziehen." In Westfalen heißt es vom Paten: hä het de grote büsse an.

589. Mit jemand noch ein Hühnchen zu rupfen haben.

S. v. w. ihn noch wegen etwas zur Rede stellen wollen, das ihm nicht so hingehen soll, noch etwas mit ihm auszutragen haben. Die Erklärung der Redensart hat viel Kopfzerbrechens gemacht. Der eine hat an die Muße zum Plaudern bei der gemeinsamen Thätigkeit erinnert, der andre hat gemeint, der Ausdruck heiße: du sollst bei dem Rupfen dabei sein, d. h. du wirst gerupft werden. Vermutlich aber erklärt sich die Redensart aus dem in Nr. 338 dargestellten Vorstellungskreise. Ein Hühnchen bei jemand im Salze haben wenigstens ist dasselbe wie: einen Schinken bei ihm im Salze haben, d. h. Schelte oder Strafe von ihm zu erwarten haben; „du kriegst noch ein Hühnchen von mir" wird gesagt worden sein wie: du wirst dein Fett kriegen. Vielleicht ist mit ironischer Anspielung auf das Rupfen des andern dann daraus entstanden: wir haben noch ein Hühnchen miteinander zu rupfen, beim Huhn liegt ja das Rupfen nahe genug.

590. Mit den Hühnern zu Bette gehen.

S. v. w. sich zeitig, mit Sonnenuntergang schlafen legen. Dazu das Sprichwort: „Wer mit den Hühnern zu Bette geht, kann mit dem Hahn aufstehen" oder gereimt:

Früh mit den Hühnern zu Bette,
Auf mit dem Hahn um die Wette.

Eine Menge alter Wendungen bezeichnet so bildlich die Tages- und Jahreszeiten nach der Lebensweise von Vieh

und Vögeln. Von den in Grimms „Rechtsaltertümern"
S. 36 angeführten Belegen seien nur folgende hier erwähnt:
„die laiten sullen kommen ter tit, als die koe inkompt van
der weiden to middage und sullen weder gain, als die
koe geet ter weiden." Puttinger Hofrecht (Cleve). „(Der
fronschnitter) sal morgens uszgain, so die kuwe uszgint und
sal usz bliven, biß die kuwe den zagil weder interent."
Sweinheimer Vogtrecht (1438, Wetterau). Frühlings-
anfang wird dort umschrieben: „ze sant Walpurge tag, daz
der gauch gufte". Ein schweizerisches Sprichwort (Kirch-
hofer, S. 309) drückt die Sommerszeit aus durch: „wann
die bremm zabelt", d. i. wann die Mücke tanzt; und Herbst-
anfang pflegen wir zu umschreiben durch die Wendung:
wenn der Wind über die Stoppeln weht. Alle diese Ausdrücke stammen aus dem Kreise von Hirten und Acker-
bauern, die das Leben der Natur unmittelbar beobachten.

591. Etwas in Hülle und Fülle haben.

S. v. w. es im Überflusse besitzen. Ursprünglich bezeichnet der Zwillingsausdruck den Inhalt eines Gefäßes, auch
der menschlichen Haut, zusammen mit seiner Umhüllung.
Eine eigentümliche Anwendung findet er in der altgermanischen Rechtssprache, und durch sie lebt er wohl in seiner
festen stabreimenden Form bis auf den heutigen Tag fort.
Wie er zu einer eigentümlichen Bestimmung der Buße für
ein erschlagenes Wesen diente, lehrt z. B. folgende eddische
Sage.

Der Bauer Hreidmar hatte drei Söhne: Fafnir, Otr
und Reginn. Otr konnte sich, wie der Name sagt, in eine
Otter verwandeln und stieg so einst in den Fluß und fing
Fische. Eines Tages saß er am Ufer und verzehrte blinz-
äugelnd einen Lachs, als drei wandernde Asen, Odin, Loki
und Hönir, des Weges kamen. Loki, der die Otter sitzen
sah, ergriff einen Stein und warf sie tot. Froh ihres
Fanges zogen sie ihr den Balg ab und kamen damit am
Abend zum Hause Hreidmars, den sie um Herberge baten.
Als Loki seinem Gastfreunde den Otterbalg zeigte, ward es
offenbar, daß er den in eine Fischotter verwandelten Sohn
Hreidmars getötet hatte. Hreidmar ruft nun seine Söhne

und sein Gesinde herbei und zwingt die Asen, als Buße
für das begangene Verbrechen ein Lösegeld zu zahlen, das
darin bestehen soll, daß der ganze Balg inwendig mit rotem
Gold „ausgefüllt", aufgerichtet und auswendig wieder
mit Gold „zugehüllt" wurde.

Was hier die Mythe erzählt, findet sich in mehr oder
weniger veränderter Gestalt in alten Weistümern und Auf=
zeichnungen von Rechtsgebräuchen wieder. Ja noch heute
überschüttet der Bauer im Innthal am Charfreitag das in
der Kirche zur Verehrung ausgestellte Kruzifix mit Mais,
der in Altbaiern mit Korn, wie seine Ahnen vor zwei und
mehr tausend Jahren, in dem Glauben, er könne das Maß
seiner Sünden durch eine der Größe des Kirchenkruzifixes
gleichkommende Menge Korn aufwiegen.

592. Auf den Hund kommen.

S. v. w. herunterkommen, in schlechte Verhältnisse ge=
raten. Die Redensart ist vermutlich nichts weiter als eine
Weiterbildung der andern: vom Pferd auf den Esel kommen
(s. Pferd). Im Jahre 1664 riefen die siegreichen deutschen
Soldaten den Türken zu: „Kommst aufn Hund und nit
aufn Gaul!" und in einem unsrer jüngsten volkstümlichen
historischen Lieder, das auf den unglücklichen Habsburger
Max in Mexiko 1867 gedichtet worden ist, heißt es:

> Von dem Tag an und der Stunde
> War der Kaiser auf dem Hunde.

Noch eine Stufe abwärts bezeichnet die Redensart (Sim=
rock 268): dann kommst du vom Hund auf den Bettelsack.
Aus der verächtlichen Bedeutung, die so an dem Hunde im
Gegensatz zu höhern Tieren, wie dem Pferde, haftet, erklären
sich die vielen verächtlichen Zusammensetzungen wie Hunde=
leben, Hundewetter, hundemüde u. s. w., dazu das Schimpf=
wort Hund und auch das Zeitwort hunzen (besonders ge=
bräuchlich in den Zusammensetzungen: aushunzen, herunter=
hunzen, verhunzen), das man richtiger hundzen schriebe.
Der launige Trost in einer übeln Lage: „Kommen wir
übern Hund, kommen wir übern Schwanz!" klingt wie
Galgenhumor.

593. Da liegt der Hund begraben!

S. v. w. das ist's, worauf es ankommt; vgl.: da liegt der Hase im Pfeffer. In demselben Sinne auch frz.: voilà le chien! — Die Redensart ist nicht sicher zu erklären; gewöhnlich weist man darauf hin, daß Hunde im Volks= glauben auf vergrabenen Schätzen lagern, und meint, ur= sprünglich seien die Worte an einen Schatzgräber gerichtet gewesen. So sagt Mephistopheles im zweiten Teil von Goethes „Faust", 1. Akt, V. 368:

> Der Eine faselt von Alraunen,
> Der Andre von dem schwarzen Hund.

Und dann die Metallfühler verspottend:

> Wenn es in allen Gliedern zwackt,
> Wenn es unheimlich wird am Platz,
> Nur gleich entschlossen grabt und hackt,
> Da liegt der Spielmann[1], liegt der Schatz!

594. Den Hund nach Bratwürsten schicken.

S. v. w. einen Ungeeigneten schicken (vgl. den Bock zum Gärtner machen), überhaupt etwas verkehrt anfangen. Syll. 30 steht die Redensart als Übersetzung von Agninis lectibus alligare canem. Vgl. Syll. 41: „Aquam e pu- mice postulas: du suchest Bratwürst im Hundsstall."

595. Hunde führen,

in Sachsen gewöhnlich mit dem Zusatz: nach Bautzen oder bis Bautzen. Dafür im Elsaß: Hunde nach Leukenbach, in Gießen: Hunde nach Endebach, in Franken: Hunde nach Buschendorf führen. Die Ausdrücke werden zurückgeführt auf die in frühern Zeiten besonders für vornehme Verbrecher übliche Strafe des Hundetragens oder Hundeführens. Wie zum Galgen Verurteilte auf dem Wege zum Richtplatz den Strang um den Hals trugen, so bedeutete das Hundetragen für den Träger eigentlich: ich bin wert, wie ein Hund auf= gehängt oder erschlagen zu werden. Vgl. Grimm, Rechts= altertümer, S. 715 fg.

---

[1] Vgl. Musikant.

596. Damit lockt man keinen Hund vom Ofen.

S. v. w. die Sache ist völlig wertlos und wirkungslos. Hunde (und Katzen) lieben die Wärme und liegen deshalb gern unter dem Ofen, wenn dieser, wie es landschaftlich üblich ist, auf Füßen steht, oder am Ofen, auf der Ofenbank. Es gehört aber nicht sehr viel dazu, einen Hund von dort wegzulocken (eine Wurstschale genügt). Im „Abt von St. Gallen" läßt Bürger den unwissenden Schäfer Benbir sagen:

> Versteh' ich gleich nichts von lateinischen Brocken,
> So weiß ich den Hund doch vom Ofen zu locken.

597. Mit allen Hunden gehetzt sein.

S. v. w. so gerieben, so schlau sein, daß man sich allen Gefahren zu entziehen weiß. — Das Bild ist von der Jagd entlehnt: wie das Wild, das mit allen Hunden gehetzt worden ist und doch entkommt, eine hohe Anspannung seiner Fähigkeiten gezeigt hat, so ist der ein geriebener Geselle, dem weder das Gesetz, noch die Gesellschaft, noch sonst eine Macht, trotzdem daß man ihm auf die Finger paßt, etwas anhaben kann.

598. Es nimmt kein Hund einen Bissen Brot von ihm.

Die Redensart drückt einen sehr hohen Grad von Verachtung aus. Kein Hund will mit dem Betreffenden etwas zu thun haben, geschweige denn ein anständiger Mensch. Dabei ließe sich an den alten Glauben erinnern, daß der Kirchenbann nicht nur Menschen, sondern selbst Hunde von dem Betroffenen fernhalte.

599. Wie Hund und Katze.

Wenn wir von zweien sagen: sie sind wie Hund und Katze, so drücken wir damit bildlich aus, daß sie fortwährend Streit mit einander haben, sich nicht vertragen können. Der Vergleich liegt nahe und ist höchst bezeichnend: jeder hat es gesehen, wie der Hund, sobald er die Katze erblickt, auf sie losfährt und sie heftig anbellt, während sie einen Buckel macht und zum Sprunge oder zum Schlage bereit ihn anfaucht.

Schon in Freidanks „Bescheidenheit" 138, 15:

Bi hunden und bi katzen
was bizen ie und kratzen.

Anders Lehm. 821 (Vneinigkeit 23): „Vneinige sind in gutem vernehmen, wie der Fuchs vnd Han, Katz vnnd Mauß.“

600. Bekannt wie ein bunter (scheckiger) Hund.

Die meisten Hunde sind einfarbig; ein Hund in mehrern Farben fällt auf. Der Ausdruck wird von jemand gebraucht, der allenthalben, aber nicht gerade rühmlich bekannt ist. In Ostfriesland freilich heißt es: „Dar sünt mehr bunte Hunne as een“ in dem Sinne von: einzelne Kennzeichen reichen nicht aus, Personen oder Sachen genau zu bestimmen. (Kern und Willms Nr. 666.)

601. Vom Hundertsten ins Tausendste kommen.

So nennen wir es, wenn jemand bei einer Erzählung von seinem Stoff abspringt und auch den neuen Faden wieder fallen läßt, um von etwas drittem zu reden, das ihm gerade durch den Kopf geht, bis er nicht mehr weiß, wovon er eigentlich hat sprechen wollen; als ob er nicht nur auf hundert, sondern schließlich gar auf tausend Dinge zu reden gekommen wäre. In Wirklichkeit ist etwas andres mit den Worten gemeint, nämlich die Verwirrung beim Rechnen, wenn jemand Hunderter und Tausender vermengt. Vgl. Agricola Nr. 429: „Er wirfft das hundert in tausent“; dazu die Erklärung: „Er mengt es in einander, Hundert sind das zehent teyl von tausent, vnd tausent ist ein grössere zal denn hundert, Wer nun hundert zu tausent wirfft, vnd rechnet nicht darzwischen die andern hundert, als zwey, drey, vier, funff, sechß, sieben, acht, neun hundert vnd als denn tausent, der macht es also, daß niemand weyß, was er rechnet odder redet, Darumb wirt diß Wort gebrauchet widder die, welche vil geweschs machen, vnd sagen vil, sie aber selbs wissen nicht, wo es hat angefangen, odder wo sichs endet, die es horen, auch nicht, weise vernunfftige lewte reden ordenlich, vnd fuegen eines auff das ander, aber narren reden was jnen eynfellt.“ In einer ältern Form auch noch Simpl. I, 366, 14: „Da fieng er wieder an zu wüten und das tausendste ins hundertste zu werffen.“ Anders bei Lessing: „Das Hundertste ins Tausendste schwatzen.“

Vgl. lat.: caelum ac terras miscere, Livius IV, 3; maria omnia caelo miscere, Virgil, Aen. 5, 790. — Syll. S. 148 steht die deutsche Redensart als Übersetzung der lateinischen Worte: miscebis sacra prophanis.

602. Hundsloben kriegen.

S. v. w. tüchtig ausgescholten werden. Hundsloben sind zottige Mengen von Hundehaaren, und diese galten in früherer Zeit bildlich als ein grobes Surrogat für Wolle. Eine alte Redensart ist: Hundshaare einmengen, einem Hundshaare unter die Wolle schlagen (vgl. Nr. 483), sie bedeutet: einen betrügen, eigentlich, den Stoff, den man ihm für reine Wolle verkauft, durch Einmischung von Hunds= haaren schlechter machen. Und so wird sich auch der Aus= druck Hundsloben kriegen am einfachsten erklären lassen als: es grob kriegen, grob angelassen werden.

603. An den Hungerpfoten saugen.

S. v. w. an dem Notwendigsten Mangel leiden. — Von dem Bären entlehnt, der den Winter in ununterbrochener Ruhe in einer Höhle oder sonst einem warmen Versteck zubringt und dabei weder Nahrung zu sich nimmt, noch seinen Leib leert; mehr zum Zeitvertreib als zur Ernährung saugt er dann an seinen Tatzen. In Brants „Narrenschiff" 70, 21 wird von jemand, der den Sommer über faul ge= wesen ist, gesagt, daß er den Winter hindurch müsse „an dem dopen (Tappen) saugen hert, Biß er des Hungers sich erwert". Auf dem Holzschnitt zu Kap. 70 (Mit fursehen by zit) leckt ein Bär an seinen Tatzen.

604. Am Hungertuche nagen.

S. v. w. in größter Armut leben. Das Hungertuch war ein schwarzes Tuch, das man von Aschermittwoch bis zum Sonntag nach Ostern über den Altar deckte: so wurde sinnbildlich in der Kirche das Fasten angedeutet. In Geilers Predigten über Brants „Narrenschiff": „Dich soll leren das Hungertuch, so man ufspannt, Abstinenz und Fasten!" Und in einer alten Beschreibung volkstümlicher Festtagsbräuche in Augsburg (Germania 17, 79 fg.) wird die Fastenzeit mit folgenden Worten geschildert: „Darinn eßen sie 40 tag

kein fleisch, auch mit Milch, Keß, Ayr, schmalz dann vom
remischen Stuel erkaufft. Da verhüllt man die Altar und
haylligen mit einem tuech und laßt ein hungertuech herab,
daz die syndige Leut die götz nit ansehen, noch die heiligen
bilder die Christen oder juden."

Eigentlich hieß die Redensart: am Hungertuch nähen,
so bei Hans Sachs und noch in der Mitte des 17. Jahrhs.,
z. B. in einer gleichzeitigen Schrift über die Geldnöte in
Deutschland nach dem Dreißigjährigen Kriege: „So hab ich
auch ehrliche Freund, die wol ein stuck Brod zehren vnd
anderen mittheilen könden, wann ihnen anderwerts mit der
Schuldigkeit auch beygehalten wurde, in deren verbleibung
müssen Sie an dem Hungertuch nähen." Doch schon in
Fischarts „Gargantua": am hungertuch nagen, eine Ver=
tauschung, wobei der Gewinn des neuen Bildes den Verlust
der ursprünglichen Vorstellung überwiegt. Merkwürdig in
einem alten Liede aus katholischen Kreisen auf Gustav Adolf:

> Jetzt nagt er wie ein ander Rub
> Zu Nürnberg an der Hungergrub.

605. Jemand etwas husten.

Auf ein unverschämtes Ansinnen antwortet man wohl:
ich will dir etwas husten, ich will dir etwas niesen! Es
sind das nichts als verhüllende Ausdrücke für eine derbere
Antwort, die der Leser wohl erraten wird.

606. Viele Köpfe unter einen Hut bringen.

S. v. w. eine große Menge Menschen in einer Sache
zu einundderselben Ansicht bringen, was bekanntlich sehr
schwierig ist; denn „Viel Köpfe, viel Sinne!"[1] In unsrer
Redensart ließe sich der Hut als eine bildliche Bezeichnung
für Herrschaft auffassen.[2] Das hat z. B. Treitschke gethan,
wenn er sagt[3]: „Den bigotten Kurtrierern kam es hart an,

---

[1] Quot homines, tot sententiae. Terenz, Phorm. 2, 4, 14.
[2] Man denke an Geßlers aufgesteckten Hut, an die Fürsten=
krone, die, heute ein Zeichen monarchischer Gewalt, ursprünglich
nichts weiter ist als eine in Zacken auslaufende Kopfbedeckung.
Bei Übertragungen von Gut und Lehen wurde im Mittelalter
ebenfalls der Hut gebraucht.
[3] Deutsche Geschichte im 19. Jahrhundert, II, 376.

daß sie mit den protestantischen Katzenellenbogern unter einen Hut geriethen." Ursprünglich ist aber der Hut hier nur ein Bild für die gemeinsame Zusammenfassung der vielen Köpfe. Ähnlich heißt es schon in Wolframs „Wille= halm" 28, 10 zur Bezeichnung einer geringen Anzahl von Streitern:

die der marcgrafe fuorte,
die möht ein huot verdecken.

607. Er hat Vögel unterm Hute.

So sagt man spöttisch von einem, der zu faul oder zu tölpisch ist, durch Abnehmen seines Hutes zu grüßen.[1] Auch: er hat Sperlinge, Schwalben unterm Hute. Die Redens= art hat kein hohes Alter; denn erst im 16. Jahrh. ist es allgemein üblich geworden, sich durch Abnehmen des Hutes zu grüßen; ursprünglich lag in dem Entblößen des Hauptes die Erklärung, daß man sich selbst gegenüber einem mäch= tigern Herrn wehrlos mache.

J.

608. Das Tüpfelchen auf dem i.

Bezeichnet sprichwörtlich das, was eine Sache erst zum vollständigen Abschluß bringt; denn so klein und winzig der i=Punkt ist, so notwendig ist er doch zur Vollendung des Buchstaben. Anders Matth. 5, 18: „Wahrlich, bis daß Himmel und Erde vergehn, wird nicht vergehn der kleinste Buchstabe, noch ein Tüttel[2] vom Gesetz, bis daß es alles geschehe."

609. Eine fixe Idee

nennen wir einen absonderlichen Gedanken, den jemand nicht aufgeben will oder kann. Fix, heute meist s. v. w. schnell, heißt eigentlich fest; vgl. Fixstern, fixieren.

---

[1] Heute ist es so weit gekommen, daß wir diese stumme Be= wegung Gruß nennen; eigentlich bedeutet aber grüßen s. v. w. an= sprechen

[2] „Nicht ein Tüttelchen" = gar nichts; Tüttel, Tüttelchen ist Diminutiv von Tutte (Brustwarze); nicht zu verwechseln mit Titel, lat. titulus.

J.

610. Jägerlatein.

Bezeichnet zunächst nur die Jägersprache, insofern sie mit ihren eigentümlichen Ausdrücken (Löffel für Hasenohren, Läufe statt Beine u. s. w.) nicht jedem verständlich ist, ihm wie Latein — das hier typisch für jede beliebige fremde Sprache steht[1] — vorkommt. Ironisch nennt man dann auch die berüchtigten Aufschneidereien der Jäger, die un= glaublichen Jagdgeschichten Jägerlatein, als ob sie von einem gewöhnlichen Kopfe nicht zu fassen, ihm zu hoch wären.

Schlechtes Latein nennt man spöttisch Küchenlatein im Gegensatz zum Schullatein. Der Ausdruck wird aus der Klosterschule stammen, die stolz war auf ihr Latein gegenüber dem, das in der Klosterküche gesprochen wurde, oder aus dem Munde von gelehrten Humanisten, die sich auf ihr klassisches Latein etwas einbildeten gegenüber dem Umgangslatein. Die Sprache von Kindern, die erst reden lernen, nennt man auch Plapperlatein.

611. Zu (seinen) Jahren kommen.

In prägnantem Sinne s. v. w. volljährig werden, die Altersstufe erreichen, wo der Mensch mündig wird. Homeyer (Jahrbuch) für wissenschaftliche Kritik, 1827, S. 1316— 1318) hat gezeigt, daß die Rechtssprache, genauer als die der Dichter, zuweilen unterscheidet und ze sinen jaren komen für das geringere, ze sinen tagen komen für das volle Mündigwerden nimmt. Vgl. Sachsenspiegel I, 42; II, 71. In einem andern, aber auch ganz bestimmten Sinne sagt Otfried von Christus, als er das Werk der Erlösung begann, als die Tage erfüllt wurden: so er zi sinin dagon quam; ganz allgemein aber bedeutete und be= deutet der Ausdruck: alt werden, senescere.

---

[1] Latein ist sogar im Volksmund schließlich typisch für Kennt= nisse überhaupt und bedeutet deshalb s. v. w. Kunst; z. B. in der Wendung: Hier bin ich mit meinem Latein zu Ende.

612. Nach Jahr und Tag.

Eine altdeutsche Rechtsformel, die sich bis auf unsre Zeit erhalten hat. Ursprünglich bezeichnete der Ausdruck die Verjährungsfrist, also den Zeitraum, der verflossen sein mußte, um in den unangefochtenen Besitz von etwas zu gelangen; daher das alte Rechtssprichwort: Jahr und Tag soll ewig gelten. Damit hängt zusammen, daß er als stehende Bestimmung für die Dauer des Aufenthalts in der Fremde erscheint, zunächst in der alten Rechtssprache[1], und heute noch oft in diesem ursprünglichen Sinne im Märchen. Diese Frist galt nun nicht soviel wie ein Jahr und ein voller Tag, sondern war gewöhnlich festgesetzt auf ein Jahr, sechs Wochen und drei Tage, d. i. ein Jahr und dreimalige Wiederholung der vierzehntägigen Frist mit drei Tagen Zugabe. Die Zugabezahl haben wir auch in der achttägigen Frist (7 + 1), ebenso der Franzose in seinem quinze jours (14 + 1); auch der Ausdruck: ewig und drei Tage, der nur als ein schlechter Witz erscheint, hat also seinen guten — wenn nicht Grund, so doch Hintergrund. Und noch eine Menge andrer derartiger Bestimmungen hat es in alter Zeit gegeben. Dreißig Jahre und ein Tag überschritten die Dauer der Vollkraft der Mannesjahre, daher in Freidanks „Bescheidenheit":

> nieman ritter wesen mac
> drizec jar und einen tac,
> im gebreste muotes,
> libes alder guotes.

Erst wer fünfzig Jahre und einen Tag gelebt hatte, ohne gefreit zu haben, galt als Hagestolz; hundert Jahre und ein Tag bedeutete s. v. w. ewig. Dieselbe Vorsicht, durch eine Zugabe volle Sicherheit für das Innehalten des eigentlichen Maßes zu gewähren, ist der Grund dafür, daß die Ehren- oder Freudensalve nicht aus 100, sondern aus 101 Schüssen besteht.

613. Das ist der wahre Jakob!

S. v. w. der ist's, das ist der echte, das ist der beste.

---

[1] Ein verkaufter Knecht z. B. wurde nach altfränkischem Recht auf Jahr und Tag gesund gewährleistet (usque ad annum et diem). Grimm, Rechtsaltertümer, S. 222 fg.

Die Redensart wird in eigentlichem Sinne und ironisch gebraucht. Sie wird meist auf den heiligen Jakob zu Compostella bezogen: die Pilger, die die mühselige Reise nach Spanien unternommen hatten, hätten auf leichter zu erreichende Gräber andrer Heiligen mit Geringschätzung herabgesehen und sie nicht als ihrem Heiligen ebenbürtig gelten lassen.

Dunger hält es für wahrscheinlicher, daß in dem wahren Jakob der alttestamentliche Jakob stecke, der als falscher Esau den Segen des blinden Vaters erschleicht.

614. Janhagel.

Volkstümlicher Ausdruck für den „süßen Mob"; vgl. Hack und Mack, Hinz und Kunz, Krethi und Plethi. — Janhagel ist zusammengesetzt aus „Jan" und „Hagel". Jan ist die niederdeutsche Kurzform für Johann und seit den Zügen der englischen Komödianten der übliche Name des Tölpels und Narren, des Clowns. Jan bezeichnet ebenso wie Hans den Dummkopf; damit ist nun hier, wie auch vielfach mit Hans (s. d.), ein ersonnener Eigenname in Verbindung gesetzt worden, der eine besondere Eigen= schaft des Jan hervorhebt, hier das Schimpfen und Fluchen (Hagel!).[1]

In Verbindung mit einem vorangehenden Worte kommt Jan so vollkommen abgeschliffen vor, daß aus dem Namen die lateinisch scheinende Endung: ian wird. So sind ge= bildet: Schlendrian (Brants „Narrenschiff", 110ª, 163), d. i. fauler, immer zu spät kommender Johann; — Grobian (vgl. Murners „Schelmenzunft", Kap. 22; bei Murner mit lateinischer Endung: Grobianus) d. i. grober Johann; — Stolprian, d. i. steifer Johann; — Dummerjan, d. i. dummer Mensch; — Liederian, d. i. liederlicher Mensch; — Morian (Murrjan); — Urian. Vgl. Germania, V, 327, 1.

615. Im Joche sein.

S. v. w. seiner gewohnten, festen Thätigkeit nachgehen, im Gegensatz zu freien Tagen und Ferien gesagt. Das

---

[1] Im 18. Jahrh. begegnen auch ab und zu die hochdeutschen Formen Hans Hagel, Johann Hagel.

Bild ist vom Zugvieh entlehnt: das Joch der Ochsen ist ein hölzernes Gestell, das auf ihrem Nacken ruht und sie mit dem Pflug oder dem Wagen verbindet. Wer einmal eingespannt ist, dem bleibt weiter nichts übrig als zu ziehen. Klagelieder 3, 27: „Es ist ein köstliches Ding einem Manne, daß er das Joch in seiner Jugend trage." Vgl. Sir. 28, 54 fg.; ebenda 33, 27.

Joch ist aber auch die drückende, knechtende Gewalt; z. B. unter dem türkischen Joche, d. i. unter der schwer zu ertragenden Herrschaft der Türken; der Minne Joch. Der Lyriker Mesomedes, im Zeitalter des Hadrian geboren, hat in seinem Hymnus auf die Nemesis dieser symbolisch ein Joch (für den Nacken der Menschen) in die Hand gegeben, um durch dieses Attribut die Eigenschaft der Nemesis zu veranschaulichen.

Das Bild wird namentlich auch auf die Ehe angewandt.[1] In Brants „Narrenschiff", Kap. 64 (von bösen Weibern ist die Rede), V. 82: „Wer mit eynr solchen züht jm pflug"; ebenda 32, 31:

Eyn hübsch frow die eyn närrin ist
Ist glich eym roß dem oren gbryst[2]
Wer mit der selben eren[3] will
Der macht krumber fürchen vil.

Bei den Römern bedeutete jugum nicht allein, wie unser Joch, womit es völlig übereinkommt, das Werkzeug zum Ziehen für Ochsen und Pferde, was wir jetzt auch Kummet nennen, sondern oft auch ein Gestell von zwei aufrecht-stehenden Pfählen mit einem Querbalken, worunter man überwundene Feinde zum Zeichen der Unterwerfung durch-kriechen ließ (sub jugum mittere). Über dieses jugum ignominiosum vgl. Livius 3, 28.

---

[1] Vgl. den lateinischen Ausdruck für Ehe: conjugium, d. i. wörtlich Zusammenjochung, die Vereinigung zu einem Paare. Im Deutschen sagt man auch: sich ins Ehejoch, ins Joch der Ehe spannen lassen.

[2] D. h.: gleicht einem Pferde, dem es der Ohren gebricht. Die Ohren der Pferde sind besonders wichtig, um sie beim Pflügen zu lenken.

[3] Eren = pflügen; gotisch: arjan, lat.: arare.

616. Ein hölzerner Johannes.

Bezeichnet einen steifen, hölzernen Menschen (vgl. Nr. 579); ob nach dem Holzbilde des Apostels Johannes oder dem Holzblock, der in heidnischer Zeit am Johannistage verbrannt wurde, oder als allgemeine Bezeichnung für eine hölzerne Figur, wird sich schwer entscheiden lassen.

617. John Bull.

Auf deutsch: „Hans Ochs". Der Ausdruck ist eine humoristische Personifikation des englischen Nationalcharakters, zu vergleichen dem deutschen Michel und dem Bruder Jonathan. Zuerst von Swift gebraucht, in Karikaturen als stämmiger, vierschrötiger, stets zum Boxen fertiger Kerl dargestellt.

618. Bruder Jonathan.

Diese scherzhafte Benennung der Einwohner Nordamerikas rührt von Jonathan Trimbull her, der zur Zeit des nordamerikanischen Freiheitskampfes eine Zeit lang Gouverneur von Connecticut war und als solcher durch seine Geistesgegenwart und Klugheit bei Washington so viel galt, daß dieser in einem nicht zum Schluß kommenden Kriegsrat ausrief: „Wir müssen Bruder Jonathan zu Rate ziehen." Das Wort wurde seitdem sprichwörtlicher Ausruf in schwierigen Lagen.

619. Aller Jubeljahre einmal.

S. v. w. sehr selten. Das Jubeljahr oder Halljahr kehrte bei den Israeliten aller fünfzig Jahre wieder; es wurde durch Posaunenschall (hebr. jobel) dem ganzen Lande angekündigt (3 Mos. 25, 8). Der Zweck dieses Jubeljahres war: Erhaltung der Gleichheit des Grundbesitzes, Verhütung gänzlicher Verarmung und Vermehrung der Fruchtbarkeit der Äcker; vgl. 3 Mos., Kap. 25 („Feier- und Jubeljahr"); auch Jerem. 34, 8 fg.

Im späten Mittelalter wurde mit dem hebräischen Worte das lateinische jubilus vermengt, das ursprünglich ein langgezogenes musikalisches Frohlocken, eine Art gemäßigten Jodler am Ende eines Kirchengesanges bezeichnet und dann in die Bedeutung von Jauchzen übergegangen ist. Diese Verquickung

war um so leichter möglich, als das Wesen des hebräischen
Jobeljahres allgemeine Freude im Volke mit sich bringen
mußte. Dazu kam noch, daß seit dem Jahre 1300 auch
die katholische Kirche solche Jubeljahre[1] feierte, in denen sie
allen Rompilgern ihre Sünden vergab, die jüdische Ein=
richtung also auch in der christlichen Welt in einem ähn=
lichen Sinne wie dem ursprünglichen wirksam wurde. Einen
deutschen Namen dafür überliefert die Limburger Chronik
(S. 34 der Ausg. von Wyß): „annus jubileus, daz hißen
si gulden jar".

Die Worte Jubel und jubilieren (frohlocken, jauchzen)
stammen unmittelbar von dem lat. jubilus, die Ausdrücke
Jubeljahr, Jubiläum, Jubilar aus der jüdisch=katho=
lischen Einrichtung; Jubiläum scheint ein nachträglich ge=
bildeter neutraler Nominativ zu jubileo und dem Akkusativ
jubileum zu sein, die eigentlich dem Maskulinum anno,
annum anhängen.

620. Judaskuß.

So nennen wir eine Freundschaftsbezeugung, hinter der
Haß und die Absicht zu schaden verborgen sind, nach Matth.
26, 48 fg.: „Und der Verräter hatte ihnen ein Zeichen
gegeben und gesagt: Welchen ich küssen werde, der ist's; den
greifet. Und alsbald trat er zu Jesu und sprach: Gegrüßest
seist du, Rabbi, und küssete ihn." Vgl. Mark. 14, 44 fg.;
Luk. 22, 47 fg. — Schon im Mittelalter war Judas,
neben dem deutschen Sibich, sprichwörtlicher Vertreter der
Untreue, vgl. Parzival 321, 10:

> ime gruoz er minen herren sluoc
> ein kus den Judas teilte,
> im solhen willen veilte.

Anders in der Zimmerischen Chronik IV, 229, 5: „Sie
gab mir zu letst ain Judaskuß, als die frawen sein gewon",
d. h. sie verriet ihren Gatten an mich, ihren Liebsten, indem
sie mich küßte.

---

[1] Anfangs aller hundert, bald aller fünfzig Jahre, später
aller dreiunddreißig. schließlich aller fünfundzwanzig Jahre: führte
die Einrichtung doch dem Papste und Rom ungeheure Summen zu.

621. Es geht zu wie in einer Judenschule!

Bei den rechtgläubigen Juden führt die Synagoge den Namen Schule. Wenn sie nun in der Synagoge beten, so ist es anfangs ein leises Gemurmel, dann erheben die Betenden die Stimme, um sie gleich darauf wieder sinken zu lassen, erheben sie dann aufs neue u. s. w. Von dem Durcheinandertönen des Stimmengewirrs aus der ganzen Gemeinde rührt die Redensart her. — Ostfriesisch: 't geit der her as in'n Jödenkark (d. i. =kirche).

622. Aussehen wie der dumme Junge von Meißen.

S. v. w. ein sehr dummes Gesicht machen. Der Ausdruck wird zurückgeführt auf eine große Meißner Porzellanfigur, die lange im Eingange des Formhauses der Meißner Porzellanfabrik aufgestellt gewesen und dort mit ihrem dummen Gesicht den Besuchern sofort in die Augen gefallen sein soll.

Eine andre Erklärung bezieht die Redensart auf den bärtigen Judenkopf im markgräflich meißnischen Wappen — das Symbol des einträglichen Schirmamtes über die Juden — der in schlechten spätern Stempeln und Zeichnungen in der That bisweilen wie ein Bauernjunge mit der Zipfelmütze aussieht.

K.

623. Kainszeichen.

Ein solches hat der, der von Gott besonders gezeichnet ist, sodaß er den Zug der Bosheit auf der Stirne trägt. 1 Mos. 4, 15 heißt es: „Es legte Jehova an Kain ein Zeichen, daß man ihn erkennete und nicht erschlüge." Christliche Ausleger verstehen unter dem Kainszeichen einen besondern Schutz Gottes. Nach rabbinischen Traditionen (bei Salian) bestand das Zeichen Kains ex sanguinea oculorum acie adspectuque torvo, quae putant homicidarum indicia et notas.

624. Mit fremdem Kalbe pflügen.

S. v. w. sich heimlich eines andern Hilfe bedienen, wie die Philister, die Simsons Rätsel („Speise ging von dem

Fresser und Süßigkeit von dem Starken") nicht eher errieten, als bis sie mit seinem Kalbe gepflügt hatten, d. h. sich von seinem Weibe hatten helfen lassen. Vgl. Richter 14, 18: „Wenn ihr nicht hättet mit meinem Kalbe gepflügt, ihr hättet mein Rätsel nicht getroffen." Die Redensart stammt also aus dem Hebräischen.

625. Das Kalb ins Auge schlagen.

S. v. w. Anstoß erregen, Staub aufwirbeln, etwas be-gehen, das allgemein aufbringt, erzürnt. Simpl. III, 319, 20: „Solltest du dich auch nun unterstehen, diesen wie die vorige zu verhindern, so wirst du das Kalb ins Aug schlagen." Wie das Kalb zu der Ehre kommt, fragt man sich freilich vergeblich; Hildebrand meint, der Ausdruck stamme „wol von besonders ungebärdigem Thun des Kalbs in diesem Falle".

626. Das Kälbchen austreiben.

S. v. w. ausgelassen sein, sich toller Lustigkeit hingeben, gleichsam als ob man von einem Kalbe besessen wäre, dem man es wohl sein ließe, indem man es auf die Weide treibt, daß es da seine Kälbersprünge machen kann. (Vgl. die beiden Redensarten: seinen Affen füttern, und: einen Narren an jemand gefressen haben.)

Kurzweg heißt das auch kälbern, wie junges Volk im Volksmund auch Kalbfleisch und ein alberner Kerl „ein rechtes Kalb!" genannt wird.

627. Das goldne Kalb anbeten.

S. v. w. Mammonsdiener sein. Ursprünglich ist das goldne Kalb das Götzenbild der Israeliten in der Wüste (vgl. 2 Mos. 32), heute ist es der Götze des Reichtums; die Bedeutungsverschiebung erklärt sich dadurch, daß der Schwerpunkt auf das Beiwort golden verlegt worden ist. Was wir den „Tanz ums goldne Kalb" nennen, drückt Gretchen aus mit den Worten:

> Nach Golde drängt,
> Am Golde hängt
> Doch Alles! Ach, wir Armen!

628. Dem Kalbfell folgen.

Auch: zum Kalbfell schwören; s. v. w. Soldat sein. Dabei ist ursprünglich unter dem Kalbfell die Werbetrommel

zu verstehen. Wir denken freilich heute nur noch an die
Trommeln der voranmarschierenden Spielleute. Ein altes
Sprichwort heißt: Wer Vater und Mutter nicht gehorcht,
muß dem Kalbfell folgen.

629. Er macht Kalender.

S. v. w. er fängt Grillen, quält sich mit unnötigen
Dingen ab. Bekanntlich enthielten die alten Kalender[1] außer
der Zeitrechnung noch allerlei abergläubische Ratschläge über
Aderlassen, Kindbadtage, Haar- und Nägelabschneiden, sowie
astrologische Grillen von glücklichen und unglücklichen Tagen.
Da sich die Kalendermacher außerdem noch mit Wetter-
prophezeiungen abgaben, so kam die „Kalenderei" („Faust",
II, Akt 1, 362, zusammen genannt mit „Chymisterei") bald
sehr in Mißachtung; denn, sagt das Sprichwort spöttisch,
„der Kalendermacher macht den Kalender, und der Herrgott
das Wetter". Auch wegen der kurzen Giltigkeit der Kalender
war das Kalendermachen als fruchtlose Thätigkeit verachtet.
Daher der heutige Sinn der Redensart.

630. Kalt und warm aus einem Munde blasen.

Von einem Doppelzüngigen, der einmal so, einmal so
redet, einen ins Gesicht lobt und hinter seinem Rücken
tadelt. Dafür auch noch derber: „Vorne lecken und hinten
kratzen", mit dem Reimvers: „das ist Sitte der alten
Katzen!" Vgl. Behaims „Buch von den Wienern" 44, 19 fg.:

> er lacht ain an, vnd gab in hin,
> vorn leckt ern, hinden kraczt er in.
> er sagt aim guot vor augen,
> und verriet in vil taugen.

Die Redensart ist sehr alt. Vgl. Apokal. 3, 15: neque
frigidus es, neque calidus. Sie wird erläutert durch eine
äsopische Fabel, die in der Zeit der Meistersinger[2] oft in

---

[1] Kalender, vom mittellateinischen calendarium, hat merkwürdigerweise die Betonung des lat. calendae, d. i. erster Monats-
tag, von lat. calare, ausrufen, weil bei den Römern der erste
Tag des Monats ausgerufen wurde. Ebenso ist der Ton bei dem
lautlich anklingenden Hollunder umgesprungen (früher holúnder,
daher heute mundartlich Holder und Holler).

[2] Doch ist sie schon unsern mittelhochd. Dichtern bekannt.

Verse gebracht worden ist, z. B. von Hans Sachs unter
der Überschrift: Der wankelmütige. Im Winter kommt
ein Pilgrim zu einem Satyr in der Wildnis; es friert
ihn so an die Hände, daß er hineinbläst, um sie mit seinem
Hauch zu erwärmen. Der Satyr nimmt ihn gastlich auf
und setzt ihm einen heißen Trank vor. Da bläst der Pil=
grim diesen an, um ihn abzukühlen. Hans Sachs schließt:

> der satirus auch das ersach
> und sprach zu im: „ich merke,
> das deine zung und munt vermag
> widerwertige werke.
> Das kalte kanstu machen heiß,
> das heiß macheſtu kalte . . .
> wankel und unstet ist dein zung
> und auf zwu schneit geschliffen . . .
> weich von mir: ich trau dir nicht mer;
> dein wil ich wol entraten.

Ebenso bei Fleury de Bellingen, L'Etymologie ou ex-
plication des proverbes français (La Haye, 1656): Ne
vous fiez point à lui, il souffle le chaud et le froid.
Und schon griechisch: ἐκ τοῦ αὐτοῦ στόματος θερμὸν καὶ
ψυχρὸν ἐξάγειν.

631. Kalt stellen.

Der Ausdruck ist zunächst von warmen Speisen, die vom
Feuer weg beiseite gestellt werden, um auszukühlen, bildlich
auf Menschen übertragen worden. Man kann jemand kalt
stellen, indem man ihn aus seinem Lebenskreise verdrängt
und zur Unthätigkeit verdammt.

Die Redensart hat aber auch den Sinn: einen für sich
beiseite stellen, ihn fremdem Andrängen entziehen und sich
sichern. Dabei wäre dann eher an das Kaltstellen des
Weißweins und des Champagners zu denken.

632. Alte Kamillen

heißen in niederdeutschen Mundarten sprichwörtlich alte Ge=
schichten, abgedroschenes Zeug, das, wie alte Kamillen durch
langes Liegen, den kräftigen Geruch verloren hat. Daher
Reuters „Olle Kamellen". Daneben ist im Schwange —
bezeichnend für die Wichtigkeit, die der Kleidermode bei=
gemessen wird —: das ist eine alte Weste!

633. Der Kamm schwillt ihm.

S. v. w. er wird übermütig, herausfordernd. Der Vergleich ist vom Hahne genommen, diesem Urbild heraus= fordernden Stolzes und fortwährender Kampflust: sein Kamm schwillt wirklich und färbt sich tiefer rot, wenn er in Zorn gerät und Streit beginnen will. In Wielands „Pervonte" 3, 435: „Die Lippe bebt, schon fängt der Kamm sich an zu röthen."

In demselben Sinne, aber weniger bildlich, sagen wir ähnlich: ihm schwillt der Mut. So schon in alter Zeit, z. B. bei Reinmar von Zweter 151, 1:

> Mir ist geswollen hie der muot,
> al da daz herze lit.

Vom Hahnenkamm stammen vermutlich noch die Redens= arten: einem auf den Kamm treten (ihn tüchtig ducken), ihm über den Kamm fahren (grob anlassen), endlich: einem auf den Kamm beißen, d. h. ihm gehörig zusetzen, eigentlich wie es der Hahn in höchster Begierde der Henne thut.

634. Kannegießern.

Spöttische Bezeichnung für das Politisieren beschränkter Philister; Bierbankpolitik nennt man es auch treffend. Die armen Zinngießer verdanken diesen bösen Ruf einem Lust= spiel des Dänen Holberg, das 1722 erschien und unter dem Titel „Der politische Kannegießer" das Geschwätz eines wichtigthuenden Dummkopfes über hohe Politik lächerlich macht.

635. Unter aller Kanone!

S. v. w. unter aller Kritik, so maßlos schlecht, daß es gar nicht verdient, beachtet zu werden. Wahrscheinlich ist „Kanone" hier aufzufassen als eine burschikose Entstellung von canon (Regel, Gesetz, Richtschnur); erleichtert durch ein sub canone? „Unter aller Kanone" wäre dann s. v. w. unkanonisch, unter aller Regel. Freilich sträubt sich die Be= tonung des Wortes gegen diese Erklärung.

636. Etwas auf die hohe Kante legen.

Besonders Geld wird auf die hohe Kante gelegt, d. h. es wird gespart. Die Redensart wird wohl daher stammen,

daß Geld in größern Mengen gewöhnlich in Rollen ver=
packt wird und so auf die Kante zu liegen kommt, so daß
das einzelne Geldstück aufrecht steht.

Goethe erzählt von Venedig: „Alle Straßen sind ge=
plattet, selbst die entferntesten Quartiere wenigstens mit
Backsteinen auf der hohen Kante ausgesetzt."

637. Einem das Kapitel, die Leviten, den Text lesen;
oder ihn kapiteln, abkapiteln, auch wohl: die Epistel lesen.
— Um das Jahr 760, so wird erzählt, stellte der Bischof
Chrodegang von Metz († 769) zur Besserung der verwilder=
ten Geistlichkeit einen Kanon nach Art der Benediktinerregel
auf. Dieser verpflichtete die canonici, d. h. eben die zu
einem Kanon Verpflichteten, zu gemeinschaftlichem Speisen
und Schlafen, zu gemeinsamem Gebet und Gesang, ferner
zu bestimmten Versammlungen mit besonderer Buß= und
Andachtsübung. Da pflegte ihnen der Bischof oder dessen
Stellvertreter einen Abschnitt aus der Heiligen Schrift (ins=
besondere aus dem dritten Buch Mosis, Leviticus genannt[1]),
ferner aus den Statuten, die in capitula eingeteilt waren,
vorzulesen; in der Regel knüpften sich hieran ermahnende
und strafende Reden. Von diesem Brauch scheinen sich die
genannten Redensarten herzuschreiben. Vgl. folgende Stelle
aus der „Diallage" von 1528: „Eröffnet dem narren sein
narheit, zeyg im sein kolben, für in gen schul, Liß im ein
Text vnd latein." In der Zimmerischen Chronik IV, 228, 22:

> ich muß fürwar hingen
> das mich der man nicht ergreif
> Und mir die vesper in latein pfeif.

Statt dessen nach dem Ort, wo „der Text gelesen" wurde,
dem Refektorium oder Reventer, in dem niederd. Spiel von
dem Bauern Klaus V. 28: „Wat hette ji mi to reventer
to lesen!" (Vgl. auch abkanzeln.)

638. Etwas auf seine Kappe nehmen.

S. v. w. die Folgen davon tragen wollen, eigentlich:
die etwa zu erwartenden Prügel allein empfangen wollen,

---

[1] Dieses Buch hat seinen Namen eben davon, daß es haupt=
sächlich Vorschriften für Priester und Leviten enthält.

wie es heißt: einem etwas auf die Kappe geben. Dazu auch
kappen in der Bedeutung: hart anlassen? wie wamsen
gesagt wird für: aufs Wams klopfen? Doch vgl. Nr. 639.

639. Jemand kappen.

Kappen bedeutet eigentlich s. v. w. entzweihauen, (daher:
das Ankertau kappen), dann abhauen, z. B. kappt man einen
Baum, indem man seinen Wipfel abhaut. Bildlich bedeutet
das Wort s. v. w. einem derb zusetzen, ihm scharfen Tadel
erteilen. Doch vgl. Nr. 638.

640. Kapriolen machen

heißt eigentlich Böckchen machen, sich wie ein Böckchen be=
nehmen, Bocksprünge machen (Böckchen, auch Rehbock ist
lat. capreolus; wir haben das Wort aus dem ital. capriola,
das auch die Bedeutung von Luftsprung angenommen hat).
In einem alten Volkslied auf die Erwerbung der polni=
schen Königskrone durch den sächsischen Kurfürsten (Ditfurth
S. 211):

> Nämlich Conti, dieser Franze,
> So ganz listig capriolt,
> Daß er, gleich als wie zum Tanze,
> Vor sich eine Krone holt.

Hierher gehört wohl auch Simpl. IV, 462: „Ohne was die
Lateinischen Handwerks=Gesellen, mit ihrem Vestra Domi-
natio, recommando me, und permaneo für Capern daher
schneiden."

641. Kaput sein.

S. v. w. entzwei sein. Kaput, worunter man lange
das lat. caput gesucht hat, ist ein französischer Spielaus=
druck, der während des Dreißigjährigen Krieges mit anderm
ähnlichen Sprachgut bei uns eingedrungen zu sein scheint.
Es bedeutet eigentlich s. v. w. tot im Spiele sein und ist
die dritte und letzte Spielstufe, voraus gehen Pik und
Repik. Wenn man bedenkt, wie gern alle möglichen Händel,
besonders auch der Kampf, als Kartenspiel (s. Karte) auf=
gefaßt wurden, kann die Übertragung und Verbreitung des
Wortes nicht wunder nehmen.

Wir haben ein merkwürdiges allegorisches Gespräch der

Mächte, die an dem Dreißigjährigen Kriege beteiligt waren; es ist noch während des Krieges entstanden und heißt: „Politisches Picket-Spiel, darinnen Großer Herren, Potentaten, Grandes, vnd Hoher Leute Humor Abgebildet vnd etwaß verdeckt repraesentirt wirdt." Der Kaiser eröffnet es gleich mit den Worten: „Es ist dabey daß Repick vnd Caputh were worden, Aber das gute spiel hat sich vmbgekert, hoffe aber doch noch viel Caputh zu machen.

Kapores, das wir heute als eine scherzhafte Weiterbildung oder Entstellung von kaput empfinden, hat ursprünglich gar nichts damit zu thun, sondern stammt aus der Judensprache und geht auf hebr. kapparah, d. i. Versöhnung, Sühnopfer, zurück.

642. Den Karren aus dem Dreck ziehen.

S. v. w. eine verfahrene Sache wieder in Gang bringen. In einem volksliedmäßigen „Gespräch zwischen Marschall Villars und einem kaiserlichen Grenadier" aus dem Jahre 1709 droht Villars dem kecken Grenadier zwar sehr, muß sich aber selbst gestehen:

> Weiln doch tief,
> Krumb und schief
> Mein Karch in den Drecke lief,
> Würde solches wenig nutzen.

Und zu Anfang des Dreißigjährigen Krieges ließ protestantischer Siegesübermut die katholische Geistlichkeit den Papst um Hilfe anzetern:

> Thu dich hurtig besinnen
> Und schick uns Hülf in kurzer Zeit,
> Denn der Karn in der Pfütze leit,
> Niemand kann ihn heraus schleppen.

In „Kabale und Liebe" IV, 2 sagt der Präsident frostig zum Hofmarschall: „Sie haben vollkommen Recht. Ich bin es auch müde. Ich lasse den Karren stehen."

643. Sich nicht in die Karten gucken lassen.

S. v. w. nicht zulassen, daß andre das Wie und Warum unsers Handelns erfahren, seine Gründe und Absichten geheim halten. Der Ausdruck bedarf keiner Erläuterung, ebensowenig wie die folgenden Redensarten, die ebenfalls

dem Kartenspiel entlehnt sind. Die Karten mischen, d. h.
die Ereignisse herbeiführen, wissen, wie die Karten
fallen, d. h. die Ereignisse voraussehen, alles auf eine
Karte setzen, mit verdeckten Karten spielen. In
den Worten: das ist ein abgekartetes Spiel! liegt der
Vorwurf: ihr habt die Karten nicht redlich gemischt, sondern
zu euern Gunsten gelegt. Freilich können sich die Betrüger
auch dabei noch verrechnet haben; im Volkslied heißt es:

> Die Karten habt ihr zwar gemischt,
> Doch ist das Stichblatt euch entwischt!

Vgl. Simpl. III, 160, 28: „Ich warff meine Karten mit
unter" (mischte mich in das Gespräch); IV, 27, 6: „Möchte
das Glück diß Spiel karten, wie es wolte." Lehm. 70
(Behutsamkeit 29): „Der Witz hat, läßt ihme nicht ins
Spiel sehen." — 172 (End 29): „Nach der That wil
jederman urtheilen, wie man das Spiel hätt sollen karten."
— 814 (Unbedachtsamkeit 4): „Man kan dem unvorsichtigen
leicht in die Karten sehen." In Schillers „Kabale und
Liebe" III, 1 fragt der Präsident: „Wie war das zu
machen?" Darauf Wurm: „Auf die einfachste Art — und
die Karten sind noch nicht ganz vergeben." Vgl. noch die
Redensarten unter Spiel und Trumpf.

Von der Spielerei, aus Karten Häuser zu bauen, die
freilich bei dem geringsten Luftzug einfallen, stammt der
Ausdruck Kartenhaus zur bildlichen Bezeichnung einer
Phantasterei, eines Wahngebildes, ähnlich wie Luftschloß.
Vgl. Lehm. 204 (Freund 43): „Ein Hauß von Kartenblättern, unnd ein Pferd von Krautstiel, und ein Freund
mit dem Maul, seynd so viel werth als ein Mücken Faß."

644. Drei Käse hoch.

Spöttische Bezeichnung für einen kleinen Knirps, besonders für einen kleinen Gernegroß. Ähnlich im Pariser
Argot: gros comme deux liards de beurre (et ça pense
déjà aux femmes).

645. Ab nach Kassel!

Scherzhafter Zuruf bei irgend einer Abreise oder
Trennung, seinem Ursprung nach ernst genug. Es ist

bekannt, daß hessische Fürsten einst ihre Landeskinder um schnödes Gold an England verkauft haben, als dieses das aufständische, um seine Freiheit kämpfende Nordamerika bändigen wollte. Kassel war der Sammelpunkt dieser Hessen, und manches unerbittliche „Ab nach Kassel!" hat sich damals in des Volkes Herzen eingegraben.

646. Die Kastanien aus dem Feuer holen.

S. v. w. jemand anders zuliebe etwas Gefährliches unternehmen; sich für einen andern die Finger verbrennen. Frz.: il veut qu'un autre lui tire les marrons du feu. Ital.: cavar la castagna dal fuoco colla zampa del gatto. Die Redensart stammt aus einer schon im 16. Jahrh. von Majoli in seinen Dies caniculae lateinisch erzählten Fabel, die wohl besonders durch Lafontaines Gestaltung bekannt geworden ist. „Der Affe Bertram bewegt die Katze Raton, geröstete Kastanien aus dem Feuer zu holen, die er sofort verspeist, bis eine Magd dazu kommt, worauf beide Tiere fliehen." Vgl. Lehm. 120 (Dienst 7): „Ein Diener sol in schweren spitzen geschäfften die Krebs mit seines Herrn Handschuh aus den Löchern ziehen, sonst wird er die Hände ohne Schaden mit davon bringen." (8) „Herrn stehen offt ein Diener an, wie der Aff die Katz, da sie mit den Pfoten die gebratene Kesten ausm Fewr muß scharren, darumb mag der Diener wol auff Vortel gedäncken."

Daß man schon lange vorher Kastanien im Feuer briet, lehrt ein Vergleich Wolframs von Eschenbach (Parzival 378, 15 fg.):

da erhal manc richiu tjoste guot
als der würfe in groze gluot
ganze castane.

647. Der Katze die Schellen nicht umhängen wollen.

Zu der Redensart gehört eine alte, auch in England bezeugte Fabel, die Boner Kap. 70 erzählt. Die Mäuse beschließen, der Katze, um von ihr nicht beschlichen zu werden, eine Schelle umzuhängen; als es aber an die Ausführung des trefflichen Beschlusses geht, findet sich keine Maus, die das heikle Geschäft übernehmen will. Die Redensart erklärt also zunächst, warum man einen gefürchteten Schadenstifter nicht als solchen kennzeichnen möchte, in weiterm Sinne, warum man irgend ein heikles Geschäft, bei dem der Überbringer leicht für den Auftraggebenden büßen könnte, nicht übernehmen mag. Schließlich heißt, wenigstens landschaftlich, der Katze die Schellen anhängen s. v. w. ein Gerücht über jemand ausstreuen, eine Heimlichkeit offenbaren.

Noch in der ersten Bedeutung in Rosenplüts „Klugem Narren":

> Der der katzen die schellen anpunde
> Vnd frolich die wahrheit getorst gesprechen.

In der zweiten z. B. in Sebastian Francks Sammlung: „wer wil der katzen die schellen anhencken?" Anders Lehm. 32 (Anschläg 13): „Wenn die Katzen mausen, hengen sie keine Schellen an."

Vgl. engl.: who shall hang the bell about the cat's neck?; frz.: attacher le grelot (sc. au chat): ital.: appiccar chi vuol il sonaglio a la gatta?; span.: ¿quién ha de echar el cascabel al gato?

648. Das ist für die Katze.

Ausdruck der Geringschätzung für etwas Wertloses, Zweckloses. Im eigentlichen Sinne für die Katze ist, was im Hause nicht aufgehoben, was an Speisen und Getränken nicht eingeschlossen wird, denn über alles Herumstehende macht sich die abgefeimte Diebin her. Nur wertlose Dinge läßt man der Katze; umgekehrt heißt es heute nun zur Charakterisierung wertloser Dinge: die sind für die Katze! In einem Klagelied, das Burkhard Waldis dem Herzog Heinrich von Braunschweig in den Mund legt, jammert dieser, daß er vergebens auf sein Schloß Wolfenbüttel gebaut habe, vergebens auf sein Roß,

> Dahinder ich zu fuß mus gahn
> Die schwerter hauts zerhauwen
> Die Katz frist itzt davon.

Vgl. das englische Sprichwort: what the good wife spares, the cats eat. Ebenso ital.: chi serba, serba al gatto.

Die Redensart ist schon von Burkhard Waldis, Esopus (1548), 4, 62, zu der Erzählung „Vom Schmied und seiner

Katze" verwertet worden. Ein Schmied nahm sich vor, von seinen Kunden nichts für seine Arbeit zu verlangen, sondern die Bezahlung ihrem eigenen Willen anheimzustellen; sie begnügten sich aber mit dem bloßen Danke. Nun band er seine fette Katze in der Werkstatt an, und wenn ihn die Kunden mit bloßen Dankesworten verließen, sagte er: „Katz', das geb' ich dir!" Die Katze verhungert, und der Schmied beschließt es zu machen wie die andern Handwerker, d. h. seine Bezahlung selbst festzusetzen. — Abraham a Sancta Clara hat Ähnliches. Einer, der vom Fürsten bloße Versprechungen erhält, giebt seiner eingesperrten Katze nichts zu fressen, sodaß sie Hungers stirbt. Als ihn der Fürst eines Tags wieder seiner Gnade versichert, sagt er, seine Katze sei daran gestorben.

649. Das macht der Katze keinen Buckel.

S. v. w. das ändert an der Sache nichts, das thut der Liebe keinen Schaden. (Eigentlich: das reizt, verletzt niemand; denn die Katze sträubt ihren Rücken in die Höhe, wenn sie böse wird.

650. Falsch wie eine Katze.

Die Katze ist uns Deutschen zum Sinnbild der Falschheit geworden, ihre Schmeichelei ist uns verhaßt, wir reden verächtlich von einem, der „krummbuckelt wie eine Katze", verächtlich von falschem Gold als Katzengold, von Katzensilber, von Katzenglas[1], auch von Katzenglauben, vgl. Hans Pfriem B. 715 fg.:

> Bist doch und bleibst ein Hexin alt,
> Voll Katzenglaubens mit Gewalt.

---

[1] Der Ausdruck Katzenmusik für klägliche, ohrenzerreißende Musik geht freilich ganz bestimmt auf das Geheul der verliebten Kater und Katzen nachts auf den Dächern. Einen Katzensprung weit, wie Hahnenschrei und Steinwurf eine Bezeichnung einer sehr geringen Entfernung, ist ebenfalls ursprünglich wörtlich zu verstehen, ja wohl auch der Katzenjammer, womit eigentlich nichts andres als die Katzenmusik, dann freilich das Gefühl gemeint ist, das sie hervorruft, oder besser: von dem man erfüllt ist, wie ein jammernder Kater.

Wir wissen auch, die Katze läßt das Mausen nicht, und grausam erscheint es uns, wie sie mit der Maus spielt. Vorne leckt sie, hinten kratzt sie (vgl. die Redensart: Kalt und warm aus einem Munde blasen), und so ist es kein Wunder, daß das Volk sich fürchtet, nachts einer Katze zu begegnen, und mancher sie nie und nirgends ausstehen kann.

651. Um etwas herumgehen wie die Katze um den heißen Brei.

Eine der köstlichsten Leistungen unsers Volkswitzes, die durch eine Erklärung nur verwässert werden könnte. Doch sei bemerkt, daß man in Siebenbürgen in demselben Sinne sagt: E git wa der toft (Dachs) äm't loch, und daß im Hochdeutschen das Bild auch beschnitten erscheint als: um den Brei herumgehen. — Vgl. lat.: lupus circa puteum saltat; griech.: λύκος περὶ τὸ φρέαρ χορεύει.

652. Sieht doch die Katz den Kaiser an.

Mit dieser Redensart pflegt sich jemand zu entschuldigen, der wegen irgend einer Dreistigkeit getadelt wird. Tunnicius Nr. 86: „It süt wol eine katte up einen konink (Adspicit et felis magna corpora regum)."

Zu der Redensart wird ein Geschichtchen aus dem Leben Kaiser Maximilians I. erzählt. Dieser besuchte bei seinem Aufenthalt in Nürnberg 1517 häufig die Werkstatt des Holzschneiders Hieronymus Resch, wo eine sehr zahme, anhängliche Katze fast stets auf dem Arbeitstisch des Meisters zu finden war.[1] Diese Katze soll nun trotz des Kaisers

[1] Man pflegt zu sagen, die Katze sei nicht dem Menschen, sondern nur dem Hause, in dem sie lebt, anhänglich. Das hat nur da seine Richtigkeit, wo man sich nicht die Mühe giebt, die Katze sich persönlich anhänglich zu machen. Es lassen sich außer dem obigen Falle noch viele andre anführen, wo Katzen vollständig den Hunden gleich an ihren Herrn gefesselt gewesen sind. Colbert hatte auf seinem Schreibtisch eine Katze. Richelieu liebte die Katzen ebenfalls zärtlich; er soll mit der linken Hand das Tier gestreichelt haben, während er mit der rechten das Todesurteil von Cinq-Mars unterzeichnete. Montaigne erzählt selbst, daß es für ihn die angenehmste Erholung von seinen geistigen Arbeiten sei, mit seiner Katze zu spielen. Der italienische Dichter Petrarca

Anweſenheit ihren Platz behauptet und den Kaiſer beſtändig
mißtrauiſch angeſehen haben. Aus den Kreiſen der Hof=
leute wäre die Redensart dann allmählich in den Volks=
mund übergegangen. Hübſch erfunden!

Vgl. engl.: A cat may look on a king: frz.: un
chien regarde bien un évêque (l'empereur), auch deutſch:

<blockquote>
Die Katze ſieht den Biſchof an,
Iſt doch ein geweihter Mann.
</blockquote>

653. Kauderwelſch.

Der Ausdruck bezeichnet ſowohl eine durch ſchlechte Aus
ſprache, verkehrte und falſche Formen, Vermengung mit
fremden Ausdrücken unverſtändlich gewordene Sprache, als
auch verworrene, unlogiſche Sätze. Urſprünglich bezieht er
ſich auf das Gekauder, das gebrochene Deutſch, in dem die
wälſchen Händler ihre Waren anprieſen, ja einen ſolchen
Händler ſelbſt nannte man wegen ſeiner Sprache einen
Kauderwälſch.

654. Etwas mit in (den) Kauf nehmen.

S. v. w. etwas Unangenehmes um einer andern will=
kommenen Sache willen über ſich ergehen laſſen, als ob das
Schickſal ein Händler wäre, der nur beides zuſammen hätte
abgeben wollen: umgekehrt: etwas mit in (den) Kauf (in
Tauſch) geben, abgekürzt: dreingeben.

655. Leichten Kaufs davonkommen.

S. v. w. mit geringem Schaden. Die Redensart iſt
alt; bereits in dem angelſächſiſchen Beowulfslied wird Kauf
zweimal ſo bildlich gebraucht. V. 2416 heißt es: näs þät
ýðe ceáp tó gegangenne, d. h. nicht war das (nämlich
der Drachenhort) leichter Kauf zu erlangen; und V. 2483:
þeáh þe óðer hit ealdre gebohte, heardan ceápe, d. h.
obwohl der andre es mit dem Leben zahlte, mit ſchwerem
Kaufe. Vgl. engl. cheap, deſſen Bedeutung „wohlfeil"

ſuchte ſich in ſeinem Liebesſchmerz durch eine Katze zu tröſten.
Und Taſſo dichtete in der Zeit, da er ſo arm war, daß er ſein
kleines Zimmer nicht erleuchten konnte, an ſeine Lieblingskatze ein
reizendes Sonett, worin er ſie bittet, ihm während der Nacht
mit ihren ſchimmernden Augen zu leuchten, damit er ſeine Verſe
niederſchreiben könne.

sich durch Verkürzung aus dem Ausdruck good cheap ent=
wickelt hat; im Französischen entspricht à bon marché. vgl.
Herrigs Archiv 27, 414.

Ähnlich auch bildlich: gute, schlechte Geschäfte machen.

656. Sich einen kaufen.

Bedeutet eigentlich weiter nichts als: sich einen durch
Bezahlung gewinnen, dann auch: ihn bestechen, schließlich
— und so wird es heute meist gebraucht — sich ihn
„langen", ihn im Stillen einmal vornehmen, um ihm den
Standpunkt klar zu machen.

657. Einer Sache den Kehraus machen.

S. v. w. sie zum Abschluß bringen. In diese Form
wird die Redensart gegossen worden sein nach der andern:
den Garaus machen, der sie dem Klange und dem Inhalt
nach sehr nahe steht. Sie bedeutet eigentlich: den Schluß=
tanz tanzen; denn Kehraus (d. i. feg aus! nämlich den
Tanzsaal) bezeichnet ursprünglich den letzten Tanz am
Schlusse eines Festes, wobei es gewöhnlich ziemlich aus=
gelassen hergeht. Den allerletzten Kehraus macht der Tod;
vgl. Wackernagels kleine Abhandlung über den Totentanz
im Mittelalter in Haupts Zeitschrift, VIII. Hier wird der
Tod dargestellt als Tänzer, der den Kehraus tanzt, d. h.
den Menschen aus dem Tanzsaal des Lebens hinaustanzt.

In der Scene des Bauernkrieges im 5. Akt von Goethes
„Götz" antwortet Link auf Metzlers Frage: „Wie geht's
euch?" mit den Worten: „Drunter und drüber, siehst du;
du kommst zum Kehraus", d. i. eigentlich zum Schlusse
des Festes; denn als solches betrachtet Link das Wüten der
aufständischen Bauern gegen den Adel.

658. Wart', ich werde dir eine Kerbe ins Ohr schneiden!

Sprichwörtliche Drohung gegen einen Vergeßlichen, die
Kerbe, das Merkzeichen, das sonst aufs Kerbholz geschnitten
wird, dem Vergeßlichen möglichst empfindlich machen, da=
durch, daß man sie ihm ins Fleisch schneidet.[1]

---

[1] Die Schafe werden öfter durch Einschnitte am Ohr gekenn=
zeichnet, wie man ihnen auch Drahtmarken an die Ohren einzieht.

659. Mit jemand in dieselbe Kerbe hauen.

S. v. w. sich gegenseitig unterstützen, auf dasselbe Ziel hinarbeiten. Vom Baumfällen entlehnt, wobei die Holzhauer am schnellsten zum Ziele kommen, wenn sie immer in dieselbe Kerbe hauen.

660. Bei jemand auf dem Kerbholz stehen.

S. v. w. ihm etwas schuldig sein; viel auf dem Kerbholz haben s. v. w. große Schulden haben. — Es ist ein altdeutscher ländlicher Brauch, daß der Tagelöhner bei dem Bauer „auf Kerbholz" arbeitet, ein Brauch, der sich noch hie und da auch auf den Gütern Mecklenburgs und Vorpommerns erhalten hat. Aus einem Stabe von etwa 1 Fuß Länge werden zwei schmale Hölzer gespalten. Sie passen also genau aneinander, wie keine Kunst es nachahmen könnte. Das eine Hölzchen erhält der Tagelöhner, das andre behält der Arbeitgeber. An jedem Abend werden die beiden Hölzer schließend aneinander gelegt und über beide mit demselben Schnitt eine Kerbe geschnitten. Am Sonnabend beim Lohnzahlen müssen die Kerben genau einander decken. Das ist die einfachste Rechnungsführung und zugleich die sicherste — sicherer als die doppelte italienische Buchführung, und so wurden früher allerlei Schulden „gebucht".[1] Daher unsre Redensart und daher auch die Redensart: aufs Kerbholz reden, d. h. etwas versprechen, was man schuldig bleiben wird, es versprechen, ohne ernstlich daran zu denken, es zu erfüllen. — Am Schlusse von „Wallensteins Lager" lassen die Soldaten bei einem Trunke ihren Oberst Piccolomini und die Armee leben, dazu bringt die Marketenderin die Flasche herzu mit den Worten: „Das kommt nicht aufs Kerbholz. Ich geb es gern."

---

[1] Ebenso bezeichnete man z. B. im Mittelalter, als erst wenige schreiben konnten, die Leistung einer Abgabe mittels eines Einschnittes oder einer Kerbe. Im mittelalterlichen Latein heißen diese Kerben bald tallia, bald cisa, das eine hängt mit tagliare, tailler, schneiden, das andre mit scindere zusammen. Als später die mittelbaren Steuern eingeführt wurden, bekamen diese daher den Namen: Ad cisa, assimiliert zu: Accisa (Adtallia).

661. Das Kind beim rechten Namen nennen.

S. v. w. eine Sache unverblümt und unbeschönigt be=
zeichnen. Goethe im „Faust" I, 238: „Wer darf das
Kind beim rechten Namen nennen?" Vgl. die französische
Redensart: appeler un chat un chat, die auch bei uns
bekannt geworden ist durch den Vers Boileaus (sat. 1):
J'appelle un chat un chat et Rolet un fripon. Auch
ital.: chiamare la gatta gatta.

662. Mit Kind und Kegel.

S. v. w. mit der ganzen Familie, womöglich auch
Dienstboten mit eingeschlossen. Eigentlich meint der stab=
reimende Ausdruck: mit ehelichen und unehelichen Kindern.
Schon in einem Wörterbuch vom J. 1482 wird Kegel als
uneheliches Kind erklärt; es scheint also schon damals nicht
recht verstanden worden zu sein.

Tacitus berichtet uns (Germania, Kap. 18), daß die
Germanen unter allen Barbarenvölkern die einzigen waren,
die sich mit einem Weibe begnügten. Aber sollte das Ver=
hältnis ein rechtmäßiges sein, so mußte die Braut gekauft
werden vom Vater oder Vormund durch fahrende Habe
(Knechte, Mägde, Pferde, Rinder, Waffen, Kostbarkeiten).
War dies nicht geschehen und lebten sie dennoch in ehelichem
Bunde miteinander, so hieß das Weib Kebse. Die Kinder
nun dieser Kebse hießen Kebskinder oder Kegel[1] und konnten
nur von der Mutter erben. Vgl. Weinhold, Deutsche
Frauen, VI und VII.

663. Lieb Kind bei jemand sein.

S. v. w. in großer Gunst bei ihm stehen; früher auch:
gut Kind sein, und von einem allgemein Beliebten: jeder=
manns Kind. Die Form der Redensart erklärt sich leicht
dadurch, daß einfach die Anrede „lieb Kind!" in die Wen=
dung herübergenommen wurde.

---

[1] Dasselbe bedeutet Bankert, eigentlich das auf der Bank
erzeugte Kind, wohl nach dem aus dem Romanischen stammenden
Bastard gebildet, das von mittellat.=roman. bastum, Saumsattel,
abgeleitet und als dessen ursprüngliche Bedeutung angesetzt wird:
auf dem Saumsattel erzeugtes Kind. (Vgl. Kluge, Etym. Wörterb.,
5. Aufl., S. 28.)

664. Die Kinderschuhe ausgezogen haben.

Das hübsche Bild meint: alle kindlichen und kindischen Gewohnheiten abgelegt haben, herangewachsen sein. Vgl. Syll. 171: „Nuces relinquere. Die Kinderschuhe verträtten. Ich hab die Kinderschuh verschlissen." Lehm. 10 (Alt 91): „Mancher ist alt von Jahren vnd steckt doch in der Buben-Haut, vnd gehet sein lebtag in Kinder-Schuhen"; 64 (Begierd 20) ist die Rede von alten Leuten, die „ob sie schon die Kinder-Schuhe vnd Röck abgelegt, doch ihr Lebtag in der Kindshaut stecken bleiben". In der Zimmerischen Chronik wird öfter von Eselsschuhen anstatt von Kinder- schuhen in diesem Sinne gesprochen.

665. Das ist kein Kinderspiel.

S. v. w. das ist nichts Leichtes, sondern schwere Männer- arbeit. Auch oft herabsetzend: das war ja Kinderspiel, in dem Sinne von: das war ja gar nichts! So schon in Wolframs „Parzival" (557, 12):

swaz ie gestreit immer haut
daz was noch gar ein kindes spil

und ganz ähnlich ruft der alte Kämpe Ludwig in der Gudrun, Str. 858, 2:

ez was gar ein kintspil swes ich ie began:
nu muoz ich aller erste mit guoten helden striten.

Wer es noch nicht wüßte, was recht eigentlich Kinderspiel ist, der kann sich aus folgenden Versen in Behaims „Buch der Wiener" belehren lassen (301, 5 fg.):

mit schüssen, schlegen, stichen groß
was gar ain überlauter toß,
si spielten nit der tocken[1];
ain zager wär erschrocken.

Und noch ein jüngeres Beispiel: nach der Schlacht bei Lützen sangen die Soldaten Gustav Adolfs:

Keine solche Schlacht ist in hundert Jahrn geschehn,
Die vorm Jahr[2] ist Kinderspiel gewesen.

---

[1] tocke ist Puppe.
[2] Die Schlacht bei Breitenfeld.

666. Kipper und Wipper.

S. v. w. Münzfälscher. Beide Wörter bedeuten dasselbe; sie beziehen sich beide auf das Wägen von Geldstücken, das betrügerische Händler vornahmen, um etwaige überwichtige Münzen auszusondern, einzuschmelzen und dann zu einer größern Zahl von minderhaltigen Münzen neu zu prägen.

Falsch ist die Erklärung, daß Kipper zu kippen (schneiden) gehöre. Man hat sie zwar durch Hinweisung auf den Ausdruck Geldschneider stützen zu können geglaubt; Geldschneider ist aber doch wohl nach Beutelschneider (vgl. Nr. 151) gebildet.

667. Die Kirche ums Dorf tragen.

S. v. w. große Umstände machen, oft in dem engern Sinne: über selbstverständliche Dinge mit verwirrender Breite eine Menge Worte verlieren. Der Ausdruck ist eine kühne Bezeichnung für ein unsinnig umständliches Angreifen irgend einer Sache: die Kirche hat ruhig in der Mitte des Dorfes zu stehen, dort steht sie gut.

668. Mit großen Herren ist nicht gut Kirschen essen.

Denn sie machen nicht viel Umstände: sie werfen Leuten niedern Standes Kerne und Stiele ins Gesicht; in übertragenem Sinne: mit ihnen ist nicht gut zu verkehren; denn sie machen solche, die unter ihnen stehen, gern zur Zielscheibe ihres Übermuts oder lassen ihre üble Laune an ihnen aus. — Tunnicius Nr. 946: „Mit heren is quât kersen eten", dazu der Hexameter: Difficile est multum cerasis cum principe vesci.[1] — Namenlose Sammlung, Nr. 656: „Iß nit mit Herren kirschen." Nr. 657: „Bruntz nit gegen die Sonnen"; mit der Erklärung: „Leg dich an keynen gewaltigen." In seiner großen Sammlung stellt dann Franck die Schen vor der Sonne und vor dem Kirschen= essen mit großen Herren zusammen: „Contra solem ne loquitor. Red nicht wieder die Sonne. Es ist gut großer herrn müssig gehn, aber boeß mit in kirßen zu essen, sie

---

[1] Anders bei Neander S. 291:
Mandere cum dominis suadeo non cerasa servos.

werffen einem die ſtil am kopf." — Luther in ſeiner Ver=
deutſchung etlicher Fabeln aus „Eſop" bringt in der ſechsten
Fabel („Es geſellten ſich ein Rind, eine Ziege und ein Schaf
zum Löwen und zogen miteinander auf die Jagd" u. ſ. w.) dies
Sprichwort als Lehre: „Es iſt mit Herren nicht gut Kirſchen
eſſen, ſie werfen einen mit den Stielen." Und Bürger ſingt:

> Mit Urian und großen Herrn
> Eß' ich wohl keine Kirſchen gern;
> Sie werfen einem, wie man ſpricht,
> Die Stiel' und Stein' ins Angeſicht.

669. Klein beigeben.

Von jemand, der erſt große Anſprüche gemacht hat,
aber mit ſeinen Forderungen nicht durchdringt und ſich nun
fügen muß. Hergenommen von dem Kartenſpieler, der zu
den hohen Karten des Gegners nur kleine beizugeben ver=
mag und deshalb kleinlaut daſitzt.

670. Etwas nicht klein (klar) kriegen können.

Es gleichſam nicht zerlegen und deshalb nicht genauer
verſtehen, begreifen können. Der Ausdruck iſt vom Holz=
hacken entlehnt.

671. Ein Kleinigkeitskrämer.

S. v. w. ein Menſch, der ſich mit lauter Kleinigkeiten
abgiebt, ein kleinlicher Geſelle. Einen eigentlichen Klein=
händler aus alter Zeit ſchildert ein Volkslied aus dem
16. Jahrh. in dem Faſtnachtskrämer, der allen möglichen
Tand für Faſtnachtsſpiele mit ſich führt: Narrenkappen,
Larven, Handſchuhe, Schellenbänder unters Knie zu binden,
rote Hahnenfedern, Sackpfeifen, Lauten ohne Saiten, unechte
Ringe, bunte Schuhſenkel u. ſ. w.

672. In der Klemme ſitzen.

Niederdeutſch: in de knip ſitten, ſ. v. w. in Not und
Verlegenheit ſein, aus der man ſich keine Hilfe weiß.
Dasſelbe Bild ſteckt in dem mitteldeutſchen Ausdruck: in
die Kloppe (für Kluppe) kriegen (erwiſchen): das Wort
hat mit klopfen nichts zu thun, ſondern gehört zu dem alten
klieben, ſpalten, und bedeutet Klemmmittel, Klammer.

673. Einen über die Klinge springen lassen.

Der Ausdruck enthält einen grausamen Witz, den wir heute nicht mehr verstehen. Noch Luther aber sagt deutlich: „Die ihm den Kopf über eine kalte Klinge hatten hüpfen lassen." Die Redensart stammt aus der alten Kriegersprache, die voll rauhen Humors ist. Um 1700 wurde sie sicher schon nicht mehr allgemein verstanden, wenigstens heißt es in einem „Fröhlichen Feld- und Bauerliedlein" aus dem Spanischen Erbfolgekriege:

> Mit der Klingen
> Mach ich oft springen
> Franzosen gar viel . .
> Sie stehen nit still.

674. Klipp und klar.

Stabreimende Formel zur Verstärkung von klar. Mit klipp weiß man nichts sicheres anzufangen: man lehnt es gewöhnlich an ein Zeitwort klippen, das wie klappen bedeuten soll: passen, stimmen. Wahrscheinlich bringt man es besser mit dem ursprünglich niederdeutschen Worte Klippschule (Elementarschule) und den noch heute bloß in Niederdeutschland gebrauchten Ausdrücken Klippkram (Kleinkram) und Klippschulden[1] (Schulden für allerlei Kleinigkeiten), dem bremischen Klippkrog (Winkelschenke) zusammen. Die Grundbedeutung von klipp in allen diesen Wörtern ist klein, und zwar wird gewöhnlich eine Menge von kleinem Zeug damit bezeichnet. Daß und wie dieses klipp dann auch klar bedeuten kann, lehrt die Redensart: etwas klein kriegen.

675. Knall und Fall.

S. v. w. äußerst schnell, eigentlich so schnell, wie das Niederfallen des getroffenen Wildes auf den Knall der Flinte folgt.

676. Eine Sache übers Knie brechen.

S. v. w. sie kurz, obenhin abmachen. Wird ein Stab oder dergleichen übers Knie gebrochen, so geht das Zerbrechen zwar rasch vor sich, aber der Bruch wird leicht

---

[1] Dazu in der obersächsischen Mundart: sich zusammenleppern, für lippern = klippern.

ungenau, das Holz zersplittert sich, eine genaue Teilung an einem Punkte kann bei dieser Art des Zerbrechens nicht stattfinden. Daher der übertragene Sinn der Worte.

677. Knöpfe haben.

S. v. w. viel Geld haben; von der Ähnlichkeit vieler Knöpfe mit Münzen. Umgekehrt trugen in manchen Gegenden Deutschlands reiche Bürger und Bauern an ihren Kleidern Silbermünzen statt Knöpfe.

678. Der Knüttel (Knüppel) ist an den Hund gebunden.

S. v. w. die Sache hat einen Haken, kann sich nicht glatt abwickeln, ist gehemmt, wie der Hund, den man „gebengelt" hat, d. h. dem man ein derbes Stück Holz lose am Halse befestigt hat, sodaß es ihm beim Laufen fortwährend an die Beine schlägt. Für Hunde, die keine Gans, kein Huhn sehen können, ohne es zu jagen, ist das ein wirksames Beruhigungsmittel.

Ähnlich gemeint ist: der Knüttel liegt beim Hunde, d. h. da ist ein Hindernis, wie die dem Hunde drohende Strafe in Gestalt des Knüppels, der neben ihm liegt.

In einem Streitgedicht von Burkhard Waldis gegen Heinrich den Jüngern von Braunschweig:

> Sein bestes Haus des griff wir an
> Vnd des do heisset Wolffenbüttel;
> Beim Hund do lag schon der Knüttel.

Und in desselben Dichters Fabel von dem Wolf und dem Lamm (Esopus 2, 35 fg.):

> Wenn man gern schlagen wolt den Hundt,
> Findt sich der Knüppel selb zur Stundt.

Vgl. Erasmus, Adag. 3188: Facile fustem invenerit, qui cupit caedere canem. — Nach der Eroberung von Neuhäusel (1685) sang man dem habsburgischen Adler zu:

> Flieg, mein Adler, immer fort,
> Gott führt deine Flügel!
> Deines Glücks wart't mancher Ort
> Zeig dem Hund[1] den Prügel!

---

[1] D. i. dem Türken.

679. Aufgewärmter Kohl.

S. v. w. alte, längst bekannte, abgethane Geschichten, als Neuigkeiten vorgebracht. Der Vergleich ist sehr alt und schon sprichwörtlich bei Juvenal, Sat. 7, 154: crambe repetita occidit. — Ital.: cavolo riscaldato non fui mai buono. In Lilys Euphues (1580): I set before you „Colewortes twise sodden". Wahrscheinlich ist hieraus die Bezeichnung Kohl für thörichtes Gerede entwickelt worden. Daher dann auch burschikos: kohlen, d. h. dummes, langweiliges Zeug reden.

Ähnliche deutsche Redensarten sind: alten Brei anrühren, aufkochen; alten Dreck rühren (daß er stinkt). In Murners „Schelmenzunft" stehen im 11. Abschnitt unter der Überschrift „Den Dreck rütlen, das er stinckt" folgende Verse:

> Was vor hunderttusent iar
> Geschehen ist vnd gantz vergessen,
> Das kanstu widerum ermessen:
> Klaffen, schwetzen vnd erliegen,
> Wider vrsach gen zu kriegen,
> Unglück machen, den dreck rütlen,
> Und im syp herumher schütteln,
> Dem der gestanck was schon do hyn,
> Den kanstu wider rittlen in.

680. Feurige Kohlen auf jemandes Haupt sammeln.

Biblischen Ursprungs; Röm. 12, 20: „So nun deinen Feind hungert, so speise ihn" u. s. w. Vgl. Spr. Sal. 25, 22. Die Bedeutung der Redensart ist: Einem Böses mit Gutem vergelten, sodaß er vor Scham am ganzen Haupte glühret wird.

681. Wie auf Kohlen sitzen (stehen).

Dieser Ausdruck, der zur Bezeichnung einer sehr peinlichen Lage und der höchsten Ungeduld dient, könnte von einer alten Folterqual entlehnt sein. Bei Luther: „Wenn ihr auch auf feurigen Kohlen ginget, so soll's euch dünken, als ginget ihr auf Rosen." Vgl. Lehm. 82 (Beschwerden 48): „Wer auff heissen Kohlen sitzt, der kan nicht ruhig seyn." 837 (Unglück 11): „Auff heissen Kohlen ist böß still sitzen." — Dafür aus Breslau[1]: „O, macht of furt! 's is ja, as wenn ma uf nabln schtinde."

---

[1] Frommann, Mundarten III, S. 245.

Ähnliche Bilder sind: drüberhin, wie der Hahn über die Kohlen läuft, zur Bezeichnung flüchtiger Eile; ihm brennt der Boden unter den Füßen, d. h. er macht sich eilig davon, auf die Flucht.

682. Köhlerglaube ist der beste.

D. i. der blinde Glaube, der der eigenen Überzeugung entbehrt. — Man erzählt, daß der Teufel in Bischofstracht einen sterbenden Köhler gefragt habe, was er glaube. Der Köhler soll geantwortet haben: „Was die Kirche glaubt!" Um ihn zu prüfen, habe der Teufel weiter gefragt, was denn die christliche Kirche glaube. Die Antwort des Köhlers soll gewesen sein: „Das, was ich glaube!" Und durch diesen einfältigen Glauben sei der böse Geist überwunden worden. — Namenlose Sammlung Nr. 148 u. 149: „Ich wil glauben wie der Koeler glaubt. — Schlecht vnd gerecht." Mit der Erklärung: „Des Koelers glaub ist, das Jesus Christus für vns hat genug gethan, vnd wir habens nie verdienet, wir seind auß gnad selig worden, on zuthun vnser werck." Ebenso bei Agricola Nr. 234. Latendorf bemerkt in seinem „Agricola", S. 152: „In dem Sinne, wie man heute den Köhlerglauben der wissenschaftlichen Erkenntnis gegenüber stellt, kennt Agricola dieses Sprichwort nicht; ihm bezeichnet der Ausdruck Köhlerglaube nur die einfache kindliche Frömmigkeit, namentlich im Gegensatz zu mönchischer Selbstüberhebung. Den blinden Autoritätsglauben bekämpft Agricola nicht minder ernst, als es unsere Zeit nur immer thun mag."

683. Mit Kolben lausen.

Witziger Ausdruck für: derb durchprügeln; einen nicht mit den Fingerspitzen, sondern mit Knüppeln behandeln, besonders auf Thoren und Narren angewendet, deren Abzeichen der Kolben war. In dem Fastnachtsspiel von Hans Sachs „Der böß Rauch" sagt die Frau, wie sie ihren Mann eben prügeln will, V. 108: „Ich will die flöh dir sein abstreln." Ein ganz ähnliches Bild in Wolframs „Parzival" 73, 6: mit swerten kemmen.

684. Jemand aus dem Konzept bringen.

S. v. w. ihn aus der Fassung bringen; aus dem Konzept kommen s. v. w. den Faden verlieren. Beide Redensarten werden besonders von der Unterbrechung der Rede gebraucht; eigentlich beziehen sie sich darauf, daß jemand, der seine Rede vorher schriftlich aufgesetzt (konzipiert) und dann auswendig gelernt hat, trotzdem stecken bleibt, weil er durch jemand anders irre gemacht wird.

685. Einem den Kopf waschen.

S. v. w. ihn tadeln, herunterputzen; ähnlich übertragen, wie die Ausdrücke des Badens, vgl. auch die Redensart: mit scharfer Lauge waschen. In eigentlichstem Sinne und zugleich übertragen kann sie verstanden werden in dem Fastnachtsspiel von Hans Sachs „Der böß Rauch", wo die böse Frau dem Wasser bringenden Nachbar zuruft (B. 175 fg.):

> Droll dich! Wilt du das Fewer leschen:
> So will ich vmb den topff dich weschen.

In einem alten Martinslied droht der von der Gans geprellte Wolf:

> den winter und den somer wil
> ich erst vil gensen zwagen.

686. Den Kopf oben behalten.

S. v. w. den Mut nicht sinken lassen. Der Mutlose läßt den Kopf hängen.

687. Nicht auf den Kopf gefallen sein.

S. v. w. kein Dummkopf sein; wie man umgekehrt in der That durch einen plötzlichen starken Fall auf den Kopf sich eine Gehirnerschütterung zuziehen und seinen Verstand einbüßen kann. Weniger gefährlich ist es, wenn sich einer etwas in den Kopf gesetzt hat[1]: dann läßt sich ihm meist der Kopf noch zurecht rücken (vgl. das Herz auf dem rechten Flecke haben); bei manchem freilich ist auch nicht das geringste auszurichten, und wenn man sich gleich auf den Kopf stellte.

---

[1] Das sind gewöhnlich Grillen oder Raupen oder dgl., s. Nr. 470.

688. Eine Rotte Korah.

Nach 4 Mos. 16 sprichwörtliche Bezeichnung einer Verbindung böser und wilder Gesellen. Karl Moor nennt
seinen eigenen Räubertrupp so, als er von dem Pater sagt
(Räuber II, 3): „Steht er nicht da, als wollte er Feuer
vom Himmel auf die Rotte Korah herunter beten?"

689. Einen Korb bekommen.

S. v. w. mit einem Heiratsantrag abgewiesen werden. —
Die Redensart erklärt sich aus der alten Sitte, daß die Geliebte dem in Ungnade gefallenen oder ihr nicht genehmen
Freier aus ihrem Fenster einen Korb mit so schwachem Boden
herabließ, daß er, wenn er darin hinaufgezogen werden sollte,
unbedingt durchfallen mußte. Vgl. z. B. das Abenteuer
des Virgilius (von der Hagens „Gesamtabenteuer", II,
518 fg. und III, Vorrede CXXXIX fg.), den eine Frau
verräterischerweise dem öffentlichen Spotte preisgab, als er,
um sie zu besuchen, sich in einen Korb gesetzt hatte, den sie
an einem Stricke hinaufziehen sollte; sie zog ihn nur bis
zur Hälfte der Wand hinauf. — Auch Murner erzählt,
in der „Geuchmatt", dieses Abenteuer: „Virgilius bůlt ein
schöne magt Die hat jn off ein nacht vertagt (!) Vnd jm ein
solchen bescheid gesagt Er solt zů einem fenster gon Da
wolt sy ein Korb aber lon Daryn solt er sich setzen schon
Er thet das selb on allen argwon Als sy jn halber off hyn
zoh Das lüstig wyb von dannen floh Vnd ließ jn hangen
an der wend Das er offlich da ward geschendt Vnd yder-
man das selber seyt Das er so hing vmb wybs bescheid."
— Im 17. und 18. Jahrhundert findet sich die Sitte nur
noch mit der Abschwächung, daß das Mädchen dem un-
bequemen Werber als abweisende Antwort einen bodenlosen
Korb ins Haus schickte. Anklänge an das wirkliche Korb-
geben finden sich noch hie und da in Deutschland, ja selbst
in außerdeutschen Ländern. In der Oberpfalz wird noch
jetzt dem zurückgewiesenen Teil „ein Korb gesteckt", d. h.
aufgesteckt, mit einer Strohfigur darin; auf der Eifel muß
ein Ungetreuer, der ein Mädchen sitzen läßt, durch einen
alten Korb kriechen, und in verschiedenen Gegenden Deutschlands kann man noch heute auf den Bericht: ich habe einen

Korb gekriegt, die Gegenrede zu hören bekommen: einen Korb kann man schon kriegen, aber einen Boden muß er haben. — Amantes amentes I, 5 bei Rollenhagen: „der den korff stiegen", d. i. durch den Korb (ohne Boden) steigen und durchfallen, einen Korb bekommen. — Ebenda I, 5: „Hesse gy de type (d. i. Korb) gekregen", habt ihr einen Korb bekommen, und III, 4: „de type geben". — Der Engländer hat die Metapher des Korbgebens nicht (to give a refusal); dagegen der Amerikaner (to give the mitten).

Hier findet auch der Ausdruck durchfallen seine Er= klärung, von einem Prüfling gesagt: wen der prüfende Teil nicht für gut befindet, den läßt er durchfallen, wie das Mädchen den unwillkommenen Werber. Schon bei Joh. Pauli: „Also fiel der gut Herr (der Examinand im Examen) durch den Korb." Anders hat sich Schiller das Wort zurechtgelegt, wenn er seine Luise Millerin ihrem Peiniger Wurm zurufen läßt, daß „das jüngste Gericht Majestäten und Bettler in dem nämlichen Siebe rüttle".

690. Etwas aufs Korn nehmen.

S. v. w. seine Aufmerksamkeit darauf richten. Vom Jäger oder Schützen entlehnt, der, wenn er zielt, gleichsam das Ziel nimmt und auf das Korn, den Stift am Ende des Flintenlaufes, drauflegt. Nun hat er es auf dem Korne. Vgl. Absehen. Ganz ähnlich sind auch gemeint einen auf die Muck nehmen; auf der Muck haben: die Mucke ist das Visir an der Flinte, das kleine Blättchen mit dem Einschnitt, in dem das Korn erscheinen muß, und das mit dem Korn und dem Ziel in einer Linie liegt, wenn richtig gezielt wird. Alle diese Redensarten gehen höchstens bis ins 15. Jahrh. zurück. Vgl. lat.: chorda tenditur tibi, Plautus, Most. 3, 2, 55 fg.

691. Es geht ihm an den Kragen.

S. v. w. ans Leben. Kragen fassen wir heute hier wohl als Bild für Hals auf; ursprünglich bezeichnet das Wort den Hals selbst, erst später eine Halsbekleidung. Die Redensart hat also das Alte erhalten. (Vgl. Kopf und Kragen verlieren.)

Wie andre Körperteile bildlich zur Bezeichnung des ganzen Menschen dienen (z. B. Kopf und Hand), so auch Kragen; mittelhochd. krage, war ein Schimpfwort mit der Bedeutung Thor. Vgl. unser Geizkragen, Geizhals, wo sich die Vorstellung des gierigen Schlundes erst nachträglich eingestellt zu haben scheint.

692. Das paßt nicht in seinen Kram.

S. v. w. das kommt ihm ungelegen; eigentlich vom Kaufmann gesagt, dem zugemutet wird, eine Ware zu führen, die von ganz andrer Art ist, als was er sonst feil hat. Ein altes Lied aus dem Jahre 1688 verhöhnt Ludwig XIV. als den französischen Kaufmann; darin sagt er:

> Das reiche schöne Amsterdam
> Sammt ihren Port und Landen
> Taugt mir gar wohl in meinen Kram.

Ähnlich auch: das wäre nicht mein Kauf; nicht jedermanns Kauf sein.

693. Ein Krauskopf.

Haare, die von Natur kraus sind, lassen sich nicht leicht glätten. Daher kommt es, daß man einen Menschen einen Krauskopf nennt, der sich nicht leicht nach dem Willen eines andern schmiegt und biegt, sondern widerspenstig (widerhaarig) auf seinem Kopf besteht und leicht gereizt und aufgebracht wird, wenn man ihn zu etwas anderm bestimmen will. Auch sagt das Sprichwort: Krauses Haar, krauser Sinn![1]

694. Ins Kraut schießen.

S. v. w. rasch zunehmen, überhand nehmen, von Schlechtem, Gefährlichem gesagt: eine Pflanze, die ins Kraut schießt, deren ganze Lebenskraft sich in die Blätter entfaltet, verspricht keine gute Blüte, geschweige denn eine gute Frucht.

695. Das macht das Kraut nicht fett.

So sagt man, wenn zur Verbesserung eines Mißstandes schwächliche Mittel angewendet werden. Zu einem Kraut-

---

[1] Die Bezeichnung hat auch zur Bildung von Familiennamen gedient: Kraus, Krause, niederd. Kruse, latinisiert Crusius; vgl. das röm. Crispus.

gemüse gehört ein fettes Stück Fleisch. Schon bei Seifried Helbling I, 956 sagt die Frau von einem schönen Stück Fleisch:

> ez ist so smalzhaft
> vier kruten gibt ez kraft.

Auch den Kohl nicht fett machen ist (besonders in Nieder=deutschland) gebräuchlich.

696. Den Krebsgang gehen.

S. v. w. rückwärts gehen, herunterkommen, vom Pferd auf den Esel kommen. Vgl. Lehm. 858 (Vortgang 1): „Er gehet für sich, als wenn Krebs am Schlitten ziehen, wie die Hüner scharren, wie die Krebs kriechen, wie Bech von Händen, wenn man mit Katzen wolt Hasen fangen, es gehet als hatt es das Podagram, es geht als den Kindern, wenn sie aus Kartenblättern steinern Häuser bawen." Im Scherz wird der Ausdruck auch auf das Sternbild des Krebses bezogen: so schon in einem alten Soldatenlied von 1683, wo der geschlagene Türke klagt:

> Mein Mond, sonst toll, wird nimmer voll,
> Im letzten Viertel stehet:
> Verkehrt sein Lauf, nimmt ab, nit auf,
> Zurück im Krebsen gehet.

697. Bei jemand in der Kreide stehen.

S. v. w. Schulden bei ihm haben, weil mit der Kreide die Schulden auf dem schwarzen Brett angeschrieben werden. Der Pariser sagt ähnlich: avoir l'ardoise (Schiefertafel).

698. Krethi und Plethi.

Der Ausdruck dient zur Bezeichnung einer sehr ge=mischten Gesellschaft und ist hebräischen Ursprungs. Die Krethi und Plethi bildeten die Leibwache Davids, ihr Haupt=mann war Benaja. Nach der eigentlichen Bedeutung des Ausdruckes waren Krethi Scharfrichter, Plethi Läufer und Eilboten. Vgl. 2 Sam. 8, 18; desgl. Kap. 15, 18; 1 Kön. 1, 38 u. 44; 2, 25, 34; 2 Chron. 30, 6.

699. Sein Kreuz tragen.

S. v. w. sein Unglück ertragen. Von dem Kreuze Christi, das er selbst zur Richtstätte tragen mußte. Vgl. Joh. 19,

17: Und er trug sein Kreuz; ferner Matth. 10, 38: Wer nicht sein Kreuz auf sich nimmt u. s. w.; ebenso Kap. 16, 24; Mark. 8, 34; 10, 21; Luk. 9, 23; 14, 27.

Von eigentümlicher Art ist die Symbolik des Kreuzes. Zu einer Art Martertod verwendet, war es ursprünglich das Zeichen der Qual, des Leidens und Sterbens; dann, als Christus am Kreuz gestorben war, wurde es ein Zeichen der Erlösung, der Unsterblichkeit selbst, und als solches wurde es ein Symbol der Hoffnung. Als Sinnbild der Hoffnung auf die Unsterblichkeit wird es für Grabdenkmäler verwendet und wird so wiederum ein Symbol des Todes selbst.

700. Zu Kreuze kriechen.

S. v. w. nachgeben, sich demütigen, pater, peccavi! sagen. Die Redensart bezieht sich wahrscheinlich auf eine entsprechende Kirchenstrafe, die dem büßenden, abgefallenen Sohn der Kirche von seinem Beichtvater auferlegt wurde. In Schillers „Räubern", II, 3 kündigt der Pater dem Räuber Moor an: „Höre denn, wie gütig, wie langmütig das Gericht mit dir Bösewicht verfährt: wirst du jetzt gleich zum Kreuz kriechen und um Gnade und Schonung flehen, siehe, so wird dir die Strenge selbst Erbarmen, die Gerechtig= keit eine liebende Mutter sein."

Die geistlichen Bußbestimmungen waren ebenso mannig= fach und mit feinster Berücksichtigung der verschiedensten Umstände angelegt, wie die Strafgesetze. Daher gab es schon früh Hilfsbücher für die Bußzumessungen; sie hießen libri poenitentiales. Vgl. Hildenbrant, Untersuchungen über die germanischen Pönitentialbücher.

701. Sich vor jemand bekreuzen.

S. v. w. sich vor ihm hüten, ihm aus dem Wege gehen. Das Kreuz spielt wegen seiner religiösen Bedeutung eine große Rolle im Volksaberglauben. Man glaubte, daß der Teufel und alle mit ihm im Bündnis stehenden bösen Geister das Kreuz scheuten.[1] Wegen dieser magischen

---

[1] Goethe im „Faust", I, 946:
Bist du, Geselle,
Ein Flüchtling der Hölle?

Wirkung suchte man sich vor allem Bösen zu schützen, in=
dem man das Zeichen des Kreuzes (lat.: signum crucis,
daher Segen) machte.[1]

702. Krippenreiter.

Bezeichnet einen „nobeln Schmarotzer", eigentlich einen,
der von Krippe zu Krippe reitet, einen Herrn von Adel,
der jedoch, weil minderjährig, keinen eigenen Sitz hat. Der
Ausdruck ist im Dreißigjährigen Kriege aufgekommen. In
Schillers „Turandot":

> Und mancher jüngre Sohn und Krippenreiter,
> der alle seine Staaten mit sich führt
> im Mantelsack, lebt bloß vom Körbeholen.

703. Das setzt der Sache die Krone auf.

S. v. w. das ist das letzte, das höchste, was geschehen
konnte; oft in schlechtem Sinne gemeint: das letzte, was
geduldet werden darf.

Scherzhaft steht Krone auch für Kopf, daher: es ist
ihm etwas in die Krone gefahren s. v. w. er hat etwas
übel genommen; er hat etwas in der Krone s. v. w. er ist
betrunken, nicht bei Sinnen.

> So sieh dieses Zeichen,
> Dem sie sich beugen,
> Die schwarzen Scharen!

[1] Das Schlagen des Kreuzes mit den Fingern in der Luft
war schon zu Tertullians Zeiten (im 2. und 3. Jahrhundert)
üblich und kam vor bei wichtigen gottesdienstlichen Handlungen,
wie der Taufe, der Konfirmation, dem Abendmahl u. s. w. Kon=
stantin der Große ließ zum Andenken an das ihm vor dem Siege
über Maxentius am Himmel erschienene Kreuz nicht nur an
öffentlichen Orten Kreuze aufstellen, sondern nahm dies Zeichen
auch in seine Kriegsfahne auf. Gegen Ende des 4. Jahrhunderts
wurden die Kirchen, und besonders die Altäre, mit Kreuzen
geschmückt, ebenso die Gräber und die Ornate der vornehmen
Geistlichen. Die Sitte im 5. Jahrhundert, unter dem Kreuze
ein Lamm darzustellen, aus dessen Brust Blut floß, verbot
das sechste Konzil zu Konstantinopel (680) und verordnete statt
dessen die Abbildung eines am Kreuze hängenden menschlichen
Körpers.

704. Krokodilsthränen weinen.

S. v. w. erheuchelte Thränen vergießen, sich traurig stellen und es doch im Herzen nicht sein; nach der Sage, daß das Krokodil, um sein Opfer herbeizulocken, die Stimme eines weinenden Kindes nachahme. Wahrscheinlich stammt die Sage aus den Zeiten der Kreuzzüge, wo derartige Wundererzählungen durch Kreuzfahrer und die im Orient Handel treibenden Kaufleute vielfach verbreitet wurden. In Rollenhagens „Froschmeuseler", 159: „Wie der Krokodil weint, wenn er Einen zu fressen meint."

Ein andrer Vergleich für dieselbe Sache z. B. in Murners „Mühle von Schwindelsheim" unter der Überschrift: Vmm den entphallenden sack truren, B. 873:

> We mir armen esel büt,
> das mein sack an der erden lyt!
> Myn herr mir in zuo rucken leibt
> syn abfall bringt mir nimmer freyd.

Syll. 103 steht die Redensart als Übersetzung des lateinischen: flere ad novercae tumulum. — Gehäuft in einem alten volkstümlichen Zwiegespräch zwischen Tilly und Magdeburg:

> Juw[1] Crocodilen Thränen,
> Juw söte Sinons Wort,
> Juw Judaskuß und Stehnen,
> Wird b'kannt werden hier und dort.

705. Etwas krumm nehmen.

S. v. w. etwas übel nehmen, wie krumm auch sonst für schlimm, böse gebraucht wird[2]: die Sache geht krumm. Am leichtesten nimmt einer krumm, was gerade heraus gesagt worden ist. Vgl. noch in Ifflands „Jägern" I, 1 die Worte Rudolfs zu dem abgehenden Matthes: „Hör er — das muß ich ihm noch sagen — nehm ers krumm oder gerade."

706. In des Teufels Küche kommen.

S. v. w. schlimm behandelt werden. Nach der abergläubischen Vorstellung des Mittelalters hatte der Teufel

---

[1] Eure.
[2] Wobei es dieselbe Bedeutungsverschiebung wie schlimm durchmacht, vgl. S. 160 Anm. 1.

eine Küche, wo die Hexen und Zauberer ihr Unwesen trieben.
Deshalb heißt sie im Volksmund auch „Hexenküche" und
„schwarze Küche".[1] „Faust", I, 686:

> Mein Vater war ein dunkler Ehrenmann,
> Der, in Gesellschaft von Adepten,
> Sich in die schwarze Küche schloß,
> Und, nach unendlichen Rezepten,
> Das Widrige zusammengoß.

Eine berühmte Schilderung einer Hexenküche findet sich im
vierten Akte von Shakespeares „Macbeth", uns Deutschen
zeigt sie Goethe im „Faust".

707. Das weiß der Kuckuck!

Der altdeutsche Volksglaube schreibt gewissen Tieren,
namentlich Vögeln, wie dem Kuckuck, dem Raben, dem Hahn
u. a. die Gabe der Prophezeiung zu. Tacitus, Germania
Kap. 10, berichtet, daß die Germanen aus Vogelstimmen
geweißagt hätten. Vornehmlich galt der Kuckuck als prophetischer Vogel; richtet doch noch heute mancher Backfisch in
sehnsüchtiger Erwartung an ihn die Frage: „Wie lange
werd' ich noch ledig sein?" Bekannt ist auch, daß der
Ruf des Kuckucks die Zahl der noch übrigen Lebensjahre
eines Menschen anzeigen soll.

> Kuckuck über dem Stock!
> Wann krieg' ich meinen Brautrock?

> Kuckuck über dem Hügel!
> Wann krieg' ich meinen Sterbekittel?

---

[1] Hexen- oder Teufelsküchen finden sich vielfach lokalisiert.
So ist in der Nähe von Hannover, zwischen Lauenstein und
Koppenberge, eine Gegend, die seit uralter Zeit „des Teufels
Küche" heißt. Sie ist voll jäher Felsen und kann nicht ohne Ge-
fahr besucht werden. Ebenso nennt man an einigen Orten die
Hünengräber Teufelsbetten, die sogenannten erratischen Blöcke
Teufelsberge, Teufelssteine, Teufelskanzeln. Es ist begreiflich, wie
diese mit dem Teufel in Verbindung gekommen sind. Man ahnte
nichts davon, daß jene mächtigen Felsblöcke in der Eiszeit von
den Gletschern der Alpen in das Land hinaus oder von den
Polargegenden her auf dem Inlandeis nach entfernten Gebieten getragen worden sind, sondern deutete es sich in Sagen so aus, daß
sie der Teufel (früher die Riesen) an ihre Stelle geworfen habe.
Vgl. Baer, Der vorgeschichtliche Mensch.

Schon im „Renner" heißt es von einem liederlichen Gesellen
B. 11338 fg.:

Deheiner unfuore ist im ze vil,
swie lange aber sin freudenspiel,
daz weiz der gauch, der im für war
hat gegutzet hundert iar.

Ein niederdeutsches Sprichwort ist: Wer den Kuckuck kann
ersten mal raupen hürt, un häd hei geld in dei tasch, dann
hab hei't dat ganze johr.

Weil aber der Kuckuck seine Eier zum Ausbrüten in
fremde Nester legt[1], bekam sein Name auch einen übeln
Ruf, sodaß bei den Römern der untreue Gatte cuculus
hieß; vgl. Plautus, Asin. 5, 2, 73; Pseud. 1, 1, 94;
Trin. 2, 1, 18 u. ö. Umgekehrt hat im Englischen (cuckold)
und Französischen (cocu) der von der Gattin Betrogene
diesen Spottnamen. In Deutschland wurde „Gauch"
(Kuckuck), wohl auch durch den Einfluß des Christentums,
zum Schimpfwort, und so gilt des Vogels Name auch als
Name des Bösen, des Teufels; vgl. die Ausdrücke: Geh
zum Kuckuck! Hol' ihn der Kuckuck! Des Kuckucks
sein! Jemand zum Kuckuck jagen. Das ist zum
Kuckuck. Ei der Kuckuck! Schiller, Kabale und Liebe,
2, 4, sagt: „Wem der Teufel ein Ei in die Wirtschaft
gelegt hat, dem wird eine hübsche Tochter geboren."

708. Etwas ansehen wie die Kuh das neue Thor.

S. v. w. es verdutzt betrachten, wie die Kuh, die abends
von der Weide ins Dorf zurückkehrt, über das neue Thor
erstaunt, das der Bauer inzwischen am Hofe aufgerichtet
hat, und nun nicht weiß, ob sie da hinein gehört oder nicht.
Luther im Sendbrief vom Dolmetschen: „welche Buchstaben
die Eselsköpfe ansehen, wie die Kühe ein neu Thor"; in den
Tischreden: „so stehet das arme Volk gleich wie eine Kuh".

---

[1] Daher auch der Ausdruck Kuckucksei für ein fremdes Er-
zeugnis, das einem Ahnungslosen als sein Werk untergeschoben
wird. Dieser Zug des Kuckucks ist schon im 11. Jahrh. bei uns
sprichwörtlich gewesen, freilich aus dieser Zeit nur in lateinischen
Versen belegbar:

Cuculus altorem iniusta mercede cruentat,
Nam currica suam fovet ova vorantia carnem.

709. Was nützt der Kuh Muskate?

S. v. w. das ist zu hoch für seinen beschränkten Kopf; mit einem ähnlichen Bilde: es ist Caviar für ihn. Burkhard Waldis im Esopus 1, 1, 37:

> Das Heilthumb ist nicht für die Hundt,
> Perlen seind Schweinen ungesund;
> Der Muscat wird die Kuh nicht fro,
> Jr schmeckt viel baß grob Haberstro.

Vgl. Syll. 47: „Asinus stramenta mavult quam aurum. Was sol der kuhe Muscaten? in einen Bawern gehöret Haberstroh."[1] Daj. 157: „Nihil cum amaracino sui. Was sol einer saw muschaten." Die Muskatnuß war früher zur Würze noch beliebter als heutzutage; man rieb sie sogar ins Bier. Die Deckelknöpfe an alten Bierkrügen sind bisweilen wie kleine Büchsen zum Auf= und Zuschrauben eingerichtet; darin bewahrte man die Muskatnuß auf. Da begreift man die Lächerlichkeit des Gedankens, der Kuh in ihren Sauftrog Muskatnuß zu reiben.

710. Den Kuhfuß tragen.

S. v. w. Soldat sein. Die spöttische Bezeichnung „Kuhfuß" für Gewehr erklärt Scheube, Aus den Tagen unsrer Großväter, in dem Kapitel „Unter der Fahne", S. 254: „Zu allen diesen Mißständen denke man sich noch eine höchst mangelhafte Bewaffnung, die lediglich auf einen blendenden Augenschein, nicht auf den Zweck der Sache abzielt. Die Gewehre des Fußvolkes haben eine gerade Schaftung und einen kleinen Kolben, damit sie sich um so besser senkrecht tragen lassen; man hat ihnen darum den noch heute nicht vergessenen Spottnamen «Kuhfüße» beigelegt."

711. Das geht auf keine Kuhhaut.

S. v. w. das läßt sich gar nicht alles sagen; eigentlich: es läßt sich auf keine Kuhhaut schreiben, so groß sie

---

[1] In der Zimmerischen Chronik IV, 219 weist die Dame ihren Liebhaber ab:

> Du solt nit nach wilpret naschen!
> Du kiffest noch wol haberstro.

auch iſt. Auf Leder wurde ja wirklich früher geſchrieben, namentlich auf Kalb= und Schafleder; in dem Ausdruck Kuhhaut liegt wohl zugleich eine Anſpielung darauf, daß es grobes Zeug geweſen iſt, was man gehört hat.

Die Kuhhaut reiten iſt einer von den ſcherzhaften Ausdrücken unſres Volksmundes für: zu Fuß gehen, vgl. Schuſters Rappen.

712. Jemand einen Kuhſchluck vorkommen.

In der Studentenſprache ſ. v. w. einen tüchtigen Schluck. Man vgl. folgende Belege: „Aber als Stroſagurgel den küſuf that." Fiſchart, Gargantua, 465. „Wer ſich gern fült, der iſt eyn kü." Brant, Narrenſchiff, 110ᵃ, 118. „Wer ſtäts ſich fullet wie eyn kü Vnd will eyn yeden drincken zü." Ebenda 16, 53, 54. „Iſt das dein groſſe frewd das du Dich fülleſt wie ein Treberkuh Den Wein vnmeſſig in dich ſchütteſt." H. Sachs, IV, 127.

Die Sitte des Vor= und Nachtrinkens, die jetzt nament= lich in ſtudentiſchen Kreiſen üblich iſt, war früher, im 15. und 16. Jahrhundert, ganz allgemein verbreitet, obwohl Moraliſten und Obrigkeiten ſehr dagegen eiferten. In Brants „Narrenſchiff", 110ᵃ, 110 fg.:

> Vnd bringent eym eyn früntlich drunck
> Do mit der becher macht glunck glunck,
> Vnd meynen do mit andere eren
> Das ſie den becher vor vmb keren,
> Ich darff der ſelben hoffzucht nit,
> Das man mir vor das glaß vmb ſchüt
> Oder man mich zü drincken bitt
> Ich drinck mir ſelbs, keym andern zü,
> Wer ſich gern fült, der iſt eyn kü.

Ebenſo verbietet die Straßburger Ordnung vom J. 1529 ihren Bürgern, Einwohnern u. ſ. w. das Zutrinken „bey ainer peen 30 ſchilling". Weitere Belege bei Zarncke zu Brants „Narrenſchiff", 16, 54. — Die gewöhnlichſten Formeln beim Vor= und Nachtrinken waren: „Ich bring dir eins, ich kützel dich, das gebürt dir." Brant, Narren= ſchiff, 16, 68, 69. Ferner: „Ich ſtreich dich, ich weich nit; ich ſtich dich, ich wehr mich; ich ſchmertz dich, ich ſtertz dich." Fiſchart, Gargantua, 162.

713. Kümmelblättchen.

D. i. ein betrügerisches Kartenspiel, das darin besteht, daß drei Karten so geschickt durcheinander geworfen werden, daß der Unkundige nicht im Stande ist, eine bestimmte Karte ihrer Lage nach zu bezeichnen. Der Ausdruck „Kümmelblättchen" ist volksetymologisch entstellt aus „Gimelblättchen". Bekanntlich enthält die Gaunersprache viele hebräische Wörter, so auch in dem Ausdruck „Gimelblättchen" den dritten Buchstaben des hebräischen Alphabets, Gimel, zur Bezeichnung der Zahl drei.

714. Den Kümmel spalten; ein Kümmelspalter.

Von einem Sparer, Knicker, Mäkler gesagt. Schon Platon redet im „Symposion" von einem Menschen, der ein Kümmelkorn spaltet, um die Hälfte sparen zu können. Bei Aristophanes, Wespen, 1397: „Kümmelfressespaltend".

715. Hier geht meine Kunst betteln.

S. v. w. hier vermag ich mit all meiner Kunst nichts auszurichten, mir also auch nichts zu verdienen; hier läßt mich meine Kunst im Stiche. Lessing im „Jungen Gelehrten" I, 6: „Bei dem geht meine Kunst, meine sonst so wohl versuchte Kunst, betteln."

716. Sich einen Kuppelpelz verdienen.

S. v. w. eine Heirat vermitteln. Hildebrand bringt im Deutschen Wörterbuche eine Reihe von Beispielen für den Ausdruck mit der Bemerkung: „Der Pelz ist längst zur bloßen Redensart geworden, während er einst ein wirklicher gewesen sein muß." Er ist auch ein wirklicher gewesen: dieser Pelz war der übliche Kaufpreis für die Überlassung der Mundschaft über die Frau an den Gatten, vgl. Grimms „Rechtsaltertümer", S. 448.

717. Kurze fünfzehn machen.

S. v. w. eine Sache abkürzen, sie schnell zu Ende bringen, indem man sich bei Einzelheiten und Kleinigkeiten nicht aufhält, sondern kräftig und entschieden durchgreift. Der Ausdruck wird aus dem Brückenbau erklärt. Noch heute ist es bei dem Bau von Holzbrücken üblich, daß die Brückenpfähle durch das Fallenlassen eines schweren Rammklotzes in die Erde getrieben werden; eine Anzahl von Arbeitern zieht ihn empor und läßt ihn fallen auf Kommando des Aufsehers, der dabei von 1 bis 15 zählt, sodaß auf den Ruf 15 der Klotz fällt. Ist der Pfahl klein und der Rammklotz dementsprechend leicht, so bedarf es nicht so langen Ziehens, und der Aufseher zählt nur: 1, 2, 3, 15! Von diesem abgekürzten Verfahren soll die Redensart stammen.

Eine andre Erklärung leitet sie vom Pufspiel ab; hier mache eigentlich kurze fünfzehn, wer mit Hilfe des großen Pasches alle fünfzehn Steine auf einmal aus dem Brett nehmen könne.

718. Das ist zu kurz angerannt.

S. v. w. da ist zu wenig Bedenkzeit gelassen, da ist die Pistole auf die Brust gesetzt; als ob der Betreffende eigentlich einen langen Anlauf hätte nehmen sollen, damit man das Ding hätte voraussehen und sich darnach einrichten, darauf rüsten können. In dem alten Singspiel „Harlekins Hochzeit" sagt der Richter, als Harlekin mit seiner Liebsten vor ihn tritt und stracks zur Hochzeit „eingeschrieben" zu werden begehrt: „Es ist kurz angerent. Warumb denn eilt ihr so?"

719. Einen kurz halten.

S. v. w. ihn einschränken, daß er nicht weite Sprünge machen kann. Von Pferden entlehnt, die man straff im Zügel hält.

720. Zu kurz kommen.

S. v. w. schlecht wegkommen; zunächst von dem Nicht-erreichen eines räumlichen Zieles gesagt. Dasselbe bedeutet:

721. Den kürzern ziehen.

Hier ist ursprünglich gemeint: beim Losen mit zwei Halmen den kürzern Halm ziehen. Das Los wird entweder geworfen (mit Steinchen, Würfeln u. s. w.) oder gezogen (mit Stäbchen, Streifen u. s. w.). Wer den kürzern zieht, dem fällt beim Ausspielen eines Gegenstandes der geringere Anteil zu.

Das Los als Mittel, zu erforschen, was einem von mehrern Berechtigten zukam, ist sehr alt. Es findet sich bei den Hebräern, z. B. 4 Mos. 26, 55 u. s. w.; Jos. 14, 2 u. s. w.; 21, 4; Pf. 22, 19; vgl. 3 Mos. 16, 8; Esth. 3, 7; Spr. Sal. 18, 18; Richter 20, 10; Apostelg. 1, 26; bei den Griechen z. B., um zu bestimmen, wer etwas aus= führen soll; bei den Römern, wenn Ämter, Provinzen u. s. w. verteilt werden. Auch bei unsern Vorfahren ist der Gebrauch des Loses ziemlich allgemein gewesen. Häufig benutzten sie beim Losen (wie wir noch heute verschieden lange Papier= streifen, die so aus der Hand herausgesteckt werden, daß sie gleich lang erscheinen) mehrere Halme von ungleicher Länge; wer den längern zog, hatte gewonnen, wer den kürzern, ver= loren. In einem alten Verslein wird das geschildert:

> Ziehen wir zwei gräselin
> Ane allen falschen wank,
> Das eine kurz, das ander lang;
> Weders ouch immer mag ziehen an,
> Das länger soll gewunnen han.

Eine andre altdeutsche Art zu losen war das Halmmessen, wahrscheinlich so zu verstehen, daß ein Halm abwechselnd zwischen Daumen und Zeigefinger der rechten und der linken Hand gefaßt wurde, sodaß immer eine Hand die andre ab= löste, indem sie ihre Finger über die der andern legte, bis die Spitze des Halms mit den entscheidenden Worten er= reicht war. Daher singt Walther von der Vogelweide:

> Mich hat ein halm gemachet vro
> er giht, ich sül genade vinden,
> ich maz daz selbe kleine stro,
> als ich hie vor gesach von kinden.

Wem fiele dabei nicht das Auszupfen der Sternblume ein?

722. Das kann mein Kutscher auch.

Ausdruck der Geringschätzung: dazu gehört nicht viel; ähnlich: das kann meine Tante auch, kann Lehmanns Kutscher auch. Eine ganze Hand voll guter Karten, die sich von selber spielen, heißt „der reine Kutscher". Aber auch geringen, sauern Wein bezeichnet man als „Kutscher".

Wustmann. 19

L.

723. Langer Laban.

Bezeichnung eines langen Menschen wie großer Christoph. Seit wann und warum Laban, der Sohn Nahors, der Vater Rahels, lang gedacht wurde, ist unbekannt; in der Bibel steht nichts davon. Jedenfalls erscheint der Name, schon wegen des Zusammenklangs mit lang, wie geschaffen für diesen Ausdruck. Vgl. Nr. 232.

724. Zahm wie ein Lamm.

Das Schaf, insbesondere das Lamm, ist ein Sinnbild der Sanftmut; denn es ist friedlich und folgsam, folgt dem Pfiffe des Schäfers, dem Bellen des Hundes und — dem Leithammel. In höchstem Sinne aber ist die Unschuld des Lammes sinnbildlich verwendet worden: Joh. 1, 29, 36 wird der Erlöser von Johannes dem Täufer bildlich (vgl. Jes. 53, 4 fg.) Agnus Dei genannt, Lamm Gottes, das der Welt Sünden trägt.

725. Gebratene Lämmerschwänzchen!

Mit diesen Worten weist man in mitteldeutschen Gegenden die Kinder ab, wenn sie sich in der Küche erkundigen wollen, was es heute „gebe“, d. h. mittags zu essen. Wie man gerade auf die Lämmerschwänzchen verfallen ist? Die abweisende Antwort enthält vielleicht zugleich eine Drohung: die Drohung, dem schwatzhaften Frager die Zunge auszuschneiden und sie ihm braten zu wollen. In Niederdeutschland wenigstens dient das fortwährend wackelnde Lämmerschwänzchen zum Vergleich für eine beständig plappernde Zunge; so heißt es in Ostfriesland: De Tung geit hum as'n Lammerstert.

726. Ländlich, sittlich![1]

Ländlich bezeichnet hier nicht das Gegenteil von städtisch und sittlich nicht das Gegenteil von unsittlich, sondern beides

---

[1] Auch boshaft gereimt: ländlich, schändlich!

zusammen bedeutet: dem Gebrauche oder der Sitte des Volkes, des Landes gemäß, landesüblich. In Sebastian Francks „Weltbuch: spiegel und bildtniß des ganzen erdbodens" (Tübingen 1534) steht unter dem Abschnitt „Kleidung Germanie": „der pauren filzhut und stifel, und alles auf mancherlei weiß, nach landsbrauch, und hat schier ein jede provinz ire eigne sitten, nach dem sprüchwort: ländlich sittlich". Ebenda (Abschnitt: „baueren"): „Jr handtierung, sitten, Gottsdienst, bauen ist jedermann bekannt, doch nicht allenthalben gleich, sunder wie an allen orten ländlich, sittlich." Bebel, Nr. 28, übersetzt es: Quot regiones, tot mores.

727. Landgraf, werde hart!

So rufen wir einem allzu milden Herrn, einer schlaffen Regierung zu, um sie zu ermahnen, strenger aufzutreten. Den Worten liegt folgende Geschichte zu Grunde. Landgraf Ludwig von Thüringen lebte seinem Jagdvergnügen und ließ seine Großen das Land regieren. Das arme Land fuhr schlecht dabei, es wurde ausgesogen, die Bauern bis aufs Blut von den Herren gequält. Eines Nachts kommt der Landgraf, auf der Jagd verirrt, bei Ruhla zu einem Schmied, giebt sich als des Landgrafen Jäger aus und erhält unwillig ein Lager angewiesen. Aber er kann nicht schlafen, denn die ganze Nacht über hämmert der Schmied auf das glühende Eisen und ruft zu jedem Schlage: Landgraf werde hart! Am andern Morgen fragt der Graf nach dem Sinne des Werkspruches, erfährt, wie sein Volk leidet, und soll wirklich seinen adligen Unterthanen ein harter, dem Landvolk aber dadurch ein guter Herr geworden sein.

728. Fluchen wie ein Landsknecht.

Die Landsknechte — der Name kommt mit der Sache am Ende des 15. Jahrhs. auf und bedeutet weiter nichts als Knechte des Landes, Soldaten im Dienste eines Landes — zeigen sich als wahre Väter unsrer Soldaten, wenn man ihnen nachsagt, daß es ihre Art gewesen sei, viel und stark zu fluchen. Schon Sebastian Franck klagte: „gots lestern, huoren, spilen, mörden, brennen, rauben, witwen und weisen machen, ist ir gemein hantwerk und höchste kurzweil. Wer hierin tüen und keck ist, der ist der best und ein freier landsknecht." H. Sachs in seinem Schwank „St. Peter mit den lantzknechten" erzählt von neun Landsknechten, die zufällig an die Himmelspforte kommen und vergebens Einlaß begehren, daß sie anfangen zu fluchen „marter, leiden und sacrament", was St. Peter für geistliche Reden hält. Deshalb legt er Fürbitte für sie ein, bis sie schließlich eingelassen werden. Aber kaum ist die Rotte im Himmel, so holen sie die Würfel hervor und fangen an zu spielen. Bald entsteht Streit und sogar Schlägerei unter ihnen, wobei selbst Petrus, der ihnen wehren will, in Gefahr gerät; nur mit List vermag man sich ihrer wieder zu entledigen.

729. Mit jemand eine Lanze brechen; für etwas eine Lanze einlegen.

S. v. w. sich mit jemand in einen Streit einlassen; etwas verteidigen. Die Redensarten sind vom Turnierwesen des Mittelalters entlehnt. Eingelegt wurde die Lanze zwischen dem rechten Oberarm und die rechte Brust; eine Zeit lang war am Brustpanzer ein besonderer Haken für sie angebracht, der sie tragen half.

730. Durch die Lappen (durch die Tücher) gehen.

S. v. w. entwischen; das Bild ist der Jägersprache entlehnt, aus der so manche unsrer Redensarten stammt (vgl. Busch, Garn, Leim). Um nämlich auf Treibjagden das Wild zurückzuscheuchen, hängt man zwischen den Bäumen bunte Zenglappen auf; oft genug aber kommt es vor, daß sich der gehetzte Hirsch nicht daran kehrt, sondern durch die Lappen geht und so entkommt.

731. Larifari.

S. v. w. leeres, albernes Gerede. Gewöhnlich weist man mit dem seltsamen Ausdruck thörichtes Geschwätz als Unsinn ab. Pech erklärt das Wort in der „Germania" XX, 50 für eine Entlehnung aus der italienischen Musiksprache mit Berufung auf eine Stelle im Frankf. Archiv III, 204: „Da sungen sie die messe terribilis la re fa re ut in excelſis Biſz an das graduale: Liebe ſweſter habe dir das zu dieſzem male." Seine Bedeutung müßte das Wort daher haben, daß es urſprünglich das Abſingen der Töne nach ihren Kunſtnamen verſpottet, weil der Hörer einen Liedertext dazu verlangt, gerade ſo, wie wir es albern finden würden, wenn einer ſänge: ha ce de ha ha ha a anſtatt: Kommt ein Vogel geflogen. Wenn dieſe Ableitung richtig iſt, dann ſind wir bei dem Worte in der eigentümlichen Lage, ſeine urſprüngliche Melodie zu beſtimmen; ſie wäre:

la re fa re

732. Lärm ſchlagen.

S. v. w. die Leute aufmerkſam machen, etwas an die große Glocke hängen. Schlagen? Lärm geſchlagen wird im eigentlichſten Sinne vom Trommler auf ſeiner Trommel, wenn er das Alarmzeichen giebt. Denn Lärm und Alarm ſind ein und daſſelbe Wort und ſtammen aus der Soldaten= ſprache, ſind weiter nichts als der Ruf à l'arme! Früher auch übertragen: Lärm blaſen, urſprünglich vom Trom= peter geſagt.

Ein blinder Lärm hieß eigentlich der Sammelruf, der geblaſen wurde, ohne daß der Feind wirklich da war.

733. Einem die Larve abreißen (ihn entlarven).

S. v. w. ihn in ſeiner wahren Geſtalt zeigen. Luther: „Habe ich wollen die larven anzeigen, die Herzog George aufgeſetzt hat." Schon die Alten haben den Ausdruck in übertragenem Sinne gebraucht; vgl. lat.: personam de- trahere capiti. Martial 3, 43, 4; alicui pellem de- trahere, d. i. jemandes Fehler aufdecken. Horaz, Sat. 2, 1, 64.

734. Einem etwas zur Laſt legen.

S. v. w. es ihm antreiben, es als belaſtend für ihn betrachten. Der Ausdruck wird auf die alte Art, mit Rechenbrett und Zahlpfennigen abzurechnen, zurückgeführt: ein Gläubiger legte die Summe, die er ausgeliehen hatte, auf seinem Rechenbrette seinem Schuldner in Rechenpfennigen zur Last.

735. Bei Tage die Laterne anzünden.

Die Redensart dient zur Verspottung von Verkehrtheiten; sie hängt mit den Fastnachtslustbarkeiten zusammen. Noch heute werden bei den Karnevalsumzügen am hellen Tage die Laternen angezündet, um mit Fackeln und Laternen die Fastnacht zu suchen. In Brants „Narrenschiff", 28, 1 fg.:

Der ist eyn narr, der macht eyn für
Das er dem sunnen schyn geb stür (d. h. Unterstützung)
Oder wer fackeln zündet an
Vnd will der sunnen glast zu stan (d. h. beistehen).

Dabei läßt sich an die Geschichte von Diogenes, dem Cyniker, erinnern, der die Menschheit so sehr verachtete, daß er am hellen, lichten Tage die Menschen mit der Laterne suchen zu müssen vorgab. Mit Beziehung darauf in Schillers „Räubern" II, 3: „Lösch deine Laterne aus, schlauer Diogenes! Du hast deinen Mann gefunden!" Vgl. auch die Worte des Kapuziners in „Wallensteins Lager":

(Aber) wer bei den Soldaten sucht
Die Furcht Gottes und die gute Zucht
Und die Scham, der wird nicht viel finden,
Thät' er auch hundert Laternen anzünden.

Wem der Kopf wie eine Laterne ist, dem ist es heiß im Kopfe.

736. Er hat nach Laufenburg appelliert.

S. v. w. er ist entlaufen. Hier dient die Stadt Laufenburg am Rhein zu dem Wortspiel. Ähnliche Scherzreden sind: nach Speier appellieren[1]; alles dem Kloster Maulbronn vermachen; nach Bethlehem wollen, auch: nach Bettingen gehen (Bettingen ist ein Dorf bei Basel); vom Hause Anhalt sein; vom Stamme Nimm sein; er stammt nicht aus Schenkendorf, er stammt aus Greifswald; er gehört zu den Anklammern (die nicht gut los zu werden sind). Von einem flatterhaften, untreuen Mädchen (in Baiern Fländer-

---

[1] Eine andre scherzhaft verhüllende Wendung dafür ist: Kotzebues Werke herausgeben.

lein) heißt es im Volkslied: Mein feins Lieb ist aus
Flandern.

Im Niederländischen bedeutet Te Malleghem geboren
zijn f. v. w. mal d. i. närrisch sein, van kleef zijn f. v. w.
geizig sein, am Gelde kleben, er nitzien of men van Grim-
berg komt f. v. w. grimmig aussehen, van Domburg zijn
f. v. w. dumm sein, in Hongarije wonen f. v. w. hungrig
sein (Grundriß d. germ. Phil. I, 697).

Auch in außergermanischen Sprachen fehlt es nicht an
derartigen Spielereien. Cachan ist ein Dorf bei Arcueil;
wenn der Pariser aber hört: aller à Cachan, so weiß er
sofort, daß gemeint ist: se cacher. Ebenso ergiebt sich der
Sinn von aller à Clichy, wenn man sich erinnert, daß
cliche Durchfall bedeutet.

737. Sich auf dem Laufenden erhalten.

S. v. w. sich immer über alle Neuigkeiten und Fort-
schritte unterrichten. Die Redensart verdankt ihr Dasein
einem Übersetzungsbock: sie soll das französische au courant
wiedergeben, courant bedeutet aber hier Strömung.

738. Einem den Laufpaß geben.

Scherzhaft für: ihn entlassen; der Laufpaß sind die
Worte: Mach daß du fortkommst! Obersächsisch dafür auch:
einem die Schippe geben, zu schüppen, mittelhochd. schüpfen,
einer verstärkenden Bildung zu schieben; vgl. einen ab-
drücken.

739. Jemand mit scharfer Lauge waschen.

S. v. w. ihn scharf tadeln, ihn tüchtig herunterputzen.
Die bildliche Anwendung des Ausdrucks erklärt sich wie
bei den Redensarten, die vom Baden stammen, vgl. Nr. 98 fg.
Daß auch die Lauge im 16. Jahrh. zum Baden gehörte,
lehrt z. B. eine Stelle in Paul Rebhuns „Susanna". Da
beauftragt die Heldin ihre Dienerin, ihr zum Baden folgendes zu bringen: Seife, Öl im Glas, ein reines Tuch und

eine reine lang
die zu meinem haubte taug.

War doch die Säuberung des Kopfes — gewöhnlich be-
sorgte sie der Bader — das wichtigste Geschäft bei dem

ganzen Bade.[1] Vgl. Lehm. 411 (Kopff 23): „Offt ist zum vnsinnigen Kopff kein besser recept, als eine rote Laug." Noch heute gilt das Sprichwort: **Auf einen grindigen Kopf gehört scharfe Lauge!** Vgl. ital.: Chi lava la testa all' asino, perde il ranno ed il sapone.

Eine feststehende Verbindung ist: **die Lauge des Spottes,** die man über Thorheiten ausgießt, um sie zu bekämpfen. Vgl. Syll. 24: „Aceto perfundere. Einen höhnisch oder für einen Jecken halten."

740. Einem eine Laus in den Pelz setzen.

S. v. w. ihm einen kleinen, aber ärgerlichen Schaden zufügen, auch: ihm etwas weiß machen, ähnlich wie: einem einen Floh ins Ohr setzen. — In Murners „Schelmenzunft" beginnt das 17. Kapitel „Leuß in peltz setzen" mit den Versen:

> Es wer nit not, als ich das schetzen,
> Schiltrecht leuß in peltz zu setzen:
> Sy wachsent selber dryn zu handt!

Das muß auf einem Sprichwort beruhen, vgl. die Zim= merische Chronik III, 60: „man darf keine leus in peltz setzen, dann sie wachsen für sich selbs". Wer sich selbst eine Laus in den Pelz setzt, lädt sich eine Beschwerde auf seinen eigenen Hals, bindet sich selbst eine Rute.

741. Die Laus ist ihm über die Leber gelaufen.

S. v. w. er ist zornig geworden. Die Laus gehört eigentlich hier ebensowenig her wie die Katze in der Redens= art: die Katze lief mir den Buckel hinauf, d. h. es überlief mich, ich schauderte. Wer in Zorn gerät, dem läuft es über die Leber, damit ist aber die Galle gemeint. Der Leipziger vermengt beide Redensarten, wenn er in dem Sinne des zuerst genannten sagt: die Laus leeft en iwern Buckel. Umgekehrt von großem Schrecken in Schillers „Räubern" II, 3: „daß es uns eiskalt über die Leber lief".

---

[1] S. noch Schulz, Höfisches Leben, I, 163; Kriegk, Deut= sches Bürgertum, II, 1; besonders Martins Einleitung zu seiner Ausgabe von Murners Badenfahrt.

742. Er hat läuten hören, weiß aber nicht, wo die Glocken hängen.

S. v. w. er hat nur mit halbem Ohre hingehört und die Sache deshalb auch nur halb verstanden. Das un= genaue Hinhören ist in der Redensart deutlich ausgesprochen; wer scharf auf den Klang der Glocken hört, wird auch wissen, wo er sie zu suchen hat. In weiterer Übertragung bedeutet die Wendung: ungenau unterrichtet sein. So bei Lessing: „Wenigstens hat der, von dem sich diese Berichtigung herschreibt, nur läuten hören, ohne im geringsten zu wissen, wo die Glocken hängen.“

Ähnlich sagt man auch: er hat läuten hören, aber nicht zusammenschlagen. Das soll daher kommen, daß in vielen Gegenden erst das Zusammenschlagen aller Glocken einer Kirche das Läuten zur Kirche bedeutet; also: er hat wohl etwas gehört, aber nur einen Teil, nicht den Zusammenklang, nicht alles.

743. Einem das Lebenslicht ausblasen.

S. v. w. ihm das Leben rauben. Von Schiller weiter ausgeführt in den Worten Franz Moors (Räuber II, 1) über die Ermordung seines Vaters: „Ein Licht ausgeblasen, das ohnehin nur mit den letzten Öltropfen noch wuchert — mehr ists nicht.“ Und schon von Wolfram von Eschenbach zu dem Witz verwendet (Willehalm 416, 14):

> bi liehter sunnen da verlasch
> manegem Sarrazin sin lieht.

Das Leben, den lebendigen Odem als ein Licht zu fassen, ist einer von den Vergleichen, von denen man sagen kann: sie sind dem Menschen angeboren.[1] Aus ihm erklärt sich unsre Redensart, aus ihm der alte Volksglaube, daß das

---

[1] Im letzten Grunde geht Bismarcks Wahlspruch Patriae inserviendo consumor auf dieses Bild zurück. Wenigstens fügte noch Herzog Heinrich Julius von Braunschweig seinem Wahl= spruch Aliis inserviendo consumor das Bild einer nieder gebrannten Kerze hinzu. Vgl. Lehm. 293 (Geschickt 27): „Wer viel weiß, der wird nicht feist. Aliis inserviendo consumitur.“ 444 (Kranckheit 18): „Ein Mensch verzehret sich an seinen kräfften wie ein Kertz.“ — Schon im Mittelalter oft gebraucht und mannigfach verwendet, z. B. in Freidanks „Bescheidenheit“:

Leben an eine brennende Kerze geknüpft sei, eine Vorstellung, die z. B. in vielen altgermanischen Mythen wiederkehrt. So sitzen die Nornen an der Wiege des Nornagest und sprechen ihm das Leben nur so lange zu, bis die dort brennende Kerze erlischt. In den Stuben der Wöchnerinnen läßt man das Licht nicht ausgehen, damit das Leben des Kindes von niemand geschädigt oder gar von den Elben entführt werden könne. Auch der Ritus der katholischen Kirche, am Grün-donnerstage alle Lichter in der Kirche auszulöschen und sie erst mit der Auferstehungsstunde wieder anzuzünden, mag hier erwähnt sein, ebenso die alte Sitte beim Aussprechen des Bannes, daß die Priester, nachdem der Fluch gesprochen war, die Kerzen, die sie während der Feierlichkeit brennend getragen hatten, zu Boden warfen und mit den Füßen aus-traten. Ein letzter Rest von alledem steckt auch noch in dem Aberglauben, daß von den Geburtstagslichtern, die dem Kinde angezündet werden, keines ausgelöscht werden darf, man soll sie ruhig herunterbrennen lassen.[1]

744. Frisch von der Leber weg sprechen.

S. v. w. freimütig, offenherzig reden. Eigentlich heißt es aber: seinem Herzen Luft machen, seinen Zorn herunter-reden; denn Zorn ist es, was man auf der Leber sitzen hat, was einem über die Leber läuft (vgl. Laus).

745. Einem das Leber gerben.

S. v. w. ihn durchprügeln. Oft wird Leder im Volks-mund für die menschliche Haut gebraucht; man sagt: einem aufs Leder wollen, einen durchledern; der Musikus Miller

Diu kerze liebt den liuten birt
unz daz si selbe z'aschen wirt.

Vgl. den Armen Heinrich V. 101 fg., Renner 2846 fg., den Wins-beken Str. 3 u. f. 2c.

[1] Auch das Kinderspiel hat sich des Bildes bemächtigt: das Erlöschen des glimmenden Spanes, der bei dem Spiele „Stirbt der Fuchs, so gilt der Balg" im Kreise herumgegeben wird, be-zeichnet den Tod des Fuchses. Daher der Schluß des bekannten Goetheschen Liedchens:

Statt zu sterben, ward der Fuchs
Recht bei mir lebendig.

rreht (Kabale und Liebe II, 4): „Wenn ich ihm nicht alle
zehn Gebote und alle sieben Bitten im Vaterunser, und alle
Bücher Mosis und der Propheten aufs Leder schreibe, daß
man die blauen Flecken bei der Auferstehung der Toten noch
sehen soll —.‟

In der Redensart vom Leder ziehen ist unter Leder
die lederne Schwertscheide zu verstehen. Ein altes Beispiel
hierfür bietet Behams „Buch der Wiener‟ 142, 30:

    Da zugen sy van leder,
    Zu der wer graiff ved weder.

746. Lehrgeld geben.

S. v. w. eine Erfahrung teuer erkaufen; besonders von
einem, der etwas Neues anfängt, dabei aber zunächst, weil
er noch nicht mit der Sache vertraut ist, Einbuße erleidet.
— Namenlose Sammlung (a. 1532), Nr. 102: „Er muß
leregelt geben.‟ Dazu die Erklärung: „Die alten haendler,
die solcher bubenstuck gewebt sein, leren nitt gern einen newen
ihre griff vnd was der rechte kauff sei in aller wahr, vnnd
ehe denn ers lernet, so ist er halb verdorben, darnach aber
bringt ers herein, vnd leügt vnd betreügt dester mehr, Die
alten haendler sprechen, wenn sie einen jungen haendler
kriegen, wir haben einen, er muß lehrgeldt geben.‟ Ebenso
bei Agricola Nr. 228.

747. Sie sind ein Leib und eine Seele.

· Von Zweien, die in ihrem ganzen Fühlen, Denken
und Thun übereinstimmen. Derber dafür in Baiern: Sie san
a Herz und a Dalkng (Teig, Kuchenmasse).

Weniger kühn: ein Herz und eine Seele, wie es
Apostelgesch. 4, 32 von der Menge der Gläubigen heißt und
wie es auch heute weit verbreitet ist.

748. Mit zur Leiche gehen.

In Kaufmannskreisen übliche boshafte Redensart für: bei
einem aussichtslosen Concurs seine Forderungen anmelden.

749. Eine Leichenrede halten.

S. v. w. über etwas reden und jammern, was geschehen und nicht mehr zu ändern ist. Insbesondere wird

beim Kartenspielen die zwecklose Besprechung eines Spiels, das vorbei ist, Leichenrede genannt. Wer solche Leichenreden hält, heißt im Pariser Argot glas, d. i. Totenglocke.

750. Es ist immer die alte Leier!

S. v. w. dieselbe bekannte, oft gehörte Sache. Leier meint hier natürlich nicht das Instrument, sondern eine langweilige Melodie. Vgl. Syll. 63: „Cantilenam eandem canis. Du singest für und für den Tanhäuser."[1] Syll. 89: „Eadem oberrare chorda. Immer bey einem lied bleiben."[2] Ähnlich ist in der Lebensbeschreibung Wilwolts von Schaum= burg bildlich von einem „ungelehrten" Spielmann die Rede, „der stet auf einer seiten glimpt". Goethe vermengt zwei Bilder, wenn er in den „Mitschuldigen" II, 4 Söller von der „abgedroschenen Leyer" reden läßt[3]; dafür im „Faust" II, 1, V. 341: „Ein mattgesungen alt Gedicht!" — Der Pariser nimmt seinen Vergleich aus der Buchdruckersprache, er sagt in diesem Sinne: tirer son cliché; die Alten brauchten neben dem uns geläufigen Bilde (z. B. ut crebro mihi vafer ille Siculus insusurret cantilenam illam suam: Νᾶφε καὶ μέμνασ' ἀπιστεῖν, Cicero, Ad Att. 1, 19, 8) noch das andre: eandem incudem tundere.

751. Auf den Leim gehen.

S. v. w. sich betrügen lassen. Hergenommen vom Vogelfang mit Leimruten, kleinen, dünnen, mit Vogelleim bestrichenen Stäbchen, die nur lose mit dem einen Ende in eine Stange gesteckt werden und herabfallen, sobald sich ein Vogel darauf setzt. Beim Herunterfallen der Leimrute flattert der Vogel und bleibt mit den Flügeln an dem Leim

---

[1] Ein altes Volkslied vom Tannhäuser ist seit dem Anfang des 16. Jahrhs. bis in die Gegenwart im Volksmunde häufig bezeugt.

[2] Dasselbe Bild steckt in dem übertragenen Ausdruck an= spielen. Auf etwas ist jung (nach: auf etwas zielen, sich auf etwas beziehen) für älteres (noch bei Schiller) etwas anspielen, d. h. eigentlich: eine gewisse Melodie anfangen zu spielen, andeuten.

[3] So heißt es auch im niederdeutschen Volksmund unglaub= lich verworren: upr olden Saiden trumpeden.

kleben. Viele kleine Vögel werden auf dieſe Weiſe gefangen.
Der Ausdruck: jemand leimen, ſ. v. w. ihn betrügen,
wird von derſelben Sache erklärt als gleichbedeutend mit:
jemand auf den Leim locken. Im Scherze hat man danach
gebildet: einen lackieren. Auch die alte Redensart: mit
der Leimſtange laufen, ſ. v. w. den Mädchen nachlaufen
(oft bei Grimmelshauſen) ſtammt vom Vogelfänger.

752. Aus dem Leime gehen.

Das können eigentlich nur ſchlecht geleimte Sachen,
bildlich wird es aber von dem Löſen jeder Verbindung ge=
ſagt, z. B. ihre Freundſchaft iſt aus dem Leime gegangen.
Gehen nach entzwei gehen, als ob die Teile belebte
Weſen wären, die nach zwei Seiten (entzwei d. i. in zwei)
auseinander gingen. Darnach ſagt auch der Gärtner von
einer abgeſtorbenen Pflanze: ſie iſt tot gegangen.

753. Leimſieder.

Der Ausdruck bezeichnet bildlich einen langweiligen Ge=
ſellen, einen ſchwerfälligen Dummkopf. Wohl nicht nach
der Zähigkeit und Klebrigkeit des Leims, ſondern weil das
Geſchäft des Leimſieders große Ruhe erfordert und nicht
nur eintönig iſt, ſondern auch eintönig macht.

754. Leine ziehen.

S. v. w. feig zurückweichen, klein beigeben; eigentlich
wie das Pferd, das erſt über die Stränge geſchlagen hat
und nun mit der Peitſche zu gehorſamer Arbeit gezwungen
worden iſt. Daher auch bildlich: jemand an der Leine
haben, d. h. ihn in ſeiner Gewalt haben, ihn lenken können,
wie man will.

755. Über einen Leiſten ſchlagen.

S. v. w. alles gleichmäßig behandeln, über einen Kamm
ſcheren.[1] Von dem Schuſter entlehnt, der ſich nicht nach

---

[1] Auch das bloße: über den Kamm ſcheren war früher
ſprichwörtlich in der Bedeutung: einem ſchön thun (und ihn dabei
betrügen), urſprünglich im Gegenſatz gemeint zu dem Haar=
abſchneiden aus freier Hand, wo mehr gerauft wurde.

jedem menſchlichen Fuße, ſondern nach ſeiner einen hölzernen
Form richtet, wenn er Schuhe macht. Vgl. Syll. 94:
„Eundem calceum omni pede inducere. Alle ſchuhe über
eine leiſt machen.‟

756. Schuſter, bleib bei deinem Leiſten!

S. v. w. rede nur darüber, wovon du etwas verſtehſt.
Die Redensart ſtammt aus dem Altertum. Apelles, der
berühmteſte griechiſche Maler, ein Zeitgenoſſe Alexanders
des Großen, ſtellte einſt eins ſeiner Gemälde öffentlich aus.
Ein Schuſter, der es beſah, fand an einer Sandale etwas
zu tadeln; Apelles verbeſſerte den Fehler. Als aber der
Schuſter nun auch andres zu bemängeln anfing, wovon er
nichts verſtand, ſoll ihn der Maler mit den Worten ab-
gewieſen haben: Schuſter, bleib bei deinem Leiſten![1] Vgl.
Plinius, Hist. nat. 35, 10.

757. Zu guter letzt.

S. v. w. zum Beſchluß, zuletzt. Mit dem Superlativ der
letzte hat aber der Ausdruck zunächſt nichts zu thun: letzt iſt
mit Anlehnung an ihn für älteres Letz, Letze eingetreten, d. i.
Abſchied, Abſchiedsgeſchenk, Abſchiedsmahl.[2] Einem etwas
zur Letze laſſen hieß: ihm ein Abſchiedsgeſchenk geben,
oft im Volkslied bei der Trennung zweier Geliebten bezeugt.
In der Einleitung zu den zwölf Artikeln der oberſchwäbiſchen
Bauern 1525 wird das Liebesgebot Chriſti, das er bei der

---

[1] Trotzdem giebt es mehrere berühmte Schuſter, die wohl-
gethan haben, nicht bei ihrem Leiſten geblieben zu ſein. Der Leſer
wird ſie wohl kennen.

[2] Dazu gehört letzen: es einem (urſprünglich) zum Abſchied
wohl ſein laſſen. Wenn unſre Jungen zuſammen aus der Schule
nach Hauſe gehen, teilen ſie zum Abſchied Schläge aus, keiner
will natürlich den letzten bekommen. Muß ihn aber einer auf ſich
ſitzen laſſen, ſo tröſtet er ſich: „der Schinder giebt die Letze!‟
ſchimpft alſo den, der zuletzt geſchlagen hat, Henker. Urſprünglich
ſind dieſe Abſchiedsprügel Abſchiedsgeſchenke: auch hier iſt die
Letze zu dem letzten geworden, außer in der Schlußrede. In
der That gab der Henker dem armen Sünder eine Mahlzeit vor
der Abreiſe ins Jenſeits: daher auch der Ausdruck Henkersmahl-
zeit für das letzte gemeinſchaftliche Eſſen vor einer Trennung.
Vgl. Nr. 553.

Abendmahlseinsetzung gegeben hat, als die Letze bezeichnet, die er uns hinterlassen habe.

758. Sein Licht unter den Scheffel stellen.

Wird von jemand gesagt, der allzu bescheiden ist, der die ihm verliehenen Kräfte nicht zum allgemeinen Besten anwendet. Gegensatz: sein Licht leuchten lassen, d. h. seine Gaben zur Geltung bringen, mit seinem Pfunde wuchern. Beide Redensarten sind biblischer Herkunft. Matth. 5, 15 heißt es: „Man zündet auch nicht ein Licht an und setzt es unter einen Scheffel; sondern auf einen Leuchter, so leuchtet es denen Allen, die im Hause sind. Also lasset euer Licht leuchten vor den Leuten" u. s. f. Vgl. Mark. 4, 21.

759. Jemand hinters Licht führen.

S. v. w. ihn täuschen, betrügen. Der eigentliche Sinn dieser Redensart scheint zu sein: jemand ins Dunkle führen, wo er nichts sehen kann. Daß die Redensart nicht wörtlich zu nehmen ist, sich also nicht etwa so erklären läßt, daß man vorwärts über ein Licht weg nichts mehr sehen könne, das zeigen schon die alten Nebenformen: einen unters Licht, ums Licht führen.

760. Sich selbst im Lichte stehen.

S. v. w. sich selbst schaden: eigentlich, sich selbst das Sehen unmöglich machen, dadurch, daß man zwischen die Lichtquelle und den zu beobachtenden Gegenstand tritt. Unter Licht ist also hier ebenso wie in der vorhergehenden Redensart der erleuchtete, vom Licht bestrichene Raum zu verstehen. Ein niederdeutsches Sprichwort heißt: Et get dij äs en klumpemeker, du stes dij selwer in't lich. Vgl. Lehm. 780 (Verachtung 27): „Wer sich gering und wolfeil macht, der steht ihm selbst vorm Liecht."

761. Einem ein Licht aufstecken,

nämlich auf den Leuchter und ihn so sehen machen, gewöhnlich nicht sinnlich, sondern geistig gemeint. So auch: mir geht ein Licht auf, scherzhaft auch: mir geht ein Seifensieder auf, weil der Seifensieder zugleich die Lichte zog. „Dämmert's?" fragen wir, wenn wir hoffen, daß einem etwas einzuleuchten[1] beginnt; „Kabale und Liebe" I, 5: „Ist ihm das helle?" „Daß mich die Augen beißen." In Baiern ist volkstümlich: einen Funken von etwas kriegen s. v. w. anfangen, der Sache auf die Spur zu kommen. Vgl. Lehm. 476 (Lehrer 24): „Einer der einem von seinem Liecht ein Liecht anzünd, dem geht nichts davon ab, wer andern lehrt, der hat an seiner Geschicklichkeit keinen verlust."

762. Ich kann ein Lied davon singen.

S. v. w. ich kann davon aus eigener schlimmer Er- fahrung erzählen. Agricola Nr. 378: „Ich wollt einem wol ein liedlin darvon singen." Mit der Erklärung: „Ein liedlin singt man von einer that vnd geschichte, das ruchbar vnd gewiß ist, vnd wer ein ding weyß, vnd betracht es wol, der kan viel darvon singen vnd sagen, daß, ich wolt wol ein liedlin darvon singen, also vil sen, als, ich weiß warheyt darumb." Dazu giebt Agricola selbst folgendes hübsche Beispiel: „Wenn man sagt, An anderer leutte kindern ist das brodt verloren, antwort ich, Ja lieben herren, ich wolt einem wol ein liedlin darvon singen. Ich hab etliche vil weysichen erzogen, aber der danck vnd lohn, den ich dafur entpfangen hab, ist gering, ja ein muck furet vhn auff dem schwantze hynweg."

763. Links liegen lassen.

S. v. w. nicht beachten; eigentlich von dem Wanderer gesagt, der ein Dorf nicht berührt, sondern zur Seite liegen läßt. Leicht erklärlich und doch bemerkenswert ist, daß sich gerade die linke Seite in der Redensart festgesetzt hat.

764. Ein Loch kriegen.

Oft bildlich gemeint, ähnlich wie: einen Riß bekommen, z. B. von einer Freundschaft gesagt. In einem alten gleich- zeitigen Liede auf den Tod Kaiser Ferdinands III.:

---

[1] Auch einfallen, Einfall, d. h. ein Gedanke, der einem plötzlich kommt, man weiß nicht woher, verdanken ihr Leben einer ähnlichen Vorstellung: sie stammen aus der philosophischen Sprache der Mystiker, wo zunächst noch deutlich von dem in fallenden lieht die Rede ist.

Du erwähltes Oesterreich,
Was bekommt dein Trost vor Ritze,
Durch des Ferdinandi Leich.

Öfter bei Grimmelshausen, z. B. Simpl. II, 219: „daß der damascenische Krieg bald ein Loch gewinnen würde."[1]

765. Einem ein Loch in den Bauch reden.

Scherzhaft übertreibender Ausdruck für: heftig oder andauernd auf jemand einreden, in ihn hineinreden. Vgl. Lehm. 356 (Natur 63): „Wenn man ein Loch durch manchen predigt, so hilffts doch nicht." — Ein sehr drastischer Vergleich ist auch der Ausdruck: saufen wie ein Loch.

766. Auf dem letzten Loche pfeifen.

S. v. w. am Ende sein, gewöhnlich prägnant: am Rande des Grabes stehen. Der Vergleich ist von dem Blasen eines hölzernen Blasinstrumentes entlehnt: wenn man da auf dem letzten Loche, d. h. den höchsten Ton, bläst, so geht es nicht weiter, so ist man zu Ende mit seinem Instrument.

767. Nicht locker lassen.

S. v. w. nicht nachlassen, nicht nachgeben, alles Bilder von der angespannten Schnur oder dem angespannten Zügel genommen.

768. Die Weisheit mit Löffeln gegessen haben.

Spöttischer Ausdruck für: sich sehr weise dünken (und dabei ein Dummkopf sein). Es liegt ein doppelter Spott in der Wendung; denn erstens wird geistige Nahrung nicht so bequem und sicher eingenommen wie leibliche, und zweitens geht es nicht so schnell: sie wird tropfenweise eingesogen.

---

[1] H. Kurz teilt in einer Anmerkung zu dieser Stelle mit, daß auf den Frieden zu Ryswick 1697 eine Münze geschlagen worden sei mit der Prägung: GOTT LOB DER KRIEG HAT NVN EIN. Zur Ergänzung des Satzes war unter den Buchstaben eine Trommel mit einem Loch dargestellt. Das Loch ging durch die Münze und auf ihrer Kehrseite durch einen Korb, in den das Füllhorn des Friedens seine Früchte schüttete; auf dieser Seite stand die Umschrift: WER ABER FLICKT DEM FRIEDE SEINEN BODEN.

769. Jemand über den Löffel barbieren.

S. v. w. ihn betrügen. Die Redensart verdankt ihre
Entstehung einem Verfahren, das früher grobe Barbiere mit
alten zahnlosen Leuten vornahmen. Anstatt den eingefallenen
Backen vorsichtig zu behandeln, steckten sie einen Löffel hinein,
um so eine Wölbung des Backens herzustellen. Der Ausdruck
bezeichnet also zunächst: mit jemand nicht viel Umstände
machen, ihn rücksichtslos behandeln, und hat sich dann ver=
schlimmert zu der schon angegebenen Bedeutung.

770. Jemand hinter die Löffel schlagen.

S. v. w. ihn ohrfeigen. In der Weidmannssprache
heißen die Ohren des Hasen und des wilden Kaninchens
Löffel. Schon mittelhochd.: leffel, er meint des hasen
oren.

771. Lorbeeren ernten.

S. v. w. um einer ausgezeichneten That willen gerühmt
und gepriesen werden. Der Lorbeer ist als stets grünender
Baum Symbol des Ruhmes und war dem Apollo heilig.[1]
Schon die Alten wanden aus seinen Zweigen den Ruhmes=
kranz: mit Lorbeer bekränzt zog in Rom der Triumphator
aufs Kapitol, mit Lorbeer geschmückt sein siegreiches Heer
durch die Straßen der Stadt. Die Sitte, Dichter mit
Lorbeeren zu schmücken, stammt aus den griechischen Fest=
spielen; von dort haben sie die Römer (poeta laureatus)
und im Mittelalter die deutschen Kaiser übernommen. So
ist Petrarca am Ostertage 1331 auf dem Kapitol gekrönt
worden, so Ulrich von Hutten von Kaiser Maximilian I.,
so noch Martin Opitz.[2]

---

[1] Nach Ovid. Met. 1, 452 fg., liebte Apollo die Daphne (d. i.
Lorbeer, Lorbeerbaum), die Tochter eines arkadischen Flußgottes
und der Gäa. Aber vor dem Gotte fliehend, wurde sie von ihrer
Mutter in den Schoß der Erde aufgenommen und durch den
immergrünenden Lorbeerbaum ersetzt.

[2] Vgl. hierzu den Ausdruck Baccalaureus, von dem lat.
bacca laurea (d. i. Lorbeer) abgeleitet, also eigentlich ein Be=
lorbeerter, wahrscheinlich weil er einen Lorbeerkranz erhielt.

772. Die Sache ist im Lote.

Landschaftlich auch: im Blei, d. h. in vollständiger Ordnung, eigentlich senkrecht, wie es sein soll. Das Wort ist wohl ursprünglich im Munde eines Zeichenmeisters oder Baumeisters zu denken, der mit prüfendem Blick die Arbeit seines Zöglings oder seiner Untergebenen mustert. Vgl. Syll. 26: „Ad libellam et normam exigere. Nach dem Senkel etwas machen. Ad perpendiculam facere. Dem senkel nach, oder der schnur nach machen, in die schnur richten, oder werken."

773. Der Löwe des Tages sein.

Von jemand, der sich soeben durch irgend etwas aus= gezeichnet hat und deshalb vorübergehend gefeiert wird, der durch eine jüngst vollbrachte That der „Held des Tages" geworden ist. Nach dem Deutschen Wörterbuch begegnet der Ausdruck zuerst bei Heine, der ihn wohl dem französischen lion du jour oder dem englischen lion of the day nach= gebildet hat.

774. Löwenanteil.

S. v. w. das größte Stück bei einer Verteilung. Der Ausdruck stammt aus einer Fabel (bei Lafontaine I, 6). Verschiedene Tiere gehen mit dem Löwen auf die Jagd und schließen dabei ein Bündnis ab, daß jedes an dem Gewinn gleichen Anteil haben soll. Als sich aber schließlich ein Hirsch in dem Netze der Ziege gefangen hat, behält der Löwe alle Teile der gemeinschaftlich gemachten Beute für sich. Lafontaines Fabel ist eine Nachahmung der 147. Fabel des Phädrus, wo der Löwe sein angebliches Recht einfach mit den Worten begründet: Quia nominor leo. Äsop ist die letzte uns erreichbare Quelle der Geschichte.

Daher schreiben sich auch die leonina societas, schon in den Digesten 17, 2, 29, wo sie erklärt wird, ut alter lucrum tantum, alter damnum sentiat, und der rechtssprichwörtliche Ausdruck leoninischer Vertrag für eine Verbindung oder Verabredung, wonach der eine den ganzen oder fast den ganzen Vorteil, der andre den ganzen Schaden zu tragen hat oder doch nur einen unverhältnis= mäßig kleinen Gewinn empfängt.

775. Ein Löwenmaul und ein Hasenherz haben.

Doppelbezeichnung für jemand, der große Worte im Munde führt, sich aber, wenn es zur That kommt, als Feigling zeigt. Sebastian Franck 1, 51: „Er hat ein lewen maul vnd ein hasen hertz." In Brants „Narrenschiff" 56, 24 fg., heißt es von Xerxes:

> Er greiff Athenas grüslich an
> Glich wie der löw angrifft eyn hun
> Vnd floch doch als die hasen thun.

Ähnlich schon im Lat.: in praetoriis leones, in castris lepores. Sidonius Apollinaris, Ep. 5, 7.

776. Es liegt in der Luft.

Wird von Ideen gesagt, die nur ausgesprochen zu werden brauchen, um sofort allgemein Anklang zu finden, etwa wie man sich gewisse Krankheitsstoffe, zumal wenn eine Seuche aufgetreten war, in der Luft schwebend dachte.

In anderm Sinne sagt man von einer grundlosen Behauptung, sie schwebe in der Luft, sei aus der Luft gegriffen, weil sie durch nichts zu stützen ist, geschweige denn, daß sie auf festem Boden stünde.

777. Luftschlösser bauen.

S. v. w. sich kühne Hoffnungen machen, die wenig Aussicht auf Erfüllung haben; unausführbare Pläne entwerfen. Vgl. Syll. 38: „Ante lentem augere ollam. Ein Schloß in die lufft bawen." Derb in Niederdeutschland: Mancher but Schlösser in de Luft, de keen Schithus upn Lanne buen künn. Die alte Sprache sagte dafür: auf den Regenbogen zimmern; z. B. in Freidanks „Bescheidenheit" 1, 5:

> der hat sich selben gar betrogen
> und zimbert uf den regenbogen;
> swenne der regenboge zergat,
> so enweiz er wa sin hus stat.[1]

Ähnlich in Hugos von Langenstein „Martina" 78 c:

> swer der vröuden wil getruwen,
> der wil uf ein wolken buwen.

---

[1] Vgl. den „jüngern Titurel" 4048, 2; Brants „Narrenschiff" 92, 6 u. s. w.

Vgl. engl.: to build castles in the air; frz.: bâtir des châteaux en Espagne[1]; span.: hacer castillos en el aire; ital.: far castelli in aria.

Zwei andre Bilder für dieselbe Sache stammen von Kinderspielen: an „Kartenhäusern" und an „Seifenblasen" ergötzt sich, wer sich an unerfüllbaren Zukunftsträumen weidet.

778. Lügen, daß sich die Balken biegen.

S. v. w. ganz unverschämt lügen. Die Redensart er= klärt sich am einfachsten aus der Vorstellung, daß Lügen Wind machen; nennen wir sie doch geradezu Wind.

In dem „Laster der Trunkenheit" vom Jahre 1528, Bl. 14[b]: „Diser leugt nach dem fürgryff, daß sich die balcken byegen moechtenn." Öfter bei Murner (z. B. Schelmenzunft XV, 14): „Liegen daß die balken krachen." Noch stärker bei Fischart in „S. Dominici Leben": da lügt ein Schneidergeselle, „das die Werkstatt kracht", andre, „das die Klöster brechen" und die Sterndeuter gar in „Aller Praktik Großmutter" lügen, „daß die Himmel krachen". In Siebenbürgen noch heute ähnlich: E lecht, dat sich de ierd (Erde) bigt.

Einen ganzen Strauß derartiger Ausdrücke bietet die kräftige Sprache des Schweizer Reformationsdichters Niklaus Manuel dar. Einem alten Kriegsmann legt er einmal den Reim in den Mund:

> Ich mag ouch wol nüt bestminder kriegen
> Und schweren, daß sich der himmel möcht biegen.

Ein andermal wirft er den Papisten vor:

> Sie stond am kanzel ietz und liegend,
> Daß sich ganze wend und bollwerk biegend!

Einen Bettler läßt er von dem Ablaßkrämer sagen:

> Da treib er wunder abentür mit liegen;
> Ich dacht ein wil, der kilchturm sött sich biegen.

---

[1] So schon in dem altfranzösischen Rosenroman des Wilhelm von Lorris: lors feras chastiaus en Espaingue; der Ausdruck stammt aus der Zeit, wo die Mauren Herren von Spanien waren und deshalb Landgüter und Schlösser für einen Franzosen dort keinen Wert hatten.

Als Eck von der Badener Disputation zurückgekehrt ist, weiß er von ihm zu berichten:

> er log, wie man für's wetter lüt
> und schampt sich minder dann nüt.

Und die Satire, der diese letzten Verse entnommen sind, schließt gar mit dem burlesken Witz:

> Do Egg und sin gsell Faber log,
> Daß sich der berg Runzefal bog!

Man sieht: die reimenden Verba machen die Redensart auch im Verse gut verwendbar.

Anders heißt es in einem alten Liede (von 1684) von den Franzosen:

> Nach der langen Ellen lügen,
> Gut hebräisch zu betrügen,
> Schwörens in der Tauf ein Eid.

Endlich sei noch die jüngere Redensart erwähnt: lügen wie gedruckt, ein böser Vorwurf für die Ehrlichkeit unsrer Presse; dazu die bekannten Worte Bismarcks aus der Sitzung des preußischen Herrenhauses vom 13. Februar 1869: „Es wird vielleicht auch dahin kommen, zu sagen: Er lügt wie telegraphiert."

779. Lunte riechen.

S. v. w. merken, daß eine Gefahr im Anzuge ist. „Lunte", d. h. glimmender Docht, wurde früher, als man noch keine Steinschlösser und Zündhütchen kannte, zum Entzünden der Geschützladungen verwendet. Der üble Geruch[1], der durch das Anstecken der Lunte entstand, noch bevor der Schuß losging, hat die Veranlassung zu der Redensart gegeben.

780. Lynch-Justiz üben.

Dieser Ausdruck wird auf einen Amerikaner, John Lynch, zurückgeführt, der bei den häufigen, von Verbrechern

---

[1] Außer diesem Übelstande hatte sie noch den andern, daß auch der helle Schein der brennenden Lunte während der Nacht dem Feinde die Stellung der Truppen verriet. Das Luntenschloß ist während des 16. Jahrhs. in Gebrauch gewesen und hat sich bis in die zweite Hälfte des 17. Jahrhs. erhalten; in diesem Zeitraum ist also die Redensart entstanden.

und Sklaven angerichteten Verwüstungen am Schlusse des 17. Jahrhs. seinen Landsleuten das nach ihm benannte Lynch=Gesetz (Lynch-law) empfahl, nach andern zuerst „Lynch=Justiz" geübt haben soll, d. h. eigenhändig sich Diebe und Verbrecher vom Halse schaffte.[1]

M.

781. Einen im Magen haben.

Scherzhaft für: zornig oder verdrießlich über ihn sein, als ob er einem wie eine schwer zu verdauende Speise körperliche Beschwerden machte. Ebenso: die Geschichte liegt mir längst im Magen, d. h. ich will sie los sein, will nichts mehr damit zu thun haben.

782. Laß dir was malen!

So fertigt man oft jemand ab, der einen mit irgend einem Anliegen belästigt. Auch wohl: laß dir das, was du da von mir verlangst, malen! Das ließe sich heute recht gut so verstehen: das, worum du bittest, kann oder will ich dir nicht schaffen; male es dir auf Papier, dann hast du's! Ursprünglich wird aber wohl hinter dem Ausdruck dieselbe Derbheit stecken wie hinter den Wendungen: ich will dir was husten, niesen (Nr. 605). Sagt man doch auch in Siebenbürgen: Ech wäll der äst (etwas) mohlen, ebenso wie: äst hosten; noch ziemlich deutlich in Ostfriesland: Lat die wat of malen up'n Stück Klackerpapier (up'n Vuskohlblatt), und ähnlich in Westfalen: Du kannst di wat op Löskpapier mealen laten.

Daß auch das niederdeutsche „if wil di wat bakken" denselben derben Sinn hat, das beweist schon der Reim, der hie und da hinzugefügt wird: twischen Hemd und Hakken!

---

[1] Eine ganz ähnliche Entstehungsgeschichte hat das Wort boy=cotten. Es ist dem englischen to boycott nachgebildet; dieses geht auf einen Hauptmann James Boycott zurück, über den die irische Landliga 1880 einen Bann aussprach, daß niemand für ihn arbeiten und mit ihm verkehren sollte.

783. Dem Mammon dienen.

S. v. w. nach Reichtum an irdischen Gütern streben. — Mammon ist ein jüdisches Wort; Luther hat es im Anschluß an das Neue Testament in unsre Sprache eingeführt; vgl. Matth. 6, 24; Luk. 16, 9, 11, 13. In der Walpurgis= nacht im „Faust" nennt Goethe den unterirdisch arbeitenden Dämon des Goldes „Mammon": als Faust über die feurig glänzenden Gründe erstaunt, fragt Mephistopheles:

> Erleuchtet nicht zu diesem Feste
> Herr Mammon prächtig den Palast?

Aber schon in Miltons „Verlorenem Paradies" II, 228 fg. heißt der Goldteufel Mammon.

Auch der bildliche Ausdruck Moloch mag hier erwähnt sein. Wir gebrauchen ihn zur Bezeichnung einer Einrichtung, die viele Opfer verschlingt; eigentlich bedeutet das semitische Wort Moloch Herrschaft, dann ist es konkret der Name eines Herrn, des Feuergottes, dem man Kinder durch Ver= brennung weihte, indem man sie durch Feuer gehen ließ oder sie ihm auf dem Feueraltar opferte.

784. Seinen Mann finden.

D. h. den Mann, der einem gewachsen ist. Vgl. Syll. 88: „Ductus per phratores canis. Er ist einmahl auff seinen Mann kommen." Das ostfriesische: De is sien Mann ankamen! bedeutet nun auch: er ist unangenehm über= rascht worden.

Seinen Mann stellen, auch: seinen Mann stehen ist s. v. w. die Aufgaben und Pflichten, die einem als Mann zufallen, zu erfüllen wissen.

785. Manschetten haben.

Scherzhafter Ausdruck für: in Angst sein.[1] Die Redens=

---

[1] In ganz anderm Sinne gebraucht der Franzose: il a mis des manchettes, nämlich zur Bezeichnung eines eitel gespreizten Gebarens. Nach Larousse geht das Wort auf Buffon zurück, qui ne travaillait que dans une mise magnifique, en jabot et en manchettes brodées; on eut dit qu'il voulait se pré= senter en cérémonie à la postérité. Buffons Manschetten sind also sprichwörtlich geworden, pour caractériser l'affectation du

art iſt noch nicht ſicher erklärt. Schütze meinte in ſeinem
„Holſteiniſchen Idiotikon“: „Seit Manſchetten (Handkrauſen)
aus der Mode ſind, findet man ſie und macht ſie lächerlich;
daher (in der Kieler Gegend) Manſchetten für malheur,
Unglück, kleines Leid in Brauch gekommen iſt. Noch ſagt
man vom Furchtſamen, Ängſtlichen: he hett en Manschetten-
feeber, ein Fieber, das lange Manſchetten zittern machen
könnte.“ Anders Müller in Lyons Zeitſchr. V, 115: „Die
Manſchetten, welche wahre Todesangſt, das wahre Man=
ſchettenfieber erzeugten, waren die Handzierden, welche der
Henker dem armen Sünder anlegte auf ſeinem Gange zum
Richtplatz.“ Endlich hat man gemeint, die Redensart ſei
zunächſt ein Ausdruck der Geringſchätzung für weichliche
Zierbengel im Munde derber Soldatennaturen, die ſolchen
Plunder wie Manſchetten verachteten.

Die letzte Erklärung ſcheint der Wahrheit am nächſten
zu kommen. Es gilt, die beiden Bedeutungen k l e i n e s U n =
g l ü ck und A n g ſt zu vereinigen. Und das iſt nicht ſchwer,
wenn man ſich vorſtellt, daß Manſchetten ein unangenehmes
kleines Hindernis ſind — und jedenfalls früher noch mehr
waren —, feſt zuzufaſſen. Urſprünglich wird einer geſagt
haben: „Ich habe Manſchetten“, wenn er ſich ſcheute, eine
Sache in die Hand zu nehmen, weil er ſich dabei ſeine
feinen Handkrauſen zerknittern oder beſudeln konnte. Weil
ſie aber am freien Zugreifen, überhaupt an ſorgloſer Be=
wegung der Arme hinderten, konnten ſie auch zum Bilde für
eine kleine Unannehmlichkeit werden. Zu dieſer Deutung
ſtimmt trefflich die Redensart: In der Not denkt man nicht
an Handmanſchetten.

M a n ſ ch e t t e n f i e b e r iſt alſo ſ. v. w. Angſt, als ob
man Manſchetten hätte; vgl. den ſcherzhaften Ausdruck
K a n o n e n f i e b e r für die ängſtliche Aufregung vor einer
Prüfung, einer entſcheidenden Stunde, eigentlich vor einer
Schlacht; auch das R e i ſ e f i e b e r geſellt ſich hierher, und
endlich das L a m p e n f i e b e r , von dem gewöhnlich befallen

style, des manières ou de la personne; c'est ainsi qu'on
dirait familièrement d'un style un peu trop académique
l'auteur avait mis des manchettes.

ist, wer zum ersten Mal von einer öffentlichen Bühne herab sprechen soll, wo ihn eine Kette von Lampen von der Rampe herauf beleuchtet.

786. Etwas mit dem Mantel der christlichen Liebe bedecken.

S. v. w. über einen Fehler, eine Schwäche oder eine nicht ganz saubere Sache schweigen, so thun, als ob man sie nicht bemerkte, sie der Vergessenheit anheimgeben, um den, der sie verschuldet hat, nicht in Verlegenheit oder in Ungelegenheiten zu bringen. Logau sagt in einem seiner Epigramme:

> Nenne mir den weiten Mantel, drunter alles sich verstecket;
> Liebe thut's, die alle Mängel gerne hüllt und fleißig decket.

In prägnantem Sinne braucht Hugo von Trimberg einmal das Bild von dem unrechtverhüllenden Mantel; im „Renner" 3307 fg. sagt er:

> kappen und swestermentellin
> bedeckent manec untaetelin.

Und schon im Corpus juris canonici, Decretum Gratiani Kap. 8, 96, wird von Kaiser Konstantin berichtet, er habe gesagt: „Wahrlich, wenn ich mit eigenen Augen einen Priester Gottes oder jemanden im Mönchsgewand hätte sündigen sehen, so würde ich meinen Mantel abnehmen und ihn bedecken, damit er von niemand gesehen würde." Hierzu vgl. Sprüche Sal. 10, 12: „Haß erreget Hader; aber Liebe decket zu alle Übertretungen." Ähnlich 1 Petr. 4, 8: „Die Liebe decket auch der Sünden Mengen."

In unsrer Form stammt die Redensart jedenfalls aus geistlichem Munde, wo sie oft in salbungsvollem Tone ernst gemeint ausgesprochen worden sein wird, was den ironischen Sinn, den wir heute gewöhnlich mit ihr verbinden, mit hervorgerufen haben mag. Die nahe verwandten Ausdrücke be = mänteln[1], ein Mäntelchen umhängen in dem Sinne von beschönigen brauchen selbstverständlich weder aus dem jüdischen noch aus dem klassischen Altertum abgeleitet zu

---

[1] In Baiern vermänteln, Schmeller fügt hinzu: „Schon Plautus sagt: nec mendaciis mihi usquam mantellum est meis."

werden; sie enthalten ein Bild, wie es jede Sprache immer wieder aus sich zu erzeugen im stande ist.

Im altdeutschen Rechtsleben hat der Mantel eine wichtige Rolle gespielt. Vor der Ehe geborene Kinder wurden legi= timiert dadurch, daß sie die Frau bei der Trauung unter ihren Mantel nahm. Solche Kinder hießen dann wohl auch geradezu Mantelkinder (filii mantellati, enfants mis sous le drap), vgl. Grimm, Rechtsaltertümer, S. 160 und 462 fg. Auch als Sinnbild des Schutzes galt der Mantel; bekannt ist der Zug der Wartburgsage, daß Heinrich von Ofterdingen unter den Mantel der Landgräfin flüchtet. Ebenso bedeuten die Worte in Wolframs „Parzival" 88, 8 fg.:

Kaylet, der e was komen,
saz der küngin undr ir mandels ort

keine Vertraulichkeit, sondern die Bitte um Schützung. An die Stelle des Mantels tritt dann auch der Schleier, so wenn im „Rosengarten" erzählt wird, daß Kriemhild den Sieg= fried mit ihrem Schleier deckte, als er von Dietrich besiegt wurde.

787. Den Mantel nach dem Winde hängen.

S. v. w. nicht nach festen Grundsätzen handeln, sondern sich in die Umstände schicken, wie ein Wanderer, der auf der Landstraße bei stürmischem Wetter den Mantel[1] immer nach der Seite hängt, woher der Wind kommt. Das ist nicht tadelnswert, und so liegt auch ursprünglich in dem bildlichen Ausdruck durchaus nicht der Vorwurf, den wir damit verbinden, sondern nichts mehr und nichts weniger als eine Lebensweisheit, dieselbe, die wir in dem Sprich= wort lehren: Mit den Wölfen muß man heulen. So in Gotfrids „Tristan" 262, 32:

---

[1] Bekanntlich wurde der Mantel, ursprünglich ein viereckiges, dann auch ein halbkreisförmiges Stück Tuch, früher nach römischer Sitte eigentlich auf der linken Schulter „übereck" getragen und auf der rechten nur die Enden befestigt. Später trug man den halbkreisförmigen Umhang als Rückenmantel auf beiden Schultern; nun wurde er vorn durch ein Band, eine Agraffe zusammen= gehalten. Seit dem Ende des 14. Jahrhs. kam der Mantel mehr und mehr ab, nur bei Amtspersonen und Würdenträgern hat er auch später noch eine wichtige Rolle gespielt.

> Man soll den mantel keren,
> als ie die winde sint gewant.[1]

Und im „Ring" Heinrichs von Wittenweiler 28, 14:

> Besich in welchem Zeit du pist,
> dar zuo, wie daz weter ist,
> daz du deinen mantel geswind
> mugest keren gen dem wind.

Noch anders gereimt z. B. in Freidanks „Bescheidenheit" 115, 2, bei Eyering, Deutsche Sprichwörter, I, 404 und bei Wegeler, Philosophia patrum, Nr. 3436. Bei Tunnicius Nr. 707: „Men mot te hoiken[2] na dem winde hangen", mit der Übersetzung: Palliolum rapidis tendendum flatibus ipsum. Aber schon der treffliche alte Schulmeister von Trimberg klagt in seinem „Renner" V. 6288 fg.:

> Nu muoz man den mantel keren
> So manege enden her und dar,
> daz uzzen und innen niendert kein har
> an rehter einvelte gewande ist beliben.

Mit einer kleinen sachlichen Veränderung endlich in dem Liederbuch der Hätzlerin:

> Frawen haben kurtzen muot
> Und wenden dick[3] den huot
> Nach dem wind her vnd dar.

Die Redensart: den Mantel auf beiden Schultern tragen geht auf denselben Vorgang zurück, wie die eben besprochene; sie wird auf jemand angewendet, der sich von vorn herein auf alle Möglichkeiten gefaßt macht, sich überall hin gut zu stellen weiß. Vgl. Nr. 22.

788. Es dringt durch Mark und Bein.

Auch: es geht durch und durch, von einem heftigen Nervenschmerz, besonders bei einem schrillen Klang. Merkwürdig ist dabei die Reihenfolge Mark und Bein, denn was

---

[1] Der älteste Beleg wohl in einer Strophe des Spervogel: Man sol den mantel keren als daz weter gat.

[2] Hoike ist ein niederdeutsches Wort für einen Mantel, den sowohl Männer wie Frauen trugen.

[3] D. i. oft. Vgl. Nr. 255.

von außen kommt, muß doch erst die Knochen[1] durchdringen,
ehe es ans Mark gelangen kann. Wohl nur dem Reime
zuliebe bisweilen umgestellt, z. B. in einem Liede von 1657
auf Kaiser Ferdinands Tod:

> Dann der Schmerz ist also stark,
> Daß er bringt durch Bein und Mark.

Dafür bei Goethe im „Ewigen Juden": durch Mark und
Seele.

789. Einem den Marsch machen.

S. v. w. ihn strafend zurechtweisen, ihn zu ordentlicher,
straffer Thätigkeit ermahnen. Eigentlich machen den Marsch
die Trompeter den Soldaten, indem sie ihnen das Zeichen
zum Aufbruch blasen.

790. Matthäi am letzten.

Mit wem es Matthäi am letzten ist, mit dem ist's aus,
der pfeift auf dem letzten Loche, ist seinem Ende, seinem
Verderben nahe. Man meint, der Ausdruck stamme aus
Luthers kleinem Katechismus aus den Worten im Sakrament
der Taufe: „Da unser Herr Jesus Christus spricht Matthaei
am letzten: Gehet hin in alle Welt u. s. w." Dort stehen
nun zwar die Worte; wie sie aber den Sinn der heutigen
Redensart hätten annehmen können, ist dunkel. Ebenso
wenig läßt sich mit Büchmanns Erklärung anfangen, der
an die Schlußworte des Matthäusevangeliums anknüpft
„bis an der Welt Ende"; Matthäi am letzten bedeutet ja
auch nicht etwa: am Ende des Matthäus, sondern: im
letzten Kapitel des Matthäusevangeliums. Wackernagels
Vermutung vollends, die Redensart sei aus dem Worte
matt zu erklären, steht auf ganz schwachen Füßen; ist doch
matt noch heute für das Volk ein halbes Fremdwort (vgl.
schachmatt). Der Ausdruck muß also als unerklärt gelten;
wahrscheinlich ist nur, daß man ihn im Munde von Geist=
lichen oft gehört und von ihnen mit irgend welcher Be=
ziehung entlehnt hat.

---

[1] Bein in der Bedeutung Knochen kennt unsre Schriftsprache
außer in der Verbindung „Mark und Bein" und dem Worte Ge=
bein nur noch in Zusammensetzungen wie Beinhaus, Elfenbein,
Fischbein u. s. w.

791. Ich will Matz heißen!

S. v. w. ich will mich einen Dummkopf schelten lassen, z. B. wenn das und das nicht so ist, wie ich behaupte. Auch: **da will ich Hans heißen!** Über die Verwendung von Eigennamen als Gattungsnamen vgl. Nr. 523. „Matz"[1] bedeutet einen traurigen Gesellen ohne geistige und körperliche Fähigkeiten; von dem alten Dessauer wird das Kraftwort berichtet: „Ein Soldat ohne Gottesfurcht ist nur ein Matz."

Anders in der Redensart: **hier geht es zu wie auf Matzen Hochzeit,** d. h. es wird lustig und in Freuden, in Saus und Braus gelebt. Hier ist Matz dasselbe Wort wie Metze; Metze aber, eigentlich Koseform für Mechthild, ist ein Gattungsname für die Gesamtheit der Bauernmädchen gewesen. Die Redensart sagt also ganz allgemein: hier geht es zu wie auf einer Bauernhochzeit. Es sind noch mehrere Gedichte aus dem 15. Jahrh. erhalten, die von der Hochzeit einer Mätzli, Metze erzählen und Unglaubliches davon berichten, wie üppig und ausgelassen es dabei herging.

792. Das Maul hängen lassen.

S. v. w. mürrisch, mißvergnügt sein; aus melancholisch macht der Volkswitz „maulhängelisch". Das Bild wäre von alten Pferden entlehnt, hat man gemeint mit Berufung auf eine Stelle in Pestalozzis „Lienhard und Gertrud": „Er hängt die Oberlippe wie eine alte Stute."[2] Aber dieser Übertragung bedarf es nicht; mürrische Menschen lassen wirklich den Mund hängen; wie oft wird verdrießlichen Kindern zugerufen: mach keinen Flunsch, keine Schnute! und ähnl. Schon in der namenlosen Sammlung von 1532 Nr. 301: „Sihe wie benckt der das Maul. Mault

---

[1] Der Name Matz ist keine sogenannte Koseform (wie Fritz für Friedrich, Kunz für Konrad u. s. w.), sondern ist geradeswegs über Mattes aus Matthias entstanden. Der sprichwörtliche Matz von Dresden (in dem niederdeutschen Reim: Hans Matz ut Dräsen kann schriben und nich läsen) erinnert an den dummen Jungen von Meißen. (Vgl. Nr. 622.)

[2] Ähnlich in Ostfriesland von einem völlig Mutlosen: He lett de Lipp hangen, as de Mähr aver dat bröde Fahl.

sich." Dazu die Erklärung: „Sihe wie ist der so zornig, die da zürnen, sehen sawr, vnd lassen das maul mit den lippen lang heraußhangen." Ähnlich Agricola, Nr. 323. — In Ifflands „Jägern" I, 1: „Hängt das Maul, so tief ihr wollt — hier kann ich es nicht aushalten."

793. Maul und Nase aufsperren.

S. v. w. dumme Verwunderung äußern. Bei höchstem Erstaunen öffnen wir wirklich unwillkürlich alle Sinne, als ob wir sie alle zu Hilfe nehmen könnten bei dem Erfassen eines merkwürdigen Anblicks, einer verblüffenden Geschichte u. s. w.

794. Ein ungewaschenes Maul.

S. v. w. ein Maul, aus dem nur schmutzige oder freche Reden kommen. Die Vorstellung ist sehr alt und früher offenbar weniger anstößig gewesen als jetzt, sogar die höfische Dichtung des 13. Jahrhunderts verschmäht sie nicht. Als Konrad von Würzburg das Lob der Jungfrau Maria anheben will, beklagt er sein Unvermögen:

> daz ich nach diner werdekeit
> der zungen hamer künne slahen
> oder minen munt also getwahen
> daz er ze dinem prise tüge.

Die rechte Waschung für den Mund sind Gebete; Murner predigt in der „Narrenbeschwörung" B. 1316:

> Das mul solt ir mit beten weschen!

795. Einem etwas ins Maul schmieren.

S. v. w. es ihm so leicht und angenehm wie möglich beibringen, eigentlich von einer Speise gesagt, die der andre nicht von selber essen will, wie der Lehrer erst vorkaut, was die Schüler verdauen sollen. Dabei läuft nach dem Urteil des argwöhnisch Empfangenden leicht ein Betrug von seiten des Gebenden unter, daher bei Lehm. 775 (Ober= reden 8): „Mancher streicht einen Honig vmbs Maul, vnnd ein Dreck drein." Ähnlich schon in alter Zeit: im „Tristan" Heinrichs von Freiberg z. B. klagt Kurwenal B. 6626 die Welt an:

du strichest in honic in den munt,
den alten und den jungen:
swan sie dan mit den zungen
dar nach grifende sin,
so tröufest du in galle dar in.

796. Einem das Maul stopfen.

S. v. w. ihn zum Schweigen bringen, um nicht weiter von ihm belästigt zu werden, etwa wie man einem Hund zu fressen giebt, damit er nicht länger belle. An die Sitte zu denken, widerspenstigen Gefangenen einen Knebel in den Mund zu stopfen, wie Schrader will, verbieten folgende alten Zeugnisse, die zugleich die eigentliche alte Vorstellung deutlich machen. In Brants „Narrenschiff" 41, 27 fg. findet sich die Redensart angewandt auf Klatschbasen und schwatzhafte Narren, denen es niemand recht machen kann:

Der muß mäl han, vil me dann vil,
Wer yedems mul verstopfen wil.

Bebel Nr. 340: Multa farina opus est, si quis omnium hominum ora occludere velit. Tunnicius Nr. 324: „He behouet vele brodes de mallich wyl den munt stoppen. Panis eget magni, qui cunctis oro replebit." Sebastian Franck, 1, 85: „Der muß vil mel haben, Der alle menler wil verkleyben." Weidner, Teutsche Sprüchwörter: „Es mueste einer viel Mehl haben, der allen boesen Leuten wollte das Maul verkleben."

797. Maulaffen feil halten.

S. v. w. dastehen und mit offenem Munde staunen (vgl. Nr. 793). „Einen, der das Maul aufsperrt, den wir auff teutsch einen Maulaffen halten", erklärt Luther; ob er wirklich damit gemeint hat, Maulaffe sei weiter nichts als Maul offen? In der That glaubt man heute meist, der Ausdruck „er hält Maulaffen feil" sei aus dem niederd. „he hält't mul apen" entstanden, indem apen (offen) falsch als apen = Affen gedeutet worden sei. Das Wort Maulaffe und das ähnliche Gähnaffe sind aber längst in Oberdeutschland verbreitet, das Schwäbische kennt auch einen Maulanf (für Maulaff?), das Bairische einen Sperraffen und Ginaffen in derselben Bedeutung. Und auf der andern Seite sind als niederdeutsche Redensarten bezeugt: Mulapen to kop hebben und Mulapen verköpen. Mit der mißverständlichen Übersetzung ins Hochdeutsche (s. Schäfchen) scheint es also nichts zu sein. Die richtige Deutung ist vielmehr folgende. Ein Maulaffe, d. h. einer, der mit offenem Maule dasteht, wurde zugleich voller kleiner Maulaffen gedacht; scherzhaft konnte man also von ihm sagen: er hat Maulaffen feil, d. h. er hat so viel davon, daß er noch welche verkauft.

798. Maulwurfsarbeit.

Bezeichnet bildlich das wühlerische Treiben im stillen wirkender Aufruhrstifter; denn der Maulwurf schleicht unter der Erde, aber wie er wühlt, sieht man oben.

799. Maus wie Mutter.

S. w. w. eins wie's andre, Gaul wie Gurre (Stute), gehupft wie gesprungen. (Vgl. Nr. 426.) Die stabreimende Gleichsetzung Maus wie Mutter erklärt man damit, daß Maus nicht nur der Tiername, sondern zugleich eine uralte Bezeichnung des weiblichen Geschlechts sei (daher das kosende Miesel für Mädchen).

800. Wie eine gebadte Maus

sieht einer aus, der ganz durchnäßt ist, dem das Wasser am Leibe herunterläuft. Das Bild ist daher so allgemein geläufig, weil man der in der Falle gefangenen Maus gewöhnlich ein schlimmes Bad bereitet, indem man sie durch Ersäufen tötet. Scherzhaft auch: wie eine getaufte Maus, z. B. bei Hans Sachs. In einem Soldatenlied von 1683 jammert der Türke:

> Ich gedachte das Spiel viel anders zu karten;
> Jetzt sitz ich wie eine gebadne Maus.

801. Nach den Mäusen werfen.

Scherzhafter Ausdruck für mausen, stehlen. Keiner Erklärung bedürfen die Redensarten: davon beißt die Maus keinen Faden ab, s. w. w. von dieser Forderung geht nicht das geringste ab, das steht unabänderlich fest; das trägt eine Maus auf dem Schwanze fort[1],

---

[1] Dafür auch: das nimmt eine Mücke mit dem Schwanz hinweg. Bei Agricola Nr. 378, mit dem hübschen Beispiel: „Wenn

s. v. w. das ist ein lächerlich geringer Gewinn: leben wie die Mäuse in der Speckseite, d. h. ein behagliches Wohlleben führen. Arm wie eine Kirchenmaus bezeichnet einen hohen Grad von Armut; denn in der Kirche giebt es keine Speisekammer.

802. Aussehen wie ein Topf voll Mäuse.

Wird vielfach von schmollenden Frauen, überhaupt aber von mürrischen Gesichtern gesagt; wem der Kopf wie ein Topf voll Mäuse ist, dem schwirren die Gedanken wie kleines rasches Getier durch den Kopf, dem summt oder brummt der Kopf (vgl. Nr. 470). In Mecklenburg sagt man zu einem Verdrießlichen: Hest Müs fräten! in Hamburg von ihm: He het Müsenester im Koppe.

803. Mäuschenstill.

Das Heimliche und Stille ist das Bezeichnendste an dem Wesen der Maus; daher der Ausdruck. Goethe in der Ballade vom getreuen Eckart: „Schweiget und horchet wie Mäuslein." Der Vergleich ist alt und wird schon in der Dichtung des Mittelalters zur Bezeichnung größter Stille verwendet; vgl. z. B. Heinrichs von Freiberg „Tristan" V. 5919 fg.:

> Do allez daz entslafen was
> in gademe und in palas
> daz da lac in dem hus,
> und sich nindert regte ein mus.

804. Mausetot sein.

Scherzhafter Ausdruck für „tot sein", mit dem Nebensinn: auch nicht eine Spur von Leben mehr haben; immer angewendet mit der Vorstellung der vor einem liegenden Leiche. Warum mausetot? Die einfachste Antwort auf die Frage ist die: die Maus ist das Tier, das man am

---

man sagt, An anderer leutte kindern ist das brodt verloren, antwort ich, Ja lieben herren, ich wolt einem wol ein lieblein daruon singen. Ich hab etliche vil weysichen erzogen, aber den dank und lohn, den ich dafür entpfangen hab, ist gering, ja ein muck fuerte yhn auff dem schwantze hinweg."

häufigsten tot daliegen sieht. Diese Erklärung wird dadurch
gestützt, daß in niederdeutschen Gegenden auch die Aus=
drücke poggdot (froschtot) und huckendäd (krötentot) nach=
gewiesen sind; Frosch und Kröte aber sind die Tiere, die
nächst der Maus gewiß am häufigsten tot auf dem Lande
zu finden sind.

Die Mythologen erinnern daran, daß unter dem Bilde
der Maus vielfach die Seele verstanden werde[1]; mausetot
sein bedeute also der Seele beraubt und insofern völlig er=
storben sein. Andre haben es aus dem Judendeutsch er=
klären wollen, weil im Hebräischen moth sterben und maveth
totsein heißt; mausetot wäre also eigentlich tot=tot, ganz
tot. Noch andre haben gemeint, mausetot sei s. v. w. bis
aufs kleinste tot, da ja die Maus bildlich das Kleinste
bezeichne. Vgl. noch Syll. 154: „Muris interitus. Er
ist gestorben wie ein Mauß, das ist, nicht alt worden, sondern
bald dahin gestorben.“

805. Sich mausig machen.

S. v. w. sich hervordrängen, sich durch lautes Wesen
bemerkbar machen. Mit der Maus hat die Redensart
schwerlich etwas zu thun, aber mit der Mauser hängt sie
zusammen: eigentlich macht sich der Sperber, der Falke
mausig, d. h. er übersteht die (erste) Mauser und wird
dadurch jagdtüchtig, angreifig. Jeder Vogel gewinnt ja,
wenn er die Mauser durchgemacht hat; davon sagt man in
Leipzig noch ganz deutlich sich herausmaustern (für
herausmausern) in dem Sinne von: durch zunehmenden Er=
werb emporkommen, ansehnlicher auftreten. Das Sprach=
gefühl des Volks verbindet wohl auch eigentlich nicht mausig
und Maus; zum Beweis dafür könnte zwar das nieder-

---

[1] Grimm, Mythologie, S. 1036 und 1044, berichtet es als
alte Meinung, daß Zauberinnen und Teufelsbräuten der Geist in
Gestalt von Tieren als Schmetterling, Wiesel, Katze oder rote
Maus aus dem Munde fahre, während der Leib im Schlummer
erstarrt liege. Darum antwortet auch Faust (in der „Walpurgis=
nacht“) dem Mephistopheles auf seine Frage, warum Faust das
schöne Mädchen (die junge Hexe) habe fahren lassen: „Ach! mitten
im Gesange sprang ein rotes Mäuschen ihr aus dem Munde.“

deutsche Sprichwort dienen: de sück to musig maalt, de frett de Katt, aber in demselben Sinne, besonders als Warnung für unbändige Kinder, die schon am frühen Morgen aus= gelassen tollen, heißt es auch: de Vögels, de to froh singen, frett de Katt.

806. Daß dich das Mäuslein beiß!

Diese Worte empfinden wir als einen harmlosen Scherz. So gebraucht sie z. B. der biedere Schwabe, wenn er in einer gutmütigen Verwünschung seine Verwunderung über die Ankunft eines Freundes ausdrückt; eigentlich enthalten sie aber einen Fluch, von dessen Gräßlichkeit man heute freilich keine Ahnung mehr hat. Mäuslein ist nämlich volks= etymologisch entstellt aus Meisel, d. i. Aussatz; das Verbum beißen wird jüngerer Zusatz sein; früher hat man wohl gesagt: daß dich das Meisel! wobei ein Verbum zu er= gänzen war wie: ankomme, treffe. So heißt es z. B. in einem Erfurter Judeneid aus dem 12. Jahrh.: daz dich di muselsucht biste (bestehe)! (Vgl. 823.)

807. Das Meer austrinken wollen.

S. v. w. Unmögliches versuchen; auch von einer lang= wierigen Arbeit, deren Ende man nicht absieht. Frz.: c'est la mer à boire. Der heilige Augustin erklärte das Meer auszuschöpfen für nicht unmöglicher, als das Geheimnis der Dreieinigkeit zu ergründen.

808. Ein Menetekel

nennen wir ein ernstes Warnungszeichen gegenüber sorglosem Treiben nach den Worten, die bei Belsazers Lustmahl an der Wand erscheinen: Mene mene tekel upharsin (Daniel 5, 25).

809. Das Messer beim Hefte haben

oder auch bloß: das Heft in der Hand haben s. v. w. die Macht, die Gewalt haben. So schon bildlich in mittel= hochdeutscher Zeit, z. B. in Ottokars österreichischer Reim chronik V. 956 fg.:

> do wart der Franzoisaere dinc
> in Cecili dester bezzer
> si heten daz mezzer
> begriffen bi dem hefte.

Einem das Messer an die Kehle setzen ist s. v. w. ihn mit Gewalt zu etwas drängen und ihm dabei keine Bedenkzeit lassen (vgl. einem die Pistole auf die Brust setzen).

810. So alt wie Methusalem werden.

S. v. w. ein unglaublich hohes Alter erreichen; sprichwörtlich nach 1 Mos. 5, 25 fg.: „Methusalah war hundert sieben und achtzig Jahr alt, und zeugete Lamech; und lebte darnach sieben hundert zwei und achtzig Jahr, und zeugete Söhne und Töchter; daß sein ganzes Alter ward neun hundert neun und sechzig Jahr, und starb." Sein Sohn Lamech brachte es auch auf 777 und dessen Sohn wieder, Noah, doch wenigstens auf 500 Jahre.

811. Der deutsche Michel.

Gemeinsame Bezeichnung der Deutschen mit Beziehung auf ihren Charakter und ihre geistige Art, wie die Engländer gemeinschaftlich als John Bull, die Nordamerikaner als Bruder Jonathan, die Franzosen als Jean Foutre und die Holländer als Mynheer bezeichnet werden. Michel ist Michael, ursprünglich der Name eines der sieben Erzengel, der schützende Engel Israels (Daniel 10, 13, 21; Kap. 12, 1) und Anführer der treu gebliebenen Engel gegen den aufrührerischen Drachen (d. i. Satan) und seinen Anhang (Off. Joh. 12, 7). Dieser kriegerische Erzengel wurde schon in den ersten Zeiten des Christentums gern als Schutzengel für Kirchen verehrt und in Schlachten um Beistand angerufen. Ihm zu Ehren erbaute Konstantin in Konstantinopel das Michaelion und viele Basiliken, ihm zu Ehren feierte man auch den 29. September als Michaelisfest. Besonders viele Anhänger fand dieser Michaelskult in Deutschland; Michael ist geradezu Protector Germaniae genannt worden, er galt als Schutzpatron des deutschen Reichs.[1]

So versteht es sich von selbst, daß Michael auch als Taufname bei den Deutschen beliebt wurde, so beliebt, daß

---

[1] Noch heute ist Michael der Patron mehrerer Städte (Andernach, Maria-Einsiedeln, Salzburg, Jena, Thorn u. a.) und Länder (Ungarn, Kanton Zug).

er infolge seiner Allgemeinheit schließlich mit Hans (s. d.) und Peter auf eine Stufe rückte und zum Appellativum heruntersank. Der nun entstandene Ausdruck „deutscher Michel" ist frühestens zu belegen bei Sebastian Franck: „Ein rechter dummer Jan, der teutsch Michel"; vgl. Germania, IV, 129. Doch findet sich die Bezeichnung „Teutscher Michael", Michael Germanicus, noch nach der Mitte des 17. Jahrhs. als Ehrenname angewandt und zwar auf den aus der Pfalz gebürtigen General-Leutenant Obentraut, der 1625, nahe bei Hannover, gegen Tilly blieb (Duce Joanne Michaële Obentrautio, qui ob decus Germanicae militiae *Michael Germanicus* [Der Teutsche Michael] dictus fuit).

812. Wie Milch und Blut aussehen.

S. v. w. weiß und rot, gesund sein; das Weiß (der Milch) und das Rot (des Bluts) zusammen im Antlitz ist aber auch ein Zeichen der Schönheit. Das Bild ist alt. Im Märchen vom Machandelbaum seufzt die Mutter, als sie sich beim Schälen eines Apfels in den Finger geschnitten hat und Tropfen ihres Blutes in den Schnee fallen: „Hadd if doch en Kind, so rood as Bloot un so wit as Snee." Die Mutter Sneewittchens wünscht sich ein Kind so weiß wie Schnee, so rot wie Blut und so schwarz wie Ebenholz. Und so läßt auch der deutscheste unsrer großen Epiker, Wolfram von Eschenbach, seinen Parzival in tiefe Gedanken an die Schönheit seiner fernen Gattin versinken, als die Blutstropfen eines vom Falken getroffenen Vogels den Schnee färben; die ganze höfische Lyrik seiner Zeit kennt dafür nur das Bild von der Rose und der Lilie, selbst Walther von der Vogelweide preist konventionell die Farben auf dem Antlitz seiner Dame:

> so reine rot, so reine wiz
> hie roeseloht, dort liljen var.

813. Er hat nicht viel in die Milch zu brocken.

Meist: in die Suppe zu brocken, auch bloß: zuzubrocken, d. h. er lebt bescheiden, kann keine großen Sprünge machen. Niederd.: He hett wat intostippen. Brant geißelt es im „Narrenschiff" 17, 28, daß auch ein Dummer als Tochtermann willkommen geheißen werde, wenn er nur Geld habe, mit den Worten:

> Man sucht eyn vß der narren zunfft,
> der jnn die mylch zu brocken hab.

Im Gegensatz zur Galle wird Milch bildlich für Sanft= mut gebraucht, „die Milch der frommen Denkungsart" ist aus dem Monolog Tells (IV, 3) zum geflügelten Worte ge= worden. Die sprichwörtliche Redensart endlich: etwas mit der Muttermilch eingesogen haben bedeutet s. v. w. es als angeborene Eigentümlichkeit besitzen. Ähnlich: er hat böse Milch getrunken, d. h. er stammt von bösen Eltern.

814. Mitgefangen, mitgehangen!

Auch als Trilling: mitgegangen, mitgefangen, mit= gehangen; d. h. wer bei einem Verbrechen auf der Seite der Übelthäter erwischt wird, muß auch mit büßen, gleich= viel ob er sich aus eigenem Antrieb oder nur gezwungen beteiligt hat.

815. Alle Minen springen lassen.

S. v. w. alle Hebel in Bewegung setzen. Ursprünglich ein Kriegsausdruck: der Feldherr läßt alle die Pulverminen, die er unter die Füße der Feinde hat führen lassen, auf einmal springen, explodieren, um einen sichern, schrecklichen Erfolg zu haben. Bildlich wendet z. B. Schiller den Aus= druck in „Kabale und Liebe" (II, 3) an: „Ich laß alle Minen springen."

Mit einem andern, aber naheliegenden Bilde sagt der Franzose: faire feu de toutes les pièces.

816. Einem mitspielen.

S. v. w. ihn schlecht behandeln; eigentlich ein ironisch gemeintes „mit ihm spielen". Schon in alter Zeit üblich; im „Tristan" Heinrichs von Freiberg droht Kandin seinem Schwager Tristan V. 3856:

> ist, daz ich genzlich ervar,
> daz du min swester smaehen wilt,
> eins spiles wirt mit dir gespilt,
> daz dine friunt beginnen klagen.

Mit dem Kartenspiel hat der Ausdruck nichts zu thun;

eher ließe sich an die Auffassung des Kampfes als eines
Spieles anknüpfen. Ähnlich in Oldekops Hildesheimer
Chronik S. 114: „dat wart den von Hildensem capitel und
stat evel gespelet." Vgl. Spiel.

817. Sich ins Mittel schlagen.

S. v. w. bei schwierigen Verhandlungen zweier Gegner
eine ausgleichende Lösung versuchen; zunächst von dem
Dritten gesagt, der sich zwischen zwei Streitende wirft, um
sie zu versöhnen. Vgl. Lehm. 633 (Recht 74): „Bey langem
Rechtfertigen ist man endlich fro, das sich Leut darein schlagen
und vergleichung machen." Sich schlagen in dem Sinne
von „sich werfen, sich rasch begeben" kommt leider immer mehr
ab; vielen ist es nur noch aus dem Schlußvers von Seumes
„Wildem" bekannt: „und er schlug sich seitwärts in die
Büsche"; das Mittel ist hier rein örtlich zu verstehen
als „die Mitte". In wörtlichem und bildlichem Sinne läßt
z. B. Schiller die Jungfrau von Orleans sich ins Mittel
schlagen bei dem Zweikampf zwischen Dunois und Burgund.

818. Einen Mohren weißwaschen wollen.

S. v. w. das Unmögliche versuchen; dazu das Sprich=
wort: Wer einen Mohren wäscht, verliert Mühe und Seife.
Als Quelle für beides wird oft der Bibelvers genannt:
„Kann auch ein Mohr seine Haut wandeln, oder ein Parder
seine Flecken?" (Jeremias 13, 23.) Die letzte Quelle
wird sich aber schwerlich nachweisen lassen; als eine Ver=
arbeitung der Redensart muß schon die Äsopische Fabel an=
gesehen werden, die Erasmus mit folgenden Worten er=
zählt: Nam quidam mercatus Aethiopem, et existimans
eum colorem non natura, sed superioris domini negli-
gentia accidisse, nihil non adhibuit eorum, quibus
vestes candefieri solent: adeoque perpetuis lotionibus
miserum divexavit, ut illum in morbum impulerit, colore
qui fuerat, manente. Schon in Freidanks „Bescheidenheit"
88, 19:

> des mores hut unsanfte lat
> ir swarze varwe die sie hat.

Vgl. Keller, Schwänke, 5, 1:

Wer baren will ainen rappen weiß
Vnd daran legt sein gantzen fleiß,
der tut, daß da vnnutz ist, ger.

Syll. 29: „Aethiopem lavas. Aethiopem dealbas. Du
wäschest einen Mohren, oder thust vergebliche Arbeit." Ebr.
30: „Aethiops non albescit. Ein Mohr wird nit weiß,
oder anders. Die Egster kan haer hüppen nit lathen."

Ein andrer bildlicher Ausdruck für ein vergebliches Bemühen ist: Ziegel waschen. In Freidanks „Bescheidenheit" 88, 15:

den ziegel und den boesen man
nieman volle waschen kan.

Ebenso lat. lateres lavare von vergeblicher Mühe, z. B.
bei Terenz, Phorm. I, 4, 9.

Endlich gehört hierher das Sprichwort: auf einen Esels-
kopf sind Laugen umsonst; vgl ital.: lavare il capo all'
asino: span.: lavar la cabeza al asno, perdimiento de
sabon.

819. Den Mond anbellen.

S. v. w. auf jemand schimpfen, dem man nicht schaden
kann. Frz.: aboyer à la lune. Vgl. Lehm. 409 (Hund 27):
„Der Mond fragt nichts darnach, daß ihn die Hund an-
bellen." Ebr. 723 (Sorgen 12): „Mancher sorgt vnnützlich
wie ein Hund, der bellet den Mond an, vnnd meynet, er
wöll ins Hauß steigen."

Der Begründung, die in den letzten Worten liegt, bedarf
es so wenig, wie der in der bekannten Fabel: „Der Mops
und der Mond": ein dicker Mops geht beim Mondschein
spazieren und kommt an einen Graben. Er will darüber-
springen, fällt aber hinein und bellt nun wütend den Mond
an, als ob der an dem unfreiwilligen Bade schuld sei.

Der Mond, nicht wahr, der schalt doch wieder?
O nein, sah lächelnd auf den Mops hernieder
Und fuhr, als ging's ihn gar nicht an,
Lustwandelnd fort auf seiner Himmelsbahn.

820. Moos haben.

S. v. w. reich sein. Aus dem Judendeutsch, wo Moos
(Plural vom hebr. meo, Stein: Pfennig) s. v. w. Geld ist.

Dieser Ausdruck ist scherzhaft erweitert worden zu: Moses und die Propheten haben, wohl mit Anlehnung an einen Vers aus der Erzählung vom reichen Mann, Luk. 16, 29: „Abraham sprach zu ihm: Sie haben Moses und die Propheten; laß sie dieselbigen hören."

821. Jemand Mores lehren.

S. v. w. ihn (wegen unanständigen Betragens) zurecht= weisen. Lat. mores bedeutet Sitten und steht hier in dem engern Sinn von: gute Sitten, wie man jemand einen Mann von Kopf nennt, wenn man ihm einen guten Kopf zuschreiben will. Ein ähnlicher Zwitterausdruck ist: laudes lesen (z. B. Simpl. IV, 73), das freilich ironisch gebraucht worden ist und nun den Sinn von tadeln, schmähen an= genommen hat. Ursprünglich bedeutet es: Lobgesänge an= stimmen, noch enger in der Kirchensprache begrenzt: dem Herrscher feierlich Glück und Segen zurufen.

822. In Morpheus Armen.

S. v. w. schlafend. Morpheus nannten die Griechen einen Traumgott; doch haben sie von ihm nicht die Vor= stellung einer Gottheit gehabt, die den Schlafenden mit ihren Armen umfängt. Das scheint von einem deutschen Dichter zu stammen — von welchem? —, wie denn auch die rhythmische Form ein Zitat vermuten läßt.

823. Daß du die Motten kriegst!

Ein Fluchwort, wodurch man jemand eigentlich die Pocken wünscht. Der Ausdruck vergleicht Pockennarben im Gesicht mit Mottenlöchern (vgl. Nr. 806).

824. Aus der Mücke einen Elefanten machen.

S. v. w. fürchterlich übertreiben, etwas Unbedeutendes über alle Maßen aufbauschen. Schon bei Erasmus: ele=phantum ex musca facis.[1] Grimmelshausen stellt die

---

[1] Im Lateinischen war sprichwörtlich: arcem facere ex cloaca, Cicero, Pro Plancio 40, 95; e rivo flumina magna facere, Ovid, Epist. ex Ponto 2, 5, 23.

Redensart (Simpl. III, 289) komisch mit einer andern zusammen: „Woraus ich lernete, daß die Verwunderung aus
der Unwissenheit entstehe und daß man aus der Muck einen
Elephanten macht, ehe man weiß, daß der Berg nur eine
Mauß gebären werde."

Man sagt auch: aus einem Maulwurfshaufen einen
Berg machen; in Siebenbürgen heißt es derb: die macht
gärn de kurz zem danner, ebenso ostfriesisch: He maakt ut'n
Schit 'n Dönnerslag. Noch anders in Langes Adagia:
„Du wilt aus einem Schnall (Schnipfen mit den Fingern)
einen Donnerschlag machen."

825. Mücken seigen und Kamele verschlucken.

S. v. w. in Kleinigkeiten peinlich sein und es dabei in
wichtigen Dingen nicht genau nehmen. Seigen ist ältere
Form für seihen, durchseihen; die Redensart beruht auf
Matth. 23, 24: „Ihr verblendete Leiter, die ihr Mücken
seiget und Kameele verschlucket." Die frühe Aufnahme der
Redensart in Deutschland wird durch folgende Verse in
einer lateinischen Sprichwörtersammlung des 11. Jahrhs.
bezeugt:

Gens Judea liquat culicem sorbetque camelum
dum Christum dampnat nequam mittendo Baraban.

Syll. 70 steht die Redensart als Übersetzung der lateinischen: culicem colant, Syll. 95 als Übersetzung von: Ex-
colantes culicem camelum glutinant.

826. Muhmenweisheit.

Spöttischer Ausdruck für Aberglaube; dafür früher auch:
Rockenphilosophie, d. h. eine Philosophie, wie sie am Spinn-
rocken getrieben wird. Syll. 37: „Anicularum deliramenta.
Alter Weiber Märlein."

827. Er schläft einen Müllerschlaf.

S. v. w. sehr fest; denn der Müller schläft trotz des
Lärms, den die klappernden Räder seiner Mühle machen.
Tiere, die lange schlafen, sind der Bär und das Murmel-
tier; auch mit ihrem Schlaf wird oft ein tiefer Schlaf
verglichen.

828. Sich den Mund verbrennen.

S. v. w. unbedacht mit Worten herausfahren, die einem dann Tadel oder Unannehmlichkeiten zuziehen, wie sich die Zunge verbrennt, wer zu schnell in die heiße Suppe fährt. Vgl. Lehm. 68 (Behutsamkeit 3): „Wer das Maul verbrennt hat, der bläst in die Supp." Daher auch das niederdeutsche Sprichwort: De kann swigen, de heet eten kann.

Ebenso steht ein Bild des Essens für ein Wort des Sprechens in dem Ausdruck: den Mund voll nehmen, d. h. übertreiben, dafür auch: die Backen voll nehmen.

829. Einem den Mund wässerig machen.

Dafür Simpl. II, 102: „mir die Zähne wässerig zu machen", d. h. mir eine verlockende Möglichkeit zu zeigen, eine schöne Aussicht zu eröffnen; vgl. frz.: l'eau lui en vient à la bouche. Schon der Römer sagte: salivam hoc movet (z. B. Seneca, Ep. 79). Die Worte bedürfen keiner Erklärung: jeder hat es hundertmal an sich selbst erfahren, was sie eigentlich meinen.

830. Etwas für bare Münze nehmen.

S. v. w. es als ernst gemeint auffassen, während es nur ein Scherz ist, nur so hingesagt worden ist, z. B. wenn einer das Geld als sicher versprochen und damit schon als seinen baren Besitz ansieht, das ihm als möglicher Verdienst in Aussicht gestellt worden ist; dieses Beispiel kann zugleich die ursprüngliche Anwendung der Worte deutlich machen.

Mit grober Münze zahlen heißt: grob mit einem reden, ähnlich: mit gleicher Münze vergelten, d. h. wie es in den Wald schallt, so schallt es wieder heraus.

831. Da liegt ein Musikant begraben!

So sagt wohl, wer an einen Stein stößt und stolpert. Die Redensart wird aus der Zeit erklärt, wo Musikanten, Gaukler, Komödianten und was sonst zu diesem Völkchen gehört, vor den Thoren der Stadt leben und draußen auf dem Felde auch begraben werden mußten, während sich die Gräber aller „ehrlichen Leute" bis in die neueste Zeit innerhalb der Stadt auf dem Kirchhofe befanden.

832. Die Mutter Erde küssen.

Euphemistisch für: zu Boden fallen; der Franzose ge=
braucht dafür den Witz: prendre un billet de parterre.
Der deutsche Ausdruck erinnert an die Geschichte von den
Söhnen des Tarquinius Superbus, denen prophezeit worden
war, nach dem Vater werde herrschen, wer zuerst die Mutter
küsse. Brutus wußte das Orakel zu erfüllen, indem er ab=
sichtlich stolperte, zu Boden schlug und die Erde mit den
Lippen berührte.

Auch von der „Mutter Natur" reden wir bildlich;
Klopstock sang auf dem Züricher See: „Schön ist, Mutter
Natur, deiner Erfindung Pracht", und Goethe führte das
Bild kühn aus:

> Wie ist Natur so reich und gut,
> Die mich am Busen hält.

„Bei Mutter Grün schlafen" ist eine Berliner Wendung
für: im Freien übernachten.

833. Sein Mütchen an jemand kühlen.

S. v. w. seine übermütige Laune an ihm auslassen, ihn
zum Ableiter der eigenen Erregung benutzen. Sirach 10, 6:
„Räche nicht genau alle Missethat und kühle dein Mütchen
nicht, wenn du strafen sollst." Ähnlich früher auch: seinen
Trotz[1] kühlen. Ein altes Lied auf Karl I. von England
läßt ihn selber klagen:

> Hier seh ich Beil und Klotz
> Da soll ich König fühlen
> Und auf mir lassen kühlen
> Der Feinde bittern Trotz.

II.

834. Er hat bei mir noch etwas auf der Nadel.

S. v. w. er soll mir noch für etwas büßen. Man hat
gemeint, die Redensart gehöre ursprünglich in den Mund

---

[1] Trotz bedeutet in älterer Sprache etwa s. v. w. Wagemut;
das verschlossene Wesen, das für uns zu dem Begriffe des Trotzes
gehört, liegt ursprünglich nicht in dem Worte.

eines Schneiders, der mit Arbeit für einen Kunden be=
schäftigt ist, also auch noch Geld von ihm zu erwarten hat.
Mit besserm Rechte wird man aber unter der Nadel die
Stricknadel verstehen (wie es denn auch landschaftlich heißt:
etwas bei einem auf der Nadel sitzen haben); der bildliche
Sinn hätte sich dann ebenso eingestellt wie in den Redens=
arten: noch etwas bei einem auf der Kunkel, einen Schinken
bei jemand im Salze liegen haben (vgl. Nr. 338), d. h.
durch ironische Anwendung der Worte. Vgl. auch Deputat
und Dezem.

In verschiedenen Redensarten wird die Nadel typisch
für ein kleines Ding gebraucht. Man sagt: es konnte
keine Nadel zur Erde in dem Sinne von: es konnte
kein Apfel zur Erde, die Menschen standen Kopf an Kopf:
etwas wie eine Nadel suchen.

835. Einen Nagel haben.

S. v. w. Hochmutsdünkel haben; dabei ist der Nagel
auf dem Kopfe ein Bild des Obenhinauswollens, heißt es
doch auch: einem den Nagel niederklopfen, in dem Sinne
von: ihn demütigen. Westfälisch: Hei heat en Stickjel im
Koppe; vgl. auch das hochdeutsche: einen Sparren haben.

836. Er ist ein Nagel zu meinem Sarge.

So sagt man von dem, der einem so viel Kummer oder
Ärger bereitet, daß es einem am Herzen frißt.

837. Etwas an den Nagel hängen.

S. v. w. aufhören, eine Sache zu treiben, mit einem
ähnlichen Bilde: es aufstecken. Von dem Gerät, das man
wirklich an den Nagel hängt, ist der Ausdruck dann auf die
Beschäftigung übergegangen. In eigentlichem Sinne z. B.
in einem alten Soldatenlied:

> Doch heißt es an den Nagel g'hangen,
> Weils Fried, Geharnisch, Spieß und Schwert.

Mit kühner Übertragung in den Worten eines patriotischen
Mannes an Max Emanuel von Baiern, als dieser in dem
Streite um die Erbfolge in Spanien auf Frankreichs
Seite trat:

Anderst sollest dich bedenken —
Warum willst dein schönes Land
Also an den Nagel henken?
Das ist dir dein größte Schand!

Vgl. noch Lehm. 810 (Verzug 22): „Es gehört auff den hohen Nagel; was diesmahl nicht nutzt zu verrichten."

838. Den Nagel auf den Kopf treffen.

S. v. w. genau das Richtige treffen. Freilich nicht mit dem Hammer, den wir uns heute gleich zum Nagel denken, sondern mit dem Bolzen, denn die Redensart stammt aus der Schützensprache: ein Nagel, eine Zwecke[1] bezeichnete den Mittelpunkt der Scheibe. Dasselbe ist also: in s Schwarze treffen; noch drastischer, aber für unser Gefühl witzig überspitzt, im Pariser Argot: faire sauter le polichinelle. Im Lateinischen ist acu tangere sprichwörtlich für genau treffen; vgl. Plautus, Rudens 5, 2, 17 (tetigisti acu rem).

839. Es brennt auf die Nägel.

Der bildliche Ausdruck bezeichnet die ängstliche Eile, mit der etwas in der letzten Stunde fertig gemacht wird. Er stammt von dem alten Brauche, beim Lesen im Dunkeln sich kleine Wachskerzen auf den Daumennagel zu kleben: so leuchteten sich gewöhnlich die Mönche bei der Frühmette. Vgl. Syll. 27: „Ad triarios res rediit. Es ist in großer gefährlichkeit gestanden, es ist an die bindriemen gangen. Es gehet an die trümmer. Die kertz ist auff den nagel gebrandt."

840. Die Nagelprobe machen.

Die Nagelprobe besteht darin, daß man ein eben auf das Wohl jemandes geleertes Trinkgesäß auf dem Daumen= nagel der linken Hand umstürzt, zum deutlichen Beweise, daß der Becher bis auf den letzten Tropfen geleert worden

---

[1] Nichts andres sind ursprünglich Zweck (dasselbe Wort wie Zwecke), und Ziel, das wir heute ja auch noch im eigentlichen Sinne verstehen; auch Absehen, Absicht stammen aus demselben Vorstellungskreise, vgl. Nr. 14.

ist. In Brants „Narrenschiff" heißt es einmal bei einer
Beschreibung der närrischen Trinkerbräuche:

> Das drinckgschyrr heben sie enbor
> Vnd bringent eym eyn früntlich drunck
> Do mit der becher macht glunck glunck,
> Vnd meynen do mit andere eren
> Das sie den becher vor umb keren,
> Ich darff der selben hoffzucht nit,
> Das man mir vor das glaß umb schüt,
> Oder man mich zu drinken bitt.

Fischart nennt die Nagelprobe im „Gargantua" „das Säu-
ferisch Nägleinklopffen". Nach diesem Trinkerbrauche hat man
spätlateinisch den Germanismus super nagulum gebildet,
einen Ausdruck, der samt der Sitte zu den Engländern und
Franzosen gewandert ist; vgl. engl.: to drink super nagulum, auch: make a pearl on your nail; frz.: boire rubis
sur l'ongle, und im Liede:

> Ils faisoient en les renversant,
> Un super nagle allemand.

Dem Worte nach vergleichen sich lat. ad oder in unguem,
griech. εἰς ὄνυχα oder ἐπ' ὄνυχος, s. v. w. aufs genaueste;
von den Bildhauern entlehnt, die die Glätte ihrer Arbeit
zuletzt noch mit dem Fingernagel prüften und verbesserten;
ad unguem factus homo ist ein feingeglätteter Weltmann,
Horaz, Sat. 1, 5, 32; vgl. de arte poëtica V. 294.

841. Einen zum Narren haben (halten).

S. v. w. ihn zum besten haben, ihn aufziehen, foppen;
eigentlich: ihn als Narren behandeln. Die Geschichte der
Narren beginnt mit der alten Sitte, zur Unterhaltung bei
Gastmählern Lustigmacher zu haben. Schon in Xenophons
„Symposion" kommt so ein Lustigmacher (Gelotopoios) vor,
und in der Kaiserstadt Rom waren die scurrae an den
Tafeln der Großen ganz gewöhnlich. In Deutschland kommen
berufsmäßige Narren zur Zeit der Kreuzzüge auf; schon im
12. Jahrh. wurde der Vergleich verstanden:

> im ist als dem toren[1]
> den dunchet nichtes guot
> wan daz er mit sinem kolben tuot.

---

[1] In der alten Sprache ist tore der gewöhnlichere Name
für Narr; später werden Thor und Narr unterschiedslos nebenein-

Nicht bloß an fürstlichen Höfen wurden Narren gehalten (Kunz von der Rosen bei Maximilian I., Klaus von Ranstädt bei Kurfürst Friedrich dem Weisen, Brusquet bei Franz I.), sondern fast von jedem abligen Herrn; Witze auszuteilen und einzustecken war ihre Aufgabe. Sie trugen eine eigentümliche Kleidung: auf dem geschorenen Kopfe saß die Narrenkappe (Gugel, cucullus), eine runde Mütze mit drei Eselsohren und einem Hahnenkamm, einem ausgezackten Streifen roten Tuchs, das von der Stirn bis zum Nacken ging. Um den Hals lief ein breiter Halskragen, den der deutsche Hanswurst auf Messen und Jahrmärkten noch heute trägt, und an Kappe, Gürtel, Ellenbogen, an den Knien und an den Schuhen waren Schellen befestigt, um die Aufmerksamkeit auf sie zu lenken. Soll nun, wie das Sprichwort sagt, der Narr einem König gleich sein, so darf ihm das Scepter nicht fehlen; er führte es in der Gestalt des Narrenkolbens, anfangs nichts als ein Rohrkolben, der spöttisch auch „Narrenscepter" hieß; später brachte man oben einen Narrenkopf mit herausgestreckter Zunge als Verzierung an. Diese Angriffs- und Verteidigungswaffe hatte der Narr an einem Riemen an der Hand oder am Arme hängen. Bis ins 18. Jahrh. herein hat es Hofnarren gegeben. Vgl. Flögel, Geschichte der Hofnarren (1784); Rick, Die Hof- und Volksnarren (Stuttgart 1861).

Die Gestalt des Narren hat dem deutschen Volkswitz viel Nahrung gegeben, und so ist es kein Wunder, wenn er in vielen volkstümlichen Redensarten vorkommt.

842. Der Narr muß ein Abzeichen haben.

So sagt man von einem, der immer etwas Absonderliches haben will. Er ist ein Narr in Folio! bedeutet: er ist ein großer Narr; Folio ist Fachausdruck für großes Bücherformat, bei dem die Seite von einem halben Bogen (folium) gebildet wird. Von Abraham a Sancta Clara haben wir ein „Centifolium stultorum in Quarto, oder Hundert ausbündige Narren in Folio".

ander gebraucht, bis dann besonders durch Brant das Wort Narr entschiedenes Übergewicht erlangt.

843. Einen Narren an jemand gefressen haben.

S. v. w. in lächerlicher Weise für ihn eingenommen sein. Die alte Vorstellung, daß ein Alberner einen kleinen dämonischen Narren leibhaft in seinem Innern stecken habe, hat zunächst die Redensarten geschaffen: einen Narren im Leibe haben, einen Narren gefressen haben. Murners ganze Narrenbeschwörung erklärt sich so: er will versuchen, (V. 7) „die narren von den lüten zu bringen". Freilich weiß er, wie ihn seine Gegner deswegen verhöhnen, legt er doch selbst einem von ihnen die Worte in den Mund:

> Darum muß ich mein buch zerlachen,
> Das er die sach wil unberston
> Und hat selbs wol zwölf legion,
> Als vil das ichs nit zelen mag,
> Und meeret sich von tag zu tag;
> Die alten machen jung in dir.

In der „Mühle von Schwindelsheim" erklärt er V. 609:

> Wer hohen zorn nit kan vergessen,
> Der hat auch rohe narren fressen.

Von Hans Sachs haben wir einen Schwank „Der Narren= fresser" und ein Fastnachtsspiel „Das Narrenschneiden"; in dem Spiel befreit der Arzt einen Kranken durch Operation von den Narren der Hoffart, des Geizes, des Neides, der Unkeuschheit, der Völlerei, des Zornes, des Scheltens und schließlich noch von einem ganzen Nest unausgebrüteter Narrenembryonen. Und Dürer hat es in einer komischen Skizze dargestellt, wie ein kleiner Narrenteufel eben dem Besessenen zum Munde herausklettert.

Zu der obenan genannten Form hat die Redensart wohl nur erweitert werden können, als man bereits an ihren eigentlichen Sinn nicht mehr dachte; einen Narren an jemand gefressen haben — das ist, wörtlich genommen, Unsinn, es soll aber der Sinn darin liegen: ein Narr sein in Beziehung auf jemanden, in ihn vernarrt sein. In der Zimmerischen Chronik steht die einfache alte Redensart noch neben der jüngern; II, 426: „Die zeit er also ver= harret und von der schönen Nellingern gehört, da hat er ainsmals den narren gefressen und von iretwegen ain söllichs pantetieren angefangen, das sich menigelichen darob ver=

wundert hat." III, 507: „der hat den narren gleicher=
geſtalt an dieſer von Barr gefreſſen."[1]

844. Einen am Narrenſeil führen.

S. v. w. ſeinen Scherz mit ihm treiben, ihn foppen,
mit leeren Worten hinhalten. Auf dem Holzſchnitt zu
Kap. 13 in Brants „Narrenſchiff" hält Venus einen Gauch,
einen Eſel, einen Affen und drei Narren an Seilen. Sie
ſagt von ſich:

> An mynem ſeyl ich draffter yeich[2]
> Vil narren, affen, eſel, geüch
> Die ich verfür, betrüg und leych.

Alſo das Narrenſeil iſt das Seil, woran die Narren
geführt werden; urſprünglich ſind es die Geſtalten der ver=
ſchiedenen Laſter und Thorheiten, auch der Teufel, die die
Narrenwelt am Seile hinter ſich herziehen. In der Zimme=
riſchen Chronik IV, 230 klagt ein betrogener Liebhaber:

> Dieweil ſie mich geſiert am narrenſail,
> Wie ain affen an ainer ketten.

In den „Räubern" verſchmilzt Schiller die Redensart ein=
mal (II, 3) mit der ähnlichen Wendung: einen an der Naſe
herumführen, indem er Spiegelberg die Worte in den
Mund legt: „Wir führen ſie (die Polizei) erbärmlich am
Narrenſeil herum."

845. Die Naſe hoch tragen; hochnäſig ſein.

S. v. w. hochmütig ſein. Das Bild hat Recht: es
ſind meiſt eingebildete Laffen, die mit zurückgeworfenem
Kopfe und aufwärtsgerichteter Naſe[3] einherſtolzieren. Horaz

---

[1] Niederdeutſch auch: He hett'n Aap (Affen) in hum freten. Merkwürdig grob iſt die alte Vorſtellung erhalten in dem weſt=
fäliſchen: hei ſtellet ſik, äs wenn he von der dullen Snege (Sau) freaten häbbe. In Oſtfriesland ſagt man zu einem, der vorlaut thörichtes Zeug geſchwatzt hat: Det Wort is herut un de Eſel binnen!
[2] Draffter (zuſammengezogen aus der und affter) bedeutet: hin und her, yeich iſt jage, leych täuſche.
[3] Dazu kommt oft noch Aufblähen der Naſe; Götz von Ber=
lichingen ſchildert in ſeiner Lebensbeſchreibung einen Hochmütigen mit den Worten: „hat viel Winds in der Naſſen".

braucht das Bild genau in unſerm Sinne Sat. I, 6, 5: naso suspendis adunco.

846. Jemand an der Naſe herumführen.

S. v. w. ihn nach eigenem Vergnügen lenken, ſeinen Scherz mit ihm treiben; ihm abſichtlich falſche Hoffnungen machen. Das derbe Bild[1] haben auch die Alten in unſerm Sinne verwendet, vgl. lat.: naribus trahere, griech.: τῆς ῥινὸς ἕλκειν. Im 68. Abſchnitt von Lucians „Hermotimus" z. B. ſagt Lyſinos zu Hermotimos: εὖ ἴσθι ὡς οὐδὲν κωλύσει σε τῆς ῥινὸς ἕλκεσθαι ὑφ' ἑκάστων.

847. Eine Naſe bekommen.

S. v. w. einen Verweis erhalten. Während ſich beim Lachen, überhaupt in der Freude das Geſicht verbreitert, verlängert es ſich meiſt bei unangenehmen Empfindungen, vor allem ſcheint die Naſe dann länger zu werden; daher ſtammt wahrſcheinlich die Redensart ebenſo wie ihre Schweſter: mit einer langen Naſe abziehen, die Naſe hängen laſſen.

Als der Winterkönig in der Schlacht am Weißen Berge beſiegt worden war und Böhmen den Rücken kehren mußte, ſangen die Katholiken:

> Die Flucht den Böhmen allen,
> Darzu den Prager Städt
> Mit nichten wollt gefallen,
> Daß ihre Majeſtät
> Allein ſie wollt verlaſſen
> In Unglück und Elend,
> Bekamen lange Naſen,
> Doch war der Jagd kein End.

Genau ſo heißt es Simpl. II, 191 von einem Zöllner, der auf eine naſeweiſe Bemerkung gehörig abgetrumpft wird, einen tüchtigen Verweis bekommt: „davon kriegte der Zöllner eine lange Naſe".

---

[1] Noch etwas anſchaulicher für uns in der alten Form: mit der Naſe, z. B. in Luthers Schrift „Von den guten Werken": „da wirt ſie (die Gewalt der Herrſchaft) mit der naßen geſürett". — Goethe hat die Redensart im „Fauſt" zu dem garſtigen Worte naſführen zuſammengeſchweißt, das jetzt an ihrer Stelle Mode zu ſein ſcheint.

848. Jemand eine Nase drehen.

S. v. w. ihn zum besten haben. Stammt entweder von dem Ziehen einer langen Nase mit ausgespreizten Fingern oder ist ein Rest der alten Redensart: **eine wächserne Nase drehen,** d. h. einem bald so, bald so ein Gesicht machen, ihn nach Lust und Laune behandeln, ihn zum Narren haben. Besonders über das Recht ist ge= klagt worden, daß es sich eine wächserne Nase drehen lasse.

849. Einem etwas unter die Nase reiben.

S. v. w. ihm etwas derb vorhalten, daß er „dran riechen" kann. Gemäßigter und feiner, wie denn die Nase im Ver= hältnis zu den übrigen Sinnen etwas Gemeines hat: einem etwas vor Augen stellen; so Hagedorn von Juno, der eifer= süchtigen Gemahlin Juppiters:

> Die ihm den Nectar längst vergällte,
> und was er als ein Stier und Schwan
> und in der Jugend sonst gethan,
> ihm täglich unter Augen stellte.

Ganz ähnliche sinnliche Vorstellungen liegen Wörtern zu Grunde, wie vorhalten, vorstellen, Vorstellungen machen, vorwerfen, auch vorrücken.

850. Seine Nase (seinen Schnabel) in alles stecken.

S. v. w. sich unbefugterweise um alles bekümmern, alles untersuchen und beschwatzen. Bei Sebastian Franck, I, 164ᵇ: „sy stoßt ir nul in alle ding." Die höchste Stufe dieses dreisten Veredens bezeichnet die alte Redensart: den Mund in den Himmel stoßen, legen. Vgl. Brants „Narren= schiff" 18, 79 fg.:

> Vnd wer syn mundt jnn hymel setzt
> Der würt offt mit sym schad geletzt.

Auf einem Holzschnitt in Murners „Schelmenzunft" wird ein Schelm dargestellt mit einem großen Schnabel, der bis in den Himmel reicht; Murner fügt folgende launige Verse als Erklärung hinzu:

> Man sagt mir das in alten zeyten
> Waren der schnäbelechten leuten
> Ich kans nit für ein wunder han
> So man yetzt findt ein schnäbler man

Der mit seym maul erreichen kan
Den hymel vnd all sternen dran.
Da schlag der leypplich teüfel zů
Das yetzund ist so groß vnrů
Das Gott selb nymer sicher ist;
Den schelmen auch kein schnabel brist
Damit sie biß in hymel reichen
Vnd straffen gott in seinem zeichen.

851. Man sieht's ihm an der Nase an.

So sagt man oft, um ein Urteil über jemand gleich=
sam aus seinen Gesichtszügen zu begründen.[1] Auch scherz=
haft übertreibend: das sieht man ihm an der Nasenspitze an.
Gewiß ist, daß die Nase von allen Gesichtsteilen am ehesten
Schlüsse auf geistige Eigenschaften eines Menschen erlaubt,
soweit überhaupt solche Schlüsse eine Berechtigung haben;
ist sie doch meist so charakteristisch, daß an ihr auch ein
sonst entstelltes Gesicht immer wieder erkannt werden kann.
Götz von Berlichingen erzählt in seiner Lebensbeschreibung
von Kaiser Max, er sei sehr bescheiden gekleidet gewesen,
„ich aber als ein junger erkandt Ihn bey der Nassen, daß
Ers war". Kaiser Maximilian war allerdings leicht an
der Nase zu erkennen.

852. Er sieht nicht weiter, als seine Nase reicht.

Die Nase als Längenmaß bezeichnet sprichwörtlich spöttisch
eine winzige Entfernung[2] (vgl. „aller Nasen lang"; dafür
in Baiern gebräuchlicher: alle Finger lang). Wer nicht
weiter sieht, als seine Nase reicht, hat also einen sehr be=
schränkten Gesichtskreis, ist ein einfältiger Mensch. Ähnlich
in Brants „Narrenschiff" 70, 11 fg.:

Nit witter gedenckt er, off all stundt
Dann von der nasen biß inn mundt.

Ebenso frz.: il ne voit pas plus loin que le bout de
son nez.

---

[1] Gellert geißelt solche äußerliche Beurteilung in der Fabel
vom Zeisig und der Nachtigall.
[2] Spöttisch vom Wettrennen der Pferde: einen um eine
Nasenlänge geschlagen haben, d. h. ihm um ein kleines zuvorge=
kommen sein.

853. Die Nase rümpfen.

Wenn auch die Bewegungsfähigkeit der Nase verhältnis=
mäßig gering ist, einiges vermag sie doch auszudrücken. Von
der langen Nase war in Nr. 847 die Rede; die Nase
rümpfen bedeutet eigentlich: sie runzeln, sie zusammenziehen,
zunächst wegen eines unangenehmen Geruches, bildlich dann
aus Verachtung oder zum Ausdruck des Spottes.

854. Er ist auf der Nase gegangen.

So sagt man im Scherz von einem, der sich durch einen
Stoß oder Fall die Nase beschunden hat.

855. Einem auf der Nase herumspielen.

S. v. w. ihn geringschätzig behandeln, sich alles mit
ihm erlauben, ihn zum besten haben. Auf dem Holzschnitt
zu Kap. 33 in Brants „Narrenschiff" ist ein Narr dar=
gestellt, dem seine Frau mit einem Stöckchen auf der Nase
spielt, während er durch die Finger sieht. Man sagt sogar:
einem auf der Nase herumtrommeln, ja: ihm auf der Nase
herumtanzen! Vgl. Lehm. 393 (Heuchelei) 27): „Das Fräu=
lein Adulatio trumpelt Kayser, Chur, Fürsten, Grafen, vnd
Obrigkeiten auffm Maul."

856. Zupfe dich bei deiner Nase!

S. v. w.: ehe du fremde Fehler tadelst, untersuche, ob
du nicht dieselben oder ähnliche Fehler an dir hast. In
der Zimmerischen Chronik III, 469: „Ach fraw, ziehet euch
selbert bei der nasen" (zu einer, die sich über andre Frauen
aufhält). Nach Grimms „Rechtsaltertümern" S. 143 mußte
früher beim Widerruf von Schmähungen der Verurteilte
sich selbst an der Nasenspitze fassen oder auch sich selbst
aufs Maul schlagen. Vgl. das Gleichnis vom Splitter=
richter Matth. 7, 4.

857. Er ist naseweis.

Von einem Klügling, der sich mit seiner geringen Weis=
heit überall vordrängt, besonders von einem vorlauten Kinde,
das sich in das Gespräch Erwachsener mengt. Der Aus=
druck stammt aus der Jägersprache: naseweis sind eigentlich
die Hunde, die eine feine Nase haben, scharf im Riechen sind.

Schon bei Konrad von Würzburg:

> tugende spürt er, sam daz wilt
> ein nase wiser bracke.

Das Beispiel lehrt, daß der Vergleich zunächst auf Überkluge angewendet worden ist, die wittern, wo ein vernünftiger Mensch nichts sieht und nichts hört. Von da aus ist aber der Weg zu dem heutigen Gebrauche des Ausdrucks nicht weit. Eine Mittelstufe stellt etwa noch der Vers in Brants „Narrenschiff" dar (110ᵃ, 47): „Ettlich die sint also naß= wiß." — Im Lateinischen hieß es ganz in demselben Sinne sprichwörtlich: pueri nasum rhinocerotis habent, Martial 1, 4, 6; sie wollen mit der Nase oben hinaus, wie das Nashorn sein Horn aufrecht auf der Nase trägt.

858. Nassauern.

Von jemand, der auf fremde Kosten lebt. Dieser burschi= kose Ausdruck soll in Göttingen entstanden sein. Den hier studierenden Nassauern waren von der Regierung des früher selbständigen Herzogtums Nassau bestimmte Benefizien aus= gesetzt, u. a. auch Freitische. Wenn diese bisweilen auch von solchen benutzt wurden, die nicht aus Nassau stammten, so nannte man das spöttisch: nassauern.

859. Das ist der blasse Neid!

Ergänze etwa: der ihm da aus den Augen herausschaut.[1] Wenn der Neid in den Spiegel sieht, so muß er sich schämen. Der Neid guckt schon aus kleiner Kinder Augen. Der Neid ist eine Natter; ist eine Eule, so das Licht eines andern Glückes nicht ertragen kann. (Sebastian Franck, I, 58ᵃ.) Überall in diesen Sprüchen ist der Neid als ein lebendes Wesen gedacht. Daher kann man auch von dem blassen Neide reden; auch gelb gilt als die (Gesichts=)Farbe des Neides. Brant entwirft im „Narrenschiff" (53, 10 fg.) nach dem Muster von Ovids Met. II, 760 fg. folgendes Bild vom Neide (er denkt ihn sich, trotz des grammatischen Geschlechts im Deutschen, als ein weibliches Wesen, be= einflußt durch die Vorstellung des lat. invidia):

---

[1] Ein Neidischer heißt ein Neidhart, ein Neidkragen, ein Neid= hammel.

Wann sie jr ettwas gantz setzt für
So hat keyn ruw sy, tag noch nacht
Biß sie jr anschlag hat volbracht
So lieb ist jr keyn schloff noch frewd
Das sie vergeß irs hertzen leyd
Dar umb hat sie eyn bleichen mundt
Dürr, mager, sie ist wie ein hundt
Jr ougen rott, vnd sicht nyeman
Mitt gantzen vollen ougen an.

860. Sein Nest bauen.

Ein hübscher Vergleich für die menschliche Wohnung
(auch für das Bett), der keiner Erläuterung bedarf. Wer
behaglich sitzt, hat ein warmes Nest; das jüngste Kind heißt
oft mit demselben Bilde Nestküchlein, Nestkegel, Nest=
hopper, Nesthäkchen, weil es noch nicht ausfliegt. Daher
auch: das Nest rein halten; dazu die Verse Muskatbluts:

Duostu selbe in din eigen nest
Du glichest wol dem wedehoppen,
Wa du dan sitzest ader stest,
Darin so muostu knoppen.

Am frühesten aus dem deutschen Mittelalter in lateinischer
Form bezeugt (vgl. Mones Anzeiger VII, 504; Haupts
Zeitschr. VI, 305):

Turpis avis, proprium qui foedat stercore nidum.
Progenies avium mala foedat stercore nidum.
Non est illa valens, quae nidum stercorat ales.

Weniger anheimelnde Ausdrücke sind: Diebsnest,
Raubnest[1]; auch die Wendung: sich einnisten (statt:
sich festsetzen) hat schlechten Klang, weil sie sich eigentlich
auf das Eindringen von fremden Vögeln in ein Nest bezieht.

861. Es ist nicht weit her.

Ausdruck der Verachtung; höchst bezeichnend für die Art
des deutschen Michel, Einheimisches zu mißachten und Frem=
des zu überschätzen. Schon der brave Grimmelshausen hat
darüber gespottet: „Es ist aber schon vorlängst eine all
gemeine Sucht eingerissen, derart, daß diejenigen, so daran

---

[1] Auch Rattennest, besonders von unbewohnten Ritterburgen.
Doch bei Luther (Hauspostille, S. 192): „Wittenberg, das arme
Rattennest."

krank ligen, weit von ihrem Vatterland gebürtig zu sein wünschen; diese wurde so hefftig, daß auch aus selbiger un= gereimten Thorheit ein Sprichwort entsprungen, welches man zu denen gesagt, die man hat verachten wollen; nemlich: du bist nicht weit her!" Und Friedrich Leopold Graf zu Stolberg klagte zu Anfang unsers Jahrhunderts bitter: „Statt mit der Billigkeit, die der deutschen Gemütsart eigen ist, das Fremde zu würdigen, überschätzt der Deutsche es mit jener Schwäche, die ihm auch sehr eigen ist, und die er nur zu oft naiv genug ausdrückt, wenn er, Geringschätzung anzudeuten, sagt: das ist nicht weit her!" (Meyer=Markau, Fremdwort und Schule.)

Vgl. Hiob 8, 9: „Denn wir sind von gestern her und wissen nichts."

862. Nichts Gutes.

Der Ausdruck verhüllt in gewissen Wendungen den Namen des Teufels. Man sagt z. B.: ich habe dich gesucht wie nichts Gutes; dich hat nichts Gutes dahin geführt, d. h. der Teufel hat dich dahin geführt.

863. Aus der Not eine Tugend machen.

S. v. w. eine schlimme Lage geschickt ausnutzen. („In der Beschränkung zeigt sich erst der Meister." Goethe.) Die Redensart kann lehren, wie man sich mit dem Problem der menschlichen Willensfreiheit abzufinden habe. Am frühesten bezeugt ist sie wohl bei Hieronymus, Ep. 54, 6; in Rufin. 3, 2: facere de necessitate virtutem. Vgl. frz.: faire de nécessité vertu; engl.: to make a virtue of necessity.

864. Es geht (ist) Not an Mann.

S. v. w. die Gefahr wird dringend, eigentlich: die Not, die bisher nur das Haus und das Eigentum des Mannes betroffen hat, tritt jetzt an ihn selbst heran, sein eigenes Dasein steht auf dem Spiele.

865. Nach Noten.

S. v. w. aus dem ff, gründlich. Die wahrscheinlichste Erklärung des Ausdrucks bleibt die, daß zunächst Musiknoten damit gemeint gewesen sind. Während das Volk seine eignen

Lieder nach musikalischem Gefühle singt, scheint es das
Singen nach Noten als Zeichen eines bessern, höhern, des
wahren Gesanges betrachtet zu haben. In einer spätmittel=
alterlichen Predigt auf das Fest Allerheiligen z. B. heißt
es an einer Stelle, wo die lobeliche stad des herrn ge=
priesen wird, von den musizierenden Engeln: Sie singen
noch (d. i. nach) den noten vor gotes throne den lobe-
sang alleluia.

Wegen der Bedeutungsentwicklung vgl. gehörig, eigent=
lich s. v. w. wie es sich gehört, heute gewöhnlich in dem=
selben Sinne gebraucht wie: tüchtig, sehr.

866. Eine gute Nummer bei jemand haben.

S. v. w. gut bei ihm stehen, gut bei ihm angeschrieben
sein, wie der Schüler bei seinem Lehrer.

867. Die Nürnberger hängen keinen, sie hätten ihn denn.

So sagt wohl, wer eine Drohung in den Wind schlägt
in der Hoffnung, der angedrohten Strafe entgehen zu können.
— Warum gerade die Nürnberger? Vermutlich weil in
keinem deutschen Lande der niedere Adel so frech Raubritter=
schaft getrieben hat wie in Franken, und weil auf diesen
fränkischen Adel niemand so erbittert fahnden mußte, wie die
Nürnberger Kaufleute; denn ihr Handel wurde am empfind=
lichsten durch ihn geschädigt. Die Redensart wird also im
Munde dieser raubenden Herren und ihres Gesindels ent=
standen sein.

Manch altes Lied weiß von den verwegenen Gesellen
zu singen; Herr Albrecht von der Rosenburg, der Eppelin
von Gailingen und Hans Schüttensam sind die bekanntesten,
mit denen die Nürnberger manchen Strauß auszufechten ge=
habt haben. Um den kühnen Eppelin hat sich später ein
ganzer Sagenkranz von kecken Reiterthaten gewoben, von
ihm wird auch eine Geschichte erzählt, die lehrt, daß die
Nürnberger selbst den, den sie hatten, nicht jedesmal hängten.
Er soll einst von ihnen gefangen und schon auf dem Burg=
hof vor den Galgen geführt worden sein. Da bat er sich
die Gnade aus, noch einmal sein gutes Roß tummeln zu
dürfen. Kaum aber hatte man es ihm erlaubt, da flog er

auch schon auf dem Rücken des Tieres in gewaltigen Sätzen auf die Burgmauer zu und mit einem Riesensprung über Mauer und Graben hinaus und ließ den Nürnbergern das Nachsehen.

868. Jemand eine harte Nuß zu knacken geben.

S. v. w. ihm eine schwere Aufgabe stellen; auch Rätsel werden oft bildlich Nüsse genannt. Ein altes Lied läßt die böhmischen Jesuiten 1622 über ihre schwierige Lage klagen:

> Die Nuß ist hart, stumpf sind die Zähn,
> Drum ist sie bös zu beißen.

Und nach der Eroberung Sigeths 1686 spottete man in Teutschland:

> Sigeth ist zwar eine harte Nuß,
> Die Teutschen seynd Nußbeißer!

Vgl. Tunnicius (1514) Nr. 152: „De de kerne wil eten, de mot de not upbreken." Ebenso schon bei Plautus, Curc. I, 1, 55: Qui e nuce nucleum esse vult, frangit nucem, d. h. wer den Vorteil will, darf die Anstrengung nicht scheuen.

869. Jemand wie einen Nußsack prügeln.

S. v. w. ihn tüchtig schlagen. Die Redensart stammt von dem Brauche, daß man die geernteten grünen Nüsse in einen Sack thut und auf diesem herumschlägt, bis die grünen Schalen alle von den Nüssen abgesprungen sind. Man vermeidet so, daß Finger und Hände von dem Safte der grünen Schalen gebräunt werden.

O.

870. Es ist bei ihm im Oberstübchen nicht richtig.

S. v. w. er ist etwas verdreht im Kopfe. In Baiern: es fait em in Dachstuel. Vgl. die Redensarten: es wird hell im Oberstübchen (es geht ihm ein Licht auf), einem das Oberstübchen fegen (ihm Klarheit schaffen). Wie der ganze Mensch einem Haus (vgl. Nr. 341), so wird der Kopf mit dem Oberstübchen darin verglichen. Schiller führt das Bild aus in den derben Worten Vater Millers in „Kabale und Liebe“: „Das Mädel iſt ſchön — ſchlank — führt ſeinen netten Fuß. Unterm Dach mag's ausſehen wie's will — darüber guckt man bei euch Weibsleuten weg, wenn's nur der liebe Gott par terre nicht hat fehlen laſſen —.“ Übrigens wird die Redensart auch angewendet für: be= trunken ſein.

871. Oberwaſſer haben.

S. v. w. obenauf ſein. Man denkt leicht, die Worte ſeien eigentlich von einem Schwimmer geſagt, der nicht unten im Strome treibt, ſondern, allen ſichtbar, ſich an der Oberfläche des Waſſers vorwärts arbeitet. Sie ſtammen aber von der Mühle, deren Rad durch Waſſer von oben getrieben wird. Eine Mühle, die ſo Oberwaſſer hat, eine oberſchlächtige Mühle, arbeitet mit mehr Kraft und Erfolg als eine unterſchlächtige, deren Rad nur unten vom Bach in Bewegung erhalten wird.

872. Die Ochſen hinter den Pflug ſpannen.

Auch in der Form: das heißt, den Pflug vor die Ochſen ſpannen; ſ. v. w. eine Sache verkehrt anfangen. Ebenſo: die Pferde hinter den Wagen ſpannen. „Muß die frucht vor dem baum ſein? vnd das werck den werckmeiſter machen? Das heiſt, mayn ich, den wagen für die roß geſpant.“ Diallage (1528) Nr. 89, Bl. 190ᵇ. Vgl. engl.: to put the cart before the horse: frz.: la charrue va devant les bœufs.

Ein andres Bild aus demſelben Vorſtellungskreiſe für die= ſelbe Sache iſt: das Pferd beim Schwanz aufzäumen. In einem Schreiben Luthers an die „Frankfurter am Meyen“:

Da iſt der rechte Meiſter Klügle:
Der das Roß am Hintern zäumen kann,
Und rücklings reitet ſeine Bahn,
Seiner Sackpfeiffen Hall
Iſt der allerbeſte Schall.

Ähnlich im Sendbrief vom Dolmetſchen: „Die Welt will Meiſter Klügling bleiben und muß immer das Roß unter dem Schwanz zäumen, alles meiſtern und ſelbſt nichts können.“

Das hohe Alter der Redensart beweist der aus dem 11. Jahrh. überlieferte Vers:

Ante boves versum non vidi currere plaustrum.

Vgl. endlich das niederd. Scherzwort: Practica est multiplex — jä de Buur, do bünd he sin Pärd mitn Steert äun Ploog.

873. Da stehen die Ochsen am Berge.

So ruft man aus, wenn die Arbeit auf einmal stockt, wo es die Bewältigung eines Hindernisses gilt; wenn man auf eine Schwierigkeit stößt, vor der man zunächst ratlos steht. Syll. 173 übersetzt mit den Worten das lateinische: Nunc meae in arctum coguntur copiae. Dem Bilde nach entsprechen aber eher Ausdrücke wie: mollis, debilis, lassus tanquam caballus in clivo (z. B. bei Petron), freilich haben auch sie bei weitem nicht die Kraft und den Witz wie die deutsche Redensart. Man stelle sich nur die beiden Ochsen mit ihren emporglotzenden Köpfen vor, wie sie auf einmal stumm mit ihrem Wagen stehen bleiben, wo der Weg zu steigen anfängt.

874. Dem Ochsen das Maul verbinden.

S. v. w. den Arbeiter nicht lohnen, wie es recht und billig wäre; meist als Sprichwort in der Form: du sollst dem Ochsen, der da drischet, nicht das Maul verbinden. Das Gleichnis stammt aus der Bibel (5 Mos. 25, 4; vgl. 1 Kor. 9, 9; Tim. 5, 18) und erklärt sich daraus, daß wirklich im Morgenlande der Ochse das Getreide drasch; indem er über die Ähren lief, trat er sie aus.

875. Es ist nicht ganz ohne.

Genau dasselbe sagt: es ist etwas dran, nämlich ein Körnchen Wahrheit, ein Schein von Recht oder was man nun sonst in jedem Falle zu ergänzen haben mag, ebenso wie man sich vollständig ausdrücken würde: es ist nicht ohne Grund, nicht ohne Zweck, nicht ohne Nutzen u. s. w. Schon bei Grimmelshausen (IV, 39): „Es ist nicht ohn, daß kein Mensch glauben kan, wie jämmerlich einen die Liebe peinigt, der es selbst noch nicht erfahren."

876. Die Ohren spitzen.

S. v. w. genau auf etwas horchen, achtgeben; ähnlich: die Ohren steif halten[1], d. h. wach sein. Vom Tiere, besonders vom Pferd und Hund, auf den Menschen übertragen, der freilich seine Ohren nicht spitz in die Höhe richten kann, und selbst auf Wesen angewendet, die überhaupt nicht mit leiblichen Ohren zu denken sind. So beginnt z. B. ein Klagelied auf die schlechte Zeit aus dem Jahre 1649:

> Merk auf, du Gotts vergeßne Welt,
> Hör zu und spitz dein Ohren.

Ebenso lat. von aufmerksam zuhörenden Leuten: auribus arrectis, dem Erasmus (Ad. III, 2) die Erklärung giebt: Ducta metaphora ab animantibus, quorum plerisque mos est, si quando quid eminus audierint, aures surrigere. Nam uni animantium homini natura dedit auriculas immobiles.

Fern zu halten ist die anklingende alte Redensart: die Augen spitzen (öfter im „Renner", z. B. V. 4551); sie bedeutet: scharfe Blicke schießen.

877. Jemand übers Ohr hauen.

S. v. w. ihn arg übervorteilen; eigentlich bloß: ihm einen derben Streich versetzen, ihm eins auswischen. Früher dafür auch: jemand an ein Ohr hauen; sogar: einem eins übers Auge geben. Gegen Ende des Dreißigjährigen Krieges erschien „Ein Neu: Nutzlich= vnd Lustigs Colloqvium Von etlichen Reichstags=Puncten", darin erklärt der Doktor, einer der Unterreder: „Mich will auch schier geduncken, die Herren Debitores vermeinen, Sie haben ihren Darleihern eins über das Aug geben, wann es jhnen nach wunsch ergehn, vnd die Zinß alle in flumen Lethaeum versenckt werden solten."

878. Sich etwas hinter die Ohren schreiben.

S. v. w. sich etwas merken, um sich bei rechter Gelegenheit wieder daran zu erinnern. Syll. 142: „Manet alta mente repostum. Ich wil mirs wol hinter ein Oehrigen schreiben." Schiller machte daraus (Räuber II, 3): „Ich

---

[1] Vom Auge auf das Ohr übertragen: Sperrt die Ohren auf! im Scherze auch: Knöpft die Ohren auf!

will mir diese Lektion mit goldenen Ziffern auf meine Hirn=
tafel schreiben."

Die Redensart erinnert an eine alte deutsche Rechts=
sitte. Unsre Vorfahren pflegten bei wichtigen Anlässen, bei
Abschließung eines Vertrages, bei Legung von Grenzzeichen
u. dgl. auch Knaben als Zeugen zuzuziehen, sie in perpe-
tuam rei memoriam in die Ohren zu kneipen und ihnen
das Bedeutsame der Handlung überdies noch durch Ohrfeigen
bemerkbar zu machen. Dabei empfingen die Knaben kleine
Geschenke.[1] Schon in den Gesetzen der Ripuarischen Franken
ist dieser Brauch bezeugt, und er soll in Baiern bis ins
18. Jahrh. hinein ausgeübt worden sein.

Aber sogar aus dem alten Rom ist ähnliches überliefert.
Dort durfte man nämlich bei einer gerichtlichen Anklage
den Gegner nicht eher gewaltsam vor das Gericht führen,
als bis man sich einen Zeugen dafür verschafft hatte,
daß er ordnungsmäßig geladen worden war. Diesen Zeugen
gewann man, indem man einen Zeugenfähigen fragte: licet
(te) antetestari? und ihn, wenn er bejahte, mit dem Worte
memento dreimal am Ohrläppchen (auricula) zupfte. Vgl.
Plinius, Nat. hist. 11, 45, 103: est in aure ima memoriae
locus, quem tangentes antetestamur.

879. Einen bei den Ohren nehmen.

Der Ausdruck bedeutet bildlich: einen tüchtig vornehmen
oder hart mitnehmen. Vgl. Lehm. 81 (Beschwerden 24):
„Wer mit Beschwernüssen geplagt wird, von dem wird ge=
sagt: man hat ihn beym Ohr."

880. Er ist noch nicht hinter den Ohren trocken.

S. v. w. er ist ein naseweiser Bursche, der noch gar
nicht mitreden darf. Eigentlich: er ist ein neugeborenes
Kind. Die Wendung ist über ganz Deutschland verbreitet;

---

[1] Vgl. G. L. v. Maurer, über das gerichtliche Weinen und
Beweinen und die gerichtliche Beweinung. Nach Grimms „Rechts=
altertümern" S. 147 fg., findet sich der Brauch besonders häufig
in Baiern bezeugt, während sich im Norden weder in Sachsen,
noch in Friesland Spuren nachweisen lassen. Doch ist er auch
für England bezeugt bis zum J. 1830; s. Brand=Ellis, Obser-
vations on Popular Antiquities, 1, 123.

der Schwabe Schiller läßt seinen Karl Moor ergrimmt ausrufen (Räuber I, 2): „Feuchtohrige Buben fischen Phrases
aus der Schlacht bei Cannae", und der Ostfriese weist
einen Grünschnabel zurück: Bist ja noch heel neet drög
achter de Ohren!

**881. Etwas zu einem Ohr herein und zum andern
hinauslassen.**

S. v. w. sofort wieder vergessen, was man eben gesagt
bekommen hat. Schon in mittelhochdeutscher Zeit üblich:
Wolfram von Eschenbach erklärt einmal (Parzival 241,
21 fg.), sin maere vom Parzival nicht für Leute gesungen
haben zu wollen, für die es eine Qual wäre, es aufmerksam
zu fassen:

> wan daz hat da niendert stat
> und vil gerumeclichen pfat,
> zeim oren in, zem andern für.

Ähnlich im „Wigalois" Wiruts von Gravenberg 8, 12 fg.:

> er lat ez durch diu oren gar
> zem einen in, zem andern uz. ·

Bei Agricola Nr. 152: „Es gehet dir zu einem ohr eynn,
zum andern wider aus" mit der Erklärung: „Wem ein
ding ernst ist, darauff yemand achtung hat, der selbige höret
mit beyden ohren zu, wem aber das nicht ernst ist, der höret
allein mit einem ohr zu, vnd mit dem andern anderßwohyn,
Also daß mit beyden ohren hören so vil sey, als mit großem
fleiß hören, Vnd mit einem ohre hören, so vil, als en fleiß
auff mercken." Diese Erklärung würde freilich besser auf
die Redensart passen: nur mit einem Ohre hinhören.
Mancher hört ja nur mit halbem Ohre zu.

882. Es hinter den Ohren haben.

S. v. w. sehr klug, verschmitzt sein und doch gar nicht
darnach aussehen; ähnlich wie manchem der Schalk nicht
gleich aus den Augen guckt, weil er ihn im Nacken sitzen
hat. Daß dabei die Vorstellung eines kleinen leibhaften
dämonischen Schalks ursprünglich dagewesen sein wird, lehrt
die Bedeutung, die die Redensart in Siebenbürgen hat:
ein verdrehter Kerl sein, dem nicht recht zu trauen ist. Vgl.
Lehm. 334 (Gleißnerey 37): „Der Schalck schläfft offt hinter

ten Ohren, wenn er erwacht, so läßt er sich erst sehen." Dann spielt aber eine Art volkstümlicher Schädellehre herein, wonach der Sinn der Verschlagenheit hinter den Ohren liegt und dort desto größere Wülste schafft, je stärker er entwickelt ist. Daher: es dick, es knüppeldick hinter den Ohren haben; in Leipzig heißt es von dem Allergescheitesten (auch von einem Superklugen): der hat den dicksten Dreck hinter den Ohren; im Elsaß sagt man: er hat Knepf hänger de Ohre. Vgl. Syll. 24: „Acetum habet in pectore. Er hat viel flöhe hinter den Ohren."

883. Tauben Ohren predigen.

S. v. w. vergeblich ermahnen; früher gewöhnlicher: tauben Ohren singen. Noch anders in der Zimmerischen Chronik III, 141: „Aber er sagt hiemit aim tauben ain merlin, wie man sprücht." Im Lat. ist ebenso sprichwört= lich: surdo asello narrare fabulam, Horaz, Ep. II, 1, 199. Ad surdas aures canere, Ovid, Amor. III, 7, 61. Vgl. ferner die lateinische Redensart: mortuo verba facere, Plautus, Poenulus IV, 2, 18; Terenz, Phorm. 5, 10, 26.

884. Das rechte Ohr klingt mir.

Das Klingen der Ohren hält der Aberglaube des Volks vielfach für eine Folge davon, daß abwesende Leute von einem reden. Dabei gilt auch hier der alte Glaube an die günstige Bedeutung alles dessen, was rechts, an die un= günstige dessen, was links von einem geschieht: klingt das rechte Ohr, so wird Gutes von einem gesprochen, beim Klingen des linken Ohres aber zittert der Aberglaube — es bedeutet häßliche Nachrede! Die wahre Ursache dieses Tönens ist Vollblütigkeit und Erhitzung des Kopfes. Vgl. Catull 52, 10: tinniunt aures sono suopte.

885. Bis über die Ohren.

Ein kräftiges Bild für: ganz und gar. In Wirklich= keit kann man bis über die Ohren etwa im Bette stecken, mancher steckt aber auch bis über die Ohren in Schulden, ganz komisch aber ist es, wenn einer bis über die Ohren verliebt ist.

886. Jemand in den Ohren liegen.

Ein kräftiges Bild für: ihn fortwährend mit Klagen oder Bitten belästigen. Schon in der Zimmerischen Chronik (III, 233) heißt es von einer Querulantin: „Dieselbig lag ohne unterlaß dem guten herren dermaßen in oren."

887. Wie ein Ohrwürmchen sein.

Der Vergleich bedeutet ursprünglich dasselbe wie die Redensarten: einem die Ohren streichen, melken, krauen, jucken, d. h. sich einem gefällig erweisen, indem man ihm kriecherisch angenehme Dinge sagt. Heute wiegt bei ihm die Bedeutung vor: sehr artig sein, besonders von einem duck= mänserischen Gehorsam gesagt.

888. Dünne Ohren haben.

S. v. w. ein feines Gehör haben; ebenso heißt es um= gekehrt: dicke, harte Ohren haben, in dem Sinne von: nicht hören wollen. Beidemal steht das Werkzeug für die Fähigkeit.

889. Öl auf die Wogen gießen.

S. v. w. die Leidenschaften besänftigen. — Die merk= würdige Thatsache, daß die Oberfläche der See durch Darauf= gießen von Öl geglättet wird, war schon im Altertum be= kannt.

890. Wie ein Ölgötze dastehen.

Die richtige Erklärung des Bildes, das auf einen höl= zernen, stummen Gesellen in einem lebhaften Kreise an= gewendet wird[1], geben unsre ältesten Sammler von deutschen Sprichwörtern und Redensarten an die Hand. Freilich war schon Agricola auf dem Holzwege, als er deutete: „Ein stock vnd ein holtz das gefarbet ist, vnd vel getrocknet, auff das die farbe bleibe vnd vom regen nicht abgewaschen werde, ist ein oelgötze, Goetze kompt von Gott, vnd ist etwas das ein bildnis hat on leben, on seele, darumb ist ein oelgötze, ein mensch der nyrgent zu nutze ist, do wider verstand noch

---

[1] Vgl. Syll. 73: „Corpus sine pectore. Ein rechter ölgötz. Es ist eine schöne Monstrantz, wen nur Heiligthumb drinnen were."

wiße bey ist." Aber Sebastian Franck führt uns richtig mit den Worten: „Ut bagas stas, du stehst wie ein Klotz, Ölgötz, Tielmann, Leuchter." Vgl. Syll. 242: „Vt Bagas constitisti. Vt Bagas stas. Du stehest wie ein leuchter." Der Ölgötze ist also eigentlich ein geschnitztes Götzenbild, das Licht spendet, an dem das Öllicht angebracht ist. Diese Erklärung wird bestätigt durch eine Bemerkung von Schillers Schwager Reinwald in seinem Hennebergischen Idiotikon: „Ölgötze, ursprünglich und noch in einigen hennebergischen Gegenden ein Pfosten, an den man die Lampe aufhängt", und noch deutlicher wird dieser Pfosten in einer Angabe von Spieß[1]: „Ölgötz, ursprüngliche Benennung des hölzernen auf einen rundem oder viereckigen Fuße stehenden, oft schlangenförmig gewundenen Pfostens, an welchem die Öl= lampe hängt." Dasselbe Ding ist vielleicht auch noch ge= meint in dem „Hochzeitlied" des jungen Goethe:

Das Feuer in des Wächters Händen
Wird wie ein Nachtlicht still und klein,

jedenfalls in den niederdeutschen Wendungen: He steit as en Lüchterpiep, as en Pickpahl (Pechpfahl).

Aber auch das Götzenbild an sich kann zur Bezeichnung steifen, hölzernen Benehmens dienen (öfter bei Grimmels= hausen, z. B. III, 416: „daß er dort stund wie ein ge= schnitztes Bild" vgl. IV, 11. 191), freilich ist es doch nicht für alle so jeden Augenblick mit Händen zu greifen gewesen und hat also nie das anheimelnde gehabt, wie die Vor= stellung von dem gedrechselten Pfosten, dem stummen Haus= diener, der — zwar ein Götze, aber doch ein guter Kobold — als Träger des Lichts die Stubenarbeit der Familie förderte.

891. Zu Olims Zeiten.

S. v. w. vor langer Zeit. Wer Olim gewesen sei, fragt der Leser vergeblich. Der Ausdruck ist ein gelehrtes Scherzwort; lat. olim bedeutet: vor alters.

---

[1] Beiträge zu einem Hennebergischen Wörterbuche S. 117. Vgl. Hildebrand in Lyons Zeitschr. V, 203.

892. Wie die Orgelpfeifen.

So sagt man gern von Kindern, wenn sie der Reihe nach nebeneinander aufgestellt eine gleichmäßig ansteigende Linie bilden. Vgl. Simpl. III, 857: „die unterschiedliche Kinder (so ohne das ihrer unterschiedlichen Größe nach die Orgelpfeiffen repräsentirten) hielten den Altum und Discant."

P.

893. Dem will ich ein P vorschreiben.

S. v. w. das will ich verhindern. Vorschreiben, d. h. vor die Sache schreiben, die er angreifen will, aber nicht soll; denn der Ausdruck stammt wahrscheinlich aus Zeiten der Pest (oder der nicht minder gefährlichen schwarzen Pocken) und bezieht sich darauf, daß an das verseuchte Haus zur Warnung ein P geschrieben wurde. Schon bei Sebastian Franck, II, 71ᵇ: „Ich will ein P für das hauß schreiben." Ostfriesisch: Der hebb't hum'n p vorsett, d. h. daran habe ich ihn verhindert.

894. Zu Paaren treiben.

S. v. w. in die Flucht schlagen; eigentlich: zur Krippe treiben, gleich einem Tier, das dem Stall entflohen ist, denn Paaren ist volksetymologisch verderbt aus Barn, d. i. Futterkrippe. Die ursprüngliche Form hat bis in die Mitte des 17. Jahrhs. gegolten, vgl. Syll. 123: „In laqueum inducere. Zum barren bringen." Hippel bildet die neue Form einmal hübsch weiter: „Nachdem sie ihre zu Paaren getriebenen Ideen wieder zu Hauff gebracht hatte, entwarf sie einen neuen Operationsplan."

895. Nach der Palme ringen; jemand die Palme zuerkennen.

Die Palme ist in diesen Redensarten ein Sinnbild des höchsten Ruhmes, des erkämpften Sieges. Wie die Pflanze, so stammt auch das Bild aus dem Orient; wir haben es aus der Bibel übernommen. Vgl. 1 Makk. 13, 51; 2 Makk. 10, 7; Off. 7, 9.

896. Panischer Schreck.

Panicus casus war schon bei den Römern sprichwörtlich für einen plötzlichen blinden Lärm; die Alten glaubten nämlich, der Gott Pan sende dergleichen Bestürzung, wobei man die Besinnung verliere. Man dachte sich den Pan bocksfüßig, mit zwei Hörnern und einem langen Bart, behaart und beschwänzt, also ungefähr so, wie die christliche Vorstellung den Teufel gebildet hat. Schon Herodot erzählt, daß Pan den Persern bei Marathon seinen Schrecken eingejagt habe; auch bei Salamis glaubten die Griechen sich seines Beistands erfreut zu haben.[1]

897. Unter dem Pantoffel stehen.

Die Redensart bezeichnet bildlich die Herrschaft der Frau über den Mann in der Ehe und erklärt sich aus einem alten weitverbreiteten Brauche. Unmittelbar nach der Eheschließung galt es für jeden der beiden Gatten, dem andern womöglich zuerst auf den Fuß zu treten; welchem Teile das gelang, dem glaubte man die Herrschaft in der Ehe zeit seines Lebens sicher. Den beschuhten Fuß auf den Gegner zu setzen, erkennen wir ja noch als allgemeines Symbol der völligen Niederwerfung des Feindes an; mit dieser Sitte hängt jener Brauch bei der Eheschließung eng zusammen.

In dem Gedicht vom Meier Helmbrecht (um die Mitte des 13. Jahrhs. verfaßt) heißt es am Schlusse einer Verheiratung (V. 1534):

        uf den fuoz er ir trat.

Und noch heute herrscht in den Gegenden Österreichs, woher das Gedicht stammt, an der Salzach, diese Unsitte; auch in Hessen ist sie bezeugt, ja in Persien, wie sich denn vollends der Schuh als Symbol der Herrschaft weit zurück verfolgen und auch außerhalb der indogermanischen Völker nachweisen läßt.

---

[1] Die Römer haben mit Pan ihren Faunus, ebenfalls den Gott des Feldes und des Waldes, verschmolzen. Auch von diesem glaubte man, er liebe wie Pan, in den Wäldern die Menschen zu necken und zu schrecken, besonders durch sein teuflisches Gelächter, daher das faunische Lachen.

Heute iſt die Redensart nicht mehr auf das Weiber=
regiment in der Ehe beſchränkt, vgl. Schillers „Räuber" I,
1: „In der That ſehr lobenswürdige Anſtalten, die Narren
im Reſpekt und den Pöbel unter dem Pantoffel zu halten."

Der Franzoſe nennt den Pantoffelhelden pantouflard,
der Engländer aber mit einem andern, reizenden Bilde
a henpecked husband.[1]

898. Seine Pappenheimer kennen.

Dieſe Redensart ſtammt aus dem dritten Teil von
Schillers „Wallenſtein" 15. Da treten zehn Küraſſiere des
Pappenheimiſchen Regiments unter Führung eines Gefreiten
vor ihren General, um von ihm ſelbſt zu hören, ob er dem
Kaiſer treu bleiben oder mit den Schweden gemeinſame Sache
machen wolle.

> Kein fremder Mund ſoll zwiſchen uns ſich ſchieben,
> Den guten Feldherrn und die guten Truppen.

Darauf Wallenſtein:

> Daran erkenn' ich meine Pappenheimer.

Heute gebrauchen wir die Worte nicht im anerkennenden,
lobenden Sinne, ſondern gern ironiſch: die Schlingel kennen.
Sollte das andre geflügelte Wort Schillers eingewirkt haben:
„Spiegelberg, ich kenne dich" (Räuber II, 3)?

899. Einem in die Parade fahren.

Aus der Fechterſprache, wo Parade die abwehrende Stel=
lung oder Deckung bezeichnet (vgl. den ebenfalls bildlich ge=
brauchten Ausdruck: einen Hieb parieren, d. h. ihn zurück=
weiſen). Wer ſeinem Gegner in die Parade fährt, führt
einen glücklichen Stoß gegen ihn. Bildlich gebraucht meint
der Ausdruck: jemand einen Strich durch die Rechnung
machen, ihn treffend zurückweiſen.

900. Er verſteht die Paſſauer Kunſt.

S. v. w. er vermag ſich hieb=, ſtich= und kugelfeſt zu
machen, er iſt gegen jedes Unglück gefeit. Die Paſſauer Kunſt

---

[1] Eine ältere deutſche Bezeichnung iſt Siemann, daher in
alten geiſtlichen Spielen Simon meiſt als Weiberſklave erſcheint,
am Tiſche der Frauen ißt und trinkt u. ſ. w.

und die nach ihr verfertigten sogenannten Paſſauer Zettel, die im 17. Jahrh. zu großer Berühmtheit gelangten, ſtammen aus Paſſau. Leopold, Erzherzog von Öſterreich, Biſchof von Paſſau 1598—1626, warb auf Antreiben Kaiſer Rudolfs 1609 Paſſauer Volk gegen die Böhmen. Unter dieſem tapfern, wilden Trupp, der Böhmen und Ober= öſterreich ſengend und brennend durchzog, verkauften der Nachrichter Kaſpar Neithart und der Student Kriſtian Elſen= reiter unter großem Zulauf kleine Zettel mit Zauberſprüchen, die hieb= und ſtichfeſt machen ſollten, wenn man ſie auf der Bruſt an einem Kettlein trug oder — noch beſſer — ver= ſchluckte. Vgl. Simpl. IV, 186: „muſte es auch, wie ſehr und eygentlich du dich dem Teufel obligiret hatteſt, ordent= licher Weis verbrieſft ſeyn, welches durch die Zettel ge= ſchehen, die du vor die Feſtigkeit bey dir getragen oder gar in Leib gefreſſen, maſſen die Zettel der Paſſauer Kunſt (welche den Namen darvon hat, daß ſie ein Student zu Paſſau erfunden) keinen andern Inhalt haben, die viele darbey ſtehende Creutz=Zeichen ohnangeſehen, als dieſen er= ſchröcklichen, den nimmermehr kein Chriſt wegen ſeiner Greu= lichkeit vor ſein Maul, geſchweige auff das Papier kommen laſſen ſolte:

> Teuffel hilff mir
> Leib und Seel gib ich dir.“

Vgl. noch Anhorn, Magiologia, S. 837 fg. und Burg= graf, Achilles panoplus redivivus. Ausführlich handelt von dem Glauben an die Paſſauer Kunſt A. Birlinger im 12. Bande der „Alemannia“, unter Hinweiſung auf das hohe Alter derartigen Aberglaubens — man denke an Achills Unverwundbarkeit und an Siegfrieds Hornhaut.

901. Einem den Paß verlegen.

S. v. w. ihn hindern. Das Bild ſtammt aus der Soldatenſprache; ein Trupp verlegt dem andern den Paß d. h. er legt ſich ihm in den Weg. In übertragenem Sinne und das Bild doch noch deutlich erkennbar z. B. Simpl. I, 365: „daß das weinen dem Singen den Paß verlegen wollte.“

902. Zu Passe kommen.

Paß, eigentlich Schritt, ist in den Niederlanden ein ganz gewöhnliches Längenmaß geworden, und von Niederdeutschland her haben sich die davon abgeleiteten Ausdrücke bei uns verbreitet. Die Wendungen zu Passe bringen, machen bedeuteten: etwas nach Maß, sodaß es paßt, bringen oder machen; zu Passe kommen heißt: gerade recht kommen[1]; der Gegensatz zu der in der Schriftsprache ungebräuchlichen Wendung: zu passe sein (d. h. wohlauf sein) wird jedem verständlich durch unpaß oder unpäßlich bezeichnet.

903. Pech haben.

Die Bezeichnung Pech für Unglück wird daher erklärt, daß es früher üblich war, kleine Tiere auf Pech zu locken und so zu fangen. Ein Mensch hat Unglück wie ein mit Vogelpech gefangener Vogel Pech an den Federn kleben hat, wodurch er an der Stange[2] festgehalten wird. Auch Mäuse müssen früher mit Pech gefangen worden sein; Sebastian Franck: „Die maus hat das bech, der vogel den leim versucht. Die maus weiß nit was bech, noch der vogel, was leim ist, bis sies versuchen, etwa drob gefangen werden und etwa schwerlich davon kommen."

904. Es wird ihm keine Perle aus der Krone fallen!

So sagt man, wenn sich einer aus falschem Ehrgefühl weigert, sich irgendwo zu beteiligen, als ob seiner Würde (der Krone) dadurch Abbruch geschehen könnte.

Scherzhaft von einem Herrn, der zwischen mehreren Damen sitzt: er sitzt drin wie die Perle im Golde.

905. Die Perlen vor die Säue werfen.

S. v. w. Edles, Gutes und Schönes dem bieten, der es nicht zu würdigen versteht. Die Redensart stammt aus

---

[1] Genau dieselbe Bedeutungsübertragung zeigt das ostniederdeutsche: Dat kümmt mi nich to Mate, zu Maße, d. h. das paßt mir nicht.

[2] Die zu dem Zwecke auch mit Leim bestrichen wird, daher die Redensart: auf den Leim gehen (s. Nr. 751).

Matth. 7, 6: „Ihr sollt das Heiligtum nicht den Hunden geben, und eure Perlen sollt ihr nicht vor die Säue werfen, auf daß sie dieselbigen nicht zertreten mit ihren Füßen und sich wenden und euch zerreißen." Schon früh ist das Bild in Deutschland eingebürgert worden, zuerst freilich (aus dem 11. Jahrh.) in lateinischer Form bezeugt:

Porci postponunt gemmas, quas calcibus instant.

Deutsch zuerst im 12. Jahrh. in dem Speculum ecclesiae, einer altbairischen Predigtsammlung: man sol diu mergriezzer vur diu swin niht giezzen; als volkstümlich deutsch endlich erwiesen durch die Verse in Freidanks „Bescheidenheit":

Swer berlin schüttet für diu swin,
Die enmugen niht lange reine sin.

Vollkommen frei schaltet schon Hugo von Trimberg mit der überlieferten Formel, er klagt (Renner V. 6360 fg.):

daz zuht, scham, kunst und witze
fleischlichem gelust entwichen müezzen
und under der gitekeit füezzen
ligen als vor swinen edel gestein.

Niederdeutsch bei Tunnicius: „Men sal de perlen nicht vor de swyne werpen. Porcellis gemmas, gallo quis spargeret aurum?" Vgl. engl.: to throw pearls before swine; frz.: donner des perles aux porcs; anders lat.: nihil cum fidibus graculo (Gellius).

906. Dem Peter nehmen und dem Paul geben.

S. v. w. dem einen es nehmen und dem andern es geben; von dem einen etwas leihen, um den andern damit zu bezahlen. Vgl. engl.: to rob Peter to pay Paul; frz.: dépouiller saint Pierre pour habiller saint Paul; ital.: scoprire un altare per coprirne un altro.

Diese Zusammenstellung der beiden stabreimenden Namen Peter und Paul als Gattungsnamen ist sehr verbreitet, kein Wunder bei der großen Verehrung, die die beiden Heiligen von jeher genossen haben. Die Redensart erklärt sich aus dem alten Brauche der Geistlichkeit, aus ihren ältern Kirchen Gegenstände der Verehrung, des Schmuckes, die dort reichlich vorhanden waren, zu entnehmen, um sie an neue Kirchen zu geben, denen diese Dinge noch fehlten. Handelte man doch dabei in Übereinstimmung mit Paulus, der in der zweiten Epistel an die Korinther (XI, 8) schreibt: „Und habe andere Gemeinden beraubt, und Sold von ihnen genommen, daß ich euch predigte." So mag es denn geradezu begegnet sein, daß man dem heiligen Petrus den Rock nahm, um ihn dem heiligen Paul anzuziehen (vgl. die französische Redensart), denn es war früher Sitte, den Statuen der Heiligen natürliche Gewänder anzulegen, ein Brauch, der noch heute in manchen Gegenden üblich ist.

Die Redensart findet sich einer alten Chronik zufolge[1] lateinisch schon zur Zeit des Frankenkönigs Dagobert, der zur Gründung der Abtei Saint-Denis verschiedene Kirchen zu den besprochenen Schenkungen nötigte. So mußte u. a. die Martinskirche in Tours ihre eisernen Thüren an die Dionysius-Abtei abtreten; damals wurde schon sprichwörtlich geklagt: Non est spoliandus Petrus, ut vestiatur Paulus.

907. Etwas in petto haben.

Der Ausdruck in petto stammt aus dem Italienischen[2] und heißt wörtlich übersetzt: in der Brust. Dem Wortsinn nach kommt also am nächsten die deutsche Wendung: etwas auf dem Herzen haben, dem Gebrauche nach entspricht unser: etwas vorhaben oder etwas in Vorrat haben. In Baiern heißt es dafür: etwas in der Ficken (d. i. Tasche) haben.

908. Ein Pfahl im Fleische.

So nennt man bildlich ein unüberwindbares Hindernis in nächster Nähe, das einen nie frei aufatmen läßt, gleichsam eine unheilbare Wunde am eigenen Leibe bildet, nach den Worten des Paulus (2 Kor. 12, 7): „Auf daß ich mich nicht der hohen Offenbarung überhebe, ist mir gegeben ein Pfahl ins Fleisch, nämlich des Satanas Engel, der mich mit Fäusten schlage, auf daß ich mich nicht überhebe."

909. In seinen vier Pfählen.

Alter, volkstümlicher Ausdruck für: innerhalb seiner Wohnung, eigentlich innerhalb seines Hauses. Sein hohes

---

[1] Vgl. Quitard, Etudes, S. 305.

[2] In petto hat der Papst einen Geistlichen, den er zum Kardinal ernennen will.

Alter beweist er selbst: die vier Eckpfeiler des Hauses waren
hölzerne Pfähle in der Zeit, wo der Ausdruck aufkam.
Einen wichtigen Begriff bedeutet er in der alten Rechts=
sprache: die Glosse zum Sachsenspiegel erklärt: „wer seine
vier pfell weret, der tut notwer als der seinen leib rettet".
Hans Pfriem klagt (V. 1586):

> Ist dann heut aller fried dahin,
> Das ich kein stund nicht sicher bin,
> In meinen vier pfelen, erbarm es Gott.

910. Einen in die Pfanne hauen.

S. v. w. ihn im Wortgefecht gründlich besiegen. Der
Ausdruck erklärt sich genau so wie die Redensart: zur Bank
hauen (Nr. 109); wie man ein Schaf, ein Schwein zur
Bank haut, um dort die Stücke zu verkaufen, oder in die
Pfanne haut, um die Stücke darin zu kochen oder zu braten,
so nennt man es auch in geistigem Sinne: zur Bank, in
die Pfanne hauen, wenn man einen Gegner mit Worten
„zusammenhaut". Dasselbe sagen die Worte: einen zu Koch=
stücken zusammenhauen, die freilich immer nur körperlich ge=
meint werden.[1] Und als bloße körperliche Drohung ist auch
die Redensart in die Pfanne hauen früher angewendet
worden; in einem Liede auf die Schlacht bei Patras z. B.
von 1687 heißt es von dem Türken:

> Also er zweimal sturmet an,
> Uns in die Pfann zu hauen.

Simpl. I, 424 ist von einem Mädchen die Rede, „die kürz=
lich in eine Pfanne getretten", d. h. ihre Jungferschaft
verloren hatte. Die Worte stellen sich zu der Redensart: ins
Fettnäpfchen treten (Nr. 339); auch der Ausdruck es bei
jemand verschütten wird in diesem Vorstellungskreise die
beste Erklärung finden.

911. Etwas auf der Pfanne haben.

Wer etwas auf der Pfanne hat, dem ruft man zu:
schieß los! d. h. wer etwas vorhat, den ermuntert man,
es auszuführen. Hier ist unter der Pfanne die kleine Platte
an alten Gewehren zu verstehen, auf die man Pulver

---

[1] Noch anders in Ifflands „Jägern" III, 2: ich könnte ihn
zu Granatbißchen hauen.

schüttete, wenn man einen Schuß abgeben wollte, und auf
die der Hahn aufschlug, wenn er abdrückte.

912. Sich wie ein Pfau spreizen.

Das Bild, höchst anschaulich und ohne weiteres ver=
ständlich, ist alt: sie gent als die pfawen heißt es schon
lange von solchen, die sich aufgeblasen benehmen. Im ein=
zelnen führt Hugo von Trimberg den Vergleich einmal
(Renner 1774 fg.) an einem stolzen Krähenmännchen aus:

> er gie stolzieren hin und her
> rechte als er ein phawe waer;
> er nam im mangen tummen ganc
> und tet ouch mangen umbeswanc
> mit den vedern swa er gienge.

Anders verwendet Walther von der Vogelweide einmal bild=
lich den leisen, gebückt schleichenden Gang des Pfauen:

> do gieng ich slichende als eine pfawe swar ich gie,
> daz houbet hanhte ich nider unz uf miniu knie.

913. Ich wollt', er wäre, wo der Pfeffer wächst!

So sagt, wer einen andern weit weg, zum Teufel
wünscht. Die Redensart stammt aus dem späten Mittel=
alter, wo man in Teutschland nur allgemein wußte, daß
der Pfeffer sehr weit herkam, nicht, wie das Land eigentlich
heiße. In Murners „Narrenbeschwörung":

> Ach werents an derselben statt,
> Do der pfeffer gewachsen hat.

Anders in Götz von Berlichingens Lebensbeschreibung: „und
wünscht mir vielmahl darfür, daß ich in dem bösten Thurm
leg, der in der Türken wäre, oder uff Ertrich, es wäre
wo es wolt." Noch anders und merkwürdig früher: in
Ottokars österreichischer Reimchronik heißt es V. 54279 fg.
von einem Bischof, den die Salzburger nicht leiden mögen:

> des wunschten in die Salzpurgaere
> daz er bi priester Johan waere
> datz sant Thomas in India[1]
> unde daz er waer alda
> primas oder patriarch.

---

[1] Man glaubte, die Leiche des heiligen Thomas ruhe in In=
dien, wo ja auch der Priester Johann, ein Abkömmling der Grals=
könige, wirkend gedacht wurde.

Indien aber war nun das Land, woher der europäische Westen zu Ausgang des Mittelalters seinen Pfeffer bezog: der Ausdruck deckt sich also vollkommen mit dem heutigen.

Französisch entspricht: envoyer au Mississippi.

914. Sein Pfeifchen schneiden.

S. v. w. die Gelegenheit ausnützen, seinen Vorteil wahr= nehmen. Die günstige Gelegenheit besteht darin, daß der Pfeifenschneider mitten im Rohr sitzt und hier bei der reichen Auswahl bequemes Arbeiten hat. Auf Amrum heißt es: du hest gud pipen, satt unnf raid (im Rohr). Vgl. Syll. 102: „Figulus ollis ansas pro voluntate ponit. Wer in dem rören sitzet, der mag ihm pfeiffen schneiden, wo er will.“

915. Die Pfeife im Sack halten.

S. v. w. schweigen, kleinlaut sein; die Pfeife in den Sack stecken, einziehen: kleinlaut werden. Von der Sack= pfeife, dem Dudelsack, entlehnt, einem schon im Altertum bekannten, jetzt nur noch auf dem Lande gebräuchlichen Ton= werkzeug[1], bestehend aus ledernem Sack oder Schlauch und einer damit verbundenen Pfeife. Simpl. I, 293: „So hätte ich die Pfeiffe wol im Sacke müssen stecken lassen.“ Ähnlich ebd. II. 35: „die Pfeiffe fiel mir bald in Dreck“, d. h. es ging mir schlecht. Vgl. ital.: andarsene colle pive (colle trombe) nel sacco, d. i. unverrichteter Sache, mit langer Nase abziehen.

916. Nach eines andern Pfeife tanzen müssen.

Ebenso zu erklären wie Nr. 429: nach jemandes Geige tanzen müssen. Daß die Redensart aus dem Altertum über die Bibel entlehnt wäre, wie Büchmann meint, daran ist nicht zu denken. Das Bild ist so natürlich, daß es sich

---

[1] Schon zu Sebastian Brants Zeiten muß die Sackpfeife nicht mehr beliebt gewesen sein: auf dem Holzschnitt zu Kapitel 54 des „Narrenschiffs“ bläst nämlich ein Narr wohlgefällig auf einem Dudelsack, während Harfe und Guitarre zu seinen Füßen liegen. Darüber stehen die Verse:

Wem sackpfiffen freüd, kurtzwil gytt
Vnd acht der harpff vnd luten nytt,
Der gehört wol vff den narren schlytt.

hier und dort von selbst einstellen könnte. Auch das Singen
zur Laute ist bildlich so gebraucht worden wie das Tanzen
nach einer Geige oder Pfeife (vgl. auch Ton); dem „fran=
zösischen Kaufmann", d. h. Ludwig XIV., legte man 1688
in den Mund:

> Für dich will ich, o Römisch Reich,
> Was neues mit mir bringen;
> Ihr werdt mir müssen werden gleich,
> Müßt auf mein Lauten singen.

Das reichste Leben entfaltet diese Redensart in den
Totentänzen seit dem Ende des 15. Jahrhs. Sie stellen in
Bildern und Versen dar, wie der Tod als Musikant die
Menschen zu seinem Tanze abholt, und jedem Stande spielt
er womöglich mit einem besondern Instrument auf. Bei
Niklaus Manuel z. B. schlägt er dem Bischof die Laute,
vor dem Priester bläst er ein Horn, dem Bettler flötet er,
die Königin folgt seinem Fiedelbogen, der Dirne bläst er
auf der Sackpfeife vor, und die Witwe führt er mit Pfeife
und Trommel.

917. Den Pfennig ansehen.

So sagt die launige Volkssprache von einem Geizhals;
derber heißt es auch von ihm: er wendet den Pfennig drei=
mal um, ehe er ihn ausgiebt. Dagegen heißt es von dem
Freigebigen: er sieht das Geld nicht an. Freilich: wer den
Pfennig nicht ehrt, ist des Thalers nicht wert.

918. Vom Pferd auf den Esel kommen.

S. v. w. herunterkommen, aus leidlichem Wohlstand in
armselige Verhältnisse geraten. Erasmus erklärt das ent=
sprechende lateinische ab equis ad asinos (Ad. I, 282) mit
den Worten: Ubi quis a studiis honestioribus ad parum
honesta deflectit, veluti si quis e philosopho cantor, e
theologo grammaticus, e mercatore caupo, ex oeconomo
coquus, e fabro fieret histrio. Quadrabit item, ubi quis
e conditione lautiore ad abiectiora devenerit. Die latei=
nische Form scheint im 16. Jahrh. ziemlich gebräuchlich ge=
wesen zu sein, vgl. die Zimmerische Chronik II, 283: „Sie
kamen, wie man spricht, ab equis ad asinos." Aber schon
um 1300 ist die Redensart als deutsch bezeugt; der redliche

alte Schulmeister Hugo klagt in seinem „Renner" die Richter an, man sehe oft (V. 8480 fg.)

> wie jener des sache, dirre jens klage
> so lange verziehen bis daz sin habe
> kume von dem rosse ze dem stabe.

Und noch heute im Volksmunde in Siebenbürgen: Vum roß af de kea (Kuh), von der kea aft schweng (Schwein), vum schweng af den heangd (Hund) kum, wozu sich trefflich die Geschichte von „Hans im Glücke" fügt, und im äußersten Nordwesten, in den Niederlanden: van den os (für ors d. i. Roß) op den ezel.

Der Name des berüchtigten Kardinals Clesel[1] forderte die spottlustige Zeit um die Wende des 16. und 17. Jahrhs. geradezu zu einem Reime auf die Redensart heraus, und so sangen ihm denn die protestantischen Böhmen 1618 nach:

> Ach Clesel, lieber Clesel,
> Dein höllische Praktik
> Bringt dich vom Pferd aufn Esel,
> Bis kommt der Galgenstrick.

Vgl. frz.: monter l'âne und le temps bien employé fait monter à cheval. Umgekehrt aber bei Plautus, Aulul. II, 2, 56: hoc magnum est periculum me ab asinis ad boves transcendere: der Esel galt den Römern für nützlicher als das Rind.

919. Mit dem kann man ein Pferd mausen.

Ein Pferd zu stehlen, ist kein leichtes Ding; deshalb wird der Ausdruck bildlich auf jemand angewendet, der unternehmungslustig im guten Sinne oder auch — im Scherz gesagt! — „zu jeder Schandthat fähig" ist.

920. Auf einem fahlen Pferde gesehen werden.

S. v. w. über einer bösen Geschichte ertappt werden, eine Schwäche verraten. Im Volksmunde erscheint die Redensart auch entstellt in der Form: einen auf einem faulen Pferde ertappen. Man hat zwei Wege zur Erklärung des Ausdrucks gewiesen; leider ist der eine so un-

---

[1] Der witzige Theologe Taubmann in Wittenberg pflegte zu sagen, in ihm steckten 150 Esel; er las seinen Namen CLesel.

sicher wie der andre. Entweder soll das fahle Pferd aus
Wotans wildem Heere stammen oder aus der Offenbarung
Johannis, wo VI, 8 der Tod auf einem fahlen Pferde er=
scheint. Die Gemeinschaft des wilden Heeres, wie die des
Todes und der Hölle, hat man gemeint, könne den heutigen
Sinn der Redensart rechtfertigen.

921. Sich aufs hohe Pferd setzen.

S. v. w. sich hochmütig spreizen, stolz thun. Unwillkür=
lich giebt das Gefühl, hoch zu Rosse zu sitzen, dem Reiter
einen gewissen Stolz; wenn der erste Kürassier in „Wallen=
steins Lager" erklärt:

> Frei will ich leben und also sterben,
> Und auf das Gehudel unter mir
> Leicht wegschauen von meinem Thier,

so stimmt das ganz zu der höhern Auffassung vom Soldaten=
werk, die er auch sonst zeigt. Wer unten steht, wird frei=
lich immer den rücksichtslosen Hochmut des Reiters heraus=
fühlen können, wie dort in „Wallensteins Lager" gleich der
erste Arkebusier thut:

> Lustiger freilich mag sich's haben,
> Über anderer Köpf wegtraben.

Dieser Stimmung verdankt unser Bild seine Verbreitung.
Vgl. den Ausdruck hochtrabend und die ῥήματα ἱππο-
βάμονα des Griechen, den Gegensatz dazu bildete der λόγος
πεζός, der sermo pedestris des Römers.

922. Eine Pferdearbeit.

S. v. w. eine übermenschliche Arbeit; denn das Pferd
übertrifft den Menschen an Ausdauer und Kraft. Namen=
lose Sammlung Nr. 397: „Es ist roßarbeyt", dazu die Er=
klärung: „Die eym menschen zuuil, vnd zuhart ist. würt
auch zum innerlichen gebraucht." Agricola Nr. 690 sagt
zur Erklärung des Ausdrucks: „Ein pferd vnd ein maul
thun grosse arbeyt, darumb wenn man von grosser arbeyt
sagt, die schier ober eines menschen kreffte ist, so spricht
man es sey roß arbeyt." Unsre Mechanik mißt nach Pferde=
kräften.

Der Ausdruck „Pferdearbeit" ist ein Volkssuperlativ,

wie sie besonders gern durch Zusammensetzung mit Tier=
namen gebildet werden: Pferdenatur, Pferdekur[1], Bärenkälte,
Wolfshunger, Sauglück, fuchswild, hundsgemein, hundemüde,
saugrob, sauwohl, spinnefeind. Vgl. die ironische Zusammen=
stellung: Pferdearbeit und Spatzenfutter!

923. Sich auf den Pfiff verstehen.

Von einem schlauen Menschen, der sich darauf versteht,
andre auf seine Weise zu täuschen und zu betrügen. Der
Ausdruck ist aus der Jägersprache entlehnt. Die Vogel=
jäger und Vogelfänger müssen die Stimmen der Vögel nach=
zuahmen, nachzupfeifen verstehen, vor allen Dingen an dem
Pfiff aber den Vogel selbst erkennen.

Ebenso bezeichnet franz. piper auch das Nachahmen von
Vogelstimmen, um die Vögel anzulocken und zu fangen.

Das Eigenschaftswort pfiffig und das ursprünglich
studentische Pfiffikus stammen wahrscheinlich von der
Redensart.

924. Keinen Pfifferling wert.

Sprichwörtlicher Ausdruck zur Bezeichnung von etwas
ganz Wertlosem, einer unbedeutenden Kleinigkeit. Der
Pfifferling, früher Pfefferling, ist ein Pilz; er hat seinen
Namen daher, daß er einen beißenden, dem Pfeffer ähnlichen
Geschmack hat. Luther braucht das Wort schon bildlich, ist
sich aber der Herkunft des Bildes noch wohl bewußt: „Das
im Sacrament eitel Pfifferling und morchen weren." Vgl.
die Redensart: nicht eine Bohne wert sein (Nr. 186) und
den lateinischen Ausdruck: vilior alga (z. B. Virgil,
Ecl. 7, 42).

925. Zu Pfingsten auf dem Eise.

Zu Pfingsten hat die Frühjahrssonne längst alles Eis
draußen geschmolzen: was zu Pfingsten auf dem Eise ge=
schehen soll, wird also nie und nimmer geschehen. Vgl.
Syll. 26: „Ad graecas calendas. Wan der Teuffel von
Ach kompt. Auf S. Nimmers Meß und heyligen Tag.

---

[1] Vgl. frz.: une médecine de cheval, ital.: una medicina
di cavallo.

Als daer twee sondagen in een weeck comen." Taf. 38: „Anno magno Platonis. Von heden ende nemmermehr. Post annum magnum Platonis. Zu Sanct Nummers messe." Taf. 77: „Cum mula pepererit. To Pingten up dem Yse. Wann de Wyden prümen dragen." Gehäuft und gereimt in Westfalen: Wann de schwarte Schnei fällt un de Lus en Taler gelt; ebendort auch: Up Sünt Nümmersdag, wann de Snagels bisset (die Schnecken laufen). Noch eine Menge andrer Witzworte hat der Volksmund zur Verhöhnung dieses „Nie" geschaffen. Der obenangestellten Redensart am nächsten verwandt sind die beiden Ausdrücke: zu Weihnachten in der Ernte, zu Martini, wann die Störche kommen; hübsch sind auch: wann die Hennen für sich scharren, wann es Gulden regnet; endlich: wann die Sonne in die Hölle scheint, wann die Sonne still steht. Nach der Eroberung von Ofen 1686 wurde Graf Tököly, der nach der ungarischen Krone unter türkischer Oberhoheit gestrebt hatte, aus dem kaiserlichen Lager verspottet:

> Wann fünf König hat einmal
> Die französisch Karten,
> Wärst der nächste in der Wahl,
> Wannst es kannst erwarten.

926. Geputzt wie ein Pfingstochse.

S. v. w. geschmacklos aufgedonnert. Die Entstehung des weit verbreiteten Ausdrucks hängt mit einem alten landwirtschaftlichen Brauche zusammen. Wenn gegen Pfingsten die Gemeindeweide aufgethan werden sollte, bekränzte man den schönsten Ochsen und führte ihn im Zuge als ersten auf das junge Wiesenland. Noch heute bekränzen zu Pfingsten die Bauern in verschiedenen Gegenden Deutschlands ihr Herdenvieh, ein altes Zeichen der Bedeutung, die der Anfang des Sommers gerade für die Herde hatte. Auch in Siebenbürgen wird der alte Brauch noch jetzt am Pfingsttage gepflegt: „in Pruden z. B. werden die schönsten Ochsen von den Hirten mit Blumen an den Hörnern geschmückt".[1]

---

[1] H. von Wlislocki, Volksglaube und Volksbrauch der Siebenbürger Sachsen, S. 72.

Ein verkümmerter Rest dieser festlichen Gewohnheit ist erst vor wenigen Jahren in Mecklenburg beseitigt worden. Dort wurde ein zum Pfingstbraten (!) bestimmter fetter Ochse, der sogenannte „Pfingstochse", am Donnerstag oder Freitag vor dem Feste von den Schlächtern feierlich durch die Stadt geführt, mit einem Blumenkranze um das Haupt, die Hörner mit Gold- und Silberschaum belegt und mit einer Citrone auf der Spitze, endlich auch am Schwanz mit Blumen und bunten Bändern geschmückt.[1]

Aussehen wie eine Pfingstrose heißt: runde rote Backen haben, wie die Blütenköpfe der Päonie.

927. Ein Pflaster bekommen.

Wie dem Kranken ein Pflaster zur Linderung und Heilung auf die Wunde gelegt wird, so versteht man in übertragenem Sinne unter Pflaster eine Anerkennung oder Auszeichnung, die unmittelbar auf eine Herabsetzung erfolgt, gleichsam zur Heilung der frisch geschlagenen Wunde oder wenigstens um die Schmerzen zu stillen. Ein Staatsbeamter z. B., der beim Aufrücken übergangen worden ist und in den Ruhestand versetzt wird, erhält wohl als Pflaster einen Titel oder einen Orden; ein fleißiger Schüler, der begabteren um ein paar Plätze weichen muß, bekommt vielleicht als Pflaster eine Prämie.

928. Einen Pflock zurückstecken.

S. v. w. es einmal nicht genau nehmen, milde urteilen, von einem nicht so viel verlangen wie gewöhnlich oder wie von den andern. An dem Pflock ist die Schnur befestigt zu denken, die die zu erreichende Linie bezeichnet. Vgl. den ähnlichen bildlichen Ausdruck: seine Anforderungen zurückschrauben.

Dagegen bedeutet einen Pflock davorstecken s. v. w. bis hierher und nicht weiter! Der Pflock ist hier der Rie-

---

[1] Übrigens wird auch in Paris in den letzten Faschingstagen ein aufgeputzter Mastochse von Fleischergesellen durch die Straßen geführt; daher die französische Redensart: promener comme le bœuf gras.

gel, der in die Öse am Thürpfosten gestoßen wird, daß die Thüre nicht geöffnet werden kann.

929. Mit seinem Pfunde wuchern.

S. v. w. seine Geistesgaben benutzen; der Gegensatz dazu ist: sein Pfund vergraben. In Schillers „Räubern" I, 2 fragt Spiegelberg Karl Moor: „Und Du willst also Deine Gaben in Dir verwittern lassen? Dein Pfund vergraben?" Beide Wendungen beruhen auf dem bekannten biblischen Gleichnis Matth. 25, 15 fg. (Luk. 19, 12 fg.). Und auch Talent — wunderbar! — hat von hier aus seinen Bedeutungswandel angetreten; das τάλαντον des griechischen Textes, das talentum der Vulgata ist das entsprechende Wort des Altertums für unser Pfund in seiner eigentlichen Bedeutung.

930. Philister

ist nach studentischem Sprachgebrauch jeder Nichtstudent; dann jeder engherzige Spießbürger.[1] Diese übertragene Bedeutung des alttestamentlichen Namens hat sich jetzt in allen Schichten des Volks eingebürgert; ausgegangen soll sie um 1700 von Jena sein. Für ihre Entstehung wird folgende Geschichte erzählt, die, wenn nicht wahr, doch hübsch erfunden ist. Als bei einer Schlägerei zwischen Studenten und Bürgern ein Student, und zwar einer der Senioren, sein Leben eingebüßt hatte, predigte bei der Beerdigung der

---

[1] Trefflich schildern ihn die Verse:

Wer da, wo Traubensaft vom Rhein
Der Männer Herz erfrischet,
Den Göttertrank mit Gänsewein
In seinem Becher mischet,
Und wo ein freies Lied ertönt,
Gesichter zieht und Seufzer stöhnt:
Wer immer vom gesunknen Staat
Und bösen Zeiten pimpelt,
Und jede kühne Männerthat
Spießbürgerlich begimpelt,
Und alle Musenkünste schilt,
Weil sich dadurch der Sack nicht füllt:
Der ist ein Herr Philister!

Superintendent Göze heftig gegen diesen Totschlag und
sagte, es sei bei diesem Mordhandel hergegangen, wie
dort stehe geschrieben im Buche der Richter 16, 20: „Phi=
lister über dir, Samson!" Und in schwungvoller Rede
schilderte er es nun ausführlich, wie der Erschlagene von
den Wächtern überfallen worden sei, so wie einst Simson
von den Philistern. Von da an hätten die Jenaer Stu=
denten die nichtstudentischen Bürger der Stadt einfach „Phi=
lister" genannt.

Besonnener hat sich Schrader[1] die Entstehung des
Wortgebrauchs in Universitätskreisen zurecht gelegt. Das
akademische Volk habe sich, bibelfest wie es früher war,
mit dem auserwählten Volke des Alten Bundes verglichen
und sich wegen seiner geistigen Interessen so erhaben über
der bürgerlichen Welt gefühlt, wie die alten Juden über
ihren verachteten Erzfeinden, den Philistern, die Simson mit
einem Eselskinnbacken zu Paaren trieb.

Ins **Philisterium** gehen, von einem Studenten, der
nach Vollendung seiner Studien ins bürgerliche Leben über=
geht; **philiströs** s. v. w. beschränkt in seinen Ansichten,
seinem Thun und Treiben.

931. Eine Pike auf jemand haben.

Auch: einen Piek, einen Pick auf ihn haben, s. v. w.
ihm wegen etwas grollen, in der Erwartung, ihn noch ein=
mal zur Rede setzen zu können, wie der seinen Gegner zu
treffen gedenkt, der die Pike, den Spieß mit der Spitze
auf ihn gerichtet hält.

932. Von der Pike auf dienen.

S. v. w. von der untersten Stufe auf. Ursprünglich von
dem Feldherrn oder dem hohen Offizier gesagt, der einst
als junger Bursche unter den gemeinen Soldaten, die Pike,
den Spieß in der Hand, gedient hat und sich allmählich
von Stufe zu Stufe zu hohen militärischen Ehren empor=
geschwungen hat. Ein Beispiel dafür giebt der Wachtmeister
in „Wallensteins Lager" dem jungen Rekruten:

---

[1] Der Bilderschmuck der deutschen Sprache, S. 351.

Da ist der Chef vom Dragonercorps,
Heißt Buttler, wir standen als Gemeine
Noch vor dreißig Jahren bei Köln am Rheine,
Jetzt nennt man ihn Generalmajor.

Heute wird die Redensart in jedem Beruf angewendet.

933. Man gedenkt seiner, wie des Pilatus im Credo.

Schon Sebastian Franck hat die Redensart erklärt:
„Wenn man den Catechismum lehret die jungen Kinder, so
sagt man ihnen im Glauben: Ich glaub an Jesum Christ,
der da gelitten hat unter Pontio Pilato, gekreuziget, ge=
storben und begraben. Des Pilati wird hie gedacht, aber
in keinem guten Sinn, denn man sagt, er hab Jesum
Christum zum Tod des Kreuzes geurtheilt und sey schuldig
am Sterben des Sohnes Gottes. Des Herostrati gedenkt
man auch, aber eben wie Pilatus im Credo, d. i., daß er
hat übel gethan."[1] Und im 34. Abschnitt von Murners
„Schelmenzunft", der überschrieben ist „Pilatus im Credo",
heißt es von V. 15 ab:

Wen man dyn gedenckt alle,
wie pilatus im credo,
so soltstu selten werden fro.
Das ist pilatus testament,
wen einer nach sym letsten endt
Uff erden laßt ein bösen namen,
Des all ivn kindt sich miessent schamen.

934. Eine bittere Pille.

So nennt man bildlich eine Unannehmlichkeit, die un=
vermeidlich ist, die man hinunterschlucken muß. Lehm. 84
Beschwerden 73) giebt einen guten Rat für solche Fälle:
„Pillen muß man schlucken, nicht käwen."

935. In die Pilze gehen.

S. v. w. verloren gehen, wie sich Frauen oder Kinder
beim Suchen nach Pilzen für den Zuschauer im Walde

---

[1] Wie anrüchig der Name Pilatus früher war, dafür noch
ein Beispiel aus der Einleitung zum zweiten Teile des simplicia=
nischen Vogelnestes. Da sagt der ehrliche Grimmelshausen, wer
sein Buch satt habe, könne es seinetwegen „kühnlich in das Wasser,
in das Feuer oder wol gar in des Pilati heimliche Cantzley
werffen".

verlieren. Wer naseweis fragt, wo jemand stecke, wird mit der Antwort abgefertigt: er ist in die Pilze gegangen. Ähnliche Wendungen sind: in die Binsen, in die Nüsse, in die Wicken gehen; vgl. auch Nr. 210. Noch anders in Ostfriesland: He geit in de Röven, d. h. er macht es nicht lange mehr; he kummt der mit in de Röven, er bringt sich in die Patsche (Kern und Willms Nr. 991 fg.).

936. Wachsen wie die Pilze.

Sprichwörtlich von schnellem, reichem Emporschießen alles Werdenden; auch Bücher z. B. schießen heutzutage wie die Pilze aus der Erde hervor. Wie richtig der Vergleich ist, weiß jeder, der es einmal beobachtet hat, wie bei günstiger Witterung in wenigen Tagen Pilz an Pilz aus dem feuchten Waldboden emporbringt.

Aber auch dieses Wort hat seine Kehrseite. Birlinger hat in der „Germania" 16, S. 86 aus Bocks Kräuterbuch vom Jahre 1560 folgende Stelle mitgeteilt: „Gemelte schwemme verwelken und verdorren im meyen, werden affter der zeit im ganzen jar nit mer gesehen. Dannenher ein sprichwort auffkommen: du wechst und nimmest zu wie die morchel im meyen."

937. Das ist mir Pipe!

Die Redensart ist eigentlich niederdeutsch, ist aber heute doch auch in Mitteldeutschland verbreitet; sie bedeutet: das ist mir gleichgiltig. Pipe ist Pfeife, die Pfeife aber ist längst in unsrer Sprache typisch für eine verachtete Kleinigkeit, vgl. die alte Redensart: ein Roß um eine Sackpfeife geben.

Auch die gute deutsche Wurst wird so verächtlich behandelt; was ist dem Norddeutschen nicht alles Wurscht![1]

Bormann läßt in einem seiner witzigsten Gedichte in der Leipziger Mundart den besiegten Napoleon ausrufen: „Velkerschlacht, de bist mr Sauce!"

---

[1] Ebenso: das ist mir Pomade, womit aber das Eigenschaftswort pomadig (langsam) nichts zu thun hat; dieses ist vielmehr aus poln. pomalu im 17. Jahrh. entlehnt: noch heute heißt es in ostmitteldeutschen Mundarten bemale, bumäle.

938. Wie aus der Pistole geschossen.

Bezeichnet nicht bloß die Schnelligkeit, sondern auch das Runde, Nette, Prompte, Exakte an einer Leistung. (Vgl. wie aus dem Ei geschält.)

939. Er hat die Platte geputzt.

S. v. w. er hat Schluß gemacht. Wenig wahrscheinlich ist die Erklärung, daß die Redensart vom Maler stamme, der sein Farbenbrett, seine Palette, am Schlusse der Arbeit putze, ehe er sich von der Staffelei wegbegebe. Der Maler nennt die Palette nicht Platte und hat sie nie so genannt. Der ursprüngliche Sinn wird wohl sein: er hat reinlich abgegessen, sodaß unter der Platte eigentlich das Speisebrett zu verstehen wäre.[1]

940. Auf dem Platze bleiben.

Ein verhüllender Ausdruck für: im Kampfe fallen, der die schmerzliche Nachricht schlicht und ernst und schonend mitteilt. Ein wunderbares Spiel des Zufalls will es, daß dieselben Worte auch bedeuten können: Sieger in einem Zweikampf sein, das Feld behaupten. In übertragenem Sinne z. B. in den großen Worten der Lady Milford (Kabale und Liebe, II, 3): „Wir wollen sehen, ob die Mode oder die Menschheit auf dem Platze bleiben wird."

941. Noch ist Polen nicht verloren.

Diese Worte sind ursprünglich der Text zu einem polnischen Marsche, mit dem die Polen 1796 auf das Finis Poloniae! antworteten, das man in Deutschland ihrem heldenhaften Führer Kosziusko in den Mund gelegt hatte. Vgl. Büchmann, S. 338. Jeder Deutsche ruft die Worte

---

[1] Dirksen (Meidericher Sprichwörter Nr. 202) vergleicht die Meidericher Redensart „den heet be plaht geputz" nicht nur mit der ostfriesischen „he heb be plate puhst", sondern auch mit dem Ausdruck: sich aus dem Staube machen, und erklärt höchst seltsam: „Wer versucht, den Staub von der Herdplatte durch Pusten (Blasen) zu entfernen, bekommt Haare und Augen voll Asche und ist gezwungen, die Stube zu verlassen."

heute unbedeutlich aus, wenn er eine Sache noch nicht ver=
loren geben will.

942. Polnische Wirtschaft.

Sprichwörtliche Bezeichnung für ein wirres Durcheinan=
der, wo es vor lauter Unordnung zu nichts kommt, wie es
auf manchem polnischen Reichstag der Fall gewesen ist; im
ersten Akt seines „Demetrius" hat Schiller so einen pol=
nischen Reichstag mit seiner sprichwörtlichen Verwirrung in
großen Zügen dargestellt.

Daß aber polnische Wirtschaft nicht nur im polnischen
Reichstage war, lehrt die in Sachsen gebräuchliche Wendung:
hier sieht's ja aus wie in Polen! Noch anders in Schlesien:
es sitt aus wie im pulschen Kriege.

943. Einen von Pontius zu Pilatus schicken.

Die stabreimende Redensart, die mühevolles, meist zweck=
loses Hin= und Herschicken bezeichnet, scheint auf den ersten
Blick barer Unsinn zu sein: Pontius und Pilatus sind doch
derselbe Mann. Gemach, lieber Leser! Christus wurde von
Pontius Pilatus zu Herodes und von Herodes zurück
zu Pontius Pilatus geschickt; die Redensart ist also ein
Witzwort und nicht das schlechteste, das der deutsche Volks=
humor geschaffen hat. Den Anlaß dazu werden wohl die
vielen Aufführungen von Passionsspielen in Deutschland zur
Osterzeit gegeben haben: auf der einen Seite der Bühne
wurde das Haus des Pilatus, auf der andern das des
Herodes gedacht, sodaß das Hin und Her zu deutlichster
Anschauung kam.

Landschaftlich heißt es übrigens auch: einen von Herodes
zu Pilatus schicken; auch das umgekehrte kommt vor.

944. Wie ein Posaunenengel aussehen.

Diese Vergleichung gesunder, roter, pausbäckiger Gesichter
erinnert an die Redensarten: dem hängt der Himmel voller
Geigen (Nr. 563) und: die lieben Engelchen singen hören
(Nr. 296). Das himmlische Orchester, von dem da eigent=
lich die Rede ist, ist ja oft genug dargestellt worden; lange
Zeit ist es ein beliebter Schmuck der Orgel gewesen, das
Pfeifengebäude mit einem Kranze musizierender schwebender

Engel zu umgeben; dabei mögen die Engel, die mit vollen
Backen in die langen Poſaunen blieſen, beſonders in die
Augen gefallen ſein und zu dem Vergleiche gelockt haben.

945. Poſſen reißen.

Das thut der Hanswurſt, wenn er der Menge ſeine
Mätzchen und Späße vormacht. Eigentlich ſind nur ſeine
Geſichtsverzerrungen damit gemeint; er ſchneidet Fratzen
wie ein Holzſchneider und reißt Poſſen, wie ein Zeichner
Karikaturköpfe auf dem Reißbrett mit der Reißfeder reißt,
entwirft. Sind doch Poſſen ſelbſt eigentlich nur Zieraten
an Kunſtwerken, Schnörkel im eigentlichſten Sinne, das
Reißen des Zeichnens gehört alſo von Anfang an dazu.[1]

Die Redensart wird im 16. Jahrh. ſchon in dem über=
tragenen Sinne gebraucht: Thorheiten begehen, z. B. in
Rebhuns „Suſanna“ V, 247:

> Das müſt yhr ſelbs am beſten wiſſen
> Was yhr für boſſen habt geriſſen.

946. Post festum.

Wer oder was post festum kommt, kommt zu ſpät;
wörtlich überſetzt: nach dem Feſte, wobei urſprünglich an
einen kirchlichen Feſttag gedacht worden ſein mag. Dafür
ſprechen auch die ältern gleichbedeutenden Redensarten: du
kommſt, wann der Ablaß geben iſt, wann die Kirmeß aus
iſt. Das oberſächſiſche „du kommſt einen Poſttag zu ſpät“
ſieht aus wie zurecht gemacht aus dem lat. post. Vgl.
noch frz.: moutarde après dîner.

947. Poſto faſſen.

Ein urſprünglich militäriſcher Ausdruck für: ſich auf=
ſtellen, wie ſo vieles auf dieſem Gebiete (vgl. Soldat, Kar=
taune, Marketender) im 16. Jahrh. aus dem Italieniſchen
entlehnt, wo posto den Standort bedeutet. In ſeinem ur=
ſprünglichen Lebenskreiſe wird das Wort z. B. von Prinz
Eugen in einem alten Liede auf die Schlacht bei Peter=
wardein gebraucht:

---

[1] Daher wohl auch boſſeln, von kleiner, knauplicher Hand=
arbeit geſagt, in engerm Sinne ſ. v. w. getriebene Arbeit machen,
vgl. frz. bosseler und ouvrage à bosse.

Ibät in guten Poste stehen,

d. h. in einer militärisch günstigen Stellung. Dasselbe posto, nur unsrer Sprache mehr angeglichen, steckt in Posten, während die Post auf ital. posta zurückgeht und wahrscheinlich eigentlich den Standort der Pferde meint, an dem die reitenden Boten umsattelten, frische Pferde bestiegen.

948. Das Prä haben.

Mundartlich auch: das Preh haben, s. v. w. den Vorrang haben, die erste Geige spielen, eine Redensart, deren Sinn leicht, deren Form aber schwer zu erklären ist. Denn wie mag die lateinische Präposition prae in diese deutsche Ver=bindung geraten sein?[1] — Ein altes Beispiel bietet der An=fang eines allegorischen Liedes vom Jahre 1656 auf den Sieg der Luzerner bei Vilmergen:

Ein reine Magd   Ihrn Kranz noch tragt,
Und prangt trutz allen Damen;
Sie hat das prae   Am Zürcher See
Und gar ein großen Namen.

In den Alpen spricht man auch von Präochsen und Präkühen, sogar von Präraufern.

949. Präambeln machen.

Auch: er macht viel Präludien, d. h. lange Vorreden, Einleitungen, ehe er zur Sache kommt. Von mittellat. pracambulum, woraus im 14. und 15. Jahrh. Preambel, Priamel wurde. Das Wort bezeichnet eine Art kleinern Spruchgedichts, deren Eigentümlichkeit darin besteht, daß auf eine ganze Reihe von Vordersätzen ein abschließender knapper Hauptsatz folgt. Daher die Redensart. Schon im 12. Jahrh. ist deutsche Spruchweisheit in diese Form ge=faßt worden, zu hunderten hat dann das 15. Jahrh., die Zeit der bürgerlichen Dichtung, Priameln geschaffen.

950. Einen an den Pranger stellen.

S. v. w. ihn bloßstellen, ihn dem öffentlichen Gespött preisgeben. Pranger hieß der steinerne Pfeiler oder hölzerne Pfahl, woran Verbrecher, durch ein Halseisen festgehalten,

---

[1] Vielleicht aus der Kartenspielersprache, wo das Prä haben gebraucht werden wäre für: in der Vorhand sein?

vor aller Welt zur Schande ausgestellt wurden. Von prangen, das doch nur in ironischem Sinne den Namen für diesen Schandpfahl hergegeben haben könnte, wird der Pranger schwerlich genannt sein; das Wort ist ursprünglich niederdeutsch, und niederländisch pranger, Halseisen, gehört zu den Worten prang, Bedrängnis, und prangen, drücken, pressen. Vgl. Kluge, Etym. Wörterbuch, 5. Aufl., S. 288. Der Pranger ist nun zwar längst abgeschafft, die Redensart aber ist geblieben: so „führt die Sprache altes Leben fort". In übertragenem Sinne braucht z. B. Schiller die Wendung im „Tell" (III, 3): „Wir stehen hier am Pranger vor dem Hut."

951. Wie auf dem Präsentierteller sitzen.

Wer in einer großen Versammlung einen Platz ange= wiesen bekommt, wo er allen sichtbar ist, drückt sein Unbe= hagen wohl in dem witzigen Bilde aus: „Hier sitzt man ja wie auf dem Präsentierteller!" Daher nennt der Leipziger Volksmund den ersten Rang im Theater scherzhaft den Präsentierteller.

952. Jemand prellen.

Geprellt, d. h. prellen gemacht, wurde und wird eigent= lich der Fuchs zur Belustigung der Jäger, indem er auf einem ausgespannten Netze oder Tuch so lange in die Höhe geschnellt wird, bis er tot ist. Sogar Damen haben dieser nobeln Passion gefröhnt. Der übertragene Sinn, in dem prellen heute fast ausschließlich gebraucht wird (betrügen), wird in der Studentensprache entstanden sein, wo die Art, wie „Füchse" behandelt wurden, vielleicht mit dem Prellen der wirklichen Füchse verglichen worden ist.

In der dritten Scene von „Wallensteins Lager", wo ein Scharfschütz einem Kroaten ein kostbares Perlenhalsband um ein Paar Terzerole, seine Mütze und seine Feldflasche abschwindelt, ruft der Trompeter zu dem Handel: „Seht nur, wie der den Kroaten prellt!"

953. Er ist pudelnaß.

Pudel, Pfudel ist ursprünglich, wie noch heute in vielen Mundarten Deutschlands, nichts anderes als Pfütze, pudeln

heißt: im Wasser plätschern. Von diesem Pudeln hat der
Pudelhund seinen Namen, kurzweg Pudel genannt.)

Pudelnaß (in Fischarts „Gargantua" dafür pfudelnaß
und in der „Viel vermehrten Moskowitischen . . Reise-
beschreibung" von Olearius, 1696, sogar pfützenaß) ist also
ein bloßer „Volkssuperlativ", kein Vergleich etwa mit einem
begossenen Pudel. Während pudelnaß immer nur so viel
bedeutet wie: tüchtig durchnäßt, wird das Bild vom begossenen Pudel auf bestürzte, jämmerliche Menschen angewendet, von denen wir auch einfach sagen: er war ganz be-
gossen, mundartlich: betrot.

Schon 1618 heißt es im Volkslied von den zum Prager
Rathausfenster hinuntergeworfenen Herren, sie hätten sich
davongeschlichen „alsam begoßne Hund". Nicht ganz klar,
wie oft Schillers Bilder, ist der Vergleich Spiegelbergs
(Räuber, II, 3) von einem, der Angst kriegt: „Tausend
Sakerment! Da hättest du den Kerl sehen sollen die Augen
aufreißen und anfangen zu zappeln wie ein nasser Pudel —."

954. Der hat das Pulver nicht erfunden.

Von einem einfältigen Menschen. In Ifflands „Jägern" II, 5 sagt Anton zu Friederike: „Ich habe wenig,
vornehm bin ich nicht, es kann auch seyn, daß ich das Pulver nicht erfände — aber so viel gesunden Sinn, als man
fürs Haus braucht, traue ich mir zu." Und Gutzkow hat die
Redensart zu einem Haupttreffer in der Scene des Tabaks-
kollegiums in „Zopf und Schwert" benutzt. Da entgegnet
der Erbprinz von Baireuth auf die Frage, was der alte
Dessauer erfunden habe: „Das Pulver kann's nicht sein,
denn das hat schon Herr von Seckendorf erfunden." Wer
es denn aber nun eigentlich erfunden hat, wissen wir nicht,
es scheint zu wiederholten Malen „entdeckt" worden zu sein.
Ähnlich bezeichnet der Italiener einen Dummkopf mit den
Worten: Non aver ritrovato la carta da navigare; noch anders der Pariser: n'avoir inventé le fil à couper le beurre.

955. Das ist der springende Punkt.

Auch oft lateinisch: das ist das punctum saliens, was schon
auf eine gelehrte Quelle des Ausdrucks deutet. Und er hat denn

auch die gelehrteste, wie Büchmann gezeigt hat. Die aristotelische Bezeichnung der Anfänge des Lebens im Ei des Vogels als eines Punktes, der wie ein Lebewesen hüpfe und springe, ist in der Sprache der Humanisten als punctum saliens wiedergegeben worden und hat sich von hier aus weiter verbreitet. Das punctum saliens ist also eigentlich der Kernpunkt des Lebens, der Punkt, in dem die ganze spätere Entwicklung eines Wesens beschlossen liegt, übertragen: der Punkt, auf den alles ankommt. Im ursprünglichen Sinne noch in Schillers Gedicht „Der Genius" in der Charakterisierung der goldenen Zeit:

> Da noch das große Gesetz, das oben im Sonnenlauf waltet
> Und verborgen im Ei reget den hüpfenden Punkt,
> Noch der Nothwendigkeit stilles Gesetz, das stätige, gleiche,
> Auch der menschlichen Brust freiere Wellen bewegt.

Auch von einem wunden Punkt reden wir bildlich zur Bezeichnung einer Schwierigkeit, einer dunkeln Stelle, eines faulen Flecks, der, wie eine Wunde, geheilt sein möchte und doch leise angefaßt sein will.

956. Bis in die Puppen.

Der Ausdruck hat sich von Berlin aus verbreitet. Im Berliner Tiergarten giebt es nämlich einen Platz, in dem französischen architektonischen Geschmack der Gartenkunst in der Mitte des vorigen Jahrhunderts angelegt, der wie ein Stern nach acht Richtungen der Windrose Wege ausstrahlt und deshalb noch heute im Berliner Volksmunde „der große Stern" heißt. An den Mündungen der acht Alleen sind, ganz im Geschmacke jener Kunst, Statuen aus der antiken Götterwelt aufgestellt, und diese Statuen nannte der Berliner „Puppen". Bis in diese Puppen zu gehen, war früher ein verhältnismäßig weiter Weg für Berliner Spaziergänger; „bis in die Puppen gehen" bedeutete also: sehr weit gehen. Auch diese Wendung (vgl. Nr. 402), ursprünglich an einen ganz bestimmten Ort geknüpft, hat sich die Übertragung auf die Zeit gefallen lassen müssen (mancher schläft bis in die Puppen) und sogar auf geistiges Gebiet (wer z. B. aus einer Voraussetzung eine Menge Schlüsse zieht, von denen einer immer weiter abliegt als der andre, der folgert bis in die Puppen).

957. Einen Pyrrhussieg erfechten.

S. v. w. einen mit großen Verlusten verbundenen Sieg davontragen; einen zu teuer erkauften Erfolg haben. Nach dem im Jahre 279 v. Chr. über die Römer errungenen Siege bei Asculum soll König Pyrrhus von Epirus ausgerufen haben: „Noch ein solcher Sieg, und ich bin verloren!"

Q.

958. Quacksalber.

Verächtliche Bezeichnung für einen Arzt oder einen Apotheker, ursprünglich wohl für Jahrmarktsärzte und Wunderdoktoren, die ihre Kunst und ihre Mittel von der Treppe der Meßbude herab der Menge anpriesen, denn Quacksalber bedeutet: quakender Salbenmann. Der berühmteste dieser Gesellen war der Doktor Eisenbart.

959. Quark.

Das Wort bedeutet bildlich s. v. w. wertloses Zeug; ursprünglich im Gegensatz zur Milch? Es stammt aus dem Slavischen und ist auch heute noch auf das östliche Mitteldeutschland beschränkt; merkwürdig ist aber, daß andere landschaftliche Ausdrücke für dieselbe Sache genau so bildlich verwendet werden wie Quark, z. B. das in Mittel- und Niederdeutschland verbreitete Schmand[1], das elsässische Hasetas. In Leipzig sagt man: Quarkspitzen! in dem Sinne von: weit gefehlt! damit ist es nichts!

960. Mit jemand auf dem Quivive stehen.

S. v. w. sich gegenseitig beargwöhnen; eigentlich wie eine französische Schildwache an der Landesgrenze auf den Feind

---

[1] In Thüringen bedeutet Schmand s. v. w. Schmutz, Dreck, womit Kluge (Etym. Wörterb. unter Schmant) die Thatsache vergleicht, daß „Schmutz" im Oberdeutschen „Fett" bedeutet und das mittelhochdeutsche ram sowohl Rahm wie Schmutz. Vgl. auch got. smarna, Schmutz, Mist, und althochd. smero, Schmeer.

passen, denn von dem Rufe der französischen Schildwache: qui vive? wer da? ist die Redensart genommen.

R.

961. Ein weißer Rabe.

S. v. w. eine große Seltenheit. Vgl. Syll. 30: „Alba avis. Ein Glückvogel?" Schon im „Renner" V. 8426 fg.:

Selten wir gesehen haben
swarze swanen und wize raben.

In Wahrheit giebt es überhaupt keine weißen Raben, während schwarze Schwäne heute nicht mehr als große Seltenheit gelten können.

962. Rädelsführer.

S. v. w. Haupt einer Verschwörung, Leiter eines Aufstandes. Nach Schmellers Vorgang stellt man noch heute das Wort Rädelsführer gewöhnlich zu bairisch Rädel, d. i. kleiner Kreis Zusammenstehender, Reihen, Tanzlied, und vergleicht wegen der Bedeutungsentwicklung engl. ringleader (zu ring, Kreis). Sicher bezeugt ist Rädel für keine der drei angegebenen Bedeutungen.

„Wie man's treibt, so geht's" ist wohl der einzige gemeindeutsche Rest der alten Redensart: sein Rädlein treiben, das Rädle treiben. Vgl. Lehm. 930 (Zeit 11): „Wann etliche in Sachen vnnd Geschäfften gar eyffrig vnnd hitzig seyn, das Rädlein starck treiben, so vergehts doch mit der Zeit, vnd was zuvor war nichts, das wird zu nicht." In einem Schweizer Spottlied vom Jahre 1656:

Weil er Schabab,
Drum zieht er ab,
Heimwärts sein Rad zu trüllen.

Und in Luthers „treuer Vermahnung an alle Christen" u. s. w.: „Es ist nicht unser Werk, das jetzt geht in die Welt .. Ein anderer Mann ist's, der das Rädle treibt." Dazu auch das schweizerische Kompositum „Rädlitriber" in Hans Rudolf Manuels Weinspiel V. 1099 fg.:

Ich wil ufwiglen unsre wiber,
Das sind die rechten räblitriber.

Kein Zweifel, daß sich diese Wendung (in der unter dem Rädle natürlich ein wirkliches Rad zu verstehen ist), dem Sinne nach auch in den beiden zuletzt angeführten Stellen, eng mit dem Ausdruck Rädelsführer berührt. Um ihn freilich mit Sicherheit aus ihr ableiten zu können, müßte man in den alten Belegen noch die Brücke zwischen dem Treiben des Rades und dem Führen des Rades schlagen können; einstweilen bleibt Schmellers Erklärung immer noch die wahrscheinlichere.

963. Wie gerädert sein.

S. v. w. durch große Anstrengungen sich abgemattet und wie zerschlagen fühlen. Das Rädern war in alter Zeit eine grausame Todesstrafe; dem Verbrecher wurden die Glieder zerschmettert, entweder mit einem Rade, das über ihm in Schwung gesetzt wurde, oder mit eisernen Keulen. Sobald Arme und Beine zerschmettert waren, wurde ihm gewöhnlich der sogenannte Gnadenstoß in die Brust gegeben. Zuletzt wurde der Leichnam aufs Rad geflochten und so auf einer hohen Stange ausgestellt.

Auf eben diese schmachvolle Strafe des Mittelalters geht auch der bildliche Ausdruck zurück:

964. Eine Sprache radebrechen.

D. h. eigentlich sie mit dem Rade zerbrechen; dann s. v. w. sie verstümmeln, mißhandeln. Man radebrecht eine Sprache, wenn man sie nur in unverständlichen Bruchstücken zu reden vermag.

965. Den Rahm abschöpfen.

S. v. w. das Beste oben wegnehmen; ähnlich: das Fett abschöpfen (eigentlich von einer fetten Fleischbrühe). Wenn z. B. A aus den Briefen eines großen Mannes das Wichtigste im Auszug mitteilt, ehe sie B vollständig herausgiebt, so schöpft er dem B das Fett ab.

966. Außer Rand und Band sein.

S. v. w. sich nicht in Ordnung befinden, gern von ausgelassenen Kindern gesagt. Die gereimte Häufung des Begriffes der Schranken, die übertreten worden sind, verstärkt den Begriff der Übertretung.

967. Mit einer Sache zu Rande kommen.

S. v. w. damit zu Ende kommen, eine Wendung, in der uns das Bildliche fühlbarer geblieben ist als in andern gleichbedeutenden Ausdrücken, denn zu Ende kommen ist ja ursprünglich ganz dasselbe Bild, zumal da Ende ursprüng= lich nur das Äußerste, also auch Rand, Saum bedeutet. Lessing (Nathan III, 7): „Du bist zu Rande."

968. Einem den Rank ablaufen.

Verkehrt ist es zu schreiben: einem den Rang ablaufen, als ob man ihn um einen Rang, eine Stufe überflügeln wollte, denn der eigentliche Sinn der Redensart ist: einem Läufer, der einem ein Stück voraus ist, doch noch zuvorkommen, dadurch daß man die Krümmung, die er macht, den Rank (vgl. Ränke), vermeidet, sie auf einem geraden Wege gleichsam abschneidet. So Simpl. I, 207: „Weil sie mich noch end= lich zu überwinden verhoffte, verlegte sie ihm alle Pässe und liesse ihm alle Ränke ab."

Der Ausdruck Ränke schmieden weist auf die über= tragene Bedeutung von Rank, d. i. List, und erklärt sich ebenso wie schon in der Egenolffischen Sammlung die alte Redensart Rinken giessen erklärt wird: „Rincken seind krumm, vnnd man bleibt offt drinnen behangen. Also giessen Rincken, die mit aller büberey vmbgehen, andere leut damit zu betriegen, vmb jres genieß willen."

969. In die Rapusche kommen.

S. v. w. verloren gehen. Wir denken uns wohl unter Rapusche nach dem Klange des Wortes etwas ähnliches wie eine allgemeine Verwirrung; aber eigentlich ist Rapusche ein böhmisches Wort für Kerbholz, das wir zu Ausgang des Mittelalters entlehnt haben. Das Geld, das auf dem Kerbholz steht, ist verloren zu geben. In einer gereimten „Zeitung" von 1740:

In Welschland geht es närrisch her,
Da werden auch gewiß nunmehr
Des Reiches alte Leben,
Die man mit harter Noth behaupt't,
Und die schon der und der beraubt,
In die Rapuse gehen.

970. Rattenkönig

heißt eigentlich die Erscheinung, daß mehrere Ratten, mit den Schwänzen verfitzt, aneinander hängen; bildlich: eine ganze Menge von Fehlern, Mißverständnissen u. dgl., die sonst nur vereinzelt auftreten.

971. Auf den Raub.

S. v. w. flüchtig. Auf den Raub baut der Bergmann, wenn es ihm nur auf augenblickliche, schnelle Gewinnung von Metallen ankommt, wenn er gleichsam nur rauben will; dann verwendet er auf die Anlegung der Stollen und Gänge wenig Sorgfalt und denkt nicht an Erhaltung oder spätere gründliche Ausbeutung der Grube. Von diesem „Raubbau" stammt der übertragene Sinn von Wendungen wie: jemand auf den Raub sprechen, etwas auf den Raub abzeichnen u. s. w.

972. Das räudige Schaf, das die ganze Herde ansteckt.

Von einem Narren, der nach dem Sprichwort zehn andere macht; auch von einem gottlosen Buben, der zehn andere macht. Es ist bekannt, daß sich räudige Schafe gern recht nahe an andere machen, um sich zu jucken. So kommt es, daß bald die ganze Herde angesteckt ist. Vgl. Juvenal 2, 79:

> grex totus in agris
> unius scabie cadit et porrigine porci.

973. Die Rechnung ohne den Wirt machen.

S. v. w. sich täuschen, immer in Beziehung auf etwas Zukünftiges gesagt. Denn wer, was er im Wirtshaus ißt und trinkt, nach eigenem Ermessen schätzt, wird meist die Erfahrung machen, daß er sich verrechnet hat, daß es der Wirt höher anrechnet, wird meist einen Strich durch die Rechnung gemacht bekommen. Vgl. Lehm. 936 (Zehrung 20): „Wer die Zech ohn den Wirth macht, muß zweymahl rechnen." Engl.: to reckon without one's host; frz.: compter sans son hôte; auch ital.: chi fa il conto senza l'oste, lo fa due volte. Die Ausdrücke: seine Rechnung bei etwas finden, auf seine Rechnung kommen erklären sich so, daß bei einem gemeinsamen Unternehmen ein Teilnehmer zum Schlusse das gewinnt, was er für sich vorher ausgerechnet hat. Vgl. frz. trouver son compte.

974. Aus dem Regen in die Traufe kommen.

S. v. w. ein Übel vermeiden und dafür einem andern, schlimmern verfallen. Ursprünglich von einem, der sich bei Regenwetter an die Häuser unter den überspringenden Rand der Dächer flüchtet, aber dabei unter die Traufe gerät und nun doppelt naß wird. Früher dafür auch: vom Galgen auf das Rad kommen. Vgl. Syll. 94: „Incidit in Scyllam cupiens vitare charybdim. Der der Troffen entlauffen wil, der kömpt mit all in den Platzregen. Ich wil den Rauch umbgehen, und komme gar ins fewr." Noch anders in Luthers „Ermahnung zum Frieden auf die 12 Artikel der Bauerschaft in Schwaben": „Sehet euch vor mit eurer Freiheit, daß ihr nicht dem Regen entlaufft und fallet ins Wasser."

Vgl. lat.: de calcaria in carbonariam pervenire. Tertullian, Carn. Chr. 6: tendere de fumo ad flammam, Ammian 14, 11; 28, 1. Frz.: tomber de la poêle dans la braise. Engl.: to fall out of the frying pan into the fire. (S. auch Nr. 230.)

975. Sich an jemand reiben.

S. v. w. seinen Unwillen, seine Empfindlichkeit, seinen Haß oder auch nur in herausfordernder Weise seinen Mutwillen an jemand auslassen. Im „Theuerdank":

Ich wil all seinem rath absagen,
Und mich für seiner list und wüten
Mit Gottes hilff wissen zu hüten
Wo er sich weitter an mich reibt.

Während reiben so in die Bildlichkeit hinaufgerückt ist, ist von unten für das eigentliche Reiben in diesem Sinne rempeln eingetreten.

976. Bunte Reihe.

So nennen wir das abwechselnde Nebeneinandersitzen beider Geschlechter. Ob die Bezeichnung alt ist? Die Sache ist es jedenfalls. Schon im „Ruodlieb", einer der Form nach lateinischen, dem Inhalt nach deutschen epischen

Dichtung eines Tegernseer Mönches, etwa aus dem Jahre 1030, heißt es:

> Maior maiori, iunior consedit herili.
> Eius contribulis conviva fiebat herilis.

Dasselbe lehrt der „Biterolf" (B. 7399 fg.; vgl. Pietsch in der „Zeitschrift für deutsche Philologie", XVI), lehrt auch Heinrich von Freibergs „Tristan" B. 893 fg.:

> er Tristan saz zu tische hin,
> man sazte Isoten neben in
> und ie zwischen zwein vrouwen guot
> saz ein ritter hochgemuot,
> ein vrouwe zwischen rittern zwein.

Goethe beginnt seine venezianischen Epigramme:

> Sarkophagen und Urnen verzierte der Heide mit Leben:
> Faunen tanzen umher, mit der Bacchantinnen Chor
> Machen sie bunte Reihe.

977. Wie reimt sich das?

So fragt man bei einer Nebeneinanderstellung von zwei Thatsachen, zwei Dingen, die nichts mit einander zu thun zu haben scheinen; gleichsam als ob der gleiche Ausklang ihre innere Zusammengehörigkeit bewiese. Vgl. Nr. 18. So singt Uhland in seinem „Metzelsuppenlied":

> Es reimt sich trefflich: Wein und Schwein
> Und paßt sich köstlich: Wurst und Durst,
> Bei Würsten gilt's zu bürsten.

„Wie soll ich das wieder reimen?" fragt der alte Daniel, als ihn Franz Moor nach einem Beichtvater schickt. Und noch weiter zurück: über die Worte Doktor Ecks auf der Badener Disputation spottete ein gleichzeitiger Schweizer Dichter:

> Sin wort die rimptend sich zur warheit
> wie die nacht zur sonnenklarheit
> und wie ein wolf zur orgel stimpt,
> so er sich singens unterwindt.

Derb verspottet endlich Burkhard Waldis einmal den Herzog Heinrich den Jüngern von Braunschweig: er habe sich eines Wahlspruches angemaßt,

> der sich zu jm reimbt gleich so vil
> Wie der esel zum seytenspiel,
> Gleich wie eyn Jud zum schweinen broten,
> Als man eyn fackel leucht eym todten.

Daher fügt man wohl auch hinzu, wenn man einem mehrere sich scheinbar widersprechende Dinge mitgeteilt hat: „Nun mach dir einen Vers drauf!" Auch nennt man thörichtes, sich widersprechendes Geschwätz „ungereimtes Zeug".

978. Revanche für Speierbach.

Diese Redensart wird vielfach in Hessen und Westfalen gehört, scheint aber im übrigen Deutschland fast unbekannt zu sein. Über ihren Ursprung berichtet M. von Ditfurth im dritten Kapitel seiner „Erzählungen aus der hessischen Kriegsgeschichte" folgendes.

Am 14. November 1703 wurden die deutschen Truppen, unter ihnen ein von seinem Erbprinzen geführtes hessisches Corps, am Speierbach vollständig geschlagen. Als sich nun im folgenden Jahre am 13. August die französisch-baierischen Truppen gegen Eugen und Marlborough bei Höchstädt zum entscheidenden Kampfe stellten, erhielt der hessische Erbprinz die Aufgabe, mit seinen Schwadronen die Reiterei der Franzosen zu werfen. Ehe er jedoch das Zeichen zum Angriff gab, soll er im Vorbeireiten den hessischen Dragoner-Regimentern zugerufen haben: Heute, Dragoner, nehmt Rache für Speierbach! In der That wurden die Franzosen geschlagen, ihr Feldherr, der Marschall Tallard, gefangen und vor den Erbprinzen geführt, der ihn mit den Worten empfing: Ah, Monsieur le maréchal, vous êtes le très bien venu; voilà de la revanche pour Speierbach!

979. Riemenstecher.

S. v. w. ein geriebener, gewitzter Mensch, der auf die Dummheit andrer rechnet. Im „Renner" V. 21813 werden die, die doppelsinnige Reden führen, mit Gauklern und Riemenstechern verglichen. Diese Riemenstecher waren früher auf allen Jahrmärkten und Volksfesten zu sehen; sie zeigten das Kunststück, wie man mit dem Messer leicht in die Mitte eines zusammengerollten Lederriemens treffen kann. Dabei wurde gewettet und die Menge meist übers Ohr gehauen.

980. Nach Adam Riese.

Diese Redensart, mit der man die Richtigkeit einer Rechnung zu bekräftigen pflegt, geht zurück auf die ver-

breitesten und volkstümlichsten Rechenbücher des 16. Jahrhs.:
Adam Rieses „Rechenung auff der linihen" (zuerst 1518 ohne
Angabe des Druckortes erschienen) und „Rechenung auf der
linihen und federn zal maß und gewicht auf allerley han=
dierung gemacht" (zuerst 1522 in Erfurt erschienen). Der
Verfasser, geb. 1492 in Staffelstein bei Bamberg, starb
1559 in Annaberg, wo er Bergschreiber war. (Vgl. B. Ber=
let, Zur Feier des vierhundertsten Geburtsjahres von Adam
Riese.)

981. Du kannst mich um den Ring pfeifen.

Verächtliche Abfertigung eines Menschen, der uns lästig
oder gleichgiltig ist, wie auch: du kannst mir auf dem Buckel
hinaufkriechen oder eine bekannte noch derbere Redensart.
Um den Ring pfeifen bedeutet natürlich: pfeifen, daß der
andre darnach (um den Ring) tanzen kann. Hier fühlt
sich der Tänzer als die wichtigere Person, während in der
Redensart: nach jemandes Pfeife tanzen (vgl. Nr. 916) der
Pfeifer als die wichtigere Person erscheint.

982. Ich kann mir's nicht aus den Rippen schneiden.

S. v. w. etwas Unmögliches kann ich nicht schaffen.
Ähnlich ist das Weiße im Auge sprichwörtlich. Wer un=
verschämt viel verlangt und einen damit bis aufs Blut
quält, den fragt der Ausgeplünderte: „Willst du nicht viel=
leicht noch das da?" indem er das untere Augenlid herab=
zieht, sodaß das Weiße am Auge sichtbar wird.

983. Vor dem Riß stehen.

S. v. w. für einen entstandenen Schaden die Verant=
wortung tragen, dafür aufkommen, eigentlich wie tapfere
Männer vor den Riß traten, den der Feind in die Stadt=
mauer geschlagen hatte, und, sich für andre bloßstellend, den
entstandenen Schaden wieder gut zu machen und weitern
Gefahren vorzubeugen suchten. Das Bild findet sich öfter
in Luthers Bibel, z. B. Hesekiel 22, 30: „Ich suchte unter
ihnen, ob jemand sich eine Mauer machte und wider den
Riß stünde gegen mir für das Land, daß ich's nicht ver=
derbete; aber ich fand keinen." Esra. 13, 5 heißt es von
den falschen Propheten: „Sie treten nicht vor die Lücke,

und stehen nicht im Streit am Tage des Herrn." Ebenso Psalm 106, 23: „Und er sprach, er wollte sie vertilgen; wo nicht Mose, sein Auserwählter, den Riß aufgehalten hätte." Vgl. Nr. 198.

984. Etwas auf dem Rohre haben.

S. v. w. seine Absicht, seine Aufmerksamkeit darauf gerichtet haben. Die Redensart ist hergenommen von dem Rohr auf den Feuergewehren; das Ziel liegt für den Zielenden gleichsam oben auf dem Rohre drauf. Vgl. die Redensarten: etwas auf dem Korn, auf der Mucke, auf dem Visier haben.

985. Schimpfen wie ein Rohrspatz.

Ostfriesisch: He schellt as'n Reitlümink. Der Rohrsperling (richtiger Rohrammer) ist in der That ein sehr geschwätziger Vogel; er macht sich besonders den Jägern dadurch lästig, daß er das Wild durch seine Geschwätzigkeit warnt, sobald er etwas Verdächtiges merkt.

986. Wegbleiben wie Röhrwasser.

Noch heute kommt es vor, daß das Wasser aus einer Röhrenleitung aus irgend einem Grunde plötzlich nicht zum Hahne heraustritt, wenn man ihn aufschraubt. Der Grund dieses Ausbleibens ergiebt sich meist nicht auf den ersten Blick, und so meint die Redensart: stumm, ohne jede Erklärung auf einmal wegbleiben. In Ifflands „Jägern" I, 5 sagt der Oberförster von Kordelchen: „Es geht ihr mit ihren Liebhabern, wie uns mit Röhrwasser — sie bleiben aus."

987. Eine große Rolle spielen.

S. v. w. wichtig sein, von Ansehen und Bedeutung sein. Ebenso: keine Rolle spielen, s. v. w. nicht viel zu sagen haben. Die Redensarten sind von der Schauspielkunst entlehnt, wo unter der Rolle eines Schauspielers die ihm zufallenden Worte verstanden werden, wohl weil sie früher auf einem langen gerollten Papierstreifen aufgeschrieben waren. Daher auch: aus der Rolle fallen, eigentlich wie ein Schauspieler, der den darzustellenden Charakter plötzlich fahren läßt und sich selbst statt dessen giebt.

988. In Rom gewesen sein, ohne den Papst gesehen zu haben.

Auch ital.: essere stato a Roma senza aver veduto il Papa. Der Ausdruck wird auf jemand angewendet, der sich eine berühmte Sehenswürdigkeit hat entgehen lassen, obwohl er an Ort und Stelle war, also gute Gelegenheit gehabt hätte. Schon in einem Fastnachtsspiel von 1457: „Dem ist gleich geschehen, als sei er zu Rom gewesen und hab den babst nit gesehen."

989. Nicht auf Rosen gebettet sein.

S. v. w. Not, Leid, Sorgen zu ertragen haben. Vgl. Nr. 259. Die Rose ist die Blume der Freude und diente z. B. bei den römischen Gastmählern zum Schmuck auf dem Haupte der Trinkenden; mit Rosen bestreut man noch heute bei festlichem Anlaß den Boden. Ja die Überkultur des Altertums hat es fertig gebracht, sich buchstäblich auf Rosen zu betten; das lateinische iacere in rosa ist zunächst ganz wörtlich zu verstehen. Von Dionys, Verres, Antiochus und andern Lüstlingen, auch von den Sybariten wird erzählt, daß sie auf Betten geschlafen hätten, die mit Rosenblättern gefüllt gewesen seien.

Wir haben die Wendung aus dem Altertum übernommen, wenigstens wird sie bei uns, soweit sie sich zurückverfolgen läßt, immer nur bildlich gebraucht. Vgl. Luthers Sprüchlein:

Des Christen Herz auf Rosen geht,
Wenn's mitten unterm Kreuze steht.

In der Zimmerischen Chronik III, 551: „Dann gleich, wie sie in punct angenommen und izo vermainten in rosen sitzen, do warden sie höchlich von Kaiser Carln gestrafft." Hier ist wohl an die Rosenlaube, den Rosenhag zu denken. Das alte Sprichwort: Es ist nicht auf Rosenblätter zu bauen (z. B. bei Sebastian Franck) erklärt sich so: wem Rosenblätter gestreut werden, der soll darin nicht mehr als eine für den Augenblick gespendete Artigkeit sehen.

990. Unter der Rose reden; einem etwas sub rosa sagen.

S. v. w. unter dem Siegel der Verschwiegenheit. Schon in Brants „Narrenschiff" 7, 11 fg. wird von einem Schwätzer und Verleumder gesagt:

Vnd wills zu bichts wiß han getou
Das nit verwiſſung kum dar von
Vnd das ers vnder der roſen hett
Vnd jn din eigen hertz geredt.[1]

Die beiden Redensarten: zu bichts wiß und vnder der roſen
reden bedeuten beide: unter dem Siegel der Verſchwiegen=
heit; die erſte iſt von der Ohrenbeichte entlehnt und heute
nicht mehr gebräuchlich, die zweite beruht auf der ſinnbildlichen
Bedeutung der Roſe. Schon bei den Alten war die Roſe
zugleich ein Sinnbild der Verſchwiegenheit und der Liebe.
Daher ſchenkt das Venuskind Cupido dem Gotte des
Schweigens, Harpokrates, eine Roſe, damit dieſer über das
Treiben ſeiner Mutter Stillſchweigen beobachte.

Est rosa flos Veneris, cuius quod furta laterent
Harpocrati matris dona dicavit Amor.
Inde rosam mensis hospes suspendit amicis
Convivae, ut sub ea dicta tacenda sciant.

Über dieſe Sitte, in Speiſeſälen über dem Tiſche Roſen
aufzuhängen, als eine Mahnung, das zu verſchweigen, was
bei Tiſche geſprochen werden wird, berichtet Joh. Wilh. Stuck,
Antiquitates conviviales, III, 16 (2. Ausg., Zürich 1597,
S. 371ᵃ), folgendes: Hinc verisimile est morem illum
profectum, ut multis in locis Germaniae in coenaculis
rosa lacunaribus supra mensae verticem affixa conspicia-
tur, quo quisque sit secreti tenax, ne quid temere
effutiat, sed omnia reticenda meminerit, hinc proverbium quoque illud pervulgatum apud Germanos: haec
sint sub rosa acta sive dicta; vgl. Grimms „Rechtsalter=
tümer" S. 941. So bezieht ſich unſre Redensart urſprüng=
lich auf das, was bei der Tafel in heiterer Weinlaune
unter Freunden geſprochen wird und verſchwiegen bleiben
ſoll.[2] Vgl. Syll. 176: „Odi memorem compotorem. Was
wir hie koſen, das bleib unter der Roſen. Wat wir hie
koſen oder bedryven, dat ſoll unter diſer Roſen blyven.
Alhie unter der Roſen geſagt."

---

[1] Danach in Murners „Schelmenzunft". 47, 17 fg.
[2] Ein Tegernſeer Mönch hat ſich in ſeinem Taſchenbüchlein
im 15. Jahrh. folgende Verſe darüber aufgeſchrieben:

Simrock[1] meinte, sub rosa bedeute: bei Strafe des Schwertes, weil ein berühmtes Schwert Rose heißt und in den Bildern zum Sachsenspiegel eine Rose das Urteil bedeutet.

991. Rot anstreichen.

S. v. w. besonders merken; gewöhnlich in der Form: den Tag wollen wir im Kalender rot anstreichen, wo das und das geschehen, wo uns das und das begegnet ist. Rot sind aber schon längst die Festtage im Kalender angestrichen[2] worden, wie sie heute noch im Kalender gewöhnlich rot ge= druckt werden. Daher der alte sprichwörtliche Vers:

> Dem Glauben ist man bald geneigt,
> Der viel Rot im Kalender zeigt.

992. Jemand ein Rübchen schaben.

S. v. w. einen necken und höhnen, indem man ihm zuruft: Ätsch! oder Zischaus! und dabei den rechten Zeigefinger quer über den linken hinunterstreicht, als schabte man Rüb= chen. Daher sagte früher, wer sich verachtet fühlte: „Ich bin Schabab.‟

993. Ans Ruder kommen.

Wie die Leitung des Schiffes dem in die Hand gelegt wird, der am Steuerruder sitzt, so bildlich z. B. die des Staates einem Politiker, einer Partei, wenn sie „ans Ruder kommen‟. Ein jüngeres Stubenbild hierfür ist: die Klinke (namentlich: der Gesetzgebung) in die Hand bekommen, ein älteres aus dem Leben draußen: die Zügel ergreifen.

994. Einen Rüffel kriegen.

Volksmäßiger Ausdruck für: einen Verweis bekommen, getadelt werden. In der mittelhochdeutschen Sprache be=

> Qui quid sub rosa fatur
> repeticio nulla sequatur.
> Sint vera vel ficta
> sub rosa tacita dicta.
> Si quid foris faris
> haud probitate probaris.

[1] Handbuch der deutschen Mythologie, § 135.
[2] Von diesem Bezeichnen alles Wichtigen in einem Schrift= stück, namentlich der Kapitelüberschriften, mit roter Tinte stammt der Ausdruck Rubrik, der heute s. v. w. Fach, Abteilung, eigent= lich aber nichts weiter als die rote Farbe bedeutet.

deutet riffeln[1] kämmen, hecheln, und so wird wohl die
Redensart dasselbe Bild enthalten wie die andre: durch die
Hechel ziehen (Nr. 542).

995. Sich selbst eine Rute binden.

Mit einem andern Bilde: sich selbst eine unangenehme
Last aufladen. Die Redensart ist Wahrheit gewesen in den
Zeiten der Leibeigenschaft, wo sich der Leibeigene in der
That manchmal selbst die Rute binden mußte, mit der er
geschlagen wurde.[2] Erasmus, Ad. 1, 1, 86: Flagellum
ipse paravit, quo vapularet. Idque sumptum a pueris
aut servis, qui coguntur aliquoties ipsi parare virgas
quibus vapulent. In den Proverbia communia aus
dem 15. Jahrh. Nr. 504: „Menich macet een roede tot
sijn selfs eers." Tunnicius Nr. 712: „Mannich maket
eyne rode tot synen egen sterte" u. s. w. in den zahlreichen
Sprichwörtersammlungen des 16. Jahrhs. Vgl. noch Lehm.
83 (Beschwerden 61): „Mancher schnitzt ihm selbst ein
Creutz[3], vnd mag nicht erwarten, bis es ihm selbst zu Haus
komt." Syll. 37: „Anguem in sinu fovere. Ihm selbst
eine Ruhte binden, sein eigen unglück halten und hegen."
Auch engl.: you gather a rod for your own breech;
frz.: il a fait la verge dont il est battu; il donne des
verges pour le fouetter; lat.: afferre suum corium ad
flagra. Barre II, 5, 1.

S.

996. Einen in den Sack stecken.

S. v. w. ihm an Kräften überlegen sein. Die Zimme=
rische Chronik berichtet z. B. über den Anfang des 15. Jahrhs.

---

[1] In der übertragenen Bedeutung (und wohl auch in der
alten, die sich auf die Bearbeitung des Flachses bezieht) noch
mundartlich, z. B. in Leipzig, einen rüffeln, d. h. ihm einen
derben Verweis geben.

[2] Der Gezüchtigte hatte hinterher noch zu seinem Herrn zu
sagen: „Ich danke für gnädige Strafe", eine Redensart, die heute
noch im Kartenspiel von dem gebraucht wird, der verloren hat.

[3] Maaler: im selbs ein galgen aufrichten, crucem sibi con-
stituere.

(I, 227): „Es ist umb diese jar und auch hernach ganz übel in unsern landen gestanden und ganz unfriblich gewest; wer baß megen (d. h. wer mehr vermocht hat), hat den andern in sad geschoben." In Brants „Narrenschiff" 83, 29: „Alleyn der arm muß jnn den sad." Auch „stoßen" statt „steden" findet sich „Narrenschiff", 69, 7 fg.:

> Wer andere stoßen wil jnn sad
> Der wart auch selbs des badenschlag.

Die Redensart hat ihren Ursprung jedenfalls in einer besondern Art von Ringkämpfen, wobei der Besiegte vom Sieger wirklich in einen Sad gestoßen oder gestedt wurde.[1] In einem alten Lügenmärchen heißt es:

> Er liuget er saehe uf einer wise
> daz ein getwerc unde ein rise
> die rungen einen halben tac.
> Do nam daz getwerc einen sac
> da stiez ez den risen in.

Der schon in mittelhochdeutscher Zeit gebildete Reim:

> swer den andern übermac
> der stozet in in sinen sac

ist noch lange in volkstümlicher Rede üblich gewesen, auch als der reine Reim längst zerstört war, vgl. Lehm. 304 (Gewalt 10): „Wer den andern vermag, der stedt jhn in Sad."

Wurzbach berichtet von einem verbürgten Ringkampf um Kaiser Maximilians II. natürliche Tochter. Die beiden Kämpfer waren des Kaisers Kriegsrat, ein wegen seiner Größe und Leibesstärke berühmter Ritter, und ein vornehmer Spanier. Da der Vater keinen von beiden verletzen wollte, so kam er auf den lustigen Einfall, die Herren miteinander um den Besitz ringen zu lassen, und zwar sollte Sieger sein, wer den andern in einen Sad zu steden ver-

---

[1] Wir erwähnen hier beiläufig die altertümliche Sitte, gewisse Übelthäter im Sad zu ertränken. Im Sad, damit sich der Übelthäter nicht etwa durch Schwimmen der Strafe entziehen könnte. Schon bei den Römern war sprichwörtlich: „Er verdient den Sad", weil Vatermörder in einen ledernen Sad genäht und ins Wasser geworfen wurden. Livius, Epitom. 68; Cicero, Rosc. Am. 25; Juvenal 8, 214; Digesten 48, 9, 9 u. s. w.

möchte. Der Kriegsrat steckte nun wirklich zum großen Ge=
lächter des Hofes den Spanier in den Sack und hatte
damit auch gewissermaßen den Kaiser, die schöne Braut und
die reiche Mitgift im Sacke.

997. Die Katze (das Schwein) im Sacke kaufen.

S. v. w. etwas kaufen, ohne es gesehen zu haben. Hilde=
brand wiederholt dazu die alte Erklärung von Frisch „nem=
lich anstatt eines Hasen", die einen auf den ersten Blick
anspricht, aber doch nicht Stich hält. Denn nicht nur die
heutige Betonung und die Nebenform „das Schwein im Sacke
kaufen", sondern auch die ältesten Formen der Redensart
lehren, daß ursprünglich nur vor der Thorheit gewarnt
werden soll, irgend welche Ware unbesehen zu kaufen, nicht
ein betrogener Käufer verspottet werden soll. Bei Freidank,
beim Winsbeken, bei Hugo von Trimberg und in alten
Priameln heißt es immer nur: Wer im Sacke kaufet, ähn=
lich beim Spervogel: Swer koufet ungeschouwet vil. Die
Katze, die sich dann in dem Sacke einstellt, bezeichnet einfach
den Kaufgegenstand, nicht die falsche Ware. Sonst könnte
es nicht in Niederdeutschland heißen: Man kopt keen Katt'
in'n Sack, vollends aber nicht im Hennebergischen: Die Sau
keft me net im Soack. Frisch ist vermutlich dadurch auf seine
Erklärung gekommen, daß er es für unmöglich gehalten hat,
überhaupt Katzen kaufen zu wollen; dagegen vgl. die Be=
merkung von Kern und Willms[1]: „Schwarze Katzen werden
von Pelzhändlern gern gekauft; gelbe, grüne oder gefleckte sind
wertlos." Engl.: Though ye lone not to bye the pyg
in the poke. Heywood's Dialoge (1546), ed. 1562,
part 2, chapt. 9; frz.: acheter chat en poche; ital.: com=
prare la gatta in sacco.

998. In Sack und Asche trauern.

S. v. w. sehr tief trauern, eigentlich so wie die alten
Juden, vgl. Jes. 58, 5: „Sollte das ein Fasten sein, das
ich erwählen soll, daß ein Mensch seinem Leibe des Tages
übel thue, oder seinen Kopf hänge wie ein Schilf, oder auf
einem Sack und in der Asche liege?"

---

[1] Ostfriesland wie es denkt und spricht, Nr. 697.

999. Auf den Sad schlägt man, und den Esel meint man.

So heißt es im Volksmunde, wenn ein Tadel nicht an
den gerichtet wird, den er eigentlich treffen soll, sondern, um
diesen zu schonen, an einen seiner Untergebenen, oder wenn
in Worten auf etwas angespielt wird, die scheinbar von
etwas ganz anderm handeln.

Ebenso ital.: Chi non può dar al asino, dà al basto.
Und schon lat.: Qui asinum non potest, stratum caedit.
Wenig anders frz.: Qui ne peut battre le cheval, batte
la selle.

1000. Salbader.

Dieser volkstümliche Ausdruck zur Bezeichnung eines
langweiligen Schwätzers und die dazu gehörigen Worte sal=
badern, Salbaderei haben viel Kopfzerbrechen gemacht. Nach
Frisch stammen sie aus Jena, wo in der Saalvorstadt ein
altes Badehaus, die Saalbaderei, war, dessen Besitzer, der
Bader Hans Kranich, um 1620, allerlei Possen machte
und Schnurren erzählte. Andresen meinte, sie gingen auf
das häufige Nennen und Anrufen des salvator im Munde
von Geistlichen zurück. Wahrscheinlich aber ist Salbader
aus älterm Seelbader hervorgegangen: Seelbader hießen
die Bader, die armen Leuten, besonders auch Spittelleuten,
von den Zinsen der testamentarischen Stiftung (selgeraete)
eines Reichen nicht nur den Bart kratzten, sondern auch aller=
lei Arztdienste leisteten. Die Redseligkeit der Barbiere ist be=
kannt; die Seelbader aber werden es bei den frommen
Spittelleuten nicht an der nötigen Salbung in ihren Reden
haben fehlen lassen, und so ist die Entstellung des alten
Wortes nicht zu verwundern.

1001. Nicht das Salz in die Suppe verdienen.

S. v. w. nicht so viel verdienen, daß man sich die ge=
ringste Annehmlichkeit davon erzeugen kann. Auch: er hat
nicht das Salz dabei.

Salz und Brot sind ein sprichwörtliches Paar zur
Bezeichnung einer dürftigen Nahrung, die aber gesund ist:
Salz und Brot macht Wangen rot.

Wegen der übertragenen Bedeutung von Salz vgl.
Nr. 465.

1002. Einen Scheffel Salz mit jemand gegessen haben.

S. v. w. lange mit ihm zusammen gelebt, ihn genau
kennen gelernt haben. Entsprechend weist man mit den
Worten: Wir haben noch keinen Scheffel Salz mit
einander gegessen[1] allzu große Vertraulichkeit zurück.
In Wittenweilers Ring:

> Doch scholt du getrawen swach
> Einem in vil großer sach,
> Hast du noch nicht mit im gessen
> Ein vierding salz wol aufgemessen.

Und bei Burkhard Waldis:

> Wenn du wilt einen freundt erwelen,
> so mustu gar genawe zelen,
> sein zusag nicht zu hoch vermessen,
> habst denn viel saltz erst mit im gessen.

Auch Goethe hat die alte sprichwörtliche Weisheit in „Her=
mann und Dorothea" (VI, 162) angewendet:

> Denn ich habe das Sprichwort so oft erprobet gefunden:
> Eh' du den Scheffel Salz mit dem neuen Bekannten verzehret,
> Darfst du nicht leichtlich ihm trauen; dich macht die Zeit nur
> gewisser,
> Wie du es habest mit ihm, und wie die Freundschaft bestehe.

Das Sprichwort findet sich schon im Lateinischen z. B. bei
Cicero, De amicitia 19, 67: verum illud est, quod dicitur, multos modios salis simul edendos esse, ut amicitiae
munus expletum sit.

1003. Einem Sand in die Augen streuen.

S. v. w. ihn täuschen. Frz.: jeter de la poudre aux
yeux. Der Ausdruck beruht wahrscheinlich auf einem
alten (antiken?) Fechterkniff, es dem Gegner dadurch zu
erschweren, daß man ihm womöglich Staub oder Sand in
die Augen treiben ließ oder geradezu mit eigener Hand
hineinwarf.[2] Ähnlich erklärt Erasmus, Ad. II, 8: Pulverem oculis offundere. Dicitur, qui de industria

---

[1] Im Munde des niedern Volks ist dafür auch die derbere
Wendung im Gebrauch: Mit dir habe ich die Schweine noch nicht
gehütet. Vgl. Schmeller II, 199.
[2] So versteht sich auch leicht, wie die Redensart in Nieder=
deutschland auch den Sinn haben kann: einen übertreffen.

rem obscurat et adversario iudicium eripit. Traductum videtur a militia. Saepe fit enim, ut hostis data opera pulverem cieat in hostem. Schon bei Gellius V, 21, 4 findet sich: Pulverem ob oculos aspergere.

Im „Zerbrochnen Krug" läßt Kleist die Redensart wieder lebendig werden.

1004. Jemand auf den Sand setzen.

S. v. w. ihn zu Falle bringen; ursprünglich setzt der Turnierkämpfer seinen Gegner auf den Sand, wenn er ihn vom Rosse stößt.

1005. Auf Sand bauen.

S. v. w. seine Hoffnung oder sein Vertrauen auf einen schlechten, unzuverlässigen Grund setzen. Natürlich ist dabei an das Bauen von Häusern gedacht (niederd.: Op Sand is teen good Hus to boen), wohl nicht an das von Getreide, die Thätigkeit des Bauern, trotz Konrads „Trojanerkrieg" V. 21136 fg.:

> Ir wizzent herre selber wol,
> daz man verliuset alzehant
> waz man gesaejet uf den sant,
> wan da niht frühte wirt gesehen.

1006. Ohne Sang und Klang

wird z. B. ein Gesetzesvorschlag abgelehnt. Der Ausdruck bezieht sich ursprünglich auf die kirchlichen Feierlichkeiten bei einem Leichenbegängnis und bedeutet eigentlich: ohne daß zu Ehren des Toten die Glocken erklingen und ein Lied gesungen wird. Anders bei Luther: „Er wird beerdigt ohne Läuten und Däuten, ohne Gesäng' und Gepräng."

Französisch entspricht das militärische sans tambour ni trompette.

1007. Einen aus dem Sattel heben.

S. v. w. ihn besiegen, verdrängen; eigentlich ihn im ritterlichen Zweikampf zu Pferde aus dem Sattel werfen. Wer aus dem Sattel gehoben worden war, war nicht nur besiegt, sondern nach den strengsten Turnierbestimmungen samt Pferd, Rüstung und Waffen eine Beute des Siegers

geworden, in dessen Belieben es stand, ob und wann er den
Besiegten freilassen, ob und für welche Summe er ihm sein
Kampfzeug zurückgeben wollte.

1008. Sich satteln.

Wir gebrauchen diesen Ausdruck ebenso wie: sich rüsten,
sich wappnen, sich fertig, sich bereit machen, und fühlen des=
halb das Pronomen sich als Akkusativ; es ist aber ursprüng=
lich Dativ: wer zum Kampfe gehen oder eine Reise an=
treten will, sattelt sich, d. h. für sich, sein Roß. Wer sich
gesattelt hat, ist dann (nur bildlich!) gesattelt, und wenn er
ein tüchtiger Reiter ist und obendrein auf dem Pferde ein=
geritten ist, so sitzt er fest im Sattel, ist sattelfest;
lauter Ausdrücke, die oft bildlich gebraucht werden. In
der Zimmerischen Chronik heißt es schon übertragen IV, 70:
„es war ime kein sattel gerecht" — IV, 72: „einem in
sattel helfen" — III, 503: „sich zu allen sätteln gebrauchen
lassen". In allen Sätteln gerecht sein ist heute ein
Lob, doch vgl. Syll. 74: „Cothurno versatilior. Un=
beständiger als ein zweyfüßiger schuch. Der ist auf alle
Sättel gerecht."

Hier schließen sich auch folgende Wendungen an: um=
satteln, d. h. den Beruf wechseln, eigentlich: in einen
andern Sattel steigen; auf einer Sache (einem Prinzip)
herumreiten, sein Steckenpferd reiten, nachreiten (so nennt
der Student das Nachtragen geschwänzter Vorträge in sein
Kollegienheft), einem etwas vorreiten (vorführen, vorstellen),
sich verreiten, sich hineinreiten, in die Tinte reiten u. s. w.

1009. Wie kommt Saul unter die Propheten?

Ausdruck der Verwunderung, wenn man jemand in
einem Kreise, in einer Partei oder bei Bestrebungen sieht,
wo man ihn nicht erwartet hatte. Die Worte sind aus
der Bibel. 1 Sam. 10, 10 fg. wird erzählt, wie Saul
einer Prophetenschar begegnete und, vom Geiste Gottes er=
griffen, auch anfing, unter ihnen zu weissagen. Da sprachen
alle untereinander: „Was ist dem Sohne Kis geschehen?
Ist Saul auch unter den Propheten? Daher ist das Sprich=
wort kommen: Ist Saul auch unter den Propheten?"

(V. 12: Propterea versum est in proverbium, num et Saul inter prophetas?) Also schon in der Bibel wird die Redensart als wirkliches Sprichwort erwähnt; vgl. auch 1 Sam. 19, 24. Erasmus führt die lateinischen Worte Ad. II, 1 auf; doch wird in klassischem Latein der Gedanke auch so ausgedrückt: Quid in tragoedia comici?[1] Vgl. auch: anser inter olores. Virgil, Ecl. 9, 36; ähnlich wie: die Krähe unter den Pfauen.

1010. Aus einem Saulus ein Paulus werden.

S. v. w. seine Meinung völlig ändern, und zwar meist bestimmt: aus einem Bekämpfer einer Ansicht zu einem Verteidiger werden. Die Redensart stammt von der plötz= lichen wunderbaren Bekehrung des Saulus auf seiner Reise nach Damaskus: der Saulus jüdischen Glaubens war einer der heftigsten Christenverfolger in Palästina gewesen, der bekehrte Paulus hat seinen Herrn Christus wie kein andrer Apostel bekannt.

Daher auch: seinen Tag von Damaskus erleben, d. h. ein andrer Mensch werden.

1011. In Saus und Braus leben.

In Saus und Braus lebt eigentlich der Wind, bild= lich der, bei dem es hoch hergeht, der herrlich und in Freuden lebt und in äußern Genüssen durch sein Leben jagt, umgeben von Getöse und Gepränge. Im 15. und 16. Jahrh. heißt es öfter in demselben Sinne: in pro= quellis leben (für: in procellis? vgl. Germania 14, 214).

Auf die prahlerische Schilderung von den wüsten Helden= thaten der holkischen Jäger, die der zweite Jäger in „Wallen= steins Lager" giebt, erwidert der Wachtmeister:

Nun, da sieht man's! Der Saus und Braus,
Macht denn der den Soldaten aus?

1012. Jemand einen Schabernack anthun.

S. v. w. ihm einen Streich spielen, wobei es aber bloß auf eine Neckerei abgesehen ist. Das Wort Schabernack

---

[1] Vgl. Syll. 198: „Quam in tragoedia Comici. Wat deen die Brouwen in dem Kriech."

kommt früher nur in Bedeutungen vor, die sich mit der heutigen nicht leicht vereinigen lassen; es bezeichnete eine rauhe (den Nacken schabende) Winterkappe und einen (scharfen?) Wein (vgl. den Ausdruck Nackenputzer in Nr. 264).

Wenn man hieraus den Schluß ziehen darf, daß Schabernack seiner Herkunft nach weiter nichts ist als: was den Nacken schabt, so läßt sich der heutige Sinn des Wortes leicht durch Wörter wie kitzeln und necken erläutern; denn necken wird einst zu Nacken gebildet worden sein wie später ohne Umlaut (ver)ledern zu Leder, wammsen zu Wamms (vgl. auch Nr. 638). Ein rechter Schabernack wäre denn etwa ein Strohhalm, der einem hinten in den Hals gesteckt wird. Der Ausdruck den Schelm, den Schalk im Nacken haben (Nr. 1016) ist wohl zunächst fernzuhalten, dagegen steht ganz nahe eine Wendung wie: der Soldat schlägt ihn immer noch in den Nacken, spielt ihm einen Streich, d. h. er kann seine alte Soldatenart nicht ver= leugnen, obwohl er längst des Königs Rock ausgezogen hat.

1013. Schachmatt sein.

Der Ausdruck ist höchst lehrreich. Wir empfinden ihn wohl heute als eine bildliche Ausdeutung oder gar als eine scherzhafte Erweiterung des alten einfachen matt; in Wahr= heit ist matt aber die verkürzte Form, denn das Wort stammt von dem Rufe des siegenden Schachspielers und ist, so gut deutsch es auch klingt, doch gut persisch.[1] Schâh mât heißt wörtlich: der König ist tot, und diesen Satz hat die volkstümliche Umgangssprache ungeschmälert aufgenommen und bis heute bewahrt.

Den bewußten Übergang zur bildlichen Verwendung von matt bezeichnen so deutlich, wie sonst selten derartiges festgehalten ist, folgende Verse in Heinrichs von Freiberg „Tristan" (1560 fg.):

> allen iren vröuden mat
> wart da gesaget sunder schach.

[1] Das Schachspiel ist aus Persien und Arabien nach Griechen= land und durch die Sarazenen auch nach Italien und Spanien gekommen, von wo es sich über das ganze Abendland verbreitete; im 12. Jahrh. haben sich die Schachausdrücke mit dem Spiele in Deutschland eingebürgert.

Auch die Redensart in Schach halten (d. h. einen Feind nicht zur Ruhe kommen lassen, ihm fortwährend ge= rüstet gegenübertreten) stammt natürlich aus diesem Spiele. Hier bezeichnet sie eigentlich das unaufhörliche Schachbieten gegenüber dem feindlichen König, der dadurch gezwungen wird, immer nur von Zug zu Zug auf seine Rettung zu denken.

1014. Er hat sein Schäfchen ins Trockne gebracht.

S. v. w. er hat seinen Erwerb in Sicherheit gebracht, sodaß er nun sorgenlos leben kann. Kluge[1] lehrt: „Schäf= chen in der Redensart «sein Schäfchen ins Trockene bringen» deutet man gern als verkehrte Übersetzung von niederd. schepken, «Schiffchen». Vielleicht ist es aber eine ironische Umwendung eines dem Evangelium vom guten Hirten ent= nommenen, aber erweiterten Bildes." Vielleicht, jedenfalls ist die erste Deutung — abgesehen davon, daß Schiffe nicht ihren Zweck erfüllt haben, wenn sie aufs Trockene gesetzt sind, sondern wenn sie den Hafen erreicht haben — schon deshalb von der Hand zu weisen, weil es in niederdeutschen Mundarten nicht Schepken, sondern Schääpken heißt. Und auch der zweite Weg zur Erklärung ist, bei Lichte besehen, doch nur ein Einfall. Das Wesentliche des Ausdrucks haftet ja nicht an dem Worte Schäfchen, sondern an dem Begriff: ins Trockene bringen, d. h. in Sicherheit bringen, im Gegen= satz zu Wendungen wie: in die Patsche geraten, in der Tinte sitzen u. s. w. So ist denn auch aus Holstein sprich= wörtlich bezeugt: He hett sine Saken up't Tröge brogt. Das Schäfchen bezeichnet einfach typisch jede Erwerbung eines kleinen Mannes, zunächst auf dem Lande. Wer einen zu Grunde liegenden Vorfall möglichst scharf begrenzt wissen möchte, sei auf die liebevolle Ausführung einer Möglichkeit in Hildebrants Buch vom deutschen Sprachunterricht ver= wiesen (3. Aufl., S. 114 fg.).

1015. Er hat sein Schäfchen geschoren.

S. v. w. er hat die Wolle, d. h. seinen Vorteil, dahin. Auch: sein Schäfchen zu scheren wissen, d. h. sich auf seinen Vorteil verstehen.

[1] Etym. Wörterbuch, 5. Aufl., S. 315.

1016. Den Schalk im Nacken haben.

Der Ausdruck meint ähnlich wie die Redensart es
hinter den Ohren haben (j. Nr. 882) j. v. w. ein
Schelm sein und es sich nicht merken lassen; sie geht auf
einen, der gleichsam von einem kleinen schalkhaften Dämon
besessen ist, doch so, daß der Wicht ihm hinten im Nacken
sitzt, sodaß ihn der Genarrte nicht hat sehen können. Bei
Lehm. S. 124 (Dienst 42) ist die Rede von „Augendienern,
die Trew seynd vorm Gesicht, vnd tragen den Schalck auffm
Rücken". Der Liebhaber, der nicht weiß, woran er ist,
klagt im Volkslied die Geliebte an:

> Ihr tragt ein Schalk im Nacken,
> Man weiß nit treibt Ihr Ernst oder Scherz,
> Thut Honigküchel backen,
> Darzwischen Dörner hacken,
> Verspottet redlichs Herz!

1017. Schamade blasen.

S. v. w. klein beigeben; eigentlich: das Ergebungszeichen
(chamade) blasen, der Ausdruck stammt also aus dem alten
Kriegsleben. Auch Schamade schlagen, nämlich mit
der Trommel.

1018. Etwas in die Schanze schlagen.

S. v. w. es einsetzen, aufs Spiel setzen, daran geben.
Die Schanze hier hat mit der Schanze im Kriege, dem
Bollwerk, nichts zu thun, sie ist vielmehr ein altes Spieler=
wort und stammt wie andre Spielausdrücke (vgl. kaput) aus
dem Französischen. Aus mittellat. cadentia ist in franzö=
sischem Munde chance geworden mit der Bedeutung: Wurf
im Würfelspiel. Etwas in die Schanze setzen, legen oder
— echt deutsch — schlagen, heißt also eigentlich: etwas
auf einen Wurf setzen, es einsetzen, als Gewinn für den,
der am höchsten würfelt.

Für das reiche alte Leben des Wortes bietet Grimmels=
hausen eine Menge Beispiele; II, 162: „seine Schantze in
acht zu nehmen" (seinen Vorteil wahrzunehmen); I, 8: „da
Er dann wieder versiehet die Schantz" (Gelegenheit); III,
245: „in welcher Gegend mein Obrister die Schantze heß=
lich übersehen"; III, 109: „daß ihm geträumt hätte, er

wäre auf dem Spielplatz gesessen, allwo ihm einer um eine ziemliche Schantz auf dem Spiel gestandenen Gelts unrecht thun wollen" (Einsatz); II, 115: „und setzest die Seele in eine ungewisse Schantze" (auf ein gewagtes Spiel). Das letzte Beispiel kommt der ursprünglichen Bedeutung am nächsten, ganz rein zeigt sie sich z. B. in der Zimmerischen Chronik I, 243: „Mitler weil haben sie uf ainen abent mit ainandern gespielt und im spill soverr fürgeschritten, das der Beringer auch sein harnasch und das roß in die schanz ge=schlagen und verloren."[1]

Einem etwas zuschanzen heißt daher: es ihm in die Hände spielen, z. B. Simpl. III, 307: „welches mir manche fette Supp zuschantzte".

1019. Eine Scharte auswetzen.

S. v. w. einen Fehler wieder gut machen, einen er=littenen Schimpf wett machen, wie der Fechter seine verletzte, angehauene Klinge wieder schneidig macht, nicht auf dem Schleifstein, sondern indem er sie an der des Feindes kämpfend streicht, in den Leib des Feindes Wunden schlägt. Die Scharte ist schon längst bildlich gebraucht worden, z. B. heißt es schon in Ottokars österreichischer Reimchronik V. 22 675:

> ich furchte daz er slach
> in iuwer lop ein scharten.

Den besiegten türkischen Großvezier läßt 1691 ein deutsches Lied jammern:

> In unsre Säbel hat gemacht
> Die starke Babuisch Adlermacht
> Ein gar zu große Scharten;
> Glaub, keiner werd sie schleifen aus
> So bald von Ottomaner Haus,
> Ich würd es nit erwarten.

Und der Räuber Moor bekennt am Ende seiner Thaten: „Ich maßte mich an, o Vorsicht, die Scharten deines

---

[1] Vgl. Tacitus in der Germania, Kap. 24: Aleam, quod mirere, sobrii inter seria exercent, tanta lucrandi perdendive temeritate, ut, cum omnia defecerunt, extremo ac novissimo iactu de libertate ac de corpore contendant.

Schwerts auszuwetzen und deine Parteilichkeiten gut zu machen — aber — o eitle Kinderei —."

1020. In den Schatten stellen.

S. v. w. gering erscheinen lassen, ebenso auch: verdunkeln. Das entgegengesetzte beleuchten bildet doch nicht auch bildlich den Gegensatz, sondern meint ganz objektiv: ein reines (ungetrübtes) Urteil über etwas möglich machen, genau wie die Redensart: ins rechte Licht rücken.

1021. Einem wie sein Schatten folgen.

Häufig in verächtlichem Sinne angewandt auf solche, die fortwährend um andre herum sind, um etwas bei ihnen zu erreichen. Schon bei Plautus, Casina I, 1, 4: Quasi umbra persequi. Daher auch bei Erasmus, Ad. III, 7: Velut umbra sequi.

1022. Vor seinem eigenen Schatten fliehen.

S. v. w. sich ohne Ursache fürchten. Oft auch: sich vor dem Schatten an der Wand fürchten. Namenlose Sammlung Nr. 238: „Der fuercht sich vor seim eygen schatten. Das sagt man von eim kleynmüthigen menschen." Ebenso lat.: timere umbram suam, z. B. bei Cicero, De petitione consulatus 4, 9. Und schon bei Plato von einem Furchthasen: τὴν αὐτοῦ σκιὰν φοβεῖσθαι.

1023. Auf seinem Schein bestehen.

Da die Redensart meist angewendet wird in dem Sinne: auf sein angebliches Recht trotzen, so sind wir leicht geneigt, bei dem Worte Schein hier so etwas wie einen falschen Schein, den bloßen Anschein zu fühlen. Es ist aber der Kaufschein gemeint, und Schein hat also hier noch seine alte Bedeutung: das, was offenbar ist, was auf der Hand liegt, was man schwarz auf weiß vorzeigen kann. Zu lebhafter Wirkung kommt der Ausdruck im 5. Akt des „Kaufmanns von Venedig", wo Shylock mit den Worten: I stay here on my bond auf seinem Schein besteht.

1024. Du sollst mich einen Schelm heißen,
wenn ich das nicht thue! Diese unter dem Volke noch gewöhnliche Beteuerungsformel ist ein Rest der alten, mittel-

alterlichen Sitte, treubrüchigen, meineidigen Leuten ehren=
rührige Scheltbriefe zu senden oder öffentlich anschlagen
zu lassen. Grimm, Rechtsaltertümer, S. 612. Abge=
schlossene Verträge enthielten häufig den Zusatz, daß den
etwa wortbrüchigen Teil ein solches Schelten treffen solle.
Die alte Bedeutung dieses gerichtlichen Scheltens hat sich
noch in den Ausdrücken bescholten und unbescholten
erhalten. — Vgl. auch Nr. 791.

1025. Schaum schlagen.

Schaum bezeichnet bildlich hohles, aufgeblasenes Zeug;
Schaumschläger heißen Leute, die einem mit schönen
Worten blauen Dunst vormachen.

1026. Schibóleth

wird oft das Kennzeichen einer Partei, einer Vereinigung ge=
nannt, darnach, daß die Israeliten an der Aussprache dieses
Wortes die Ephraimiten erkennen wollten (Richter, Kap. 13);
Schibóleth bedeutet Strom, die Ephraimiten sprachen Siboleth.

1027. Schicht machen.

S. v. w. aufhören.[1] Aus der Bergmannssprache, wo
Schicht zunächst je eine Bank verschiedener übereinander=
liegender Gesteine, dann eine bestimmte Arbeitszeit, schließ=
lich die Arbeitsgrenze bezeichnet.

1028. Schiffbruch leiden.

Das Leben der Menschen und Völker wird oft einer
Wanderung, oft einer Fahrt verglichen, besonders gern einer
Schiffahrt. Da segelt einer voll kühner Zuversicht mit
vollen Segeln aus dem heimatlichen Port, aber bald wird
er von den Stürmen hierhin und dorthin geschlagen, er hat
Mühe, gefährliche Klippen zu umschiffen, an denen er leicht
scheitern kann, und wie mancher leidet Schiffbruch, wie
manchem erfüllt es sich nicht, in den stillen Hafen eines

---

[1] Hat der Leser schon einmal daran gedacht, welches Bild in auf=
hören steckt? Kluge nimmt an, daß sich die Bedeutung aus hören,
audire, entwickelt habe (ob eigentlich = „einem Verbot gehorchen"?).
Viel wahrscheinlicher ist ein Überspringen des Wortes auf einen im
Leben benachbarten Begriff: „Hör auf!" d. h. du, der du eben dort
mit etwas beschäftigt bist, horch auf! laß einmal ab von deiner Arbeit!

ruhigen Lebensabend einlaufen zu können! (Vgl. die Redens=
arten unter Segel und Flagge.)

Das Bild ist in der Litteratur ungemein häufig ver=
wertet worden; hier nur zwei Beispiele, ein altes und ein
neueres. In einer Schweizer Satire aus dem Anfang des
16. Jahrhs. auf die „Krankheit der Messen" jammert der
Papst: „Jetz rint unser schiff an allen orten, wir sind ver=
loren." Und der Kardinal stimmt ein: „Ja herr, ich förcht,
es helf kein verstopfen! wir hand gegenwind und sind uns
alle ruder brochen."

Kosinsky malt (Räuber III, 2) sein „grausames Schick=
sal", das ihn dem Räuber Moor in die Arme führt, mit den
Worten: „Ich habe Schiffbruch gelitten auf der ungestümen
See dieser Welt, die Hoffnungen meines Lebens hab' ich
müssen sehen in den Grund sinken."

1029. Jemand auf den Schild heben.

S. v. w. ihn zum Führer einer Bewegung machen.
Die Redensart beruht auf der altgermanischen Sitte, den
neuerwählten Fürsten auf den Schild zu heben und ihn so,
damit er von jedermann gesehen werde, dreimal im Kreise
des versammelten Volks herumzutragen, worauf dieses durch
Handschlagen seinen Beifall zu erkennen gab. Das älteste
Zeugnis hierfür bietet Tacitus, Hist. IV, 15: erat in Cannine-
fatibus stolidae audaciae Brinno, claritate natalium in-
signi . . . impositus scuto, more gentis, et sustinentium
humeris vibratus dux deligitur. Dasselbe wird für die
Frankenkönige durch Gregor von Tours bezeugt. Mont=
faucon hat die Élévation du roi sur un bouclier im Disc.
prélim. zu den Monuments de la monarchie française,
S. XVII—XX, behandelt und ein Bild aus einer byzan=
tinischen Handschrift des 10. Jahrhs. mitgeteilt, das sogar
den König David auf den Schild erhoben darstellt. Cassiodor
berichtet auch (18, 13) von Vitiges: scuto impositus, more
gentis. Noch im Jahre 1204 wurde Balduin von Flandern
bei seiner Wahl zum griechischen Kaiser auf den Schild
gehoben.[1]

---

[1] Raumer, Hohenstaufen, III, 231.

1030. Etwas im Schilde führen.

S. v. w. etwas beabsichtigen, mit dem Beigeschmack des Heimlichen und darum Bösen. Die Redensart bezieht sich auf die Devisen und Abzeichen, die der Turnierritter auf seinem Schilde führte und die, für die Menge oft ein Rätsel, ihn eingeweihten Freunden kenntlich machten.

Als volkstümliches Bild, doch noch nicht so verblaßt wie heute, ist der Ausdruck aus dem Anfange des 17. Jahrhs. z. B. in einem Liede auf Wallensteins Belagerung von Stralsund bezeugt:

> Drum, Deutschland, thu die Augen auf,
> Merk, was des Wallensteiners Hauf
> In ihren Schilden führen!

Sich durch Kennzeichen auf den Schilden zu unterscheiden, war nicht bloß ein Brauch des höfischen Rittertums im ausgehenden Mittelalter, sondern auch Sitte bei den altgermanischen Stämmen, natürlich in viel einfacherer Art. Schon Tacitus (Germania, Kap. 6) erzählt von ihnen, daß sie ihre Schilde bunt bemalt hätten. Die altfriesischen Gesetze sprechen von braunen Schilden als den eigenen und von roten sächsischen. Die fränkischen Schilde beschreibt Sidonius Apollinaris im 5. Jahrh. als in der Mitte goldgelb und nach dem Rande zu weiß gemalt. Als Zeichen des Krieges galt im Norden der rote Schild, als Zeichen des Friedens der weiße.

1031. Schildbürger, Schildbürgerstreiche.

Gewöhnlich wird Schilda als ihre Heimat bezeichnet, ein Städtchen im preußischen Regierungsbezirk Merseburg, fünf Meilen von Leipzig, doch auch ein Schilda bei Torgau macht Anspruch darauf, gemeint zu sein. Aber nicht nur in Sachsen, sondern in ganz Deutschland steht Schilda in ähnlichem Rufe wie Abdera (vgl. Nr. 3) bei den Griechen; daher sind Schildbürgerstreiche alberne, unüberlegte Handlungen. Im Jahre 1597 erschien eine Sammlung solcher Schwänke von einem unbekannten Verfasser unter dem Titel: „Die Schiltbürger. Wunderseltzame Abendtheurliche, unerhörte, und bißher unbeschriebene Geschichten und Thaten der Schiltbürger in Misnopotamia durch M. Aleph,

Beth, Gimel. Misnopotamia 1597." Ein andrer Titel
für dasselbe Buch ist: „Das Lalenbuch), wunderbarlicher
seltzamer Zeitung unnd Geschichten, der Lalen zu Lallburg.
Getruckt zu Lalenburg." Der unbekannte Verfasser dieses
Volksbuches läßt die Schildbürger von einem der vielen
Weisen Griechenlands abstammen und ursprünglich mit der
höchsten Weisheit begabt sein. Sie werden daher von allen
Fürsten zu Rate berufen, und keiner von ihnen kann daheim
bleiben, bis endlich ihre Weiber sie zurückfordern, ihr ver=
wildertes Hauswesen herzustellen; worauf sie denn, um
fernern Drang nach ihrer angeborenen Weisheit zu ver=
meiden, beschließen, sich närrisch zu stellen, und sich nun
allmählich so in die Narrheit verlieben und festrennen, daß
sie nicht mehr anders können. Nachdem sie sich in allen
Arten der Narrheit meisterlich versucht und befestigt und
vom Kaiser ein Privilegium mit Brief und Siegel dafür er=
halten haben, geht ihre Narrheit zuletzt ins Tragische über, zer=
stört ihren eigenen Wohnsitz und zwingt sie, nach allen Gegen=
den auszuwandern: so sind sie nun wieder, wie die Juden,
durch die ganze Welt zerstreut und überall anzutreffen.

Dieses Buch von den Schildbürgern (oder Lalen) ist
eine geschickte Sammlung von Ortsneckereien und Stichel=
schwänken, wie sie noch heute in Deutschland hier und dort
erzählt werden, durchsetzt mit Schwänken aus der ältern
Litteratur des 16. Jahrhs., besonders aus Kirchhofs Wend=
unmut und Schumanns Nachtbüchlein.

Ein allgemeiner Name für solche Dümmlinge, aber doch
auch als Ortsname gedacht, ist der Ausdruck Schlauberger[1],
der freilich auch in eigentlichem Sinne verwendet wird.
Vgl. Lehm. 784 (Vergeblich 8): „Man richt offt in Sachen
so viel auß, als die Witzberger, die der Sonnen Stralen
in Sack stoffen, vnd in ihre Ratstub tragen wolten."

1032. Dem Schinder die Keule abkaufen.

Wer beim Schinder die Keule kauft anstatt beim Fleischer,
kauft zwar billiger, aber schlechter, kauft statt einer Rinds=
oder Kalbskeule eine Pferde= oder Hundekeule.

---

[1] Auch Schlaumeier, Schlaumichel sind in verschiedenen deut=
schen Gegenden gebräuchlich.

1033. Jemand beim Schlafittchen kriegen.

Auch: beim Schlafittich, d. i. Schlagfittich, wie in mitteldeutschen Mundarten scherzend der Rockschoß genannt wird. Bildlich meint die Redensart dasselbe wie der Ausdruck: einen erwischen.

1034. Er schlägt ganz nach seiner Mutter.

S. v. w. es besteht eine große Ähnlichkeit der Art zwischen ihm und der Mutter. Zur Erklärung vgl. Nr. 60.

Eine hübsche Zusammenstellung von metaphorischen Ausdrucksweisen, in denen wir das Wort „schlagen" gebrauchen, findet sich bei Wunderlich, Deutsche Sprichwörter: „Beim Anblick eines höchst unglücklichen Menschen erinnern wir Deutschen uns sogleich eines mit Schlägen und Püffen bedeckten Faustkämpfers, der sich mit lahmen Gliedern aus dem Handgemenge zurückzieht, und nennen ihn einen «geschlagenen» Mann. Wie ein tüchtiger Boxer durch seine Angreifer, so «schlagen wir uns durch» eine Reihe von Übelständen und Mißverhältnissen. Ja sogar die Ideen und Geister brauchen die Faust. Die Geister platzen auf einander. Wir schlagen uns böse Gedanken aus dem Kopfe, schlagen gute Ratschläge in den Wind, und auch die Bitten eines Zudringlichen schlagen wir ab, als wären es unangenehme Streiche und Stöße, die wir zu parieren hätten. „Bei uns Deutschen schlägt auch das Herz, das bei den Lateinern bloß sich regt oder zuckt (cor palpitat). Auch die Uhren schlagen bei uns, die anderswo, z. B. bei den Franzosen, nur tönen (il a sonné deux heures). Fast komisch ist es, daß bei uns Deutschen auch die Nachtigallen nicht singen, sondern schlagen, und daß auch Bäume ausschlagen (als wenn die kleinen Blüten und Knospchen lauter dicke Fäuste wären), und daß die Bohnen oder andre Pflanzen, auch die Kinder und Zöglinge gut einschlagen. Die Tinte schlägt durch (das Papier), das Korn schlägt in die Höhe, die Wurzeln schlagen in den Boden, die Sachen schlagen fehl, gewisse Dinge schlagen in mein Fach. Unsre Augen werden mit Blindheit geschlagen, und Gott schlägt das Land mit Krankheit und Pestilenz. Wie das Herz und die Uhren, so giebt uns auch das Schicksal Schläge."

1035. Eine Schlange am Busen nähren.

S. v. w. einem Gutes thun, den man für seinen Freund hält, der einem aber feind ist. Die Folge daraus zieht Lehm. 819 (Undank 26): „Wer ein Schlang im Busen ernehret, der wird mit Gift belohnet." Frz.: nourrir un serpent dans son sein. Und schon im Altertum: Viperam sub ala nutricat. Petron, c. 77. Daher bei Erasmus (Ad. IV, 2): Colubrum in sinu fovere.

Die Redensart gehört zu einer Fabel Äsops (4, 18), die uns aus dem Reinecke Fuchs bekannt ist, und die Erasmus (a. a. O.) in folgenden Versen erzählt:

Sinu fovebat quidam agricola viperam
Gelu rigentem, at haec calorem ut senserat,
Ferit foventem, moxque perimit vulnere.
Ingrati ad hunc benemeritos tractant modum.

Im germanischen Altertum galt die Schlange wegen ihres anschmiegenden Wesens für ein Symbol des Weibes. Damit hängt zusammen, daß es eine ganze Reihe altgermanischer Frauennamen giebt, deren zweiter Bildungsteil das Wort lind (Schlange) ist, das wir sonst nur noch in Lindwurm erhalten haben: Gerlind, Siglind, Aislind u. s. w. Der Name Linda ist eine Erinnerung daran.

1036. Ein Schlaraffenleben führen.

Das Schlaraffenland ist von allen den Utopien, die beschrieben worden sind, allein volkstümlich geworden. Wer hätte noch nichts von dem märchenhaft glückseligen Leben gehört, das dort geführt wird! Da sind die Seen voll Wein, in den Teichen schwimmen die Fische gleich gesotten herum, die Dächer der Häuser sind große Fladen, die Steine sind aus lauter Zucker, die Brunnen spenden Milch, die Zäune sind mit Würsten durchflochten, die gebratenen Tauben fliegen einem nur so ins Maul u. s. w., wie das Hans Sachs in einem lustigen Schwank vom Jahre 1530 zum ersten Male ausführlich geschildert hat. Vgl. auch Simpl. I, 262: „Und alsdann wirds in Teutschland hergehen wie im Schlauraffen-Land, da es lauter Muscateller regnet und die Creutzer-Pastetlein über Nacht wie die

Pfifferlinge wachsen![1] Da werde ich mit beyden Backen fressen müssen wie ein Drescher und Malvasier sauffen, daß mir die Augen übergehen."

Schlaraffenland heißt dieses Land nach seinen Bewohnern, den Schlaraffen, früher Schlauraffen (s. oben), von mittelhochd. slur-affe, d. i. ein Schimpfwort für einen faulen Gesellen, wie Maulaffe für einen, der dasteht und mit offenem Maule glotzt.

1037. Schlecht und recht.

In dieser alten, bis auf den heutigen Tag gebräuchlichen Reimformel hat das Wort „schlecht" eine Bedeutung bewahrt, die dem mittelhochdeutschen sleht, d. i. eben, glatt, gerade, richtig, sehr nahe steht, sodaß wir es als synonym mit „recht" empfinden. Luther übersetzte noch Luk. III, 5: „was uneben ist, soll schlechter (d. h. ebener) Weg werden." In der alten Sprache sind krumm und schlecht Gegensätze, vgl. Brants „Narrenschiff" 19, 45:

Die zung die brucht man jn das recht
Durch sie würt krum das vor was schlecht.

Das ist ein alter volkstümlicher Reim, wenig anders schon bei Boner VII, 46:

Die valschen zungen hant daz reht,
Si machent krump, daz e was sleht.

Als sich schlecht dann in der Richtung auf die heutige „schlechte" Bedeutung (ähnlich wie einfältig und albern d. i. allwahr, mittelhochd. alwaere) entwickelt hatte, schuf die Sprache gleichsam zum Ersatz aus dem Zeitwort schlichten und dem alten Abstraktum diu slihte ein neues Eigenschaftswort schlicht.

1038. Den Schleier nehmen.

S. v. w. ins Kloster gehen und Nonne werden. Volkstümlich ist die Wendung nicht, sondern sie lebt in bewußter Sprache; ist sie doch auch wahrscheinlich wesentlich jünger als die Sache, die sie bildlich bezeichnet, wenigstens nimmt

---

[1] Vgl. hierzu Nr. 924 und Nr. 936.

man an, daß das Wort Schleier erst durch die Kreuzzüge
aus dem Orient bei uns eingeführt worden sei. Die tief=
sittliche Bedeutung des Schleiers als schützender und rettender
Hülle ist alt und weit verbreitet. In christlichen Landen
ist er das Symbol des Nonnenstandes; im Altertum aber
war das Tragen des Schleiers bei den Frauen fast aller
Völker Sitte. Griechische Jungfrauen erschienen in Gegen=
wart der Männer nur unter der καλύπτρα, dem Schleier,
erst drei Tage nach ihrer Verheiratung durften sie ihn ab=
legen; daher der Name Anakalypteria für diesen Tag.
Vgl. Odyssee V, 232; Äschylos, Perser V. 529. Ebenso
trug die ewig jungfräuliche Vesta bei den Römern einen
Schleier. Und noch heute erscheinen die Orientalinnen
sowohl zu Hause vor Fremden, als besonders auf der Straße
nur mit verschleiertem Gesicht; dagegen sind Sklavinnen,
bisweilen auch Weiber aus niederm Stande und die Tänze=
rinnen, die meist zugleich Buhlerinnen sind, unverschleiert.

1039. Es liegt ein Schleier drüber.

Bildliche Wendung für eine Sache, eine Angelegenheit,
die nicht deutlich vor aller Augen daliegt, über der irgend
ein (geheimnisvolles) Dunkel waltet. Das Bild wird dann
auch weiter ausgeführt; so ist z. B. von dem Lüften eines
solchen Dunkels, dem Heben des Schleiers die Rede.

1040. Jemand ins Schlepptau nehmen.

S. v. w. ihm dadurch vorwärts helfen, daß man ihm
erlaubt, sich gewissermaßen an einen zu hängen; auch: ihn
wider seinen Willen wohin mitziehen. Von den Schiffen
entlehnt, die aus Wind= oder anderm Mangel nicht vom
Flecke kommen und deshalb als Anhängsel eines größern,
kräftigern Schiffes (früher durch ein Tau, das Schlepptau,
mit ihm verbunden) in den Hafen bugsiert werden.

1041. Schliff backen.

S. v. w. Unglück oder Mißerfolg bei etwas haben, wie
die Hausfrau, der das Brot oder der Kuchen nicht ganz
gleichmäßig ausgebacken ist, sondern schliffige (klantschige,
speckige) Stellen bekommen hat. Vgl. engl.: my cake is
dough.

1042. Sich aus der Schlinge ziehen.

S. v. w. den Gefahren einer schwierigen Lage gewandt zu entgehen wissen; eigentlich: den schon in die Schlinge geratenen Kopf noch herauszuziehen, ehe sie zugezogen wird. Das Bild erinnert an Wendungen wie: jemand eine Falle stellen, Fallstricke legen, ins Garn geben u. s. w.

1043. Unter den Schlitten kommen.

S. v. w. in elende Verhältnisse geraten, herunterkommen; auch bloß: ins Hintertreffen kommen, in Nachteil versetzt werden. Ähnlich in Leipzig: von der Pritsche fallen, d. h. Amt und Stellung verlieren; anderwärts auch: unter den Narren kommen, unter die Räder kommen.

1044. Einem ein Schloß vor den Mund legen.

S. v. w. ihn zum Schweigen nötigen. Die Redensart ist biblischer Herkunft und beruht auf Sirach 22, 23: „O daß ich könnte ein Schloß an meinen Mund legen, und ein fest Siegel auf mein Maul drücken." Ebenda 28, 28: „Warum machest du nicht vielmehr deinem Munde Thür und Riegel?" Wem fiele bei der Redensart nicht der lustige Schwätzer Papageno ein?

Auch der Winsbeke erteilt seinem Sohne den Rat:

> Sun, du solt diner zungen phlegen,
> daz si iht uz dem angen var:
> schiuz rigel vür und nim ir war.

Und bei Walther von der Vogelweide:

> Hüetet iuwer zungen,
> daz zimt wol den jungen,
> stoz den rigel vür die tür
> la dekein boese wort davür.

1045. Da ist Schmalhans Küchenmeister!

Wegen der Bildung Schmalhans vgl. Nr. 523; die Redensart bedeutet: da giebt es nicht satt zu essen, da herrscht ein schmaler Hans in der Küche, kein feister Koch, der auf fette, reichliche Mahlzeiten schließen läßt. Schmalhans bedeutet dann geradezu s. v. w. den Hunger selbst; Simplicissimus erzählt z. B. einmal (I, 212) von sich: „So hätte mich auch der Schmalhans trefflich gequält."

1046. Vor die rechte Schmiede kommen (gehen).

S. v. w. an die rechte Stelle kommen, wo einem die gewünschte Hilfe oder Auskunft wird; aber auch ironisch: derb abgefertigt werden. An der Schmiede wird das Pferd beschlagen; ein merkwürdig vollständiges Gleichnis, daß der auch bildlich gut beschlagen ist (vgl. Nr. 145), der vor die rechte Schmiede gegangen ist.

Neuerdings wird dafür immer häufiger die dem modernen Leben freilich besser entsprechende Wendung gebraucht: sich an die richtige Adresse wenden.

1047. Jemand schmieren.

S. v. w. ihn bestechen. Sebastian Franck I, 79ᵇ: „Die babend beide den Richter bestochen vnnd die heut gesalbet: also gartz, wär baß schmirwet, der fart dest baß.“ Wie das Bild vom Schmieren und Salben eigentlich gemeint ist, lehren die Verse in Freidanks „Bescheidenheit“:

> pfennincsalbe wunder tuot,
> si weichet manegen herten muot.

In Ottokars österreichischer Reimchronik wird von einer hantsalbe erzählt, die betrug vierzic tusent marc! Vgl. auch Simpl. II, 80: „Durch was vor Schmiralia ich die Medicos persuadiren wolte“; III, 407: „daß beydes, der, so geschmiret und die, so des Schmiral angenommen, ihren Theil bekämen“.

Dasselbe bedeutet: einen spicken, d. h. ihm fette Stücken zustecken.

1048. Ein alter Schmöker.

Verächtliche Bezeichnung für ein vollständig vergilbtes und durchräuchertes Buch. Zunächst ist „Schmöker“ der Raucher selbst, das Wort ist niederdeutsch; hochdeutsch entspräche Schmaucher, vgl. den Ausdruck: sein Pfeifchen schmauchen.

1049. Reden, wie einem der Schnabel gewachsen ist.

S. v. w. ohne sich zu zieren, gerade heraus, ohne ein Blatt vor den Mund zu nehmen. Schon in der Vorrede zum Sachsenspiegel:

Ja ist uns von den argen kunt
Ein wort gesprochen lange:
Der vogel singet als im der munt
Gewaczen steit zu sange.

Vgl. dazu Brants „Narrenschiff" 41, 33:

Ein gouch singt guckguck dick vnd lang
Wie yeder vogel syn gesang.

1050. Schnapphahn.

S. v. w. ein Wegelagerer, der die Kaufleute auf der Landstraße anfällt. Das Wort ist schon im 15. Jahrh. in dieser Bedeutung bezeugt; später findet es sich auch für Flinte, weshalb man behauptet hat, diese Bedeutung müsse die ursprüngliche sein, von der Waffe sei sie auf den, der die Waffe führe, übertragen worden. Das ist wenig wahrscheinlich — man sieht weder wie noch warum —, jedenfalls aber nicht nötig; die beiden Bedeutungen können sich bei der vielfachen bildlichen Verwendung des Wortes Hahn[1] recht gut selbständig nebeneinander entwickelt haben. — Erwähnung verdient, daß die Franzosen das bezeichnende Wort in der Bedeutung Wegelagerer als chenapan in ihre Sprache aufgenommen haben.

Hans Sachs läßt einmal einen Gulden von seinem Herrn erzählen:

Als er auff Leiptzger Meß auffreisen thet
Ward er von den Schnaphahnen gfangen
Ein groß Schatzung mußt er ihn langen,
Ihm ward die sumb vnd zeyt genannt.

Und Sebastian Franck (I, 115ª) berichtet: „Die Schnapphanen habend ein sprüchwort oder rymlin: Rouben vnnd brennen ist kein schand Das thund die besten im land." — Andre Ausdrücke dafür sind: Strauchdieb, Stegreifritter, Raubritter, Buschklepper, Gaudieb.[2]

---

[1] Vgl. auch Haupthahn, Kampfhahn, Streithahn wie Hengst in Pomadenhengst, Ladenhengst, Mädelhengst u. s. w.

[2] Gaudieb wird oft falsch erklärt als Dieb, der einen ganzen Gau unsicher macht; das Wort stammt aber aus dem Niederdeutschen, wo das zusammengesetzte gau-deef s. v. w. schneller, gewandter Dieb bedeutet. In diesem gau steckt derselbe Stamm wie in jäh.

1051. Schneckengang.

Der Ausdruck verspottet langsames Vorwärtskommen, nicht nur von lebenden Wesen, sondern auch z. B. von Verhandlungen; in Ostfriesland heißt es von einem schlechten Läufer: he kau lopen as'n snigg. Das langsame Kriechen hat wohl der Schnecke ihren Namen gegeben: ein schweizerisches Wort für kriechen ist schnaken, und snákr heißt im Altnordischen die Schlange. Von der Schnecke aber wiederum gebildet scheinen bairisch schnecken und schneckeln in der Bedeutung: langsam gehen.

1052. Schneide haben.

Schneide wird allgemein in Deutschland nicht nur von der scharfen Kante eines schneidenden Werkzeugs gesagt, sondern auch vom Charakter und bezeichnet dann etwa s. v. w. Energie, in dem engern Sinne des heutigen Mode wortes aber s. v. w. patente Schärfe im äußern Auftreten. Früher hatte das Wort, von geistiger Art gesagt, einen übeln Sinn; der alte Hildesheimer Chronist Oldekop redet in einem Atem von bedregerie und sneidicheit und bemerkt, wohl auch mehr tadelnd als lobend: „de Walen (Wälschen) sint uns Dudeschen vele to sneidich und behende".

Das bairische „Auf di hab i schon lang a Schneid" (mit dir anzubinden habe ich schon längst gewünscht, Schmeller II, 571) stellt sich seiner Bedeutung nach zu der Redensart: eine Pike auf jemand haben, meint also wohl die Schneide einer Waffe: ebenso das mitteldeutsche „keine Schneide (Lust) haben zu etwas".[1]

1053. Sich schneiden.

Wird oft, besonders in burschikoser Rede, in dem Sinne von sich täuschen gebraucht. Ähnlich läßt Schiller (Räuber IV, 5) Schweizer zu Grimm sagen: „Da brennst du dich."

Einer andern Vorstellung, wenn auch demselben Worte, entstammt der Schulschnitzer, der grobe Schnitzer, den

---

[1] Aus Ruhla ist in demselben Sinne bezeugt: es hät mich kein Niet. Dieses Niet (althochd. niot) bedeutet eigentlich Eifer und ist in der Schriftsprache nur in niedlich (erstrebenswert, angenehm) erhalten.

der Schüler macht, wenn er gegen die Regel verstößt, sich verhaut, wie der Zimmermann, der zu grobe Schnitzel macht und dabei über die Schnur haut.

1054. Es schneit Brot!

sagen die Leute in den Gebirgsdörfern des Vogtlandes und des Erzgebirges, weil bei Schneefall die Bewohnerschaft aufgeboten wird, Straßen und Wege offen zu halten, und die Gemeinden von Staatswegen eine Vergütung dafür erhalten. In den Gegenden, wo Baumwolle gesponnen wird, heißt es auch: „es schneit Bettelleute", weil die Spinner die abfälligen Baumwollenflocken Bettelleute nennen. In Norddeutschland ist verbreitet: „die Müllerburschen schlagen sich", in Schwaben: „die Bäcker schlagen einander mit den Wecken". Vgl. Nr. 324.

1055. Jemand ein Schnippchen schlagen.

S. v. w. ihm einen Streich spielen, einen Plan vereiteln. Das liegt aber ursprünglich nicht in der Redensart; sie bezeichnet eigentlich nur den oft gegen einen andern mit Daumen und Mittelfinger ausgeführten Schnalzer, bei dem man sich etwa die Worte denkt: „Nicht so viel, nicht diesen Knips gebe ich auf dich, auf deine Meinung!" (So Hildebrand in Lyons Zeitschr. V, 307.) Auch ein Klippchen, Klipplein schlagen hat man früher gesagt, vgl. Syll. 158: „Ne crepitu quidem digiti dignum. Ich wolte nit ein Schnelling darumb geben. Ich ghebe nicht ein knipgen darumb."

Die Bedeutung wird sich so entwickelt haben. Ursprünglich war das Schnippchenschlagen ein Zeichen der Nichtachtung, genauer Nichtsachtung; einem Gegner gegenüber angewendet bedeutete es: ich fühle mich dir so überlegen, daß ich auf deine Feindschaft nicht so viel gebe. Das Bewußtsein, den andern in die Tasche stecken zu können, ihm dies und das anthun zu können, macht nun heute den Hauptinhalt der Redensart aus.

1056. Seinen Schnitt machen.

S. v. w. ein gutes Geschäft bei etwas machen; ähnlich auch: seinen Schlag machen. Beide Redensarten stam-

men wohl vom Schneiden oder Hauen des Getreides und
vergleichen sich also ihrer Herkunft nach der dritten Wendung:
sein Schäfchen ins Trockene bringen.

Vgl. auch: einen coup thun und das frz. beaucoup,
viel, eigentlich: ein schöner Schnitt!

1057. Er zehrt von der Schnur.

Von jemand, der von dem erworbenen Besitz, nicht von
dem fortlaufenden Erwerb lebt; daher liegt zugleich in den
Worten: er verringert sein Vermögen. Die Redensart er=
klärt sich aus der Gewohnheit früherer Zeit, Geldstücke
auf eine Schnur gereiht aufzubewahren, wozu man sie ent=
weder durchbohrte oder mit einem Henkel versah. Diese
Schnur war eine Art Notpfennig, den man nur im äußer=
sten Falle angriff. Auch die Landsknechte verwerteten auf
ähnliche Weise erbeutete wertvolle Ketten, indem sie ein
Glied nach dem andern davon veräußerten.

Eine bereihte Schnur hat man sich auch zu denken bei
den Worten: etwas am Schnürchen haben, d. h. es so
bereit haben (nun auch geistig), eins so flink nach dem
andern zu bieten imstande sein, wie die auf eine Schnur ge=
reihten Perlen oder ähnliches. Am nächsten liegt dabei an
den Rosenkranz zu denken, jenes Perlenschnürchen, an dem
Katholiken ihre Gebete absprechen und abzählen, sodaß, was
man am Schnürchen hätte, einem so geläufig wäre, wie
das Vaterunser. Namenlose Sammlung (1532) Nr. 92:
„Es ist ihm also gemeyn vnd leufftig, wie das vatter vnser.“
Ebenso Agricola Nr. 164.

1058. Über die Schnur hauen.

Zu viel thun, gewöhnlich von toller Ausgelassenheit und
ihren Folgen gesagt. Weniger gebräuchlich ist der Gegen=
satz dazu: nach der Schnur leben als Bezeichnung für
das Innehalten des rechten Maßes. Beide Redensarten
beziehen sich ursprünglich auf die Linie, die der Zimmer=
mann wahren muß, wenn er einen Balken gerade behauen
will, und die er sich deutlich macht, indem er eine Schnur
auf dem Holze hinspannt oder auch mit Kreide oder Rötel
nach einer gespannten Schnur zieht. Wenn er über diese

Schnur haut, so verdirbt er womöglich den ganzen Balken,
und doch muß er immer unmittelbar an der Schnur hin=
hauen. So bezeichnet die Redensart treffend ein geringes
Zuviel in einer an sich guten Sache, das doch alles ver=
dirbt. Wolfram von Eschenbach vergleicht einmal (Wille=
halm 394, 13 fg.) die Art zweier kämpfenden Heerführer
mit dem Hauen des Zimmermanns:

> der zimmerman muoz warten
> wie er mit der barten
> nach der ackes müeze snîden:
> daz wolt ouch er niht vermîden

d. h. so schnurgerade[1] wollte König Marlanz in die
Feinde eindringen. Umgekehrt sein Gegner:

> Poydwiz al anders fuor:
> er kunde wenic nach der snuor
> houwen nach ir marke.

In Sebastian Francks Sammlung (1541), 1, 74[b]: „Sta-
teram ne transgrediaris. Vbermachs nit, haw nit über
die schnur." Luther liebt: über die Schnur fahren; recht
deutlich heißt es in einem Streitgedicht Contra osores
sacerdotum vom Jahre 1701: weit über d'Schnur naus
hacken. Ein andres Bild, von der Arbeit des Zimmermanns
entlehnt, findet sich z. B. in Brants „Narrenschiff", 19, 77.

> Wer ober sich vil howen wil
> Dem fallen spän jn die ougen vil. :

Vgl. Freidank 126, 21 und W. Grimms Anmerkung zu
der Stelle.

1059. Einen schnüren; ihn in die Schnur nehmen.

S. v. w. ihm Geld abnehmen. Die Ausdrücke kommen
von dem Handwerksbrauche der Maurer her, den, der un=

---

[1] Dasselbe Bild, wohl auch demselben Handwerk entnommen,
doch vgl. auch Nr. 772. Früher auch: schnurgleich, schnurrecht:
vgl. Syll. 28: „Ad vivum resecare. Alles auffs genawest
suchen, oder gar schnur recht haben wollen." Wie oben von dem
vordringenden Feinde, so in mittelhochdeutscher Zeit auch von dem
die Fluten durchschneidenden Kiel in Heinrichs von Freiberg
„Tristan" V. 4093 fg.:

> die richte alsam an einer snuor
> der schifman gein Litan vuor.

befugterweise einen Bau betritt, mit der Schnur zu um-
fangen und zu einem Lösegelde anzuhalten. Vgl. dazu Nr. 37.

1060. Etwas in den Schornstein (in die Feueresse) schreiben.

S. v. w. es verloren geben, weil die Schrift im Schornstein durch den Rauch und Ruß unleserlich wird. In Westfalen heißt die trichterförmige Einfassung des Schornsteins
über dem Herde Bansen; daher dort: du kanns dat man
innen bansen schriewen. Vgl. lat.: alba linea signare,
(wobei natürlich zu ergänzen ist: auf weißer Unterlage, wie
in demselben Sinne auch in Deutschland gebräuchlich ist:
mit Kreide an eine weiße Wand schreiben [1]) oder: in
aqua scribere, καθ' ὕδατος γράφειν, d. h. eben auch:
etwas da aufzeichnen, wo es sofort wieder vergeht (z. B.
Catull 70, 3).

1061. Gegen jemand in die Schranken treten.

S. v. w. ihm öffentlich gegenübertreten, sei es mit dem
Wort oder mit der Feder, wie die Turnierritter innerhalb
der Turnierschranken einander gegenübertraten.

1062. Die Schranken überschreiten.

S. v. w. weiter gehen, als recht und billig ist. Ein
bildlicher Ausdruck, der des Nachweises eines bestimmten
Entstehungsgebietes nicht bedarf. Man kann dabei an die
Begrenzung der alten Gerichtssitzungen denken, die in ur-
deutscher Zeit unter freiem Himmel und erst später, namentlich durch den Einfluß der römischen Gerichtsverfassung,
unter Dach und Fach in besondern Gerichtshäusern (Curien,
Rathäusern) abgehalten wurden. Da das Gerichtsverfahren
öffentlich war, mußte der Gerichtsplatz, zugleich eine geweihte
Stätte, gegen den Andrang der Menge irgendwie gehegt
und gesichert werden. Die altertümlichste Gerichtshegung
bestand (nach Grimms „Rechtsaltertümern" S. 809) darin,
daß Haselstäbe im Kreise in den Boden gesteckt und Schnu-
ren darum gezogen wurden, keine Schutzwehr, sondern eine

---

[1] In Altpreußen sowohl: „Dat schriew möt Kahle ön e
Schornsten" wie „dat schriew möt Kried an de Wand".

faſt ſymboliſche Abgrenzung. Später wurde der Dingplatz[1] durch feſte Schranken und ſchirmende Geländer von Holz eingehegt. Jede Überſchreitung der geſetzten Schranken wurde gebüßt: „wer da euch trete in daz geſtuele vor deme geheiten dinge ane loube des richters, der gibet zwene ſchillinge" heißt es z. B. in den Salfelder Statuten (Walch 1, 42); anderwärts galt gar: „wer ins gericht freventlich tritt, greift, fällt, hat fuß, hand oder hals verbrochen", vgl. Grimms „Rechtsaltertümer" S. 854.

1063. Bei dem iſt eine Schraube locker.

S. v. w. es iſt in ſeinem Kopfe nicht ganz richtig; als ob das Gehirn ein Maſchinenwerk wäre, wo jedes Schräubchen feſtſitzen muß, wenn der Menſch ordentlich denken will. In Leipzig iſt es volkstümlicher Sprachgebrauch, einen verdrehten Kopf durch irgend eine andre Krankheit zu bezeichnen, dabei aber mit dem Finger auf die Stirn zu deuten, z. B. er iſt bruſtkrank, er hat den Schnupfen.

Seine Worte auf Schrauben ſtellen nennt man es, wenn ſich einer ſo vorſichtig wie möglich ausdrückt, weil er ſie gleichſam wie ein phyſikaliſches Inſtrument behandelt, deſſen genaue horizontale Lage durch Stellſchrauben an ſeinen drei Füßen hergeſtellt wird. Ähnlich ſchon in Geilers Poſtille: „Die rede vſt ein dreiſpitz ſtellen."

1064. Von altem Schrot und Korn.

S. v. w. von alter guter Art, von deutſcher Kraft und Biederkeit. Eigentlich bezeichnet Schrot das Gewicht und Korn den Feingehalt der Münzen. Die Redensart iſt alſo bezeichnend für die ſtetige Verſchlechterung des Geldes, die in den Anfängen der Entwicklung landesherrſchaftlicher Gewalten beſonders im Schwange war.

Schrot bedeutete im 17. Jahrh. geradezu ſ. v. w. Art; daher bildete man den Stabreim Schrot und Schlag und konnte bei Gelegenheit des Weſtfäliſchen Friedens davon ſprechen, daß „der Catholiſchen Stiffter halb alles auff den Schrot deß letzten Tridentiniſchen Concilii reducirt werde". Vgl. auch Simpl. 1, 68: „Ich antwortete wieder

auff meinen alten Schrot, ich wüste es nicht." Ähnliches
öfter bei Grimmelshausen.

1065. Das hat seine geweisten Schubsäcke.

S. v. w. das hat seine guten Gründe, eigentlich: hat
alles seine bestimmten Säcke, in die es gehört, das eine
hier hinein, das andre dort hinein, dann: das hat alles
seine bestimmte Ordnung, schließlich in dem zuerst genannten
Sinne.

In dem Ausdruck verdient das alte schwache Particip
geweist Beachtung, das sonst fast überall, wie ja auch in
der Schriftsprache, durch gewiesen verdrängt worden ist,
ebenso wie das Präteritum weiste durch wies. In
unserm weisen sind die Formen zweier alten Wörter zu-
sammengeflossen: das schwach flettierende wisen (weisen) und
das starke wizen (strafen). In dem Kompositum verweisen
stecken auch noch beide Bedeutungen, bei ihm scheint die
Vermengung begonnen zu haben.

1066. Wissen, wo einen der Schuh drückt.

Aus dem Alltagsleben, wie wenige Redensarten. Jeder
ist als Kind, wenn er ein Paar neue Schuhe bekam, von
Vater oder Mutter so und so oft aufgefordert worden,
herauszusagen, wo der Schuh etwa drücke; denn das kann
nur der wissen und sagen, der ihn anhat. Mit dieser
körperlichen Beschwerde aber vergleicht nun der Volksmund
Sorgen des Herzens, die eben auch nur der kennt, der sie
in der Brust trägt. Es ist also müßig, die Entstehung der
Redensart bei Plutarch zu suchen, der allerdings folgendes
berichtet (Leben des P. Amilius): „Als sich P. Amilius
nach langjähriger Ehe von seiner schönen, tugendhaften und
reichen Gattin trennte und deshalb von seinen Freunden
getadelt wurde, soll er diesen einen Schuh gezeigt und gesagt haben: auch dieser Schuh ist schön anzusehen und neu;
aber niemand als ich allein weiß, wo er mich drückt."

Luther (Henseler 202): „Keiner sieht, wo den andern
der Schuh drückt." Agricola Nr. 61: „Idt weth nemandt
wor einen de scho drücket, sünder de en anne hefft." (Gereimt bei Wegeler, Philosophia Patrum, Nr. 282:

Wo mich zwickt und zwackt der Schuh,
Selber ich doch wissen thu'.

Vgl. Bebel Nr. 337; Junnicius Nr. 461; Sebastian Franck I, 84; Brants „Narrenschiff" 78, 19; 110, 21 u. s. f. Auch in den fremden Sprachen.

1067. Sich etwas an den Schuhen abgelaufen haben.

S. v. w. etwas längst wissen: genauer: es sich tagtäg=lich so oft durch die Finger oder durch den Kopf haben gehen lassen, wie man seine Schuhe, ohne darüber nach=zudenken, täglich trägt, ja es so gründlich längst abgethan haben, wie man diese Schuhe längst abgelaufen hat.

1068. Nicht wert sein, einem die Schuhriemen auf=zulösen.

S. v. w. nicht wert sein, jemand selbst den niedrigsten Dienst zu leisten. Die Redensart ist biblischer Herkunft (Mark. 1, 7; Luk. 3, 16; Joh. 1, 27; Matth. 3, 11). Alle Verrichtungen, die der Herr von seinem Sklaven verlangen kann, ist auch ein Schüler des Gesetzes seinem Lehrer zu leisten schuldig, ausgenommen das Auflösen des Schuhriemens. Ähnlich schon mittelhochd. einem gebesten. Etwas anders in Luthers Sendbrief vom Dolmetschen: „urtheileten dem guten Mann sein Werk diejenigen, so ihm nicht genug gewest wären, daß sie ihm die Schuch hätten sollen wischen."

1069. Die Schule schwänzen.

S. v. w. die Schule versäumen. Der Ausdruck stammt aus der Sprache der fahrenden Schüler. Im Rotwelschen, in der Sprache von Gaunern, Landstreichern, fahrenden Schülern, Landsknechten u. s. w. bedeutet das Wort „schwänzen" s. v. w. geben.

1070. Aus der Schule schwatzen.

S. v. w. von Dingen plaudern, die eigentlich Geheim=nisse eines bestimmten Kreises sind. Was ursprünglich mit den Schulangelegenheiten in der Redensart gemeint gewesen sein mag, ist unklar; wegen des Alters der Redensart vgl. die Zimmerische Chronik II, 425: „das unsellig mendlin hat sein glück nit erkennen oder behalten künden, sondern hat sich vil berüempt und außer de schuel geschwetzt".

Vergleichen läßt sich das bairische: aus (von) der Farb reden, d. h. unverblümt und frei über etwas sprechen; Schmeller vermutete dafür Herkunft vom Kartenspiel.

1071. Jemand etwas zum Schure thun.

D. h. um ihn damit zu ärgern; eigentlich, um ihn damit zu scheren: scheren aber, ein Hauptgeschäft des Baders in alter Zeit, hat schon längst die Bedeutung des Quälens und Peinigens angenommen. Daher der Ausruf: laß mich ungeschoren! Daher auch schurigeln, weiter nichts als ein verstärktes „scheren".

Besonders unangenehm ist es, sich ungeseift rasieren zu lassen; daher der volkstümliche Ausdruck einen trocken rasieren für: ihn quälen.

1072. Auf Schusters Rappen.

S. v. w. zu Fuß; die schwarzen Schuhe werden scherz= haft Rappen des Schusters genannt. Noch anders früher: auf seiner Mutter Fohlen, z. B. in Behams „Buch der Wiener" 203, 29:

Wir mußten all zu fußen gau,
man sach viel manchen werden man
reiten auff seiner muter voln.

Und schon in mittelhochdeutscher Dichtung, z. B. in Hein= richs von Freiberg „Tristan", wo Keie, als er zu Fuße anstatt zu Pferde heimkehrt, von einem andern Ritter ver= spottet wird:

Zwar als alt als ich bin,
so gesach ich iuch, ritter wert,
geriten ni so guot ein pfert,
als ir nu tuot in dirre zit.
ir und iuwer rössel sit
zwar mit einander geborn!
„Keie uf siner muoter vüln
ist gesezzen!" einer sprach,
darnach aber ein ander jach:
er ritet der zwelfboten pfert.

Die letzte dieser Spottreden[1] geht heute gewöhnlich in latei=

---

[1] Auch in Laurembergs Scherzgedichten 4, 141: „ick quam in eine vornehme Stadt Up mine Apostel Peerde gereden."

nischer Form: per pedes apostolorum. Ital.: andare
sul cavallo di San Francesco, weil die armen Franzis=
tanermönche zu Fuße gingen, im Gegensatz zu den reichen
Benediktinern, die zu Pferde reisten; auch spronare le
scarpe di San Francesco. Noch anders engl.: to ride
a bayard of ten toes.

1073. Einem vor den Schuß kommen.

S. v. w. jemand in den Weg laufen, der schon auf
einen gepaßt, gelauert hat, wie ein Jäger, der auf dem
Anstand steht. So ruft der Musikus Miller (Kabale und
Liebe II, 4) in seinem Zorn auf Wurm aus: „Aber soll
mir der Tintenklecker einmal in den Schuß laufen!"

1074. Schwager,

als Anrede des Postillons hat seinen letzten Grund darin,
daß man sich früher allgemein zu vertraulicher Anrede des
Wortes Schwager bediente; die Anwendung auf den Po=
stillon soll in der ersten Hälfte des 18. Jahrhs. von
Studentenkreisen ausgegangen sein. Vgl. Brants „Narren=
schiff" XVII, 22 fg.:

> Wer pfennig hat, der hat vil fründ,
> Den grüßt und swagert yederman.

Im 6. Buch von „Wahrheit und Dichtung", da, wo Goethe
von der Beurteilung seines „Götz" spricht, erzählt er auch,
es habe ihn einmal ein angesehener Geschäftsmann besucht,
seine gute Einsicht in die deutsche Geschichte gelobt, aber
zugleich bemerkt, daß Götz kein Schwager von Sickingen
gewesen sei. Goethe suchte sich dadurch zu rechtfertigen,
daß Götz in seiner eigenen Lebensbeschreibung den Sickinger
„Schwager" nenne. Allein der Besucher belehrte ihn, daß
dieses eine Redensart sei, die nur ein näheres freundschaft=
liches Verhältnis ausdrücke, wie man ja in der neuern Zeit
die Postillone auch Schwager nenne, ohne daß ein Familien=
band sie an uns knüpfe. Bürgers Gedicht „Der Raubgraf" beginnt:

> Es liegt nicht weit von hier ein Land,
> Da reist ich einst hindurch;
> Am Weg auf hohem Felsen stand
> Vor alters eine Burg:

Die alten Rudera davon
Wies mir der Schwager Postillen.

1075. Schwamm drüber!

Eine erst neuerdings durch die Bühnenerfolge des „Bettelstudenten" in ganz Deutschland sprichwörtlich gewordene Redensart. Damit lassen sich die Verse Corneilles vergleichen:

Sur les noires couleurs d'un si triste tableau
Il faut passer l'éponge, ou tirer le rideau.

Den Römern galt der Schwamm als Bild eines leichtgläubigen, einfältigen Menschen und bezeichnete ungefähr dasselbe, was wir heute einen Pinsel nennen, aus dem Grunde, weil der Schwamm ohne jede Widerstandskraft ist, so weich, daß er zusammenschrumpft, sobald man ihn drückt.

Im deutschen Volksmund spielt der Schwamm noch wegen einer andern Eigenschaft eine sprichwörtliche Rolle; von einem starken Trinker heißt es sprichwörtlich: „er hat einen Schwamm im Magen!"

1076. Im Schwange sein.

S. v. w. in Umlauf sein, von vorübergehendem Gebrauche gesagt; eigentlich: in schwingender Bewegung sein, gegenüber Dingen, die ruhen.

Auf das Schwingen des Schwertes geht die Redensart: für den Schwang halten (die Gefahr abwenden, aufhalten), auch überschwänglich, zu überswanc, d. i. ursprünglich der Schlag, den einer dem andern noch über dessen Schlag giebt, den er noch besser schlägt als der andre, ebenso wie unübertrefflich von dem besten Wurfe mit der Lanze, dem besten Schusse gesagt worden sein wird.

1077. Mir schwant es.

Dieser merkwürdige Ausdruck für „ahnen" ist vom höchsten Alter; noch sinnlicher erscheint er mundartlich in der Form: mir wachsen die Schwansfedern. Er beruht auf dem alten germanischen Glauben an die Verwandlung von Jungfrauen in weissagende Schwäne[1], auf

---

[1] Auch im Altertum galt der Schwan als prophetischer Vogel: Apoll soll ihm die Gabe der Weissagung verliehen haben.

dem Glauben also an Zwitterwesen wie die Walküren, die Nornen, wie die Berserker (vgl. Nr. 142) und die Werwölfe.

In unsrer mittelalterlichen volkstümlichen Dichtung und noch in den Märchen unsrer Tage spielen diese Schwanen=jungfrauen eine wichtige Rolle. Wenn sie in Menschen=gestalt badend ihrer Gewänder beraubt werden, müssen sie Menschen bleiben oder sind doch gezwungen, die Zukunft zu verkünden. Bekannt ist die Erzählung in den Nibelungen, wie Schwanenjungfrauen an der Donau dem grimmen Hagen den Untergang der Burgunden ansagen; in der „Gudrun" erscheinen sie als Schwäne den waschenden Maiden am Strande, ein Zeichen baldiger Befreiung aus langer Knechtschaft.

Die Redensart wird wohl heute nur noch von bösen Ahnungen gebraucht. So auch in einem volkstümlichen Lied auf die Schlacht bei Trier vom Jahre 1675:

> De Dütschen stünnen aß en Pahl
> Und schlögen wohl twe= und dremahl
> In eue Stäh den Hanen,
> De sick det nich vermoen wöhrn,
> Begun darbie to schwanen.

Der sentimentale Ausdruck Schwanengesang für das letzte Lied eines Sängers, das vielleicht schon von Todes=ahnungen erfüllt ist, stammt aus dem Altertum (Cicero, De oratore III, 2, 6: vox et oratio cygnea) und erklärt sich aus der Meinung der Alten, daß der Schwan seinen Tod durch klagende Gesänge anzeige. Doch ist der singende Schwan auch dem germanischen Altertum wohl bekannt ge=wesen, vgl. den Anfang von Müllenhoffs „Deutscher Alter=tumskunde".

1078. Den Schwanz einziehen.

Bildlich vom Hunde für: sich kleinlaut fügen. Vgl. Erasmus Nr. 695: Inter crura caudam subjicit.

1079. Daß die Schwarte kracht (knackt).

Kraftausdruck für tüchtig, gewaltig. Die Wendung klingt heute schlimmer als früher, denn Schwarte bezeichnet eigentlich (und noch in mittelhochdeutscher Zeit) eine behaarte Stelle am menschlichen Körper, besonders die Kopfhaut und

dann allgemein die menschliche Haut. Auch: daß die
Schwarte raucht (so sehr, daß man schwitzt und dampft),
daß das Fell raucht! Winterholler[1] I, 791: „Die Scythen,
welche Hunger und Durst leiden, daß ihnen die Schwarten
trachten." Im Jahre 1683 ließ man den besiegten Türken
klagen:

> Der tapfre Markgraf auch,
> nach seinem Heldenbrauch,
> der hieb uns auf die Schwarten,
> daß davon ging der Rauch.

Anders in Murners „Mühle von Schwindelsheim" V. 1114:
„trincken, das die lenden krachen".

1080. Eine Schwarte haben.

S. v. w. ein tüchtiges Mundwerk haben; meist im ver=
ächtlichen Sinne gebräuchlich. Schwarte ist volksetymologisch
entstellt aus Suade (lat. suada), die Beredsamkeit, Über=
redungsgabe.

1081. Etwas schwarz auf weiß besitzen.

Auch: es einem schwarz auf weiß geben, s. v. w. in
einem geschriebenen Beweismittel, denn quod scriptura
capit, firmum manet. Besonders oft in den Versen aus
„Faust" gebraucht:

> Denn was man schwarz auf weiß besitzt,
> Kann man getrost nach Hause tragen.

1082. Schwein haben.

Burschikoser Ausdruck für: unverdientes Glück haben,
eigentlich wie der, der bei dem Wettspiel als schlechtester
den üblichen letzten Preis, die Sau, davonträgt. So wird
von einem Rennen in München im Jahre 1448 berichtet:
„Das vordist pferdt gewan ein Scharlach=Tuch, das ander
darnach ain Sperber mit seiner Zuegehörung, das drit ain
armbst, vnnd das lest pferdt ain Saw." Und ähnlich ist
bei Schützenfesten und andern bürgerlichen Waffenfesten das
Schwein regelmäßig der letzte Gewinn gewesen.

Heute ist für die Bedeutung der Redensart der Gewinn
das Wesentliche, aber noch lange hat man auch den ur=

---

[1] Vgl. Zachers „Zeitschr. für deutsche Philologie" 17, 23.

Wustmann.

sprünglich darinliegenden Spott deutlich gefühlt: der letzte
Sieger ist ja eigentlich ein halber Besiegter und der Ge=
winn des Schweines war mehr ein Spott=, mindestens ein
zweideutiger Triumph; pflegte es doch auch mit spöttischen
Glückwünschen vom Pritschmeister überreicht zu werden.
Ganz deutlich war die zu Grunde liegende Vorstellung
natürlich noch im 16. Jahrh., wo der Brauch noch lebendig
gewesen ist; so in der Zimmerischen Chronik III, 156: „so
hatten doch die Herren zum wenigsten die saw davongetragen
und behalten", und so konnte auch ein reformatorisch ge=
sinnter Schweizer Dichter den Dr. Eck, der bei der Dispu=
tation in Baden mit seinen sieben Thesen besiegt worden
war, verspotten: er komme von Baden zurück mit einer
großen Sau und sieben Ferkeln! Geradezu wird mit der
Sau auch mehrfach im 17. Jahrh. die Niederlage bezeichnet:
nach der Eroberung von Ofen rief man dem besiegten Türken
zu: „Seraskier, treib heim die Sau!" und nach dem Sieg
an der Sau 1683 über den Türken sang deutscher Volks=
witz von ihm:

> Konnt nirgend, schau, als an der Sau,
> Ein größre Sau aufheben.

Vgl. Lehm. 701 (Schand 3): „Schande wird offt geheilet,
aber mit einer Narben, ist mit Schusterschwärtz abgewaschen,
mit Dinten, mit halber Ehr davon kommen, hat die Saw
davon getragen." Ebenda 708 (Schimpff 5): „Der die
Saw heimführt, der darff vor schimpff nicht sorgen."

1083. Einem etwas auf die Seele binden.

Noch dringender als: es ihm ans Herz legen, aber mit
derselben Vorstellung, daß die Gedanken Nachbarn des Her=
zens, die Sorgen Lasten des Herzens seien (vgl. Nr. 31
und 559). Auch bloß: es einem einbinden; so öfter in
der Komödie „Hans Pfriem" von Martin Hayneccius, z. B.
V. 1076: „Gleich ob ihm were gebunden ein", und V. 1133:
„Wie uns der Herr gebunden ein". Auch auftragen er=
klärt sich aus einer derartigen Vorstellung, wobei freilich
wohl nicht Herz oder Seele, sondern der Rücken als Träger
gedacht ist.

1084. Nun hat die liebe Seele Ruhe.

Sprichwörtliche Redensart von einem, den man endlich befriedigt zu haben glaubt, nach Luk. 12, 19: „und will sagen zu meiner Seele: Liebe Seele, du hast einen großen Vorrat auf viele Jahre; habe nun Ruhe, iß, trink und habe guten Mut".

1085. Vor jemand die Segel streichen.

S. v. w. nachgeben, sich für überwunden erklären, sich vor einem demütigen, wie ein Schiff, das sich dem Feinde ergiebt, die Segel streicht (d. i. einzieht). Ebenso lat.: vela contrahere, z. B. Cicero, Ad Att. I, 16, 2; Horaz, Carm. II, 10, 23; Ovid, Trist. III, 4, 32 u. ö.

1086. Mit vollen Segeln fahren.

S. v. w. alle Mittel ins Werk setzen, um seinen Zweck zu erreichen. Vgl. die Worte des Vater Miller in der ersten Scene von „Kabale und Liebe": „Da geht ihm ein Licht auf, wie meinem Rodney, wenn er die Witterung eines Franzosen kriegt, und nun müssen alle Segel dran und drauf los." Ähnlich: alle Segel aufspannen; auch: er setzt alle Segel bei, s. v. w. er setzt alle Kräfte an. Vgl. Nr. 1028. Lat.: navibus et quadrigis. Horaz, Ep. I, 11, 28.

1087. Keine Seide bei etwas spinnen.

S. v. w. kein Glück, keinen Erfolg mit etwas haben. Die Redensart wird aus der Zeit stammen, wo man sich bemühte, in Deutschland die Seidenraupenzucht einzuführen. Die Mühe war meist vergeblich, die Maulbeersträucher verdarben, die Raupen erkrankten u. s. w. Gar manchem eifrigen Züchter mag damals angesichts des Mißerfolgs gesagt worden sein: Dabei wirst du keine Seide spinnen!

1088. Einem das Seil über die Hörner werfen.

S. v. w. ihn fangen, mit List fangen, wie einen jungen Stier, den man nicht mit Händen anzupacken wagt; schließlich auch: einen überlisten, betrügen. Besonders gern wendet der Volksmund die Redensart an auf einen, der sich verlobt hat; so heißt es z. B. bremisch von einem Verlobten:

Hei het sek dat Säl ümmnn de Hören smiten laten. Ähn=
lich Simpl. II, 182: „ein junger Schnautzhann, dem sie
das Seil über die Hörner warff." Vgl. Lehm. 940 (Zu=
satz 2): „Zusagen stehet im Willen, aber das halten hat
das Seil an Hörnern."

1089. Des Seilers Tochter

heißt im Volksmund sprichwörtlich der Strick des Henkers;
daher von einem, der zum Strang verurteilt ist: des Seilers
Tochter wird seine Braut, er wird mit ihr kopuliert (Hebel),
auch: mit Jungfer Hänsin, Jungfer Strick Hochzeit machen.

1090. Einen langen Senf über etwas machen.

S. v. w. viele unnütze Worte machen. Wenn Senf hier
nicht ein bloßer Scherz ist, gebildet etwa nach Kohl oder
Mährte, oder wie auch Brei und Quark bildlich für breites,
unklares Gerede gebraucht werden, so wird Adelungs Ver=
mutung als ansprechend gelten dürfen, daß Senf hier für
Senfbrühe stehe (vgl. 530) und „lang" wie in vielen
andern Fällen „mit vielem Wasser verdünnt" bedeute.

Vilmar (in seinem Idiotikon von Kurhessen, S. 382)
sagt, die Redensart „Senf machen" sei eine in älterer Zeit
nicht selten vorgekommene Formel für „nichtige Redensarten
vorbringen" gewesen und stellt sie mit einer andern Wendung
zusammen aus einer wahrscheinlich von einem Hersfelder
verfaßten Chronik: „eine Senfmühle heimbringen" für „nichts
ausrichten".

1091. Eine böse Sieben.

Unter dieser Bezeichnung versteht man heute eine böse,
zanksüchtige Frau, eine Xanthippe. „Die böse Sieben" spielt
zuerst eine Rolle in einem alten Kartenspiel, dem sogenannten
Karnuffelspiel.[1] Jede Karte trug hier neben der Zahl ein
Bild, die Sieben das des Teufels. Die Siebente nun
konnte alle andern 48 Karten, Papst, Kaiser, Kardinäle u. s. w.
abstechen. Es klingt gar nicht unwahrscheinlich, daß ein
schlimmer, verschmitzter Mensch als so eine böse Sieben be=

---

[1] Zur Bekämpfung dieses Spiels verfaßte Cyriacus Spangen=
berg sein Buch: „Die bösen Sieben ins Teufels Karnöffelspil"
(1562).

zeichnet worden sei. Aber die Art, wie sich der Ausdruck wirklich zuerst auf Frauen angewendet findet, legt die Vermutung einer andern Herkunft nahe. Joachim Rachel (1618 —1669) schrieb über das erste seiner oft aufgelegten „teutschen satirischen Gedichte": „Das poetische Frauenzimmer oder Böse 7" und verspottete darin sieben verschiedene Frauenzimmer, das mürrische, das schmutzige, das verschmitzte, das schimpfende, das herrschsüchtige, das plaudernde und das hochmütige. Dahinter werden aber schließlich die sieben Laster stehen, die in der scholastischen Philosophie den sieben Tugenden gegenübergestellt wurden; die sieben Tugenden wiederum setzten sich zusammen aus Platos vier Haupttugenden Mäßigkeit, Tapferkeit, Weisheit und Gerechtigkeit und den drei christlichen des Glaubens, der Liebe und der Hoffnung.

1092. Ein Buch mit sieben Siegeln.

S. v. w. ein geheimnisvolles Buch, das nicht verstanden wird, dann überhaupt etwas Geheimnisvolles, Unverständliches, Dunkles. Aus Off. Joh. 5, 1 fg.[1] Faust sagt zu Wagner:

> Mein Freund, die Zeiten der Vergangenheit
> Sind uns ein Buch mit sieben Siegeln.
> Was ihr den Geist der Zeiten heißt,
> Das ist im Grund der Herren eigner Geist,
> In dem die Zeiten sich bespiegeln.

1093. Seine sieben Sachen packen.

Von jemand, der seine geringen Habseligkeiten zusammenpackt, um damit abzureisen. Bairisch auch: seine sieben

---

[1] Die Zahl „Sieben" ist in der Bibel eine heilige Zahl, wie überhaupt im Orient, besonders aber im alten Ägypten. Sieben Planeten beherrschen den Himmel, sieben Tage bilden die Woche, der siebente Tag wurde heilig gehalten, ein Brauch, der von den Ägyptern auf die Juden und dann auf uns übergegangen ist. Sieben Monate dauerte die Sintflut, Joseph prophezeite sieben fruchtbare und sieben magere Jahre nach den sieben Kühen; im siebenten Himmel wohnt die Gottheit, daher unser sprichwörtliches im siebenten Himmel für: selig vor Freude. Vgl. auch das mittelhochdeutsche Gedicht eines österreichischen Priesters Arnolt „Von der Siebenzahl".

Zweschen (d. i. Zwetschken) packen, vgl. Schmeller II, 1184. Die Zahl sieben ist hier typisch für jede kleine Zahl, für „sehr wenig"; im Alten Testament wird sieben häufig im entgegengesetzten Sinne für „sehr viel" gebraucht, z. B. „der hat sieben Greuel im Herzen". Mit sieben sind daher in jüdischen Sprichwörtern viele Hyperbeln gebildet.

1094. Es geht mit Siebenmeilenstiefeln.

Der Ausdruck, gewöhnlich im Scherze zur Bezeichnung höchster Schnelligkeit verwendet, bedarf keiner Erklärung; jeder kennt das Märchen vom Däumling, der dem Riesen die Siebenmeilenstiefeln stiehlt und ihm darin entkommt. Diese Riesenstiefeln aber haben einen mythologischen Hintergrund, sie sind ursprünglich Eigentum von Winddämonen und lassen sich also den Flügelsohlen vergleichen, mit denen in der antiken Mythologie die Geschwindigkeit der Götter angedeutet wird.

1095. Siebenschläfer.

Genauer nennte man einen Langschläfer einen von den sieben Schläfern; denn der Ausdruck geht auf die Legende von den sieben Jünglingen zurück, die bei der Christenverfolgung um das Jahr 251 in eine Höhle des Berges Kalion bei Ephesus flüchteten, dort einschliefen, vermauert wurden und erst 447 nach zufälliger Wiedereröffnung der Höhle unter Kaiser Theodosius II. wieder aufwachten, bald darauf aber, „vom Glorienschein der Heiligkeit umgeben", starben. Diese Sage wird u. a. von Gregor von Tours gegen Ende des 6. Jahrhs. erzählt, in deutscher Sprache wohl zuerst in dem mittelhochdeutschen Gedicht Von den siben schlafaeren. Vgl. auch Wolfgang Müllers Gedicht „Der Mönch zu Heisterbach", worin ein ähnliches Wunder besungen wird.

Der ältere Plinius erzählt von Epimenides, dieser sei einst in einer Höhle eingeschlafen und erst nach 57 Jahren erwacht. Er habe geglaubt, nur eine Nacht geruht zu haben, und sei sehr erstaunt gewesen über die gewaltige Veränderung, die Natur und Kunst inzwischen allenthalben hervorgebracht hätten. Nach seinem Erwachen habe er noch hundert Jahre gelebt.

1096. Unter dem Siegel der Verschwiegenheit.

Was versiegelt ist, sich also unter dem Siegel befindet, ist unverletzliches Geheimnis.

1097. Singen und sagen.

„Die zwiefache Thätigkeit des Dichters, Singen und Sagen, ist in den ältern Zeiten der deutschen Poesie als so wesentlich verbunden betrachtet worden, daß die sprich= wörtliche Zusammenstellung beider Ausdrücke noch jetzt dauert, da doch von dem Singen der Dichter selten noch die Rede sein kann." So beginnt Lachmann seine berühmte Abhand= lung über Singen und Sagen.[1] Er zeigt darin, wie sich die beiden Begriffe erst allmählich gesondert haben. In der Karolingerzeit konnte sogar dem Gedanken Wort und Weise zugeschrieben werden; aber im weitern Verlaufe des Mittel= alters tritt neben die gesungene Poesie, die sich immer mehr auf das Lied beschränkt, und an deren Hand sich die Musik selbst zunächst weiter entwickelt, die gelesene Dichtung: die höfischen Epen, ja das Nibelungenlied in der Gestalt, wie wir es besitzen, sind nicht gesungen, sondern nur noch gesagt worden.

1098. Eine wahre Sisyphusarbeit.

S. v. w. eine schwere und qualvolle Arbeit, die obendrein nichts nützt; den Stein des Sisyphus wälzen, s. v. w. sich vergeblich abmühen, leeres Stroh dreschen. Sisyphus, des Äolos Sohn, verschlagen und schlecht, bei Homer der gewinnsüchtigste aller Menschen, wurde für seine Schlechtig= keit in der Unterwelt dadurch bestraft, daß er mit Kopf und Händen ein Felsstück einen hohen Berg hinaufwälzen mußte, von dem es immer wieder in die Tiefe rollte, sodaß seine Arbeit vergeblich blieb. Odyssee XI, 593 fg. Vgl. Brants „Narrenschiff" 56, 51 fg.:

> Er fellt, vnd blibt nit in der höh
> Der steyn, den waltzt mit sorg vnd we
> Den berg vff, Sisyphus der tor.

1099. Meiner Six.

Auch: mein Six, bei Bürger einmal: mein Sixchen, eine volkstümliche Beteuerung, die ihrem Gebrauche nach mit

---

[1] In seinen „Kleinern Schriften" I, 461 fg.

meiner Treu, meiner Seel übereinstimmt und in der
That wohl auch nur eine scherzhafte Verstümmelung von
meiner Seele ist; vgl. verflixt für verflucht. Steht es
aber für meiner Sechs, dann geht es auf den alten
Rechtsbrauch der Besiebenung zurück. Nach diesem Brauche
mußte nämlich, wer vor Gericht einen Beweis führen
wollte, 21 Mann mit sich vor die Schranken führen, aus
denen er sechs zu Zeugen nahm, daz sin hant selb
sibent stuont. Er schwor dann, wie in lateinischen Urkunden wiederholt bezeugt ist, manu septima, was den
deutschen Worten meiner Sechs entsprechen könnte, die
natürlich dann auf die sechs Zeugen zu beziehen wären.[1]

Soviel ist sicher, daß auf diesen Brauch der Ausdruck übersiebnen (s. v. w. überführen, vor Gericht als
falsch nachweisen) zurückgeht. Freiligrath ruft einmal das
Land Westfalen an:

> Mit deinen Eideshelfern „Berg" und „Fluß"
> Tritt vor den Richter, der dich richten muß,
> Und übersiebne deiner Feinde Rügen.

1100. Sich auf die Socken machen.

Auch: sich auf die Strümpfe machen, scherzhaft für:
aufbrechen, davongehen (vgl. Nr. 133). Niederdeutsch auch:
Sik up de Schelappen geven.

1101. Die Sonne bringt es an den Tag.

S. v. w. was noch so lange verborgen und geheim war,
wird mit der Zeit doch entdeckt[2], es kommt einmal ans Tageslicht. Altertümler möchten in der Redensart eine Beziehung
auf den altgermanischen Rechtsbrauch sehen, Gericht nur
bei steigender Sonne zu halten, sodaß die Sonne also gleichsam die Wahrheit in dem dunkeln Rechtsstreit finden helfe.
Es liegt aber wohl eine andre Vorstellung zu Grunde, nämlich die, daß die Sonne das bloßlegt, was unter der Hülle
des Schnees verborgen gewesen ist.

---

[1] Über die Einzelheiten dieser Entsprechung vgl. Germania
XII, 476.

[2] Ein alter Dichter gebraucht daher ein sehr passendes Bild,
wenn er die Wahrheit zur Tochter der Zeit macht (vgl. Gellius,
Noct. Att., XXI, 12). — Vgl. auch Chamissos bekanntes Gedicht.

1102. Es ist sonnenklar.

S. v. w. es ist auch nicht der geringste Schatten von Unklarheit vorhanden. Das Sonnenlicht als Inbegriff der Klarheit und Reinheit zu fassen, ist eine uralte Vorstellung, jedenfalls älter als das Bewußtsein von der uns umgebenden Luft, von deren Klarheit wir jetzt reden. Ebenso lat.: Solis luce videtur clarius. Cicero, De divin. I, 3. Sole ipso est clarius! Arnobius 1, 27. Vgl. auch das lateinische Sprichwort: Adversus solem ne loquitor: dazu Erasmus: Nam quod maxime constat, maximeque in confesso est, id sole clarius dicimus. Ergo contra solem loquitur, qui dicit: Nil intra est oleam, nil extra est in nuce duri.

In der Redensart: es ist klar wie der Tag bedeutet Tag s. v. w. Tageslicht, Sonnenlicht. Umgekehrt galt in der alten Rechtssprache Sonne s. v. w. Tag: „von einer sonnen zu der andern" (vgl. Haltaus 1695 und Grimms „Rechtsaltertümer" S. 814, Anm.).

1103. Ein Sonntagskind.

Holländ.: een zondagskind. (Harrebomée II, 507. Noch heute ist der alte Glaube nicht ausgestorben, daß Sonntagskinder, d. h. die am Sonntag geborenen Kinder, Glückskinder seien. Sie haben die Gabe des Scharfsinns, der Weissagung; ja sie sehen sogar alle Geister und Gespenster (Meyer, Aberglaube, S. 207; Grimm, Mythologie, S. 243, 634).

1104. Späne

dienen im Scherze zur Bezeichnung von großem Reichtum, aber auch von Zwist, Uneinigkeit, Zerwürfnis. In der zweiten Bedeutung stellt man das Wort zu dem alten spanen, locken, reizen, eigentlich: an sich ziehen (vgl. griech.: σπάω, von dem auch abspenstig und widerspenstig stammen. Späne machen s. v. w. Umstände, Schwierigkeiten machen.

Vgl. noch Lehm. 719 (Schwätzen 12): „Kan er nicht zimmern, so hawet er doch Späne, machts wie ein ungeschickter Zimmermann, der viel späne hawet."

1105. Das kommt mir spanisch vor.

So wird von einer Sache gesagt, die befremdend, un=
angenehm, wohl auch komisch wirkt. Das wird dir spanisch
vorkommen, s. v. w. du wirst dich wundern. Als Karl V.,
ein Spanier seiner Abstammung und Erziehung nach), die
deutsche Kaiserkrone trug, fanden manche spanische Sitten,
Moden, Glaubenssatzungen, die den Deutschen bis dahin un=
erhört waren, in Deutschland Eingang. Damals wird die
Redensart aufgekommen sein, bezeichnend für ein, wenn auch
geringes bewußtes Fühlen der eigenen Art gegenüber auf=
gedrängtem fremdem Brauche. Vgl. Simpl. I, 167: „Bey
diesem Herrn kam mir alles widerwertig und fast Spa=
nisch vor."[1]

Dagegen wird die Redensart einem spanisch kommen[2]
auf die Grenelzeiten Albas und seiner spanischen Soldateska
zurückgeführt. Wohl nichts weiter als ein zufälliges Zu=
sammenklingen mit dieser Wendung bietet eine Stelle in
Goethes „Egmont". Egmont wirft (III, 2) den Mantel
ab und steht nun in einem prächtigen Kleide da. Klärchen
tritt vor Verwunderung zurück und ruft aus: „Wie prächtig!
Da darf ich euch nicht anrühren." Egmont: „Bist du zu=
frieden? Ich versprach dir, einmal spanisch zu kommen."

1106. Auf etwas spannen.

Oder: darauf gespannt sein. Schon längst ist der Aus=
druck ebensogut von den menschlichen Sinnen wie etwa von
einem Bogen gebraucht worden. In der Dichtersprache der
mittelhochdeutschen Zeit sind den muot spanen, daz herze
(als Sitz der Begierden) spanen ganz geläufige Wendungen.
Wolfram von Eschenbach nennt gar einmal (Parzival 508,
30) die schöne stolze Orgeluse spansenwe des herzen, d. h.

---

[1] Spanisch kommt den Spaniern selbst manche Eigenheit
auf ihrer Halbinsel, manche Maßregel ihrer Behörden vor, daher
sich die spöttische Redensart Cosas de España in Spanien ein=
gebürgert hat.
[2] Vgl. das süddeutsche: „Es geht zu, als ob der Türk' da
wär." Auch der Name der Schweden ist seit dem Dreißigjährigen
Kriege in verschiedenen Gegenden Deutschlands in demselben Sinne
türkisch geworden.

sie war gleichsam eine Sehne, die das Herz des Geliebten wie den dazugehörigen Bogen spannte.

1107. Einen Sparren zu viel haben.

Von jemand, bei dem es im Kopfe nicht richtig ist, bei dem das Gebälk, das Sparrenwerk des „Oberstübchens" (vgl. Nr. 870) nicht in Ordnung ist. Diese Erklärung verdient den Vorzug vor einer andern, wonach mit den Worten eigentlich gemeint sei: eine Stufe zu weit getrunken haben, nämlich auf der Leiter (Skala), die im Innern des Bierkruges angebracht war und an der man eigentlich von Sprosse zu Sprosse trinkend hätte hinabsteigen müssen.

1108. Einem einen Spiegel vorhalten.

S. v. w. jemand, der immer nur andrer Fehler sieht und aufdeckt, zeigen, daß er selbst auch nicht fehlerfrei ist. So sagt schon Sebastian Brant in der Vorrede zu seinem „Narrenschiff" von dem Buche (nach Simrocks Übertragung V. 31—37):

Der Narren Spiegel mag man's nennen,
Denn jeder Narr lernt sich hier kennen.
Wer jeder sei, wird ihm vertraut,
Der in den Narrenspiegel schaut.
Wer sich drin spiegelt, lernt da wohl,
Daß er nicht weis' sich achten soll,
Nicht für was halten, ist er's nicht.

Der Ausdruck Spiegel wurde früher vielfach in diesem figürlichen Sinne gebraucht, namentlich als Titel von Werken, besonders pädagogischen und moralischen Inhalts, in denen Beispiele aus dem Leben als Muster oder zur Warnung aufgestellt sind, z. B. Fürstenspiegel, Beichtspiegel. Auch als Titel von Rechtsbüchern wurde das Wort Spiegel gebraucht, z. B. Sachsenspiegel, Teutschenspiegel, Schwabenspiegel.

1109. Den Brief wird er nicht hinter den Spiegel stecken!

Von dem Brauche entlehnt, daß man Glückwunschkarten, angenehme Briefe und dergl. an den Spiegel steckt (d. h. mit einem Ende hinter den Rahmen steckt), wo sie leicht gesehen und gelesen werden können. Auch: den wird er nicht

ans Fenster stecken (wird er nicht jeden Vorbeigehenden lesen
lassen). Beide Ausdrücke werden auf grobe Schreiben an=
gewendet, in denen der Empfänger die Wahrheit tüchtig
gesagt bekommt.

1110. Spiegelfechten.

Bildlicher Ausdruck für Betrug, eigentlich Scheingefecht;
ursprünglich die Fechtübung vorm Spiegel, wobei der Fechter
die Genauigkeit und Gewandtheit seiner eigenen Bewegungen
selbst im Spiegel prüfen konnte. Diese Übung ist kein ernster
Kampf; darum hat man nach ihr dann leichtes Kriegsge=
plänkel, das nicht ernstlich gemeint zu sein schien, dann auch
Scheinangriffe, schließlich überhaupt das Erwecken eines
falschen Scheins als Spiegelfechterei bezeichnet. Der Weg
dieser Entwicklung war schon im 17. Jahrh. betreten; als
die Türken vergeblich versucht hatten, Ofen zu entsetzen,
verspottete sie ein deutsches Lied:

> Man sahe schon wetzen
> Den blankenden Sabel,
> Die Fähnlein erhöht,
> Doch ward es ein Fabel
> Und Spiegelgefecht.

1111. Einem das Spiel verderben.

In dieser Wendung könnte unter dem Spiel eigentlich
ein musikalisches Zusammenspielen gemeint sein, wobei einer
durch Ungeschick oder Unaufmerksamkeit leicht alles verdirbt.
Vgl. Syll. 156: „Ne vities Musicam. Verderbe uns nicht
die Musicam oder das Spiel." Doch läßt sich recht gut
auch an das Spielen der Kinder denken, wo ein Stören=
fried durch launisches Gezänk oft alles gemeinsame Spiel
unmöglich macht.

Viele andre Redensarten, die hier anklingen, wie: seine
Hand im Spiele haben, sich ins Spiel mengen,
gute Miene zum bösen Spiel machen, gewonnenes
Spiel haben, wird man auf das Glücksspiel, besonders
auf das Kartenspiel zurückführen dürfen. Freilich ist ja
schon lange zuvor, ehe es Karten gab, auch der Kampf ein
Spiel genannt worden, sodaß hier nicht überall das ur=
sprüngliche Gebrauchsgebiet bestimmt werden kann. In

Heinrichs von Freiberg „Tristan" droht Kaudin seinem
Schwager Tristan V. 3856:

> Ist daz ich genzlich ervar,
> daz du min swester smaehen wilt,
> eins spiles wirt mit dir gespilt,
> daz dine friunt beginnen klagen.

Derselbe Dichter ist sich aber der eigentlichen Bedeutung
des Wortes Spiel wohlbewußt; genau die Worte wägend
erzählt er „Tristan" V. 1612 fg.:

> da wart mit schilden und mit spern
> ritterernst, nicht ritterspil
> gepflogen und geüebet vil.

1112. Den Spieß umkehren.

S. v. w. die Rollen tauschen, auch: die Sache am
andern Ende angreifen, eigentlich aber s. v. w. von der Ab=
wehr zum Angriff übergehen. Die Wendung läßt sich am
leichtesten so entstanden denken, daß der Angegriffene im
Handgemenge dem Angreifer den Spieß entreißt und ihn
nun gegen den Angreifer kehrt, vielleicht mit den Worten:
Jetzt kehren wir den Spieß einmal um, wobei der Beraubte
ironisch als mithandelnd bezeichnet wird (so Hildebrand in
Lyons Zeitschr. V, 26).

Der Spieß hat in alter Zeit eine größere Rolle in
der volkstümlichen Bildersprache gespielt als heute. Die
Redensart: mit dem Judenspieß rennen, d. h. wuchern,
kommt allerdings auch noch vereinzelt in unserm Jahrhundert
vor. H. Kurz führt in einer Anmerkung zu Simpl. I, 88:
„Die Handels=Leute und Handwercker ranten mit dem Juden=
Spieß" neben ältern Belegen auch folgende Worte aus dem
„Hoftheater von Barataria" des Grafen von Benzel=Sternau
an: „Das kommt alles vom vertrackten Judenspieß — von
dem ignobeln Schachern und Wuchern." — Mit dem
goldenen Spieß, dem silbernen Spieß stechen[1] hieß

---

[1] Auch in das humanistische Latein des 16. Jahrhs. auf=
genommen; in Naogeorgs „Pammachius" (II, 3) rühmt sich z. B.
Chremius, des Satans Höllendiener (V. 1313 fg.):

> Judicum decem
> Corrupi milia, ducentas quoque virgines
> Fefelli et hastis expugnavi argenteis.

f. v. w. mit goldenen, silbernen Münzen zu bestechen suchen, später kommt dafür auf: mit der silbernen Büchse schießen. Ein Rest davon ist unser bestechen, d. h. einen durch dieses Stechen bewältigen, herumkriegen, nicht, wie Jacob Grimm meinte, ihm Geschenke, Spangen oder dergl. an den Arm stecken!

1113. Spieße haben.

S. v. w. viel Geld haben. Im Rotwelschen hieß ein Sechspfennigstück Spieß; von da aus könnte der Ausdruck in die Studentensprache, wo er noch heute gäng und gäbe ist, und von ihr wiederum in weitere Kreise getragen worden sein. Im letzten Grunde steht jedenfalls die am Schlusse von Nr. 1112 besprochene Wendung dahinter, sodaß kurz Spieße gebraucht wurde für goldene Spieße.

1114. Spießbürger.

Auch kurz Spießer, seit der Zeit des Niederganges der Städte, des endgiltigen Sieges der Landesherren, d. h. seit dem 16. Jahrh., sprichwörtlich geworden zunächst für die Bürger kleinerer Städte, die engherzig und schwerfällig an der alten Bewaffnung festhielten, in Harnisch und Spieß wie ihre Großväter und Urgroßväter zur Verteidigung der Stadt auf den Wällen antraten, während draußen die Feuer=waffen immer weitere Verbreitung fanden; dann überhaupt für einen philiströsen Kleinstädter mit altfränkischen Manieren und engem Gesichtskreis.

1115. Spießruten laufen.

Das war eigentlich eine grausame alte Soldatenstrafe, die erst Friedrich Wilhelm III. für Preußen abgeschafft hat. Der Sträfling mußte mit entblößtem Rücken zwischen zwei Reihen Soldaten hindurchlaufen, wobei er von rechts und links mit Ruten geschlagen wurde.[1] Heute verstehen wir

---

[1] Diese Strafe ist vielleicht ein Rest des noch ältern durch die Spieße jagen, das ein Vokabular von 1618 übersetzt: praepilatis hastis objicere, das sich also der militärischen Strafe des Erschießens vergleicht; Aventin erzählt einmal: „Die teutschen Knechte ließen den Mörder durch die Spieß laufen", und ausführ=lich hat Fronsperger „dieses Recht, wie es die Kriegsknecht füeren mit den langen spießen" beschrieben.

darunter die unangenehme Lage, einen Gang thun zu müssen, bei dem von rechts und links neugierige Augen auf einen gerichtet sind und hüben und drüben spitze Zungen über einen urteilen.

1116. Einem die Spitze bieten.

S. v. w. ihm Trotz bieten, eigentlich ihm die Spitze des Schwertes entgegenhalten und ihn so zum Zweikampfe herausfordern oder im Zweikampf mit einem gefährlichen Stiche bedrohen. So ist noch heute in ursprünglichem Sinne gebräuchlich: jemand vor die Spitze fordern, wie vor die Klinge fordern, d. h. ihn zum Zweikampf herausfordern. In kühner Zusammenfassung mit ähnlichen Wendungen in einem Siegeslied auf die Eroberung von Ofen 1686, wo der Türke gehöhnt wird:

> Teutschmeisters heroisches Martisgemüthe
> Der weiß dir Trutz bieten, Pistolen und Spitz.

Die Redensart geht aber bis ins Mittelalter zurück; in dem Gedicht Heinzeleins von Konstanz vom Ritter und Pfaffen begegnet in demselben Sinne das schweizerische einem ein eggen bieten.[1] Aus Baiern bringt Schmeller das gehäufte „einem Spitz und Knopf zugleich bieten" in dem Sinne von: ihn möglichst drängen, eigentlich ihm in einem Nu die Degenspitze (zum Angriff) und den Degenknauf (zur Abwehr) entgegenhalten und ihm so im Zweikampf viel zu schaffen machen. Daher dann auch das bairische „es steht auf Spitz und Knopf", d. h. es ist zum Äußersten gekommen.

1117. Jemand spitz kommen.

S. v. w. ihn mit Worten verletzen. Wörter sind auch Schwerter, und Zungenstiche oft Lanzenstiche! Vgl. Ps. 57, 5. Auch sticheln und das bairische spießeln gehören hierher.

1118. Sich auf etwas spitzen.

S. v. w. sich Hoffnung auf etwas machen, entweder deshalb, weil man unwillkürlich den Mund spitzt, wenn

---

[1] Ecke ist ebenso wie Ort eigentlich Spitze, besonders Spitze der Waffe.

man etwas Leckeres für seine Zunge erwartet, oder besser unmittelbar so von den Sinnen gesagt, wie auch von einem Spannen der Sinne die Rede ist. Ähnlich spricht schon Hugo von Trimberg im „Renner" V. 11574 fg. von einem Jüngling:

> der friunde, liep hat unde guot
> und uf eim starken rosse sitzet
> daz herze und alle sine gedank spitzet,
> wie er der werlde wol gefalle.

Und um dieselbe Zeit schon, fast genau wie wir sagen, in Ottokars österreichischer Reimchronik V. 62064:

> er spitzt sich gen ir minne.

1119. Splitterfasernackt.

Sogenannter Volkssuperlativ, s. v. w. ganz nackt, eigentlich bis auf den letzten Splitter, die letzte Faser entblößt. Unsre Sprache hat einen großen Reichtum von derartigen Zusammensetzungen; z. B.: kohlrabenschwarz, pechrabenschwarz, funkelnagelneu, mutterseelenallein[1] u. s. f.

1120. Ein Splitterrichter

heißt jemand, der andre tadelt, ohne daran zu denken, daß auch er nicht frei von Tadel ist, ja daß er viel größern Tadel verdiente. Der Ausdruck verdankt seine Entstehung der bekannten Gleichnisrede Matth. 7, 3—5, wo Christus sagt: „Was siehest du aber den Splitter in deines Bruders Auge und wirst nicht gewahr des Balkens in deinen Augen?" u. s. w. Vgl. Luk. 6, 42.[2] Günther:

> Flieh auf ewig die Gesichter
> Aller finstern Splitterrichter.

Daneben hat das Wort Splitterrichter den Begriff eines kleinlichen Tadlers angenommen, der alles auf die Goldwage legt, gleichsam über jedes Splitterchen zu Gerichte

---

[1] Auch österreichisch „spinäbafeind, so sehr feindselig wie Spinnen und Nattern" d. h. wie man es Spinnen und Nattern ist? Vgl. das schriftdeutsche spinnefeind und lat. odisse aeque atque angues, z. B. Plautus, Merc. IV, 4, 21.

[2] Ein andres Bild dafür bietet Lehm. 86 (Bessern 30): „Mancher meynt, er müsse nur ander Leut Liechter butzen, und siehet den großen Butz an seinem nicht."

sitzt. So sagt Lessing einmal: „Was übrigens den Inhalt des Freigeistes anlangt, so wird auch der eigensinnigste Splitterrichter nicht das geringste daran finden, was der christlichen Tugend und Religion zum Schaden gereichen könnte."

1121. Sich die Sporen verdienen.

Von jemand, der sich durch eine ausgezeichnete That ursprünglich in die weltliche, nun aber auch bildlich etwa in die Ritterschaft des Geistes Aufnahme verschafft hat. Die goldenen Sporen wurden dem jungen Helden beim Ritterschlag als Abzeichen seines neuen Standes feierlich angeschnallt.[1]

1122. Auf dem Sprunge stehen.

S. v. w. im Begriffe sein, etwas zu thun. Das schöne, lebendige Bild bedarf keiner Erklärung.

1123. Auf jemandes Sprünge kommen.

S. v. w. es ihm nachmachen, eigentlich in seine Fuß=stapfen treten, denn eben die Fußstapfen heißen bei den Jägern, für die ja auch das Auffinden einer Spur und ihr nachzugehen zunächst wichtig ist, „Sprünge". Ehe man aber auf jemandes Sprünge kommen kann, muß man hinter seine Sprünge gekommen sein, d. h. muß man seine Art und Weise erkannt haben. Wem das nicht gelingt, der muß sich, wie ein Jagdhund vom Jäger, von einem andern auf die Sprünge helfen lassen. Ähnlich schon in Ottokars österreichischer Reimchronik V. 14521 fg.:

> mit maniger rede kluoc,
> der sie zalten genuoc
> dem kunic von Beheim vor,
> unz sie in brahten uf daz spor
> daz er in des volgen wolde.

Dagegen werden nicht aus der Jägersprache entlehnt sein die beiden Wendungen: einem viel Sprünge machen, d. h. ihn viel springen machen, ihm viel zu schaffen machen,

---

[1] Hier mag auch beiläufig der Ausdruck spornstreichs (d. h. schleunigst) erklärt sein, er bedeutet eigentlich: indem man sein Pferd mit den Sporen antreibt.

und keine großen Sprünge machen, d. h. aus Mangel an Mitteln nichts Großes unternehmen können. Die letzte dieser Redensarten findet vielmehr eine treffliche Ergänzung in dem niederdeutschen Ausdruck: He hett 'n Büngel an't Been, d. h. er ist gehindert wie ein gebeugelter Hund.

1124. Über jemand den Stab brechen.

S. v. w. ihn verurteilen, ein hartes, wegwerfendes Urteil über ihn fällen. Die Redensart beruht auf einem symbolischen Brauche beim peinlichen Gerichtsverfahren. Der zum Tode Verurteilte wurde nämlich vor seiner Hinrichtung noch zu einem feierlichen Schlußverhör vor das Gericht geführt, um hier nochmals über seine Schuld kurz vernommen zu werden, worauf der Richterspruch mit der landesherrlichen Bestätigung nochmals feierlich verkündet, dann von dem Richter ein hölzerner Stab in drei Teile zerbrochen und dem Verurteilten mit den Worten vor die Füße geworfen wurde: „Nun helf' dir Gott, ich kann dir nicht mehr helfen." Hiermit wurde der Verurteilte dem Scharfrichter zur sofortigen Vollstreckung der Todesstrafe übergeben.

Das Symbol des Stabbrechens bedeutet ursprünglich nichts anders als das Ende des ganzen peinlichen Verfahrens, also: das Gericht ist aus, der Verbrecher ist unwiderruflich gerichtet, verurteilt und verfemt. Wie nämlich der König, der Feldherr und der Hirte[1] den Stab tragen und trugen, so auch der Richter als Wahrzeichen richterlicher Gewalt. Er gebot damit Stille; so lange er ihn hielt, blieb die Versammlung beisammen, war das Gericht gleichsam feierlich gehegt, geschirmt und geschützt; legte er ihn aber nieder, so war das Verfahren beschlossen. Vgl. Grimms „Rechtsaltertümer", S. 761 fg. u. 133 fg.

1125. Wider den Stachel löcken.

S. v. w. hartnäckig, halsstarrig, starrköpfig sein; zu seinem eigenen Schaden widerstreben, vergeblichen Widerstand leisten. Löcken (mittelhochd. lecken, auch Luther schrieb

---

[1] Das Attribut des Bischofs als eines geistlichen Hirten ist der Krummstab, der von dem oben rundgebogenen Stabe der römischen Auguru (lituus) stammt.

lecken) ist ein fast ganz vereinzelt dastehender, altertümlicher
Ausdruck, der sich nur noch in dieser Redensart erhalten
hat. Er bedeutet j. v. w. mit den Füßen ausschlagen; die
ganze Wendung stammt aus Apostelgesch. 9, 5, vgl. 5, 39,
und ist ein im Altertum oft gebrauchtes Bild aus dem
Landleben: der Ochse, der den Pflug zieht, schlägt gegen den
Stachel[1] aus, mit dem ihn der Treiber anspornt, verwundet
sich aber dadurch desto heftiger. Burkhard Waldis reimte:

> Die sich wölln wider Gott auff lenen
> Vnd widern scharpffen stachel lecken:
> Den bleibt er in der fersen stecken.

Dasselbe Bild findet sich schon bei Terenz im Phormio I,
2, 28: Namque inscitia est adversus stimulum calces
(ergänze etwa rejicere), bei Plautus im Truculentus IV,
2, 55: si stimulos in pugnis caedis, bei Ammian 18, 5:
ne contra acumina calcitraret u. ö. Auch bei griechischen
Dichtern und Prosaschriftstellern begegnet die Redensart
πρὸς κέντρα(ον) λακτίζειν, vgl. Eurip. Bacch. 794; Äschyl.
Agamemn. 1616 (1624) u. a.

1126. Nicht stallen.

S. v. w. sich nicht vertragen können, nicht friedlich mit-
einander auskommen. Der Ausdruck vergleicht die beiden
Uneinigen mit zwei Pferden, die nicht nebeneinander im
Stalle stehen wollen, die sich stoßen und treten. Vgl. Vilmar,
Kurhessisches Idiotikon, 395: mit einem stallen, mit
ihm gut stehen, sich mit ihm vertragen.

1127. Einem die Stange halten.

S. v. w. ihm beistehen. Die Redensart stammt aus
unserm alten Rechtsleben. Beim gerichtlichen Zweikampf
wurde jedem der beiden Kämpfer ein „Sekundant" bei-
gegeben, um nötigenfalls mit einer Stange die Kämpfer

---

[1] Dieser Stachelstock war ein Stab, der am dickern Ende mit
einem starken eisernen Spaten versehen war, um die sich an die
Pflugschar hängende Erde abzustoßen; an dem dünnern Ende befand sich die eiserne Spitze, mit der die Tiere durch Stiche zum
Ziehen angetrieben wurden (Richter 3, 31: Apostelgesch. 9, 8;
26, 14). Zum Antreiben der Lasttiere bediente man sich lederner
Peitschen.

zu trennen. So heißt es im schwäbischen Landrecht: ir
ietwederm sol der rihter einen man geben, der ein
stange trage, die sol der über den haben (halten), der
da gevellet (zu Falle kommt). Auch in das Turnier ist
diese Einrichtung übernommen worden: hier ist der Stangen=
träger unter dem Namen Grießwart bekannt, in alter Zeit
heißt er aber auch geradezu stanger oder stängler.[1] Wer
von den beiden Kämpfern der Stange begehrte, bekannte sich
dadurch für überwunden. Auch dieses Begehren der Stange
ist zur Redensart geworden, vgl. die Zimmerische Chronik
I, 157, 16: „die wollten der sach gegen den stetten nit
vergessen, auch lange nicht der stangen begeren".

Einem die Stange halten wird aber auch in dem
Sinne gebraucht: ihm gewachsen sein. Das scheint eine
Vermengung mit der Redensart „einem die Wage halten"
zu sein. Die Vorstellung zweier an eine Stange geschirrten
Pferde verhilft zu keiner Erklärung.

1128. Bei der Stange bleiben.

S. v. w. den Faden des Gesprächs, der Erzählung fest=
halten, überhaupt bei irgend einer Thätigkeit standhaft aus=
halten; gewöhnlich in negativem Satze oder als Befehl:
bleibe bei der Stange! Dieses Gebot gilt eigentlich dem
schlechten Fechter, der dem Stoße des Gegners mit der
eigenen Waffe ausweicht, anstatt ihn damit zu parieren, oder
der seine Waffe nicht nach jedem Stoße oder Schlage sofort
wieder mit der des Gegners bindet und dadurch den Zu=
sammenhang des Gefechts unterbricht. In Sam. Butlers
„Hudibras" heißt es:

> Dann Hudibras: Nur immer Sprünge;
> Du bleibest niemals bei der Klinge.

1129. Einem den Star stechen.

S. v. w. ihm die Augen öffnen, ihn sehend machen;
eigentlich einen Starblinden durch einen Schnitt am Auge
vom Star befreien. Nach der Befreiung Wiens 1683 ließ
das Wortspiel gegen den Türken um: Graf Starhemberg

---

[1] Vgl. Hildebrand in Lyons Zeitschrift V, 23.

kann dir den Staaren wohl stechen! Starblind ist merk=
würdigerweise zum Volkssuperlativ (vgl. Nr. 1119) geworden,
es bedeutet oft übertragen s. v. w. völlig blind.

Ein andres Bild für plötzliches Befreitwerden von geisti=
ger Blindheit ist: es fällt mir wie Schuppen von den
Augen! das aus der Geschichte von der Bekehrung des
Paulus stammt, Apostelgesch. 9, 18. So Franz Moor
(Räuber I, 1) zu seinem alten Vater: „O daß ihr's be
greifen lerntet! daß euch die Schuppen fielen vom Auge!"
Und in der nächsten Scene Karl Moor: „Da fällt's wie der
Staar von meinen Augen!" Schwächer Franz zu Daniel
(IV, 2): „Er sagte dir, daß dir einmal die Decke von den
Augen fallen würde —?"

1130. Sich aus dem Staube machen.

S. v. w. sich eiligst entfernen, um Unannehmlichkeiten
aus dem Wege zu gehen. Wir denken bei der Redensart
wohl kaum noch an den Staub des Schlachtfeldes, und doch
wird dieser ursprünglich gemeint sein: wer sich aus dem
Staube macht, ist ein Drückeberger; vgl. lat.: arena cedere.

1131. Viel Staub aufwirbeln.

Die Geschichte hat viel Staub aufgewirbelt, sagt man,
wenn eine an sich geringfügige Sache Anlaß zu lebhaften
Erörterungen gegeben hat, wie ein vorübereilender Wagen
nur durch eine große Staubwolke noch eine Weile nachwirkt.
Ebenso frz.: faire de la poussière.[1]

1132. Es einem stecken.

S. v. w. ihm beibringen, daß er etwas nicht wieder
zu thun hat. Eigentlich: ihm Einhalt thun, indem man
ihm einen Pflock in den Weg steckt (vgl. Nr. 928). Denn
jedenfalls gehört hierher das niederdeutsche: Ik wil di en
Sticken steken[2], und das ältre bairische: einem einen Halt
stoßen, das mit insidias ponere alicui übersetzt wird.

---

[1] Staub ist auch ein Sinnbild des Vergänglichen, des Nie=
drigen, vgl. die Gellertschen Verse S. 14, A. 1.
[2] He hett sinen Sticken steken heißt auch s. v. w. er hat sich
etwas vorgenommen, sich einen Pflock als Ziel gesetzt. Wir reden
noch heute bildlich von dem Stecken des Ziels: damit ist

Möglich wäre es allerdings auch, daß die Wendung eins wäre mit der gleichlautenden: einem etwas stecken, d. h. es ihm heimlich mitteilen, eigentlich: die Nachricht ihm heimlich zustecken. So in den Worten des alten Miller in der ersten Scene von „Kabale und Liebe": „Hätt gleich alles Seiner Excellenz, dem Herrn Papa, stecken sollen."

1133. Sein Steckenpferd reiten.

Der Ausdruck Steckenpferd, engl. hobbyhorse, ist von dem beliebten Kinderspielzeug auf kleine Liebhabereien, Lieblingsneigungen Erwachsener übertragen worden. Goethe sagt einmal: „Sodann haben wir, um übertriebene Eigenheiten zu bezeichnen, das höflichere[1] Wörtchen Steckenpferd, bei dessen Gebrauch wir einander mehr schmeicheln als verletzen."

In diesem Sinne ist der Ausdruck erst durch Lorenz Sterne (Tristram Shandy 1759—62) gebräuchlich geworden. Bebel Nr. 562 erklärt noch: In baculo equitare; est frustra conari, und in Shakespeares „Viel Lärmen um Nichts" bezeichnet hobbyhorse einen albernen Menschen.

1134. Aus dem Stegreif.

S. v. w. ohne langes Besinnen, unvorbereitet. So reden wir von einem, der geschickt aus dem Stegreif dichtet, der eine Rede aus dem Stegreif hält; heute verliert die Wendung immer mehr an Boden gegenüber dem fremden improvisieren.[2]

Stegreif ist ein älteres Wort für Steigbügel; die alte Bezeichnung ist immer mehr abgekommen, seitdem sie der Sache nicht mehr entsprach: es ist kein Reif mehr, in

---

ursprünglich das Einstoßen des Zielstabes in den Erdboden gemeint. In mittelhochdeutscher Zeit hieß es gewöhnlich ein zil stozen, ähnlich noch heute in Baiern: Felber stoßen (Weiden pflanzen), einen Waldgrund mit Eicheln bestoßen (bepflanzen), vgl. Schmeller II, 789.

[1] Das weniger höfliche Wort ist Marotte, eigentlich der Narrenstab mit dem Puppenkopf oben daran; dann eine Narrheit, eine Thorheit, auf die man versessen ist, eine Schrulle.

[2] Im klassischen Latein entspricht ex tempore, daher extemporieren und das Extemporale in der höhern Schule.

den man beim Besteigen des Pferdes den Fuß setzt, sondern
eben ein Bügel. Aus dem Stegreif bedeutet also ur=
sprünglich: ohne abzusteigen, wie man gerade zu Pferde sitzt.
Geradezu zu einem Gewerbe im Stegreif war im aus=
gehenden Mittelalter das Räubern geworden, daher der
Ausdruck Stegreifritter und die alte Redensart: sich im
Stegreif, vom Stegreif nähren[1]; sie galt im 14., 15. und
16. Jahrh. von niemand so sehr, wie von dem materiell
wie geistig heruntergekommenen kleinen Landadel.

Dem eigentlichsten Sinne unsres Ausdrucks steht es also
ganz nahe, wenn in der Lebensbeschreibung Wilwolts von
Schaumburg einmal erzählt wird: „In dem rannten die
Franzosen nach irer gewonnhait daher mit den spießen, was
sie aus den pferten gewinnen möchten." Bildlich dagegen
schon Simpl. II, 286, 23: „gab in kurtzer Zeit diese meine
Handthierung auf und besan mich im Stegreif auf etwas
anders."

1135. Einen Stein auf jemand werfen.

S. v. w. ihn einer Schuld zeihen. Die Redensart geht
zurück auf die altjüdische Strafe der Steinigung (vgl. 3 Mos.
20, 27), wobei der, der als Ankläger aufgetreten war, den
ersten Stein auf den Verurteilten werfen mußte. Joh. 8, 7:
„Wer unter euch ohne Sünde ist, der werfe den ersten
Stein auf sie."

1136. Das möchte einen Stein erbarmen.

Eine poetische Hyperbel: es ist so rührend, so mitleids=
wert, daß sich nicht nur Menschenherzen, ja nicht nur die
Herzen aller lebenden Wesen, sondern selbst die fühllosen
Steine erbarmen möchten. Das Bild ist so menschlich, daß
es nicht wunder nehmen kann, wenn es schon im Altertum
begegnet; vgl. lat.: adamanta movere lacrimis, Ovid,
De arte am. 1, 659; lapides flere et lamentari cogere,
Cicero, De orat. 1, 57, 245. Auch in der eddischen Sage

---

[1] Vgl. Sebastian Franck I, 217^b: „Ju muß der bettel oder
siegreiff neren", und aus Murners „Narrenbeschwörung" die Verse:
  Noch schadts mir nit an miner eren,
  Das ich des sattels mich erneren.

von Baldr spielt es eine Rolle. Die Totesgöttin Hel ver=
spricht den Asen, den toten Baldr wieder ins Leben zurück=
kehren zu lassen, wenn ihn alle Wesen, lebende wie leblose,
beweinen würden. Wirklich weint auch die ganze Natur,
selbst die Steine, nur die Riesin Thök nicht, und so bleibt
Baldr im Totenreiche. Auch christliche Legenden wissen
davon zu erzählen, das steinerne Heiligenbilder von dem
Flehen der Gläubigen zu Thränen gerührt werden.

1137. Der Stein der Weisen.

Von einem Thoren, der einem chimärischen Ziele nach=
jagt, sagt man, er suche den Stein der Weisen. Die Alchi=
misten früherer Jahrhunderte lebten der Überzeugung, daß
es einen Stein gebe, mit dessen Hilfe man unedle Metalle
in edle verwandeln könne, ein Glaube, der jedenfalls seine
Entstehung der falsch verstandenen Thatsache verdankt, daß
aus gewissen Erzen Metalle darstellbar sind. Eine Masse,
die Metallveredelung bewirken konnte, mußte auch heilend,
stärkend und verjüngend auf den menschlichen Körper ein=
wirken; daher wurde der Stein der Weisen auch als die
große Panacee, als ein untrügliches Universalheilmittel ge=
priesen. Die im Geruche standen, ihn gefunden zu haben,
hießen „Adepten" (von adipiscor d. h. erlangen), und Fürsten
trachteten darnach, ihrer habhaft zu werden, um sich von
ihnen im Gefängnis Gold machen zu lassen. Insbesondere
galt Salomo, der im Besitze aller Weisheit Himmels und
der Erde gewesen war, auch als glücklicher Besitzer des Steins
der Weisen; vgl. „Faust" I, 932. König Heinrich III. von
England gab förmlich Freibriefe zur Erfindung des Steins
der Weisen und sagte zu seinen Priestern: „Könnt ihr
Brot und Wein in den Leib und das Blut Christi ver=
wandeln, wie viel leichter unedle Metalle in ein edleres
Gold!"

1138. Stein und Bein schwören.

S. v. w. etwas mit den festesten Eidschwüren versichern;
mit den festesten: darin liegt zugleich die Erklärung der
Worte Stein und Bein. Man hat zwar gemeint, darunter
seien vielmehr die Edelsteine auf den Reliquienkästchen oder

die Steinplatte des Altars und die Gebeine von Heiligen
zu verstehen, die früher mit den Fingern beim Schwören
berührt worden wären, ja sogar die Deutung hat Beifall
finden können, beim Stein hätten die Heiden, beim Heiligen=
gebein die Christen geschworen, also sei ein Eid bei Stein
und Bein der allerstärkste Eid. Aber der Ausdruck ist nichts
weiter als eine bildliche Bezeichnung großer Festigkeit.
Darum auch die Wendung: „es hat Stein und Bein ge=
froren", d. h. die Kälte ist so groß gewesen, daß der
Frost sogar in so harte Dinge wie Stein und Knochen
gedrungen ist.[1]

In Zusammensetzungen mit Adjektiven bedeutet stein=
ebenso wie stock= einen hohen Grad der betreffenden Eigen
schaft, vgl. Wörter wie Stockjude, Stockpreuße, Stockphilologe,
stockfremd, stockfinster, stockdumm, stockblind, stocktaub; stein=
reich, steinalt, und im 16. Jahrh. auch steintaub. Vermutlich sind diese stock= und stein= aus solchen Zusammen
setzungen, wo sie einen bildlichen Sinn hatten (stocktaub: so
taub wie ein gefühlloses Holz, vgl. ein verstockter Sünder),
dann auch, weil man sie mit der Zeit hier nur noch als
Verstärkungen empfand, zur bloßen Verstärkung des Begriffs
auf andre Adjektiva übertragen worden.

1139. Auf Stelzen gehen.

S. v. w. sich in Sprache, Geberden u. s. w. nicht natürlich, sondern gezwungen, geschraubt benehmen.[2] Andre

---

[1] Es ändert nicht viel, wenn die bairische Fassung ursprünglich sein sollte: zu Stein und Bein gefrieren (Schmeller II, 763),
wogegen aber doch spricht, was Schmeller dazu aus dem Slavischen
anführt „eine Kälte war, daß Stein und Bein zusammenfroren"
und ein altes Zeugnis wie die Verse aus einem Soldatenlied
von 1641:

> Wan andre ziehen ins Quartier,
>   Die Waffen von sich legen,
> So kriecht ihr erst im Winter für,
>   Wollt große Ehr einlegen,
> Wo Stein und Bein ganz gfrieren ein.

Niederdeutsch auch: Steen un Been floken (fluchen), sogar: he löst
sik Steen und Been af!

[2] Schiller hat das Bild glücklich verwertet in der zweiten
Scene der Räuber, wo Karl Moor die großen Helden des Alter-

Bilder für derartige Unart stecken in den Worten gespreizt, breitspurig und in Schwulst, geschwollen und was damit verwandt ist.

Das Bild ist früher auch in anderm Sinne gebraucht worden. In der Zimmerischen Chronik z. B. bedeutet uf stelzen gehn große Schritte thun, weit draußen sein, im 17. Jahrh. wird die Redensart gleichbedeutend mit hinken gebraucht, z. B. vom Reiche Mahomets nach den großen Türkensiegen, zu Anfang des 16. Jahrhs. gebraucht sie Murner mit Beziehung auf die nahe Gefahr, beim Stelzenlaufen zu stürzen, „Schelmenzunft" 42, 33:

> Wie ist ein krummer rat so seltzen!
> ach gott, es gat hetz als off stelzen,
> Biß daß ein mal den hals ab stürtzt,
> vnweyser rat ein laudt verkürtzt.

1140. Mit Stentorstimme.

S. v. w. überlaut, gewaltig. Stentor war einer der griechischen Fürsten vor Troja; nach Ilias V, 785 hatte er eine Stimme, daß er fünfzig Männer überschrie. Im Wetteifer mit der unermüdlichen Lunge des Hermes soll er aber sein Leben eingebüßt haben.

Ein schönes, kraftvolles Bild statt dessen bei Walther von der Vogelweide:

> von den sölh stimme wart vernomen
> ez möhte biben des meres wac

d. h. die Meeresflut wäre davon erschüttert worden.

1141. Unter keinem guten Stern geboren sein.

Dazu Wendungen wie: sein Unstern will es, an seinen Stern glauben, sein Stern erbleicht, ist untergegangen, über einem Unternehmen waltet ein günstiger oder ungünstiger Stern u. s. w.[1]

---

tums beklagt, daß sie jetzt dazu daseien, in Gymnasien ein trauriges Leben zu fristen — „oder, wenn's glücklich geht, von einem Tragödienschreiber auf Stelzen geschraubt und mit Drahtfäden gezogen zu werden".

[1] In einem alten Regensburger Schreinerspiel sagt der Narr von zwei dummen Schreinern:

> Die zwen hab ich mir außerkorn,
> sein beede in meinem Planetten geborn.

Alle diese Redensarten beziehen sich auf den astrologischen Aberglauben, daß die Sterne, besonders die Planeten, schicksalbestimmend seien. Dieser Glaube hat sich vom Orient über das Abendland verbreitet. Der griechische Geschichtschreiber Diodor von Sicilien berichtet (II, 31), daß nach chaldäischer Auffassung die Planeten auf die Geburt des Menschen den größten Einfluß ausüben, im Guten wie im Schlimmen, und durch die Beobachtung und Erkenntnis ihres Wesens seien die Priester vorzüglich imstande, zu wissen, was den Menschen zustoßen werde. Seine vorzüglichste Ausbildung hat dieser Sternglaube auf den arabischen Hochschulen, z. B. in Bagdad, erhalten, von wo er sich als Lehre von der Vorausbestimmung aller Schicksale aus dem Stande der Gestirne im 12. und 13. Jahrh. auch Eingang im christlichen Europa verschaffte. Im ausgehenden Mittelalter war es schon allgemeiner Brauch, daß hochgestellten Personen bei der Geburt das Horoskop oder die Nativität gestellt wurde, d. h. daß man aus der Konstellation, d. i. eben dem Stande der Sterne (lat. stella = Stern) ihr künftiges Schicksal vorhersagte. Diese Gedanken sind uns mit Schillers „Wallenstein" wieder vertraut geworden, sie haben aber im Volke ununterbrochen weiter gelebt. So erzählte ein alter Hirt zu Brodewin in der Uckermark: Jeder Mensch habe sein Licht am Himmel, und wenn er sterbe, so gehe es aus; es kämen aber statt der alten immer neue zum Vorschein, da immer wieder neue Menschen geboren würden. Vgl. Haupts Zeitschrift IV, 390.

Während alles dies auf Aberglauben beruht, hat noch heute das alte Bild von der Beständigkeit des Polarsterns seine Geltung. Von den neuern unsrer großen Dichter hat es keiner so geliebt wie Schiller: Don Carlos vergleicht Philipps starre Seele dem Angelstern des Himmels, der „unverändert und ewig um sich selber treibt", dem Max Piccolomini hat Wallenstein „wie der feste Stern des Pols als Lebensregel vorgeschienen". Gewaltig hat es Shakespeare (Julius Caesar III, 1) ausgeführt:

> Doch ich bin standhaft wie der Nordstern ist,
> Deß wahrhaft feste, ruhende Natur
> Nicht ihresgleichen hat am Firmament.

Der Himmel prangt mit Funken ohne Zahl,
Und alle sind sie Feu'r, und jeder leuchtet,
Doch einer nur behauptet seinen Stand.

Und ähnlich läßt schon Wolfram von Eschenbach (Parzival 715, 14 fg.) den tapfern König Gramoflanz die Beständigkeit der Güte seiner Geliebten mit dem unbeweglichen Gegenüber des Südpols und Nordpols vergleichen:

ich mac wol diner güete jehen
staete ane wenken sus,
als polus artanticus [1]
gein dem tremuntane stet,
der euweder von der stelle get.

1142. Im Stiche lassen.

S. v. w. aufgeben, preisgeben, im entscheidenden Augenblicke verlassen. Dabei wird ursprünglich nur eine Sache als Objekt gedacht worden sein, denn die Redensart erklärt sich vermutlich aus dem Turnierbrauch, daß der besiegte Ritter seine Waffen und sein Roß dem Sieger lassen mußte; dann hatte er sie wörtlich im Stiche gelassen. So ist erklärlich, wie die Wendung auf das Hinterlassen von weltlichen Gütern beim Tode hat angewendet werden können, vgl. Lehm. 921 (Wohlthat 42): „Die gute werck vnd wohlthaten, so den Armen geschehen, folgen vns nach in Tod vnd ins ewige Leben, daß man sonst erspart vnd hinterlassen, das bleibt im stich."

1143. Stich halten.

S. v. w. aushalten, ausdauern, die Probe bestehen. Vom Fechten entlehnt, hier bedeutet es eigentlich s. v. w. den Stich des Gegners aushalten. Den gewaltigsten Stich hatte der Schild des Ritters im Turnier auszuhalten, wenn ihn die Lanzenspitze des heransprengenden Gegners mit voller Wucht traf. Vielleicht ist das der Ausgangspunkt

---

[1] artanticus für antarcticus; zu tremuntan vgl. ital. tramontana, Nordstern, Polarstern. Beiläufig: von einem betrunken Dahinwankenden heißt es noch heute „er hat die Tramontane verloren". Es stammt das aus der Schiffersprache und bedeutet s. v. w. die Richtung nicht mehr wissen; denn der Nordstern diente früher den Schiffern als Richtpunkt auf der Fahrt.

der Redensart gewesen. Früher noch deutlicher: den Stich halten. Götz von Berlichingen erzählt in seiner Lebens= beschreibung: „Aber Heydeck das hielt den Stich und ergab sich nit", und Luther sagt von den fünf weisen Jungfrauen: „Sie haben Gottes Werk bei sich und nicht einen gedichteten, gemachten Wahn, der den Stich nicht halten mag." Nach dem Tode Gustav Adolfs wurde den Evangelischen prophezeit:

> Eur Sach kan nit haben den Stich,
> Sicht ihme gleich; es gang hinter sich.

1144. Einem zum Stichblatt dienen.

D. v. w. jemand zum Gegenstand scherzhafter, auch boshafter Verspottung dienen. Die Redensart ist von der Querscheibe (diese heißt eben Stichblatt) zwischen Griff und Klinge der Stoßwaffen entlehnt, worauf im Gefecht die meisten Stiche gehen.

1145. Einen Stiefel vertragen.[1]

Noch heute ist es nicht unerhört, daß ein kleiner Stiefel aus Glas als Trinkgefäß dient, wie denn früher die mannig= faltigsten Gestalten in Biertöpfen und Krügen nachgeahmt worden sind. „Heutiges Tages trinken die Weltbrüder und Trinkhelden aus Schiffen, Windmühlen, Laternen, Sack= pfeifen, Schreibzeugen, Büchsen, Krummhörnern, Knebel= spießen, Weinwagen, Weintrauben, Äpfeln, Birnen, Reckel= hähnen, Affen, Pfauen, Pfaffen, Mönchen, Nonnen, Bauern, Bären, Löwen, Hirschen, Rossen, Straußen, Katzen, Schwanen, Schweinen, Elendsfüßen und andern ungewöhnlichen Trink= geschirren, die der Teufel erdacht hat, mit großem Mißfallen Gottes im Himmel." Und in Fischarts „Gargantua" heißt es zu Anfang des berühmten Kapitels „Von der Truncken Litanei": „Da het einer wunder gesehen, wie da die Gläser, Becher vnd allerley Trinckgeschirr vmbgiengen, .. da stachen sie einander die Pocal auff die Brust, da flogen die müheln, da stibeten die Römercken, da raumt man die Dickelbächer,

---

[1] Diese geläufigste aller Trinkerredensarten sollte hier doch nicht fehlen, wenn auch sonst derartiges nicht aufgenommen worden ist, da es ein ganzes kleines Buch darüber giebt von H. Schrader: „Das Trinken in mehr als fünfhundert Gleichnissen und Redens= arten."

da soffen je zwen vnd zwen auß doppleten: die man von einander bricht, ja sie soffen auß gestifleten Krügen" u. s. w. Hier ist denn der Stiefel glücklich genannt, und er ist viel= leicht älter als alles andre der Art. Schon im Ruodlieb (d. h. um 1030) heißen ein paar, wie es scheint lederne, Weinflaschen (lagenae), die lobpreisend dargeboten werden, im Scherze auch Stiefel (ocreae). Und so ist auch behauptet worden, daß man früher nicht nur aus wirklichen Damen= schuhen, sondern auch aus großen Männerstiefeln getrunken habe. G. Pfarrius erzählt in dem hübschen Gedicht „Der Trunk aus dem Stiefel", wie sich Ritter Boos von Waldeck dadurch, daß er einen Kurierstiefel auf einen Zug leert, das schöne Dorf Hüffelsheim ertrinkt.

In Wendungen wie: einen schauderhaften Stiefel schreiben, seinen Stiefel wegpredigen und ähnlichem ist Stiefel nichts andres als eine burschikose Entstellung von Stil.

1146. Den Stier bei den Hörnern fassen.

S. v. w. ein gefährliches Unternehmen kühn da anfassen, wo es allein zu bewältigen ist, wenn es auch da am ehesten Gefahr droht. Vgl. das niederdeutsche Sprichwort: Gott giwt uns wohl 'n Koh, awer nich glick bi de Höörn.

1147. Es steht ihm an der Stirn geschrieben.

S. v. w. seine Gesinnung verrät sich schon durch seinen Gesichtsausdruck. So sagt Margarethe zu Faust von Mephi= stopheles:

> Es steht ihm an der Stirn geschrieben,
> Daß er nicht mag eine Seele lieben.

Bildlich wird Stirn für Kühnheit, Frechheit gebraucht in der Wendung: die Stirn zu etwas haben. Ähnlich läßt Schiller (Kabale und Liebe V, 4) den Ferdinand sich fragen: „Wie? hab ich auch Brust für das?"

1148. Über Stock und Stein.

Stabreimender Ausdruck[1] für: über alle Unebenheiten hinweg, gewöhnlich von unaufhörlichem Wandern, auch gern von hastigem Gehen gesagt, das sich nicht lange nach gutem

---

[1] Auch mit Endreim: über Stock und Block.

Wege umsieht. Man hat sich viele Mühe gegeben, die Formel als einen Bestandteil der altdeutschen Rechtssprache nachzuweisen und daraus, daß eine Grenze wohl als gestockt und gesteint, bestockt und besteint, unterstockt und untersteint bezeichnet wird, geschlossen, über Stock und Stein meine eigentlich: bis über die Grenze. Das ist aber wenig wahrscheinlich. Schon seit Jahrhunderten werden die beiden Substantiva nebeneinander immer nur in dem auch noch heute gebräuchlichen Sinne angewendet. Vgl. z. B. den „Renner" V. 12483 fg.:

> über rauhe, sleht, über steine, über stöcke
> sul wir hurten, loufen, springen.

Und ähnlich V. 13872 fg.:

> über gruoben und graben, über rauh und sleht.
> über stocke, steine: daz ist sin reht.

1149. Über den Strang schlagen.

S. v. w. in ausgelassener Laune zu weit gehen, wie ein mutwilliges Pferd, das ausschlägt (d. i. eben aus dem Geschirr herausschlägt) und dabei mit dem Beine über den Strang fährt, an dem es ziehen soll.

1150. An einem Strange ziehen.

S. v. w. nach demselben Ziele streben, einer Gesinnung sein. (Vgl. in ein Horn blasen.) Lehm. 820 (Vneinigkeit 8): „Von den vneinigen pflegt man zu sagen, sie ziehen nicht an einem Seil, tragen nicht an einer Stang[1], ziehen nicht gleich, sie stimmen zusammen wie der Hanen vnd Hennen Gesang, wie der Hund bellen, sie stehen oder halten zusammen wie Zähn im gesotten Kalbskopff, sie sind einig wie die Zacken in einer Mistgabel, jeder wil auff ein besondern Berg."

Hierher gehört auch das bildliche abfallen, d. h. einer Sache untreu werden, die Lust verlieren und wegbleiben.

---

[1] Nämlich Wasser; die an einer Stange Wasser tragen, sind einträchtig: sie müssen gleichen Schritt halten, um nichts zu verschütten. Von einträchtig ist dann rückwärts Eintracht gebildet, wie Einfalt von einfältig, Anstand von anständig, Anmut von anmutig. Vgl. auch mittelniederländisch over een dragen, d. i. mit einem andern Bilde unser über-einstimmen.

Früher hieß es dafür noch deutlich: ab dem Seil fallen, z. B. in der Zimmerischen Chronik 421, 12: „das dieselben von Lupfen hern Wörnhern wider ab dem sail gefallen." Und noch 1681 legte man dem französisch gewordenen Straßburg die Worte in den Mund:

> Was wird der Kaiser sagen,
> Daß ich so geschwinder Eil
> Ohn einigs Abensagen
> Gefallen von dem Seil.

1151. Wenn alle Stränge reißen.

S. v. w. wenn alles fehlschlägt, im äußersten Notfall. Dabei muß ursprünglich an ein vielfältig gebundenes, durch eine Menge Seile gehaltenes Ding gedacht worden sein. Oder an einen mit mehrern Zugtieren bespannten Wagen?

1152. Jemand einen Streich spielen.

S. v. w. ihm etwas Schlimmes oder doch einen Schabernack anthun. Dabei ist nicht etwa an das Streichen des Fidelbogens beim Geigenspielen zu denken, sondern spielen ist ironisch gemeint (vgl. Nr. 1111), und Streiche bedeuten ja allgemein s. v. w. lustige oder schändliche Thaten.

1153. Jemand auf dem Strich haben.

S. v. w. ihm feindselig gesinnt sein. Die Redensart erinnert an andre wie: einen auf dem Korn haben, es auf einen abgesehen haben[1]; sie deckt sich aber sogar offenbar mit der Wendung: einen auf dem Zug haben. Strich und Zug werden hier ursprünglich soviel sein wie Richtung, Weg, Lauf, Bezirk, der zu durchziehen, zu durchstreichen ist. Am besten ließe sich dann die Redensart im Munde der oberdeutschen Strickreiter (eigentlich Strichreiter, einer Art berittener Polizei) entstanden denken — in der That scheint sie noch heute in Niederdeutschland ungebräuchlich zu sein —; sie konnten gut von einem sagen, auf den sie fahndeten: ich habe ihn auf dem Striche.

---

[1] Sie ließe sich auch wie diese erklären: Strich bezeichnet nämlich auch kurz die das Flintenrohr fortsetzende Luftlinie, in der die Kugel dahinzufliegen hat; man redet z. B. von Flinten, die den Strich nicht halten.

1154. Das geht mir gegen den Strich.

S. v. w. das paßt mir nicht, steht mir nicht an. Eine Übertragung des Unbehagens, das man an Tieren beobachtet, wenn ihnen gegen den Strich über ihr Fell gefahren wird, auf den Menschen.

1155. Leeres Stroh dreschen.

S. v. w. unnütze, vergebliche Arbeit machen. Goethe schaltet frei mit dem Bilde und belebt es dadurch neu:

> Was willst du dich das Stroh zu dreschen plagen?
> Das Beste, was du wissen kannst,
> Darfst du den Buben doch nicht sagen.

Dasselbe Bild hat auch den Ausdruck abgedroschnes Zeug geschaffen, ebenso das französische ce sont des choses cent fois rabbattues, ein ähnliches das lateinische verba trita. Vgl. Syll. 39: „Anthericum metere. Ein lär Strohe dräschen." Lehm. 784 (Vergeblich 1): „Welcher vergebliche vnnütze Arbeit gethan, von dem sagt man: Er hat leer Stroh getroschen, ein leer Nuß auffgebissen, den Esel beschoren, ein Mohren gebadet, den Krebs lernen für sich gehen, den Tauben ein Lied gesungen, den Blinden ein Spiegel geschenkt, den Fröschen ein Fuder Wein zum Bad verehret. Hat Speck im Hundsstall gesucht, der Flöh gehüt, die Garn vergebens gesteckt, Moses Grab gesucht. Welche das thun, die verrichten eben so viel, als die mit dem Hindern ein Nuß wollen auffbeissen."

1156. Stroh zum Feuer thun.

S. v. w. die Sache noch schlimmer machen, ein ähnliches Bild wie Öl ins Feuer gießen (Nr. 344); oft mit Beziehung auf den Verkehr beider Geschlechter gesagt, so schon in alter Zeit, z. B. bei Freidank 121, 3, im jüngern Titurel 5776, 3 u. s. w., bei Hans Sachs:

> Mansbilder Junge oder alt
> Jn wort vnd wercken euch enthalt
> Wo stroh bey fewer nahend leit
> Das wird brennend in kurtzer zeit.

Vgl. auch den alten Reim: Feuer und Stroh, eins des andern froh.

1157. Strohwitwer sein.

Scherzhafte Bezeichnung für einen verheirateten Mann, dessen Frau verreist ist, sodaß er nachts auf dem Stroh, d. h. im Bett, so gut wie verwitwet ist. Vgl. die Worte der Frau Marthe in Goethes „Faust":

> Gott verzeih's meinem lieben Mann,
> Er hat an mir nicht wohlgethan!
> Geht da stracks in die Welt hinein,
> Und läßt mich auf dem Stroh allein.

1158. Gegen den Strom schwimmen.

Wird bildlich gebraucht von einem, der mit großer Anstrengung und wenig Erfolg in der entgegengesetzten Richtung strebt als wie die große Menge. Das Bild ist alt. Sirach 4, 31: „Schäme dich nicht zu bekennen, wo du gefehlt hast, und strebe nicht wider den Strom." Bei Ovid, Remed. am. I, 121: stultus Pugnat in adversas ire natator aquas. Derselbe, Ars amandi II, 181: nec vincere possis Flumina, si contra, quam rapit unda, nates. Bebel (1507) Nr. 493: Durum est natare contra impetum fluminis; hoc est: periculosum est potentibus adversari. Jmnicius (1515) Nr. 888: „Tegen den stroem ys gwaet swemmen", mit der Übersetzung: In cursum Rheni moliri corpore durum. Und noch heute heißt es in Niederdeutschland: Stromup is quaad swemmen.

1159. Einem den Stuhl vor die Thür setzen.

S. v. w. ihn zum Hause hinausweisen.[1] Man vermutet wohl mit Recht, daß die Redensart auf einer früher wirklich ausgeübten symbolischen Handlung beruhe. Der Stuhl ist ein altes Rechtssinnbild zur Bezeichnung von Eigentumsrecht und Herrschaft. Bei Feldgütereinwährungen war es z. B. (s. Grimm, Rechtsaltertümer, S. 187) üblich, daß der neue Gutsempfänger vom Gericht an das Gut begleitet wurde, sich dort auf einen dreibeinigen Stuhl setzte und so in einem dreimaligen Schube sich dem Gute näherte; das hieß: in das Gut rutschen. Grimm kennt für diese Rechtsgewohnheit keinen Beleg, der über das

---

[1] Echt französisch dafür: offrir une canne, einen Spazierstock.

14. Jahrh. reichte[1]: trotzdem ist nicht anzunehmen, daß ein solches Symbol erst um diese Zeit eingeführt worden sei. Ist doch auch die bildliche Bedeutung von besitzen, die offenbar auf ihm beruht, viel älter. Umgekehrt verliert man durch Entsetzung Macht und Eigentumsrecht (vgl. Amts= entsetzung, Thronentsetzung).

So war es auch in alter Zeit Rechtsbrauch, Personen, die sich zum zweiten Mal verheirateten, die „ihren Witwenstuhl verrückten", von der Gütergemeinschaft mit den Kindern erster Ehe auszuschließen.[2] Ja es wurde ihnen dann der Stuhl wirklich vor die Thür gesetzt, das geht wohl aus dem fol= genden Zeugnis zur Genüge hervor: „Ob sich das mensch verändert, so möchten die kind im oder ir ein stuhl für die thür setzen, alles von altem herkommen und hätte dasselb mensch kein recht mehr in dem haus." Vgl. Grimm, a. a. O., S. 188.

1160. Sich zwischen zwei Stühle setzen.

S. v. w. von zwei Dingen, die man zugleich erhalten möchte, keins bekommen; sich in Hoffnungen, die man gleich= zeitig auf zwei Personen oder Sachen gesetzt hat, betrogen sehen. Im 11. Jahrh. aus Teutschland schon mehrfach, allerdings in lateinischer Form bezeugt:

> Labitur enitens sellis haerere duabus.
> Sedibus in mediis homo saepe resedit in imis.[3]

Walther von der Vogelweide klagte: Wie sin wir versezzen zwischen zwein fröden nider an die jamerlichen stat! Vgl. noch Bebel Nr. 587: Inter duo scabella in terram residere. Innnicius (1515): „De op beiden stolen wilt

---

[1] Von den vielen Belegen, die Jacob Grimm a. a. O. bringt, mag wenigstens einer hier angeführt sein: „so sal der richter mit den scheffin unde gerichtis knechten uffstehin unde das gerichte nicht ufgebin sundern mit dem cleger gehin in die hnfunge obir ut das erbgut unde mit sich nemen einen stul mit dri beinen, da sal he den cleiger uf dem erbe uf setzin, eins, zwi, zum dritten mal." Frankenberger Statuten vom Jahre 1493.

[2] Zweite Ehe war bei unsern Altvordern ungern gesehen; vgl. Tacitus, Germania, Kap. 19.

[3] Vgl. Haupts Zeitschrift VI, 305, und Germania XVIII, 324.

sytten, se sytten dar vaste tusschen dale." Gereimt in Wegelers Philosophia Patrum Nr. 2872 und 2873:

> Will Einer sich setzen, zur Erde fällt,
> Der zwischen zwei Stühlen die Mitte hält.
> Wer zwischen zwei Stühl' sich unverhofft setzt,
> Sich leicht auf dem Boden den Poder verletzt.

Dichter schalten frei mit der überlieferten Form der Vorstellung und beleben so das alte Bild neu; in einem Streitgedicht von Burkhard Waldis gegen den Wolfenbüttler Herzog heißt es einmal: „Auffs letst sitzt nebem stul darnider."

Anders bedeutet im Lateinischen duabus sellis sedere s. v. w. auf beiden Achseln tragen.

1161. Der Sündenbock sein.

Von jemand, der für andrer Schuld büßen muß. Der Ausdruck stammt daher, daß am großen Versöhnungstage ein Bock von dem jüdischen Hohenpriester symbolisch mit den Sünden des Volks beladen ward und, für „Asasel"[1] bestimmt, in die Wüste getrieben wurde, während ein zweiter Bock, durch das Los bestimmt, Gott geopfert wurde. Vgl. 3 Mos. 16.

1162. Die Suppe ausessen müssen,

die man eingebrockt hat, s. v. w. eine Sache, die man angestiftet hat, mit allen ihren Folgen tragen müssen. Schon in alter Zeit sprichwörtlich:

> Swaz ie der man gebrou.
> Ze sufen im daz geschach.[2]

Den Ungar verspottete man 1691:

> Ausfressen muß er, wie gebührt,
> Von fremden Köchen präpariert,
> Ein türkische Hundssuppen.

1163. Einem die Suppe versalzen.

S. v. w. ihm etwas gründlich verleiden. Früher auch ähnlich: einem die Suppe schmalzen, ihm eine heiße Suppe kochen. So ließ man den besiegten Türken 1683 klagen:

---

[1] D. i. Trotz gegen Gott; damit ist ein in der Wüste hausender böser Dämon gemeint.

[2] So in Ottokars österreichischer Reimchronik V. 67281 fg. gebrou, d. i. braute, vgl. Unheil brauen u. ähnl.

Die ich zuvor geschändt,
Die kochten mir die Suppen,
Daß ich das Maul verbrennt.

Auch das Mus versalzen war in demselben Sinne
sprichwörtlich, vgl. Murners „Schelmenzunft" XXXIII und
Lehm. 720 (Schwer machen 1): „Man hat uns in holen
Weg geführet, ein harte Nuß auffzubeissen geben, Essig zum
Wein gelegt, das Mus versalzen." Noch anders in der
Zimmerischen Chronik IV, 224:

Dann wurd sie das gewar,
Der Pfeffer war versalzen . .

wo mit dem Pfeffer eine Pfefferbrühe gemeint ist, vgl. Nr. 530.

1164. Süßholz raspeln.

S. v. w. süße Worte machen, einem angenehme Dinge
sagen, besonders von dem Scherwenzen junger Burschen um
die Mädchen; in Leipzig heißt, wer sich darauf versteht, ein
Sirupsbengel. In Oberdeutschland sagt man auch dafür:
Lebkuchen austeilen.

T.

1165. Das ist starker Tabak!

S. v. w. das ist schwere Kost, auch allgemeiner: das
ist ein starkes Stück, eine grobe Unverschämtheit und dergl.
Vgl. das niederdeutsche Scherzwort: Dat's baschen (barscher)
Tobak, säd de Düwel, as de Jäger em en't Muul schaten
harr, und spogt de Hagelkürn ut.

Anders in Paris: c'est un peu fort de café, auch de
chicorée, de moka. Vgl. auch Nr. 227.

1166. Nach der Tabulatur.

Oft dafür mit volkstümlichem Stabreim: nach der
Tippeltappeltur, d. h. genau nach der vorgesetzten Ordnung,
streng in der bestimmten Reihenfolge. Der Ausdruck erklärt
sich aus der Zeit der Meistersinger: Tabulatur hieß das
pedantische Kunstgesetzbuch dieser zünftischen Sänger.[1]

---

[1] Die älteste Tabulatur ist der „Schulzettel zu Nürnberg"
vom Jahre 1540.

1167. Du suchst wohl den gestrigen Tag?

So fragen wir einen, der zerstreut nach etwas herum=
sucht, ohne es zu finden. Die Frage ist ein bildlicher
Scherz, der aber den Eindruck der Vergeblichkeit dieses
Suchens so scharf wie möglich hinstellt.

Büchmann hat auch hier eine Quelle aufgespürt und
damit seiner Ansicht nach den Ausdruck als Zitat nach=
gewiesen. „Den gestrigen Tag suchen erklärt sich aus
Wolf Büttners «627 Historien von Claus Narren», wonach
der Hofnarr Claus († 1515) den Kurfürsten Johann Fried=
rich, welcher klagt: «den Tag haben wir übel verloren»
also tröstet: «Morgen wollen wir alle fleißig suchen und
den Tag, den du verloren hast, wohl wieder finden»."

1168. In den Tag hinein leben.

Bildlich für: ohne Überlegung, sorglos, unbekümmert
um die Zukunft leben. — Erasmus, Ad. I, 8, 62: In
diem vivere, est praesentibus rebus contentum vivere
atque ex parato, minime sollicitum de futuris. Die
Redensart war wörtlich so in klassischem Latein geläufig,
vgl. z. B. Cicero, De or. II, 40, 169; Plinius, Ep. 5, 54
u. s. w. Ähnlich in horam vivere, z. B. Cicero, Philipp. 5, 9.

Tag, tagen, Tag werden werden oft im Scherz
auf geistige Helle und Klarheit übertragen, daher auch: jetzt
dämmerts, von einem, dem die Wahrheit einzuleuchten
beginnt (s. Nr. 761), vgl. das griechische εἶτα ἐξηγρόμην.

1169. Es ist noch nicht aller Tage Abend.

S. v. w. das Blättchen kann sich noch wenden; die
Sache ist noch nicht bis zum letzten Ende gediehen, darum
braucht man noch nicht alle Hoffnung aufzugeben, oder:
man darf sich noch nicht in Sicherheit wiegen. Dasselbe
Bild schon im Lateinischen: Nondum omnium dierum sol
occidit, z. B. Livius 38 (39), 26, 9. Das Sprichwort
erinnert an die Geschichte von Krösus und Solon: der
König Krösus von Lydien zeigte dem weisen Athener Solon
seine unermeßlichen Schätze und fragte ihn, ob er einen
Glücklichern kenne als ihn; Solon aber erwiderte: Niemand
kann vor seinem Tode glücklich gepriesen werden.

1170. Tantalusqualen ertragen.

S. v. w. furchtbare Qualen. Die griechische Sage er=
zählt von Tantalus, einem Sohne des Zeus, er sei in den
Tartarus gestoßen worden, weil er Nektar und Ambrosia
aus dem Olymp entwendet und den Menschen gebracht habe.
Dort in der Unterwelt mußte er nach den Worten der
Odyssee (XI, 582 fg.)

Mitten im Teich dastehn, der nahe das Kinn ihm bespülte.
Lechzend strebt' er vor Durst, und den Trunk nicht konnt' er er=
reichen,
Denn so oft sich bückte der Greis, nach dem Trunke verlangend,
Schwand ihm das Wasser zurück und versiegte, daß um die Füße
Schwarz der Boden erschien.

Auch Bäume neigten ihre Zweige und Früchte auf ihn
herab; aber sobald er die über ihm schwebenden Früchte er=
reichen wollte,

Schwang ein stürmender Wind sie empor zu den schattigen Wolken.

Diese quälende Täuschung war ihm als ewige Strafe
gesetzt.

1171. Etwas aufs Tapet bringen.

Früher auch: aufs Tapet werfen, d. h. das Gespräch,
die allgemeine Aufmerksamkeit darauf lenken. Das Tapet
war dabei das grüne Tuch[1], das den Beratungstisch bedeckte,
auf dem die zu erledigenden Akten u. s. w. vorgelegt wurden.
Wir kennen sonst nur die Tapete als Wandbekleidung,
doch steckt dasselbe Wort (ursprünglich lat. tapetum) auch
noch in Teppich, das freilich viel früher entlehnt und schon
in alter Zeit in der Endung der deutschen Sprache mehr
angeglichen worden ist. Die ursprüngliche Bedeutung ist:
gewirkte Bekleidung (des Fußbodens, der Wand, des Tisches).

1172. Wie von der Tarantel gestochen.

D. h. wie besessen, z. B. umherrennen, emporfahren oder
ähnliches. Die Tarantel ist eine südliche Erdspinne, die

---

[1] Daher sprichwörtlich am grünen Tisch, d. h. in der Be=
ratung juristischer Beamten nach Aktenstücken, im Gegensatz zu der
praktischen Einsicht in die Dinge selbst, z. B. in die Landwirtschaft,
die Kriegführung, die Schule.

ihren Namen daher hat, daß sie sich bei Tarent in Apulien findet; ihr giftiger Biß ruft eine Krankheit hervor, die sich in heftigen Zuckungen (ähnlich wie der Veitstanz) äußert. Die Italiener nennen deshalb auch einen rasenden Nationaltanz Tarantella, und so haben auch wir das Wort als Bezeichnung eines Musikstückes, das einen derartigen Tanz charakterisiert. Vgl. frz.: mordu, piqué de la tarentule.

1173. Einen in der Tasche haben.

S. v. w. ihn in seiner Gewalt haben, mit ihm anfangen können, was man will; ähnlich: einen in die Tasche stecken, d. h. seiner Herr werden, vgl. die Redensart: einen in den Sack stecken. Einer muß tief in die Tasche greifen wird bildlich gesagt für: es kostet ihn viel Geld.

1174. Warten, daß einem die gebratenen Tauben ins Maul fliegen.

Von jemand, der sich's sehr bequem macht, der ohne Anstrengung etwas erreichen will. So heißt es aber auch von einem, der unerhörtes Glück hat: dem fliegen die gebratenen Tauben in den Mund!

Namenlose Sammlung (1532) Nr. 631: „Harr biß dir ein gebratne taub ins Maul fliege." In der Erklärung steht, daß man dies Sprichwort anwendet „gegen denen, die nichts thun woellen, vnd meynen Gott soll zu geben vnd thun was sie begeren, on arbeyt vnd fleiß." Nach Luthers Sprachgebrauch ist es ein gebratenes Huhn, was dem faulen Glückspilz zufällt; vgl. Lehm. 407 (Hoffnung 32): „Hoffnung, ist ein rein: wart biß ein gebraten Lerch ins Maul fleucht."[1]

Ähnlich sind schon im Altertum gebratene Krammetsvögel, die einem in den Schlund hineinfliegen, sprichwörtliche Merkmale einer goldenen Zeit gewesen, auch das Tischlein

---

[1] In humanistischer Zeit mehrfach in lateinische Verse gebracht, so z. B. Gartner, Proverb. Dicteria 1574. S. 106: Non volat in buccas assa columba tuas. Buchler, Thesaur. prov. sentent. (Köln 1613), S. 85: Nulli per ventos assa columba venit.

deck dich! findet sich so bereits in der alten attischen Ko=
mödie; vgl. auch Petron 45, 4: hic porci cocti ambulant
und Nr. 1036.

1175. Taubenschlag.

So nennt man bildlich eine Vereinigung, z. B. ein
Lehrerkollegium, ein Bühnenpersonal, wo sich keine ruhigen,
stetigen Zustände bilden können, weil fortwährend alte Mit=
glieder abgehen und neue sich einfinden, wie am Tauben
schlag ein fortwährendes Aus= und Einfliegen ist.

Sich davonstehlen wie die Katze vom Tauben=
schlage nennt man es, wenn sich einer mit bösem Gewissen
möglichst unbemerkt entfernen will, wie die Katze, die im
Taubenschlage geräubert hat und mit der Beute davon=
schleicht.

1176. Ei der Tausend!

Ausruf des Erstaunens oder des Unwillens. Wahr=
scheinlich ist es eine volksetymologische Umbildung von der
Daus (Taus), d. i. der Teufel. Vgl. die Zimmerische
Chronik I, 116, wo mit folgenden Worten von einem bösen
reichen Bürger erzählt wird, wie ihn der Teufel holt: „so
ersicht er den besen sindt gegen ihme gehn, mit feur in zu
brennen; so spricht er zum weib und andern, die bei und
umb in stuenden: «Weichent eilends und fliehent alle von
mir, damit euch das feur nit auch begreif, dann das dausser=
lin (also nambt er den sindt) ist verhauden und wil mich
verbrennen», und mit denen worten so stirbt er geschwindt
dahin.“ Wir sagen noch: sich auf etwas verstehen wie ein
Daus, ähnlich Simpl. III, 26, 16 von einem verschlagenen
Weibe: „die selbe Wittib war ein rechtes Dauß=Eß“. Wie
Daus, ein Wort des Karten=, ursprünglich des Würfel=
spiels, zu der Bedeutung Teufel hat kommen können, das
kann Agricola (Nr. 420) lehren. „Tausz esz in primis,
est signum perditionis. Wenn man wirfft der meysten
augen auff dem wurffel, so ist Tauß eß der geringste wurff,
darumb bedeut der wurff das verlieren.“

Vielleicht erklärt sich hieraus sogar die erste Hälfte des
Wortes Tausendkünstler, obgleich sich dieses auch ganz

natürlich auf einen deuten läßt, der sich auf tausend Künste versteht.

1177. Jemand zum Tempel hinauswerfen.

S. v. w. ihn zum Hause hinauswerfen. Tempel ist hier nicht etwa im Scherz für das gewöhnliche Haus ein= gesetzt worden, sondern die Redensart beruht auf der Er= zählung des Neuen Testaments von der Vertreibung der Wechsler und Händler aus dem Tempel. Vgl. Matth. 21, 5; Luk. 19, 45; Mark. 11, 15; besonders Joh. 2, 15 (und trieb sie alle zum Tempel hinaus).

1178. Dem Teufel ein Licht anzünden.

Auch: dem Teufel eine Kerze anzünden; d. h. einer bösen Sache einen Dienst thun, nicht als ob man dem Teufel bei seinen Schandthaten leuchten wollte, sondern im Gegensatz dazu gesagt, daß man sonst nur dem lieben Gott in der Kirche Kerzen anzündet.

Den Teufel mit Beelzebub austreiben heißt s. v. w. ein Übel so ungeschickt beseitigen, daß man ein andres, eben so schlimmes oder schlimmeres an seine Stelle setzt. Vgl. Lehm. 459 (Krieg 164): „Wenn Gottlose Obristen vnd Soldaten gegen einander streiten, so treibt ein Teuffel den andern auß." — Ebd. 713 (Schrecken 8): „Ein Donner mit dem andern vertreiben. Man muß Pilatum mit dem Keyser schrecken."

Aus der alten Vorstellung[1], daß der Teufel gebunden in der Hölle liege, erklärt sich der Ausruf: der Teufel ist los! Vgl. aus der Kapuzinerpredigt in „Wallensteins lager" den Vers: die Kriegsfuri ist an der Donau los! Oder wenn eine Menge Unfälle mit einem mal hereinbricht, ihr fragt verzweifelt: sind denn heute alle Teufel los? Lehm. 838 (Unglück 26): „Wenn der Teuffel ledig wird, Lemuß man vntertretten. Item, wenns Spies vnnd Büchsen so net."

Wie allmählich die Furcht vor dem Teufel immer mehr

----

[1] Vgl. Offenbarung 20, 7: Und wenn tausend Jahre voll= endet sind, wird der Satanas los werden aus seinem Gefängnis u. s. w.

schwand und er selbst immer mehr an Ansehen verlor, dafür zeugen die mitleidigen Ausdrücke: armer Teufel, guter dummer Teufel; ja, man sagt wegwerfend: allen Teufel, allen Tod und Teufel, in dem Sinne von: allen möglichen Schund. Aus dieser Verachtung, mit der der Name des Teufels ausgesprochen wurde, erklärt es sich auch, daß d e n T e u f e l geradezu zu einer starken Negation geworden ist, z. B. in einer Wendung wie: sich den Teufel um etwas bekümmern. Vgl. Chamisso, Der rechte Barbier:

> Den Teufel auch!
> Das ist des Landes nicht der Brauch!

1179. Den Teufel an die Wand malen.

S. v. w. von etwas reden, etwas als möglich annehmen, was man weit weg wünscht. Dem Ausdruck liegt der alte Aberglaube zu Grunde, daß man ein Unheil, einen Dämon durch bloßes Nennen herbeilocken könne, b e r u f e n, b e = s c h r e i e n könne. Den Teufel fürchtete man sich sogar zu malen, als ob er sich dadurch angezogen fühlen könnte. Noch heute warnen wir deshalb davor, den Teufel an die Wand zu malen; früher sagte man gewöhnlich: male den Teufel nicht über die Thür, so bei Luther, Sebastian Franck u. a. Im Lateinischen entspricht: Lupus in fabula!

1180. Abwarten und Thee trinken!

Die Worte stammen aus dem Munde des Arztes, der damit seine ungeduldigen Patienten vertröstet; in über= tragenem Sinne bedeuten sie: ausharren und seine Pflicht thun sind die Bedingungen, daß etwas zum guten Ziele gelange.

1181. Vor Thorschluß.

Prägnant für: unmittelbar vor Thorschluß, d. h. im letzten Augenblick, gerade noch zur rechten Zeit. An den ursprünglichen Sinn wird dabei nicht mehr gedacht; werden doch heute die Stadtthore — diese sind gemeint — nicht mehr geschlossen, ja die meisten Städte haben gar keine mehr. An vielen Orten ist es aber noch nicht lange her[1],

---

[1] In Leipzig wurde der Thorgroschen 1824 abgeschafft.

daß sie jeden Abend pünktlich zur festgesetzten Zeit geschlossen wurden; wer später kam, mußte den Einlaß bezahlen; froh war also, wer gerade noch vor Thorschluß hereinschlüpfte.

Ähnlich wird gebraucht: in elfter Stunde, d. h. unmittelbar vor der Entscheidung, die man sich in die zwölfte Stunde fallend denkt.[1] Ein thüringisches Mädchen sagte von einem langsam arbeitenden Schuster, er wäre ein Schuster auf die Neunundneunzig; vgl. Kern und Willms Nr. 1292: He hört te de 99er (was in manchen Gegenden Deutschlands namentlich auf Apotheker angewandt wird).

1182. Mit der Thür ins Haus fallen.

S. v. w. sofort von etwas zu reden anfangen, was man eigentlich erst nach vorbereitenden Worten hätte sagen sollen, in plumper Weise auf eine Sache losgehen, wie einer, der, anstatt ruhig die Thür zu öffnen und dann ins Haus zu treten, die Thür einstürmt und nun „mit der Thür ins Haus fällt". Vgl. Lehm. 826 (Ungeschicklichkeit 1): „Der ungeschickt fällt mit der Thür ins Hauß, ist auß der Plumpardey, platzt drein wie ein Saw in Rübenacker, wie ein Pfeiffer ins Wirthshauß." In der Rheinprovinz sagt man sogar: Dä fällt met der Schürendür en et Hus.

1183. Zwischen Thür und Angel.

Der Ausdruck wird heute in dem allgemeinen Sinne gebraucht: in einer bedrängten Lage, zwischen zwei Möglichkeiten eingekeilt, ohne zu wissen, welche man ergreifen soll. Früher bezog er sich nur auf das Eindringen in zwei eng zusammengehörige Glieder, etwa auf einen, der sich zum Vermittler zwischen zwei Ehegatten aufdrängt. Schon bei Peter Suchenwirt:

> Ein sprichwort ist lang gesait:
> Wer zwischen tüer und angel
> Stözt seinen vinger unverzait
> Der gwint an fremden mangel

---

[1] Vgl. Matth. 20, 1 fg. das Gleichnis von den Arbeitern im Weinberge; da wird in der zwölften Stunde der Lohn ausgezahlt, und die erst in der elften Stunde des Tages mit der Arbeit begonnen haben, erhalten ebensoviel wie die Tagelöhner, die seit dem frühen Morgen arbeiten.

Ob er sich da zwischen klembt
Wil hart, daz er sich rimpfet
Oder leicht vil gar derlemt
Der hat nicht wol geschimpfet.

Bei Sebastian Franck I, 160ᵇ: „Wär sinen finger zwüschen
angel vnd thür oder, wie die Cölner sagend, zwüschend thür
vnd gaddern steckt, der klempt sich gern." Vgl. Brants
„Narrenschiff" VII, 22 und Lehm. 203 (Freund 23): „Wer
sich zwischen Thür und Angel steckt, der klemmet sich, also
wer Freunden oder Eheleuten zu wider handelt."

Als gleichbedeutende deutsche Redensart vgl. Nr. 126.
Lateinisch entspricht etwa: inter sacrum saxumque stare,
Plautus, Capt. III, 4, 84; vgl. auch: hac urget lupus,
hac canis angit, Horaz, Sat. II, 3, 64. Ital.: essere
(venire) tra bajante e ferrante.

1184. Kehre vor deiner eigenen Thür!

So weist man einen aufdringlichen Tadler zurück, indem
man damit sagen will: Kümmere dich um deine eigenen
Sachen. Vgl. Lehm. 332 (Gleißnerey 18): „Mancher kehrt
vor ander Lent thür, vnnd vor seiner nicht." Ebd. 502
(Mängel 77): „Kehre jeder vor seiner Thür, so wirds allent=
halben sauber."

1185. Man sucht niemand hinter der Thür,

wenn man nicht selber dahinter gesteckt hat. Bildlich für:
man traut niemand anders etwas zu, was man nicht selbst
gethan hat oder vorkommendenfalls thun würde. Der
Vergleich wird dem Versteckspiele der Kinder entnommen
sein. Vgl. Kern und Willms 1073: „Man söcht nüms
(niemand) achtern Afend, of man hett sülfst der achter sätten."
(Vgl. auf den Busch klopfen.)

1186. In die Tinte geraten (führen).

S. v. w. ins Unglück geraten oder bringen; vgl. Aus=
drücke wie: in die Patsche kommen, einen in die Patsche
bringen, ihn hineinreiten, da sitzen wir in der Tunce! Nach
Rollers Befreiung sind die ersten Worte des Räubers Moor
(Räuber II, 3): „Freiheit, Freiheit! — Du bist im Trocknen,
Roller!" In dem Bericht Schweizers gleich darauf heißt

es: „Wir hatten den Tag vorher durch unsre Spione Wind gekriegt, der Roller liege tüchtig im Salz." Und Roller selbst spricht noch in derselben Scene den verteufelten Wunsch aus: „Moor! möchtest du auch bald in den Pfeffer geraten, daß ich dir gleiches mit gleichem vergelten kann."

1187. Das Tischtuch ist zwischen ihnen zerschnitten.

So wird von zweien gesagt, die lange in innigem freund= schaftlichen oder verwandtschaftlichen Verhältnisse gelebt, sich dann aber so entzweit haben, daß eine Vereinigung, eine Versöhnung unmöglich erscheint. Wahrscheinlich geht die Redensart im letzten Grunde auf einen symbolischen Brauch unsrer Vorfahren bei Ehescheidungen zurück: die Gatten faßten ein Leinentuch und zerschnitten es so, daß jeder Teil ein Stück behielt. Vgl. Grimm, Rechtsaltertümer, S. 454. Allgemein bekannt ist der Auftritt zwischen Graf Eberhart dem Greiner und seinem Sohn Ulrich nach der Schlacht bei Reutlingen, den Uhland in folgender Strophe erzählt hat:

Dem Vater gegenüber sitzt Ulrich an dem Tisch,
Er schlägt die Augen nieder; man bringt ihm Wein und Fisch;
Da faßt der Greis ein Messer und spricht kein Wort dabei
Und schneidet zwischen beiden das Tafeltuch entzwei.

1188. Mit dem Tode ringen.

Dieser bildliche Ausdruck ist ursprünglich ebenso wie das Wort Todeskampf ganz wörtlich gemeint gewesen: lebt doch der Tod noch heute in volkstümlicher Vorstellung als Knochenmann.

1189. Aussehen wie der Tod von Ypern.

Ist eine in ganz Deutschland zerstreut verbreitete, be= sonders aber in Holland vielgebräuchliche Redensart; vgl. Harrebomée II, 484. Vilmar bemerkt dazu in seinem kur= hessischen Idiotikon, S. 412 (unter „Tod"): „Am Anfange dieses Jahrhunderts in Niederhessen äußerst üblich, um das bleiche, totenähnliche Ansehen eines Menschen, z. B. der= jenigen Kranken, welche in den letzten Stadien der Lungen= sucht stehen, zu bezeichnen; seit 1830 wohl gänzlich erloschen. Woher die Formel stammt, vermag ich nicht anzugeben; sie galt, als ich sie in meiner Kindheit vernahm, für alt=

herkömmlich, indem man erwähnte, daß die Gefangennahme hessischer Truppenteile in Ypern 1793 das alte Sprichwort habe wahr machen müssen." Die Veranlassung zu der Redensart hat wohl ein zur Erinnerung an die Pest in Ypern (Belgien) aufgestelltes Totenbild gegeben, ebenso wie das schweizerische aussehen wie der Tod von Basel und andre derartige Wendungen mit andern Ortsnamen auf öffentliche Darstellungen des Todes zurückzuführen sein werden. Vgl. Richter, Deutsche Redensarten, Nr. 3.

1190. Toll und voll.

Starker Ausdruck zur Bezeichnung völliger Trunkenheit; ursprünglich voll und toll, so noch oft bei Luther. Zu erklären ist an den Worten nichts, nur der Mißdeutung Richters[1] sei hier entgegengetreten, daß toll und voll aus donevoll entstanden wäre (donevoll würde bedeuten zum Platzen voll). Es ist ursprünglich und wahr und nicht aus verkehrter Volksetymologie entsprungen, was die volkstümlichen Reime lehren: Voller Kropf, toller Kopf; en full Mann, en dull Mann.

1191. Den Ton angeben.

S. v. w. der geistige Führer sein, dem alle folgen; regelmäßig den Anfang mit etwas machen, worauf es alle andern nachmachen; z. B. der Prinz von Wales giebt in der Mode der Herrenkleidung den Ton an. Die einfachste Erklärung liegt jedenfalls in dem Hinweis auf einen Musikdirigenten, der seinen Chorsängern den Ton angiebt, den sie anstimmen sollen. Eine andre Deutung ließe sich vielleicht aus der Erklärung der drohenden Worte: nun geht's aus einem andern Ton[2] rechtfertigen. Hier ist nämlich nicht etwa das gemeint, was wir unter Ton verstehen, auch nicht Tonart, worauf man leicht verfallen könnte, sondern die Redensart stammt aus einer Zeit, wo man unter Ton allgemein s. v. w. Melodie verstand. Wenn einer bestimmt: „Jetzt soll es aus einem andern Tone gehen!" so sagt er

[1] Deutsche Redensarten, Nr. 95.
[2] Ein niederdeutsches Scherzwort heißt: Nu geiht utn annern Don — sä de Köster und sloitje dat Evangelium.

damit eigentlich: jetzt sollt ihr ein andres Lied, eine andre Melodie singen! Vgl. die Zimmerische Chronik II, 230: „So Herr Hainrich die zeit erlebt haben sollt; wurt er schenk Eberharten auß chraft der acht ain anders liedlein haben singen lernen." So könnte den Ton angeben auch soviel bedeuten wie: die Melodie angeben, die gesungen werden soll, wenn die Redensart alt genug dazu wäre.

1192. In einen Topf werfen.

S. v. w. vermengen, gemeinsam behandeln und damit der Eigentümlichkeit der einzelnen Dinge oder Fälle nicht gerecht werden. Ebenso frz.: jeter dans le même moule.

Der hübsche bildliche Ausdruck: es ist noch nicht in dem Topfe, wo's kochen soll bedarf keiner erklärenden Worte; in Niederdeutschland heißt es dafür: dat is noch lange nich int Fat, wo't suren sall.

1193. Die Trauben sind ihm zu sauer.

So heißt es sprichwörtlich von einem, der aus einem äußern Zwange von einem Begehren hat abstehen müssen und nun so thut, als ob ihn freie Entschließung dazu gebracht hätte. In der äsopischen Fabel tröstet sich der hungrige Fuchs, der an schönen, leider für ihn zu hoch hängenden Weintrauben vorüberkommt, mit den Worten: sie sind mir zu sauer. In Niederdeutschland: De Beeren sün doch suur — sä de Foß, as he se nich langen kunn; und ähnlich: Se is mi to krumm — sä de Foß, do hung de Wust an'n Balken.

Wie von sauern Trauben, so ist auch bildlich von bitterm Mehl die Rede, doch in anderm Sinne. Vgl. das Sprichwort: Wenn die Mäuse satt sind, schmeckt das Mehl bitter.

1194. Mit dem Nürnberger Trichter eingießen.

Scherzhafte Bezeichnung für das mechanische Eintrichtern von Dingen, die durch seines Nachempfinden allmählich angeeignet werden wollen. Das Bild des Trichters für derartiges Einfüllen in den Kopf läßt sich schon aus dem 16. Jahrh. (bei Sebastian Franck) nachweisen; mit dem Nürnberger Trichter wird wohl ursprünglich ein Lehrbuch der Dichtkunst von G. Ph. Harsdörfer gemeint sein, dessen erster Teil 1647 in Nürnberg unter dem Titel erschien: „Poetischer Trichter, Die Teutsche Dicht= und Reimkunst, ohne Behuf der lateinischen Sprache, in VI Stunden ein= zugießen".

1195. Ein Tropfen auf einen heißen Stein.

S. v. w. viel zu wenig und daher völlig wirkungslos, wie es das jedem verständliche Bild höchst bezeichnend aus= drückt. In Tirol hört man in demselben Sinne: das is grad, as wenn ma an Gbetle i d'Höll wurf; dasselbe komisch entstellt in der Pfalz: einen Bettelbuben in die Hölle werfen.

Auch der Schlag ins (kalte) Wasser bezeichnet bild= lich etwas Wirkungsloses; bei Walther von der Vogelweide, der einmal wehmütig vergangener schöner Tage mit den Worten gedenkt:

die mir sint enpfallen gar als in daz mer ein slac.

Endlich reihen sich auch die Luftstreiche der Fechter hier an; Syll. 29: „Aerem ferire. Aerem verberare. In die lufft streichen." Vgl. 1 Cor. 9, 26.

1196. Einen Trumpf darauf setzen.

S. v. w. etwas mit einem derben Zusatz bekräftigen; der zu Grunde liegende Vorgang im Kartenspiel ist der, daß man eine ausgespielte Karte seiner Partei, die von der Gegenpartei gestochen werden könnte, dadurch zu halten sucht, daß man eine Trumpfkarte darauf setzt, die der Gegner nicht leicht überstechen wird.

Ebendaher: den letzten Trumpf ausspielen, s. v. w. die letzte Kraft daran setzen, sein letztes Mittel versuchen. Daher auch: das und das ist Trumpf, d. h. es giebt jetzt den Ausschlag. Namentlich beliebt, wegen des Stabreims: da ist Treff Trumpf, wobei Treff (frz. trèfle aus trifolium) volksetymologisch mit treffen in Zusammenhang gebracht wird. Daraus scherzhaft in Schwaben: Da ist ietz Dreck Trumpf, d. h. da steht es schlecht, ist nichts mehr zu machen.

U.

1197. Jemand überflügeln.

S. v. w. ihn überholen, übertreffen. Man hat die Redensart als militärischen Ausdruck erklären wollen. Bei der militärischen Frontaufstellung nennt man ja die beiden Seiten den rechten und den linken Flügel. Überragt nun bei einem Angriff die eigene Frontaufstellung die feindliche, so kann der Feind umgangen, überflügelt, also in der Flanke und Front zugleich angegriffen und geschlagen werden. Das Kriegsheer wird hier seiner Stellung und Lage nach auf= gefaßt als ein im Fluge befindlicher Vogel mit ausgebreiteten Flügeln. Viel einfacher und natürlicher erklärt sich die bild= liche Wendung im Anschluß an Redensarten wie Nr. 380 fg., wo der Mensch als geflügelt gedacht wird. Überflügeln ist nichts anderes als überfliegen, im Fluge überholen.

1198. Umgekehrt wird ein Schuh draus!

So sagt man im Scherze, wenn einer etwas gerade auf die entgegengesetzte Weise anfängt, als es richtig wäre, also verkehrt. Wirklich hat man geglaubt, die Redensart stamme von einem Spiele, wo es gelte, die Worte um= zudrehen: aus Husch wird umgekehrt Schuh u. s. w., vgl. Müller in Lyons Zeitschrift V, 172. Das heißt die Haupt= sache der Redensart, das Umgekehrte, völlig verkennen und auf den ganz zufälligen Schuh zu viel Gewicht legen. Die Worte „wird ein Schuh draus" sind weiter nichts als ein scherzhafter Zusatz nach Art der apologetischen Sprichwörter.

Der Witz ist aber alt; in dem niederdeutschen satirischen Spiel vom Bauern Claws sagt dieser (V. 374): „Her fiscal, keret dat umme, so wert it en got scho."

1199. Umstände machen.

Von einem schwerfälligen, peinlichen, bedenklichen Men= schen, der seine Sache nicht kurz und gut erledigt, sondern sie zehnmal besieht, ehe er darangeht, den und jenen darum fragt, hundert unwichtige Kleinigkeiten dabei berücksichtigt u. s. w.

Der Ausdruck hat eine merkwürdige Geschichte. Der Umstand ist ursprünglich ein Begriff und Wort unsers alten Rechtslebens, es bezeichnete die umstehenden Gemeindemitglieder bei einer Gerichtsversammlung im Gegensatz zum Gerichtsvorsitzer. Wenn dieser den Umstand oft berief, oft um geringfügiger Dinge willen besonders zusammenkommen ließ, so konnte man buchstäblich sagen, daß er viele Umstände mache. Damit soll nicht gesagt sein, daß die Redensart unmittelbar aus dem Rechtsbrauch abzuleiten sei; schon ziemlich früh ist die Mehrzahl Umstände auch in unpersönlichem Sinne von sich anreihenden Nebenthatsachen gebraucht worden.

1200. Eine unbekannte Größe.

Mit diesem eigentlich mathematischen Ausdrucke (die unbekannte Größe ist x) bezeichnet man ironisch einen unbekannten Menschen, wobei natürlich Größe nicht im mathematischen Sinne gemeint ist, sondern in dem Sinne von Berühmtheit.

1201. Ungebrannte Asche.

Sprichwörtlicher Scherz für Prügel, z. B. in einer Wendung wie: es einem mit ungebrannter Asche auf den Buckel schreiben, d. h. mit einem hölzernen Knüppel. Ähnlich in Wolgemuths Esopus II, 228:

> Fehlt dirs im magen oder därmen?
> wil dirs bei kaltem Holz wol wärmen.

1202. Ein Uriasbrief.

S. v. w. ein für den Überbringer verderblicher Brief. Als Uria, ein Heerführer Davids, unter Joab Rabbath-Ammon belagerte, verführte David des Uria Gattin und, um das Verbrechen zu verdecken, ließ er sich den Uria kommen und schickte ihn dann an Joab zurück mit einem Briefe, der den Befehl enthielt, den Uria vor dem belagerten Rabbath-Ammon an eine Stelle zu verweisen, wo er voraussichtlich vom Feinde getötet werden mußte. Vgl. 2 Sam. 11, 14 fg. Daher der sprichwörtlich gewordene Ausdruck.

Ein solcher Brief wird auch Bellerophontesbrief genannt; nach Bellerophon(tes), der als Gast bei König

Prötos von dessen Gemahlin eines Angriffs auf ihre Tugend beschuldigt wurde, worauf ihn Prötos mit einer Tafel an seinen Schwiegervater sandte, auf der in geheimer Schrift die Tötung des Überbringers erbeten wurde. Vgl. C. Nepos, Pausanias, 4, 1; Plautus, Bacch. 4, 7, 12.

V.

1203. Zu seinen Vätern versammelt werden.

Ist biblischer Herkunft; vgl. 1 Mos. 25, 8; 2 Kön. 22, 20; 2 Chron. 34, 28. Jeder etwas begüterte Jude hatte ein Familienbegräbnis, weshalb die Kinder der Juden dafür sorgten, daß ihre Eltern, selbst wenn sie zuletzt in einem andern Lande gelebt und gewohnt hatten, bei ihren Vorfahren begraben oder zu ihren Vätern versammelt würden; so ließ z. B. Joseph seinen Vater Jakob, obwohl dieser bei ihm in Ägypten starb, dennoch in Kanaan begraben. Selbst Joseph wollte in seinem Vaterlande begraben sein; vgl. Jos. 24, 32; ferner 1 Mos. 50; 47, 29, 30. Beerdigte man einen Juden nicht in seinem Familienbegräbnis, so sah man das als Strafe eines schlecht geführten Lebens an, z. B. 1 Kön. 13, 22.

1204. Dem kann man ein Vaterunser durch die Backen blasen (lesen).

Von einem Menschen mit sehr eingefallenen Backen, an dem, wie man zu sagen pflegt, nichts weiter ist als Haut und Knochen. Am nächsten liegt es, dabei an die oft entsetzlich magern und hohlwangigen geschnitzten Christusbilder der spätgotischen Kunst zu denken. Bei deren Anblick konnte wohl die blasphemische Vorstellung entstehen, die der Redensart zu Grunde liegt.

1205. So spielt man in Venedig!

Ausruf eines Kartenspielers, wenn es ihm gelungen ist, durch Glück und Geschick seinen Gegner zu besiegen, mit dem Nebensinn: dir ist übel mitgespielt worden! Die Redensart bezieht sich vielleicht auf das eigentümliche System der

venetianischen Rechtspflege, wo Spione und Angeber in
Menge ihr Unwesen trieben, durch die mancher für ein un=
bedachtes Wort in den unterirdischen Kerker, auf die Folter
oder in die Bleikammer kam. Alle Schritte und Tritte
wurden überwacht, alle Worte belauscht, jede Bewegung des
Volks beobachtet.

1206. Sich etwas verbeißen.

Man verbeißt seinen Schmerz, seinen Zorn, seinen Ärger,
beißt ihn gleichsam weg, indem man sich auf die Lippe beißt,
so den Affekt in einer Thätigkeit ausläßt und durch den
neuen Schmerz zugleich das ursprüngliche Gefühl übertäubt.

In Leipzig giebt es einen Kindervers zur Erheiterung
und damit zur Versöhnung eines Zürnenden, mit kunstvollem
Reim und regelrechtem mundartlichem Stabreim:

> Bifte beese, beiß in Bels,
> bis be gommst nach Weißenfels;
> bis be gommst nach Halle,
> sin be beesen alle!

1207. Sich auf etwas verbissen haben.

Das heißt wörtlich: verkehrterweise sich auf etwas fest=
gebissen haben. Wirklich thut das oft der Hund auf der
Jagd: er verbeißt sich auf das Wild, sodaß ihn der Jäger
von der Beute lösen muß; von der Jägersprache aus wird
der Ausdruck wohl weitere Verbreitung erlangt haben. Vgl.
Simpl. II, 128: „Ich war dannoch so hart verbäist, solches
zu wissen, daß ich mir dieselbige Gedancken nicht mehr aus=
schlagen konte.“

Ähnlich auch: ganz versessen sein auf etwas, d. h.
sich verkehrterweise so darauf festgesetzt haben, daß man nicht
wieder loskann. (Vgl. auch 297).

1208. Mit offenem Visier kämpfen.

Eigentlich s. v. w. sich seinem Gegner ohne die das Ge=
sicht verdeckende Stahlmaske, ohne das vorgezogene Helm=
gitter (das ist eben das Visier) gegenüberstellen. In über=
tragener Bedeutung jetzt oft bei litterarischen Fehden an=
gewandt, um auszudrücken, daß jemand offen mit Nennung
seines Namens kämpfe.

1209. Den Vogel abschießen.

Wer den Vogel von der Stange abschießt, hat unter den Schützen das Beste gethan (Nr. 148), ist Schützenkönig. Bildlich wird die Wendung gern von dem gebraucht, der sich bei einer öffentlichen Leistung mehrerer, z. B. bei einem Konzert, einer Theateraufführung, einer Debatte, einem Festessen mit Toasten und dergleichen vor allen andern aus= zeichnet und den größten Beifall erntet.

1210. Ein Vögelchen davon haben singen hören.

S. v. w. auf geheimnisvolle Weise Kunde von etwas erhalten haben, die für andre unerwartet und überraschend ist. Die Redensart mutet uns heute als ein bloßer Scherz[1] an, es liegt ihr aber doch vielleicht eine alte mythologische Vorstellung zu Grunde.

Der Glaube früherer Zeit schrieb den Vögeln über= menschliche Klugheit zu: sie belauschen die Menschen und erzählen wieder, was sie gehört haben. Odin hat zwei Raben zur Seite, Hugin und Munin (d. i. Gedanke und Erinnerung), die dem Gotte Nachricht bringen von allem, was sie auf Erden gehört und gesehen haben. Aus dem griechischen Altertum seien die Kraniche des Ibykus erwähnt; aus dem jüdischen eine Stelle im Pred. 10, 20: „Fluche dem Könige nicht in deinem Herzen; denn die Vögel des Himmels führen die Stimme, und die Fittiche haben, sagen's nach." So ist denn auch in vielen Sagen und Erzählungen, morgen= wie abendländi= schen, die Kunst der Sprache den Vögeln eigen.

Nach Gervasius von Tilbury lebte z. B. in Burgund ein Rabe, der auf einem Schlosse regelmäßig Anzeige machte, wenn sich eine Gefahr in der Nähe zeigte oder feindlicher Überfall drohte. Als dieser Vogel einst bemerkte, daß die Burgfrau neben ihrem Gatten noch einen Geliebten hatte, erzählte er es dem Burgherrn, wurde aber zur Strafe dafür von dem Nebenbuhler durch einen Pfeilschuß getötet (Otia imperialia III, 95). Vgl. Wackernagel, Kleine Schriften, III, 196 fg.

---

[1] Ein solcher ist wohl wirklich das ostfriesische: De hett'n Mügke der van piepen hört, d. h. er ist mit der Sache nicht ganz unbekannt.

Die entgegengeſetzte Bedeutung hat die Redensart: Die Spatzen erzählen ſich's auf den Dächern, ſ. v. w. das Geheimnis iſt in aller Munde, die ganze Stadt ſpricht davon.

1211. Jemand für vogelfrei erklären.

S. v. w. ihn verrufen, ihn aus der Geſellſchaft aus= ſtoßen. Man denkt leicht, vogelfrei bedeute ſ. v. w. frei wie der Vogel, auf den jedermann ſchießen kann; den wahren Sinn des Wortes lehrt aber die alte Verrufungsformel, aus der es ſtammt. Wer „aus dem Frieden in den Un= frieden, von Sicherheit in Unſicherheit" gerufen werden ſollte, wurde erteilt „dem Vogel in der Luft" (avibus permissus), den wilden Tieren im Walde, dem Fiſch in der Woge und jedem (zur Tötung). Kein Menſch durfte den Friedloſen hauſen oder hofen, und keine Freiſtatt ſollte ihm den Frieden geben. Sachlich entſpricht lat.: aqua et igni interdicere alicui[1], z. B. Caeſar, De bell. G. 6, 44; Cicero, Ad. fam. 11, 1, 2 u. ö.).

1212. Ein rechter Vokativus!

Von jemand, dem nicht zu trauen iſt, der es hinter den Ohren hat. Der Vokativus iſt der fünfte Fall, der An= rufefall. Bildlich meint Vokativus einen, der oft in ſtrafendem, mißbilligendem oder ſtaunendem Sinne im An= rufefall genannt wird.

W.

1213. Einem die Wage halten.

S. v. w. ihm an Stärke (eigentlich: an Gewicht) gleich ſein. Eine Menge Ausdrücke, bei denen wir nicht mehr an die Wage denken, ſtammen doch von ihr und bezeugen ſo

---

[1] Über Waſſer und Feuer als unentbehrliche Hilfsmittel des menſchlichen Daſeins und bürgerlichen Lebens vgl. Cicero, D amicit. 6, 22; vgl. auch die lat. Redensart: aqua et igni accipi, von der Braut oder Neuvermählten, wenn ſie von ihrem Ver= lobten zur Herrin des künftigen Hausweſens gemacht wird.

ihre Wichtigkeit für das Leben. Wichtigkeit selbst gehört
dazu, samt wichtig und gewichtig (die leider jetzt immer
mehr durch „erheblich“ oder gar „bedeutsam“ verdrängt
werden), erwägen und den Ausschlag geben (Nr. 89);
gewichtige Gründe sind solche, die schwer in die Wag=
schale fallen. Bairisch heißt auf der Wage sein
s. v. w. noch ungewiß sein, nach welcher Seite es sich ent=
scheiden wird (dafür sächsisch: auf der Keppe stehen); auf
die Wage legen s. v. w. dem Zufall überlassen, riskieren,
woher wagen stammt und alles, was damit zusammenhängt.
Einem gewogen sein heißt eigentlich: ihm die Wage
halten, gleich mit ihm schweben, ihm gleich, ihm zugethan
sein. Verwegen ist ursprünglich, wer alles verwogen hat,
d. h. als wertlos hat fahren lassen.

1214. Ein Waisenjunge in etwas sein.

S. v. w. erbärmlich wenig davon verstehen, eigentlich
der Sache so beraubt sein wie das Waisenkind der Eltern.
Der bildliche Ausdruck ist alt; schon Heinrich von Freiberg
rühmt zu Anfang des 14. Jahrhs. von seinem Helden
Tristan (V. 1349 fg.):

> Her Tristan der kurteise
> der valscheit ein weise

und bekennt, mit einem ganz naheliegenden Ausdruck, be=
scheiden von sich selbst (V. 7 fg.):

> getihtes des gar spaehen
> des richen und des waehen
> bin ich ein erbeloser man.

1215. Den Wald vor lauter Bäumen nicht sehen.

So nennt man es, wenn einer unmittelbar vor dem
Dinge steht, das er sucht, und es trotzdem nicht sieht, ähn=
lich wie man in Norddeutschland spottet: He sitt up't Perd
un söcht derna. Die Redensart: „den Wald vor lauter
Bäumen nicht sehen“ ist nach der ältern gebildet: die Stadt
vor lauter Häusern nicht sehen, die, wie Büchmann gezeigt
hat, französischer Herkunft ist. Der Herr Gaulard kommt
aus der Freigrafschaft Burgund nach Paris, wandert durch
die Straßen und meint enttäuscht: „Jedermann hat mir ge=
sagt, ich würde eine große schöne Stadt sehen, aber die

Leute haben mich zum beſten gehabt: man kann ſie nicht
ſehen vor den vielen Häuſern, die den Umblick verhindern.“
Erſt Wieland ſcheint die Redensart in die uns geläufige
Form geprägt zu haben. Vgl. lat.: frondem in silvis non
cernere (Ovid, Trist. V, 4, 9) und quaerit aquas in
aquis (Ovid, Amor. 2, 2, 43).

1216. Da kannſt du warten, bis du ſchwarz wirſt!

D. h. bis zum Nimmermehrstag. Bekanntlich werden
Leichen, wenn ſie in Verweſung übergehen, ſchwarz. Vgl.
lat.: Ad calendas graecas, z. B. Sueton, Octav. 87 u. ö.;
der griechiſche Kalender hatte nämlich keine Kalenden.

1217. Das hat ſich gewaſchen!

S. v. w. es iſt vortrefflich, rein von Mängeln und
Fehlern. (Ein Kerl, der ſich gewaſchen hat, iſt ein
tüchtiger Menſch). Vgl. lat. lautus, lotus, ſ. v. w. prächtig,
urſprünglich aber: gewaſchen.

1218. Einem nicht das Waſſer reichen.

S. v. w. tief unter ihm ſtehen; eigentlich: nicht einmal
wert ſein, ihm den niedrigen Dienſt des Waſſerreichens nach
Tiſche zu thun, vgl. Nr. 1068 und Syll. 120: „Indignus
qui illi Matellam porrigat. Er iſt nicht werth, daß er
ihm die ſchuhe ſolte auß ziehen. Er könte jhm nicht das
waſſer langen oder reichen. Man ſolt ſie uff einen tag nit
nennen.“ Die Redensart erklärt ſich aus der früher all=
gemein verbreiteten höfiſchen Sitte des Waſſerherumreichens
bei Tiſche. Nachdem der Truchſeß dem Herrn des Hauſes
knieend die Meldung gemacht hatte, daß das Mahl an=
gerichtet ſei, ließ dieſer durch Hornſanfaren oder durch Zuruf
den Herrſchaften das Zeichen geben, ſich an ihren Platz zu
bemühen. Unter der Leitung des Kämmerers wurde dann
den Tiſchgäſten von den Edelknaben knieend eine Schüſſel
gehalten und ihnen Waſſer über die Hände gegoſſen. Ein
Tuch zum Trocknen hing um den Hals der Knappen. Damen
mußte das Waſſer zuerſt gereicht werden.[1] Dieſes Waſchen,

---

[1] In keinem höfiſchen Epos wird uns, ſobald der Dichter
eine Helden ſich zu Tiſche ſetzen läßt, ein Hinweis auf das wazzer

das nach aufgehobener Tafel wiederholt wurde, erklärt ſich aus dem Umſtande, daß Servietten und Gabeln früher noch zu den Seltenheiten gehörten: man führte die Biſſen mit der bloßen Hand zum Munde.[1] Die Gabel als Tiſchgerät iſt erſt im 16. Jahrh. bei uns in Gebrauch gekommen und von der Fleiſchgabel in der Küche ausgegangen. Auch die Meſſer waren ſpärlich vorhanden und gingen von Hand zu Hand. Auf einem Bilde im Hortus deliciarum der Ab= tiſſin Herrad von Landsberg ſieht man vier Perſonen an einem gedeckten Tiſche ſitzen, auf dem nur zwei Meſſer und zwei Gabeln liegen. In Immermanns „Münchhauſen" eſſen die weſtfäliſchen Bauern noch ohne Gabel.

Vgl. auch 2 Kön. 3, 11: „Hie iſt Eliſa, der Sohn Saphat, der Elia Waſſer auf die Hände goß", in der Be= deutung: der ihm diente; dazu 1 Kön. 19, 21. Bei der katholiſchen Meſſe gießt der Miniſtrant dem Prieſter das Waſſer auf die Hände; ebenſo reichen die Leviten noch heute den Prieſtern, bevor dieſe den Segen ſprechen, das Waſſer zum Waſchen der Hände. Vgl. auch das lat.: dare aquam manibus, Plautus, Pers. 5, 1, 17; Mostellaria 1, 3, 150.

---

nemen erſpart. Ausführlich ſchildert es Heinrich von Freiberg in ſeinem „Triſtan" V. 602 fg.:

> die tische wurden geriht,
> tuoch unde brot dar uf geleit.
> nu was daz wazzer bereit,
> Isot die maget des ersten
> mit juncfrouwen den hersten
> iu zühten wazzer da nam
> dar nach manch vrouwe wunnesam.
> die vürsten wazzer namen,
> vil herren dar zuo quamen
> und manch ritter wunnenclich
> die namen wazzer uud satzten sich.

[1] Chaucer, Canterbury Tales, Prol. 127 fg., rühmt von der Nonne:

> Sie war geübt in feinen Tafelſitten,
> Nie iſt ein Biſſen ihrem Mund entglitten;
> Nicht taucht' in Brühe ſie den Finger ein.
> Schön nahm den Biſſen ſie und hielt ihn fein,
> Daß nie ein Tropfen auf die Bruſt ihr fiel.

1219. Das ist Waffer auf seine Mühle.

S. v. w. das paßt ihm in seinen Kram, das ist ein
gefundenes Fressen für ihn. Als Kosinsky (Räuber III, 2)
seine Geschichte erzählt hat, ruft Schweizer: „Das ist Waffer
auf unsre Mühle, Hauptmann!" Er freut sich über diesen
neuen Beweis für die Ungerechtigkeit dieser Welt, die die
Räuber als Grund für ihre Thaten auf ihre Fahnen ge=
schrieben haben, wie ein Müller, der neues Waffer auf das
Rad seiner Mühle bekommt, wodurch die Mühle kräftiger
arbeitet (vgl. Nr. 871).

Auf die Wichtigkeit der gemeinsamen Mühle im alten
Dorfleben läßt auch das Sprichwort schließen: Wer zuerst
kommt, mahlt zuerst, und die alte Redensart: Alle
Waffer auf seine Mühle richten, d. h. alles für sich erraffen
wollen.

1220. Kein Wässerchen trüben.

S. v. w. von ganz ungefährlicher, unschuldiger Art sein,
niemand etwas zu Leide thun. Die Redensart beruht auf
der Äsopischen Fabel vom Wolf und vom Lamm (vgl. Phädrus,
Fab. I, 1, 5—6): ein Wolf, am Bache trinkend, bemerkt
ein kleines Stück weiter unten an demselben Bache ein
Schaf. Er fährt darauf los und frißt es, weil es ihm
das Waffer getrübt habe, trotz des demütigen Einwandes des
Schafes, daß das ja gar nicht möglich sei, weil das Waffer
nicht bergauf fließe.

1221. Waffer in ein Sieb schöpfen.

Auch: mit einem Siebe Waffer schöpfen; s. v. w. sich
vergebliche Mühe machen. Der Vergeßliche hört und sieht
zwar, aber er schöpft Waffer mit einem Siebe. Vgl.
Lehm. 380 (Haushaltung 97): „Wer das jenige, was er
gewonnen, nicht kan erhalten, der schöpfft Waffer in Sack."
Die Redensart geht bis ins klassische Altertum zurück, vgl.
den Ausdruck Danaidenarbeit (Nr. 240). Im Lateini=
schen erscheint sie öfter bei Plautus als imbrem in cribrum
gerere (Pseud. I, 1, 100, in pertusum dolium aliquid in-
gerere (Pseud. I, 3, 135), Lutrez u. a. Von ältern deut=
schen Spruchdichtern kennen sie schon Freidank und Frauenlob.

1222. Waſſer in den Rhein tragen.

S. v. w. etwas ganz überflüſſiges thun. Dafür im öſt=
lichen Mitteldeutſchland: Waſſer in die Elbe tragen, im
Norden auch: Waſſer ins Meer, in die See tragen.[1] Murner
klagt einmal in der „Schelmenzunft" (XVIII, 15 fg.):

> Die iunge welt iſt ſo verkert,
> Mich dunckt, wer ſo ietz boßhept lert,
> Der dreit das waſſer in den ryn.

In Oſtfriesland heißt es dafür: Dat is ſo völ as Delen
na Norwegen ſtüren; in der That wäre es höchſt überflüſſig,
den Norwegern mit Dielen (Holz) aushelfen zu wollen.
Noch andres ſ. in Nr. 309. Schon lat. war in dieſem Sinne
ſprichwörtlich: aquas in mare fundere, Ovid, Trist. V,
5, 44; sidera coelo addere, Ovid, Amor. II, 10, 13;
in silvam ligna ferre, Horaz, Sat. I, 10, 34; in litus
arenas fundere, Ovid, Trist. V, 6, 44.

1223. Bis dahin läuft noch viel Waſſer den Berg hinunter.

S. v. w. es wird noch viel Zeit vergehen, ehe das
Erwartete eintreten wird. Schon in dem mittelhochdeutſchen
Gedicht vom Wartburgkrieg heißt es (24, 15): Für Megenze
(d. i. Mainz) gat die wile des klaren Rines harte vil (vgl.
Germania, VII, 187). Bei Bebel (1507) Nr. 574: In-
terea multum aquae in Neccaro vel Rheno praeterfluit.
Burkhard Waldis 4, 88, 50 (Sandroß, S. 83): „Eh man
jm gibt die gloten gab, Leufft viel waſſer den Rhein herab."
Anders Erasmus, Ad. IV, 4, 9: Multae rotae volventur;
bei Sebaſtian Franck 1, 26: „Es werden noch vil reder umb=
gehen." Vgl. auch frz.: Avant que cela arrive, il passera
bien de l'eau sous les ponts.

1224. Vom reinſten Waſſer.

S. v. w. ganz echt, unverfälſcht, z. B. ein Agrarier vom
reinſten Waſſer, d. i. einer, der ſtreng an dem Partei=
programm feſthält. Der Ausdruck wird urſprünglich auf

---

[1] Merkwürdig verſchoben, aber vielleicht urſprünglich iſt die
Vorſtellung bei Freidank 130, 26:

> Des brunnen fluz wird ſelten breit
> da man daz wazzer in treit.

Edelsteine angewendet, wie man ja auch vom Fluß solcher
Steine spricht. Es giebt z. B. Diamanten vom ersten,
zweiten, dritten Wasser; vom ersten Wasser aber wird
gleichwertig gebraucht mit der Bezeichnung vom reinsten
Wasser.

1225. Sich wegwerfen.

S. v. w. sich gemein machen, sich in seiner Ehre schä-
digen, sein eigenes Ich wie einen verächtlichen Plunder behandeln, den man in die Ecke wirft. Im 11. Auftritt von
„Wallensteins Lager" fragt der erste Kürassier den Schützen,
der sich mit dem Bauer in ein Spiel eingelassen hat und
dabei von ihm betrogen worden ist:

> Kannst dich so wegwerfen und blamiren,
> Mit einem Bauer dein Glück probiren?

Ebenso sagte der Lateiner: se abjicere, eigentlich sich hoff-
nungslos zu Boden werfen, allen moralischen Halt verlieren;
z. B. Cicero, Tusc. 2, 23, 54: se abjicere atque pro-
sternere.

1226. Weihrauch streuen.

S. v. w. einem schöne Worte sagen, ihm schmeicheln
und ihm dabei blauen Dunst vormachen: das beides liegt
bildlich in dem angenehmen und doch betäubenden Dufte
des Weihrauchs. Vgl. Syll. 79: „Dare verba. Glatte
Worte schleiffen. Hoffweirauch verkauffen. Die sieben wort
geben. Se solden juw gern brillen verkoopen." Einem,
der sich über Verdienst feiern läßt, wirft man vor, er lasse
sich beweihräuchern.

1227. Jemand reinen Wein einschenken.

Bildlich für: ihm unumwunden die volle Wahrheit sagen.
Ähnlich bei Heinrich Julius von Braunschweig: damit ich
dir rein Bier einschenke.

1228. Einem etwas weismachen.

S. v. w. ihm etwas aufbinden. Die Redensart ist
dadurch entstanden, daß das alte einen wis machen (einen
in Kenntnis setzen) so oft in ironischem Sinne angewendet
worden ist, daß schließlich der ironische Sinn als der eigent-

liche empfunden wurde. Das Wort ist natürlich ganz nahe mit w e i s e verwandt und stammt mit diesem von w i s s e n ab.

Goethe spielt in einem Distichon auf Newton mit w e i s m a ch e n und w e i ß m a ch e n:

Weiß hat Newton gemacht aus allen Farben. Gar manches
Hat er euch weis gemacht, das ihr ein Säculum glaubt.

1229. Sein Weizen blüht.

S. v. w. seine Sache geht gut, er kommt in die Höhe, hat Glück in seiner Thätigkeit; eigentlich im Munde der Bauern von einem, dessen Weizenfeld vor andern blüht. Früher gab es dafür noch eine Menge andre Bilder. Walther von der Vogelweide tröstet sich einmal (34, 34):

Die wile ich weiz dri hove so lobelicher manne,
So ist min win gelesen unde suset wol min pfanne.[1]

Und Wernher der Gärtner läßt die Bauerntochter Gotelint, die oben hinaus will, ihrem Bruder zureden (Meier Helm= brecht V. 1396 fg.):

schaf daz mir Lemberslint
werde gegeben ze manne:
so schriet mir min pfanne[1],
so ist gelesen mir der win
und sint gevüllet mir die schrin
so ist gebrouwen mir daz bier
unde ist wol gemalen mir.

In einem alten Soldatenlied endlich heißt es ähnlich von der großen Beute nach der Schlacht bei Patras (1687):

Da hat sich mancher sonder Mühn
Zu nehmen nit gesäumet,
Dem sonsten keine Wicken blühn.

1230. Den Weizen von der Spreu sondern.

Wird nach Matth. 3, 12 oft bildlich gebraucht für: Gut und Böse, Nützliches und Unnützes, Echtes und Falsches scheiden. Vgl. Lehm. 447 (Krieg 37): „Ein Capitän, da sein Vortrab vom Feind ward geschlagen, sagte er, es sey gut, das die Spremer vom Kern abgedroschen werden."

---

[1] Die Pfanne saust oder schreit von dem kreischenden Speck, der darin bräselt.

1231. Werg am Rocken haben.

S. v. w. etwas auf dem Kerbholz haben, Strafe zu
erwarten haben, noch eine ungebüßte Schuld mit sich herum=
tragen. Die ursprüngliche Vorstellung und die heutige Ver=
wendung ist genau dieselbe wie bei der ältern Redensart:
noch etwas auf der Kunkel bei jemand haben. Daß
das Bild alt ist, kann bei der uralten Wichtigkeit des
Spinnrades für das deutsche Haus[1] nicht bezweifelt werden;
gehörte doch in alter Zeit der Rocken zum Weibe, wie das
Schwert zum Manne.

Ein Zeugnis aus dem 15. Jahrh. liegt in dem Lieder=
buche der Hätzlerin (68ª, 89) vor in der derben Abweisung
eines unwillkommenen Werbers:

> Hett ich nit liebers, dann du mir bist,
> Zwar so hett ich gern mist,
> Du hast vil wercks am rocken.

1232. Der Wermutstropfen

ist sprichwörtlich für eine bittere Erfahrung unter einer
Menge von wohlthuenden, für einen Unglücksfall mitten in
einer Reihe glücklicher Ereignisse, weil ein Zusatz von einem
Tropfen Wermutsaft (Artemisia Absynthium heißt das
Kraut, woraus er gewonnen wird) genügt, jede milde, wohl=
schmeckende, süße Flüssigkeit in einen bittern Trank zu ver=
wandeln.

1233. In ein Wespennest stechen.

S. v. w. eine gefährliche Sache aufrühren, seine Gegner
in Menge zum Angriff reizen. In der Wormser Ausgabe
des Freidank (1538) steht vor dem Kapitel „Von neid vnd
haß" ein Teufel, der sich mit einem Wespenschwarm herum=
schlägt; vgl. Freidank 146, 1 fg. Schon lat. war sprich=
wörtlich: irritare crabones, z. B. Plautus, Amphit. II,
2, 75. Ein gereimtes Sprichwort ist:

---

[1] So stammt vom Spinnen auch der obersächsische Ausdruck
meeseldrähtig für verdreht oder zerfahren; eigentlich gilt er
von einem am Spinnrade schlecht, locker, faserig gedrehten Faden
(mittelhochd. meizel bedeutet Charpie). S. Hildebrand im Vor=
wort zu Albrechts „Leipziger Mundart".

Greif niemals in ein Wespennest!
Doch wenn du greifst, so greife fest!

1234. Sich in Wichs werfen.

Aus den Studentenkreisen weiter verbreitet in dem
Sinne von: sich fein anziehen, die Gesellschaftskleider an=
legen. Wichs und was damit zusammenhängt, haben eine
reiche Bedeutungsgeschichte. Ihr gemeinsamer Stammvater
ist Wachs; von diesem kommt zunächst wichsen, älter
wechsen, d. i. mit Wachs überziehen, oder doch mit einer
Mischung von Wachs. Diese Mischung nannte man dann
Wichse, und da wichsen Glanz verleiht, brauchte man
Wichs bildlich für Glanz, aufwichsen in dem Sinne von
glänzend auftreten, burschikos auch prägnant für: ein glän=
zendes Gastmahl anrichten.

Um beim Anstragen der Wichse den Glanz auf dem
Leder zu erzeugen, bedarf es tüchtigen Streichens. Dieses
Streichen oder Wichsen ist dann auch bildlich von Streichen
gesagt worden, die auf andrer Grundlage geführt werden:
einen durchwichsen, das Geld verwichsen (ebenso hat
auch versohlen seinen Ort getauscht).

1235. Das ist ihm nicht an der Wiege gesungen worden.

So sagt man von jemand, der Schicksale durchmacht,
ganz anders als man sie nach seiner Herkunft hätte erwarten
sollen, und zwar ebenso von einem, der sich aus niederm
Stande zu hohem Ansehen emporschwingt, wie von einem, der,
von Geburt mit allen Glücksgütern gesegnet, später traurig
herunterkommt; die zweite Verwendung ist die häufigere.
An Wunschlieder, die den Kindern gesungen worden wären,
ist dabei nicht zu denken: der Ausdruck steht bildlich für:
davon hat er als Kind nichts zu hören bekommen.

Ähnlich in Holstein: Dat is em in de Töpe nich vörseggt.

1236. Wind bekommen.

Die Redensart stammt aus der Jägersprache. Das
Wild bekommt vom Jäger Wind, d. h. der Wind bringt
seiner feinen Nase den Geruch des Jägers zu, und so wird
es gewarnt. Auf Menschen übertragen bedeutet die Wendung:
geheime Kunde von etwas erlangen, es zugesteckt kriegen.

So meint es z. B. der alte Miller, wenn er (zu Anfang von „Kabale und Liebe") die Befürchtungen herausstößt: „Meine Tochter kommt mit dem Baron ins Geschrei. Mein Haus wird verrufen. Der Präsident bekommt Wind."

1237. Etwas in den Wind schlagen.

S. v. w. es unbeachtet lassen, sich nichts daraus machen, z. B. aus Warnungen, Bedenken, einem guten Rat. Der Gegensatz dazu wäre: es sich zu Herzen nehmen. Vgl. die Zimmerische Chronik II, 435: „Solchs gab graf Wilhal=men wenig zu schaffen, nams uf die leicht achsel und schlugs in wind." — Vgl. lat: ventis tradere, Horaz, Carm. I, 26, 2; ebenso bei Erasmus, Ad. III, 4.

In den Wind reden (z. B. 1 Kor. 14, 9) kurz für: Worte reden, die von dem, für den sie bestimmt sind, in den Wind geschlagen werden. So schon lat.: ventis loqui (Ammian 15, 5), dare verba in ventos (Ovid, Amor. I, 6, 42), profundere verba ventis (Lukrez IV, 932).

Wind wird endlich, als bloße Luft, für Lügen gebraucht, z. B. in der Wendung: einem Wind vormachen (vgl. auch Nr. 778). Daher nennt man auch einen Aufschneider Windbeutel und einen leichtfertigen, unzuverlässigen Flun=terer Windhund.

1238. Wo hat dich der Wind hergeweht?

Diese Redensart drückt eine durch das unverhoffte Er=scheinen eines Freundes veranlaßte freudige Überraschung aus. In Schwaben sagt man nach Birlinger, S. 93, noch: „Windle, wehe!" wodurch der Wind angerufen wird, daß er jemand herbeiführe.

1239. Winkelzüge machen.

S. v. w. Ausflüchte suchen, nicht geradeheraus reden. Wir denken uns wohl dabei etwas derartiges wie: in Winkeln herumziehen, wie wir auch vom Ziehen der Truppen sprechen.[1] Die Züge dieser Redensart gehören aber vielmehr zu dem

[1] Anders erklärte Adelung Winkelzüge als Züge, die „im Winkel, d. h. im Verborgenen, gemacht werden".

Ziehen einer Linie, und das Ganze meint eigentlich: keine gerade Linie ziehen, sondern — mit Hilfe des Winkelmaßes — lauter Winkel.

Diese Erklärung wird gestützt durch eine alte nahe verwandte Redensart. Luther sagt einmal in den Tisch= reden: „Der Satan sucht immerdar Winkelhölzer und Bei= rede wider Gottes Ordnung"; offenbar in dem Sinne von unserm: Ausflüchte suchen. Winkelholz ist aber ein alter Name für das Winkelmaß, und Winkelhölzer sucht eben, wer Winkelzüge machen will.

Diese ursprüngliche Vorstellung ist freilich schon früh verkannt worden. In der mittelniederländischen Hövelschen Chronik heißt es z. B. einmal in dem festgestellten Sinne; „de Denschen hebben des winkelholtes so vele gehouwen": hier scheint der Verfasser an das Schlagen von Holz in einem Waldwinkel gedacht zu haben.

1240. Jemand einen Wischer geben.

S. v. w. ihm einen Verweis erteilen. Das Wort er= klärt sich ebenso wie das bildliche: einen herunterputzen; tadeln wird als säubernde Thätigkeit aufgefaßt.[1] Kabale und Liebe, I, 1: „Der junge Baron bringts mit einem Wischer hinaus."

1241. Wissen, wieviel es geschlagen hat.

S. v. w. wissen, woran man ist. Die Redensart stammt aus einer Zeit, wo noch nicht jeder die Taschenuhr in der Weste hatte, sondern nur aller Stunden einmal vom Kirch= turm herab unterrichtet wurde, wie weit es am Tage sei. Die vorhergehende Ungewißheit und die plötzliche deutliche Be= lehrung sind der eigentlichen und der bildlichen Verwendung der Worte gemeinsam.

Wenig anders aus dem Waldeckschen: Hei merkede't, bu vill de Uhre is.

1242. Sich bessern wie ein junger Wolf.

S. v. w. immer schlimmer werden. Vgl. Tunnicin; (1514) Nr. 585: „He sal sik beteren als ein junk wulf"s

---

[1] So geht auch unser aufmutzen, d. h. vorwerfen, tadeln, zurück auf mittelhochd. ufmützen, d. h. aufputzen, schmücken.

mit der lat. Übersetzung: Ursus ut exiguus animum mutabit iniquum.

1243. Dem Wolfe die Schafe befehlen.

Von einem bösen Vormunde gebräuchlich, der gleichsam der Räuber ist, dem die Unschuld anvertraut wird. Das Gleichnis vom Wolf als Hirten ist sehr alt. Schon in Freidanks „Bescheidenheit" wird gelehrt:

> Swa der wolf ze hirte wirt,
> Da mite sint diu schaf verirt.
> Swer den wolf nimt ze ratgeben,
> Daz gat den schafen an daz leben.

Und von dem alten Herger, einem fahrenden Spruchdichter des ausgehenden 12. Jahrhs., stammt die Fabel:

> Ein wolf sine sünde floch,
> in ein kloster er sich zoch,
> er wolde geistlichen leben.
> do hiez man in der schafe pflegen:
> sit wart er unstaete.
> do beiz er schaf unde swin:
> er jach daz ez des pfaffen rüde taete.

1244. Ein Wolf in Schafskleidern.

S. v. w. ein Scheinheiliger; nach Matth. 7, 15: „Sehet euch vor vor den falschen Propheten, die in Schafskleidern zu euch kommen; inwendig aber sind sie reißende Wölfe." — Das Bild ist frühe in Deutschland bekannt geworden; den lehrhaften Dichtern in mittelhochdeutscher Zeit ist es ganz geläufig, vgl. z. B. im „Renner" V. 385 fg.:

> Der ist gar ein lemblin uzen,
> Doch mac ein wölflin da wol luzen.

Später reimt Burkhard Waldis (Verlorner Sohn, V. 1993):

> Wan er der wulf wil roven gan
> So tuet he schapes kleder an.

Noch anders gereimt bei Wegeler, Philosophia Patrum, Nr. 2115: Oft aus Lammeshaut Wolfes Tücke schaut.

1245. Wie aus den Wolken gefallen sein.

S. v. w. höchst überrascht sein, etwa als wäre man eben aus einer andern Welt in diese hereingeschneit. Frz.: à cette nouvelle il tomba des nues. Das anschauliche

Bild bedarf keiner Erläuterung; nur das sei bemerkt, daß es mit dem lat. coelo missus, als dessen Übersetzung man es erklärt hat, nichts zu thun hat.

1246. In der Wolle sitzen.

S. v. w. es gut haben, mit Glücksgütern gesegnet sein; ein andres Bild dafür ist warm sitzen.[1] Ebenso decken sich die Wendungen: in die Wolle geraten und warm werden, d. h. hitzig werden, sich ereifern. In der Wolle ist es einem eben warm. Doch sei auch daran erinnert, daß die Wolle der Schafe oft im Bilde dem Reichtum der Menschen verglichen wird. Daher bedeutet: einem in die Wolle greifen s. v. w. ihm in den Beutel greifen. Schon in der Zimmerischen Chronik II, 121: „Als nun Junker Hainrich vil verthon, derhalben in große schulden kommen, hat er angefangen, dem alten herrn mehr und gröber in die wollen zu greifen." Vgl. Lehm. 679 (Regenten 201): „Alexander der Groß alß er vermahnt worden, er solt seinen Unterthanen besser in die Woll greiffen, hat er geantwortet. Er möge keinen Gärtner haben, der fruchtbare Kräuter mit der Wurtzel außrupfft."

1247. In der Wolle gefärbt.

S. v. w. ganz echt. Der Ausdruck gilt ursprünglich von einem farbigen Stoff, der nicht erst als Tuch, sondern schon als unverarbeitete Wolle gefärbt worden ist und, da er völlig von ihr durchdrungen ist, die Farbe besser hält (vgl. Nr. 318). Aus demselben Lebenskreise stammt auch das bildliche waschecht, z. B. ein waschechter National= liberaler.

1248. Es in Worten haben,

auch mit dem Zusatz: wie das Eichhörnchen im Schwanz. Von jemand, der mit hoher Gönnermiene in beredten, schönen Worten etwas verspricht, worauf nicht zu bauen ist, dessen ganze Stärke also die Worte sind, wie die Stärke des Eich=

---

[1] Vgl. Murners „Schelmenzunft" XIX, 2 fg.:

Ich meint gar offt, ich sesse warm,
Und hett im bad eyn gute hitzen.

Drastischer in Ostfriesland: He sitt mit de Neers in't Botterfatt.

hörnchens der Schwanz. Vgl. Agricola (1529) Nr. 43: „Es
ist dir in worten, wie manchem im synne." Mit der Er=
klärung: „Im synne hats mancher, er wolle gros ding thun,
aber er feylet darnach weyt, wens zur that kompt, vnd zum
treffen gehen soll." Namenlose Sammlung (1532) Nr. 30.

1249. Einem in den Wurf kommen.

Einem, der es auf einen abgesehen hat, gleichsam mit
dem Speer oder dem Stein in der Hand schon zum Wurfe
lauernd ausgeholt hat, als Beute in die Schußlinie laufen.

1250. Einem die Würmer aus der Nase ziehen.

Bildlich für: einem durch vorsichtige Fragen seine Ge=
heimnisse entlocken. Ebenso frz.: tirer les vers du nez à qu.
Wir gebrauchen die Redensart, die eigentlich den Kunstgriff
eines Arztes bezeichnet, wohl meist in Erinnerung an die
Worte im „Faust" — also mehr als Citat —:

> Laßt mich nur gehn! Bei einem vollen Glase
> Zieh' ich, wie einen Kinderzahn,
> Den Burschen leicht die Würmer aus der Nase.

So prahlt Frosch in Auerbachs Keller, als Faust und
Mephistopheles durch ihren Eintritt die Neugierde der Stu=
denten erregen.

1251. Einen Wurm im Kopfe haben.

S. v. w. närrisch, hochmütig sein. Von den Schafen
hergenommen, die wirklich durch den sogenannten Drehwurm
im Gehirn die Drehkrankheit (Schöpsdrehe) bekommen. —
Einen andern Sinn hat: es wurmt mich etwas, d. h.
es frißt oder nagt wie ein Wurm an meinem Herzen.

1252. Wurst wider Wurst!

D. h. Gleiches wird mit Gleichem vergolten, s. Nr. 451.
Von der Sitte, sich beim Schlachten der Schweine gegen=
seitig mit Wurst und Fleisch zu beschenken.[1] Dem Aus=

---

[1] Diese Sitte und das noch in ganz Norddeutschland übliche
Schlachtfest, zu dem man hier und da ein Gastmahl rüstet und
Verwandte und Bekannte einlädt, hat Jacob Grimm (Mytho=
logie S. 1201) wohl nicht zu kühn auf ein wirkliches, älteres heid=
nisches Fest bezogen, das in der Familie begangen wurde, sowie
auf alte Opfergemeinschaft.

druck ſtehen eine Menge Geſchwiſter zur Seite: Wie du
mir, ſo ich dir (Spr. Sal. 24, 29). — Brateſt du mir
eine Wurſt, ſo löſche ich dir den Durſt[1], d. h. biſt du mir
gefällig, ſo bin ich's wieder. — Ein Eiſen macht das andre
ſcharf. — Eine Hand wäſcht die andre. — Hauſt du meinen
Juden, hau' ich deinen Juden.

Aus alter Zeit vgl. dazu im „Renner" V. 7576 (13 340,
15 364):

> Schone du min, so schone ich din,
> Sit wir beide schuldec sin.

Boner 37, 57 (ähnlich Freidank 121, 8):

> Waz du wilt daz man gen dir
> Tuo, daz tuo du gegen mir.

Und im „Buch der Rügen" S. 265:

> Swaz du niht wilt daz dir geschiht,
> Des entuo den andern niht.

1253. Die Wurſt nach der Speckſeite werfen.

S. v. w. durch ein kleines Geſchenk ein größeres, durch
eine kleine Gefälligkeit einen großen Vorteil zu erhalten
ſuchen.[2] Vgl. Syll. 233: „Tribus minis insumptis duo-
decim imputat. Er wirfft wurſt nach einer Seiten ſpeck."

---

[1] Schon in Brants „Narrenſchiff" Kap. 81 („von kochen vnd
teller"), V. 53 fg.:

> Der teller (d. i. Kellner) ſpricht, bret mir eyn wurſt
> Herr koch, ſo leſch ich dir den durſt.

[2] Etwas ganz ähnliches drücken wir aus mit Wendungen
wie: da muß man etwas dranhetzen, etwas draufgehen
laſſen (jünger iſt: dreihundert Mark ſind draufgegangen). Sie
meinen eigentlich: Geld an die Ware hetzen, auf ſie drauf gehen
laſſen, wie Hunde auf einen Eber. Noch heute heißt es im Han-
növerſchen: Wer Swineköppe will, mor'r Hunneköppe anſetten,
ſeggt de Föſter; und dasſelbe Sprichwort bieten ſchon die Worte
des gleichgiltigen Keie in Wolframs „Parzival" 150, 21:

> Ine sorge umb ir deweders lebn:
> man sol hunde umb ebers houbet gebn.

Vgl. im „Renner" V. 13465 fg.:

> ein arm hoffertic lobelin
> hetzet mangen an bern, an swin.

In Niederdeutſchland auch (z. B. bei Reuter): He ſmitt mit
de Wuſt na'n Schinken, ſogar gereimt: he ſmitt mit de
Pink (kleinen Wurſt) na de Schink. Das Bild iſt von ſo
einer volkstümlichen Kraft und doch Gemütlichkeit, wie ſie
ſich nur in deutſchen Redensarten beiſammen finden. Aus=
geführt hat es Konrad von Würzburg in folgenden Verſen:

> Wer waget der gevinnet vil:
> wirf die wurst an bachen (Schinken)
> Vil libt so wirt er krachen,
> Daz in die wurst erschellet (klingen macht)
> und daz er mit ir vellet.

Bei Agricola findet ſich das Sprichwort: „Schenken heißt
angeln“; es meint völlig dasſelbe wie unſre Redensart, vgl.
Agricolas Erklärung: „Wer einem andern etwas ſchenket,
der wirft ihn mit einer Bratwurſt um ein Seiten Speck.
Man ſchenkt gar ſelten aus lauterer Lieb, ohn ein Schalks=
aug, ſondern man handelt, angelt, jagt und fiſcht mit den
Gaben, daß man mehr ſehe und mit Gewinn wieder nehme.
Dem Fiſch ſchenkt man am Angel ein Köder, dem Wolf
ein Aas oder Gans, daß der Fiſch am Angel hangen und
zum Raub werde und der Wolf in die Grube falle. Mit
Schenken thut man einer Gabe winken; wer giebt, der riecht
ein Wildpret und iſt ein rechter Handel; arme Leut, wenn
ſie ihr Ding theuer gedenken zu verkaufen, ſo ſchenken ſie's
Reichen, thun aber oft, wie die Angler — einen Fehlzug.
Man ſchickt keinem kein Wurſt, man verhoffe dann, er werde
auch ein Sau ſchlachten und des Sprichworts gedenken:
Wurſt wider Wurſt, Korn umb Salz! Daher kommt's,
daß man allein den Reichen giebt, denn an Armen weiß
man nichts zu gewinnen und hofft keiner Widerlag, darum
handelt niemand mit ihnen.“ — Manutius, Adag. (Ursellis
1603), S. 581: pileum donat, ut pallium recipiat. —
Owen, Monost. 89: Munera qui mittit, sperat majora
remitti. Auch als leoniniſcher Vers: Ovum dat nulli,
nisi sit retributio pulli. — Schon Martial 5, 60: Quis-
quis magna dedit, voluit sibi magna remitti.

X.

1254. Einem ein X für ein U machen.

S. v. w. ihn betrügen. Bekanntlich wurden im Mittel=
alter die Zahlen mit römischen Zahlzeichen ausgedrückt, unter
denen das V, das damals zugleich für U stand, fünf (5)
bedeutete. Zwei V, das eine verkehrt an das andre gesetzt
(X), bedeutet aber zehn (10). Demnach ist der ursprüngliche
Sinn der Redensart: jemand zehn statt fünf (d. i. „mit
doppelter Kreide") anschreiben. Daß ein solcher Betrug
(z. B. bei einer Zechschuld) leicht vorkommen konnte, ist be=
greiflich. Vgl. Lehm. 74 (Belohnen 39): „Auff ein schwere
Reiß mag man wol ein X vor ein V setzen."[1] Ebd. 936
(Zehrung 22): „Wenn der Wirth schreibt ein X vor ein V.
so kompt er seiner Rechnung zu." Diese Deutung wird
über allen Zweifel erhoben durch eine Stelle in Laurenbergs
Scherzgedichten (I, 136 fg.): (if) laet mi nicht verleiden:
voer L to schriven C und vör V schriven X,
kan if den nicht veel mehr, so bin ich darup fix.
Gelehrt, aber verkehrt ist die in der „Germania" ver=
öffentlichte Deutung A. Höfers. „Unter den verschiedenen
Geheimschriften, deren unsere Vorfahren sich bedienten, war
die gewöhnlichste und mindestens bis ins 15. Jahrhundert
fortdauernde Art bekanntlich die, welche statt des Vokals
den zunächst folgenden Konsonanten setzte, also b statt a, f
statt e, k statt i, p statt o und endlich r für o, u, sowie
rr für w. Hier ward also wirklich ein X für ein U gesetzt.
Und da die Absicht dieser Schreibweise, mag sie oftmals
auch als Zeitvertreib und Spielerei geübt sein, ursprünglich
nicht sowohl auf ein Betrügen und Fälschen, als auf ein
Verbergen und Täuschen hinauslief, so scheint mir unsere
in völlig gleichem Sinne gebrauchte Redensart auch hier
ihren ersten Ursprung zu haben, wobei nicht geleugnet werden
soll, daß später auch die Bedeutung des X und U als X
und V eingewirkt habe." S. Germania, XIII, 270; XIV,
215; VI, 216.

---

[1] D. h. 5 Mark Fahrgeld und 5 Mark Trinkgeld?

Z.

1255. Zachäus auf allen Kirchweihen.

So sagt man von einem vergnügungssüchtigen Menschen, der auf jeder öffentlichen Lustbarkeit zu sehen ist. Der Ausdruck beruht darauf, daß auf allen Kirchweihfesten als Evangelium Luk. 19, 1—10 gepredigt wird, worin der kleine Zachäus vorkommt, der auf einen Maulbeerbaum stieg, um Jesus zu sehen.

1256. Der Zahn der Zeit,

der alles zernagt, ist ein Bild, das sich z. B. in Shakespeares „Maß um Maß" V, 1 (tooth of the time) findet. Nach Büchmann hat Wieland, der erste moderne Übersetzer Shakespeares in Deutschland, diesen Ausdruck in die deutsche Sprache eingeführt, ihn auch wiederholt benutzt, z. B. in den „Abderiten", im „Peregrinus Proteus". Man hat jedoch von der Thätigkeit des Zahns schon im Altertum bildlich gesprochen; sogar der „Zahn der Zeit" findet sich schon bei Ovid, Metam. 8, 235; der „Zahn des Neides" bei Cicero, Pro C. Balbo 26 (non illo inimico, sed hoc maledico dente carpunt): bei Horaz IV, 3, 16 (et jam dente minus mordeor invido) u. s. w.

1257. Einem auf den Zahn fühlen.

Die Redensart stammt aus dem Pferdehandel. Bei Beurteilung des Alters von Pferden (und auch andern Tieren) prüft man die mehr oder minder abgenutzte Kaufläche der Zähne. Aus der Zahl der Zähne, besonders aber aus der Vertiefung in der Reibefläche der Schneidezähne erkennt man das Alter, die Beschaffenheit und den daraus sich ergebenden Wert der Tiere. Auf den Menschen übertragen erhält die Redensart den Sinn: durch genaue Prüfung die geistige Beschaffenheit eines Menschen, seine Kenntnisse und Fähigkeiten in Erfahrung zu bringen suchen.[1]

---

[1] Hieraus erklärt sich auch das Sprichwort: Einem geschenkten Gaul sieht man nicht ins Maul. Vgl. frz.: à cheval donné on ne regarde pas la bouche; lat.: Equi donati dentes non inspiciuntur. Hieronymus, Ep. ad Eph. prooem.

1258. Einem die Zähne zeigen.

S. v. w. ihm zeigen, daß es einem Ernst mit dem Streite ist und daß man nicht wehrlos dasteht. Das Bild ist dem Tierleben entnommen: zwei böse Hunde fletschen die Zähne gegeneinander, ehe sie übereinander herfallen. Vgl. lat.: cornua obvertere alicui (Plautus, Pseud. VI, 5, 3) und Nr. 584.

1259. Zankapfel

heißt sprichwörtlich der Anlaß, der Gegenstand eines Streites, nach dem bei der Hochzeit des Peleus und der Thetis von der Eris unter die Gäste geworfenen goldenen Apfel, auf den Hera, Athene und Aphrodite, jede in dem Glauben, sie sei die schönste, Anspruch machten. Paris schlichtete zwar diesen Streit, indem er den Apfel der Aphrodite zuerkannte, aber aus dieser Schlichtung entstand neuer großer Zwist: der trojanische Krieg. Lat.: discordiae malum mittere. Justin 12, 15, 11.

1260. Den Zapfenstreich schlagen.

S. v. w. das Schlußsignal geben; in der Garnison ist der Zapfenstreich das Abendzeichen für den Soldaten, sich nicht mehr außerhalb seines Quartiers blicken zu lassen. Das Wort weist in das lustige Lagerleben früherer Jahrhunderte zurück: der Zapfenstreich ist eigentlich der Schlag auf den Zapfen des Fasses, das nicht länger für die zechenden Soldaten laufen soll, dann das musikalische Zeichen, den Zapfen ins Faß zu schlagen und so das Faß zu verschließen. Bei besondern Gelegenheiten wurde „der Zapfen nicht gestrichen", d. h. es war Freinacht, wo man sich voll und toll trinken durfte.

1261. Einen zappeln lassen.

S. v. w. ihn absichtlich in Ungewißheit lassen oder in peinlicher Lage hinhalten, wie den Fisch an der Angelschnur.

1262. Einen im Zaume halten.

S. v. w. ihn bändigen, in Schranken halten. Auch die eigene Zunge gilt es oft im Zaume zu halten! Von der Lenkung der Pferde entlehnt. Dieselbe Herkunft hat

die entgegengesetzte Redensart: die Zügel schießen lassen,
besonders von denen gebräuchlich, die ihren Leidenschaften,
ihrem Eigenwillen freien Lauf lassen.

Noch viele andre Redensarten knüpfen sich an Zaum
und Zügel, z. B. sich vor Zügellosigkeiten hüten, ein zügel-
loses (ausschweifendes) Leben; mit verhängtem Zügel, d. i.
im schnellsten Laufe des Pferdes; Herrscher ergreifen die
Zügel der Regierung u. s. f. Vgl. Simpl. II, 215: „ver-
hängte derowegen meinen Begierden den Zügel" (d. i. ließ
meinen Begierden den Zügel schießen; verhängen ist anders
[d. h. weiter] hängen). In dem Fastnachtsspiel „Der böß
Rauch" von Hans Sachs V. 23 fg.:

> Wann du hast deim weyb aller massen
> Erstlich den zaumb zu lang gelassen.

1263. Etwas vom Zaune brechen,

z. B. eine Gelegenheit, einen Streit, eine Ursache, d. h. so
unvermittelt damit beginnen, wie man die erste beste Rute,
den ersten besten Stock vom Zaun an der Straße abbricht.
Vgl. Lehm. 863 (Ursach 3): „Man bricht offt ein Vrsach
vom Baum oder biegt sie herbey." — Ebd. 864 (Ursach 24):
„Wenn man einem wil schaden thun, so find man vrsachen
auff Hecken vnd Zäunen." Und schon der Chronist der
Grafen von Zimmern warnt, großen Herren zu borgen,
„dann sie imer trachten, ursach ab aim zaun zu reißen,
damit sie ohne bezallung megen ledigen". Für das Wesentliche des Begriffs ist endlich folgende Stelle in Oldekeps
Chronik (S. 181) lehrreich: „Meine gi (meint ihr), dat de
ingelechte (gefangen gesetzten) borgere von dem tune gebroken
sein oder mit der kipen int lant gedragen?" vgl. unser: auf
der Straße gefunden.

1264. Mit dem Zaunspfahl winken.

S. v. w. es einem derb und deutlich zu verstehen geben.
Der Leipziger sagt, noch gröber und zugleich für den Städter
faßlicher: mit dem Laternenpfahl winken; der Baier: mit
dem Holzschlegel deuten; gehäuft der Schweizer: mit eme
Holzschlegel tüten unmitere Wanne (Getreideschwinge) winke;
der Westfale: met der Schüerdör wenken.

Dabei scheinen winken und deuten ursprünglich sogar
ironisch gemeint gewesen zu sein, sodaß die Wendungen
eigentlich den Sinn gehabt hätten: es einem gehörig zu
fühlen geben. Wenigstens heißt es ironisch in Wolframs
„Willehalm" 90, 7: mit eime steine sol in gewinket
werden, ironisch in dem „Willehalm" Ulrichs von dem Tür=
lin (87a):

> vil galeden muosten hinken,
> den man mit wurf begunde winken,

ironisch auch in Ulrichs von Türheim „Willehalm" (244d):
im wirt gewinket mit der stangen.

1265. Die Zeche zahlen müssen.

S. v. w. für andrer Thaten oder doch für gemeinsam
mit andern verübte Streiche allein büßen müssen; denn die
Redensart meint nicht: die Zeche, die man selbst schuldig
ist, zahlen müssen — das wäre nur in der Ordnung —,
sondern die bei gemeinsamem Essen und Trinken aufgelaufen
ist.[1] Früher auch deutlicher: das Gelag bezahlen, z. B.
in Rebhuns „Susanna".

1266. Zwischen den Zeilen lesen.

Der Ausdruck meint bildlich: etwas herauslesen, was die
Worte des Textes nicht ausdrücklich sagen, was aber doch in
ihnen liegt. — Wirklich zwischen die Zeilen schrieb man im
Mittelalter in fremdsprachige Bücher sogenannte Interlinear=
versionen, Übersetzungen der Art, daß über jedes einzelne
fremde Wort das entsprechende deutsche geschrieben wurde.
Aber mit diesem Brauche hat die Redensart nichts zu thun.

---

[1] Zeche hat erst, nachdem seine Grundbedeutung ganz und
gar erstorben war, auf die Wirtshauszehrung eines Einzelnen
angewendet werden können. Das Wort, das ein ungewöhnlich
reiches Leben entwickelt hat, ist eigentlich s. v. w. Ordnung, an-
geordnete Reihe, dann bestimmter die zu Trank und Schmaus um
den Tisch gereihte Gesellschaft: daher umzechig trinken, d. h. den
Becher kreisen lassen, und überhaupt zechen in dem Sinne von
trinken. Ähnlich wie Gilde (ursprünglich s. v. w. gemeinsamer
Opferschmaus) ist dann die Bezeichnung Zeche für gemeinsam
Schmausende auch auf eine Genossenschaft übertragen worden: daher
die berühmte Richerzeche in Köln, daher auch die Zechen im Berg=
mannsstande.

1267. Das Zeitliche segnen.

Diese umschreibende Wendung für sterben beruht auf
der alten Sitte, daß der Sterbende von der Welt Abschied
nahm, indem er Gottes Segen auf sie herabwünschte; der
eigentlich segnende ist also Gott.[1] So scheidet Melusine in
Jacob Ayrers gleichnamigem Drama mit den Worten:

> Nun sieht mich kein Mensch nimmermehr,
> Gott gesegn euch alle, wo ihr seyt!
> Gott gesegn mir alle Wollustbarkeit!
> Gott gesegn mein Herren und Gemahl!
> Gott gesegn euch, Berg und tiefe Thal! u. s. w.

1268. Zeitungsente.

D. h. eine Zeitungslüge. Lügen als Enten zu be=
zeichnen, ist sehr alt, früher hat man auch Wachteln und
Gänse für Lügen gesagt. Warum? Wahrscheinlich be=
ziehen sich diese Ausdrücke zunächst auf das Gefabel von
wundersamen Tieren in fernen Landen, wie denn meist
spöttisch von blauen Enten[2] die Rede ist, d. h. von Enten,
wie sie im Lande noch niemand zu sehen bekommen hat
(zugleich mag die Bedeutung von blau in der Wendung
„blauen Dunst vormachen" vorgeschwebt haben). In Wil=
wolts von Schaumburg Lebensbeschreibung wird (S. 64)
erzählt, wie eine Dame ihren Ritter anspornt, Preis in
fremden Landen zu suchen, „vertreibt in bei seinen bauern
in weinheusern zu bleiben und von blab enten weit her zu
sagen". Vgl. auch Syll. 40: „Apinae, tricaeque. Narren=
tand. Korbfisch, blawe Enten, Pfifferling, Affenspiel, tile=
matelle." Murners „Schelmenzunft" beginnt mit dem Spott
über die, die „von blowen enten predigen" mit den Versen:

---

[1] Wie Gott oft zu ergänzen ist, zeigt Hildebrand in Lyons
Zeitschrift VI, 729.

[2] Doch auch von „enten swarz und gra" vgl. Martin zu
Hermann von Sachsenheim 2197. — C. Müller fragt in Lyons
Zeitschr. V, 152: „Sollte da vielleicht an ein im Blauen, im
Dunste liegendes Ende zu denken sein?" Ebd. V, 354 weist
P. Bartels auf den Bericht vom Entenbaum in Adam Lonicers
Kräuterbuch (1550) hin; auf den Orkaden, meldet Lonicer, gebe
es Enten, die auf Bäumen wüchsen, d. h. es wüchsen Früchte wie
kleine Muscheln, diese fielen ins Wasser und heraus schlüpften —
Enten!

So ich verkündt das hymmelrich,
Sag ich vor von so schimpfselich,
Als ob ich wolt den christen schebigen
Und im von blouwen enten predigen.

Die Worte sind im Munde eines daneben abgebildeten
Geistlichen gedacht, der auf der Kanzel predigt, indem er
mit der rechten Hand auf eine Ente zeigt, die er mit der
linken hält.

Ganz verkehrt ist es, wie vielfach geschehen ist[1], Ente
auf Lüg=ende (wie im 16. u. 17. Jahrh. vielfach in pro=
testantischem Munde spöttisch die katholische Legende genannt
wurde) zurückzuführen; diese Verdrehung des Wortes Legende
beruht vielmehr auf der Vorstellung von den Schwindel=
enten! — Auch frz. canard wird für Lüge gebraucht, donner
des canards à quelqu'un heißt: jemand etwas weismachen.

1269. Einem etwas am Zeuge flicken.

S. v. w. ihn tadeln, wörtlich genommen: an seinem
Zeuge, seinen Sachen etwas flicken, d. h. in Ordnung
bringen. Wegen des Bedeutungsübergangs säubern — tadeln
vgl. Nr. 1240.

Was das Zeug hält ist s. v. w. mit größter An=
strengung, eigentlich: so sehr wie es nur das Gerät (oder
die Kleidung?) aushält. Sich ins Zeug legen ist s. v. w.
ins Geschirr gehen, sich in die Stränge legen (s. Nr. 439).
Das Zeug zu etwas haben brauchen wir heute bild=
lich für: die notwendigen geistigen Eigenschaften dazu haben,
eigentlich: das Werkzeug. Unsre Handwerker reden noch
jetzt immer nur von ihrem Zeug, nicht vom Werkzeug.

1270. Übers Ziel schießen.

S. v. w. zu weit gehen; aus der Schützensprache. Vgl.
Syll. 81: „De gradu dejicere. Uber das ziel Werffen."
Früher auch: weit über den Zweck schießen (s. Nr. 14).

1271. Einem den Zinken stechen.

S. v. w. ihm derb seine Meinung sagen, ihm den Stand=
punkt klar machen. Die Redensart erinnert auf den ersten
Blick an die andre: einem den Star stechen (Nr. 1129)

---

[1] So bei Büchmann, C. v. Wurzbach u. a.

und ließe sich auch mit ihr vereinigen, denn aus alter Zeit ist uns Zinke als Name für eine Augenkrankheit überliefert.[1] In Obersachsen aber dient Zinke auch zur Bezeichnung einer großen, stark geröteten Nase und — eines Schwärs. So versteht es sich, wie der Leipziger Bürgermeister Romanus in einem Briefe vom Jahre 1705 von seinen Feinden im Rat schreiben konnte: „Ich werde ihnen den annoch schuldigen Schwehr zu seiner Zeit auffstechen."

1272. Rot wie ein Zinshahn.

Von ungewöhnlicher Gesichtsröte. Leibeigene und Hörige hatten als jährliche Abgabe an ihren Herrn zu bestimmten Zeiten und Gelegenheiten unter anderm Hühner (Zinshühner) zu entrichten, bei denen Alter und Stärke genau vorgeschrieben war. Bei Entrichtung von Hähnen sah man besonders auf die rote Farbe. Vgl. Grimms „Rechtsaltertümer", S. 376.

1273. Etwas bei allen vier Zipfeln haben.

Spöttisch von einem, der etwas völlig verstanden zu haben oder es ganz und gar in seiner Gewalt zu haben denkt. Auch: etwas an allen vier Zipfeln fassen, d. h. sehr vorsichtig sein, sicher gehen. Dabei ist früher an ein Betttuch, ein Kissen oder einen Sack gedacht worden, wie folgende Beispiele lehren. „Schwindelsheimer Mühle" B. 765 fg.:

Dry zypffel handt wir zuo vns bracht,
jetz handt wir off den fierdten acht
Vnd flyssendt vns, das er vns werd;
Dann lygt ir dann off blosser erd.

Zimmerische Chronik II, 430: „Dieweil dozu mal die pfaffen das küsin mit den dreien zipflen in henden hatten." Lehm. 131 (Disputiren 8): „Ein Disputierer thut offt nicht anders, als daß er den fünfften Zipffel am Sack sucht."

1274. Zopf.

Oft bildlich für: alte, abgeschmackte Tradition; dazu zopfig, den Zopf abschneiden, auch das Zitat aus Chamissos „Tragischer Geschichte": der Zopf der hängt ihm hinten. Das alles stammt aus der zweiten Hälfte des

---

[1] Aus dem 12. Jahrh. z. B.: Albugo color est albus quo oculi caecantur, cingge. Und später: Saphirus ist dem güt der daz vel oder einche in dem ogen hat. S. Schmeller, II, 1137.

vorigen Jahrhunderts, der Geniezeit, der Zeit der Em=
pörung gegen jede künstliche Einengung der Natur; damals
ist auch der Zopf, in den man sich jahrzehntelang das
Haupthaar hinten zusammen gekleistert hatte, dem Fluche
der Lächerlichkeit verfallen.

1275. In den letzten Zügen liegen.

S. v. w. im Sterben liegen. Wir denken hier an die
letzten Atemzüge des mit dem Tode Kämpfenden; ursprüng=
lich heißt es aber bloß: in Zügen liegen, an Zügen liegen,
und das meint: im Hinwegziehen ins Jenseits begriffen
sein (vgl. auch Nr. 13). In Vorarlberg bedeutet noch heute:
der Kranke zieht s. v. w. er liegt im Sterben, und das Zieh=
glöckle wird geläutet, damit, die es hören, für den Ver=
scheidenden beten.[1] In den von Keller herausgegebenen alt=
deutschen Erzählungen heißt es einmal von einem Sterbenden:
„Wan er laeg am tot und züg"; vgl. auch Lehm. 443 (Kranck=
heit 6): „Viel liegen in Zügen, und ziehen doch nicht."

1276. Einem das Zwerchfell erschüttern.

S. v. w. ihn heftig lachen machen. Das Zwerchfell ist
eine zwerch (d. i. quer) ausgespannte muskulöse Haut,
die im Rumpfe den Oberleib oder die Brust von dem
Unterleib oder Bauche trennt. Es ist nach der Brustseite
erhaben und nach der Bauchseite hohl. Beim Atmen wird
es nach unten gedrückt, auf die Eingeweide gesenkt, und
dies befördert deren wurmförmige Bewegung. Beim Lachen
verziehen sich nun nicht nur die Gesichtsmuskeln zur freund=
lichen Miene, sondern es wird auch heftig Luft eingeatmet
und ausgestoßen und so wirklich das Zwerchfell in Bewegung
und Erschütterung gebracht.

1277. Der Zwirn geht ihm aus.

S. v. w. er ist fertig, er hat sich ausgegeben, er hat
keinen Stoff mehr, um darüber zu reden; mundartlich auch:
s. v. w. sein Geld geht auf die Neige. Vgl. die Wendung:
den Faden verlieren.

---

[1] So Richter, Teutsche Redensarten Nr. 99.

Register.